1. 1914년 8월 1일 뮌헨에서 군중이 독일의 1차대전 참전을 축하하고 있다. 앞쪽의 사람들이 서 있는 곳은 군사 기념물인 펠트헤른할레로, 훗날 1923년 11월 맥줏집 폭동을 일으킨 나치들에게 경찰이 발포한 장소 근처다.

2. 1914년 9월 초 1차 마른강 전투 중에 사망한 독일군 병사들. 연합군이 이곳에서 적군의 진격을 막을 수 있었기에 신속한 승리라는 독일군의 꿈은 사라졌다. 프랑스는 이 승리를 '마른강의 기적'이라고 불렀다.

3. 1차대전에 병사로 참전한 아돌프 히틀러(가운데 줄 맨 오른쪽). 히틀러는 언제나 동료들로부터 다소간 거리를 두었기에, 전시에 찍은 이 사진에서 무리의 가장자리에 있는 것은 우연이 아니다.

4. 1차대전 중의 카리스마 넘치는 젊은 비행사 헤르만 괴링. 이 사진에서 훗날 약물에 취한 뚱뚱보 모습은 거의 찾아볼 수 없다.

5. 독일 포병에게 포탄이 떨어지고 있다. 1차대전의 전사자들 중에는 대포에 사망한 사람이 가장 많다. 대포는 가해자가 물리적으로나 감정적으로나 자신이 죽인 자들에게서 멀리 떨어져 있을 수 있는 살상 방법이었다.

6. 나치 돌격대 참모장 에른스트 룀. 1차대전에서 포탄의 탄막에 맞아 심한 부상을 입은 후 얼굴이 영구적으로 훼손되었다.

7. 1차대전 당시 독일군에서 가장 높은 계급의 장교였던 육군 원수 파울 폰 힌덴부르크(왼쪽)와 육군 병참감 에리히 루덴도르프 장군.

8. 1차대전 종전 직후 독일의 혁명가들이 붉은 깃발을 든 채 자동차를 타고 베를린 중앙의 브란덴부르크 문을 지나가고 있다.

9. 1919년 베르덴펠 의용대가 바이에른 전통 의상을 입고 뮌헨을 행진하고 있다. 우파 의용대의 다수는 보통의 병사 복장이지만, 베르덴펠 의용대는 적어도 시각적으로는 목가적인 '민족주의적' 이상을 더 많이 표현했다.

10. 1923년 11월 맥줏집 폭동 중에 교전 중인 하인리히 힘러 (가운데 안경 쓴 사람). 에른스트 룀의 제국전기연맹의 일원으로서 깃발을 들고 있다.

11. 청년 요제프 괴벨스. 발에 장애가 있어서 1차대전에 참전할 수 없었던 괴벨스는 어떻게 살아야 할지 확신 없이 지내다가 1920년대 초에 나치당에 가입했다.

12. 1924년 란츠베르크 교도소의 아돌프 히틀러. 나치가 선전에 즐겨 사용한 이미지로, 쇠창살 사이로 먼 미래를 내다보는, 잔인하게 수감된 운명의 사나이를 보여주는 사진이다.

13. 이것이 실제였다. 란츠베르크 교도소에서 찻잔을 앞에 두고 신문을 읽는 히틀러. 그는 독일 교도 행정이 제공할 수 있는 가장 안락한 조건에서 복역했다.

14. 1920년대 초 나치당의 오합지졸. 가운데 줄 왼쪽에서 네 번째, 가슴에 2가 있는 사람이 알프레트 로젠베르크다. 히틀러가 교도소에 갇혀 있는 동안 나치당을 지휘한 그는 흰색 모자를 쓰고 있으며, 다른 대다수와 달리 팔에 스바스티카 완장을 차고 있지 않다.

15. 1925년 집회에서 연설하는 아돌프 히틀러. 히틀러의 왼쪽에 9년 뒤 그가 죽이라고 명령한 나치 운동의 주요 인사 그레고어 슈트라서가 앉아 있다. 그 옆에는 학살을 주도한 친위대 대장 하인리히 힘러가 안경을 쓰고 앉아 있다.

16. 1930년대 초 베를린에서 히틀러 유겐트 단원들이 화물차의 짐칸에 타고 히틀러에 대한 지지를 호소하고 있다. 나치 운동은 25세 미만 청소년들에게 각별히 매력적이었다.

17. 히틀러 유겐트의 젊은 남성만 히틀러에게 끌린 것은 아니다. 독일소녀연맹의 많은 젊은 여성도 마찬가지였다.

18. 1938년의 흥겨운 체육 대회. 독일소녀연맹과 히틀러 유겐트는 종종 함께 어울려 행사를 치렀다. 1936년 뉘른베르크에서 열린 히틀러 유겐트 집회 인근에서 독일소녀연맹이 캠핑을 한 뒤 많은 소녀 대원이 임신했다.

19. 1932년 3월 대통령 선거 첫 번째 투표 전 베를린에 붙은 포스터. 왼쪽 힌덴부르크 포스터 아래 글귀에 주목하라. "당이 아니라 사람을 선택하라!" 이는 자신을 흔한 정당 정치의 다툼에서 벗어난 경험 많은 정치인으로 내세우려는 의도였다.

20. 1932년 소란스러운 선거가 진행 중일 때 독일의 귀족 엘리트들이 차를 마시고 있다. 왼쪽부터 총리 프란츠 폰 파펜, 내무부 장관 빌헬름 프라이헤어 폰 가일, 대통령 파울 폰 힌덴부르크, 국방부 장관 쿠르트 폰 슐라이허. 등지고 있는 사람은 고위 공무원 오토 마이스너다.

21. 같은 해, 즉 1932년에 히틀러가 뮌헨에서 유세 연설을 하는 모습. 통치 엘리트들이 직면한 문제는 히틀러와 나치당이 대중의 지지를 받고 있고 자신들은 그렇지 않다는 데 있었다. 이들의 해법은 1933년 1월에 히틀러를 총리에 임명하되 통제하는 것이었지만 계획대로 되지 않았다.

22. 히틀러가 독일 총리에 임명된 뒤 대통령 힌덴부르크와 악수하고 있다. 히틀러의 짐짓 겸손한 척하는 태도와 복장에 주목하라. 민간인 복장에 스바스티카 완장도 차지 않았다.

23. 1933년의 포스터. 힌덴부르크의 얼굴 앞쪽에 히틀러의 얼굴이 있다. 옛 전쟁 영웅이 새 총리를 직접 승인하며 축하하는 인상을 주려는 의도로 제작되었다.

24. 나치 집권 초기의 중대한 사건인 연방의회 의사당 화재. 1933년 2월 27일 네덜란드의 공산주의자 청년이 저지른 일이다. 의사당 파괴의 직접적인 여파로 나치는 독일 내 인권을 말살하는 법률을 통과시켰다.

25. 1933년 뮌헨 인근의 다하우 강제수용소에서 강제노동에 투입된 수감자들. 나치 정권이 세운 초기 수용소 중 하나인 다하우 강제수용소는 주로 이 초기에 나치의 정적을 가두는 데 쓰였다.

26. 1933년 3월 27일 뉴욕 매디슨 스퀘어 가든에서 열린, 나치의 잔학 행위를 비난하는 대중 집회. 약 2만 명이 스타디움에 모였고 밖에서도 많은 사람이 시위를 벌였다.

27. 1933년 4월 1일에 시행된 나치의 유대인 사업체 보이콧. 나치 지도부는 이것이 최근 다른 나라들이 자신들의 활동에 항의한 데 대한 대응일 뿐이라고 주장했지만, 실제로 유대인을 박해하겠다는 그들의 공언은 오래전부터 그들의 이데올로기에서 핵심이었다.

28. 나치당 종족정책국이 발행한 1938년 나치당 달력의 표지는 이상적인 가족을 묘사하고 있다. 폴크스게마인샤프트, 즉 민족 공동체의 건강한 '아리아인' 구성원들만 사는 국가라는 나치의 꿈을 표현하고 있다.

29. 같은 해인 1938년에 나치당 종족정책국이 만들어 내보낸 다른 이미지. 나치 정책의 더 사악한 면을 드러낸다. 폴크스게마인샤프트의 건강한 구성원들에게 다음과 같이 말하면서 장애인을 살려두는 비용에 대해 불만을 표현하고 있다. "동포여, 그것도 그대들의 돈이다!"

30. 1938년 3월 16일 빈에서 히틀러가 환호하는 군중 사이로 차를 타고 지나가고 있다. 나치가 오스트리아 '병합'을 시도하는 것은 너무 위험하다고 경고한 자들이 틀렸음을 증명하고서 금의환향하는 이 승리의 순간에, 그가 어떠한 느낌을 받았을지 상상해보라.

31. 오스트리아 유대인은 나치가 도착하자마자 공격의 표적이 되었다. 사람들이 지켜보는 가운데 유대인들은 거리를 깨끗이 문질러 닦아야 했다.

32. 1939년 가을 폴란드의 독일군 부대를 방문한 히틀러. 병사들과 국내의 독일인들에게는 무척 기쁘게도 국방군은 고작 5주 만에 폴란드 군대를 격파했다.

33. 나치의 폴란드 점령은 잔인했고, 잔학행위가 다반사였다. 사진은 일단의 폴란드인이 총살을 기다리고 있는 장면이다. 이들 뒤로 먼저 살해된 자들의 시신이 널려 있다.

34. 점령지 폴란드의 국방군 최고사령관이었던 요하네스 블라스코비츠 장군은 침공 이후 독일 보안부대가 자행한 잔학 행위에 대해 거세게 항의했다. 그러나 소용은 없었다.

35. 게오르크 엘저의 저항은 블라스코비츠의 저항보다 더 극적이었다. 1939년 11월 그는 히틀러를 죽이려고 뮌헨의 어느 맥줏집에 폭탄을 설치했다. 폭탄은 터졌지만, 히틀러는 폭발 직전에 그곳을 떠났다.

36. 독일군이 서부전선에서 승리한 후인 1940년 7월 19일에 열린 의식에서, 히틀러는 주요 장군 여럿을 육군 원수의 지위로 진급시켰다. 그렇게 은혜를 입어 육군 원수가 된 장군 중 한 사람인 빌헬름 카이텔은 훗날 이렇게 말했다. "성공만큼 군인을 설득할 수 있는 것은 없다."

37. 선별한 장애인 환자의 '안락사' 계획에서 중요한 역할을 한 사람은 다수가 청년이었다. 이 사진의 의사 호르스트 슈만은 그라페네크 안락사 시설의 소장이 되었을 때 겨우 33세였다. 그는 나중에 아우슈비츠에서 끔찍한 의학 실험을 수행한다.

38. 이엄프리트 이벨은 더 어렸다. 브란덴부르크 안락사 시설을 이끄는 책임자로 임명되었을 때 고작 29세였다. 그는 광적인 나치 지지자였고, 나중에 트레블린카 절멸수용소의 사령관이 된다.

39. 동쪽의 전쟁 중에 자행된 학살은 대부분 이동 학살 부대의 짓이었다. 사진은 민간인들이 구덩이 가장자리에서 살해되는 장면이다.

40. 나치의 선전물 중에서도 가장 악의적인 것 중 하나인 영화 〈유대인 쥐스〉. 나치는 역사극인 이 영화를 1940년에 개봉했는데, 핵심적인 내용에 반유대주의가 최대한 들어가도록 구성했다. 힘러는 모든 친위대원이 이 영화를 관람하기를 원했다.

41. 괴벨스는 독일인들이 전쟁으로 인한 스트레스를 받지 않도록 오락거리를 제공하는 것도 중요하다고 이해했다. 1943년에 개봉된 컬러 오락영화 〈뮌히하우젠〉은 많은 돈을 들여 제작되었다. 영화에는 마술사, 열기구를 타고 가는 달 여행, 사치스러운 연회, 하렘의 욕장에서 가슴을 드러내고 목욕하는 젊은 여인들이 나온다.

42. 뮌스터 주교 클레멘스 폰 갈렌은 1941년 8월 뮌스터 대성당에서 설교를 통해 나치의 '안락사' 정책을 비판했다. 그는 나치가 "무고한 인간"을 죽이고 있다는 "사실에 가까운 의혹이 널리 퍼져 있다"라고 말했다.

43. 히틀러는 갈렌의 항의에 격분했지만 "교회 문제는 전쟁이 끝날 때까지 미루는 것이 최선"이라는 괴벨스의 견해에 동의했다.

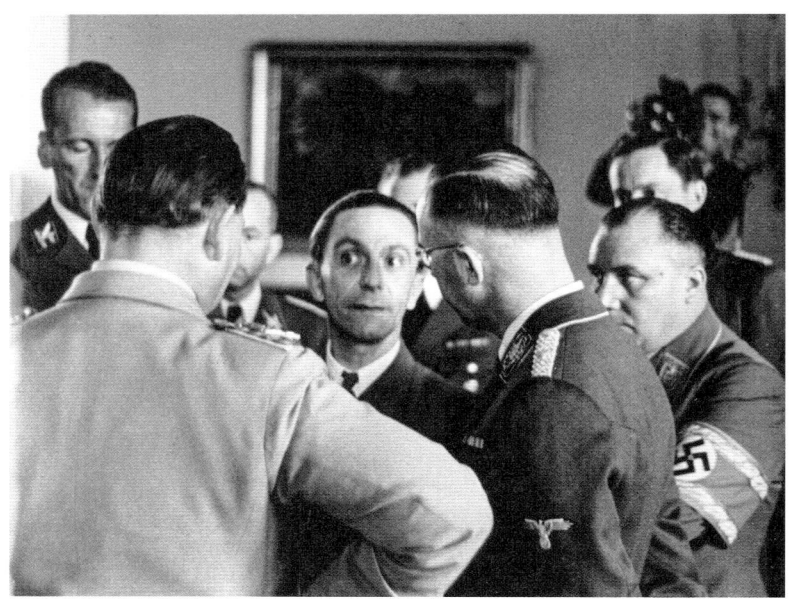

44. 1944년에 찍은 이 사진은 괴벨스(가운데)가 경호원 없이 있는 드문 장면을 포착했다. 전황이 독일에 불리해지는 상황에서 그와 나치 주요 인사들이 협의하고 있다. 카메라를 등진 헤르만 괴링, 옆모습이 찍힌 하인리히 힘러, 나치 완장을 찬 마르틴 보어만 등이 있다.

45. 1944년 아우슈비츠-비르케나우에 새로 도착한 유대인들이 선별을 기다리고 있다. 그들은 눈치채지 못했지만 곧 가스실로 직행하거나, 조금 더 오래 살 기회를 얻는다 해도 결국 일하다가 죽을 운명이었다.

46. 아우슈비츠의 직원들이 즐거운 시간을 보내고 있다. 가스실의 존재는 아우슈비츠에서 일한 나치 대다수가 학살에서 멀리 떨어져 있었음을 의미한다. 나치가 점령한 소련에서 활동한 학살 부대 대원들보다는 확실히 더 멀었다.

47. 1945년 5월 베를린 거리의 폐허 속에 앉아 있는 두 독일 노인. 이 참화는 히틀러의 실패한 팽창 전쟁이 가져온 최종적인 귀결이다.

48. 독일 북부 베르겐벨젠 강제수용소의 집단 매장지. 나치 정권의 영원한 특징이 될 범죄인 홀로코스트의 참상을 극명하게 드러내는 사진이다.

나치 마인드

THE NAZI MIND

Copyright © 2025 by LR History Limited
All rights reserved

Korean translation copyright © 2025 by CUM LIBRO
Korean translation rights arranged with Andrew Nurnberg Associates Limited
through EYA Co.,Ltd

이 책의 한국어판 저작권은 EYA Co.,Ltd를 통해
Andrew Nurnberg Associates Limited와 독점계약한 도서출판 책과함께에 있습니다.
저작권법으로 보호를 받는 저작물이므로 무단전재와 무단복제를 금합니다.

나치 마인드

역사가 주는 12가지 경고

로런스 리스 지음 | 조행복 옮김

책과함께

일러두기

- 이 책은 Laurence Rees의 THE NAZI MIND(2025)를 우리말로 옮긴 것이다.
- 옮긴이의 설명은 〔 〕로 덧붙였다.
- '1차 세계대전'과 '2차 세계대전'은 가독성 제고를 위해 '1차대전', '2차대전'으로 축약해 표기했다.

올리버에게

1933년까지 삶은 매우 편안하고 좋았다. 그러나 히틀러가 권좌에 오르자 우리와 같은 건물에 살던 아이들은 더는 우리에게 말을 걸지 않았다. 그 아이들은 우리에게 돌을 던지며 우리를 이름으로 불렀다. 우리는 도대체 무슨 짓을 했기에 그런 대접을 받는지 이해할 수 없었다. 그래서 질문은 언제나 이러했다. 왜?[1]
— 루실 아이헨그린Lucille Eichengreen, 함부르크에 살던 유대인 가족의 일원, 1944년 아우슈비츠로 강제이송

나는 진정한 가톨릭 신자로 성장했고 [이처럼] 나쁜 일이 일어날 수 있다는 생각은 하지 못했다. (…) 그것은 우리의 경험을 뛰어넘는 일이었다. (…) 수용소에서 그런 일을 겪은 이후로는 가치관이 사라졌다. (…) 그 경험은 나를 고문하여 절망에 빠뜨리고 자살 직전까지 몰고 갔다.[2]
— 미에치스와프 브로제크Mieczysław Brożek, 크라쿠프 야기엘론스키대학교 조교수, 1940년 다하우 강제수용소로 이송

파시스트들은 우리를 지독히 잔인하게 다루었다. 우리는 집에서 키우던 개도 그렇게 다룬 적이 없다. (…) 나는 내내 생각했다. "이 사람들은 왜 이렇게 잔인한가?"[3]
— 바실 발데만Vasyl Valdeman, 1941년 나치들이 마을 주민들을 살해하는 것을 목격한 우크라이나 유대인

나치는 왜 그런 범죄를 저질렀는가? 문화민족에 속한 사람들이 어떻게 역사상 최악의 잔학행위를 자행할 수 있었는가?[4] 이 역사는 오늘날 우리에게 어떤 의의를 갖는가? 이 책은 이러한 질문에 대답하려 한다.

이 책은 나치의 심리에 집중하지만, 우리는 그들이 몰살하려 한 자들의 고통을 결코 잊지 말아야 한다.

차례

들어가며 11

1 음모론 퍼뜨리기 23
2 '그들'과 '우리'를 구분하기 63
3 영웅으로서 인도하기 101
4 청년 타락시키기 139
5 엘리트층과 공모하기 165
6 인권 공격하기 205
7 믿음 이용하기 247
8 적 평가하기 289
9 저항 분쇄하기 333
10 종족주의 강화하기 373
11 멀리서 죽이기 405
12 두려움 키우기 451

맺으며 501
12가지 경고 523

감사의 말 539
옮긴이의 말 543
주 553
찾아보기 617

들어가며

나는 1990년 오스트리아에서 텔레비전으로 방영할 다큐멘터리를 제작하려고 자료를 조사하던 중에 나치의 엘리트 전력인 무장친위대의 일원이었던 사람을 처음으로 만났다.[1]

그는 똑똑하고 친절했다(그가 종전 후에 어떻게 독일 자동차 회사의 고위 임원으로 경력을 세탁했는지는 어렵지 않게 이해할 수 있었다). 게다가 나는 그와 점심을 함께 하면서 그가 현재 매우 성공리에 자신의 역할을 수행하고 있지만 과거에 대해서는 망상에 가까운 시각을 지니고 있다는 사실을 곧 깨달았다. 그의 망상 같은 역사 인식에서 제3제국은 독일의 '황금기'였고 전쟁은 독일의 잘못이 아니었으며 유대인은 '이러저러한 방법'으로 처리해야 하는 하나의 '문제'였을 뿐이다. 그는 종전 직후 스탈린의 굴라크에서 8년 동안 갇혀 있었는데, 그 일로 나치가 '볼셰비즘이라는 해악'으로부터 유럽을 보호하려 했으니 칭찬받아 마땅하다는 확신을 더욱 굳히게 되었다. 커피를 마시면서 그는 만나자는 제안에 응한 이유를 설명했다. 영국이 훌륭한 나라라고 생각하기 때문이라고 했다. 그러면서도 처칠이 "우리 두 나라가 세계를 지배할 수 있었는데도" 나치 독일과의 동맹을 추구하지 않는 "끔찍한 실수"를 저질렀다고 비판했다.

그 점심식사 이후 내내 나는 이 교양 있는 사람이 어떻게 전쟁이 끝나고 긴 세월이 흐른 뒤에도 그런 식으로 생각할 수 있는지 이해해보려 애썼다. 그리고 이를 위해 그동안 제3제국을 겪은 수많은 사람을 만나보았다.

나는 역사가에게 일차사료의 연구가 필수적임을 당연히 인정하지만, 나의 이해를 가장 크게 바꿔놓은 것은 그 역사를 직접 겪은 사람들과의 만남이었다.[2] 지금은 누구도 가질 수 없는 일종의 특권이다. 우리가 지난 30년 동안 조사해 면담한 사람들은 거의 전부 지금은 살아 있지 않기 때문이다.[3]

1990년대에 나는 여러 해 동안 〈나치: 역사가 주는 경고〉라는 제목으로 텔레비전 다큐멘터리 시리즈를 제작하고 책을 쓰는 데 매진했다. '경고'라는 말의 의미는 일반적이었다. 독일 철학자 카를 야스퍼스의 다음과 같은 말에서 영감을 얻었다. "일어난 일은 하나의 경고다. 그것을 잊는 것은 죄악이다. 그것은 계속 기억해야만 한다."[4]

나치의 심리를 더 깊이 연구한 뒤 지금 나는 그 역사로부터 끌어내야 하는 경고를 더욱 구체적으로 제시할 수 있다고 믿는다. 따라서 이 책의 열두 장은 단지 나치가 어째서 그러한 심리를 발전시켰는지 그 이유를 고찰할 뿐만 아니라 내 생각에 오늘날 우리에게도 중요한 특정 경고를 하나씩 명확하게 설명한다. 그다음 나는 책의 말미에서 이러한 여러 가지 경고의 구체적인 의의를 논할 것이다.

내가 이러한 경고에 주목하는 이유는 역사가 매우 엄밀한 교훈을 준다고 믿지 않기 때문이다. 예를 들면 우리는 소셜미디어에서 정치인이 나치즘에서 배워야 할 교훈 중 하나가 외세에 '유화적인 태도를 취하면' 안 된다는 것임을 얼마나 자주 보는가. 그들은 말한다. 윈스턴 처칠이 히틀러를 달래지 말라고 경고했음을 기억하라고. 그러니 유화적 태도는 잘못이라고. 그러나 역사는 그렇게 움직이지 않는다. 처칠이 히틀러에 유화적 태도를 보이지 않은 것은 사실이지만, 그는 스탈린에게 크게 양보했다.[5] 그렇다면 여기서 얻을 교훈은 무엇인가? 특정 상황에서는 특정인에게 양보할 수 있어도 다른 상황에서 다른 사람에게 양보하면 안 된다는 것인가?

그러나 하나의 원리로 고착된 교훈과 달리, 경고는 일종의 경향일 뿐이다. 의사는 흡연하면 일찍 죽는다는 것이 의학적 교훈이라고 말할 수 없다. 어쨌거나 어떤 흡연자는 백수를 채울 때까지 오래 살지 않는가. 그렇지만 의사는 흡연의 위험성에 관해 경고할 수 있다. 이는 교훈만큼 유효하지는 않을지언정 그래도 귀한 조언이다.

이 역사는 중요하다. 많은 민주주의 체제가 현재 위협에 처해 있다. 폭군이 될 자들이 우리의 자유를 매수하는 데 쓸 수 있는 여러 기술을 알아보는 것은 유익한 일이다. 그러나 나는 이 책이 한 편의 정치 논평이 아니라 역사책이라는 점을 의식하고 있다. 먼저 역사를 알아야만 그러한 경고를 온전히 이해할 수 있다.

내가 연구를 수행하며 처음으로 깨달은 것 중 하나는 나치가 왜 그

러한 심리를 갖게 되었는지 이해하려면 한 가지 기본적인 진실의 실체를 받아들여야 한다는 것이다. 다시 말해서 우리는 모두 특정한 시간과 공간의 피조물이라는 사실이다. 이는 자명한 듯 보이지만, 나의 경험에 비추어 보건대 자신이 시간과 공간에 의해 형성되었다는 사실을 온전히 인지하지 못하는 사람이 많다.

내가 1990년대 초에 제작을 의뢰한 영화 〈잃어버린 아이〉는 이 점을 극적으로 보여준다.[6] 1942년 나치가 어느 폴란드 여인에게서 빼앗은 알로이지Alojzy라는 네 살배기 아이에 관한 영화다. 친위대 수장 하인리히 힘러는 '종족적으로 바람직하다'고 판단되는 폴란드 아이라면 모조리 납치해 독일로 데려오기를 원했다. 알로이지는 이 냉혹한 정책의 일환으로 폴란드에서 납치되어 나치임을 공언한 어느 독일 부부에게 입양되었다. 아이는 새로운 가정에서 지극히 행복했고 독일인 양어머니를 사랑했다. 그는 폴란드에서 보낸 어린 시절을 전혀 기억하지 못했다.

알로이지가 일곱 살 때 전쟁은 끝났고, 독일이 패배했다는 소식을 들은 아이는 "눈물을 흘리며 슬퍼했다." 몇 년 뒤 아이의 친모가 아들을 찾아냈고, 아이는 자신이 독일인이 아니라 폴란드인이라는 충격적인 진실에 대면했다. 알로이지는 처음에는 사실을 받아들이지 못했다. 놀랄 일도 아니었다. 그때까지 그는 폴란드인은 '열등한 인간'이라고 믿도록 양육되었기 때문이다. 그러나 그는 결국 자신이 여태껏 생각하던 사람이 아니라는 사실을 인정할 수밖에 없었다.

사람이 처한 상황이 그의 믿음에 끼치는 영향을 이보다 더 분명하게 보여주는 사례가 있을까? 알로이지의 이야기는 나치에 납치된 폴란드 어린이 대다수가 고향으로 돌아가지 않았다는 사실을 감안하면 훨씬 더 교훈적이다. 얼마나 많은 폴란드 어린이가 죽을 때까지 자신이 독일인이라고 믿었고, 히틀러가 전쟁에서 패했다는 사실에 실망했는가?

알로이지의 이야기는 또한 단지 우리가 살아가는 '특정한 시간'뿐만 아니라 '특정한 장소'도 우리의 심리를 결정하는 데 얼마나 큰 영향을 주는지 보여준다. 나는 세상에서 가장 중요한 장소 두 곳, 즉 예루살렘과 바라나시를 방문해 그 두 도시가 예수와 부처에게 미친 영향을 목도했을 때 이 현실을 매우 절절히 느꼈다. 두 종교의 위인이 보여준 말과 행동이 그들이 우연히 살다가 죽은 장소를 크게 반영하고 있다는 사실이 곧 명백하게 드러났다. 예수에게 예루살렘 성전이 큰 의미가 없었다면, 그는 그곳의 환전상들을 비난할 수 없었을 것이다. 부처가 인도 갠지스강 가의 성스러운 도시 바라나시의 영적 중요성을 이해하지 못했다면, 그가 그곳에서 조금 떨어진 사르나트에서 첫 번째 설법을 펼치는 일은 없었을 것이다. 나는 이러한 성격의 연결을 강조하는 것이 중요하다고 믿는다. 특히 대중문화에서는 역사적 인물을 그 배경에서 떼어놓고 보는 일이 잦기 때문이다.

역사를 보면 한 인물의 일생 동안 그 배경이 극적으로 변하는 경우가 종종 있다. 내가 만난 나치 신봉자 다수가 그러한 경우에 속한다. 그들이 1930년대 나치 독일에서 받아들인 확신은 1945년 독일이 패망한 뒤 무너졌다. 이는 종종 그들의 마음에 근본적인 단절을 가져왔다. 종전 후 그들은 세상이 나치즘을 소름 끼치게 생각한다는 사실을 이해했지만 제3제국이 번창한 시기 동안 자신들이 나쁜 짓을 저질렀다는 사실은 인정할 수 없었다. 그들은 이렇게 말한다. "당신은 그곳에 있었다면 이해했을 것이다." 그들 중 몇몇은 이러한 감정에 이끌려 "우리는 최면에 걸렸다"는 신화를 팔기에 이르렀다. 히틀러의 마법에 걸렸다가 1945년 4월 30일 퓌러Führer(영도자)가 자신의 머리에 총알을 박아 넣었을 때 풀려났다는 관념이다.

이는 당연히 허튼소리다. 최면에 걸려 나치가 된 사람은 아무도 없다. 내 생각에 그들이 기를 쓰고 보여주려 한 것은 자신 안에 있는 이중성, 다시 말해서 나치인 '나'와 이제 와서 나치가 끔찍한 짓을 저질렀음을 인식한 '나'다. 이 맥락에서 그런 이분법을 야기한 것은 오직 독일의 패배라는 사실을 기억할 필요가 있다. 만일 나치가 전쟁에서 승리했다면, 그들이 여전히 그 대의를 신뢰하는 자로 남아 있으리라는 것은 불을 보듯 뻔하다.

우리의 문화가 변하면서, 비록 규모는 훨씬 작지만 비슷한 현상을 나는 목격했다. 1960년대에 자란 나는 삼촌을 자주 보았다. 내가 무척 좋아한 삼촌은 20세기 초에 스코틀랜드에서 태어났다. 삼촌은 친절하고 너그러운 멋진 사람이었지만 동성애를 극도로 혐오했다. 가끔 심한 동성애 혐오 발언도 했다. 오늘날이었다면 틀림없이 그 때문에 비난을 받았을 것이다. 그러나 삼촌이 그런 말을 했을 때 동성애 행위는 불법이었고, 그는 다른 많은 사람의 일반적인 생각을 그대로 보여주고 있었다. 그렇다면 나는 지금의 시점에서 과거를 돌아보며 그를 용서하거나 비난해야 하는가? 나는 강연차 케이프타운에 들렀을 때 남아프리카공화국의 대표적인 어느 역사가에게 이 이야기를 했다. 나는 그가 한 말을 기억한다. "아파르트헤이트가 붕괴된 이래로 이곳에서 우리는 저마다 그런 삼촌을 한 명씩 갖고 있다."

나는 이 책에서 처음으로 심리학이 분과학문으로서 나치의 심리를 이해하는 데 어떻게 도움을 줄 수 있을지 탐구한다. 나는 신경심리학과 사회심리학에서 귀한 식견을 얻었다. 나는 심리학자들과 대화하고 관련된 학술 논문들을 살펴보고 나서야 최근에 이러한 분야에서 엄청난 발전이 이루어졌음을 알게 되었다.

특히 진화심리학이라는 비교적 새로운 분야가 대단히 유용했다. 우리는 때때로 고대의 선조들이 열대 초원에서 사냥할 때 인간의 뇌가 발달했다는 사실을, 진화의 관점에서 그때 이후로 많은 변화가 일어나기에는 시간이 충분히 지나가지 않았다는 사실을 잊고 있다. 진화심리학의 개척자인 리다 코스미디스와 존 투비는 "현대인의 정신이 어떻게 작용하는지 이해하는 열쇠"는 정신의 회로가 "우리의 선조 수렵채집인이 겪었던 일상의 문제를 해결하도록 설계되어 있다"는 점을 이해하는 것이라고 믿는다. 믿지 못하겠다면, 대부분의 선진국에서 "전기 콘센트가 뱀보다 더 큰 위협이 되는" 지금에 왜 그렇게 많은 사람이 뱀을 무서워하는지 자문해보라. 실제로 전기 콘센트 공포증을 갖고 있는 사람은 없다.[7]

'공정한 세상just world' 가설과 부정편향negative bias 같은 다양한 인지편향cognitive bias에 관한 최근의 심리학 연구도 유익했다. 나치 시대 이후로 상황은 변했지만, 인지편향은 그때에도 지금만큼이나 존재했다.

그렇지만 나는 이러한 자료를 조심스럽게 절제하는 자세로 이용했다. 이 책이 역사의 도움을 받은 심리학 책이 아니라 이따금 심리학의 도움을 받은 역사책이라는 점을 늘 잊지 않았다. 예를 들면 일정한 거리를 두고 나치 주요 인사들의 심리를 분석하는 것이 도움이 되리라고 믿지 않는다. 그러한 길을 따르고 싶은 사람이 있다면 2차대전 중에 미국 정신분석학자 월터 랭어가 미국 중앙정보국CIA의 전신인 전략사무국OSS을 위해 히틀러를 분석한 긴 글을 읽어봐야 한다. 그 글은 억측에 억측을 더한 것으로 대체로 터무니없는 얘기다. 가장 바보 같은 생각은 아마도 히틀러가 어머니의 양수가 주는 안전함으로 숨고 싶은 욕망 때문에 '독수리 둥지'를, 즉 터널과 엘리베이터를 통해서만 오를 수 있는 바이에른의 켈슈타인산 정상에 찻집을 지으려 했다는 것이리라. 랭어는 이렇게 썼다. "자궁으로의 회귀를 상징하는 것을 계획하라는 요청을 받는 사람이 있다면, 그가 켈슈타인을 능가할 가능성은 도저히 없을 것이다."[8] 전부 헛소리다. 켈슈타인 꼭대기의 그 찻집은 심지어 히틀러의 발상도 아니었다. 그것을 주도한 사람은 히틀러의 비서였던 마르틴 보어만이었고, 히틀러는 그 장소를 좋아하지 않았다.[9] 히틀러는 자신의 고향인 그 아래쪽 오버잘츠베르크의 베르크호프를 더 좋아했다. 프로이트학파의 정신과 의사라도 자궁을 닮았다고는 주장할 수 없는 곳이다.

랭어는 히틀러를 만난 적은 없지만 적어도 그와 같은 시대에 살았던 사람이다. 그들이 죽고 오랜 세월이 지난 지금, 악명 높은 나치의 심리를 분석하려는 시도는 한층 더 곤란한 문제일 수밖에 없다. 추론이 불가피할 텐데, 이는 대개 그들에 관한 질문을 단순히 다른 형태로 표현할 뿐이며 더 나아가 그들에게 범죄의 책임을 면해주는 것이나 마찬가지일 수도 있다. 그뿐만이 아니다. 2차대전 종전 이후로 나치의 특정한 '유형'을 정의하려는 시도는 놀랄 만큼 성공적이지 못했다.[10]

특정한 '나치 인격'이 있었다는 관념은 정확히 우리가 피해야 할 일종의 범주적 사고categorical thinking다. 존 왓슨 같은 행동주의 심리학자가 인간이란 적응력이 무한하며 환경에 따라 완전히 변할 수 있다고 믿는 것이나 신경학자 안토니우 에가스 모니스가 전두엽 절제술이 '정신질환'을 치료하는 방법이라고 생각하는 것이 잘못이듯이,[11] 비슷하게 규범적인 방식으로 이 역사에 다가가는 것도 잘못이다. 역사의 일반화를 경계해야 하는 것만큼이나 심리학으로써 일반론을 이끌어내는 것도 조심해야 한다. 인간의 행위를, 특히 끔찍한 범죄를 설명하는 단일한 틀이 있다고 생각하고픈 사람이 많은 것은 이해할 만하지만, 사실 그런 것은 전혀 없다.

따라서 역사학을 대할 때 겸손한 태도를 지녀야 하듯이 역사에 심리학 연구를 적용할 때에도 같은 정신으로 임해야 한다. 나는 세계적으로 유명한 선도적인 신경과학자의 말을 늘 명심한다. 그는 이렇게 말했다. "인간의 사회적 행위라는 생태학을 이해하려는 시도는 엄청나게 까다로운 과정이다."[12] 유전으로 물려받은 것과 출생 전 태내 환경, 부모의 사회경제적 상황, 어린아이였을 때 어떤 유형의 행동을 얼마나 많이 배웠는지, 교육 등등 무수히 많은 요인이 우리의 존재에 영향을 미친다. 우리는 모두 환경과 생태학이 혼란스럽게 뒤섞여 만들어진 존재다.

이 책의 제목과 내용에 관해 몇 마디 하겠다. '나치 마인드'라는 어구에 나는 나치의 매우 다양한 심리를, 정규 나치의 신념은 물론이고 그 정권을 지지한 다른 사람들의 신념까지도 담았다. 이 책은 끔찍한 범죄를 저지른 가해자들에 초점을 맞추고 있는데, 이것을 그들의 책임을 면해주려는 시도로 오해하지 말아야 한다. 이해가 곧 용서는 아니다. 이 책에서 다룬 사람들은 전부 잔학행위를 저지를 것인지 말 것인지 스스로 선택할 수 있었다. 치욕스러운 것은 그들 중 다수가 전쟁이 끝난 후에도 제대로 책임지지 않았다는 사실이다.

이 책은 대체로 연대순의 구조를 취한다. 그래야만 이러한 여러 사고방식이 시간의 흐름 속에서 어떻게 발전했는지 알 수 있기 때문이다. 나는 많은 증인의 경험을 다루었다. 제3제국 안의 전형적인 사례를 대표한다는 이유로 선택된 그들의 증언은 대부분 이 책에서 처음으로 공개된 것이다. 이 자료는 힘러와 에른스트 룀, 라인하르트 하이드리히, 율리우스 슈트라이허, 헤르만 괴링, 그리고 당연히 히틀러 같은 악명 높은 나치의 이야기와 뒤섞인다. 익히 알려진 이 인물들의 일생을 자세히 얘기할 생각은 없다. 대신 그들의 심리가 어떻게 형성되었는지에 주목한다.[13] 나치의 선전자 요제프 괴벨스도 이 역사에서 중요한 역할을 수행한다. 괴벨스는 그의 표현을 빌리자면 1930년대 "정신과 영혼의 동원"에, 다시 말해 그가 보기에 "진정한" 독일인 모두에게 나치즘을 받아들이도록 설득했다는 상당히 큰 책임이 있다.[14]

30년도 더 된 일인데 나는 괴벨스에 관한 영화를 직접 대본도 써서 제작했다. 그때 이후로 늘 그에 대한 관심은 사라지지 않았다. 나는 유명한 독일 여배우 마르고트 힐셔와 베를린에서 무대에 오르기 전에 분장실에서 괴벨스에 관해 인터뷰를 진행했던 일을 생생하게 기억한다. 그때 70대 초였던 그녀는 괴벨스가 어느 정도로 독일 영화산업을 지배했는지 얘기했다. 그러나 가장 잊히지 않는 것은 그녀가 대수롭지 않게 내뱉은 말이다. 힐셔는 괴벨스처럼 "매력적인" "정치인"을 만난 적이 없다고 말했으며, "몇몇 대단한 영화배우"와 비교하며 그가 더 낫다고 말했다.[15] 괴벨스는 '매력'을 갖춘 '정치인'이었나? 어떻게 그런 말을 할 수 있는가? 괴벨스는 1940년대 초 유대인 절멸을 자랑스럽게 여긴 최악의 나치 전범 중 한 사람이다.

    제3제국을 독일의 '황금기'로 생각하는 무장친위대 장교와의 만남처럼 마르고트 힐셔와의 만남도 내게 깊은 영향을 미쳤다. 두 사람 다 내게 만약 독일 역사의 그 시기에 살았다면 어떻게 행동했겠냐고 물었다. 그렇지만 우리는 저마다 생태학과 살고 있는 환경 사이의 복잡한 관계가 낳은 소산이므로, 나는 어떻게 했을지 확신할 수 없다.

    그래서 스스로에게 이와 연관된 질문을 던졌다. 오늘 나의 삶이 급변한다면, 나는 어떻게 행동할 것인가?

    나는 2차대전 시기 사람들의 심리에 관해 강의할 때 때때로 청중에게 환경이 갑자기 변하면 무엇을 하겠냐고 묻는다. 나는 그들에게 테러리스트들이 강의실 문을 모두 잠근다고, 우리 중 200~300명이 음식과 물 없이 48시간 동안 강의실에 갇혀 있어야 한다고 상상해보라고 요청한다. 48시간이 끝날 무렵 강의실에 물 여섯 병이 던져졌고 앞으로 48시간 동안 아무것도 주어지지 않는다는 말을 들었다면, 물병이 들어왔을 때 어떻게 반응할지 예측할 수 있냐고 나는 묻는다. 무슨 일이 있어도 물을 얻기 위해 싸울 것인가? 물을 다른 사람들과 나눌 것인가? 가장 절실히 필요한 사람에게 먼저 물을 마시게 할 것인가? 어떻게 행동할지 예측할 수 없다면, 어떻게 자신을 잘 안다고 말할 것인가?

    이 책의 여러 사례가 증명하듯이, 인간의 행위는 상황이 변하면 같이 변했다. 왜 실제와 같이 그렇게 변했는지, 그 역사로부터 오늘을 위해 무엇을 배울 수 있는지 이해하는 것이 우리가 풀어야 할 어려운 숙제다.

1
음모론 퍼뜨리기

나치는 음모론에 의지해 번창했다. 그리고 그들은 자신들이 옳다는 확신을 갖기 위해 오늘날 음모론자들이 이용하는 것과 동일한 심리 작용을 이용했다. 유일한 차이는 나치의 음모론이 역사상 가장 끔찍한 범죄인 홀로코스트를 뒷받침했다는 사실이다.

나치가 이용한 여러 음모론의 시발점은 1차대전이다. 실제로 1차대전과 그것이 드리운 긴 그림자가 없었다면 나치당도 독일 총리 아돌프 히틀러도 없었을 것이다. 따라서 나치의 심리를 꿰뚫어보려면 첫 번째 전쟁, 즉 1차대전이 어떻게 다수의 나치에게 세계와 그 안에서 독일이 차지하는 위치를 바라보는 프리즘이 되었는지 이해하는 것이 매우 중요하다.

1차대전이 나치의 정신뿐만 아니라 독일 전체의 정신에도 그렇게 큰 영향을 미치게 된 한 가지 이유는 그 전쟁으로 엄청난 감정의 동요가 일어났기 때문이다. 1918년의 최종적인 굴욕은 꼭 4년 전 전쟁이 선포되었을 때 많은 독일인이 기대에 부풀어 즐거워했던 만큼 더욱 견디기 어려운 일이었다. 전쟁이 끝날 무렵 나타난 음모론들은 그 초기의 도취가 없었다면 그만큼의 힘을 지닐 수 없었을 것이다.

좌파 작가 에른스트 글레저는 1914년 8월의 분위기를 이렇게 묘사했다. "마침내 삶은 다시 이상적인 의미를 획득했다. 인류애와 충절, 애국심, 이상을 위해 죽을 각오 (…) 같은 위대한 덕목이 무역과 소매업의 정신에 승리를 거두고 있었다. (…) 이 전쟁은 인류에게서 그 불순물을 모조리 씻어낼 것이다."[1] 정치적 진영의 반대편에 있는 인물인 역사가 프리드리히 마이네케는 종전 후에 쓴 글에서 이러한 정서에 격하게 동의했다. "지금까지 독일 민족에 존재하던 모든 불화, 부르주아 내부의 불화와 부르주아와 노동계급 사이의 불화가 공동의 위험에 직면해 돌연 해결되었다."[2]

독일인들이 1914년 여름에 그 전쟁을 어느 정도까지 끌어안았는지는 최근 학자들의 도전을 받았고 당시 상황을 감안해 상대화하는 경향이 있지만,[3] 그해 8월 교전이 발발했을 때 많은 사람이 통합의 느낌을 받았다는 사실은 변함이 없다. 그렇게 함께 한다는 느낌은 같은 달 카이저 빌헬름 2세의 유명한 발언에 응축되어 있다. "나는 이제 더는 [정치적] 당파를 인정하지 않는다. 오직 독일인만 인정한다."[4] 이 말은 오늘날에는 별다른 영향을 미치지 못하겠지만 당시에는 전기에 감전된 듯 짜릿한 것이었다. 독일은 1871년에야 통일되었다. 1차대전이 발발했을 때는 50년도 지나지 않았다. 통일 후에도 독일 국가는 여전히 25개의 독립적인 주로 나뉘어 있었다. 각각의 주는 카이저의 통치권을 인정했지만 독일연방 내에서 자신들의 독립성을 잃지 않기 위해 애썼다. 바이에른은 여전히 자체의 군대와 군주를 보유했다.

1914년 8월 카이저가 선언한 것은 민족주의적인 '독일 혼'의 인식이었다. 독일이 19세기에 정치적으로는 물론 경제적, 문화적으로도 근대화하면서 얼마나 많이 변했는지를 감안할 때, 이는 특별히 더 강한 호소력을 지녔다. 이 모든 변화는 가장 중요한 질문을 남겼다. 바이에른 사람이나 프로이센 사람, 헤센 사람이 아니라 독일인이 된다는 것은 정확히 어떤 의미였나? 카이저는 나름대로 답변을 제시하려 했다. 어떤 정당에 속했는지, 어느 연방 주 출신인지는 중요하지 않았다. 독일인이라는 사실이 다른 모든 것에 앞섰다. 독일인이 된다는 것은 독일의 명예를 위해 싸워야 한다는 뜻이었다.

에밀 클라인은 당시 초등학생이었다. 훗날 헌신적인 나치가 되는 그는 이렇게 기억했다. "암회색 군복을 입은 병사들로 가득 찬 특별열차가 출발해 역사를 떠날 때면 언제나 엄청난 환호성이 일었다. 나는 자주 그곳에 나가 그들이 떠나는 광경을 지켜보았다. 아버지가 전쟁에 나갈 때도 당연히 나갔다. (…) 우리는 민족주의자로 자랐다." 그와 동료 학생들은 체육 수업을 받으러 갈 때면 〈오, 영예로운 독일이여!O Deutschland Hoch in Ehren〉 같은 '애국적인' 노래를 불렀다.[5]

나치 운동이 크게 칭찬한 작가 에른스트 윙어는 1914년 8월 열아홉 살의 나이로 육군에 입대했다. 그는 이렇게 쓴다. "안전한 시대에 성장한 우리에게는 위험을, 이례적인 경험을 갈구하는 마음이 있었다. 우리는 전쟁이 일어나서 미칠 듯이 기뻤다. 우리는 꽃 세례를 받으며, 피와 장미에 취한 분위기에서 출발했다. 분명코 전쟁은 우리가 원하는 것을 주어야만 했다. 압도적이고 거룩한 대단한 경험을."[6]

뮌헨에서 여행객에게 그림을 그려주던 스물다섯 살의 화가도 그해 8월에 비슷한 감정을 느꼈다. 아돌프 히틀러다. 오스트리아에서 태어난 그는 스스로 독일인이라고 생각했기에 즉시 바이에른의 어느 연대에 입대했다. 10년 후 히틀러는 이렇게 쓴다. "내게 그 시기는 청년기의 고통스러운 감정에서 벗어나는 해방 같았다. 오늘도 나는 폭풍 같은 열정에 젖어 무릎을 꿇고 이 순간 살아 있을 수 있게 행운을 허락하신 하늘에 넘치는 마음으로 감사했다고 말하는 것이 조금도 창피하지 않다." 히틀러가 생각했듯이 "독일 민족이 사느냐 죽느냐"가 서사적인 질문이었다.[7]

전쟁 발발 직전에 베를린의 최고사령부 Oberste Heeresleitung에는 낙관적인 분위기가 팽배했다. 바이에른에서 파견된 무관에게는 이렇게 보였다. "어디서나 미소 띤 얼굴이 보였고 복도에서는 악수하는 모습이 연출되었다. 어떤 이는 [참전 결정의] 장애물을 제거했다며 자축한다."[8]

이 모든 일이 오늘날의 우리에게는 믿을 수 없는 것처럼 보이지만, 이는 우리가 그 후 닥칠 일을, 4년간의 전쟁으로 약 1천만 명의 군인이 목숨을 잃는다는 사실을 알고 있기 때문이다. 그중 200만 명이 독일군이었다. 물론 이는 독일 지도부가 의도한 결과가 전혀 아니었다. 최고사령부는 프로이센이 "짧고 기세 넘치는" 전쟁을 해야 한다는 프리드리히 대왕의 언명에 따라 신속한 작전을 계획했다. 가능하면 몇 주 만에, 필요하다면 몇 달 안에 적을 섬멸해야 했지만, 4년 넘게 힘을 소진시키는 싸움은 분명히 아니었다. 프리드리히 대왕 시절 프로이센은 그러한 전쟁을 수행할 자원이 전혀 없었다. 카이저 빌헬름 2세 치하의 독일도 여전히 동서 양쪽에서 적에 에워싸여 있었기에 마찬가지였다.[9]

독일의 낙관론은 처음에는 타당해 보였다. 독일군이 서부전선의 첫 번째 주된 교전인 국경 전투에서 승리를 거두었기 때문이다. 그러나 8월과 9월 초에 벨기에 남부와 프랑스 북동부에서 전개된 이 일련의 전투는 그 전쟁이 다른 성격의 전쟁이라는 사실을 충격적일 정도로 빠르게 증명했다. 프랑스 북동부 모랑주에서 전투에 돌입한 프랑스군은 여전히 푸른색 외투와 붉은색 바지의 전통적인 군복을 입고 있었다. 그들은 독일군에게 쉬운 표적이었기에 마구 쓰러졌다. 현대전에서는 위장이 필요하다는 쓰라린 교훈이었다.

훗날 나치 돌격대Sturmabteilung의 지도자가 되는 에른스트 룀은 국경 전투에서 싸울 때 스물여섯 살의 중위였다. 전쟁이 끝난 뒤 그는 교전에 들어가기 전의 분위기를 이렇게 묘사했다. "전투를 앞둔 연대는 기쁨과 열정으로 가득했다."[10] 그러나 이후 룀은 병사들 사이에 퍼진 그 초기의 '기쁨과 열정'이 현대 무기의 파괴적인 힘에 어떤 시험을 거치는지 직접 목격했다. 그가 기억한 것은 '압도적인 보병과 기관총, 포격'으로 옴짝달싹 못한 '무서운' 전투였다.[11] 독일이 전투에서 승리했어도, 그의 연대는 '끔찍한 손실'을 입었다.[12]

그럼에도 독일군은 압박을 가해 연합군을 프랑스로 밀어낼 수 있었다. 1914년 8월 27일 독일군 최고사령부의 보고서는 이렇게 주장했다. 적군이 "전면적인 퇴각에 들어갔고 독일군의 진격에 실질적으로 저항할 수 없다."[13] 9월 1일이면 독일군 병사들은 파리에서 약 48킬로미터 떨어진 지점까지 진격했다. 이것이 그들이 거둔 성공의 최대치였다. 며칠 뒤 전쟁의 전체적인 진로는 변했다.

프랑스군과 영국군은 병력을 지나치게 넓게 펼친 독일군에 강력히 반격해 성공을 거두었다. 제1차 마른강 전투로 알려진 싸움이다. 불과 며칠 만에 독일군은 방어에 유리한 곳으로 후퇴해야 했다. 파리는 살아남았고, 서부전선에서는 서서히 새로운 양상의 전투가 펼쳐졌다. 참호전이다.

이는 독일과 그 동맹국들이 거의 승리할 수 없는 전쟁의 시작을 알렸다. 이는 그들이 원한 "짧고 기세 넘치는" 전쟁이 아니었다. 정체된 긴 싸움으로 상당한 자원이 필요했지만 그들은 이를 갖추지 못했다. 그러나 독일의 언론은 실제로 벌어지고 있는 일을 그런 식으로 설명하지 않았다. 제1차 마른강 전투의 충격적인 사건들은 소소한 후퇴로 묘사되었다. 위치의 변경이요 전술의 변화일 뿐이었다.[14] 이는 독일의 공식적인 전쟁 보도에 깊이 스며든 솔직하지 못한 태도의 초기 사례 중 하나였다. 이렇게 부정직한 태도는 심리적으로 엄청난 귀결을 초래한다. 독일군이 직면한 난관의 진짜 원흉들은, 다시 말해 근본적인 판단 착오를 저지른 군대 지휘관들은 거짓을 방패막이 삼아 숨었다. 그 거짓말들이 이후 음모론자들이 선택한 모든 망상의 확산을 도왔다.

―――

1차대전이 대중의 의식 속에서는 감각을 둔화시키는 지루한 전쟁으로 남아 있음을 감안하면, 전쟁 초기의 그 몇 달이 또한 전쟁의 혁명을 대표한다는 사실은 역설적이다. 현대의 여러 가지 발전이 한데 합쳐져 전투 수행 방식을 영원히 바꿔놓았다. 첫 번째 변화는, 에른스트 룀이 국경 전투에서 목격했듯이, 현대 무기의 무서운 힘이었다. 그중에서도 가장 주목할 만한 것은 진일보한 대포와 기관총이었다. 이에 더해 방어 진지를 지키기 위한 가시철조망과 통신 기능을 높이는 전화와 무선 전신도 있었다. 마지막으로 통조림 음식의 등장은 수백만 명의 군인이 한 곳에서 몇 년 동안 머물며 싸울 수 있는 결과를 낳았다.[15]

이러한 혁신은 공격군보다 방어군에게 유리했다. 이 모든 것이 진격 명령을 받은 병사들에게 미친 누적 효과는 끔찍했다. 히틀러는 최전선에 있을 때 뮌헨의 지인에게 보낸 편지에서 이 새로운 성격의 전쟁이 지닌 특성을 전하려 했다. "마침내 명령이 울려 퍼졌어. '돌격!' 우리는 벌떼처럼 쏟아져 나와 들판을 가로질러 작은 농가로 내달렸지. 좌우로 유산탄이 터지고 있었고, 그 사이로 영국군의 총탄이 핑핑 소리를 내며 지나갔어. 그렇지만 우리는 신경쓰지 않았어. 10분 동안 그곳에 엎드려 있다가 다시 전진 명령을 받았어. (…) 숲의 가장자리까지 포복해 나아갔는데, 머리 위로는 포탄이 윙윙거리며 획획 지나갔고, 박살난 나무 기둥과 나뭇가지가 주변으로 날렸어. 그때 다시 수류탄이 날아와 나무에 부딪쳐 폭발했어. 돌과 흙, 나무뿌리가 구름처럼 일어나 쏟아졌고 구역질나는 악취를 풍기는 노르스름한 초록색의 연무가 모든 것을 집어삼켰어."[16]

1941년, 히틀러는 비공식적인 자리에서 이 경험에서 얻은 교훈을 얘기했다. "내가 1914년에 전선으로 떠날 때 느낀 감정은 순전한 이상주의였다. 그때 나는 주변에서 수천 명의 병사들이 쓰러지는 것을 보았다. 그래서 나는 삶은 잔인한 투쟁이라는 사실을, 종의 보존 이외에 다른 목적은 없다는 것을 깨달았다. 한 사람을 대신할 다른 이들이 있다면, 그 개인은 사라질 수 없다."[17]

히틀러처럼 에른스트 룀도 서부전선에서 전쟁의 진정한 공포를 이해했다. 룀의 경험은 더 나빴다. 국경 전투 직후 그는 잠을 자다가 갑자기 "얼굴에 강력한 타격을 받았다. (…) 머리에서 피가 흐르는 것을 느꼈다. 살펴보니 포탄의 파편에 코의 윗부분이 찢어졌다. 얼굴에 깊은 상처가 났다. 피가 끊임없이 흘러나왔다."[18] 의사들은 룀의 목숨을 구했지만 외모를 고칠 수는 없었다. 그는 죽을 때까지 망가진 얼굴에 그날 밤을 떠올리게 하는 흉터를 안고 살아가야 했다.

룀이 부상을 입은 방식은 현대의 전쟁에 새롭게 덧붙여진 불쾌한 차원을 상징적으로 보여준다. 영구적인 심리적 효과를 갖는 차원이다. 룀은 수 킬로미터 떨어진 곳에 있었을 공격자에 의해 부상을 입었다. 이런 이유로 전장은 과거 그 어느 때보다도 더 잔혹해졌다. 데이브 그로스먼이 큰 영향력을 행사한 책《살인의 심리학On Killing: The Psychological Cost of Learning to Kill in War and Society》에 썼듯이, 사람을 마주 보고 죽이는 것은 대다수의 인간에게는 어려운 일이다. 심지어 어느 연구는 2차 대전에서 많은 미군 병사가 희생자가 눈에 보이는 상황에서는 그를 총으로 쏘아 죽일 수 없었다고 주장했다.[19] 전쟁이 끝난 후에 전투 훈련이 근본적으로 변하고 나서야 근접살상의 비율이 증가한다. 대포가 그토록 강력하고 효과적인 무기인 이유가 여기에 있다. 포병이라면 적군을 멀리서 죽일 뿐만 아니라 포반의 일원으로서 죽이는 것이다. 그렇게 살인의 책임을 다른 사람들과 나눈다. 그로스먼이 지적하듯이, 나폴레옹이 포병 장교였고 전장에서 늘 적군보다 더 많은 대포를 갖추기를 원했다는 사실은 의미심장하다.[20]

나치 운동 안에서 중요한 지위를 차지하게 된 많은 사람이 그렇게 치명적인 상황에서 싸웠다. 히틀러와 룀만이 아니었다. 전쟁이 끝날 무렵 최고 훈장을 받고 폰 리히트호펜 남작의 비행중대 지휘관이 된 헤르만 괴링, 베르됭 전투에 참여했고 종전 후에 퓌러 대리Stellvertreter des Führers가 되는 루돌프 헤스, 서부전선의 포화 속에서 용맹함을 보여주었고 나중에 나치 최악의 반유대주의자 중 한 사람이 되는 율리우스 슈트라이허,[21] 독일군의 최연소 하사관이었고 20년 뒤에 아우슈비츠 수용소장으로 임명되는 루돌프 회스가 있다.

전선에서 싸운 자는 누구나 마찬가지였지만, 이들 모두 최악의 소름 끼치는 살육전을 목도했다. 너무도 지독한 대학살이었기에 오늘날 우리는 그들이 겪어야만 했던 일을 완전히 이해하기 어렵다. 예를 들어 솜강 전투에서 싸운 영국과 남아프리카공화국 병사들에게 바쳐진 프랑스 북부 티에프발의 거대한 기념비를 생각해보자. 이 기념비는 어디에 묻혀 있는지 모르는 7만 명이 넘는 '행방불명자'를 추모한다. 이런 의문을 품을 수 있지 않을까? 어떻게 7만 명이 넘는 사람이 '행방불명'일 수 있는가? 답하자면 이렇다. 서부전선에서 전사한 군인은 대부분 대포에 맞아 사망했기 때문이다. 당시의 기술적 발전으로 대포는 과거 그 어느 때보다도 치명적인 무기가 되었다. 고폭탄의 직접적인 타격을 받는 것은 달리는 고속 열차 앞에 서 있는 것이나 다름없다. 산산이 조각나 흩어졌기 때문에 '행방불명'이 된 것이다.

1차대전에서 이 모든 일을 목격한 사람이 훗날 나치가 되는 자들만은 아니었다. 미래의 평화주의자, 공산주의자, 사회주의자도 있었다. 모든 독일인이 기꺼이 전쟁을 환영하지 않았듯이, 독일군에 복무한 사람들이 이후 전부 나치가 되지도 않았다. 전혀 그렇지 않다. 예를 들어 에리히 마리아 레마르크는 1917년 여름 최전선에서 겨우 2~3주 싸우다가 유산탄 파편에 맞아 전쟁에서 빠졌지만, 그 일로 삶이 바뀌었다. 몇 년 뒤 레마르크가 그 전쟁에 관해 쓴 소설 《서부전선 이상 없다》는 세계적인 베스트셀러가 되었다. 레마르크가 옳게 보았듯이 그는 전쟁으로 무너진 세대의 일원이었다.[22] 이 소설은 파울 보이머라는 주인공의 경험을 상세히 묘사한다. 보이머는 서부전선의 삶이 자신과 동료들을 어떻게 인간성을 상실한 짐승으로 바꿔놓았는지 설명한다.[23] 보이머는 죽은 자와 죽어가는 자가 사방에 널려 있는 야전병원의 참상을 보고 삶에 아무 의미가 없다고 결론 내린다.[24] 결국 그는 미래가 없다고 절망했고 그 파괴적인 경험을 한 마당에 종전 후 세계가 무엇을 줄 수 있겠냐고 묻는다.[25]

나치는 1929년에 《서부전선 이상 없다》가 출간되자 이를 몹시 싫어했다. 나치는 고통이 무의미하다는 레마르크의 시각을 경멸했다. 추측하건대 독일인들은 훗날 나치가 요구하는 바로 그 시각으로 그 전쟁을 바라보았다. 히틀러는 비록 삶을 '잔인한 투쟁'으로 보았지만 여전히 국가를 위해 죽는 것은 고귀하다고 생각했다. 레마르크의 허무주의적 시각은 그에게는 저주였다.

나치가 좋아한 갈등관은 다른 군인 에른스트 윙어가 제시했다. 그가 서부전선에서 복무하며 느낀 감정은 레마르크와는 완전히 달랐다. 전쟁의 경험을 문학 작품으로 설명한 《강철 폭풍 속에서 In Stahlgewittern》에서 윙어는 자신을 용맹하고 흔들림 없는 지휘관으로, 모범적으로 용기를 드러냄으로써 병사들을 이끌어 제자리를 지키게 할 수 있는 전사로 투사했다. 그는 이렇게 썼다. "나 자신이 아주 크게 위험한 곳에 있었다는 사실이 나의 주장을 설득력 있게 제시하는 데 도움이 되었다."[26]

윙어는 주위에 포탄이 빗발처럼 쏟아질 때 거의 영적이라고 말할 수 있는 각성을 경험했다. 그는 "돌처럼 꼼짝 않고" 서 있는 병사들을 보았다. "그때 섬광의 불빛에 나는 나란히 늘어선 철모 옆의 철모, 번쩍이는 칼날 옆의 칼날을 보았고, [우리가] 난공불락이라는 느낌에 압도되었다. 우리는 괴멸될지는 몰라도 분명코 정복당하지는 않을 것이다."[27]

감동적인 말이다. 야만인들의 진흙탕 싸움이라는 레마르크의 시각과는 정반대였다. 그렇지만 더 흥미로운 것은 이들의 묘사가 무척 비슷하다는 점이다. 윙어와 레마르크 둘 다 참호전의 악몽 같은 실상을 생생하게 그려낸다. 그렇다면 이 전쟁의 경험에서 한 작가는 허무주의적으로 절망을 보고, 다른 작가는 존엄과 용기를 보는 것이 어떻게 가능한가?

명백하게도 첫 번째 대답은 두 사람이 서로 매우 다른 배경을 지녔다는 사실에서 찾을 수 있다. 윙어는 청년기에 모험 정신에 젖었다. 그는 10대에 프랑스 외인부대Légion étrangère에 합류했다가 실수임을 깨닫고 탈출했다. 반면 레마르크는 비관적인 면이 있는 책벌레 청년이었다. 레마르크는 훗날 이렇게 속내를 털어놓았다. "청년기를 수심에 잠겨 간간이 자살 생각을 하며 보냈다."[28] 두 사람은 다른 점에서도 배경이 달랐다. 레마르크는 소박한 환경에서 자랐지만, 윙어는 부유한 가정에서 태어났고 낭만주의 청년운동인 반더포겔Wandervogel 운동의 일원이었다.

시기의 문제도 있다. 윙어는 1914년 여름 전쟁에 대한 열의가 뜨거웠던 초기에 독일군에 입대했다. 세 살 어린 레마르크는 1917년에 징집되었다. 역시 1차대전에 참전한 독일 극작가 카를 추크마이어도 훗날 이렇게 회상한다. "그 시절에 세대 간의 차이가 얼마나 빠르게 나타났는지, 나이 차이가 한두 살 밖에 안 되는 집단들 간의 간극이 얼마나 깊었는지 놀라울 정도다." 레마르크가 신병으로 입대했을 때, "초기의 진격이 소모전으로, 보편적이고 조직적인 대량 살육으로 변질되었음"[29]은 너무도 분명했다.

전쟁이 끝나고 10년 넘게 지났을 때 나치의 선전자 요제프 괴벨스는

《서부전선 이상 없다》를 혐오한다는 점을 소리쳐 이야기하고 윙어가 전시에 쓴 글에 찬사를 보내며 둘을 비교했다. 이는 국민의 문화적 기억을 차지하기 위한 전투였으며 나치가 기필코 승리하고자 한 싸움이었다. 훗날의 독일군 병사들에게 주입해야 할 1차대전의 해석은 레마르크가 아니라 윙어의 것이어야 했다.[30]

그러나 나치 선전자들이 직면한 어려운 과제는 1차대전이 진행되면서 전쟁의 실상이 점점 더 레마르크의 소설을 닮아갔다는 사실에 있었다. 독일에서는 일찍이 1915년 1월에 빵 배급이 실시되었고, 곧 희생양을 찾는 일이 시작되었다. 독일 신문들이 군부의 지침을 따르면서(총참모부는 아무런 잘못도 하지 않았다는 것), 실제로 일어난 일에 책임을 질 자가 필요했다.

히틀러는 1915년에 쓴 편지에서 자신의 견해를 암시했다. "우리가 바라는 것은 우리 중에 운이 좋은 자들이 외국의 영향이 더 많이 제거되어 더 순수해진 조국을 보는 것이다."[31] 히틀러가 '외국의 영향'이나 '이질성'이라는 말(그는 프렘트렌데리Fremdländeri라는 독일어를 썼다)로 정확히 무엇을 뜻했는지는 분명하지 않다. 그가 오스트리아의 빈이나 린츠에서 느껴지는 체코인들의 영향을 언급했다는 말이 있지만, 히틀러에 관한 세계적 권위자는 그 낱말에 유대인이 포함되지 않는 것은 불가능하다고 주장했다. 히틀러가 무엇을 의미했든, 그는 전선에 투입된 많은 동료와 함께 희생양을 찾고 있었다.[32]

물론 유대인은 2천 년 넘게 희생양이었다. 이제 한 번 더 다른 사람들의 잘못을 유대인의 책임으로 돌리려는 시도가 나타난다. 1916년 프로이센 육군부 장관은 '일반 국민'이 전선에서 유대인들이 싸우기를 기피했다고 주장하는 편지를 '지속적으로' 보낸다고 말했다. 그래서 군대에 유대인이 얼마나 복무하고 있는지 정확히 알아내기 위한 조사가 계획되었다. 집계 결과는 공개되지 않았는데, 이유는 거의 확실하다. 알아보니 유대인이 군 복무를 전혀 회피하지 않았던 것이다. 독일 유대인들은 제몫을 다하고도 남았다는 것이 진실이다.[33]

최근의 심리학 연구는 이러한 희생양 찾기 시도가 하나의 전형적인 유형에 들어맞는다는 점을 입증한다. 사회심리학자인 캐런 더글러스 교수는 대다수 음모론자가 "비난할 자를 찾아" 나서면서 "막후에서 조종하는 자들이 있다"는 관념이 그들의 "무기력함과 환멸감"을 처리하는 데 도움이 된다고 믿는다. 연구는 이렇게 말한다. "사람들은 때때로 자기 집단을 보호하거나 그 가치를 드높이는 방법으로 다른 집단에 관한 음모론을 믿는다. 특히 자신이 속한 집단에 대해 나르시시즘에 빠진 자들은 다른 집단에 관한 음모론을 더 쉽게 믿는 경향이 있다."[34] 독일군 최고사령부의 '나르시시즘'은 대단했다. 그들은 자신들이 세계 최고의 군인이라고 생각했다. 그러니 그 전쟁에서 어떻게 패배할 수 있겠는가? 누군가 다른 이들의 잘못이어야만 했다.

음모론과 언어의 진화 사이에도 연관관계가 있을 수 있다. 진화심리학자 로빈 던바 교수는 언어는 인간이 험담을 하도록 진화했을 수 있다고 믿는다.[35] 우리의 유인원 선조들이 사회적 유대를 맺고 유지하기 위해 털 고르기grooming를 이용했듯이, 인간은 누가 누구와 데이트를 하는지, 누가 아내를 속이고 부정을 저지르는지, 지도자의 최근 행위 뒤에 숨은 진짜 이야기는 무엇인지 따위의 주제로 토론함으로써 유대의 언어를 발달시켰다는 것이다.[36] 이러한 통찰을 출발점으로 삼으면, 던바 교수 자신은 이렇게 연결 짓지 않았지만, 음모론을 궁극의 험담으로, 다른 사람들이 숨기려는 비밀로 볼 수 있을 것이다. 그러므로 진화적으로 우리에게는 마음을 사로잡는 음모론을 찾아내려는 경향이 있을 가능성이 높다.

군대에 유대인이 얼마나 있는지 알아보려는 조사가 이루어진 1916년이라는 시기는 또한 종종 잊히곤 하는 반유대주의의 일면을 드러내 보여주었다. 그것은 여러 해 동안 잠자고 있다가 위기가 발생하면 새롭게 강도를 높여 부상할 수 있다. 유대인들은 앞서 1871년 독일 통일로 혜택을 보았다. 유대인은 독일 안에서 다양한 방식으로 제한을 받았지만(예를 들면 특정 직업을 가질 수 없었다) 이제 제약이 줄어든 상태에서 살아가고 있었다.

1차대전 발발 전에 반유대주의는 독일 안에 여전히 존재하기는 했지만 전혀 보편적이지 않았다. 대다수 독일인은 노골적인 반유대주의 정책을 신봉하는 정당에 투표하지 않았다. 실제로 많은 동유럽 유대인이 박해를 피해 비교적 안전한 독일로 이주했다.[37] 그러나 독일 안에는 19세기와 20세기 초에 나라가 근대화하는 동안 발생한 엄청난 변화의 책임을 적어도 부분적으로는 유대인에게 돌리는 자들이 있었다. 그중에는 특히 자신이 민족주의적völkish이라고 생각하는 사람이 많았다. 이 민족주의적 집단들은 숲의 아름다움과 거의 영적인 수준에 있는 농민의 특성에 열광했으며, 유대인을 이 목가적인 이상의 반정립으로 이해했다.[38] 유대인은 시골 생활을 즐기지 않고 도시에 정착해 상업에 종사하는 경향이 있었다. 이는 과거의 유산이었다. 유대인이 추구할 수 있는 직업에 제한이 있었던 것이다.

그래서 일부 유대인이 이 반유대주의적인 도시적 고정관념에 들어맞지 않을 때 반유대주의자들은 어리둥절했다. 독일 유대인이었던 오이게네 레비네는 1차대전이 끝난 후 유대인 친구들과 시골로 하이킹을 갔던 일을 기억했다. 그는 돌아오는 길에 같은 열차 칸에 앉은 어느 남자가 하는 말을 들었다. 그는 "유대인을 욕했다. 그래서 우리는 말했다. '이봐요, 우리 모두 유대인입니다.' 그러자 그는 큰 소리로 웃음을 터뜨리며 말했다. '당신들은 동포인 우리가 미쳤다고 생각하는 게 틀림없군. 당신들은 운동을 좋아하는 착실하고 훌륭한 독일 청년들임이 분명하잖소. 당신들이 유대인이라고 말하지 마시오.' 그는 진심이었다."[39]

1917년 2월 상트페테르부르크에서 발생한 극적인 사건들이 일련의 연쇄반응을 일으켜 독일이 끼치는 해악의 배후에 유대인이 있다는 반유대주의자들의 왜곡된 관념을 강화했다. 상트페테르부르크에서는 노동자들이 식량 부족에 항의하면서 봉기가 일어났다. 그 위기는 곧 점점 더 심해졌고, 혁명가들이 러시아 병사들의 지지를 얻어 3월 초에 차르의 퇴위를 이끌어냈다. 로마노프 황실이 빠르게 무너졌다는 사실은 유럽의 모든 군주국에 경고로 다가왔다.

차르를 대신한 임시정부는 독일과 그 동맹국들에 맞서 전쟁을 계속했다. 이는 엄청난 실수였다. 러시아는 1917년 여름 갈리치아에서 새롭게 공세를 펼쳤지만 실패했고, 게다가 블라디미르 레닌과 볼셰비키가 국내 전선에서 혁명과 군대의 폭동을 선동했다. 몇 달 뒤인 1917년 11월에 볼셰비키는 임시정부로부터 권력을 빼앗는 데 성공했다.

뒤이어 유대인이 볼셰비즘의 배후라는 음모론이 등장했다. 실제로 레프 트로츠키를 비롯해 볼셰비키의 몇몇 지도자는 유대인 출신이었고, 그 혁명의 배후 이론가인 카를 마르크스도 유대인이라는 주장이 있었다. 그러나 1917년 11월 혁명을 '유대인들'이 주도했다거나 조종했다는 생각은 터무니없다. 유대인은 볼셰비키 지도자들 중에서 소수였고, 카를 마르크스는 조상에 유대인이 있기는 하지만 루터파 교인으로 세례를 받았다. 그러나 지금도 그렇듯이 음모론자에게 사실은 중요하지 않으며, 유대인이 볼셰비즘을 지배했다는 거짓말은 이후 나치의 사고에서 핵심적인 부분이 된다.

필사적으로 혁명을 지키려 한 레닌은 러시아의 참전을 즉각 종결시키기를 원했다. 1917년 12월 새로운 러시아 정권은 독일과 그 협력 국가들, 즉 동맹국과 휴전협정을 체결하기로 합의하고 바르샤바에서 동쪽으로 약 160킬로미터 조금 넘게 떨어진 브레스트-리토프스크에서 강화협상을 열었다.

동시에 동맹국에는 국내 전선에서 버팀목이 무너지고 있음을 알리는 일이 있었다. 1917년에서 1918년으로 넘어가는 겨울, 먼저 빈과 부다페스트에서, 뒤이어 베를린에서 일련의 파업이 일어났다. 마치 러시아 혁명을 촉발하는 데 일조한 '평화와 빵'의 요구가 서쪽으로 확산하는 것 같았다. 나중에 나치의 주요 인사들은 1차대전 때 굶주림이 어떻게 독일인의 의지를 꺾었는지 떠올리게 된다. 그들은 2차대전에서는 그런 일이 되풀이되지 않아야 한다는 결연한 의지를 보여주었다.[40]

레프 트로츠키는 1918년 1월의 파업을 혁명이 유럽 전역에 퍼지고 있다는 증거로 보았다. 그는 "독일 제국주의가 군사력을 동원해 우리를 파멸하려" 한다면 "국제적 프롤레타리아트"가 봉기할 것이라고 주장했다.[41] 그는 틀렸다.

독일 군대가 1918년 1월 베를린의 파업을 진압했고, 2월 9일 동맹국은 우크라이나와 강화협정을 체결했다. 독일과 그 협력 국가들은 연간 빵 100만 톤을 받는 대가로 우크라이나의 독립을 인정하기로 했다. 이는 러시아의 새로운 볼셰비키 정권에는 명백한 도발이었다. 우크라이나는 이전에 러시아 제국의 일부였기 때문이다.

100만 명에 가까운 동맹국 병사들이 라트비아, 에스토니아, 벨라루스, 우크라이나로 진격하면서, 협상이 진행되는 동안 중단된 동부전선의 전쟁은 한 번 더 활기를 띠었다. 러시아 군대는 이를 저지할 힘과 동기가 부족했고, 3월이 되면 동맹국은 키이우를 점령한다.

이제 레닌은 그 어느 때보다도 더 간절히 전쟁에서 발을 빼고 싶었다. 그는 차르 체제가 무너진 한 가지 이유는 상트페테르부르크에 전선으로 가고 싶지 않은 징집병들이 있었기 때문임을 알고 있었다. 레닌이 이로부터 끌어낸 교훈은 간명했다. 전투를 중단시키는 데 필요한 것은 무엇이든 행하라. 굴욕적인 강화라도 전쟁을 계속하는 것보다는 낫다. 볼셰비키가 절실하게 협정을 체결하려 한다는 것을 모를 사람은 없었다. 오스트리아-헝가리 총참모부의 포코르니 중령은 이렇게 말했다. "강화협정은 레닌 정부에 생사의 문제로 보인다."⁴²

그러나 볼셰비키가 동맹국과 합의한 조약은 굴욕적인 것에 그치지 않았다. 훨씬 더 나빴다. 그것은 역사상 가장 가혹한 일방적인 협정 중 하나였다. 1918년 3월 3일에 체결된 브레스트-리토프스크 조약에 따라 러시아는 전쟁 전 인구의 3분의 1과 석탄의 약 90퍼센트를 빼앗겼다. 핀란드와 리투아니아, 우크라이나 등 러시아의 지배를 받았던 영토의 일부가 '독립'을 인정받았다. 그러나 그 여러 지역에서 '독립'은 독일

군의 주둔을 의미했다.[43]

1차대전이 끝난 후 연합국이 조약을 폐기하면서 독일은 얻은 것을 전부 상실했지만, 한 가지 사실은 그대로 남았다. 브레스트-리토프스크 조약은 러시아로 하여금 그들로부터 귀중한 자원을 강탈하는 조약을 수용하게 만들 수 있음을 증명했다. 히틀러가 2차대전에서 바로 그 동일한 지역을 침공하기로 결심했을 때, 독일인들은 그 결정적인 역사의 한 장면을 떠올린다. 역사가 골로 만은 이렇게 쓴다. "브레스트-리토프스크 조약은 잊힌 강화조약이라는 말을 들었지만, 독일인들은 그것을 잊지 않았다. 그들은 자신들이 러시아를 무찔렀다는 사실을 알고 있으며, 때때로 비록 보상을 받지는 못했을지언정 그 전쟁에서 유럽이 거둔 진정한 업적이라고 자랑스럽게 여겼다."[44]

그러나 동맹국이 동부전선에서 눈부신 성과를 거두는 동안, 서부전선의 상황은 나빠지고 있었다. 1917년 4월 미국이 독일에 전쟁을 선포했으며, 여섯 달 뒤에는 미군 병사들이 전투에 참여하고 있었다. 독일은 국내 전선에서 그 어느 때보다도 더 심한 결핍에 시달리고 있었고, 분위기는 폭발 직전이었다. 1918년 5월 바이에른주 잉골슈타트의 거리에서 큰 소리로 전쟁에 관해 불평을 늘어놓은 장애인이 경찰의 공격을 받자 항의 시위가 벌어졌다.

알로이스 팔러는 꼬마였을 때 잉골슈타트 시위에 참여했다. 그는 이렇게 기억한다. "군중이 엄청나게 많이 모였다. 나는 시골에서 왔고 그런 것을 경험한 적이 없었다. (…) 시청 옆 (…) 경찰서 앞에 시민과 군인 수천 명이 모여 그 상이군인을 구타했다고 추정되는 경찰관에게 [나오라고] 요구했다. (…) 그들은 점점 더 크게 소리쳤지만, 그는 움직이지 않았다. 나오지 않았다. 그때 한 군인이 돌멩이를 주워들고 내게 말했다. '자, 유리창을 박살내자. 그러면 그가 나올지도 몰라.' 그는 내게 두 번 말할 필요가 없었다. (…) 유리창을 박살내도 된다는 것은 재미있는 일이었다. 그래서 나는 그렇게 했다. 아이고! 그렇게 시작되었다! 한 장이 깨지자, 사람들이 저마다 돌멩이를 찾아 유리창을 박살냈다."45

군중은 결국 시청으로 진입해 내부를 파괴했다. 팔러는 이렇게 회상한다. "그때쯤이면 나는 이미 현장을 벗어났다. 나로서는 감당하기 어려웠다. 무서워서 도망쳤다. (…) 그 정도면 첫 경험으로 충분했다. 나는 너무 위험하다고 생각했다." 그러나 팔러는 도시에 주둔한 병사들이 얼마나 간절히 "전쟁이 끝나기를 바랐는지" 기억했다. 그들은 "모두 외치고 있었다. '우리는 평화를 원한다, 우리는 평화를 원한다!'" 팔러가 보았듯이, 이는 보통 사람들이 어떻게 억압에 맞서 일어나는지 보여주는 사례였다. 그 시위에 깊은 감명을 받은 팔러는 훗날 독일공산당에 가입한다.

잉골슈타트에서 시위가 격화할 때, 서부전선에서는 독일군이 마지막 사력을 다해 공격을 전개하고 있었다. 독일군 최고사령부는 전쟁을 끝맺으려면 철저한 조치가 필요하다고 인식했다. 그 조치는 연합군을 영국해협 쪽으로 밀어내려는 시도였던 루덴도르프 공세였다. 특별 훈련을 받은 돌격부대가 연합군 전선으로 돌진하는 총공격이 핵심이었다. 연합군은 이동탄막으로 그들 앞에 포탄 세례를 퍼부어 전선을 방어했다.

독일군은 처음에는 상당한 성과를 거두었다. 1918년 3월 말 거대 기업집단 크루프 제철Krupp-Gussstahlfabrik의 대표이자 훗날 히틀러 내각의 일원이 되는 알프레트 후겐베르크는 육군 원수 힌덴부르크에게 전갈을 보내 심정을 토로했다. "겁쟁이처럼 독일의 승리를 의심하고 전혀 믿지 않던 사람들이 지금은 그것을 목전에 다가온 가능성으로 보고 있습니다."[46]

5월 말, 파리는 다시 위협에 처할 것 같았다. 독일군 중위 헤르베르트 줄츠바흐는 이렇게 썼다. "공격에 나서 진격하는 용맹한 우리 연대 병사들의 얼굴을 보는 것은 놀랍다. 그들은 기쁨에 겨워 거의 웃고 있으며, 그들이 내다볼 수 있는 것은 승리뿐이다. 국내에 있는 국민이 이를 볼 수만 있다면!"[47] 제36사단의 대대장 프리츠 마테이 대위도 비슷하게 무아지경에 빠졌다. 그는 집에 보낸 편지에 이렇게 썼다. "어디서나 전투의 즐거움이, 전투의 열정이 넘쳤다. 사방에서 승리를 외쳤고, 포로를 잡아오고 전리품을 약탈했으며, 5월의 빛나는 태양이 승리의 미소를 지었다. 1914년의 그날들이 돌아온 것 같았다."[48] 어떤 의미에서는 그가 옳았다. 1914년에 거둔 초기의 여러 승리가 용두사미로 입증되었듯이 루덴도르프 공세도 마찬가지였다. 꼭 여섯 달 뒤에 독일은 전쟁에서 패했다.

1918년 5월의 낙관적 분위기를 감안하면, 많은 독일인이 온갖 음모론으로 파멸적인 운명의 전환을 설명하려 한 것도 당연하다. 그 음모론들에 유대인과 사회주의자 정치인들이 꾀한 배반이라는 망상이 포함되는 경우가 많았다. 그러나 독일이 패한 진정한 이유는 더 평범했다. 독일군이 1918년 봄에 큰 진전을 보인 것은 사실이지만, 이는 막대한 희생을 치르고 이뤄낸 것이다. 전사자와 부상자, 포로, 행방불명자를 합쳐 68만 명이 넘었다.[49]

1918년 마른강 공세에 참여한 독일군의 헤르베르트 리히터는 이렇게 확인했다. 그의 소속 부대는 "상당한 진척을 보였다." "포로를 많이 잡았다." 그렇지만 "우리는 아주 많은 사상자를 냈다." 부대의 장교가 전부 사망하자, 최하급 장교였던 그가 포병중대를 지휘해야 했다. "다행스럽게도 나는 그 일을 잘 해냈고, 이후 우리는 (전력을) 회복하라고 후방으로 보내졌다." 리히터는 그해 여름 전투 중에 그밖에 다른 사실을 알아챘다. 연합국은 "장비를 더 잘 갖추고 있었다. 그들은 방수 군화를 신었다." 반면 리히터와 그의 동료들은 물이 새는 신발을 신은 채 "진창을 뚫고 지나가야 했다."[50]

연합국도 손실을 입었지만 차이가 있었다. 미군이 줄지어 도착해 교체될 수 있었던 것이다. 이와 같은 전력의 엄청난 불균형은 1918년 7월 24일 연합국 최고사령관 페르디낭 포슈가 연합국의 다른 군사 지휘관들에게 '전환점'에 도달했음을 선언할 수 있겠다고 생각한 한 가지 이유였다. 그의 메모를 대독한 참모장 막심 베강은 포슈의 견해를 충실히 따라 이렇게 말했다. "지금까지 수적 열세로 부득이하게 취할 수밖에 없었던 전반적인 방어 태세를 버리고 공세로 전환할 때가 왔다."[51]

독일은 강력한 타격을 입고 항복했다. 연합국은 전차와 비행기, 정밀 포격의 결합으로 적군의 방어선을 깨뜨린 뒤 한두 달에 걸쳐 기진맥진한 독일군을 밀어냈다. 1918년 9월 말, 사실상 독일에서 가장 강력한 두 사람이었던 육군 원수 힌덴부르크와 루덴도르프 장군은 더 버틸 수 없다고 판단했다. 그 전해에 러시아에서 일어난 일, 다시 말해 낙담한 병사들이 기존 체제를 무너뜨리는 데 힘을 보탰다는 사실이 두 사람의 마음을 무겁게 짓눌렀다. 어떤 대가를 치르더라도 독일이 비슷한 운명을 맞이하는 것만큼은 피해야 했다. 두 사람은 카이저에게 즉각적인 휴전이 필요할 뿐만 아니라 연합국, 특히 미국을 그들이 더 민주적인 독일을 상대하고 있다고 안심시키는 것이 절실하다고 말했다.

이는 루덴도르프와 힌덴부르크에게는 부가적인 이점이 있는 전략이었다. 패배와 거리를 둘 수 있었던 것이다. 두 사람은 스스로 책임을 떠안지 않고 그 대재앙을 불운한 정치인들 탓으로 돌릴 수 있었다. 이것이 9월 말 루덴도르프가 참모들에게 한 유명한 말의 배경이다. "나는 상황이 이 지경에 이르게 되었다는 사실에 우리가 주로 감사해야 할 무리들을 정부에 입각시키라고 폐하께 조언했다. (…) 그들에게 강화를 협상하고 체결하게 하자. 그들이 우리를 위해 요리한 수프를 그들에게 먹이자."[52]

정치인들에게 이 수프를 먹게 하자는 계획에서 핵심적인 부분은 독일 대중에게 임박한 재앙에 관한 정보를 계속해서 숨기고 군대는 확실하게 낙관적인 거짓말을 늘어놓는 것이었다.[53] 이 계략은 명백히 국내의 분위기를 진정시키고 독일군 지휘관들의 평판을 보호하기 위한 것으로서 장기적으로 파멸적인 효과를 가져왔다. 11월에 독일 중심부에서 멀리 떨어진 곳에서 여전히 전투가 벌어지고 있는 가운데 휴전이 닥쳤을 때, 도처에서 놀랍다는 반응이 나왔다. 헤르베르트 리히터는 이렇게 회상했다. "우리는 정말로 의아하게 생각했다. 결코 패배했다고 생각하지 않았기 때문이다. 전선의 부대들은 패했다고 느끼지 않았으며, 왜 이렇게 빨리 휴전협정이 체결되었는지, 우리가 왜 그토록 성급하게 모든 진지를 비우고 물러나야 했는지 의심했다. 우리는 여전히 적의 영토에 있었기 때문이다. 우리는 이 모든 일이 이상하다고 생각했다."[54]

1918년 10월 말에서 11월 초, 사태는 빠르게 전개되었다. 빌헬름스하펜 항구에서 출발하라는 명령이 떨어졌을 때 이를 영국 해군에 대한 무의미한 공격이라고 생각한 해군 병사들이 폭동을 일으켰고, 이 항의는 곧 킬 등지로 퍼졌다. 그들 다수가 그 전해 러시아 혁명가들이 했던 말을 되풀이해 카이저의 퇴위를 요구했다.

벨기에의 스파에 있는 독일군 사령부에서 카이저는 이렇게 선언했다. 만일 볼셰비키 혁명이 일어난다면 "나는 몇 개 사단을 이끌고 앞장서서 베를린으로 진격해 반역자를 모조리 목매달아 죽일 것이다."[55] 그러나 측근들은 그에게 그러한 극적 행위를 하지 말라고 설득했다. 특히 몇몇 장군이 군대가 그를 따를 준비가 되어 있는지 의심스럽게 생각했기 때문이다.

빌헬름 그뢰너 장군은 다른 생각을 하고 있었다. 그는 이렇게 제안했다. "카이저는 즉각 전장으로 가서 그곳에서 죽을 자리를 찾아야 한다."[56] 그뢰너는 이러한 자기희생이 독일인들의 전쟁 인식에 극적인 효과를 주리라고 생각했다. 그러나 카이저는 목숨을 버릴 뜻이 없었고, 그래서 11월 9일 저녁에 퇴위하고 달아나 네덜란드로 망명했다.

예측 가능한 일이었지만 카이저의 축출에 많은 사람이 격분했다. 훗날 육군참모장Generalstabschef des Heeres이 되는 루트비히 베크는 누이에게 보낸 편지에 이렇게 썼다. "평생 동안 직접 목격한 일 중에 11월 9일과 10일의 일보다 더 나를 화나게 한 것은 없다. 지금까지 나는 그와 같은 극도의 비열함과 비겁, 무감각은 불가능하다고 생각했다. 불과 몇 시간 만에 500년의 역사가 산산이 무너졌다. 카이저는 도둑처럼 네덜란드 땅으로 추방당했다. 도덕적으로 올바른 고귀한 사람에게 이런 일이 그렇게 빨리 일어날 수 있다니." 베크의 이 말은 의미심장하다. "우리는 등에 칼을 맞았다."[57] 여러 해 동안 반향을 일으키는 말이다.

그러나 이것이 유일한 반응은 아니었다. 에른스트 윙어 같은 몇몇 젊은 장교는 카이저가 전투에서 자신을 희생하지 않음으로써 그 높은 지위를 배반했다고 느꼈다. 1922년에 윙어는 이렇게 쓴다. 카이저의 죽음을 "그에 앞서 죽으러 나간 수많은 사람이 요구했을 것이다."[58]

아직 독일군에 입대하지 않은 열여덟 살의 프리돌린 폰 슈파운도 카이저의 도피에 실망했다. "나는 독일의 지배계급, 즉 귀족과 카이저, 왕, 대공들이 쿠데타로 불가피한 처지에 몰린 것이 아닌데도 도망가는 것을 지켜봐야 했다. 이해할 수 없는 일이다. 저항해보려는 사람이 한 명도 없다니. 황태자는 왜 군대를 이끌고 베를린으로 진격하지 않았나? 아직 전쟁에서 패하지도 않았는데. 대신 [그들은] 혼돈을 남기고 떠났다." 훗날 나치당에 가입하는 슈파운은 "이로부터 구시대의 지배계급은 이제 통치에 적합하지 않다는 사실을 깨달았다. 이는 내게 고통스럽지만 매우 중요한 인식이었다."[59]

잽싸게 도망가 위기에서 벗어난 카이저의 이미지는 오래도록 사라지지 않는다. 독일 군주국의 평판에 영구적인 오점을 남긴 것이다. 훗날 전쟁 중에 전선의 배후에서 안전하게 지내다가 망명해 풍요롭게 생활한 카이저와 전선에서 일반 사병으로 용맹하게 싸워 철십자훈장을 받은 히틀러는 뚜렷하게 대비되었다.

그렇지만 독일군 병사들은 비록 패배했음에도 집으로 돌아왔을 때 굴욕을 당한 군대의 일원이라는 취급을 받지 않았다. 《타임스The Times》의 어느 기자는 베를린에 '어마어마한 군중'이 모여 병사들을 '열렬히 환영'하는 것을 목격했다. 1918년 12월 10일, 새로운 총리 프리드리히 에베르트는 브란덴부르크 문에서 행진하는 병사들에게 말했다. "적은 그대들을 이기지 못했다. 적의 병력과 물자가 점점 더 큰 우세를 차지했을 때에야 우리는 싸움을 포기했다. 영웅적인 용기를 보여준 그대들에게 더이상의 쓸데없는 희생을 요구하지 않는 것이 우리의 의무였다."[60]

에베르트가 왜 독일군이 패배하지 않았다고 거짓을 설파했는지 짐작하기는 어렵지 않다. 혁명이 터질 위험성이 있었고, 진실의 왜곡이 병사들의 충성을 유지할 수 있다면 그렇게 해야 했다. 그러나 에베르트는 이러한 행동 방침을 취하면서 루트비히 베크를 비롯한 여러 사람의 더 큰 해로운 거짓말에 부채질을 했다. 전선의 군대가 독일 내부의 후방에 있는 적들에 의해 "등에 칼을 맞았다"는 거짓말이다.

이것이 이듬해 나라에서 가장 존경받는 사람 중 하나인 육군 원수 파울 폰 힌덴부르크가 이용한 음모론이다. 그는 그 전쟁의 재앙 같은 경과에 책임을 져야 했지만 비난을 피하기 위해 할 수 있는 일을 다 했다. 군대는 정성을 들여 힌덴부르크를 '타넨베르크의 영웅'으로, 1914년 동부전선에서 그가 지휘해 거둔 승리의 영웅으로 선전했다. 그 이후의 패배들은 이 초기의 승리와 나란히 언급되지 않았다.

1919년 공개 청문회에서 힌덴부르크는 그 전해에 독일이 겪은 굴욕에서 한층 더 멀어질 기회를 잡았다. 그는 이렇게 주장했다. 전쟁 중에 독일의 정당들로부터 "마음에서 우러나온 강력한 협조를 원했다." 그렇지만 "실패와 부진에 직면했다." 그는 이렇게 말했다는 '영국 장군'의 발언을 인용하며 찬동을 표했다. "독일군은 등에 칼을 맞았다." 그래서

힌덴부르크는 결과를 두고 군대를 비난할 수 없다고 주장했다.⁶¹

힌덴부르크는 이러한 말로써 실로 많은 독일인의 정신에 크나큰 상처를 입혔다. 종전 후의 혼란 속에서, 수백만 명의 민족주의적 독일인은 진실을 말해줄 신뢰할 만한 인물을 간절히 바라는 마음이 매우 컸다. 타넨베르크의 영웅보다 더 신뢰할 사람이 어디 있겠는가? 그의 명예로운 배경을 감안할 때, "등에 칼을 맞았다"는 거짓말의 전파에서 힌덴부르크가 한 역할은 결코 작지 않았다. 1919년 11월 기자 테오도어 볼프는 이렇게 날카롭게 지적했다. "다른 한편에 무오류론[힌덴부르크와 루덴도르프는 잘못이 없다는 이론]이 등장하지 않았다면, 불운한 희생양 이론은 나오지 않았을 것이다."⁶²

더글러스 교수가 지적하듯이, 이러한 심리학 연구 결과는 더 나빴다. "어떤 사람이 일단 하나의 신념을 매우 강하게 고수하면 그 신념을 바꾸기는 매우 어렵다." 그뿐만이 아니다. "어떤 사람이 하나의 음모론을 믿으면 다른 음모론을 믿거나 찾아볼 가능성이 매우 높다. 토끼 굴에 들어가면 길을 잃을 수 있다."⁶³

1919년 1월, 그렇게 뜨거운 분위기의 독일에서 혁명이 성공할 것처럼 보이기도 했다. 베를린 거리에서는 좌파의 주요 인사 카를 리프크네히트와 로자 룩셈부르크의 주도로 폭동이 발생했다. 리프크네히트는 공공연히 세계혁명을 부르짖었다. 프리돌린 폰 슈파운은 리프크네히트의 말을 듣고는 경악했다. 그는 이렇게 회상했다. "그들은 독일을 혼란에 빠뜨리기를 원했다. 그들은 에베르트 정부를 무너뜨리기를 원했

다. 나는 이에 저항해야 한다는 결론에 도달했다. 그때부터 나는 힘닿는 데까지 저항했다."[64]

얼마 지나지 않아서 슈파운은 한 의용대에 합류했다. 패전의 여파로 결성된 우파의 준군사 단체로 대개 정부에서 급여를 지급했다. 많은 의용대원은 향후 '제3제국'이 출범하기를 기대했다(신성 로마 제국이 '제1제국'으로 여겨졌고, 독일 통일로 형성되어 1차대전 종전까지 존속한 제국이 '제2제국'으로 여겨졌다). 그러나 많은 사람에게 제3제국이라는 발상은 독일의 부활이라는 막연한 관념에 대한 믿음보다는 약간 더 큰 것이었다. 오버란트 의용대Freikorps Oberland의 어느 지지자는 이렇게 썼다. "오버란트 사람들이 지닌 제3제국이라는 관념보다 그들의 연대 정신을 더 잘 드러내주는 것은 없다. (…) 그들은 꿈속 깊이 이 신비를 간직했다. 이 신비는 누군가 엄밀하게 정의하려는 순간 곧 구체적인 정치 강령으로 퇴화할 것이다."[65] 각 의용대의 단원들은 지휘관에게 절대적으로 충성했다. "국민 전체의 필요에 대한 (…) 개인 복종"을 상징적으로 보여주는 행위다.[66]

의용대 부대들은 베를린 봉기를 진압하는 데 결정적인 역할을 수행했다. 1919년 1월 15일 룩셈부르크와 리프크네히트는 체포되어 살해되었다. 에베르트는 불과 몇 주 전 킬에서 일어난 혁명을 진압하는 데 일조한 구스타프 노스케와 함께 정부군과 나란히 이 강인한 프리랜서 전사들을 쓸 수 있어서 기뻤다. 에베르트와 노스케가 우파 정치인이 아니라 사회민주당 당원이었다는 사실에 주목해야 한다. 그 절망적인 시기에 중도좌파 인사들조차도 우파의 준군사 단체를 이용할 준비가 되어 있었다.

룩셈부르크와 리프크네히트가 죽고 나흘이 지났을 때, 독일의 유권자들은 투표소로 가서 새로운 연방의회 의원들을 선출했다. 독일의 정치사에서 역사적으로 의미 있는 순간이었다. 여성이 처음으로 투표할 수 있는 선거였기 때문이다. 결과를 보니 독일 국민은 명백히 새로운 출발을 열망하고 있었다. 대다수가 민주주의와 새로운 독일에 충성을 공언한 정당들에 표를 주었다.

그러나 어느 것도 정치적 상황이 안정되었음을 뜻하지는 않았다. 예를 들면 뮌헨의 상황은 위험했다. 사회주의자인 기자 쿠르트 아이즈너는 1918년 11월 7일의 시위를 이용해 병사들의 폭동을 선동했다. 사태는 걷잡을 수 없이 빠르게 확산되었고, 이튿날 이른 시간에 바이에른은 공화국을 선포했다. 바이에른 왕실은 국왕을 포함해 황급히 도시를 떠났다.

그 11월에 뮌헨을 돌아다니다 사태를 목격한 에른스트 룀은 소름이 끼쳤다. 그는 그것이 "최고로 치욕스러운 체제 전복"이라고 생각했다. 그는 1928년에 발표한 자서전에서 자신이 1919년 2월에 "작성해 배포한", "당시의 내 견해"를 표명한 일련의 선전 책자를 인용했다. 룀은 혁명에 가담한 병사들을 질책하며 이렇게 말했다. "조국이 매우 위급한 시기에 그대들은 카이저와 국왕을 배반했고 신에게 한 맹세를 저버렸다." 군인의 '정신'은 '쉽게 매수되는 유대인과 악당들'에 의해 더럽혀졌다. 룀은 말한다. 이 "유대인과 외국인들이 그대들을 지배한다." 그들은 다른 '매국노들'과 함께 "용맹한 우리 군대의 등을" 칼로 찔렀다. 그는 병사들에게 호소했다. "정식으로 신께 바친 맹세를 어겼으니 그대들의 명예를 구하고 회복하라!"[67]

이는 나중에 나치가 취한 접근방식의 새싹이라고 하겠다. 히틀러는 사회주의자를, 심지어 공산주의자까지 지지한 적이 있는 많은 병사를, '배반'한 적이 없다고 말하기만 하면 당에 받아들였다. 히틀러가 훗날 현실을 왜곡해 1920년대 초에 나치당의 '90퍼센트'가 '좌파 분자들'로 이루어졌다고 주장할 정도였다.[68] 물론 전향을 허용하려면 좌파에 있던 자들이 '유대인들'과 '반역자들'의 핵심 집단에, 다시 말해 결코 용서받을 수 없는 혼란의 선동자들에 의해 오도되었다는 음모론의 유지가 필수적이었다.

우파의 다른 많은 집단도 역시 독일에서 벌어진 일을 두고 유대인을 비난했다. 쿠르트 아이즈너가 바이에른 공화국Volksstaat Bayern을 선포한 다음날, 툴레 협회Thule-Gesellschaft라는 '민족주의적' 단체가 뮌헨에서 회합을 열었고, 창립자인 루돌프 폰 제보텐도르프가 연설을 했다. 그는 이렇게 시작했다. "형제자매들이여! 우리는 어제 우리에게 익숙하고 귀하고 가치 있는 모든 것을 잃었다. 우리 혈통의 군주들 대신 우리의 숙적 유다가 지배한다. 이 혼란이 무엇을 가져다줄지 우리는 아직 모른다. 짐작할 수는 있다. 싸움의 시간이 올 것이다. 혹독한 고난의 시간, 위기가 닥칠 것이다! 이 싸움에 들어와 있는 우리는 모두 위험하다. 적이 유대 종족의 무한한 증오로써 우리를 혐오하기 때문이다. 이제 눈에는 눈, 이에는 이로 대응할 때다."[69]

쿠르트 아이즈너가 얼마 전에 파업을 선동했다고 고발되어 투옥되었다는 사실, 그가 유대인으로 태어났다는 사실은 제보텐도르프가 말하고 싶은 이야기에 완벽하게 들어맞았다. 제보텐도르프에게 아이즈너는 의심할 바 없이 "유대 종족의 무한한 증오"를 가진 자였다. 그러나 모름지기 선입견이라면 다 그렇듯이 제보텐도르프의 논거는, 그의 폭언을 점잖게 표현하자면, 사실의 취사선택에 의존했다. 1918년 11월 뮌헨 혁명의 근본적인 원인은 아이즈너가 비범하기는 했지만 그와 같은 인물이 아니었다. 그것은 패전에 따른 결과였다. 아이즈너는 이미 나타나 있는 원한과 분노를 표현했을 따름이다.

아이즈너가 바이에른 군주국을 무너뜨리는 데 성공한 것은 수천 명이 그를 지지했기 때문임을 잊어서는 안 된다. 그중에는 페미니스트 아니타 아우크스푸르크와 리다 구스타바 하이만도 있었다. 몇 년 뒤에 하이만은 이렇게 쓴다. "아니타와 나는 쿠르트 아이즈너를 보러 갔다. 이 남자가 원하는 것은 우리의 강력한 소망과 일치했다. 우리가 일생의 목표로 삼은 일이다. 우리는 노예제로부터의 해방과 자유, 정의라는 동일한 열망으로 하나가 되었다. (…) 돌이켜 보면 그후 몇 달은 마치 경이로운 꿈만 같다. 믿을 수 없을 만큼 멋진 시간이었다. 전시의 무거운 압박은 사라졌고, 긍정적인 분위기로 발걸음도 가벼웠다. 하루의 시간은 그 의미를 잃었다. 식사 시간을 지나쳤고, 밤은 낮으로 바뀌었으며, 잠을 자지 않아도 좋았다. 오직 살아 움직이듯 타오르는 불꽃 하나뿐이었다. 말하자면 적극적으로 움직여 더 나은 공동체를 건설하는 데 보탬이 되는 것이다. (…) 마지막으로, 여자들은 넉넉함으로부터 무엇인가를 창조할 수 있었다. (…) 그 겨울의 몇 주는 수고와 희망, 행복으로 가득했다."[70]

그러나 아이즈너는 늘 반혁명 세력의 공격을 받을 위험에 처해 있었다. 1919년 2월 21일 그는 잔인한 공격의 희생자가 되었다. 안톤 폰 아르코 아우프 발라이 백작이 의사당으로 가는 아이즈너를 총으로 쏘아 죽였다. 안톤은 그를 공격하기 전에 이렇게 썼다. "아이즈너의 목적은 무정부상태를 만드는 것이다. 그는 볼셰비키다. 그는 유대인이다. 그는 독일인이 아니다. 그는 자신이 독일인이라고 생각하지 않는다. 그는 독일인의 감정을 모조리 무너뜨리고 있다. 그는 조국의 반역자다."[71]

아이즈너의 죽음은 매우 역설적이다. 첫째, 그는 최근 선거에서 입지를 상실해 이미 상당한 정치적 실패를 겪었다. 둘째, 안톤은 부분적으로는 자신의 유대인 혈통과 제보텐도르프가 자신의 툴레 협회 가입을 거부한 것 때문에 움직였을 것이다. 제보텐도르프는 이렇게 썼다. 안톤은 "핏줄에 모계를 통해(그의 어머니는 결혼 전 성이 오펜하임Oppenheim이다) 유대인의 피가 흐르고 있다. 그는 이드Yid(유대인)다."[72] 오펜하임 가문 사람 다수가 기독교도로 개종했고 정치적으로 우파였다는 사실은 중요하지 않았다. 제보텐도르프에게 그들은 여전히 유대인이었다. 광적인 인종주의자였던 그는 중요한 것은 오로지 핏줄에 흐르는 '피'라고 믿었다. 툴레 협회의 좌우명은 이러했다. "네가 독일인임을 기억하라! 너의 피를 깨끗하게 유지하라!"[73]

경제적 문제가 지속되는 중에(25만 명 이상의 독일인을 죽음에 이르게 한 스페인 독감의 유행으로 더욱 나빠졌다), 4월에 뮌헨에서 사회주의적인 '바이에른 레테공화국Räterepublik Baiern/Münchner Räterepublik'이 수립되었다. 이 새로운 체제의 과격한 옹호자들은 원래 공산당의 정부 참여를 계획했지만, 공산주의자들은 마지막 순간에 지지를 철회했다. 한편 요하네스 호프만이 이끄는 사회민주당은 바이에른 북부의 밤베르크로 도피하고 뮌헨의 혁명가들을 비난했다.

이 최초의 레테공화국은 채 일주일도 존속하지 못했다. 그러나 두고두고 농담거리로 회자되기에는 충분했다. 외교위원Volksbeauftragter für

Äußeres(외교부 장관) 프란츠 리프 박사는 '혁명'이 어떻게 되어가고 있느냐고 묻는 레닌의 전언에 "다행히도 오버바이에른의 프롤레타리아트가 단합했다"는 것은 좋은 소식이지만 "도망자 호프만이 (…) 내 부서 화장실 열쇠를 가져간" 것은 나쁜 소식이라고 답했다.[74] 리프는 또한 새 정부에 기관차 60대를 '임대'하기를 거부했다는 이유로 스위스에 전쟁을 선포했다. 나중에 밝혀진 일이지만 당시 그는 정신병원에서 퇴원한 지 얼마 되지 않았다.[75]

이 첫 번째 레테공화국의 뒤를 이은 정권도 거의 태도가 다르지 않았다. 두 번째 레테공화국은 강경 노선의 소비에트공화국이었는데 강인한 혁명가들이 이끌었으며, 이들의 권력 장악에 계기가 된 것은 뮌헨을 다시 장악한다는 호프만의 계획이었다. 러시아 태생의 독일인 공산주의자 오이겐 레비네는 도시 안의 상황을 안정시키려고 첫 번째 레테공화국에서 아마추어들을 제거하고 자신이 직접 감독했다. 그 소식을 들은 알로이스 팔러는 이렇게 생각했다. "사회주의가 다가오고 실업이 사라지며 직업을 가질 권리를 갖게 되고 더 많은 급여를 받게 되리라는 것이 한 줄기 희망이다. (…) 당연히 희망이 있다. 그것은 분명하다."[76]

새 정권의 지도부에는 유대인들이 있었다. 이 사실이 그들의 적에게는 더욱 강한 반유대주의 선전을 촉발했다. 다시금 유대인과 볼셰비즘 사이에 떼려야 뗄 수 없는 연관 관계가 있다고 거짓 주장을 펼친 것이다.

4월 말, 정부군이 의용대의 지원을 받아 공격 채비를 갖추었다. 그들은 먼저 뮌헨 북서쪽으로 약 19킬로미터 떨어진 다하우를 점령했고, 뒤이어 5월 1일에 바이에른의 수도로 진입했다. 그 전날 바이에른 레테공화국의 지도자들이 열 명의 인질을 살해하라고 명령했다는 사실이 알려지면서 이 공격은 더욱 힘을 얻었다. 이 살인은 향후 민족주의자들의 선전에서 지속적으로 언급된다. 여러 요인이 합쳐져 그 살인은 특별히 주목을 받았다. 첫째는 어느 여성이 총살당한 일인데, 그 사람은 그저 한 명의 여자가 아니라 귀족인 하일라 폰 베스타르프 백작이었다. 둘째는 살인이 루이트폴트 김나지움이라는 학교의 운동장에서 벌어졌다는 사실이었다.

뮌헨에 사는 10대로 "서서히 정치의식을 갖게 된" 에밀 클라인은 그 살해 소식을 듣고 소스라치게 놀랐다. 그는 이렇게 기억을 떠올렸다. "인질 사살에 대해 듣는 것은 처음이었다. 그것은 내게 대단한 공포로 다가왔다. (…) 너무도 강렬한 기억이어서 결코 잊을 수 없었다. 뮌헨의 김나지움에서 공산주의자들이 인질들을 사살한 일은 내게 매우 뚜렷한 기억으로 남아 있다."

클라인은 우파 의용대 부대들이 도시에 도착하는 것을 목격했다. "사람들이 꽃을 들고 그들을 환영했고 (…) '만세'를 외쳤다. 그 순간에 사람들은 '하일Heil!'이라고 외치지 않았다. '만세!'라고 외쳤다. (…) 공산주의자들은 사라졌다! 그렇게 되는 것이 최선이었다. (…) 물론 우리 청소년들은 그 일에 매우 열광했다." 클라인은 의용대가 그와 친구들을 장갑차 위에 앉힌 일을 기억했다. "그들은 우리를 태워 한동안 함께 가다가 내려주었다. (…) 그들이 진입한 그날은 당연히 대단한 날이었다."[77]

프란츠 폰 에프가 이끄는 의용대의 일원으로 뮌헨에 들어간 에른스트 룀은 이후 이어진 도시의 '청소'에 참여했다. 최대 1천 명이 살해당한 피비린내 나는 사건이었다.[78] 그렇지만 클라인의 마음속에 '뚜렷한 기억'으로 남은 것은 공산주의자들이 루이트폴트 김나지움에서 인질

열 명을 살해한 일이었다. 이는 그다지 놀랍지 않다. 이후 나치가 그 바이에른 레테공화국의 짧은 존속이 제기한 '위협'을 강조하기 때문이다.

───────

의용대와 다른 부대가 뮌헨에 진입하고 딱 일주일이 지났을 때, 서쪽으로 약 675킬로미터 떨어진 파리 외곽에서 훨씬 더 중요한 사건이 터졌다. 독일 대표단이 전쟁을 공식적으로 종결할 조약의 세부 내용을 전달받기 위해 베르사유 궁전으로 향했다. 그 문서는 독일인의 모든 삶을 근본적으로 바꿔놓게 될 터인데도, 독일은 전쟁에서 패했기에 그에 관한 연합국의 논의에 참여하지 못했다.

히틀러와 나치가 이후 어떻게 베르사유 조약을 여러 공격적 행위의 구실로 이용하게 되는지는 잘 알려져 있지만, 그 역사의 한 가지 중요한 측면은 종종 잊힌다. 나치는 연합국이 강화협정의 성격에 관한 약속을 깨뜨렸다고 주장했다. 이 점에서는 다른 많은 독일인도 마찬가지였다. 특히 그들은 미국 대통령이 거짓말을 했다고 생각했다.

1918년 1월 미국 대통령 우드로 윌슨은 미국 의회에서 종전 후 평화 유지 원칙으로 삼아야 할 '14개 조항'에 관해 얘기했다. 그것은 자결권과 군비 축소, 자유무역을 이야기한 진보적인 사상이었다. 윌슨의 말은 종전 후 유럽을 치유할 방법을 제시한 듯했다.

프리돌린 폰 슈파운의 이러한 말은 많은 독일인의 견해를 대변했다. "몇몇 조항은 우리로서는 상당히 수용할 만한 것처럼 보였다. 특히 두 개 조항이 눈에 띄었다. 민족자결권은 훌륭했다. 두 번째 조항은 독일이 군비를 축소해야 한다는 것이었다. 그러나 이는 전반적인 무장해제의 시작이었을 뿐이다." 그러나 슈파운은 윌슨의 14개 조항을 토대로 한 강화조약 대신에, 그에게는 '매우 실망스럽게도' 베르사유 조약이 조국을 처벌할 일련의 조치를 강요했다는 사실을 알게 되었다. 그는 말한다. "저들은 이것을 조약이라고 부르지만 조약이 아니다. 독단적인 명령이라고밖에 부를 수 없다."[79]

베르사유 조약의 조건에 따라 독일은 알자스와 로렌, 서西프로이센을 포함해 영토의 13퍼센트를 상실했다. 그러나 이는 규모 면에서 독일과 그 협력 국가들이 브레스트-리토프스크 조약에 따라 러시아에 포기를 강요한 많은 영토나 헝가리가 곧 트리아농 조약으로 포기해야 하는 영토에 비할 바가 아니었다(이 점도 종종 잊힌다).

독일인들에게는 단지 영토의 상실만이 문제는 아니었다. 그들이 지불해야 할 '배상금'이 무거울 것으로 예상되었을 뿐만 아니라, 그 조약에는 오스트리아가 독일과의 통합을 원한다고 해도 이를 금하는 조항이 있었다. 게다가 독일에서 잘라내 다시 만들어진 폴란드에 병합될 영토에는 100만 명이 넘는 독일 민족이 살고 있었다. 이 모든 것이 윌슨이 꿈꾸었던 자결권을 배반한 것이 아니라면 무엇이란 말인가?

적어도 감정적으로는 훨씬 더 나쁜 조항이 있었다. 이른바 '전쟁 책임' 조항으로 독일은 전쟁을 일으킨 책임을 인정해야 했다. 이는 많은 독일인에게 유달리 부당하게 느껴졌다. 그들은 주장했다. 어쨌거나 오스트리아 대공을 암살한 보스니아의 세르비아인이 그 충돌을 촉발하지 않았는가? 러시아의 군대 동원은 어떤가? 그것은 전쟁을 일으키는 데 역할을 하지 않았는가?

휴전 이후 어수선한 몇 달 동안 독일인들은 더 행복한 미래가 오리라고 기대할 수 있었다. 그들은 윌슨 대통령의 14개 조항이 새로운 출발을 제시했다고 믿었으며, 무엇보다도 새 총리로부터 자국 군대가 패배하지 않았다는 말을 들었다. 그렇지만 이제 비참한 운명의 역전으로 그들은 전쟁을 시작한 책임을 인정하라는 지시를 받았다.

외교부 장관으로 베르사유에서 독일 대표단을 이끈 울리히 폰 브로크도르프란차우 백작은 협정의 조항들을 읽고는 격분했다. 1919년 5월 7일 그는 연합국에 휴전 이후로도 봉쇄가 지속되어 독일이 얼마나 큰 고초를 치렀는지 일깨우며 격한 반응을 보였다. 연합국의 봉쇄 때문에 식량과 기타 물품이 나라에 들어오지 못했다. 그는 이렇게 말했다. "[1918년] 11월 11일 이후로 [독일에서] 죽은 수십만 명의 비전투원은 우리의 적들이 확실한 승리를 거둔 후 냉정하게, 의도적으로 살해한 것이다. 책임과 배상을 말할 때는 이 점을 기억하라." 그뿐만이 아니었다. 그는 연합국이 우드로 윌슨이 개략적으로 말한 원칙들이 '강화의 토대'가 될 것이라고 약속해놓고 이를 어겼다고 강조했다.[80]

베를린에서는 에베르트가 대통령으로 영전한 뒤 그를 대신해 총리가 된 필리프 샤이데만도 똑같이 분개했다. 그는 연방의회에서 이렇게 말했다. "오늘 마치 북해부터 스위스 국경에 이르는 잔혹한 전쟁터가 베르사유에서 한 번 더 살아 돌아온 것 같다. 송장 더미 위에서 유령들이 증오와 절망의 마지막 전투를 치르는 것 같다. (…) 나는 당신들에게 묻는다. 정직한 사람이라면, 독일인이라고 말하지 않겠다, 정직하고 충성스러운 사람이라면 과연 그러한 조건을 받아들이겠는가? 이러한 족쇄로 우리를 묶느니 차라리 죽는 것이 낫지 않겠나?"[81]

참호에서 싸웠고 훗날 2차대전에서 가장 유명한 전차 지휘관 중 한 사람이 되는 하인츠 구데리안은 낙담했다. 그는 이렇게 말한다. "우리가 이 강화를 받아들이면 그로써 우리는 죽는다. 만일 받아들이지 않는다면, 그래도 어차피 죽음을 피할 수 없다." 그는 조약에 서명하는 것은 치욕이 되리라고 믿었다. 물론 그렇게 하지 않으면 연합국의 전쟁 속개라는 대가를 치러야 했다. 구데리안은 그럴 경우를 생각했다. "그들에 의해 파멸당하는 것밖에 더 있겠는가."[82]

샤이데만은 베르사유 조약의 조건을 도저히 이행할 수 없다고 생각해 6월 20일 총리직에서 사퇴했다. 독일은 이제 기로에 놓였다. 연합국은 독일이 조약에 서명하지 않으면 침공하겠다는 위협을 실행에 옮길 태세였다. 이 절망적인 상황에서 대통령 에베르트는 불가피한 상황에 굴복했다. 구스타프 바우어가 이끄는 새 내각은 국민의 분노를 무릅쓰고라도 베르사유 조약에 서명해야 한다는 데 동의했다.[83] 1919년 6월 28일 베르사유 궁전의 거울의 방에서 치른 조인식에서 조약에 서명한 독일인들은 민족주의적 우파의 비난에서 영원히 벗어나지 못한다.

베르사유 조약에 대한 반대는 아돌프 히틀러라는 퇴역 군인이 정치에 뛰어든 이유 중 하나였다. 《나의 투쟁Mein Kampf》에서 그는 1918년 11월 전쟁이 종결된 방식에 분통이 터져 정치인의 삶을 살기로 결심했다고 썼다.[84] 그러나 그것은 거짓말이다. 이 장에서 다룬 전 시기 동안, 베르사유 조약 체결에 이르기까지, 히틀러는 언뜻 보기에 미래가 자신에게 무엇을 준비해놓았는지 확신하지 못한 채 빈둥거리며 이리저리 떠돌았다.

변화의 시점이 왔다.

1. 음모론 퍼뜨리기

2
'그들'과 '우리'를 구분하기

1919년 이전에 아돌프 히틀러는 상당한 사회 부적응자였다. 그는 격한 분노를 품고 타인의 견해에 무관심한, 심한 적의를 가진 사람이었다. 1차대전 발발 전에 그와 함께 동거했던 사람은 이렇게 말했다. "그는 눈에 들어오는 모든 것에서 부당함과 증오, 적의를 보았다. 증오의 목록에 숨이 막힐 듯했던 그는 모든 것에 분노를 토해내곤 했다."[1] 그러나 이제, 한편으로는 심리적 이유에서, 바로 그러한 특성 덕분에 그는 쉽게 정치에 입문한다.

히틀러의 공적 삶은 1919년 9월 12일에 시작되었다. 서른 살이 된 그는 뮌헨의 맥줏집 슈테르네커브로이에 걸어 들어가 당원이 많지 않은 바이에른의 정치 집단 독일노동자당의 집회를 지켜보았다.

히틀러는 나중에 정반대로 주장하지만 그때까지 계획 없이 되는 대로 살았다. 그는 이후 과거의 삶이 정치인으로서의 새로운 생활을 얼마나 이상적으로 준비했는지 강조하느라 열을 올렸다. 그는 모든 것이 하나의 유형에 들어맞는다고 말했다. 예를 들면 그는 1차대전 발발 전에 빈에서 지냈을 때 적극적인 반유대주의자였다고 주장했다.[2] 그러나 이 주장은 그가 자신의 과거에 관해 연이어 제시한 다른 많은 주장처럼 거짓이었다.[3] 히틀러로서는 이러한 허구를 꾸며내는 것이 중요했다. 특히 확신과 능력의 이미지를 투사하는 것이 필수적이라고 생각하는 지도자로서는 존재감 없는 하찮은 인간으로 갈팡질팡하며 지냈다는 사실은 너무나도 치명적이어서 드러낼 수 없었기 때문이다.

진실을 말하자면 이렇다. 1918년 11월 전쟁이 끝났을 때, 히틀러는 한 가지 과도한 욕망에 사로잡혀 있었다. 자신의 유일한 집이자 가족인 군대에 남는 것이었다. 친밀한 관계를 유지할 수 없는 사람에게, 싸구려 아파트와 하숙집을 전전하며 다음 끼니를 어디서 때워야 할지도 종종 불확실했던 사람에게, 1914년의 군대는 구원자였다. 종전 직후 히틀러에게 위장에 채워야 할 음식과 하늘을 가릴 지붕보다 정치가 더 중요했을까? 1919년 히틀러의 지휘관이었던 카를 마이어 대위는 이렇게 말했다. "내가 그를 처음 보았을 때, 그는 주인을 찾느라 지친 떠돌이 개 같았다."[4]

1919년 6월 마이어는 병사들에게 볼셰비즘의 위험성에 관해 교육하기 위해 만든 선전 강좌에 히틀러를 보냈다. 바로 그때, 베르사유 조약이 체결될 즈음에야 히틀러의 정치적 신념이 구체적인 형태를 갖춘 듯하다.[5]

이후 몇 주 동안 히틀러는 다른 병사들에게 정치 상황 전반에 관해, 특히 시나브로 파고드는 볼셰비즘의 교활함에 관해 강의할 기회를 누렸다. 그의 연설은 반유대주의로 충만했다. 그는 독일이 직면한 다양한 문제의 책임이 유대인에게 있다고 주장했다. 몇 달 전 뮌헨에 수립되어 짧은 기간 동안 존속했던 바이에른 레테공화국의 여러 지도자들이 유대인이었으므로, 근거 없는 비약이었지만 유대인이 볼셰비즘 전체의 배후라고 말하는 것은 당시에 흔한 일이었다.

그해 여름, 히틀러가 바이에른 남부 레히펠트의 군 주둔지에서 이야기하고 있을 때, 그의 웅변이 힘이 있다고 높이 평가하는 보고서가 나오기 시작했다. 히틀러의 연설을 들은 어느 병사는 그를 "청중 전체가 그가 제시한 해석을 따르지 않고는 배길 수 없는 놀랍고도 강렬한 연사"라고 말했다.[6]

심리학 연구는 히틀러의 즉각적인 성공을 설명해준다. 히틀러는 비록 학문적 근거는 몰랐지만 뇌가 작용하는 방식에 관한 심오한 원리를 효과적으로 이용할 줄 알았다. 그는 유대인과 볼셰비키를 향한 증오심을 불러일으키면서 소뇌 편도를 자극하고 있었다. 뇌에서 걱정과 공포, 분노의 감정을 처리하는 영역이다. 그러한 강력한 감정은 거의 즉시 일어난다. 갑작스럽게 닥친 위험을 피하게 해주는 것이 소뇌 편도이기 때문이다.

우리는 생존을 위해 위협에 즉각적으로 대응해야 했던 인류의 후손이다. 이 새로운 사람들은 친구인가 적인가? 그들을 보고 기뻐해야 하는가? 아니면 맞서 싸울 준비를 해야 하는가? 오래 생각할 여유는 없다. 신속하게 결정해야 한다. 따라서 우리는 사람들을 즉시 '그들' 아니면 '우리'라는 두 가지 범주 중 하나로 구분하는 능력을 갖고 있다.

신경과학자 로버트 새폴스키 교수에 따르면, '그들과 우리'는 "소뇌 편도를 통해 우리 안에 고착되어 있다. 우리는 결코 그것을 제거하지 못할 것이다." 그는 이렇게 지적한다. "그것은 인간 자체보다도 훨씬 더 오래된 신경생물학적 체질이다. 그러므로 내가 말할 수 있는 가장 비관적인 것은 이렇다. 평균적인 인간이 '그들/우리'의 이분법에 매우 빠르게 강력히 이끌려 '그들'은 그렇게 훌륭한 사람이 아니라고 생각하는 성향을 갖게 되는 것은 신경과학적으로 피할 수 없는 일이다. 그렇다면 누구를 그들로 여기고 누구를 우리로 여길 것인지에 관해 사람을 조종하기란 믿을 수 없을 만큼 쉽다. 독일과 히틀러는 일반적으로 거짓 종형성種形成[다시 말해서 누가 '우리'와는 거의 다른 '그들'의 유형에 속하는지 판단하는 것]이 얼마나 강력한지 보여주는 교훈이다."[7]

이 역사를 살펴보면 '그들/우리의 이분법'이 나치즘에 얼마나 중요했는지 보여주는 사례를 많이 보게 될 것이다. 이것이 그 이데올로기의 진정한 핵심이라고 해도 지나치지 않다. 히틀러는 신경과학이나 심리학을 공부하지 않고도 이러한 접근방식의 힘을 직관적으로 이해했다. 그는 1926년 함부르크 애국클럽Hamburger Nationalklub의 비밀 연설에서 그렇게 확인한 것 같다. 그때 그는 이렇게 말했다. "유일하게 변치 않는 감정은 증오다."[8]

레히펠트의 강연 이후 여러 주가 지나 이제 군대에서 마이어 대위 부대의 정훈 병사로 일하게 된 히틀러는 뮌헨의 맥줏집 슈테르네커브로이에서 열린 독일노동자당의 9월 12일 집회에 참석했다. 인상적인 모임은 아니었다. 고작 수십 명이 둘러앉아 술을 마시며 대화를 나누었다. 당 지도자는 안톤 드렉슬러라는 열쇠수리공이었다. 그는 히틀러에게 가입을 요청했지만, 히틀러는 군대의 상관이 승인한 뒤에야 입당에 동의했다.[9]

훗날 히틀러는 자신이 그 당의 일곱 번째 당원이었다고 주장했다. 이 또한 거짓말이다. 안톤 드렉슬러는 이후 히틀러가 자신을 초창기 당원으로 설명하려는 데 격분해 몇 년 뒤 그에게 항의 편지를 보냈다. 드렉슬러는 이렇게 말한다. "나의 퓌러여, 당신이 일곱 번째 당원이 결코 아니라는 사실을 당신 자신보다 더 잘 아는 사람은 없소. 당신은 기껏해야 내가 당신을 선전위원으로 일하라고 요청했을 때 그 위원회의 일곱 번째 위원이었을 뿐이오." 드렉슬러는 이어서 이렇게 말했다. 히틀러의 당원증이 '위조'되었고 "번호 555가 지워지고 7이라는 숫자가 들어갔기" 때문에 "불만을 표하지 않을 수 없었다."[10]

이 실랑이는 얼핏 보면 이상하다. 독일노동자당은 실제보다 더 큰 규모로 보이게 하려고 번호를 501번부터 시작했기 때문에, 히틀러가 비교적 초기 당원이었음은 분명하다. 그렇다면 7호 당원이 되는 것이 히틀러에게 왜 그렇게 중요했을까?

히틀러는 1924년 교도소에 수감되어 있을 때 자신의 행동과 견해를 무용담처럼 풀어놓은 《나의 투쟁》에 실마리를 남겼다. 그는 이렇게 쓴다. "기성 정당에 합류할 의도는 전혀 없었다. 나만의 정당을 세우고 싶었다."[11] 사실상 무일푼인 평범한 병사가 '나만의 정당'을 세운다는 발상은 허황되지만, 이는 히틀러가 간절히 퍼뜨리고 싶었던 신화다. 그의 생각에 '위대한 인간'은 결코 추종자가 아니었고 언제나 지도자였다. 정당의 지도자가 되는 확실한 방법은 스스로 정당을 만드는 것뿐이었다.

히틀러가 독일노동자당을 창당했다고 주장하는 것은 불가능했지만, 그에게는 차선책이 있었다. 초창기 당원 중 한 사람인 척하는 것이다. 그는 자신이 창당 당원이라고, 극소수와 함께 역사의 진로를 바꾸기로 결심했다고 세상에 알리기를 간절히 바랐다.

히틀러는 《나의 투쟁》에서 자신이 1919년에 가입한 정당의 상태를 조롱하는 데 지면을 할애했다. 그는 당이 당원 수가 적고 전반적으로 무기력했다고 강조했다. 그는 독일노동자당에 관해 이렇게 쓴다. "끔찍하기 이를 데 없다! 최악의 조직 생활 방식이었다."[12] 이어서 그는 비록

"황당한 작은 조직"이지만 그럼에도 올바른 인간에게 "[그것을] 적절한 형태를 갖추게 할" 기회를 제공했다고 말함으로써 그렇게 '끔찍한' 무리에 합류한 것을 정당화하려 했다.[13] 그렇게 기괴한 논리로써 히틀러는 독자들에게 자신이 이미 존재하고 있던 정당을 사실상 창조했다고 납득시키기 위해 최선을 다했다.

히틀러가 《나의 투쟁》에서 이 문제에 할애한 지면의 분량을 감안할 때, 그가 이 문제로 곤란해진 것은 분명했다. 몇 년 뒤 나치당에 먼저 가입한 10만 명에게 당 금장Goldenes Parteiabzeichen을 수여하기로 한 결정은 자신이 실질적으로 그 운동의 창시자였음을 보여주기 위한 노력의 일환이었다. 히틀러는 자신의 당 금장에(매우 적게 수여된 훈장으로 그는 철십자훈장과 함께 차고 다녔다) 숫자 1을 새겨 넣어야 한다고 주장함으로써 이러한 해석을 뒷받침했다. 히틀러는 자신을 첫 번째 나치로 표시한 당원증을 얻을 수 없었지만, 그런 지위를 부여한 훈장을 스스로 수여할 수 있었다.

히틀러는 독일노동자당에 가입한 뒤 빠르게 그 운동의 인기 연사이자 지배적인 인물이 되었고 일련의 강경한 연설을 통해 독일 국가를 향한 분노를 토해냈다. 정치 참여의 이 첫 번째 국면은 뮌헨의 맥줏집 호프브로이하우스에서 이루어진 당 강령의 공개로 절정에 달했다.

1920년 2월 당 강령이 발표되었을 때, 히틀러는 끝까지 그를 떠나지 않는 몇 가지 정치적 신념을 갖추고 있었다. 그가 언제 이러한 신념을 형성했는지는 정확히 알 수 없다. 모든 독일인이 하나가 되어야 한다는 범게르만주의 같은 몇몇 신념은 오래전부터 갖고 있었다.

앞서 보았듯이, 히틀러는 오스트리아에서 태어났지만 자신을 독일인이라고 생각했고 독일인이라면 순수함을 유지하고 오직 다른 독일인들하고만 함께 살아야 한다고 믿었다. 히틀러가 참석한 독일노동자당의 첫 번째 집회에서 드렉슬러가 애초에 그에게 주목한 이유는 바이에른 분리주의를 호소한 연사에 대한 그의 격한 언어 공격 때문이었다. 드렉슬러는 이렇게 말했다고 전해진다. "저런, 입담이 좋군. 쓸 만하겠는데."[14]

범게르만주의 신념을 전파한 사람이 히틀러만은 아니었다. 범게르만주의 운동은 여러 해 동안 큰 영향력을 행사했고 19세기에 독일 통일과 더불어 힘을 얻었다. 그러나 히틀러보다 더 열정적인 범게르만주의자는 거의 없었다. 따라서 1920년 2월에 선포된 당 강령이 모든 독일인을 대독일 안에 통합하자고 호소한 것은 결코 우연이 아니었다.

그 시점에 히틀러가 이미 간직하고 있던 두 번째 신념은 반유대주의였다. 독일 병사 아돌프 겜리히에게 보낸 1919년 9월 16일자 편지에서 그는 자신이 품은 증오의 본질을 설명했다.[15] 편지에서 히틀러는 독일이 직면한 골칫거리의 책임을 유대인에게 돌렸다. 그렇지만 자신의 증오가 '전통적인' 기독교적 시각의 반유대주의 위에 서 있다고는 말하지 않았는데, 이것이 중요하다. 대신 그는 유대인은 '종교적 결사'가 아니라 '종족'이라고 주장하고 질병의 용어를 써서 이렇게 단언했다. 그들은 "민족들 사이에 종족이라는 결핵을 퍼뜨린다."

과학을 가장한 이 반유대주의는 히틀러가 직접 생각해낸 것이 아니다. 19세기에 수많은 작가들이, 대개 생물학의 새로운 발견을 왜곡해 몇몇 종족은 다른 종족들보다 '우월'하다는 점을 '증명'하려 했다. 예를 들면 독일 학자 오이겐 뒤링은 1880년대에 유대인 문제는 종족 문제라고 판단했다.[16]

히틀러가 언제, 어디서 처음으로 반유대주의적 신념을 키웠는지는 오랫동안 학자들의 논쟁거리였다. 그러나 그 자신이 제시한 설명에 의존할 수 없다는 점만은 분명하다. 히틀러는 《나의 투쟁》에서 빈의 유대인들에게 그들의 결점에 관해 강연했다고 주장했는데, 이는 거짓말임이 거의 확실하다. 실제로 연구에 따르면 그는 오스트리아 수도의 유대인들과 우호적으로 지냈다.[17] 차라리 이렇게 보는 것이 더 그럴듯하다. 히틀러가 빈에서 반유대주의 담론에 노출되어 당시의 몇몇 반유대주의적 견해를 받아들였을 수 있지만, 그의 과격한 반유대주의는 그가 유대인이 1차대전 패전에 책임이 있다는 망상을 지지하고 뮌헨의 레테공화국을, 앞서 보았듯이 유대인이 만들었다고 인식된 공화국을 직접 목격할 때까지 완벽하게 드러나지 않았다.

비록 그의 독창적인 사고는 아니었지만, 히틀러가 겜리히에게 보낸 편지에서 유대인이 종교적 결사가 아니라 하나의 종족이라고 한 말은 중요한 주장이었다. 법치에 찬성하는 국가에서 책임의 토대는 개인적인 과실이다. 예를 들어 독일 유대인 개개인이 1차대전 중에 형법을 위반한 것으로 밝혀지고 실제로 그렇다는 주장이 있었듯이 '부당이득'을 취했다면 기소되었을 것이다. 그들은 타고난 혈통이 아니라 그 행위에 책임을 졌을 것이다. 유대인이 하나의 종족이라는 히틀러의 주장은 다른 접근방식을 낳았다. 그것은 유대인을 하나의 집단으로 '비난'했고 그로써 20년 이상 세월이 흐른 뒤에 홀로코스트를 가능하게 하는 데 일조했다. 유대인 혈통을 지닌 사람들이 자신의 종교를 포기할 의사가 있다거나 법을 어기지 않았음을 증명하더라도 이후 죽음을 모면할 가능성은 없었기 때문이다. 그들은 유대인이라는 범주로 묶였다는 단순한 사실만으로 비난받기에 충분했다.

그렇다고 히틀러가 1919년 겜리히에게 편지를 쓸 때 홀로코스트를 염두에 두었다고는 말할 수 없다. 그렇지만 정말로 그는 편지 말미에 '모든 유대인의 철저한 제거'를 요구했다. 히틀러의 마음속 깊은 곳에 어떤 의도가 숨어 있었는지는 알 수 없지만, 그 말이 유대인의 절멸을 의미했을 가능성은 지극히 적다. 2차대전이 발발할 때까지 히틀러 정권의 정책은 유대인을 박해해 시민권을 박탈하고 재산을 빼앗고 나라 밖으로 내쫓는 것이었다. 1930년대에 유대인들이 나치의 손에 죽임을 당했지만, 집단 절멸의 시도는 없었다.

1920년 2월의 당 강령이 히틀러가 겜리히에게 보낸 편지에서 한 말만큼 멀리 가지 않았다는 사실은 의미가 있다. 제4조에서 독일인의 '피'를 지닌 사람만 시민이 될 수 있다고, 따라서 독일 유대인에게는 시민권을 줄 수 없다고 선언하기는 했지만, 유대인을 나라에서 추방하라는 노골적인 요구는 없었다. 이제 히틀러는 광신적인 반유대주의자였지만, 그는 또한 정치인으로서 실행 가능한 일에만 관여했다. 그는 자신의 지지자들이 전부 그 문제에 관해 자신처럼 과격하게 생각하지는 않는다는 사실을 알고 있었다.

예를 들면 1920년대 초 당원이었던 에밀 클라인은 히틀러만큼 극단적인 반유대주의자가 아니었다. 그의 반유대주의는 학생 때 형성되었고, 그는 그것에 관해 모종의 근원적인 점을 보지 못했다. "학교에 가면 그들[유대인]은 전부 사업가의 자식이었다. 학교에는 유대인이, B반에 있었다. 우리 A반과 유대인의 B반 사이에는 그때 이미 알력이 있었다. 그러나 그들이 아랍인이나 튀르크인이었다고 해도 십중팔구 똑같은 소동이 일었을 것이다. 학교라는 곳이 원래 그렇다. 학생들 사이에서는 그런 일이 일어난다. 누가 내 얼굴을 좋아하지 않는다면, 나는 조롱을 받을 수밖에 없다. 어디서나 그런 일이 발생한다."[18] 클라인은 나치당에 가입한 뒤 자신의 반유대주의에 새로운 요소를 더했다. 히틀러를 비롯해 여러 사람이 전파한 것으로서 유대인이 세계 금융을 지배한다는 믿음이었다. "그러므로 [우리는] 유대인 개개인이 아니라 자본주의에 반대한다. 자본주의의 근원은 유대 민족, 즉 월스트리트다. 월스트리트는 항상 언급되었다."[19]

마찬가지로 1920년대에 당원이 된 브루노 헤넬도 비슷한 사고방식을 지녔다. 그는 독일 유대인을 죽인다는 생각을 지지하지 않았지만 그들이 "공적 생활에서, 아마도 그들이 차지하고 있을 언론 통제의 직책에서 제거되는 것"을 보고 싶어했다. 에밀 클라인처럼 그도 역시 유대인이 국경을 초월해 함께 계략을 꾸민다는 음모론에 찬성했다. "나는 다시 세계 유대인에 주목해야 한다. 우리는 그 문제를 권력을 장악하기를 원하고 세상을 지배하기 원하는 세계 유대인의 관점에서 바라보았기 때문이다. [그리고] 이 선전 때문에 그들을 공적 생활에서 제거하라는 요구는 이해하기 쉬웠다."[20]

나중에 나치로 악명을 떨치게 되는 두 젊은이, 즉 훗날의 친위대장 하인리히 힘러와 국민계몽선전부 장관이 되는 요제프 괴벨스의 반유대주의도 이즈음에 형성되고 있었다. 스물한 살의 힘러는 아직 히틀러를 만나기 전이었는데도 히틀러식 사고방식을 취했다. 그는 일기에서 어느 유대인 변호사를 "굉장히 상냥하고 친절하다"고 묘사하면서도 이렇게 덧붙인다. "그는 유대인다움을 숨길 수 없다. 어쨌거나 그는 아주 좋은 사람일 수 있지만, 그러한 본성이 그들의 핏속에 흐르고 있다."[21]

청년 요제프 괴벨스의 반유대주의는 이보다 더 혼란스러웠다. 한편으로 그는 스물여섯 살 때인 1923년에 일기에 이렇게 쓸 수 있었다. "유대인은 유럽이라는 몸을 죽이는 독이다." 유대인의 "얼굴에 누구든 주먹을 날리고 싶을 것이다."[22] 동시에 그는 어머니가 유대인인 엘제Else라는 젊은 여자와 사귀었다. 그는 엘제를 "착하고 예쁘다"고[23] 묘사했지만 "잡종"이라고도 했다.[24]

1920년대 나치 지지자들의 반유대주의에 대한 접근방식은 이렇게 서로 달라서 얼핏 보기에는 혼란스럽다. 그렇지만 그들의 사고방식은 초기에 당이 지닌 매력을 이해할 수 있게 해준다. 유대인이 어떤 형태로든 위험 요소라는 점을 인정하면, 그다음에 어떤 성격의 반유대주의를 신봉할 것인지는 대체로 개인에게 달려 있었다.

히틀러가 겜리히에게 편지를 보낼 때쯤이면 유대인은 희생양이 되었다. 많은 독일 민족주의자들에게 패전과 베르사유 조약, 사회주의 혁명, 구체제의 붕괴, 보통 사람이 감내해야 하는 경제적 어려움 등등 나라의 잘못된 일은 거의 전부 유대인 탓이었다. 종전 직후의 시기에 반유대주의 음모론을 믿는 것은 이상하지 않았다. 그러므로 히틀러가 그렇게 과학을 가장한 극단적인 방식으로 편견을 드러냈다는 사실은 놀라운 일이 아니었다.[25]

이후 다가올 공포를 생각하면, 오늘날 나치 당원들의 동기에 관한 연구가 대체로 그들의 반유대주의가 지닌 성격과 대의에 초점을 맞추는

것은 이해할 만하다. 그렇다고 해서 유대인에 대한 증오가 독일인들이 나치 운동을 지지하게 된 주된 이유라고 결론을 내린다면 잘못일 것이다. 증거를 보면 1920년대와 1930년대 초에 나치당에 가입한 사람 상당수가, 확실히 대다수가 아주 다른 이유를 갖고 있었다. 그들은 히틀러가 폴크스게마인샤프트Volksgemeinschaft를 구원해주기를 기대했다.

페터 메르클은 1933년 이전에 당에 참여한 나치 지지자 수백 명에 관한 시어도어 에이블의 연구를 훌륭하게 분석했는데 그들을 결속시킨 가장 일반적인 이데올로기적 주제는 반유대주의가 아니라 민족공동체에 대한 믿음이라고 결론 내렸다.[26] 그러나 앞으로 보겠지만 두 개념은 대다수 사람의 마음속에서 서로 연결된 경우가 많았다.

폴크스게마인샤프트는 독일어에서 의미가 풍부하고 반향이 큰 관념이지만, 그 본질을 영어 한두 단어로 담기는 불가능하다. 글자 그대로 번역하면 '국민의(또는 민족의) 공동체'가 되겠지만, 이는 그 낱말의 복잡한 의미를 크게 무시한다. 폴크Volk라는 낱말은 단지 '국민'이 아니라 그보다 더 많은 의미를 담고 있으며 서로 공유한 일련의 민족적·문화적 신념 전체를 암시한다. 폴크스게마인샤프트는 훨씬 더 복잡하다. 그것은 모든 독일인이 특정한 성격의 공동체로 결집해야 하며 그 공동체는 개개인보다 더 중요해야 한다는 점을 의미했다. 당시 많은 정당이 자신들의 목적은 폴크스게마인샤프트를 만드는 것이라고 선언했지만, 나치는 그 공동체에 속한 사람들의 종족적 순수함에 집중함으로써 그 관념에 더 강렬하고 종족주의적인 방식으로 초점을 맞추었다.

폴크스게마인샤프트 개념은 독일노동자당의 강령에 깊이 배어들었다. 그 개념은 유대인 시민권을 부정하기 위한 조치의 배후에 도사리고 있었을 뿐만 아니라 강령에 포함된 여러 사회정책에 영감을 주었다. 이를테면 가난한 부모에게서 태어났지만 재능이 있는 아이들을 국가가 비용을 대서 교육시키는 계획(제20조)과 개인의 활동이 공동체 전체의 요구와 충돌하지 말아야 한다는 요구(제10조) 같은 것이다.

폴크스게마인샤프트 관념이 사람들을 '그들과 우리'라는 범주로 나누는 나치 분류법의 심오한 표현임을 인식하는 것이 중요하다. 그들이 종족의 관점에서 '순수한' 독일인으로 판정한 사람만이 폴크스게마인샤프트의 일원이 될 수 있었다. 개인이 이 무리에 합류하기 위해 할 수 있는 일은 없었다. '피'가 곧 운명이라는 것이 나치의 견해였다. 따라서 유대인은 '외국인 종족'으로 여겨졌기에 자동적으로 '민족공동체'에서 배제되었다.

폴크스게마인샤프트는 누가 친구이고 누가 적인지 판별하는 일을 매우 간단하게 만들었다. 이제 어떤 이가 환영받을 사람인지 아닌지 알아내느라 그를 조사하는 데 시간을 쓸 필요가 없었다. 한 가지 질문이면 족했다. 너는 독일 '종족'의 구성원인가? 고든 올포트가 선구적인 저작 《편견 The Nature of Prejudice》에서 지적했듯이, 사람을 범주로 나누려는 욕망은 종종 편향된 사고를 낳을 수 있다.[27] 폴크스게마인샤프트는 그 편향된 사고를 그 어느 때보다도 더 쉽게 만들었다.

그러나 폴크스게마인샤프트라는 개념은 때때로 오해를 받는다. 그것이 나치가 사회주의 운동이었음을 의미한다는 사고의 덫에 빠지기 쉽다. 어쨌거나 가난하지만 재능 있는 아이들을 국가가 비용을 대서 교육하라는 요구는 확실히 사회주의적인 것처럼 보인다. 독일노동자당이 1920년 2월 뮌헨의 맥줏집 호프브로이하우스에서 당 강령을 공표한 뒤 민족사회주의독일노동자당(줄여서 나치Nazis)으로 당명을 개정한 것도 사실이다. 그렇지만 그 어느 것도 나치가 진정한 사회주의 운동임을 의미하지 않았다. 가장 명백한 이유는 많은 자본주의 대기업이 나치 통치기에 번창했다는 것이다. 얼핏 보기에 사회주의적인 그들의 정책은 민족공동체라는 개념 안에서 이해할 필요가 있다.

히틀러는 1922년 4월 계시적인 연설에서 '민족사회주의'가 무슨 뜻인지 설명했다. '민족적'과 '사회적'이라는 두 낱말은 같은 개념이라고 했다. "오직 유대인만이 사회적이라는 개념을 왜곡해 마르크스주의로 바꿔놓음으로써 사회적이라는 개념을 민족적이라는 개념에서 분리할 뿐만 아니라 실제로 두 개념을 서로 완전한 모순으로 표현하는 데 성공했다." 이어서 그는 나치가 왜 그 두 개념이 동일하다고 믿는지 설명했다. "우리는 '민족적'이 된다는 것은 다른 무엇보다도 모든 것을 망라하는 무한한 민족Volk 사랑으로 행동하는 것, 필요하다면 민족을 위해 죽는 것까지 의미한다고 다짐했다. 비슷하게 '사회적'이 된다는 것은 모든 개인이 민족공동체의 이익을 위해 행동하는 국가와 민족공동체를 건설하는 것을 의미한다."[28]

따라서 폴크스게마인샤프트는 나치에게는 모든 것을 하나로 결합해주는 개념이다. 광적인 민족주의가 '종족적으로 순수한' 모든 독일인의 공동선을 위해 싸우려는 열망과 하나가 되었다. 말하자면 히틀러는 이렇게 주장할 수 있었다. "계급 따위는 없다. 계급은 존재할 수가 없다. 계급은 카스트를 의미하고, 카스트는 종족을 의미한다."[29]

이 관념은 에밀 클라인 같은 나치 지지자들의 마음을 사로잡았다. "이 정당은 노동계급과 부르주아, 중간 계급 등 계급의 차이를 근절하기를 원했다. 계급이란 뿌리 깊이 고착된 가념으로 국민을 두 부분으로 나눈다. (…) 국민은 통합되어야 한다. 이 점이 내게 중요하고 내가 좋아하는 것이다."[30] 그의 동료 나치 브루노 헤뷜도 '민족공동체'를 형성해 "지식인과 노동자가 확실하게 힘을 합치는" 모습을 보겠다는 나치의 열망에 강력하게 매료되었다. 그가 이해했듯이 그 관념은 "경구로 표현되었다. 내 생각에 우리 대다수는 이를 거듭 사용했다. '공익이 우선이다.'"[31]

이 모든 것은 나치의 출현 시기 때문에 특별한 의미를 지녔다. 앞서 전쟁이 선포된 1914년에 공동체 의식을 만들어내려던 시도가 있었음은 누구나 알고 있었다. 모든 독일인이 그 분쟁에 열광하지는 않았지만, 그래도 국민 전체가 단합해야 한다는 인식이 강했다. 카이저가 말했듯이 정당들이 있는 것이 아니라 '오직 독일인'만 있었다. 전쟁이 끝날 때의 정치적 격변과의 대조가 극명했음은 이해할 수 있다. 불과 6년 만에 폴크스게마인샤프트에 무슨 일이 생겼나? 과연 그것은 회복될 수 있었나?

많은 사람이 품었던 프론트게마인샤프트Frontgemeinschaft(전선공동체)라는 신념, 다시 말해서 참호의 병사들이 형제애의 공동체로 결속했다는 확신 때문에 이 질문은 한층 더 뜨거운 즈목을 받았다. 앞 장에서 대강 설명한 이 질문은 실제로 일어난 일을 바라보는 방법으로서는 흠결이 있지만, 그럼에도 신화와 같은 지위를 얻었다. 많은 나치 지지자들은 프론트게마인샤프트와 폴크스게마인샤프트 둘 다 유대인과 사회주의자 정치인들에 의해 몰락했다는 망상에 사로잡혔다. 그들이 전선의 용감한 병사들과 국내의 충성스러운 독일인들에 반하는 음모를 꾸몄다는 것이다. 그래서 1914년의 신비로운 폴크스게마인샤프트와 이른바 참호의 프론트게마인샤프트 둘 다 회복하려는 강렬한 열망이 생겼다.

당시 상황에서 히틀러는 이러한 목표를 추구하기에 이상적인 지도자였다. 히틀러가 '보통의 병사'였다는 점이 그에게 이롭게 작용했다. 장교와 귀족의 지휘관 계급이 독일을 망쳤다는 인식이 있었기 때문이다. 1920년대 초 히틀러의 조언자였던 디트리히 에카르트는 이렇게 말했다. 필요한 것은 "기관총의 드르륵 소리를 견딜 수 있는 사람이다. 오합지졸은 오금이 저리도록 겁을 주어야 한다. 나는 장교를 쓸 수 없다. 국민은 이제 그들을 존경하지 않는다. 적절한 곳에서 말을 배운 노동자가 최선일 것이다. (…) 그가 많은 지성을 갖출 필요는 없다. 정치는 세상에서 가장 시시한 일이다."[32] 에카르트는 그 시기에 히틀러에게 중대한 영향을 끼친 사람이다. 50대의 알코올 중독자 작가였던 그는 신랄한 견해를 지닌 사람으로서 이렇게 말했다. 국민은 유대인이 "어떤 사람들이고 무엇을 원하는지 꿰뚫어본다면 곧바로 그들의 목을 졸라 죽일 것이다."[33]

히틀러는 당 강령을 선포한 순간부터 단호하게 그것이 신성불가침이라는 주장을 유지했다.[34] 당연히 이러한 확고부동함은 문제를 일으킬 수밖에 없었다. 내용이 상당히 모호했기 때문이다. 예를 들어 "개인의 활동은 전체의 이익과 충돌하지 말아야 한다"(제10조)는 것은 정확히 무슨 뜻이었나? 올바른 해석을 둘러싼 파벌들 간의 다툼은 불가피했다.

그러나 히틀러는 당 강령의 구체성 부족으로 초래된 불화가 무엇이든 기꺼이 감수할 수 있었다. 내용이 애매했기에 오히려 자신이 원하는 대로 해석할 수 있었던 것이다. 폴크스게마인샤프트 개념의 내재적 모호성(예를 들면 '자기이익에 앞서는 공동의 이익'(제24조)을 어떻게 실제적인 조건으로 규정할 것인가) 덕분에 이 나치 지도자는 더 쉽게 세부적인 정책 토론을 피하고 대신 환상적으로 발언할 수 있었다.

1920년대 초 히틀러는 또한 기독교와 나치즘의 관계라는 민감한 문제를 다룰 때에도 모호성의 힘에 의존했다. 그가 풀어야 할 곤란한 문제는 당내에 널리 신념이 퍼져 있을 뿐만 아니라(일부는 헌신적인 기독교인이었고 나머지는 열정적인 무신론자였다) 자신도 감정을 숨겨야 했다는 것이다. 히틀러는 나치당 강령 제24조에서 그 운동이 '긍정적인 기독교'를 지지한다고 말함으로써 이를 타개하려 했다. 그렇지만 그는 이 말이 무슨 뜻인지 정확히 밝힌 적이 없다. 많은 사람은 이 말을 종족적 반유대주의에 젖은 기독교 신앙이라면 예수를 종교적 인물로 받아들인다는 뜻으로 해석했다.

그러나 '긍정적 기독교'에 대한 추정상의 지지도 단지 실용주의적 태도에서 나온 것임은 거의 분명하다. 히틀러가 1920년에 기독교 신앙의 기본적인 가르침을 믿었을 가능성은 거의 없다. 그뿐만 아니라 히틀러는 이후 전쟁 중에 비공식적으로 자신의 생각을 이렇게 말했다. 기독교는 "인간의 고귀한 부분을 모조리 해쳤다."[35] "기독교는 병든 뇌의 발명품이다."[36] 그렇지만 1920년 2월 당 강령의 선포 순간부터 25년 뒤 히틀러가 죽을 때까지 '긍정적인 기독교'는 계속 나치의 공식 정책이었다.

왜 그렇게 되었는지 이해하기는 쉽다. 히틀러는 권좌에 오르기 전 루덴도르프 장군에게 이렇게 말했다. "커다란 정치 운동을 세우려면 프로이센의 프로테스탄트는 물론 바이에른의 가톨릭도 필요하다. 나머지는 따라올 것이다."[37] 이 목적을 위해 히틀러는 1922년의 한 연설에서

예수가 "유대인이 어떤 자들인지" 알아본 "투사"라며 찬사를 보내기도 했다.[38]

이후 그러한 발언은 모순을 가리기 위한 교묘한 술책으로 드러난다. 히틀러로서는 잔인한 가우라이터Gauleiter[가우Gau는 1926년에 나치당 지역구에 붙여진 이름으로 1934년에 주를 대신해 공식적인 행정구가 되었다. 그 책임자를 가우라이터라고 한다] 에리히 코흐 같은 기독교 나치가 당내에서 즐거웠다는 것뿐만 아니라 당 조직을 관장하게 되는 인물로 종교에 격하게 반대한 마르틴 보어만도 역시 만족했음을 보증해야 했기 때문이다. 히틀러는 모호하게 '긍정적인 기독교'에 대한 지지를 유지하면서 동시에 (일단 확실하게 권력을 잡고 나서) 은밀히 기독교의 기반 전체를 공격함으로써 두 사람 다 데리고 가기를 바랐다.

히틀러는 '긍정적인 기독교'와 범게르만주의, 반유대주의, 베르사유조약에 대한 증오, 폴크스게마인샤프트의 추구 등 몇 가지 폭넓은 개념을 강조해 나치의 매력을 단순하게 만들었다.

그러나 히틀러의 뛰어난 웅변의 힘이 없었다면 어떤 관념도 당을 성장시키기에 충분하지 않았을 것이다. 히틀러는 레이저를 쏘듯 '그들과 우리'에 초점을 맞춘 화법에 폴크스게마인샤프트를 건설한다는 포부를 결합했고, 그 덕에 나치는 점점 더 큰 집회장을 찾아야 했다.

열렬한 독일 민족주의자인 쿠르트 뤼데케는 1922년에 히틀러의 연설을 지켜본 일을 이렇게 인상적으로 묘사했다. 뤼데케는 처음에 "이 호리호리하고 안색이 창백한 남자를 (…) 주의 깊게 관찰했다. 한쪽으로 갈라진 갈색 머리가 땀에 젖은 눈썹 위로 거듭 흘러내렸다." 그러나 곧 히틀러의 웅변이 보여준 힘에 뤼데케의 "비판 능력은 휩쓸려 사라졌다." "그는 마치 마음을 정화하는 듯한 말을 일진광풍처럼 쏟아내 독일인의 명예와 남자다움을 되살리자고 촉구했다. (…) 나는 종교적 개종에나 비할 수 있는 감정의 고양을 경험했다."[39]

그러나 뤼데케의 회상은 조심스럽게 다루어야 한다. 그는 히틀러의 '확신'이 지닌 힘 때문에 "주문에 걸려 최면에" 빠졌다고 주장했지만, 이는 실제로 일어난 일과 완전히 일치하지는 않는다. 실제로 그가 느낀 것은 강렬한 정서적·지적 연결이었다.

뤼데케가 나치의 대의를 받아들이는 데 결정이었던 조건은 그가 히틀러에 매혹될 만한 성향을 이미 지니고 있었다는 것이다. 그는 이렇게 시인했다. 그는 이전에 "독일의 영혼을, 다시 말해 독일의 영혼을 되살릴 방법을 아는 지도자를 찾고 있었다." 그는 또한 "그런 경험을 받아들일 준비가 된 상태"에 있었다고 인정했다. 그러나 뤼데케의 이러한 판단은 틀렸다. "그 오후에 히틀러의 연설을 들은 사람은 누구도 그가 운명의 사나이라는 점을, 독일의 미래에 활력을 불어넣을 사람이라는 점을 의심할 수 없었다."[40] 그 반대였다. 히틀러의 말을 들은 많은 사람이 정확히 그 점을 의심해 그가 기껏해야 괴짜일 뿐이라고 생각하며 자리를 떴다.[41] 그렇지 않다면 집회마다 나중에 나치 돌격대SA가 되는, 완곡하게 '체조·스포츠대'라고 부른 당 조직의 구성원들이 히틀러를 보호해야 할 이유가 무엇이겠나?

열아홉 살 학생으로 훗날 악명 높은 나치 전범이 되는 한스 프랑크는 1920년 1월 히틀러의 연설을 들었을 때 뤼데케와 비슷하게 각성을 경험했다. 훗날 그는 이렇게 쓴다. "모든 것이 진심이었다. 그는 우리 모두의 심금을 울렸다. (…) 그는 모든 참석자의 의식 속에 있는 것을 말로 표현했다."⁴² 그러므로 뤼데케와 달리 프랑크는 청중의 마음속에 이미 자리잡고 있는 것 때문에 히틀러가 그들과 연결될 수 있었다고 이해했다.

패전과 혁명, 그리고 수백만 명이 부당하다고 생각한 강화조약 이후에, 히틀러는 단지 그의 연설을 들은 많은 사람의 분노를 정당화했을 뿐만 아니라 희망도 제시했다. 히틀러에 반대한 인물로 그의 연설 방식을 연구한 콘라트 하이덴은 이렇게 썼다. "그의 연설은 이 집단적 영혼의 백일몽이다. (…) 그의 연설은 언제나 심한 비관론으로 시작해서 희열에 찬 구원으로, 승리의 해피엔딩으로 끝난다. 그의 연설은 대체로 이성으로써 논박할 수 있지만 어떤 반박도 허용하지 않는 훨씬 더 강력한 잠재의식의 논리를 따라간다. 히틀러는 현대 대중이 가진 무언의 공포를 표현했다."⁴³

이는 일견 어려워 보이는 문제를 푸는 해법의 일부였다. 전쟁 중에 평범한 병사였던 히틀러가 1920년대 초에 어떻게 헤르만 괴링 같은 걸출한 용사들의 나치당 가입을 설득할 수 있었을까? 괴링은 리히트호펜 비행단Jagdgeschwader 1의 사령관을 역임한 카리스마 넘치는 인물이었다. 해답은 여기에 있다. 괴링은 히틀러의 말을 듣고 마음이 통했던 것이다. 괴링은 여러 해가 지난 후 이렇게 회상했다. "히틀러는 (…) 베르사유 조약에 관해 말했다. 그는 이렇게 말했다. 저항은 힘이 뒷받침되어 강해져야만 성공한다. (…) 마치 나의 영혼에서 나온 것처럼 한마디 한마디가 확신에 차 있었다." 이후 히틀러를 만났던 순간을 괴링은 이렇게 기억했다. "우리는 즉시 마음속에 있는 것들을 이야기했다. 조국의 패배, (…) 베르사유 조약. 나는 그에게 내 생각에 가장 본질적이고 결정적인 문제, 즉 베르사유 조약에 맞선 싸움을 위해 나 자신을 최대한으로, 과거의 나와 내가 지녔던 모든 것을 완전히 그의 처분에 맡긴다고 말했다."[44]

히틀러는 연설에서 '베르사유 조약에 맞선 싸움'과 같이 폭넓은 개념으로써 말하기를 좋아했을 뿐만 아니라 당 기구가 제대로 작동하는 한 부하들이 나치 정책의 세세한 내용이 어떠해야 하는지에 관해 서로 다투는 것을 기꺼이 허용했다. 이 또한 그가 당을 키울 기회를 극대화했다. 장래성 있는 당원들이 당 강령의 세부 내용에 반대한다는 이유로 배제된다고 느끼는 일은 없어야 했다. 그들은 곧 나치당이 제안한 구체적인 정책은 없었음을, 간명한 사상을 토대로 한 멋진 미래의 전망만 있었을 뿐임을 깨달았다.

그렇지만 히틀러를 약한 지도자나 방임하는 지도자로 그린다면, 이는 그를 오해하는 것이다. 히틀러는 자신의 권위에 대한 도전에는 언제나 단호하게 대응했다. 그런 현상의 이른 사례는 1921년 7월에 있었다. 안톤 드렉슬러가 아우크스부르크대학교의 학자인 오토 디켈 교수의 연구에 관심을 갖게 되었는데, 그 교수는 민족주의적 정치사상에 관해 책을 저술했을 뿐만 아니라 독자적으로 독일노동공동체Deutsche Werkgemeinschaft라는 정당을 설립했다.

드렉슬러와 나치 지도부의 다른 이들은 그 운동이 성장하는 최선의 방법은 디켈의 정당처럼 그들과 유사한 다른 정치 집단들을 통합하는 것이라고 믿었다. 이전에 드렉슬러는 독일사회당Deutschsozialistische Partei과의 통합을 몹시 원했고, 연합이 가능한지 논의할 모임에 히틀러를 데려가기도 했다. 히틀러는 비타협적으로 그 생각을 뭉개버렸다.

히틀러는 디켈 무리와의 통합 계획을 처음 들었을 때 당 기금을 모으기 위해 디트리히 에카르트와 함께 베를린에 있었다. 그는 그 소식에 격분했다. 히틀러는 공식적으로는 나치당의 선전 책임자에 불과했지만, 인기 있는 연설가로서 자신이 나치 운동의 미래를 결정할 권리가 있다고 믿었다. 그는 서둘러 바이에른으로 돌아가 통합 제안에 관한 회의에 참석했고, 디켈이 일련의 제안을 내놓을 때 주의 깊게 듣고는 화가 나서 전부 거부했다. 세 시간 뒤 히틀러는 더 참지 못하고 회의장을 박차고 나갔다.[45] 히틀러의 격렬한 반대를 무릅쓰고, 드렉슬러와 그 협력자들은 당내 대다수가 디켈과 같이 가기를 원하는지 그들의 의견을 듣겠다고 선언했다. 이는 히틀러에게 한계점이었다. 1921년 7월 11일 그는 나치당에서 탈당했다.

히틀러는 정치적 삶을 사는 동안 내내 양자택일의 행동과 주장에 감정적으로 집착했다. 그의 연설은 부적절하지만 극적인 이분법으로 가득했다. 예를 들면 그는 유대인이 패배하지 않는다면 독일이 파멸할 것이라고 종종 주장했다. 히틀러는 1922년 4월 연설에서 이렇게 말했다. "타협은 있을 수 없다. 아리아인의 승리 아니면 아리아인의 절멸과 유대인의 승리라는 두 가지 가능성만 있다."[46]

히틀러는 또한 나치당의 정책과 관련해서도 양자택일을 좋아했다. 1920년 2월 당 강령의 선포는 이러한 말로 끝났다. "당의 지도자들은 이 강령을 실천하기 위해 냉혹하게 일하겠다고, 필요하다면 목숨도 버리겠다고 약속한다."[47] 그러므로 히틀러가 디켈과의 만남이 이루어진 회의장을 빠져나가 탈당한 것도 놀랄 일이 아니었다. 히틀러가 생각했듯이, 당이 디켈과의 협상을 중단하거나 그가 떠나거나 둘 중 하나였다. 히틀러는 홀로 주목을 받고 싶었지 다른 누구와도 이를 나눌 뜻이 없었다. 이는 간명한 양자택일의 다른 사례이자 그가 '그들과 우리'라는 사고방식의 힘에 심취했음을 보여주는 또다른 증거였다.

확실히 이 일로 드렉슬러와 그의 동료들은 곤란한 처지에 놓였다. 특히 히틀러가 그들에게 운동을 지배할 절대적인 권한을 부여받아야만 당에 복귀하겠다고 말했기 때문이다. 드렉슬러는 며칠 고민했지만, 히틀러가 없다면 나치당이 다시 막막한 광야로 돌아갈 각오를 해야 한다는 것은 불을 보듯 뻔했다. 그들은 그러한 운명을 피하기를 간절히 원했기에 굴복했고 히틀러가 원하는 것을 전부 내주었다. 1921년 7월 29일 히틀러는 전권을 가진 당 의장으로 임명되었다.

이 급격한 상황 전개가 히틀러의 계획적인 조치에 따른 결과가 아님을 이해하는 것이 매우 중요하다. 그는 새로운 상황에 본능적으로, 상당히 감정적으로 대응했다. 그는 이러저러한 대안을 차분히 견주어보고 다수의 전략적 선택지 중에서 하나를 고르는 유형의 정치인이 아니었다. 결국 그는 자연스럽게 마음에 떠오르는 대로 행동했다.

히틀러의 선택이 자연스러운 것이었어도, 그의 행동에 두 가지 기본적인 이유가 있음을 확인할 수 있다. 첫째, 그는 디켈과 지적 논쟁을 벌일 능력이 없었다. 그의 정신은 그런 식으로 작동하지 않았다. 둘째, '통합'의 제안은 그에게는 저주일 뿐이었다. 당의 핵심 지위를 타인과 나누는 것은 세상이 어떠해야 하는가에 관한 그의 핵심적인 믿음에 어긋났다. 히틀러의 정치철학이나 생의 철학은 단순했다. 그는 1923년의 어느 연설에서 이렇게 말했다. "맹세코 늘 가장 강한 자가 자신이 뜻하는 바를 실행할 권리를 갖는다. 자연 세계 전체는 강자와 약자 간의 거대한 투쟁이다. 강자가 약자를 누르고 영원한 승리를 얻는다. 만약 그

렇지 않다면 자연에는 온통 부패뿐일 것이다."⁴⁸

디켈 정당과 '통합'한다는 발상이 완전히 무산되면서, 히틀러는 서른일곱 살의 교사 율리우스 슈트라이허와 그의 추종자들을 설득해 입당시킴으로써 자신이 선호한 팽창 방법을 실제로 보여주기에 이르렀다. 몇 년 뒤 슈트라이허는 자신이 히틀러의 연설에 어떻게 반응했는지 묘한 말로 설명했다. "나는 자정 직전에 이 사람을 보았다. 그는 세 시간 동안 연설한 뒤라 땀에 흠뻑 젖었는데도 환하게 빛이 났다. 옆에 있는 사람이 그의 머리 둘레로 후광을 본 것 같다고 말했다. 나는 (…) 뭔지 모르겠지만 평범함을 초월하는 어떤 것을 경험했다."⁴⁹

그렇지만 이것이 이야기의 전부가 아니다. 슈트라이허는 1차대전에서 싸운 뒤 정치적으로 안착할 곳을 찾아 여러 반유대주의 정당을 전전했다. 그가 직면한 문제는 자신이 고른 정당들이 지나치게 과격하다는 것이 아니었다. 오히려 과격하지 않아서 문제였다. 1919년 슈트라이허는 유대인에 관한 망상에 가까운 음모론의 개요인 테오도어 프리치의 《유대인 문제 안내서Handbuch der Judenfrage》를 읽고 자신만의 극단적인 반유대주의를 전개했다.⁵⁰ 3년 뒤인 1922년에 그는 유대인이 독일인 어린이를 살해하는 의식을 거행한다고 주장한 혐의로 슈바인푸르트 지방법원에서 유죄를 선고받았다.⁵¹

슈트라이허는 호전적이고 공격적인 사람이었다. 그러나 그는 다른 사람을 감화시킬 수 있는 능력도 지녔다. 쿠르트 뤼데케는 히틀러를 만나기에 앞서 독일을 구할 '지도자'를 찾던 중에 우연히 슈트라이허를 만났다. 뤼데케는 이렇게 쓴다. 슈트라이허는 "내게는 완전히 새로운 유형의 인간이었다. 나는 곧 그의 열정에는 전염성이 있음을 알게 되었다."

슈트라이허의 왜곡된 이론은 비단 유대인에게만 초점을 맞추지 않았다. 그는 독일인이 어떻게 조국을 구할 싸움에 대비해야 하는지에 관해서도 기괴한 견해를 갖고 있었다. 그는 뤼데케에게 다가올 시련에 대비해 단식하는 것이 중요하다고 말했다. 슈트라이허는 이렇게 주장하며 체리만 먹고도 살 수 있는지 시험해봐야 한다고 뤼데케를 설득했다. "예수 그리스도는 제자들에게 체리를 주셨다."

뤼데케와 슈트라이허는 새로운 식이요법을 시험하며 어느 마을의 한 방에서 함께 지냈다. 뤼데케가 지역 농부에게서 체리를 구입해왔다. 그러나 슈트라이허는 '전염성' 있는 열정을 지니긴 했지만 의지력이 부족했다. 사흘째 되는 날 슈트라이허가 식당에서 '거대한' 오믈렛을 먹다가 뤼데케에게 들키면서 그 계획은 실패로 돌아갔다.[52]

1921년 11월 슈트라이허는 바이에른의 다양한 민족주의 정당들을 둘러보던 중에 추종자들을 이끌고 히틀러가 증오한 경쟁자 디켈 교수가 세운 조직인 독일노동공동체에 들어갔다. 슈트라이허는 디켈의 새 정당에서 자리를 잡자마자 자신의 선전지를 《독일 민족의 의지Deutsche Volkwille》로 개칭하고 심히 비열한 반유대주의 자료를 발표했다. 그렇게 극단적인 주장에 찬성하지 않았던 디켈은 심기가 불편했다.

히틀러는 기회를 포착했고 슈트라이허에게 접근해 거절하기 힘든 제안을 했다. 나치당이 그 신문의 채무를 갚아줄 것이고, 슈트라이허는 뉘른베르크가 포함된 바이에른 지역인 그의 고향 프랑켄의 가우라이터가 될 수 있었다. 디켈을 버리고 히틀러를 택하면서 동시에 채무를 청산하는 것은 거부할 수 없는 제안이었다. 그래서 그는 1922년 10월에 나치당에 가입했을 뿐만 아니라 많은 추종자를 설득해 가입시켰다.[53]

이는 슈트라이허가 히틀러를 영웅으로 숭배하게 된 이유로서 그가 나중에 말한 이유보다 훨씬 더 복잡했다. 슈트라이허가 히틀러의 연설에 매료되었을 수는 있지만, 그는 이 이로운 거래가 이루어진 이후에야 나치즘으로 전향했다. 히틀러로 말하자면, 슈트라이허가 디켈의 정당에서 이탈한 것은 이중으로 통쾌한 일이었다. 나치당은 히틀러가 좋게 본 방법, 즉 흡수를 통해 팽창했으며, 더불어 그가 증오한 경쟁자는 좌절했다.

히틀러는 슈트라이허가 과격하고 예측 불가능하며 거의 불안정한 사람임을 이해했다. 여러 해가 지난 뒤 히틀러는 디트리히 에카르트가 자신에게 슈트라이허는 '미치광이'라고 말했다고, 그렇지만 나치당은 그러한 자들을 운동에 받아들이지 않고는 결코 성공할 수 없다고 덧붙였다고 회상했다.[54] 슈트라이허 같은 극단적인 인사들과 함께하는 것은, 특히 그들이 동료들과 싸우기를 마다하지 않을 때, 쉽지 않은 일이었다. 내부의 경쟁관계와 변화가 심한 제휴관계는 마지막까지 나치당의 특징이 된다. 이 시점에 중요하게 주목해야 할 것은 이 내분이 처음부터 확연했다는 사실이다. 슈트라이허 같은 '미치광이'에게 가입을 권고했음을 생각하면 내분은 불가피했다.

히틀러가 만들어내려 했던 것은, 그가 1922년 1월에 썼듯이 '투쟁과 행동'[55]의 정당이었고, 그는 슈트라이허와 헤르만 괴링, 에른스트 룀 같은 검증된 전사들을 환영했을 뿐만 아니라 의도적으로 흥분과 위험을 추구한 자들을 끌어들이려 했다. 히틀러는 1922년 여름 연설에서 이렇게 말했다. "오늘날 우리 편으로 싸우는 자는 대단한 영예를 얻을 수 없다. 큰 물질적 보상을 받기는 더 어렵다. 종국에는 감옥에 들어갈 가능성이 더 크다." 히틀러는 나치당이 그가 명예롭다고 주장한 동기에 의해 움직인다는 사실이 중요하다고 말했다. "우리의 운동이 돈이나 금을 얻고자 하는 갈망이 아니라 민족에 대한 사랑으로 지탱되고 있다는 확신, 그것이 늘 우리에게 힘을 주고 우리를 전투의 용기로 가득 채워준다."[56] 이러한 말은 필연적으로 특히 젊은 독일인들의 마음을 사로잡을 수밖에 없었다. 다음 장에서 보겠지만, 나치당은 이처럼 청년에게 집중함으로써 귀중한 심리적 이익을 보았다.[57]

때는 바야흐로 폭력의 시대였다. 그러나 신생 나치당은 모든 폭력적인 정당 중에서도 가장 비타협적인 정당으로 등장하고 있었다. 특히 당의 돌격대는 전직 의용대원을 포함해 거친 청년을 많이 끌어들였다.

에른스트 룀은 돌격대 건설에서 매우 중대한 역할을 수행했다. 그는 여러 우파 단체의 연줄을 이용해 이 나치당 준군사 조직의 성장과 준비를 도왔다. 돌격대가 통제하기 어려운 조직이 되리라는 것은 분명했지만, 히틀러는 이런 문제를 수용할 각오가 되어 있었다. 그는 그들 없이는 '투쟁과 행동'의 정당을 가질 수 없었다.

히틀러는 이 투쟁 욕구의 핵심을 표현하고자 최선을 다했다. 그는 연설 중에 질서를 유지하기 위해 건장한 사내들을 고용했을 뿐만 아니라 경쟁관계에 있는 정치적 연사들과 맞선 싸움에 이들을 데려갔다. 1921년 9월 이들은 뮌헨의 맥줏집 뢰벤브로이켈러로 쳐들어가 왕정을 옹호하는 바이에른연맹Bayernbund의 집회를 망쳐놓았다. 나치 지지자들은 처음에는 단지 연설자의 말이 들리지 않도록 '히틀러'를 거듭 외치기만 했지만, 이는 곧 전면적인 싸움으로 번졌다. 이후 히틀러는 폭력에 가담한 혐의로 기소되어 1개월간 복역했다.[58]

나치 돌격대는 다른 사람들의 모임을 훼방하는 데서 그치지 않았다. 돌격대는 또한 도시의 공산주의자 구역을 침범해 그들을 자극했다. 1920년대 초 돌격대에 가입한 에밀 클라인은 이렇게 주장했다. 그와 그의 동료들은 "공산주의자들의 구역을 행진하는 것을 좋아했다." 이유는 이러했다. "우리는 공산주의자를 우리 편으로 끌어들이고 싶었다." 그렇지만 놀랍지 않게도 이 노골적인 도발 행위는 종종 두 집단 간의 싸움으로 귀결되었다.[59]

히틀러는 공산주의 운동과 깊은 연관이 있는 색깔인 붉은색을 나치당의 깃발과 완장의 주된 색깔로 써야 한다고 결정함으로써 공산주의자들을 더욱 자극했다. 이는 그 초기에 혼란을 초래한 결정이었다. 에밀 클라인은 이렇게 말했다. "나는 [민족주의자인] 나의 아버지가 스바스티카(卍 문양)가 들어간 나의 붉은색 완장을 처음 본 순간을 기억한다. 아버지는 말했다. '말해봐라, 붉은색 완장을 차고 돌아다닐 때 당황스럽지 않았니?' 나는 대답했다. '그 위에 스바스티카가 붙어 있는 걸 못 보신 모양이군요.' '봤지, 그렇지만 붉은색이잖아!'"[60]

나치당은 이렇게 신문 머리기사에 나올 법한 짓들을 했는데도 바이에른의 정치에서 주변부에 머물렀다. 1921년 여름 당원은 뮌헨 인구의 1퍼센트도 되지 않는 2천~3천 명에 불과했다. 18개월 뒤인 1922년 말에 당원은 여전히 2만 2천 명에 머물렀다. 급격하게 증가한 수치였지만 그래도 기존 정당들에 비하면 거의 무의미한 수준이었다.[61] 이 난제에 히틀러는 그때나 이후로나 우연히 생긴 기회를 이용해 대응했다. 나치는 혼란스러운 소동과 절망에 기대어 번창했으며, 1923년 독일에는 그 두 가지 현상이 넘쳐났다.

1922년 말이면 독일이 연합국에 전쟁 배상금을 지불할 수 없다는 사실이 명백해졌다. 많은 사람이 예측했듯이 그 부담은 지나치게 무거웠다. 그래서 벨기에와 프랑스는 배상금을 강제로 받아내기 위해 1923년 1월 루르 지방에 군대를 보냈다. 베르사유 조약의 여파로 비무장지대가 된 독일 공업의 심장부였다.

당시 대학생으로 훗날 친위대 고위직에 오르는 베르너 베스트는 이때가 독일에 어마어마하게 위험한 순간이라고 생각했다. 너무 어려서 1차대전에서는 싸울 수 없었던 베스트는 루르 지방의 점령이 이번에는 자신도 참여할 수 있는 다른 서사적 전쟁의 시작을 알렸다고 믿었다. 1923년에 그는 이렇게 쓴다. "우리는 지금 프랑스의 야심찬 절멸 계획에 직면해 있다. 이제 우리는 프랑스의 절멸 계획이 가져올 귀결과 그 냉혹한 성격을 국민에게 분명하게 알릴 필요가 있다. 저항과 전투인가, 무자비한 절멸인가! 우리에게는 단 한 가지가 그 어느 때보다도 더 중요하다. 대비해야 한다."[62]

독일 정부는 동의하지 않았다. 독일군이 약했기에 정부는 전장에서 프랑스와 대결하지 않기로 결정했다. 대신 총리 빌헬름 쿠노는 루르 지방의 노동자들에게 일터에서 철수해 점령군에 저항하라고 요청했다. 그러나 그의 정부는 파업의 결과로 일하고 있지 않은 공무원들에게 여전히 급여를 주고 있었다. 이는 이미 높았던 독일의 인플레이션이 천정부지로 올라가는 한 가지 원인이 되었다.

베른트 린은 이 시기에 바이에른에서 성장했고, 아버지의 가게에서 기본적인 식품을 구할 수 없는 고객들을 목격했던 일을 기억했다. "[그것은] 맨 먼저 노인들에게 가장 큰 타격을 입혔다. 인플레이션 시기에 그들이 가진 돈으로는 결코 살아갈 수 없었기 때문이다." 인플레이션은 곧 하이퍼인플레이션으로 바뀌었고, 린은 가게의 하루 수입을 길 건너 은행으로 가져갈 때 지폐 뭉치를 담을 '바구니'가 필요했다.[63]

에밀 클라인도 "굶주림이 심각하게 퍼질 때 사람들이 겪은 고난"을 기억했다. "그것은 결국 인플레이션으로 끝나고 말았다. 그것이 최악이었다. 그때 나는 소시지 하나에 어떻게 40억[마르크]을 지불했는지 생각했다. 그 사실은 나의 기억 속에 깊이 박혔다."[64]

오늘날 우리가 하이퍼인플레이션과 루르 지방 점령이 겹쳐 일으킨 위기감을, 다시 말해 수백만 명이 가진 돈이 휴지 조각이 되며 느낀 굴욕과 극히 중요한 조국의 땅으로 과거의 적이 걸어 들어온 일을 평가하기란 어렵다. 독일 민족주의자들에게 그것은 국가의 무기력을 드러내는 또다른 증거이자 치욕의 증표였다.

나치는 바이마르 공화국의 정통성을 인정한 적이 없었고, 베르사유 조약과 현재의 경제적 고난은 정권의 명백한 실수 중 그저 두 가지를 대표할 뿐이라고 주장했다. 게다가 그들은 스스로를 혁명세력으로 여겼으며 루르 지방의 점령은 왜 혁명이 필요한지를 보여주는 또 하나의 사례라고 믿었다. 그러므로 이렇게 격앙된 분위기 속에서 일부 나치 지지자들이 직접 법을 집행해야 할 때가 왔다고 판단한 것도 놀랄 일이 아니었다.

1923년 5월 독일 북부에서 발생한 잔인한 살인의 배경이 이러했다. 그것은 훗날 악명을 떨치는 나치 마르틴 보어만과 루돌프 회스의 심리를 이해할 수 있게 해주기에 각별히 뜻깊은 범죄다. 마르틴 보어만은

2차대전 중에 히틀러의 유력한 조언자였으며, 루돌프 회스는 1940년에 아우슈비츠 강제수용소 설립에 힘을 보태고 그 사령관으로서 역사상 최대 규모의 대량학살 현장을 감독했다.

1900년생인 보어만은 1차대전 때 독일군에 입대했지만 전투를 보지는 못했다. 1923년에 이미 확고부동한 반유대주의자였던 그는 독일 북부의 메클렌부르크에서 농장을 관리하고 있었다. 농장 근처에 루돌프 회스도 살고 있었는데 역시 20대였다. 보어만과 달리 회스는 참호에서 싸웠고 이후에는 의용대원으로 발트 지역의 잔혹한 전투에도 참여했다. 그 전해에 나치당에 가입한 회스는 다른 농업노동자들과 함께 호스텔에 묵고 있었는데, 그들 다수는 집단적으로 '스바스티카 사람들'이나 그들이 속한 의용대 지휘관 게르하르트 로스바흐의 이름을 따라 '로스바흐 사람들'로 알려질 정도로 민족주의를 신봉했다.[65]

1923년 초 발터 카도라는 젊은 노동자가 이 무리에 합류했다. 그는 곧 평판이 나빠졌다. 새로운 동료들에게 돈을 빌렸을 뿐만 아니라 밀정일지도 모른다는 의심을 받았다. 그래서 그는 도시에서 쫓겨났다. 회스와 그의 동료들은 카도에게 다시 나타나면 곤란하게 될 것이라고 경고했다. 그러나 그는 정말로 다시 나타났다. 5월 31일 그가 지역의 술집에서 술을 마시는 모습이 포착되었다. 카도를 농장에서 퇴출하는 데 주된 역할을 했던 보어만이 회스와 동지들에게 자신의 자동차를 빌려주고는 그를 두들겨 패는 것이 좋겠다는 뜻을 내비쳤다. 그들은 재빨리 움직여 그 술집으로 갔고 술에 취한 카도를 차 안에 밀어 넣었다.

그들은 카도를 인근의 들판으로 데려가 몽둥이와 지팡이로 폭행했다. 법원 판결에 따르면 회스는 "카도를 곤봉으로 온힘을 다해 내려쳤다." 이후 그들은 의식을 잃은 카도를 차로 끌고 가서 뒤쪽 짐칸에 던졌다. 그 무리는 차를 몰고 떠나면서 카도를 어떻게 해야 할지 의논했다. 병원으로 데려갈 것인가 아니면 숨통을 끊어버리고 시체를 처리할 것인가. 결국 그들은 그를 죽여 숲속에 버리자는 회스의 제안에 동의했다.

숲에 도착하자 가해자 중 한 명이 칼로 카도의 목을 그었다. 그의 머리에는 총알이 두 발 박혔는데 누가 방아쇠를 당겼는지는 훗날 논란거리였다. 카도는 땅속에 얕게 묻혔고, 그의 소지품은 소각되었다. 그 무리는 차를 몰고 떠나 깨끗이 청소한 뒤 보어만에게 돌아갔다.

이튿날 카도가 살해되었다는 소문을 들은 보어만은 회스에게 만일 "잘못된 일을 했다면" 친구들과 함께 당분간 숨어 있으라고 조언했다. 그러나 살인자들 중 누구도 그의 충고에 유념하지 않았다. 그들은 도피할수록 더 주목을 받을 것이라고 생각했다.

그 살인의 실상은 몇 주 지난 후에야 드러났다. 공모자 중 한 사람이 어느 기자에게 범죄를 자백했기 때문이다. 그 이야기를 들은 신문사 편집장에 따르면, 그는 동료들이 자신에게 등을 돌릴까봐 두려웠다고 주장했으며 그의 얼굴이 마치 "죽을 때까지 쫓기는 짐승" 같았다. 이듬해 재판에서 그 무리의 전원이 유죄 판결을 받고 징역형을 선고받았다. 회스는 10년 형을, 보어만은 '종범'으로 1년 형을 선고받았다.

겉으로 보기에 이 사건은 잔인한 살인의 선정적인 이야기였다. 그러나 이는 보어만과 회스가 어떤 청년이었는지를 그대로 드러내며, 다른 사람들이 그들을 어떻게 인식했는지도 보여준다. 그 범죄가 발각된 직후 어느 기자는 회스와 그 동료들이 '강도단'이라고, 그들이 메클렌부르크에서 '국가 안의 국가'를 만들었다고 썼다. "이 무장한 로스바흐 갱단이 지주들과 협력한 것"도 '확실하다'고 생각되었다.[66] 일리 있는 비난이다. 보어만이 농장 관리자였을 뿐만 아니라, 독일 통화가 붕괴되면서 농산물은 도적들에게 매력적인 표적이었다. 의용대의 거친 사내들로 구성된 갱단은 지주들에게 쓸 만한 보호 장치가 되었을 것이다.

회스는 전범으로 유죄 선고를 받은 후 감옥에서 쓴 회고록에서 카도가 동료 중 한 사람인 알베르트 슐라게터를 루르 지방의 프랑스 점령군 당국에 밀고했다고 주장하며 그 살인을 옹호하려 했다. 그는 또한 이렇게도 썼다. "의용대와 그 계승 단체들은 (…) 고대 게르만족이 보여준" 방식으로 "스스로 처벌을 집행했다." 그는 더 나아가 이렇게 주장했다. 독일 법원이 '십중팔구' 카도에게 유죄를 선고하지 않을 것이기 때문에 "판결을 내리는 일은 우리에게 맡겨졌다."[67] 그러나 재판에서는 카도가 슐라게터의 신분 폭로와 연관이 있다는 어떤 증거도 제시되지 않았다. 회스가 그저 몇 년 지나서 살인을 정당화하려 했던 것이 거의 분명하다. 원한을 품은 술 취한 깡패보다는 원칙을 지닌 살인자 취급을 받는 것이 더 나았다.

당시에 피고들은 "예외 없이 군사 훈련을 받은 자들"이라고 설명되었고, 한 신문 기사는 회스를 특별히 '소위 교육받은 사람'이라고 딱 집어 말했다. "그는 김나지움에 다녔고 장교가 될 수 있는 자원으로 여겨졌다. 그러나 그의 얼굴과 거친 말투, 험상궂은 턱만 보아도 그가 온갖 잔인한 짓을 저지를 수 있는 사람이라는 것을 알 수 있다."[68]

회스와 보어만이 확신에 차서 보인 반응도 주목할 만하다. 회스는 유죄 선고를 받고 며칠 지나지 않았을 때 친구에게 보낸 편지에 다음과 같이 도전적인 어투로 얘기했다. "우리의 동료들과 우리를 아는 사람들을 제외한 모든 사람의 견해에 따르면, 우리는 인간쓰레기다. 어쩔 수 없다. 나는 괘념치 않는다. 나는 다수의 견해에 신경쓴 적이 없다. 나는 우리 대의의 승리와 나의 지도자들, 동지들을 믿는다. 무슨 일이 있더라도, 감옥에 갇혀 있을지언정, 우리는 변치 않을 것이다. 이 일은 내게 굴욕감을 주지 못한다."[69] 회스도 기존 정권의 수명이 길지 않다고 믿었다. 훗날 그는 이렇게 쓴다. "제국의 정치적 위기는 너무도 심각해 어느 편에 의해 무너지든 정부의 전복은 불가피해 보였다."[70]

나치가 권력을 장악하기 4년 전인 1929년 8월, 나치 신문 《푈키셔 베오바흐터Völkischer Beobachter》(민족의 파수꾼)는 보어만이 쓴 글을 실었다. 〈공화국의 지하 감옥에서〉라는 제목의 기사에서 그는 자신을 포함해 유죄 판결을 받은 다른 이들에 관해 이렇게 강조했다. "우리는 틀린 것이 아니라 옳았다고, 처벌이 아니라 칭찬을 받아 마땅하다고 강하게 확신했고 지금도 그렇다." 수감은 "우리를 더 단단하게 만들었다. 그것은 우리에게 이른바 공화국과 그 지지자들을 사랑하라고 가르치지 않았으며 반대로 우리의 민족에 대한 사랑을, 동시에 이 민족을 희롱할 수 있다고 생각하는 자들에 대한 증오를 깊고 강하게 했다."

보어만은 이렇게 말했다. "소위 부르주아 정당들과 마르크스주의자들"이 "우리 민족의 동지들"을 "부단히 기만"하고 있다는 깨달음이 "우리를 해충과 민족의 적에 맞선 지칠 줄 모르는 싸움으로 내몬다." 그는 이러한 주장으로 결론을 내렸다. "우리는 뛰어난 재능과 지도자의 자질을 갖추어 우리 민족을 태양으로, 다시 자유로 이끌 수 있는 사람, 우리의 아돌프 히틀러에게 죽을 때까지 충성할 것이다."[71]

그들이 유죄 선고를 받게 한 범죄(술 취한 남자를 잔인하게 살해한 일)가

문명국의 법률 제도에서는 공격 행위가 되겠지만, 회스와 보어만은 이것이 부패한 체제에 맞서 싸우는 혁명가들의 이야기라고 주장했다. 그들은 자신들의 '법'만 인정했으며 그로써 용서를 받았다고 느꼈다.

중요한 것은 회스가 폭력에 길들여졌다는 사실만이 아니었다. 그는 카리스마를 지닌 지도자에게 자주 빠지기도 했다. 그는 의용대에서 일할 때 각 부대의 지휘관이 거의 신과 같은 권위를 지녔다고 믿었다. 그는 회고록에 이렇게 쓴다. 의용대의 모든 구성원은 "지휘관에게 개인적으로 충성을 맹세해야 했다. 의용대는 굳건히 서 있을 때나 무너질 때나 그와 함께 했다. 따라서 그 무엇도 파괴할 수 없는 연대의식과 단체정신이 만들어졌다. (…) 우리를 분열시키거나 배반하려는 자는 누구든지 재앙을 떠안으리라!"[72] 이는 회스를 비롯해 많은 나치 지지자가 자신과 아돌프 히틀러의 관계를 설명할 때 쉽게 쓸 수 있었던 말이다.

이는 또한 뿌리 깊은 '그들과 우리'라는 사고방식이었다. 바로 히틀러가 장려한 사고방식이다.

3

영웅으로서 인도하기

히틀러가 1923년 11월 독일에서 널리 혁명을 일으키는 데 실패하면서 그의 이력은 끝나고 나치는 정치 세력으로서 무력해졌어야 마땅하다. 그러나 둘 다 살아남았고, 히틀러의 지도력은 오히려 더 큰 신임을 받았다. 이 이상한 결과를 가져온 원인은 그의 매력의 본질뿐만 아니라 나치 운동의 유별난 특징을 알아볼 수 있는 매우 중요한 통찰력을 제공한다. 특히 히틀러가 추종자들로부터 '영웅'으로 인식된 것이 그에게 심리적으로 얼마나 중요했는지 알 수 있다.

1923년에 들어서면서 히틀러는 자신이 '평범한' 정치 지도자와는 거리가 멀다는 점을 그 어느 때보다도 더 분명하게 증명했다. 바이에른 당국이 나치의 집회를 금지한 1월, 그는 거의 히스테리에 가까운 충동적 성향을 내보였다. 히틀러는 개의치 않고 밀어붙이겠다고 위협했고, 이를 위해 목숨까지 내걸 준비가 되어 있다고 선언했다.¹ 상황을 돌파하는 일은 성급한 일처리가 이상하지 않은 사람인 에른스트 룀에게 맡겨졌는데, 역설적이게도 그는 바이에른 경찰과 협상해 집회를 허락하면 폭동을 일으키지 않겠다고 안심시켰다.

히틀러는 뒤이어 1월 28일에 뮌헨의 마르스 광장에서 나치 돌격대 수천 명이 참석한 가운데 열린 집회에서, 그리고 그 전날 밤 여러 집회에서 연설하며 지지자들로부터 환호를 받았다. 그러나 그의 지위는 생각만큼 안정적이지 않았다. 히틀러와 에른스트 룀의 관계가 실증한 사실이다.

에른스트 룀은 그 시기에 나치당에 전적으로 헌신하지 않았을 뿐만 아니라(그는 다른 많은 우파 집단에도 소속되었다) 자신을 반드시 히틀러의 제자로 여길 필요도 없었다. 룀은 자신과 히틀러의 관계를 협력자 관계로 보았다. 그는 나치 운동의 군사적 기획자였으며, 히틀러는 대중을 각성시키는 정치인이었다. 룀은 히틀러에게는 자신이 필요하다는 사실을 알고 있었다. 그가 우파 준군사 조직이 쓸 무기를 은밀히 끌어 모아 통제하고 있었기 때문이다.

1923년 겨울에서 봄으로 넘어가던 때, 뮌헨의 정치적·경제적 상황은 한층 더 불안해졌고, 바이에른 당국은 나치당이 5월 1일에 일치단결해 폭력을 선동하지는 않을까 두려웠다. 그날은 전통적으로 좌파의 기념일이었지만, 히틀러는 그 행사를 엉망으로 만들고 싶었다. 그는 5월 1일이 또한 1919년 뮌헨을 차지하려 한 싸움의 4주년이 되는 날이라는 것도 알고 있었다. 무장한 의용대원들이 그 도시를 공산주의자의 통치에서 해방한 날이었다.

그날은 바이에른 당국이 마땅히 취해야 했지만 거의 불가능에 가까웠던 방침을 상징적으로 보여준 순간이었다. 당국은 사회주의자들의 봉기와 우파의 폭동을 동시에 걱정했다. 지역 군 사령관 오토 폰 로소 장군은 상황을 진정시키려고 나치에게 무기 사용을 허용해서는 안 된다는 명령을 내렸다. 룀은 로소의 명령을 따르지 않았고, 시위 전날 밤에 도시의 '렌터카 회사'로 장갑차를 가져오게 했다.[2] 그러나 이는 단발적인 반항의 표시였다. 결국 나치당은 주정부에 맞서는 데 필요한 준비를 꼼꼼히 하지 못했고, 5월 1일 시위는 평화적으로 진행되었다.

그렇지만 그 사건은 바이에른의 긴장된 상황을 보여주었다. 좌파와 우파 사이는 물론이고 정부와 무장 세력 사이에도 긴장이 있었다. 무장 폭동을 지지한 군 장교가 룀만은 아니었다. 그의 동료들이 얼마나 우파 혁명을 지지할 준비가 되어 있는지는 아직 검증되지 않았다. 히틀러는 이것이 결정적인 질문임을 알고 있었다. 나치가 시도한 반란은 군인들을 한편으로 끌어들이지 못한다면 실패할 수밖에 없을 것이기 때문이었다.

그러나 히틀러가 처리해야 할 문제로 상황이 확실하지 않은 것은 또 있었다. 그는 또한 다른 우파 집단들과도 협력할 수밖에 없었다. 2년 전 디켈 사건은 그가 협력이라면 그 형태를 막론하고 얼마나 질색했는지 보여주었지만, 지금은 선택의 여지가 없었다. 나치 자체의 힘만으로는 혁명에 불을 붙이기에 충분하지 않았다.

1923년 9월, 나치가 뉘른베르크에서 열린 민족주의 단체들의 집회에 참여한 뒤, 히틀러는 새로이 결성된 독일투쟁연맹Deutscher Kampfbund에 합류하기로 동의했다. 이 상부 기구에는 오버란트 의용대와 그해 초 룀이 창설한 준군사 조직인 제국전기戰旗연맹Bund Reichskriegsflagge의 거친 사내들이 참여했다. 히틀러는 그 모임에서 가장 뛰어난 연사로 인정되고 정치 지도자로 받아들여졌지만, 그렇다고 그가 전체적으로 지배력을 행사했다는 뜻은 아니다. 루덴도르프 장군이라는 상징적인 인물이 배후에 있었기 때문이다. 루덴도르프는 1차대전에서 독일군의 병참감을 역임했으며, 1920년에는 베를린 정부를 무너뜨리려다 실패한 카프 폭동Kapp Putsch에 참여했다. 3년 후 그는 한 번 더 바이마르 공화국의 파괴에 나서고 싶었다.

각각 장군과 일반 사병이었던 루덴도르프와 히틀러의 관계는 정확하게 규정된 적이 없다. 누가 실질적인 지도자였나? 혁명이 성공하면 누가 전체적으로 지배력을 행사할 것인가? 이 모호함은 루덴도르프가 명목상의 책임자를 뒤흔든 전력이 있었기에 특히나 더 문제가 되었다. 루덴도르프와 힌덴부르크는 1차대전 중에 그런 일을 벌였다. 카이저로부터 실질적인 군대 지휘권을 빼앗은 것이다. 루덴도르프는 히틀러에게도 같은 일을 할 것인가? 이 모든 불확실성 위에 더 큰 문제가 미결 상태로 남아 있었다. 1923년에 독일의 전체적인 정치적·경제적 상황은 어떻게 전개될 것인가? 결정적으로 현재의 위기는 더욱 나빠질 것인가? 평온한 시절에 혁명이 일어난다는 말은 들은 적이 없다. 나치는 흉흉한 시기가 오기를 기다려야 했다.

9월 바이에른 정부가 루르 지방의 수동적 저항을 끝내고 프랑스와 타협을 보겠다는 새로운 독일 총리 구스타프 슈트레제만의 결정에 항의하면서, 나치의 바람이 이루어질 것 같았다. 그 거래에 많은 바이에른 사람이 분노했고, 이에 대한 대응으로 구스타프 폰 카어가 바이에른주 총리Ministerpräsident에 임명되어 독재관의 권한을 받았다. 바이에른 군사령관 오토 폰 로소와 주 경찰청장 한스 폰 자이서 경감이 그를 지원했다. 이는 한편으로는 히틀러에게 기회를 제공했다. 베를린의 중앙정부와 뮌헨의 주정부 사이에 대치가 심각했기 때문이다. 그러나 다른 한편으로 바이에른의 새로운 통치자 카어는 마치 많은 사람이 고대하던 불굴의 인물인 듯이 행동하고 있었다.

나치 돌격대의 어느 대원은 이렇게 기억했다. "히틀러가 유일한 실력자는 아니었다. 더는 참기 어려운 사태에 맞서기 위해 카어에게 독재적 권한을 부여했다. (…) 행정 관료였던 카어는 백지와 같은 사람이었고 실제로 히틀러와 같은 위상의 대등한 존재였다."[3]

한편 독일은 여전히 경제 위기에서 벗어나지 못했다. 하이퍼인플레이션은 그해 10월에 룀이 점심 값으로 10억 마르크를 지불했을 정도로 극심한 수준에 이르렀다.[4] 그러나 이러한 문제가 얼마나 오래 지속될지 누가 알았겠는가? 히틀러는 행동에 나서지 않으면 곧 혁명을 일으킬 가장 좋은 기회를 놓치게 될 것이라고 이해했다. 다른 곳의 사례들이 나치에게 희망을 주었다. 그 전해에 이탈리아의 파시스트 지도자 베니토 무솔리니가 널리 알려진 '로마 진군' 이후 권력을 장악했다. 나치도 비슷한 성과를 거둘 수 있을까?

1923년 11월 히틀러는 경쟁관계에 있는 여러 세력들을 조정하려 했다. 그의 돌격대는 행동을 요구하고 있었다. 그는 1차대전의 '영웅' 루덴도르프 장군을 비롯해 상이한 성격의 주변 인물들을 관리해야 했다. 그는 카어와 그의 동료들이 독자적으로 바이에른을 강력히 '지배'하지는 않을지 두려웠다. 뮌헨에서 쿠데타를 시도한다면 경찰과 군대가 어떻게 대응할지도 여전히 예측하기 어려웠다. 어쨌거나 히틀러는 바이에른에서 가장 강력한 세 사람, 즉 카어와 로소, 자이서의 협조를 얻어야 했다. 그는 나치의 움직임이 단지 혁명의 기폭제일 뿐임을 알고 있었다. 나치는 단독으로 혁명을 유지할 수 없었다.

히틀러가 역사상 가장 기괴한 권력 장악 시도를 실행에 옮기기로 결정한 것은 바로 이러한 배경에서 이해할 수 있다. 그의 계획은 베를린의 권력자들을 겨냥한 쿠데타에 바이에른의 현재 권력자 세 사람을 협력자로 포섭하는 것이었다. 그는 훗날 이렇게 말한다. "그것은 내 평생에 가장 경솔한 결정이었다. 지금에 와서 돌이켜보면 아찔하다."[5] 히틀러가 본능에 의지해 행동을 결정한 것은 처음도 아니었고 분명코 마지막도 아니었다.

1923년 11월 8일 핵심 인물 세 사람이 전부 뮌헨의 맥줏집 뷔르거브로이켈러의 공개 집회에 참석할 예정이었다. 저녁 8시 30분경, 카어가 군중에게 연설하고 있을 때, 히틀러와 돌격대가 총을 들고 건물로 들어갔다. 히틀러는 천장에 총을 한 차례 발사하며 혁명이 시작되었다고 선언한 뒤 카어와 자이서, 로소를 집회장에서 후미진 방으로 데려갔다. 그곳에서 그는 여전히 권총을 손에 쥔 채 독일 정부를 위한 자신의 계획을 이야기했다. 그가 책임자가 되고 방에 있는 세 사람과 루덴도르프에게 부차적인 역할을 맡길 생각이었다. 그들은 히틀러를 지지하려 했나? 그들은 한동안 주저하다가 결국에는 제안을 수용했다. 거부하기가 어려웠기 때문이다. 그러던 중에 루덴도르프가 나타나 그 저녁의 돌발적 사건에 크게 놀랐다고 하면서도 쿠데타에 대한 지지 의사를 밝혔다.

바로 그 순간부터 모든 일이 파탄에 이르게 된다. 히틀러는 루덴도르프에게 카어와 자이서, 로소를 맡겨놓고 도시의 다른 곳에서 쿠데타가 어떻게 진행되는지 점검하러 떠났다. 루덴도르프는 즉각 세 사람을 풀어주었다. 루덴도르프가 나중에 한 말에 따르면, 그들은 반란을 계속 지지하겠다고 약속했다. 그러나 세 사람은 총부리의 강압에 못 이겨 협력을 표명했기에 곧 조잡한 계획에 반대한다고 말했다.

이튿날 히틀러와 돌격대는 이미 크게 잘못된 계획을 되살리려고 뮌헨을 가로질러 행진했다. 그날 행진에 참여한 나치 돌격대원 에밀 클라인은 이렇게 회상했다. "우리는 이것이 무력으로 베를린을 점거하기 위한 무장 행진이라고 생각하지 않았다. 그것은 선전의 행진, 일종의 시위가 될 터였다." 그러나 나치가 무솔리니의 로마 진군 방식으로 펼친 '시위'는 고작 3~4킬로미터밖에 전진하지 못했다. 그들은 펠트헤른할레Feldherrnhalle(육군 원수의 전당) 전쟁기념관에서 무장한 바이에른 경찰과 부딪쳤다. 나치는 기대와 달리 성공에 가장 필요한 전제조건을 갖추지 못했다. 바이에른 경찰과 군대의 상당수를 설득해 지지를 이끌어내야 했는데 그러지 못한 것이다. 누가 첫발을 쏘았는지는 모른다. 그러나 뒤이어 펠트헤른할레에서 벌어진 교전에서 나치 열네 명과 경찰 네 명이 사망했다.[6]

폭동을 일으킨 자들이 무엇을 위해 죽었는지는 알 수 없다. 확실한 것은 나치가 지극히 무능한 혁명가들로 드러났다는 사실뿐이다. 그러나 믿을 수 없게도 이 무모한 기획에서 발생한 그들의 죽음은 역사상 가장 성공적인 선전 활동의 하나가 되어 이후 영웅적인 행위로 묘사되었고, 그들은 나치의 대의에 목숨을 바친 순교자로 선포되었다. 그렇게 그들은 혁명가로서 살아 있을 때보다 죽었을 때 훨씬 더 유용했다.

이 일이 더 놀라웠던 것은 히틀러가 그 폭동 중에 일련의 파멸적인 결정을 내렸기 때문이다. 가장 주목할 만한 것은 그가 상황에 좌우되어 행동했다는 사실이다. 카어 일행이 뷔르거브로이켈러에서 벗어나자, 히틀러는 어떻게 해야 할지 몰라 당황했다. 뮌헨 행진은 누구도 더 나은 대안을 생각할 수 없었기에 성급하게 준비된 일이었다. 히틀러의 지도력은 미숙하고 무력했다.

그 폭동에 참여한 사람들은 전부 반역죄를 저질렀다. 그러나 놀랍게도 쿠데타가 실패한 이후 바이에른 당국은 범죄자들에게 이례적으로 관대했다. 예를 들어 스물세 살의 하인리히 힘러에게 무슨 일이 있었는지 생각해보자. 그는 에른스트 룀의 제국전기연맹의 일원으로 반란에 가담했다. 폭동 중에 안경을 끼고 부대의 깃발을 든 채 가시철조망 뒤에 서 있는 힘러의 사진이 남아 있다. 힘러는 룀의 뮌헨 군사령부 점령에 참여했으며, 11월 9일 아침 기존 바이에른 정권에 충성하는 병사들과의 충돌에도 관여했다.[7] 혁명가 두 명이 사망한 교전 이후, 바이에른 부대들이 준군사 조직을 포위한 상태에서 교착상태가 이어졌다. 양측이 협의한 뒤, 힘러와 제국전기연맹의 동료들은 무사히 걸어서 빠져나갈 수 있었다.[8] 이는 바이에른 당국이 이 준군사 조직의 방식은 아닐지언정 그 목적에 얼마나 공감했는지 보여주는 초기 징후의 하나였다.

힘러처럼 에른스트 룀도 11월 8일에서 9일로 넘어가는 밤을 군사령부를 점령한 채 보냈다. 그러나 젊은 동지와 달리 룀은 폭동 실패 후 안전하게 돌아다닐 수 없었다. 그에게 제시된 조건은 매우 달랐다. 그가 체포되어야만 그의 대원들이 자유로울 수 있었다. 바이에른 당국은 폭동의 최고위 지도자 중 한 명은 모든 책임에서 벗어나도록 놔둘 수 없다고 판단했다. 그랬는데도 룀은 뮌헨 남부의 슈타델하임 교도소에 도착한 뒤 온갖 배려를 받았다. 교도소 기록에 따르면 그는 심지어 '매우 거만하게' 처신할 만큼 자신이 안전하다고 느꼈다.[9]

루덴도르프로 말하자면, 그의 운명은 바이에른 당국의 태도가 어떤지 보여주는 징후였다. 그는 뮌헨 행진에 참여했는데, 총격을 받자 그가 느닷없이 바이에른 경찰을 향해 곧장 걸어가 그 대열을 뚫었다는 말이 전설처럼 전해진다. 이는 프리드리히 대왕의 장교들이 보여준 용기의 위대한 전통에 속하는 사례로 여겨졌다. 그러나 미국인 외교관을 포함한 여러 증인은 이렇게 말했다. 루덴도르프는 "빗발치는 총탄을 피하려고 바짝 엎드렸다."[10] 경찰에 체포된 그는 나중에 가택연금을 조건으로 집에 돌아갈 수 있었다. 바이에른 당국은 1차대전의 가장 유명한 인물 중 한 사람인 그를 비록 무장 폭동을 시도했을지언정 투옥하고 싶지 않았다.

율리우스 슈트라이허는 관대한 처분을 받지 못했다. 그래도 응당 받아야 할 것에 비해서는 훨씬 관대한 처벌이었다. 그는 11월 9일 아침 뮌헨 주변을 돌아다니며 폭동에 대한 지지를 끌어 모으기 위해 일련의 살기등등한 연설을 했다. 그는 지나가는 사람들에게 이렇게 선언했다. "혁명이 나라를 휩쓸고 있다. 기독교인이든 유대인이든 부당이득자는 교수형에 처해질 것이다. (…) 굴욕의 시간은 끝났다. 자유의 시간이 왔다. 이후로는 두 집단만 있을 것이다. 하나는 가난하고 자유롭고 충성스러운 독일 민족이고, 다른 하나는 높은 이자를 받는 유대인이다. 어느 무리에 속하기를 원하는가? (…) 민족 정부에 복종하지 않는 사람은 교수형에 처해질 것이나 복종하는 사람은 행복해질 것이다."[11]

슈트라이허는 이와 같이 즉흥적인 권고 이후 펠트헤른할레로의 행진에 참여했고 뒤이어 체포되었지만 1924년 2월에 석방되어 교도소를 나왔다. 교사였던 그는 퇴출되어 직업을 잃었지만, 그가 11월 9일에 펼친 연설의 선동적인 성격을 감안하면 매우 가벼운 처벌만 받고 끝난 셈이다.

헤르만 괴링은 나치 혁명을 더 오래 기억하게 할 만한 일을 겪었다. 그는 뷔르거브로이켈러 공격의 최전선에 있었고 이튿날 히틀러, 루덴도르프와 함께 행진했다가 총격전 중에 경찰이 쏜 총탄에 다리를 맞았다. 고통스러워하는 그를 동료들이 재빨리 숨겼고, 그는 머지않아 오스트리아의 어느 병원에 모습을 드러냈다. 그는 바로 그곳에서 통증을 덜기 위해 처음으로 모르핀을 맞고 뒤이어 그 약물에 중독되었다.

아돌프 히틀러도 범죄 현장에서 도피하는 데 성공했다. 총격이 시작되자 그는 바닥에 엎드렸다. 밀려 넘어졌는지 스스로 엎드렸는지는 확실하지 않다. 그의 지지자들이 전자의 설명을 더 좋아하고, 그를 비난하는 자들이 후자의 설명을 더 좋아하는 것은 놀랍지 않다. 비겁한 짓이라고 생각되기 때문이다. 어쨌거나 쓰러지면서 어깨가 탈구된 히틀러는 쫓겨 어느 지지자의 집으로 들어갔다가 이틀 뒤 경찰에 발각되었다. 그는 교도소에 갇혀 재판을 기다렸다. 이것이 아돌프 히틀러의 종말이었어야만 했다.

히틀러는 경찰에 체포되기 직전에 자신의 부재중에 나치당을 이끌었으면 하는 사람을 지명했다.[12] 그의 선택은 충격적이었다. 서른 살의 에스토니아 출신 독일인으로 《푈키셔 베오바흐터》의 편집장이었던 알프레트 로젠베르크였다. 로젠베르크를 열히 지지한 사람은 많지도 않았거니와 그들조차도 그를 대단한 지도력을 지닌 사람이라고는 말하지 않았을 것이다. 실로 스스로도 그런 사람이라고 생각했을지 의심스럽다. 오히려 그는 자신을 지식인으로 여겼다. 히틀러와 괴링, 룀은 1차대전 때 전선에서 싸웠지만, 로젠베르크는 박사학위를 마치는 중이었다. 그는 에스토니아를 떠나자마자 뮌헨에서 민족주의적이고 철저히 반유대주의적인 툴레 협회에 가입하고 새로운 삶을 시작했다.

로젠베르크가 히틀러에게 충성했다는 점은 의심할 여지가 없지만,

동료 나치들은 그를 매우 싫어했다. 그가 무척이나 둔감했다는 것이 한 가지 이유였다. 괴벨스와 슈트라이허 같은 열정적이고 투지 넘치는 자들과는 정반대의 기질이었다. 로젠베르크의 일기를 보면 그의 성격이 어떤지 알아낼 수 있다. 그의 일기는 역사적으로 중요하지만 읽기에는 그보다 더 지루할 수 없을 것이다. 이러한 글이 전형적이다. "뤼베크의 북유럽협회 회의는 모든 점에서 만족스러웠다. 발언들은 감탄스러울 정도로 서로 잘 어울렸다."[13]

그 모든 것이 왜 히틀러가 그를 나치당을 이끌 자로 지명했느냐는 질문을 한층 더 흥미롭게 한다. 한 가지 설은 그 자리를 맡을 만한 사람이 너무도 많이 투옥되었거나 도피 중이었기 때문에 후보자가 부족했다는 것이다. 다른 설은 히틀러가 일부러 당을 충성스럽지만 카리스마가 없는 인물, 다시 말해 결코 자신에게 위협이 될 수 없는 자의 손에 쥐어주기를 원했다는 것이다. 후자의 설명은 때때로 히틀러의 마키아벨리즘적인 영리함의 사례로 인용되곤 한다. 그것이 훗날 그가 세상에 남기고 싶었던 인상이었을지도 모른다. 그러나 여기에는 히틀러가 당시에 전략적으로 사고했다는 전제가 필요하다. 반면 증거를 보자면 그는 절망하고 실망했다. 경찰이 체포하러 오자 그는 극적인 자살 시도로 총에 손을 댔지만 나치 지지자인 푸치 한프슈탱을의 아내가 막았다고 한다.[14]

히틀러는 그 순간뿐만 아니라 이후에도 폭동의 실패에 심히 위축되어 있었다. 그는 로젠베르크 같은 따분한 인간을 당의 지도자로 지명하는 것이 어떤 의미인지 깊이 생각할 사람이 아니었다. 어쨌거나 무너지는 것처럼 보이는 조직, 조만간 금지될 조직의 새 지도자를 걱정해봤자 무슨 소용이 있었겠나? 대신 그는 그 패주로 자신이 비난을 받을까봐,

정치 이력이 끝날까봐 걱정했다. 그는 폭동 후 열흘이 지났을 때 교도소의 정신과 의사 알로이스 마리아 오트에게 이렇게 말했다. "이제 지긋지긋하다. 권총이 있다면 한 발 쏠 것이다."[15]

히틀러의 낙담은 상당했다. 이는 1935년의 다큐멘터리 〈의지의 승리 Triumph des Willens〉 같은 선전에 나오는 것처럼 압박을 받아도 강력함을 잃지 않는 인간이라는 대중적 이미지에 반할 뿐만 아니라, 다른 대안이 얼마나 성공적일 수 있었는지도 보여주었다. 바이에른 당국이 그렇게 다른 길을 원했다면, 히틀러는 바로 그 순간부터 정치 무대에서 사라졌을 수 있었다. 사태를 지배한 것은 히틀러가 아니라 바이에른 당국이었다.

그러므로 1923년 11월의 미수에 그친 혁명을 매우 많은 사람이 부르듯이 '히틀러 폭동Hitler Putsch'이라고 한다면, 이는 대단히 잘못된 명명이다. 오히려 '바이에른 폭동'이라고 해야 옳다. 히틀러는 여러 행위자 중 한 사람이었을 뿐이다. 히틀러와 그의 지지자들은 카어와 그의 동료들이 이미 베를린의 중앙정부와 갈등을 겪고 있기에, 다시 말해서 그들도 베를린 정부의 전복을 원했기에 바이에른 당국이 자신들을 지지할 것이라고 믿었고, 오로지 그 이유만으로 폭동을 일으켰다.

역설적이게도 이제 와서 히틀러를 구한 것은 그가 그 폭동의 유일한 지도자가 아니었다는 사실이다. 그는 각각 바이에른의 군대와 경찰을 통제한 로소와 자이서를 끌어들이려고 최선을 다해 설득했다. 히틀러가 성공하지는 못했지만, 그럼에도 이러한 논의는 히틀러와 바이에른 당국이 공모한 것이나 다름없는 결과를 낳기에 이르렀다. 그래서 카어와 로소, 자이서는 비난받기 쉬운 처지에 놓였다. 히틀러가 관여한 무장 반란에 찬성하지는 않았지만 스스로 중앙정부를 무너뜨릴 생각을 했다고 볼 수 있기에 납득하기 어려웠다. 바로 이 사실이 히틀러를 의 기소침에서 꺼내주고 그에 대한 재판을 조롱거리로 만들었다.

1924년 2월 26일 히틀러와 다른 폭동 가담자들이 뮌헨 법정에 들어왔을 때, 바이에른의 상황은 변했다. 카어는 직위에서 해제되었고, 렌텐마르크가 도입되면서 경제는 안정되었다. 렌텐마르크는 곧 라이히스마르크로 전환된다. 히틀러와 그의 잡다한 혁명가들이 정치적 위기에 편승해 성공을 기대한 것이 분명했기에, 그들은 이제 이전만큼 큰 위협으로 보이지 않았다.

그렇지만 어느 것도 히틀러가 바이에른주를 혼란에 빠뜨릴 능력이 없음을 뜻하지 않았다. 그래서 그와 다른 폭동 가담자들을 관대하게 처리하기로 결정한 것이다. 게오르크 나이트하르트를 주심 판사로 지명한 것이 그러한 결정을 잘 보여준다. 나이트하르트는 2년 전 재판에서 히틀러를 다룰 때 이미 나치에 호의적인 태도를 드러냈다. 히틀러는 그때 지지자들을 이끌고 맥줏집 뢰벤브로이켈러로 쳐들어가 경쟁자들의 집회를 망쳐놓았는데, 치안 방해라는 가장 가벼운 혐의로 기소되었다. 히틀러는 최종적으로 3개월 징역형을 받았는데, 나이트하르트는 심지어 집행유예를 덧붙인 징역 1개월로 감형하고자 로비까지 벌였다.[16]

폭동 가담자들에 대한 재판은 공개하기로 되어 있었지만, 결국 비공개로 진행되었다. 자신과 그 지지자들이 경찰과 군대의 지지를 기대했을 뿐만 아니라 바이에른주 자체도 무장 혁명을 계획했다는 히틀러의 변론이 당혹스러웠기 때문이다.

이러한 사정을 감안하면, 히틀러는 분명히 자신이 관대한 처분을 받을 것이 거의 확실하다는 사실을 알았을 것이다. 그래서 그는 판사들의 진노를 염려하지 않고 도전적이고 비타협적으로 나올 수 있었다. 히틀러는 명예를 더럽히느니 차라리 국가가 어떤 처벌을 내리든지 감수하기로 한 용감한 원칙주의자로 처신할 수 있었다. 결과적으로 독일과 다른 나라들의 언론은 그 재판을 다루면서 대의에 헌신하는 히틀러의 단호함을 부각했다.

히틀러가 법정에서 한 발언은 유명해졌다. 그는 이렇게 말했다. "우리가 만든 군대는 나날이 성장한다. 시시각각 빠르게 성장한다. (…) 당신들이 우리를 천 번도 더 유죄라고 선언할지 몰라도, 영원한 역사의 법정을 주재하는 여신은 검사의 기소와 이 법정의 평결을 미소 지으며 갈기갈기 찢을 것이다. 그 여신이 우리를 무죄로 방면할 것이다."[17] 도전적인 어투는 히틀러의 지도자로서의 평판에 엄청나게 유리했다.

히틀러는 대체로 이기적인 독재자로 인식되지만 추종자들을 감화하고 곁에 두어야 할 필요성을 인식하고 있었다. 지도력의 심리학에 관한 전문가인 알렉스 해슬람은 지도력이 "위대한 '나'"에 관한 문제라는 것은 흔한 오해라고 믿는다. 그는 말한다. "지도력은 언제나 오직 '우리'에 관한 문제다."[18] 해슬람은 개인적 자질의 점검 목록을 갖고 있다고 좋은 지도자가 되는 것은 아니라고, 이끌어야 할 집단의 열망을 이해하고 공동의 목적을 위해 진력해야만 좋은 지도자가 될 수 있다고 주장한다. 히틀러는 바로 이 점을 이해했기에 재판 중에 자신이 "마르크스주의의 파괴자가 되기로 결심"했다고 선언했다. 그의 추종자들이 공유한 목적이었다.[19] 게다가 히틀러는 전쟁 중에 '보통의 병사'였다는 사실 덕분에 전통적인 지도층에 배반당했다고 느끼는 수백만 명의 평범한 독일인

중 한 사람으로 처신할 수 있었다. '우리'라는 속성을 이보다 더 잘 증명해주는 것이 있는가?

많은 나치가 히틀러가 재판에서 보여준 모습이 그의 평판을 드높였다고 생각했다. 에밀 클라인도 그중 한 사람이다. "나는 속으로 히틀러가 재판을 잘 극복했으며 법정에서 당당하게 처신했다고 생각했다."[20] 히틀러가 알렉스 해슬람이 바람직하게 여긴 지도자의 자질을 한 가지 더 갖추었다는 사실이 의미가 있었다. 지도자라면 이 점이 중요했다. "내가 속한 집단의 사람들이 내가 우리에게 적절하고 좋은 특성을 갖고 있다고 생각했는가?"[21]

히틀러의 시각에서 영웅적 자질을 보여주는 것만큼 '적절하고 좋은' 것이 있었을까? 히틀러의 추종자들은 그가 전쟁 중에 용맹함을 떨쳐 철십자훈장을 받았다는 사실을 이미 알고 있었지만, 이제 그는 자신에게 반역죄의 혐의를 씌운 전통적인 엘리트층에 도전한 것처럼 보였다. 재판 중에 히틀러는 자신을 '독일 청년 전체'로부터 '정치적 투쟁'을 지휘하라는 요청을 받은 '영웅'이라고 명확하게 지칭했다.[22]

인류학자 어니스트 베커는 이렇게 말한다. "영웅은 아마도 특히 인간의 진화가 시작된 이래로는 인간의 경의와 찬사의 주된 인물이었을 것이다. 그러나 심지어 그전에도 우리의 조상 영장류는 특별히 강하고 용맹한 개체를 존중했고 심약한 개체를 무시했다."[23]

독일에는 이 모든 현상의 문화적 배경이 있었다. 많은 사람으로 하여금, 특히 민족주의적 성향을 지닌 자들로 하여금 '영웅'이 무대에 등장해 나라를 절망으로부터 구원하기를 간절히 바라게 만든 문화다. 범독일연맹Alldeutscher Verband 의장 하인리히 클라스는 1차대전 발발 직전에 이렇게 말했다. "강력하고 유능한 지도자를 따르고 싶은 욕구는 지금도 여전히 우리 민족 대다수의 마음속에 살아 있다. 비독일적인 민주주의의 가르침에 빠지지 않은 모든 사람이 이를 염원한다."²⁴

19세기에 독일 통일의 주역으로 칭송을 받은 비스마르크는 그러한 강력한 지도자로 널리 인식되었으며, 세월을 한참 더 거슬러 올라가면 케루스키족 족장 헤르만(아르미니우스Arminius)은 로마를 무찌른 위대한 튜턴족 지도자의 한 사람으로 추앙받았다. 독일 전역에 비스마르크의 기념물이 있으며, 토이토부르크 숲에는 헤르만의 거대한 조각상이 서 있다. 1875년에 완성된 그 조각상은 독일에서 가장 인기 있는 관광 명소 중 하나였다. 따라서 독일인들은 영웅이 얼마나 중요한지 잘 알았고, 대중문화 속의 영웅은 통일된 지 고작 50년이 약간 넘은 나라에서 '독일인성性'의 의미를 규정하는 데 도움이 되었다.²⁵

히틀러에게는 개인적인 차원도 있었다. 1차대전 전에 빈에서 그와 같은 아파트에서 지낸 사람의 말에 따르면, 히틀러가 가장 좋아한 책은 《독일 영웅담Die Deutschen Heldensagen》이었고, 그는 영웅 이야기가 펼쳐지는 바그너의 오페라 〈로엔그린〉에 유달리 열광했다. 성배聖杯 기사의 영웅적 행위를 묘사한 작품이다. 그 동거인은 히틀러에 대해 이렇게 썼다. "대단한 결과를 가져온 용감한 행동으로 가득한 그들의 삶, 있을 수 있는 가장 영웅적인 삶보다 더 싸울 가치가 있는 삶은 없는 것 같았다."²⁶

사춘기 소년 시절 히틀러는 영웅이 되어 자신의 잘못된 삶을 바르게 교정하는 환상을 품었을지도 모른다. 왜 그랬는지 이해하기는 어렵지 않다. 그는 술에 취해 아들을 때리는 권위주의적인 아버지 밑에서 자랐고, 사랑하는 어머니는 1907년 젊은 나이에 암에 걸려 비극적인 죽음을 맞았고, 자신은 같은 해에 빈 미술학교Allgemeinen Malerschule der Wiener Kunstakademie 입학이 거부되었다.

1924년 봄 뮌헨의 법정에서 히틀러는 마침내 오랫동안 되고 싶었던 영웅의 이미지를 투사할 수 있었다. 그는 재판 전에는 자신을 독일을 구할 영웅으로 생각한다고 결코 명시적으로 얘기하지 않았다. 그저 그런 영웅이 등장할 길을 준비하는 '고수鼓手'일 뿐이라고 했다. 이제 그는 확신했다. 자신이 바로 그 영웅이었다.

히틀러는 '카리스마적 지도자'의 원형이 되는 중이었다. 관료 기구의 지원이 아니라 지도자의 개인적 자질에 크게 의존하는 유형의 지도력을 정의하는 데 쓰이는 용어다. 이런 의미의 '카리스마'는 도덕적으로 모호한 개념이다. 카리스마적 지도자로는 평화와 친교를 촉진하는 자뿐만 아니라 혼란과 파괴를 일으키는 데 힘을 쓰는 자도 있다.

심리학 연구는 진화에서 카리스마적 지도력이 차지하는 중요성을 지적한다. 우리의 조상들이 수렵채집인의 삶에서 카리스마적 지도자의 존재가 주민의 통합에 기여하는 큰 촌락과 도시의 삶으로 이동했기 때문이다.[27] 학술 연구는 또한 각 시기마다 선호되는 지도자 유형이 다르다는 것을 증명했다. "사람들은 전쟁과 갈등의 시기에는 권위적이고 남성다운 얼굴의 지도자를 선호하지만, 평시에는 신뢰할 수 있는 여성스러운 얼굴의 지도자를 선호한다. 덧붙여 말하자면, 나이 들어 보이는 얼굴의 지도자는 전통적인 지식 영역에서 선호되는 반면, 젊게 보이는 지도자는 새로운 도전 과제에서 선호된다."[28] 이것이 하나의 경향일 뿐이라는 점을 기억하라. 역사에는 이러한 분석에 반하는 사례들이 있다. 그럼에도 1차대전 직후의 격정적이고 불안정한 시절에는 비교적 젊은

3. 영웅으로서 인도하기   119

히틀러가 다른 경쟁자들보다 가외의 이점을 지녔을 것이다. 그 이유를 이해하기는 어렵지 않다.

독일의 사회학자 막스 베버는 히틀러의 권력 장악 이전에 개진한 카리스마적 권위Charismatische Herrschaft의 이론에서 '개인적 용맹함'의 징후는 지도자가 '진정한 카리스마'를 지녔다는 증거라고 주장했다.[29] 히틀러가 전시의 이력과 1924년 재판에서 보여준 태도만으로 그러한 영웅이라고 주장할 수 있었음은 이미 보았다. 카리스마적 지도자의 또다른 유리한 특징은 웅변 능력이다. 앞에서 논했듯이 이는 히틀러가 갖춘 특별히 뛰어난 능력이었다.

그러나 히틀러의 화려한 웅변에 모두가 납득한 것은 아니었다. 예를 들면 오토 폰 로소 장군은 법정에서 1923년에 그 나치 지도자와 함께 한 논의에 관해 이렇게 말했다. "처음에는 히틀러의 익히 알려진 매혹적이고 도발적인 웅변에 깊은 인상을 받았다. 히틀러가 여러 점에서 옳다는 것은 당장에는 분명했지만, 그의 말을 들을수록 그 첫인상은 흐릿해졌다. (…) 나는 그의 긴 이야기가 핵심은 거의 언제나 같다는 사실을 알아챘다. 히틀러의 발언은 어느 부분은 민족주의적으로 사고하는 모든 독일인에게 분명하게 다가오지만, 또다른 부분은 그가 무엇이 가능하고 무엇을 달성할 수 있는지에 관해 현실감과 균형 감각을 벗어났다는 증거였다." 로소가 이로부터 얻은 교훈은 솔직했다. 히틀러는 그저 "허세 가득한 작은 지역 정치인"일 뿐이었다.[30]

로소의 증언은 앞서 얻은 식견을 떠올리게 한다. 히틀러는 그의 매력에 빠질 만한 성향을 지닌 사람들만 설득했고 그들 앞에서만 카리스마적인 인물임을 입증할 수 있었다. 냉철한 귀족 출신 장교였던 로소는 쉽게 그를 꿰뚫어보았다. 그러나 이렇게 정교한 평가, 다시 말해 히틀러가 보통 사람을 발분케 할 수 있지만 원숙한 정치적 재능은 부족한 평범한 민중 선동가라는 평가도 똑같이 문제가 있는 것으로 밝혀질 수 있다. 지적이고 좋은 교육을 받은 다수의 독일인이 1930년대 초에 히틀러에 대해 똑같은 평가를 내렸는데, 그 결과는 대재앙이었다.

히틀러가 반역죄로 유죄 판결을 받았지만, 처벌은 예상대로 관대했다. 징역 5년이었다. 그러나 그조차도 보기와는 달랐다. 누구나 그가 고작 두세 달 만에 집행유예로 석방될 가능성이 있음을 알았다. 다른 사람들은 훨씬 더 가벼운 처벌을 받았다. 룀은 집행유예로 풀려나 뮌헨 거리로 곧장 걸어 나갔다. 루덴도르프는 모든 혐의에 대해 무죄 판결을 받아 석방되었다. 법원의 평결은 웃기게도 그 전쟁 영웅이 자신이 무산된 쿠데타의 일부였음을 이해하지 못했다는 것이었다. 이것으로도 충분하지 않다는 듯이 더욱 어이없게도, 루덴도르프가 자신의 무죄 석방을 "이 제복과 훈장들에 어울리지 않는 치욕"이라며 받아들이지 않았을 때 한 편의 소극이 더 펼쳐졌다. 판결을 번복해 유죄 선고를 내리도록 법정을 설득하지 못한 그는 발을 쿵쿵 구르며 법원 건물을 빠져나갔다.[31]

《뉴욕타임스New York Times》는 이렇게 보도했다. "루덴도르프는 무죄로 석방되었다." "아돌프 히틀러는 사실상 무죄로 석방된 것이나 다름없다." 이 신문은 "독일 공화국을 배신한 반역자가 응당 받아야 할 처벌에 대한 뮌헨 법원의 판단"에 악담을 퍼부었다.[32]

재판 중에 판사 나이트하르트가 대표한 바이에른 당국은 장래에 위협이 될 히틀러를 제거하지 못한 책임이 있다. 당시 미국 신문들뿐만 아니라 유럽 신문들에서도 널리 인정된 바다. 예를 들면 런던의 《타임스》는 이렇게 보도했다. "뮌헨은 그 평결에 만족스럽다는 듯 킬킬거렸다." 그것이 "제국 헌법을 무너뜨리려는 음모가 바이에른에서 중죄로 여겨지지 않았음을" 증명했기 때문이다.[33]

히틀러는 '요새 감금' 형을 선고받아 독일의 형벌 제도가 줄 수 있는 최고로 안락한 조건에서 복역했다. 그는 뮌헨 서쪽의 란츠베르크 교도소에서 친구들과 그가 잘 지내기를 바라는 자들로부터 음식을 제공받았으며 면회객도 많았다. 많은 교도관이 나치에 동조했으며, 히틀러는 대단한 유명인사로 대접받았다.

히틀러는 또한 그 시간을 이용해 책을 썼다.《나의 투쟁》이다. 그 책을 읽어보려 한 사람이라면 누구라도 알게 되듯이, 히틀러는 대단한 작가가 아니었다. 그러나 그는 열정적인 견해로 기술의 부족을 메웠다. 그 책은 구성이 뒤죽박죽이었지만 한 가지 포괄적인 주제가 관통했다. 유대인에 대한 증오다. 히틀러는 전쟁 전에 빈에서 지낼 때 소리 높여 반유대주의를 외쳤다고 거짓으로 주장했는데, 이제 독일의 거의 모든 문제를 유대인 탓으로 돌리기에 이르렀다.《나의 투쟁》은 히틀러의 견해를 보여주는 또 하나의 증거였다. "유일하게 변치 않는 감정은 증오다."[34]

히틀러는 책에서 자신이 가장 멸시한 볼셰비즘을 유대인과 한 번 더 연결하며 이 거짓 연관 관계에 각별히 주목했다. 그의 생각처럼 나치즘의 목적은 간명했다. 유대인이 갖고 있다고 여겨진 힘을 파괴하고 베르사유 조약의 '부당한 권리 침해'를 바로잡고 볼셰비키를 무찌르고 모든 아리아인 시민이 하나로 단합하는 종족적으로 순수한 독일을 만드는 것이었다. 히틀러는 또한 독일이 더 커질 필요가 있다고 주장했으며, 독일인들이 소련 서부에 제국을 만들어야 한다고 선언했다. 몇 년 뒤 그는 이 원대한 포부를 현실로 만들려 한다.

히틀러가 이 증오로 가득한 책을 쓰고 있을 때, 나치 운동은 생존하기 위한 싸움에 직면했다. 바이에른 당국이 나치당을 금지한 뒤에 히틀러를 대신한 알프레트 로젠베르크는 대★독일민족공동체Großdeutsche Volksgemeinschaft라는 대체 조직을 세웠다. 놀랍지 않게도 히틀러가 없는 가운데 이 새 단체는 영향력을 얻기 위해 분투했다.

로젠베르크가 이끄는, 나치당을 대체한 조직의 운명은 독일의 경제 회복이 계속되면서 불리한 처지에 놓였다. 영국과 미국의 중재로 1924년 8월 파리에서 새로운 금융 협정인 도스안Dawes Plan이 체결되었다. 이 협정으로 독일은 주로 미국으로부터 융자를 받아 재정적으로 희망을 갖게 되었다. 도스안의 혜택은 단기적인 면과 장기적인 면을 동시에 지녔다. 다시 말해 독일인들이 몹시 싫어한 루르 지방의 점령이 곧 끝날 예정이었고, 나라의 산업 기반, 특히 철강 산업이 재건에 필요한 금융 지원을 받았다. 이에 따라 많은 독일인이 보기에 불화를 초래한 불안정한 상황은 점차 사라지고 있었다.

그렇지만 금지된 나치당의 지지자들은 사라지지 않았다. 믿음을 지닌 핵심 집단이 남아 있었다. 1924년, 그중에는 라인란트 출신의 청년 실업자 요제프 괴벨스도 있었다. 맥줏집 폭동 당시 스물여섯 살이었던 그는 삶에 환멸을 느꼈다. 신체장애(오른쪽 다리가 왼쪽 다리보다 짧았고 발은 안쪽으로 구부러졌다) 때문에 1차대전에 참전하지 못했고, 독일 문학으로 박사학위를 취득했는데도 여전히 재능을 펼칠 출구를 발견하지 못했다.

1923년 10월 27일자 일기는 시사하는 바가 있다. 괴벨스는 깊은 생각에 잠겼다. "이것이 내가 여태껏 유일하게 믿는 것이다. 결국 진리가 거짓말보다 강할 테니 진리의 최종적인 승리와 나 자신을 믿는다. 이 믿음은 내 안에 강력하고 견고하게 머물 것이다. 나는 바로 이로부터 나의 모든 힘과 호의를 끌어내려 한다. 하지만 우리가 조금이라도 무엇을 믿기만 한다면 정작 무엇을 믿는가는 사소한 문제다. 믿음을 잃은 민족은 자신을 잃게 된다. 우리는 사람들로부터 무엇이든 빼앗을 수 있지만 그들이 믿고 싶은 것은, 그것이 그리스도든 로마든 종족이든 민족이든 무엇인지 모르는 것이든, 빼앗을 수 없다."[35]

괴벨스는 석 달 후에 같은 생각을 개진했다. "어떤 생각이든 다 옳다. 다만 그것을 납득이 가도록 입증할 수 있어야 한다. 모든 시대는 고유의 사상을 가지며, 어떤 시대에서나 그 사상은 옳다. 변하는 것은 시대가 아니라 인간이다. 가장 강력하게 지지를 받는 사상이 수용된다. 정신의 제국에서 유일하게 절대적인 것은 모든 존재와 사건이 상대적이라는 관념이다."[36]

다가올 세상에서 괴벨스가 차지할 중심적인 역할을 감안할 때, 이는 그의 심리를 엿보게 해주는 중요한 통찰이다. 그러나 그가 단순히 우리가 무엇이든 믿기만 하면 무엇을 믿는가는 중요하지 않다고 말했다고 생각한다면 피상적인 이해가 될 것이다. 그가 '진리'를 대단히 강조함으로써 자신의 상대주의를 완화했기 때문이다. 그는 이 '진리'가 시대마다 변할 수 있지만 그럼에도 모든 시대에 '진리'가 있다고 이해했다. 그것을 찾는 것이 그가 해야 할 일이었다.

1924년 봄 괴벨스는 목적을 달성했다고 믿었다. 나치즘이 그의 '진리'였다. 괴벨스는 그와 비슷한 생각을 가진 사람들의 작은 무리와 함께 라인란트에 있는 자신의 고향 라이트에서 나치 지부를 세웠다. 나치당이 금지되었다는 사실도 그들을 막지 못했다. 이는 오히려 그들의 모험심을 더 부추겼을 것이다.

괴벨스는 유대인 혈통을 지닌 여자 친구와 데이트를 했지만 이제 열렬한 반유대주의자였다.[37] 1924년 7월 4일 그는 일기에 이렇게 적었다. "우리 독일에 부족한 것은 강력한 수단이다. 민족공동체[폴크스게마인샤프트]라는 막중한 책임의 사상에 굴복하지 않으려는 유대인 무리를 쫓아내라." 괴벨스는 이러한 편견에 나라를 휘어잡을 강력한 인물을 바라는 마음을 결합했다. "대지가 여름에 비를 갈망하듯이, 독일은 유일한 그 사람을 고대한다. (…) 주여, 독일 민족에게 기적을 보여주소서! 기적을! 그 사람을!!!"[38]

괴벨스가 이 '기적'을 일으킬 사람으로 누구를 염두에 두었는지는 분명했다. 석 달 뒤 그는 이렇게 쓴다. "히틀러는 열정적인 이상주의자다. 독일 국민에게 새로운 믿음을 줄 사람이다. 나는 그의 연설문을 읽고 감화를 받아 넋이 나갔다. 뇌에서 심장으로 길이 뻥 뚫렸다."[39]

강력한 인물이 등장해 독일을 구원하기를 바라는 민족주의적 열망에 깊이 젖은 괴벨스에게 히틀러는 특히 폭동 재판에서 '영웅적' 태도를 보여준 이후 매력적으로 느껴질 수밖에 없었다. 그렇게 나치즘은 괴벨스의 인격에 난 빈틈을 채웠다. 나치즘은 그에게 믿을 대상만 준 것이 아니었다. 나치즘은 그의 삶을 완전히 바꿔버렸다. 그는 신체장애 탓에 전쟁에 나가지 못했지만, 이제 광신자의 열정으로 이 새로운 투쟁에 온몸을 던졌다.

괴벨스가 히틀러와 나치즘을 사랑하게 된 것과 거의 동시에, 스물

세 살의 하인리히 힘러도 그 대의에 헌신하기로 결심했다. 앞서 보았듯이, 힘러는 나치의 일원이 아니라 에른스트 룀의 제국전기연맹 회원으로서 폭동에 참여했다. 그는 1924년에 와서야 나치 활동가요 히틀러에게 헌신하는 자가 된다. 힘러는 1924년 초 독서 일지에 이렇게 적었다. "그는 참으로 위대한 인간이요 다른 누구보다도 진실하고 순수한 인간이다. 그의 연설은 독일인과 아리아인의 특성을 보여주는 경이로운 사례다."[40]

괴벨스의 일기에 이미 그의 인성이 드러났듯이(냉소적이고 열정적이며 영웅을 고대했다), 힘러의 인성도 그의 적극적인 당 활동을 통해 드러났다(현학적이고 오만했다). 바이에른의 나치당 당원이었던 에밀 클라인은 이렇게 말한다. "나는 [나치의] 권력 장악 전에 힘러를 알게 되었다. 나는 그와 친구가 될 수 없었을 것이다. 지금도 거리에는 마음속에 이런 생각이 들게 하는 사람들이 쉽게 보인다. 같이 맥주 한잔하고 싶은 사람은 아니군. 다른 사람을 찾아봐야지."[41]

1924년 4월 1일 교도소에서 풀려난 에른스트 룀은 나치즘의 준군사 조직인 돌격대를 서둘러 강화했다. 헤르만 괴링이 여전히 그 집단의 명목상 수장이었지만, 그는 폭동에서 한 역할 때문에 수배 중이어서 독일로 돌아갈 수 없었다. 그래서 그는 룀을 자기 자리를 대신할 자로 승인했다.[42]

돌격대는 나치당이 금지되면서 해산해야 했고, 그래서 룀은 전선대前線隊, Frontbann로 알려진 새로운 조직을 만들었다. 그는 돌격대원들뿐만 아니라 다른 우파 집단의 준군사 조직 대원들에게도 찾아갈 곳을 제공하고 싶었다. 이 때문에 그는 어쩔 수 없이 히틀러와 충돌하게 된다. 히틀러는 자신에게 충성하지 않는 조직과의 동맹은 무엇이든 여전히 의심의 시선으로 바라보았다.

1924년 12월 20일 히틀러는 란츠베르크 교도소에서 석방되었다. 바이에른 대법원은 그를 계속 철창 안에 가둬두기를 원한 주 검사의 요청을 각하했다. 히틀러가 반역죄로 5년형을 선고받은 지 아홉 달도 채 지나지 않아 벌어진 일이다. 그러나 판사들은 히틀러가 돌아갈 독일 사회가 그가 교도소에 들어올 때보다 더 평온해졌음을 알고 있었다. 하이퍼인플레이션과 프랑스의 루르 지방 점령이라는 쌍둥이 위기는 해소되었다.

히틀러는 독방에서 폭동의 실패를 곱씹으며 보냈고 이제 새로운 길을 가기로 결심했다. 나치는 민주주의를 수단으로 민주주의를 파괴하기로 했다. 그는 이렇게 말했다. "우리는 무장 쿠데타로 권력을 장악하려 애쓰는 대신 코를 틀어막고 연방의회에 들어가 가톨릭과 마르크스주의자 의원들과 싸워야 할 것이다. 당장에 큰 소리로 그들을 윽박지를 수는 있지만 투표에서 그들을 이기기까지는 더 오랜 시간이 걸릴 것이다. 그렇지만 적어도 그들의 헌법이 결과를 보장해줄 것이다!"[43]

히틀러는 바이에른 총리 하인리히 헬트에게 다시는 폭동을 일으키지 않을 것이고 나치는 공산주의를 막는 보루가 되겠다고 약속함으로써 나치당의 금지 조치를 해제하는 데 성공했다. 그는 1925년 2월 27일 뷔르거브로이켈러에서 열린 격정적인 집회에서 나치 운동을 재편했다. 16개월 전에 실패한 폭동에 착수한 바로 그 장소였다.

그 집회는 한 가지 역설을 보여주었다. 민족주의적 정당들에 대한 지지가 감소했고(1924년 12월 7일 연방의회 선거 결과는 그들에게 재앙이었다),

나치당원들은 히틀러가 없는 가운데 단합하지 못했음을 드러냈다. 그러나 이 모든 일이 일어나는 동안 히틀러라는 별은 더 높이 떠올랐다. 폭동 재판에서 보여준 태도 덕분에 널리 유명해져서 민족주의 운동 전체의 선두에 서게 된 것이다.

나치당 재창당의 정점의 순간은 히틀러가 지지자들에게 제각각 과거에 외쳤던 주장들을 잊어버리라고 명령했을 때 찾아왔다. 서로 싫어했고 심지어 경멸했던 자들이 이제 함께 무대에 올라 협력하기로 맹세했다. 이는 히틀러의 기술 중에서 종종 못 보고 넘어가는 것이다. 추종자들에게 공동의 이데올로기적 과제를 두고 단합해야 한다는 점을 납득시키는 능력이다. 이는 또한 나치당에 대한 그의 지배력을 극적으로 보여주는 사례였다. 그날 밤 집회에 참석한 쿠르트 뤼데케가 보기에 히틀러는 '죄인들'에게 회개하라고 호소하는 '신앙부흥운동' 설교자를 닮았다.[44]

특히 주목할 것은 히틀러가 추종자들에게 전부 같은 '우리'의 일원임을 상기시켰다는 사실이다. 그들은 한 가족이었다. 가족은 누가 다른 구성원을 싫어할 수는 있어도 좋을 때나 나쁠 때나 서로 단합했다. 자녀가 아버지에게 복종해야 하듯이, 당원들은 그에게 복종해야 했다.

2월 27일 집회는 나치당의 모두가 아는 진실, 다시 말해 성공 가능성이 조금이라도 있으려면 히틀러가 필수적이라는 사실을 한층 더 강력히 인정했다. 그 점에서 큰 실패로 끝난 폭동과 1924년에 정치 무대에서 사라졌던 일은 그에게 도움이 되었다.

에른스트 룀은 민족주의 운동에 히틀러가 정치적으로 극히 중요하다는 점을 분명하게 인식했다. 그러나 그는 폭동 이후 두 사람의 관계가 어떻게 변했는지 아직 이해하지 못했다. 히틀러는 룀이 재창당한 나치당의 돌격대 수장으로 복귀하기를 원했지만, 룀의 생각은 달랐다. 룀은 최근에 자신이 결성에 일조한 조직인 전선대를 돌격대와 통합할 준비가 되어 있었지만 새로운 조직의 지휘권을 독점하려 했다. 한 번 더 그것은 일종의 협력자 관계를, 히틀러는 나치 운동의 정치 지도자요 룀은 군사력의 최고 지휘관인 관계를 의미했다. 히틀러는 1925년 4월 16일에 이 문제를 논의하기 위해 뮌헨에 있는 룀의 허름한 아파트에서 그를 만났을 때 전례대로 행동했다. 히틀러는 누구와도 지휘권 공유는 말할 필요도 없고 협력자 관계를 맺을 생각이 없다고 말했다.[45]

룀은 그 만남 이후 히틀러에게 편지를 보내 돌격대에서 물러난다고 알리면서 자신이 전선대에서도 사퇴하는 게 맞다고 생각한다고 덧붙였다. 히틀러는 답하지 않았다. 룀은 다시 편지를 보냈다. 그래도 답은 없었다. 그래서 룀은 전선대에서 사퇴하고 떠났다.

이는 히틀러의 권위가 얼마나 냉정한지를 보여준다. 룀은 폭동 이후 히틀러의 위상이 얼마나 높아졌는지 제대로 평가하지 못했다. 게다가 히틀러는 룀의 편지에 답하지 않음으로써 권력의 본질을 얼마나 잘 이해하고 있는지 보여주었다. 룀은 언제나 히틀러를 가까운 동료로 여겼다. 히틀러가 독일어로 친밀한 표현인 두du(너)라고 말하는 사람은 얼마 되지 않았는데, 룀도 그중 하나였다. 그러나 나치당 고위층의 히틀러 부하들 사이에 분란이 있었음을 감안할 때, 그는 룀에게 무엇인가를 종이에 적어주는 것은 도움이 되지 않는다고 이해했다. 히틀러는 침묵을 지킴으로써 때로는 아예 답하지 않는 것이 가장 효과적인 답변임을 증명했다.[46]

이 삽화적 사건은 히틀러가 룀의 성격을 바꾸어 무모한 모험가의 성향을 조금 덜어내려 한 것이 아니었다. 히틀러는 그저 한 번 더, 자신의 위신을 지키려 했을 뿐이다. 실제로 나치당이 신입 당원을 끌어들일 수 있었던 매력 중 하나는 그 지도자가 가입한 자들을 '거푸집으로 찍듯이' 특정한 형태로 만들어내려 하지 않았다는 사실이다. 책벌레 지식인인 알프레트 로젠베르크의 자리가 있었듯이, 난폭한 포퓰리스트인 율리우스 슈트라이허의 자리도 있었다.

히틀러는 나치당을 재창당하기 전날인 1925년 2월 26일 《푈키셔 베오바흐터》에 실은 계시적인 글에 이렇게 썼다. "나는 정치 지도자가 자기 마음대로 처분할 수 있는 인적 자원이라도 통합하는 것은 고사하고 개선하려는 시도조차 그의 의무라고는 생각하지 않는다. 개별 인간의 기질과 성격, 능력은 너무도 다양해서 비슷한 사람들일지라도 다수를 통합하기란 불가능하다. 사람들을 단합하도록 '교육'함으로써 이러한 결점을 제거하려는 것도 정치 지도자의 의무는 아니다. 그러한 시도는 전부 실패할 수밖에 없다. 인간의 본성은 선재하는 것이다. 개인 안에서 바뀔 수 없는 현상으로 오직 수백 년 동안 이어질 발전 과정을 통해서만 변할 수 있다. (…) 정치 지도자가 이러한 진리를 무시하고 자신의 이상에 맞는 사람만 찾는다면, 그는 실패할 것이며 또한 순식간에 조직 대신 혼란만 남길 것이다."[47]

그러나 히틀러가 아무에게도 자신의 이상을 따르라고 강요하려 하지 않았던 반면, 나치 운동에 합류한 자들의 '기질과 성격, 능력'에 대한 그의 느긋한 접근방식은 적어도 한 가지 중요한 약점을 안고 있었다. 이렇게 다양한 인물들이 나치 정책에 관해 서로 다른 견해를 표명하기 시작하면 무슨 일이 생길까? 1920년 최초의 25개 조항이 모호했으므로, 히틀러가 곧 깨닫게 되듯이 그런 일이 일어날 여지는 많았다.

―――――

1925년에 논쟁은 한 가지 중요한 질문에 집중되었다. 민족사회주의 독일노동자당의 당원이 어떻게 '사회주의적'일 수 있는가? 히틀러의 시각에서 보면 그것은 폭발의 잠재력이 너무 큰 문제여서 그는 상세히 답변하지 않기로 했다. 그러나 오랜 당 동지였던 그레고어 슈트라서는 이 조심스러운 접근방식에 동의하지 않았다.

슈트라서는 나무랄 데 없이 완벽한 자격을 갖춘 나치였다. 스물두 살 학생 때 1차대전에서 싸우고자 자원입대한 그는 장교로 임관했고 이후 철십자훈장을 받았다. 종전 후 그는 의용대에 가입했고, 1922년에는 나치당 당원이 되어 이듬해 맥줏집 폭동에 참여했다. 뮌헨 법정에서 유죄 판결을 받은 그는 바이에른 주의회 의원으로 당선되었다는 이유로 교도소에서 석방되었고 사면을 받았다.

슈트라서는 전쟁이 끝난 후 영향력 있는 삶을 살고 싶었다. 그는 비록 종전 직후 약사 자격증을 취득하고 자녀를 낳는 등 안정적인 삶을 살았지만 그보다 훨씬 더 큰 것을 원했다.[48] 슈트라서는 자신이 전쟁의 참호 속에서 민족주의자가 되었고 또한 사회주의자도 되었다고 주장했다. 그는 모든 독일인이 서로 돌보고 보살피는 것이 얼마나 중요한지 깨달았다.[49] 이는 본질적으로 히틀러의 모호한 폴크스게마인샤프트 개념과 크게 다르지 않았다. 그러나 슈트라서는 그들이 꿈꾼 막연한 '민족공동체'를 떠받칠 엄밀하게 사회주의적인 정책을 원한 것으로 밝혀졌다. 바로 히틀러가 결코 하고 싶지 않은 일이었다.

히틀러로부터 독일 북부에서 나치당을 성장시키라는 요청을 받은 슈트라서는 동료들과 함께 한층 더 명확히 '사회주의적인' 의제를 논의했다. 슈트라서를 지지한 자들 중에는 요제프 괴벨스도 있었는데, 그는 1925년 6월 15일자 일기에 "사회주의는 우리 투쟁의 최종 목표"라고, 그리고 히틀러의 최근 연설이 이와 같은 핵심적인 질문에 답했는지 읽어보려고 할 때 마음이 "조마조마했다"고 썼다. "그는 민족주의자가 될 것인가, 사회주의자가 될 것인가?"[50]

그러나 한 달 뒤에 괴벨스는 바이마르의 어느 집회에서 히틀러를 직접 보고 그의 연설을 들었을 때 주로 감정적인 차원에서 압도되었다. 그는 7월 14일에 이렇게 쓴다. "바이마르는 완전한 의미의 [하나의] 부활이다. 결코 잊을 수 없는 날이다. 지금도 나는 꿈을 꾸는 것 같다. 히틀러는 모든 질문에 답했고, 내가 기대한 대로 답했다. 이제 모든 것이 분명해졌다. (…) 히틀러가 연설을 시작한다. 얼마나 멋진 목소리인가. 얼마나 멋진 몸짓인가. 얼마나 뜨거운 열정인가. 바로 내가 원한 그의 모습이다. 나는 좀처럼 자제할 수 없었다. 그의 말을 한마디 한마디 기다린다. 모든 말이 내게는 옳았다. 그 정도까지는 예상하지 못했다. (…) 모두가 일어서서 소리치고 환호하고 박수치고 손을 흔들고 절규한다. 나는 바깥쪽 창가에 서서 아기처럼 운다. (…) 나는 다른 사람이 되었다. 이제 나는 안다. 우리를 이끄는 그 사람이 지도자로 태어났다는 것을. 나는 이 사람을 위해 모든 것을 바칠 준비가 되어 있다."[51]

이는 히틀러의 연설에 대한 반응으로는 이상했다. 괴벨스가 그 내용을 자세히 살폈다면 히틀러가 사회주의 사상을 전혀 지지하지 않는다는 사실을 알아챘을 것이기 때문이다. 괴벨스는 독일을 이끌 '위대한 인간'을 염원한 탓에 히틀러가 실제로 한 말이 아니라 자신이 듣고 싶은 말만 들었다.

그래서 괴벨스는 그 11월에 《푈키셔 베오바흐터》에 자신의 생각을 정리한 놀라운 글을 썼다. 그는 소련에 주목했고 그 나라의 계급 구조를 파괴한 레닌의 조치에서 칭찬할 만한 점을 많이 발견했다. 그가 보았듯이, 러시아 혁명의 긍정적인 면으로부터 볼셰비즘 안의 부정적인 '유대인 영향력'을 분리해 제거하는 것이 어려운 과제였다. 이는 실로 과격한 생각이었다. 너무 심해서 《푈키셔 베오바흐터》의 편집장 알프레트 로젠베르크는 같은 호에 괴벨스의 주장을 공격하는 기사를 실었다.[52]

기묘한 상황이었다. 괴벨스는 감정적인 차원에서 히틀러와 연결된 동시에 볼셰비키를 악의 화신으로 묘사한 《나의 투쟁》의 저자에게는 저주일 수밖에 없는 정책을 옹호했다. 그러한 괴리는 오래 지속될 수 없었고, 괴벨스 심리의 이 두 측면, 즉 감정적인 면과 지적인 면 사이의 갈등은 이듬해 노정된다.

다른 나치들도 슈트라서와 괴벨스, 다른 '실무 그룹' 참여자들의 생각에 반대의 목소리를 냈다. 12월 프란츠 페퍼 폰 잘로몬은 〈육종: 우리의 강령을 요구함〉이라는 도발적인 글에서 이들을 맹비난했다.[53] 잘로몬은 1차대전에서 싸우고 종전 직후 의용대에서도 싸운 나치 지지자였다. 그는 오랫동안 민족주의라는 대의를 지지했지만 나치당에는 1925년에 가서야 가입한다. 그러나 분명하게 지도자의 자질을 갖추었고 민족주의와 연관이 있었기에 히틀러는 곧 그를 베스트팔렌 가우라이터로 확정했다.

잘로몬은 글의 도입부에서 슈트라서의 견해와 '정반대'의 의견을 갖고 있다고 밝혔다. 그는 슈트라서와 그의 동료들이 모든 독일인은 동등하다고 믿는다고 비난했다. 반면 그는 '불평등의 철칙'을 출발점으로 삼았다. "가치가 높은 독일인과 가치가 낮은 독일인이 있기" 때문에 "불평등한 대우, 국가권력과 재산, 문화의 불평등한 분배"는 당연한 일이었다. 그뿐만이 아니었다. "가치가 높은 사람은 그 수를 늘리고 더 많이 길러내야 하고, 가치가 낮은 사람은 그 수를 줄여야 한다." 잘로몬은 이를 '육종의 난제'라고 보았다. 그는 이렇게 믿었다. "귀한 동물의 육종 원리와 인간 육종의 원리 사이에는 아무런 차이도 없다. (…) 육종가는 가치가 가장 높은 동물을 돌보면서 그 새끼들을 키우려 한다. 그 가운데에서 최고로 가치가 높은 개체들이 선택된다. 열등한 동물의 확산은 그렇게 예방된다. 최악의 새끼들은 지속적으로 걸러내 제거한다. 우리 독일 민족의 국가도 비슷한 원리에 따라 움직여야 한다."

잘로몬은 이렇게 주장했다. "열등한 무리의 마지막 층은, 다시 말해 불구자, 간질 환자, 소경, 미치광이, 농아, (…) 범죄자, 매춘부, 성기능 장애자 등등에게 자비란 없다." 결론적으로 그는 "열매를 맺지 못하는 나무를 파내 불에 던져 넣을" 필요가 있다고 썼다. 잘로몬의 포부는 잠재적으로 살인적인 과격한 성격을 지녔지만 히틀러가 독일을 위해 품은 궁극적인 목적에 괴벨스의 사회주의라는 미래상보다 훨씬 더 잘 어울렸다.

잘로몬이 그 '육종' 문서를 작성하고 있을 때, 그레고어 슈트라서는 최초의 나치 강령 25개 조항을 수정하는 야심찬 일에 착수했다. 그러나 결과는 기존 문서와 거의 마찬가지로 정합성이 부족했다. 다만 실무 그

룹은 그들이 추진하고 싶었던 한 가지 문제, 다시 말해 독일 군주들이 소유한 토지를 보상 없이 징발한다는 '사회주의적' 발상에 동의하기는 했다.

히틀러는 그 정도까지는 동료 나치들이 큰 간섭을 받지 않고 생각을 펼치도록 놔두었다. 그러나 귀족의 토지를 강제로 수용해야 한다는 암시는 지나치게 멀리 나아간 것이었고, 그래서 그는 그 문제를 명확히 하고자 1926년 2월 밤베르크에 회의를 소집했다. 바이에른 북부에 있는 그곳에는 '사회주의적' 사상가들이 압도적으로 많았다. 히틀러는 여느 때처럼 슈트라서와 그의 실무 그룹과의 정책 토론을 구상하지 않았다. 그는 그저 두 시간 동안 발언했다. 이번에는 모호함이 없었다. 히틀러는 괴벨스의 제안처럼 볼셰비즘의 '부정적인' 부분에서 '긍정적인' 부분을 분리하는 것은 가망성이 없다고, 제안된 것처럼 보상 없이 토지를 강탈할 수는 없다고 강조했다.

슈트라서와 그의 동료들이 히틀러의 권위에 도전할 의도는 전혀 없었고 다만 당의 정책에 관해 토론하려 했을 뿐임을 감안하면, 그들은 패배를 받아들이는 수밖에 달리 도리가 없었다. 그 실패 이후로 누구도 히틀러의 승인 없이는 당 강령 개정을 시도하지 않는다. 훗날에 분명해지는 한 가지는 히틀러가 직접 인가한 것이다. 1928년 4월 히틀러는 '토지 개혁'을 요구한 제17조가 '유대인의' 토지 투기 금지를 의미했을 뿐임을 분명히 하기를 원했다. 역시 슈트라서의 과격한 '사회주의' 사상을 거부한 것이다.[54]

괴벨스는 밤베르크 사건에 절망했다. 그는 1926년 2월 15일에 이렇게 쓴다. "나는 완전히 꺾였다." 괴벨스는 히틀러가 '러시아 문제'에 관해 '철저히 틀렸다'고, 그가 사유재산이 신성불가침이라고 말하는 것은 잘못이라고 생각했다. 괴벨스는 '슬픈 귀향길'에 오르는 수밖에 달리 할 수 있는 일이 없었다. 그는 이렇게 결론을 내린다. "나는 이제 히틀러를 전적으로 믿지는 못하겠다. 끔찍한 일이다."[55]

그렇지만 두 달이 채 지나지 않아서 괴벨스의 생각은 바뀌었다. 히틀러는 그에게 뮌헨에 와서 연설을 하라고 요청했고 그의 방문 중에 그의 마음을 얻기 위해 상당한 노력을 기울였다. 어려운 일은 아니었다. 괴벨스는 처음부터 기분이 무척 좋았다. 히틀러가 기차역으로 그의 자동차를 보내 마중하게 한 것이다. 괴벨스가 연설을 마친 후(그는 밤베르크에서 문제가 된 주제를 거론하지 않았다), 히틀러는 "두 눈에 눈물이 그렁그렁한 채" 그를 껴안았다. 이후 두 사람은 함께 저녁을 먹었다. 괴벨스는 이렇게 쓴다. 히틀러는 "모든 점에서 나를 달랬다. (…) 나는 그 위대한 인간, 정치적 천재에게 굴복했다." 괴벨스는 심지어 이렇게 고백하기도 했다. "나는 그를 사랑한다."[56]

그때의 일을 오해해 그것이 히틀러의 카리스마와 괴벨스가 완전히 굴복했음을 보여주는 사례라거나 아니면 괴벨스가 실용주의적인 기회주의자였을 뿐이라고 생각하기는 쉬울 것이다. 그렇지만 실상은 그보다 더 복잡했다. '위대한 인간'이 독일을 이끌기를 바란 괴벨스의 염원, 괴벨스가 히틀러에게 자신의 사회주의관이 옳다는 점을 납득시킬 수 없었다는 사실, 히틀러를 지지하지 않으면 당에서 자신의 미래는 없으리라는 인식 등 많은 요소가 혼재되어 있었다. 괴벨스를 성공리에 굴복시키는 데 밑바탕이 된 것은 특히 히틀러가 자신의 미래상을 표현하며 보여준 확신이었다. 나치의 주요 인사인 루돌프 헤스는 나치 운동의 그

지도자에게 그 자질이 얼마나 중요했는지 깨달았다. 그는 이렇게 인식했다. 히틀러는 "학자가 하듯이 찬성과 반대를 동등하게 평가하지 말아야 한다. 그는 청중에게 다른 것이 옳다고 생각할 자유를 절대로 주지 말아야 한다. (…) 위대한 대중 지도자는 위대한 종교 창시자와 비슷하다. 그는 자신의 말을 듣는 자들에게 자명한 진리를 전달해야 한다."⁵⁷

만일 히틀러가 지지자들의 요청에 응해 정책 사안에 대한 토론과 당 강령의 수정을 준비했다면, 이는 단지 그가 다른 이들의 말을 기꺼이 들을 의사가 있음을 보여주는 데서 그치지 않았을 것이다. 그를 약한 사람으로 보이게 했을 것이다. 따라서 히틀러는 합의정치인consensus politician의 정반대였지만, 역설적이게도 동료들이 그의 비전을 실현하려 애쓰는 과정에서는 그들에게 상당한 자유를 허용했다. 바로 이러한 조합 덕분에 그는 매우 효율적인 지도자가 되었고, 그가 '위대한 나'가 아니라 '우리 중 한 사람'으로 일하고 있다는 인식이 유지되었다.

밤베르크 회의 이후 히틀러는 그레고어 슈트라서를 비롯해 결과에 불만인 자들과의 관계를 매끄럽게 하려 노력했지만, 그에게 가장 귀중한 전향자는 괴벨스였다. 괴벨스는 뮌헨을 방문하고 7개월이 지나서 나치당에 상당히 중요한 새로운 지위에 임명되었다. 베를린 가우라이터였다. 그 독일 수도에는 많은 노동계급 주민이 있었고 자유주의 세력도 상당했다. 보수적인 가톨릭 바이에른과는 완전히 대조되는 곳이었다. 괴벨스는 베를린에서 할 일이 쉽지 않으리라는 것을 알았지만, 그것은 영향력을 행사할 기회였다.

그러나 이 모든 내부 책략이 무색하게 나치는 독일 정치의 근간을 돌파하는 데 성공하지 못했다. 1928년이면 경제는 더욱 안정되고 하이퍼인플레이션은 과거의 나쁜 기억으로 남았다. 나치의 시간은 지나간 것 같았다. 그해 총선거 결과는 이를 확증하는 듯했다. 1928년 5월 20일 나치당은 고작 2.6퍼센트를 득표하는 데 그쳤다.

히틀러는 란츠베르크 교도소에서 석방된 뒤 3년 반 동안 나치 운동의 이론의 여지가 없는 지도자로, 모든 당원이 존경하는 '영웅'으로 우뚝 섰다. 그러나 나치가 무의미한 존재로 남는다면 그런 사실이 무슨 소용인가?

4
청년 타락시키기

히틀러와 나치는 수백만 독일인들에게 자신들의 종족주의적 유토피아라는 꿈을 지지하도록 설득할 능력이 없었다면 결코 권좌에 오르지 못했을 것이다. 앞으로 보겠지만 그것은 많은 청년에게 매력적으로 다가온 꿈이었다. 이는 부분적으로는 뇌가 발달한 방식에 관한 심리학적 진실 때문이었다.

1928년 5월 참담한 득표율을 거두었을 때 나치의 미래가 없다는 것이 명백해 보였다. 실제로 나치의 적들은 이제 그들을 정치 세력으로 보지 않았다. 그러나 더 자세히 들여다보면 이때가 새로운 시작임을 알리는 징후가 있었다. 나치는 밑바닥에 다다랐고, 올라갈 일만 남았다.

독일에서는 실업률이 증가하고 있었고, 농업 부문은 경제적으로 어려움을 겪고 있었다. 암담한 소식이지만 나치에게는 도움이 되기만 했다. 결과는 거의 자명했다. 실업이 늘어나고 사람들이 기성 정당들에 더욱 환멸을 느끼면서, 나치의 득표와 당원 수도 증가했다. 1928년 말에는 당원증을 지니고 다니는 나치가 10만 명을 넘었다. 그즈음에 돌격대원이 된 청년 볼프강 토이베르트도 그중 한 명이었다. 그는 이렇게 말한다. "나는 입당할 수 있어서 행복했다. 이것이 유일한 것, 유일한 해법이라고 나 자신에게 말할 수 있었기 때문이다." 토이베르트의 가족은 반대 정당, 특히 공산주의자들로부터의 잠재적 위협 때문에 그가 "갈색 셔츠를 입고 행진하고 집회장을 감시하는 것"을 원하지 않았지만, 그는 나치의 혁명적 성격에 흥분을 감추지 못했다.¹

토이베르트는 그의 표현을 빌리자면 '피상적인' 반유대주의를 믿었다. 토이베르트는 친척들이 유대인의 영향력 탓에 사업에서 손실을 보았다고 주장하며 유대인을 싫어했다. 그러나 그는 다른 무엇보다도 "폴크스게마인샤프트 건설이라는 [나치] 강령의 핵심" 때문에 그 운동에 이끌렸다. 폴크스게마인샤프트에 대한 그의 헌신도 반유대주의 요소를 갖고 있었다. 앞서 보았듯이 유대인은 '민족공동체'라는 나치의 종족주의적 미래상에서 배제되었기 때문이다.

나치와 공산주의자들이 서로의 집회를 방해하려 하면서, 토이베르트도 공산주의자들과 맞선 싸움에 참여했다. 그런데 그는 그 싸움에서 한 가지 큰 이점이 있었다. 정치적으로 권위주의적 견해를 지닌 자들이 많았던 경찰이 거의 언제나 그의 편이었던 것이다. 토이베르트는 이렇게 회상했다. "나는 자전거 메신저였다. 나는 프라이부르크의 이웃 도시에서 [정치적 반대파가] 포위하고 있는 [정치] 집회에 가야 했다. 나는 자전거 타는 사람의 복장이라서 눈에 띄지 않을 것이라고 생각했다. 그러나 나는 발각되었고 '나치!'라는 외침이 울렸다. 사람들이 몰려와 나를 바닥에 내던졌다. 나는 왼손으로 간신히 한 경찰을 붙잡고 그에게 매달렸다. 그는 내가 빠져나오도록 도왔다. 그러나 나는 부상을 입은 상태였다. 특히 복부와 뱃속이 아팠지만 주먹질을 당했을 뿐이다."²

청년 공산주의자 활동가 알로이스 팔러는 이렇게 확인했다. 경찰은 "우파 편을 들었다. 그들[나치]은 언제나 보호를 받았다. 그러나 우리는 전혀 보호받지 못했다. 우리가 폭행을 당하는데도 그들은 보고만 있었다. 그들은 아무 일도 하지 않았다." 바이에른에서 팔러와 그의 동료 공산주의자들은 시위를 허가받는 것이 거의 불가능함을 알았다. "우리는 언제나 불법적으로 시위를 벌였다. 나는 노동계급 구역에서 거리를 걸어 다니며 [연립주택 건물의] 입구를 확인하고 문이 언제 열려 있고 잠겨 있는지 알아내고 그다음에 청년단체의 간사들과 함께 '점검'하곤 했다. 나는 그들에게 그런 건물에 들어가라고 말했다. '내가 휘파람을 불 때까지 기다리고 있어.' 그들은 그곳에 숨어 있다가 내가 휘파람을 불면 나오곤 했다. 우리는 네 명이 나란히 서서 노래를 부르며 행진했다."[3]

과격한 정당에 가입하기를 원한 많은 바이에른 청년은 단순하게 나치당과 공산당 사이에서 하나를 선택했다. 팔러는 심지어 돌격대원이 될 생각도 했다. "그렇지만 우리는 [친구들] 모임에서 그 문제를 의논했다. 그들이 내게 깨달음을 주었다. '소용없을 거야. 저들은 노동자가 아니라 기업을 지지해. 그저 쓰레기야! 너는 그들에게 합류할 만큼 어리석지는 않아.'" 팔러는 또한 나치의 반유대주의에 반대했다. 그는 "우리는 모두 독일인"이라고 믿었다. "왜 그들[유대인]을 혐오하나? 출생을 바꿀 수는 없다."[4]

팔러는 돌격대를 가까이서 목격하고는 자신이 옳은 결정을 했음을 확신했다. "그들이 행진하는 모습을 보더라도 노동자의 이익을 대변한다는 느낌을 조금도 받을 수 없다. 그들의 말은 오직 자신들의 퓌러에 대한 지지, 자신들이 세우기를 원하는 제국의 위대함, 베르사유 조약에 관한 것뿐이었다. 좋다, 우리도 베르사유 조약에 반대했다. 그 점은 분명했다. 그러나 그들의 강령은 국민 전체에 도움이 되지 않는다. 특정 세력만 거든다는 것이 곧 명확해질 것이다."[5]

1928년 5월 선거는 나치 운동에 전체적으로 실망스러웠지만, 그 결과에서 적어도 한 명의 당원은 득을 보았다. 요제프 괴벨스다. 그는 연방의회 의원으로 선출되었고, 이는 그에게 곧바로 도움이 되었다.

괴벨스는 나치의 베를린 가우라이터로서 자신이 창간한 신문《데어 안그리프Der Angriff》(공격)를 통해 소요를 일으키려 했다. 그 신문은 곧 반유대주의 기사의 잔인함 때문에 악명을 떨치게 되었다. 괴벨스는 특히 형사경찰 부국장 베른하르트 바이스 박사를 표적으로 삼았다. 독일 유대인인 바이스는 1920년대 말 그 신문의 거의 모든 호에서 비난을 받았다.

괴벨스는 인쇄물로 적을 헐뜯고 동시에 거리와 맥줏집에서 공격을 조장했다. 그는 반대편을 도발하려고 베를린에서도 공산주의 지지자가 많은 곳에서 나치 집회를 개최했다.[6] 1928년 2월 괴벨스는 그러한 집회에서 벌어진 돌격대의 폭력 행위에 책임이 있는 것으로 드러나 6주 금고형을 받았다.[7] 그러나 이제는 연방의회 의원으로 선출되었기에 처벌을 면했다. 모든 연방의회 의원은 기차의 일등석 무료승차권뿐만 아니라 기소 면책권도 받았기 때문이다.[8]

혁명가로 처신한 괴벨스는 민주주의적 절차에 참여한 일에 대해서 방어적 태도를 취했다. 그는 5월 선거가 치러지기 몇 주 전《데어 안그리프》에 게재한 글에서 의미 있는 말을 했다. "우리는 정당한 이유에서 바이마르 헌법과 그것으로 도입된 공화주의 제도에 반대하는 반의회 정당이다." 그러나 그는 그렇게 반의회적 태도를 견지하면서도 "바이마르 정서를 마비"시키려면 선거 참여가 필수적이라고 주장했다. 이는 특히 돌격대에는 복잡한, 명백히 모순되는 메시지였다. 많은 돌격대원은 혁명적 수단으로 권력을 장악하기를 원했기 때문이다.

괴벨스는 이러한 핑계를 더 연장해 이렇게 주장했다. "무솔리니도 의회에 들어갔다. 그렇지만 조만간 그는 검은 셔츠단과 함께 로마로 진군했다. 공산주의자들도 의회에 앉아 있었다. 그들이 온건하고 긍정적인 기여를 하리라고 믿을 만큼 순진한 사람은 없을 것이다."

이 역설적인 태도는 괴벨스가 "믿음, 헌신, 열정!"을 요구하기는 했어도 "표를 구걸할" 준비가 되어 있었음을 의미한다. 그는 연방의회에 대한 입장을 이렇게 요약했다. "우리는 악취 나는 똥 더미에서 협력하는 것을 경멸한다. 우리는 똥을 치우러 간다. (…) 우리는 친구로서 가는 것이 아니다. 중립을 지키러 가는 것도 아니다. 우리는 적으로서 간다! 우리는 불시에 양떼를 습격하는 늑대처럼 간다."[9]

나치가 '늑대'라는 이 관념은 괴벨스가 나치 운동에 널리 퍼진 유사 다윈주의 철학에 깊이 젖어 있었음을 보여주는 한 가지 사례일 뿐이다. 그는 3년 전 아프리카에 관한 영화를 보고 이렇게 썼다. "놀랍도록 매혹적인 야생의 드라마다. (…) 자연이 바로 이와 같다. 동물은 싸움, 싸움을 외친다. 평화는 어디에도 없다. 오직 살인, 학살뿐이다. (…) 인간이나 사자나 마찬가지다. 우리는 현실을 공공연히 인정할 용기가 부족할 뿐이다. 이 점에서 야만인이 더 뛰어난 인간이다. 지적이지 않고 잔인하다."[10] 괴벨스가 지식인이면서 장애인이었음을 생각하면, 이러한 폭력적 투쟁에 대한 몰입에 어느 정도의 환상이 투사되어 있음을 쉽게 알아차릴 수 있다. 그가 '야만인'과 맞서 싸웠다면 승산은 거의 없었을 것이다.

괴벨스는 또한 나치가 아직 집권하지 못한 상황에서 효과적인 선전을 펼치기 어렵다는 사실을 심사숙고했다. 1929년 8월에 그는 사람들이 어떻게 견해를 정립한다고 생각했는지 드러냈다. 그는 이렇게 주장한다. 개인의 "의견은 대체로 여론을 레코드판에 새기듯 그대로 반영한 것일 뿐이다. 여론은 신문과 광고판, 라디오, 영화, 학교, 대학교, 국민의 보통 교육에 의해 형성된다." 따라서 나치가 직면한 문제는 이러했다. "정부가 이러한 [설득] 방법을 갖고 있다."

결과적으로 현 정부가 국민 대다수의 수동성에 책임이 있다는 것이 괴벨스의 생각이었다. 정부는 독일인을 "비겁한 국민"이라고 부를 권리가 없었다. "정부가 앞장서서 국민을 비겁하게 만들었기" 때문이다. 게다가 "정부는 그 내적 본성에 일치되게 비겁한 정치를 행하려고 국민을 겁쟁이로 만든다." 문제는 이러했다. "1919년 이후로 독일 정부는 평화주의자가 되었다." 그리고 "반역을 묵인한다."[11]

이 글은 괴벨스가 정신 개조라는 과제에 어떻게 접근했는지 이해하려고 할 때 통찰력을 제공한다. 괴벨스는 정부가 통신 수단을 통제하는 한 사람들이 정부의 견해를 '대체로' 지지하게끔 만들 수 있다는 믿음에 젖어 있었음이 글에서 드러난다. 정부의 선전 세례를 받으면 사람들은 마치 양처럼 순응한다. 그 글은 또한 그의 민주주의에 대한 혐오와 독재 권력에 대한 염원을 보여준다. 선전자들은 신문과 영화뿐만 아니라 극장과 교육제도도 장악해야 한다. 그렇게 하지 못한다면 어떻게 성공을 기대할 수 있겠는가?

이 문제에 대한 괴벨스의 단기적인 해법은, 나치가 아직 권좌에 오르지 못했음을 생각하면, 그리고 그가 앞으로 추구할 목적으로 얘기했음을 생각하면 상당히 설득력이 떨어졌다. 괴벨스는 "민족사회주의 선전의 첫째 의무"는 "정부의 손아귀에서 국민정신의 조작 수단을 빼앗는 것"이어야 한다고 말했다. 그렇지만 그 과업을 어떻게 달성할지는 이야기하지 않았다. 괴벨스가 아직 그 방법을 찾아내지 못했기 때문임이 거의 확실하다.

1929년 9월에 당원은 약 15만 명으로 늘어나기는 하지만, 그가 그해 여름에 표명한 대로 나치가 권력을 장악할 수 있다는 희망은 여전히 커 보이지 않았다. 그들이 3년 안에 독일의 가장 큰 정치 세력이 되고 4년이 채 못 되는 기간 안에 히틀러가 총리가 된다는 사실은 대체로 독일 국가의 위기에 원인이 있다.

그 붕괴의 여러 가지 전제조건은 1929년 여름에 이미 나타났다. 바이마르 민주주의의 허약함, 정당들의 분열, 논쟁의 양극화, 공산주의에 대한 공포 등이다. 그러나 가장 중요한 계기는 그해 가을이 되어야, 정확히 말하자면 10월 24일에 생긴다.

'검은 목요일'에 미국 증권시장이 폭락했다. 앞서 투기적 매수의 물결이 떠받친 증권시장은 우선 조정을 거쳤고, 뒤이어 사람들이 보유 주식을 투매하면서 전면적인 공황에 빠졌다. 독일 경제는 미국의 차관에 의지해 작동하고 있었기에, 이는 독일에 대재앙이었다. 미국이 융자를 회수하자, 독일 경제의 붕괴는 거의 불가피했다.

월스트리트 금융 붕괴는 그 시기성 때문에 더욱 파괴적이었다. 정확히 두 달 전에 영안Young Plan 합의가 이루어졌기 때문이다. 이 배상금 지불의 재협상은 독일 재정에 구원자가 될 것 같았다. 미국의 은행가 오언 영이 주재한 연합국 위원회는 배상금의 대폭 삭감에 합의했다.

그러나 나치와 여타 민족주의자들은 배상금 지불 자체에 격렬하게 반대했으며, 월스트리트의 갑작스러운 금융 붕괴로 그들의 목소리는 더욱 커졌다. 그들은 온 세계가 경제 위기에 봉착해 있는데 끝난 지 10년도 더 지난 전쟁에 여전히 배상금을 지불하라고 말하는 회담이 가당하기나 하냐고 목소리를 높였다. 배상금에 관해 국민투표를 실시하라는 이들의 요구는 거부되었지만, 그 문제는 씻을 수 없는 상처로 남았다.

1925년에 독일 대통령이 된 전前 육군 원수 힌덴부르크는 단순히 앞선 배상 협정보다 개선되었다는 이유만으로 영안을 승인했다. 이에 많은 민족주의자가 한층 더 분노했다. 그들에게는 힌덴부르크가 배상금 지불에 관여했다는 사실 자체가 저주였다. 기괴한 상황이었다. 힌덴부르크는 민족주의자들의 베르사유 조약에 대한 혐오뿐만 아니라 더 폭넓게는 그들의 민주주의 불신에도 공감했기 때문이다. 귀족이자 지주였고 군대 지휘관이었던 그는 바이마르 체제가 불안정하다고 주장한 측근들의 말에 공감을 표해왔다.

독일의 실업률은 빠르게 증가했다. 1929년 8월 실업자는 130만 명에 약간 못 미쳤지만, 1930년 2월이면 그 수치는 거의 340만 명으로 급증한다. 알로이스 팔러는 이렇게 기억했다. "매일 공공 직업소개소에 가서 서명을 해야 했다. 그때 [다른 사람들을] 만나면 토론이 시작되고 싸움이 이어진다. 돌격대원도 사회민주당원도 공산주의자도 그곳에 있었다. 모두 공공 직업소개소에서 만났다. (…) 싸움이 벌어졌지만 나는 토론만 좋아했다. 나는 나보다 더 많이 알고 있는 사람들로부터 무엇인가 배우기를 원했을 뿐이다. (…) 그러나 가망 없는 일이었다. 사람들은 주머니에 숟가락을 넣고 돌아다녔다. 1마르크면 [이동 급식 차량에서] 한

끼 먹을 수 있었기 때문이다. (…) 나는 한 달에 30마르크의 보조금을 받았다. (…) 그중 15마르크는 집세로 나갔으니 나머지 15마르크로 한 달 내내 버티라는 얘기였다. 끔찍했다. 불가능했다."[12]

예상대로 이 모든 고난은 나치에 유리했으며, 1929년 12월 8일 나치는 독일의 중심부인 튀링겐에서 획기적인 도약을 이루었다. 나치는 주 선거에서 10퍼센트를 넘는 득표율을 보였다. 이전에는 극복하지 못한 한계선이었다.[13] 11.3퍼센트의 득표율은 이제 그들이 처음으로 그 지역의 연립정부에 참여할 수 있음을 의미했다. 나치의 성공과 국가의 위기 사이에 불가분의 관계가 있음을 한 번 더 입증한 승리였다. 이후 나치가 튀링겐에서 효과적으로 통치할 수 있는 능력을 증명하지 못했지만, 이 때문에 그들이 선거에서 진전을 이루지 못한 것은 아니다.

알로이스 팔러는 그 이유를 알고 있다고 믿었다. "어디에나 사람들을 잘못된 길로 이끄는 자들이 있다. 말하자면 사람들을 현혹해 이성적으로는 절대로 하지 않을 일을 하게 하는 것이다. 사람은 궁핍에 처하면, 불행한 상황에서는, 절망에 빠졌을 때는 평소에 하지 않을 일도 하게 된다."[14]

1930년대 초의 이 결정적인 시기에 나치당에 가입하려는 '유혹'을 유달리 강하게 느낀 사람들은 20대 청년이었다.[15] 나치당의 유사다원주의 성격은 젊고 건강한 사람들에게 확실히 매력이 있었다. 그들 거의 전부가 너무 어려서 참전하지는 못했지만 그들의 아동기에 그림자를 드리운 전쟁의 "잘못을 바로잡는다"는 관념도 역시 매력적이었다.

많은 대학교가 여러 해 동안 민족주의 운동의 보루였고, 전후 협정에서 독일 영토를 상실해 뼈저리게 느낀 고통은 여전했다. 학생들은 베르사유 조약으로 독일이 빼앗긴 것을 되찾는 것이 의무라는 말까지 들었다. 그들 다수가 훗날 나치의 대의를 위해 싸우게 된다. 튀빙겐대학교 총장은 1929년에 이렇게 선언했다. "잃어버린 것을 회수하기로 결심하지 않으면 누구도 '도이칠란트 위버 알레스Deutschland uber alles'〔바이마르 공화국이 채택한 독일 국가의 첫 구절. '세상에서 가장 높은 독일', '세상에서 가장 위대한 독일'정도의 의미〕를 부를 권리가 없다. 이는 오직 무력으로만 성취할 수 있다. (…) 외교관들은 결코 우리에게 자유를 주지 못할 것이다."[16]

히틀러 유겐트Hitler Jugend는 1926년에야 정식으로 창설되지만, 나치 청년단체들은 몇 년 전부터 있었다. 그들은 반더포겔 같은 민족주의 단체가 이전에 널리 거둔 성공에 편승했다. 반더포겔은 1차대전 발발 전의 인기 있는 클럽으로 시골에서 시간을 보내는 것의 가치를 강조했다. 나치당의 초기 당원이었던 에밀 클라인은 이렇게 말했다. "나는 많은 히틀러 유겐트 단원들과 함께 산속으로 갔다. 이 청년운동은 오래전부터 있었다. 우리로 말하자면 단지 모든 것에 더 열심이었을 것이다. 저마다 자발적으로 왔다. 부모가 원한다는 이유만으로 오지는 않았다. 오히려 부모가 반대했기 때문에 온 사람이 많다. 그들의 아버지가 어쩌면 사회민주당 당원이었을지 모른다. 그럼에도 온 것이다."[17]

히틀러 유겐트는 많은 젊은이의 정신에, 특히 불황기에 고생한 가정 출신들에게 상당한 영향을 미쳤다. 어느 나치 청년 지도자는 이렇게 회상했다. "내게 자신이 공산주의자의 아들이라고 말한 아이를 나는 결코 잊지 못할 것이다. 그의 가족 모두 실업자였다. 그는 그때까지 내내 대도시 에센에서 살다가 히틀러 유겐트의 청년 캠프에 가서 처음으로 숲을 보았다. 그 사내아이에게는 그것이 진짜 경험이었다. 숲이 그에게 그 정도의 인상을 주었다는 사실에 나는 깊이 감동했다."[18]

나치가 폭력에 몰두했다는 점도 매력적일 수 있었다. 독일 중부의 베른부르크에 살던 어느 10대 청년은 그 운동에 이끌린 이유를 이렇게 밝혔다. "위풍당당한 돌격대원들은 (…) 집회장에서 공산주의자들과 맞서 싸웠다." 그는 "공산주의자를 가장 싫어했다. 도적처럼 보이는 그 실업자들이 챙이 달린 모자를 쓰고 주머니에 손을 집어넣은 채 길모퉁이에 서서 빈둥거리며 욕설을 퍼붓는 것을 늘 보았기 때문이다. 내가 보기에 돌격대원들은 그 오합지졸의 정반대였다."[19]

경기 침체가 심해질 때, 돌격대원 볼프강 토이베르트는 거리에서 공산주의자들과 맞서 싸운 많은 청년 중 한 명이었다. "물론 지금의 시각에서 바라보면 이해할 수 없다. 그러나 당시 우리는 말 그대로 극한까지 내몰렸다. 사람들은 실직했고 그저 구호에 따라 움직였다. 한 무리는 마르크스주의 구호를 따랐고, 우리는 다른 구호를 따랐다. 그 결과가 이러한 싸움이었다. 언제나 말로만 싸우지는 않았다는 사실은 분명하다."[20]

1932년 5월 베른부르크 지역 사회주의 신문의 어느 기사는 이런 사실에 한탄했다. "이 젊은이들은 대체로 풍파를 겪지 않았지만 이제는 생계 수단을 찾을 수 없게 된 가정의 출신으로 (…) 이 [상황에] 대한 분노 때문에, 정치적 무지(학교와 부모는 이 점에서 철저히 무능했다) 탓에 정치적 승부사들의 손쉬운 먹잇감이 되었다. 나치는 이 청년들에게 생각할 수 있는 모든 것을 약속했다. 이러한 약속은 구체적이지 않을수록 더욱 강력하다."[21]

심리학 연구는 왜 그렇게 많은 청년이 나치의 극단적이고 과격한 메시지에 쉽게 흔들렸는지를 이해하고 왜 나치가 그렇게 교묘한 전략으로 청년에 집중했는지 밝히는 데 도움이 된다. 중요한 이유는 여기에 있다. 뇌에서 감정적 자극을 통제하고 문제를 분석하는 영역인 전두피질은 대략 스물다섯 살이 될 때까지는 완전히 형성되지 않는다. 로버트 새폴스키 교수는 이렇게 말한다. "우리는 전두피질의 성숙이 늦춰지게끔 진화했다. 자기 문화의 위선과 예외를 알고 지켜야 할 법과 지키지 말고 무시해야 할 법, 목숨을 바쳐야 할 법과 목숨을 바쳐 막아야 할 법을 알기까지 긴 시간이 걸리기 때문이다."

청년의 비판 능력이 20대 중반에 이르기 전에는 완전히 발달하지 않는 반면, 새롭고 흥분되는 것을 갈망하는 뇌의 영역은 이미 형성되어 있다. 이는 최고로 거친 스릴의 추구로 이어질 수 있다. 새폴스키 교수는 이렇게 말한다. "사춘기의 가장 흥미로운 점은 그때가 인생에서 살인자가 될 가능성이 가장 높은 시기일 뿐만 아니라 테레사 수녀가 되는 데 삶을 바칠 가능성도 가장 높은 시기라는 사실이다. 새로운 종교를 창시할 생각이라면 그때가 적기다. 어리석게도 저축한 돈을 전부 자선단체에 기부해 부모를 기가 막히게 만들고자 한다면, 그때가 적기다. 증오의 이데올로기를 받아들이고자 한다면, 그때가 적기다. 사춘기는 극단적인 상태다."[22]

히틀러는 본능적으로 이 점을 이해했다. 1922년 7월에 그는 연설에서 독일 청년들에게 돌격대에 들어와 나치의 대의를 위해 싸우라고 호소했다. "욕설을 듣고 모욕을 당했다면 운이 좋은 줄 알라. 나의 청년들이여! 그대들은 열여덟 살이나 열아홉 살에 벌써 최악의 악당들에게 미움을 받는 행운을 가졌다. (…) 그대들은 언젠가 독일을 혁명적인 방식으로 개조하는 데 부름을 받을 운동의 수호자다."[23]

이 '혁명적' 개조의 일환으로 히틀러는 1929년 뉘른베르크 집회에서 잔인한 새로운 발상을 개략적으로 설명했다. 성인 독일인보다 유능한 청년 돌격대원의 마음에 들 만한 것이었다. 히틀러는 중요한 것은 인구가 아니라 주민의 자질이라고 강조했다. 그는 '현대의 감상적 박애주의'에 저주를 퍼부었다. 그것은 "건강한 사람들을 희생시켜 약자를 부양하려 노력한다"는 뜻이기 때문이었다. 히틀러는 고대 스파르타를 "역사상 가장 강력한 종족 국가"라며 그 장점을 격찬했고 일정 수의 아기를 태어나자마자 죽인다는 발상을 높이 평가했다. "만일 독일에서 한 해에 100만 명의 아이가 태어나고 그중 가장 약한 70만 명 내지 80만 명을 죽여 없앴다면, 그래서 얻는 결과는 필시 힘의 증대일 것이다. 가장 위험한 것은 우리가 자연선택 과정에서 스스로 절연되는 것이다."[24]

히틀러가 총리가 되었을 때, 독일에서 태어난 아기를 대부분 죽인다는 이 발상은 실행되지 않았다. 지나치게 과격했기 때문이다. 그러나 나치는 정권을 잡은 뒤에는 계속해서 독일 청년들에게 집중했고 교육제도 전체를 정치화해 유사다윈주의와 반유대주의를 조장했다. 1937년 어느 교사용 지도서에는 이렇게 쓰여 있었다. "종족학과 유대인 문제는 모든 수준에서 교육을 관통하는 근간이어야 한다. 유대인 문제의 인식은 값진 일인데 우리 학교의 교과목 중에 뜻밖으로 이를 완전한 형태로 제시하는 것은 없다." 이 점을 강조해야 했다. "유유상종이다. 그렇게 그들과 같은 부류가 생산된다." 따라서 "자신이 어떤 종족인지 알고 이를 자랑스러워하는 백인이라면 흑인 여자나 유대인 여자와 짝짓기를 하지 않을 것이다." '종족 오염'의 위험성을 경고하는 것이 매우 중요했다. 이유는 이렇다. "종족의 오염은 종족의 사망이다. 유대인에게 더럽힌 여자는 그로 인해 흡수한 불순한 독을 몸에서 결코 제거할 수 없다."[25]

《학생을 위한 유전과 종족생물학》이라는 제목의 다른 교과서는 아이들에게 사람들의 종족적 특성에 제대로 주목하도록 가르쳐야 한다고 강조했다. 이 교과서는 어린 학생들이 잡지와 신문에서 "위대한 학자와 정치인, 예술가, 기타 특출한 인물들"의 사진과 그림을 오려 자신만의 '우월한 종족'을 만들어보라고 제안했다.

"유대인의 걸음걸이, 행동거지, 말할 때의 몸짓과 움직임을 관찰하라"는 지시를 통해 이러한 '숙제'에 시나브로 반유대주의 내용이 침투했다. 학생들은 자문해야 했다. "유대인이 말하고 노래하는 방식에 관하여 무엇이 인상 깊었나?" 저자가 학생들이 도달하기를 바란 결론은 마지막 숙제 중 하나에서 가장 뚜렷했다. 그 숙제는 "유대인을 볼 수 없는 직업"의 목록을 만들고 "유대인 정신의 특징을 토대로 그 현상을 설명"하는 것이었다.[26]

2015년에 발표된 연구에 따르면 나치의 이러한 교육을 통한 선전은 대체로 성공적이었다. 어느 통계 논문은 이렇게 결론 내린다. "나치 체제에서 성장한 독일인은 오늘날 그 시기 전후로 태어난 사람들보다 훨씬 더 반유대주의적이다." "[선전으로서] 가장 효과적이었던 것은 필시 라디오나 영화를 통한 선전이 아니라 나치의 교육이었을 것이다." 나치의 교육을 통한 선전은 "기존의 편견을 활용할" 때 특별히 더 성공적이었다. 이 보고서의 저자는 이렇게 주장한다. "이는 확증편향confirmation bias[기존의 신념과 일치하는 정보만 선택적으로 받아들이는 경향]이 소수 집단에 대한 태도를 강화하는 데 중요한 역할을 했을 것이다."[27]

아이들을 가르치는 방식에서 특별히 교활했던 것은 그들이 받은 교육의 전반적인 목표가 그들로 하여금 스스로 만족하게 하려는 의도에서 설정되었다는 사실이다. 예를 들면 학생들은 자신들이 우월하다는 전제에서만 "종족의 오염은 종족의 사망"이라고 배웠다. 1930년대에 바이에른의 학생이었던 에르나 크란츠는 이렇게 기억했다. "사람들은 자부심을 가지고 독일인은 특별하다고, 독일 민족은 순혈 민족이 되어야 한다고, (…) 다른 민족들보다 위에 서야 [한다고] 말했다. 솔직히 그 말은 어느 정도 전염성이 있었다. 사람들은 이렇게 말하곤 하지 않나. 만일 당신이 어느 젊은이에게 매일 '너는 특별한 존재야'라고 말한다면 결국 그는 당신을 믿을 것이라고." 그녀는 학생 시절이 매우 즐거웠다고 인정했다. 그녀는 당시 자신이 '비정치적'이었다고 주장하면서도 "어떤 동지애가 자라고 있었다"는 사실, "엘리트 종족이 증진되고 있었다"는 사실을 좋아했다.[28]

크란츠가 받은 교육은 전부 반유대주의적으로 편향되었지만, 그녀는 자신이 유대인 박해에, 특히 홀로코스트로 이어진 전쟁 중의 과격화에 반대했다고 주장했다. 그녀는 이렇게 회상했다. "사람들은 묻는다. 우리가 무엇을 할 수 있느냐고. 생각해보라. 나치는 스스로 고도로 문명화했다고 생각했지만 엘리트 집단은 그런 짓을 할 정도로 품위를 떨어뜨렸다. 돌이켜 보면 그것이 바로 우리가 이해할 수 없는 것이다. 그렇지 않은가?"[29]

교과 과정의 변화와 더불어 청년 남성에게는 히틀러 유겐트 가입을, 청년 여성에게는 독일소녀연맹Bund Deutscher Mädel 가입을 권장했다. 두 단체의 가입은 1939년까지는 의무적이지 않았다. 예를 들면 에르나 크란츠는 나치 독일에서의 생활을 즐겼지만 독일소녀연맹에 가입하지 않았다. 그러나 참여하기로 결정한 학생들은 대개 교사나 부모의 압박을 받아 가입했는데, 새로운 수준의 이데올로기적 선전이 주입되었다.

1930년대에 독일소녀연맹의 지도자였던 유타 뤼디거는 종전 후 인터뷰에서 소녀들에게 폴크스게마인샤프트 개념을 주입하는 데 주안점이 있었다고 밝혔다. "우리는 먼저 팀 스포츠와 합동 훈련에, 말하자면 놀이에서 서로 협력하는 법을 배우는 팀워크에 집중했다. 그들에게 동지애를 가르치려 했다. 그다음에 여행과 캠핑을 했고 이때도 그들은 서로 돕는 법을 배웠다. 나중에 경쟁 스포츠가 추가되었지만, 우리는 주목받는 스타를 만들고 싶지 않았다. 그들은 언제나 공동체 의식을 느껴야 했다. (…) 이것이 당시 내가 지지한 것이고, 나는 지금도 여전히 그것이 옳다고 생각한다. 첫째, 그들은 공동체 안에서 생활하는 법을 배워야 하고, 그다음에 개별적인 교육을 받아야 한다. 그러나 개인은 그 재능과 능력으로써 공동체 전체에 계속 헌신해야 한다." 그녀는 이렇게 주장했다. "모두 독일의 재건에 일조하기를 원했다. 가정에서, 그리고 실업으로 가난을 직접 경험했기 때문이다. 그들은 모두가 가입하면 잘될 것이라는, 우리가 잘 해낼 것이라는 말을 들었다."

이처럼 공동체에 주안점을 두었을 뿐만 아니라 '이데올로기적 훈련'도 시켰다. "그 훈련은 학교 교육의 보충이라는 의미를 지녔다. 청년에게 지식이 아니라 경험을 전하는 것이 의도였다. 그들에게 조국과 그 전통에 관해 가르쳤다. 이야기와 노래로 역사적 인물을 소개했다. 소녀들에게는 여제 마리아 테레지아 같은 사람이었고, 소년들에게는 프로이센의 프리드리히 대왕 같은 사람이었다."

뤼디거는 히틀러를 여러 차례 만났고 만날 때마다 늘 감화를 받았다. 그녀는 이렇게 기억했다. 그는 "소녀들이 아름답고 우아하기를 원했다. 다른 무엇보다도 그 목표를 체육으로써 달성할 수 있다고 생각되었다." 뤼디거는 소녀들에게 훌륭한 어머니가 되도록 가르치는 데 중점을 두지 않았다고 주장했으면서도 이렇게 믿었다. "소녀가 건강하면 훗날 자연히 건강한 아내이자 어머니가 될 것이다."

뤼디거는 특히 히틀러가 청년들에게 사상을 명백하게 전하는 방식을 좋아했다. 그녀는 히틀러에게 이런 말을 들었던 일을 기억했다. 오로지 "매우 단순한 사람만이 공산주의자가 된다. 그들은 전부 똑같은 집, 똑같은 정원, 똑같은 가구를 가질 것이다. 그러나 그는 민족이 세련될수록 차이가 더 현저해질 것이라고 말했다. 그리고 더 많은 노력을 기울이면, 더 많이 얻을 것이라고도 말했다." 그녀는 이것이 '민족공동체' 개념과 충돌한다고 생각하지 않았다. 비록 히틀러가 "개인적인 능력을 좋아"하기는 했지만 그래도 모두가 "민족을 위해 무엇인가 하기를" 원했기 때문이다.[30]

독일소녀연맹의 많은 단원에게 히틀러는 아버지 같은 존재보다는 성적 매력이 충만한 남자로 보였다. 열네 살의 어느 소녀는 슈투트가르트에서 다른 사람들과 함께 히틀러를 보았을 때를 이렇게 고백했다. "모두가 미친 듯이 비명을 질렀다. 집단최면 같았다. 비명은 환호성으로 바뀌었다. (…) 특히 여자들이 매료되었다. 그들의 감정은 크게 움직였고, 충족되지 못한 성적 소망과 욕망도 마찬가지였음은 의심할 여지가 없다." 열네 살의 또다른 소녀는 히틀러와 "완전히 사랑에 빠졌다." 그녀는 그에게 아기를 낳아주고 싶었지만 아직 "기술적으로 어떻게 해

4. 청년 타락시키기　157

야 하는지" 방법을 몰랐다.³¹

부모의 감독으로부터 벗어나는 자유, 캠프에서 히틀러 유겐트의 청소년들과 가까이 지내기, '종족적으로' 동등한 사람과 결합하는 것의 중요성에 대한 가르침이 결합되어 많은 성적 접촉이 이루어졌다. 그중 일부는 장기적인 결과를 가져온다. 예를 들면 1936년 뉘른베르크 집회에서 상당수의 독일소녀연맹 단원들이 히틀러 유겐트와 가까운 곳에서 캠프를 한 뒤 여럿이 임신했다.³²

나치 이데올로기의 침투력 강한 반유대주의에 관해 유타 뤼디거는 이렇게 주장했다. "당 강령에 몇 가지 반유대주의적 내용이 있기는 했지만" 그녀는 "그것을 그다지 크게 중시하지 않았다." 실제로 독일소녀연맹의 역사적 연구에 따르면 정치적 메시지는 거의 '무의식적으로' 전달되었다. 대표적인 방식은 유대인 소녀의 가입을 거부한 것이었다.³³

뤼디거는 유대인이 "외국의 성분으로 인식되었다"고 인정할 마음의 준비가 되어 있었다. 그녀는 어떤 사회에서든 최고의 전진 방법은 엄격한 종족 분리에 찬성하는 것이라고 주장했다. "고대 인도의 경구에 이런 말이 있다. '백인은 신에게서 오고 흑인도 신에게서 오지만, 혼혈인은 악마에게서 온다.' 결국 다문화적 접근에서는 창의적인 것이 전혀 나오지 않는다는 뜻이다."³⁴

그러나 독일소녀연맹이나 히틀러 유겐트를 경험한 사람이 모두 나치의 대의에 그토록 깊이 빠진 상태로 떠나지는 않았다. 예를 들면 프란츠 야게만은 매우 다른 경험을 했다. 그는 1917년 당시에는 프로이센의 포젠주였던 곳에서 태어났다. 베르사유 조약 이후 재건된 폴란드 국가의 포즈난이 된 지역이다. 야게만의 가족이 폴란드 치하의 삶에서 벗어나기 위해 독일로 이주하기는 했지만, 야게만은 여전히 "나의 폴란드 유산과 애착을 매우 크게 인식했다."

야게만의 아버지는 폴란드인의 피가 흘렀지만 독일 여성과 결혼해 "독일 대학교에서 공부했고 프로이센 공무원이 되었다." 그래서 아들의 주장에 따르면 그의 아버지는 "결코 민족사회주의자를 좋아하지 않았지만" 새로운 독일에 동화되려 노력했고 나치당에 가입했다. 나치 체제에 대한 헌신을 증명하려는 추가 조치로 그는 아들의 히틀러 유겐트 가입을 신청했다.

야게만은 총명하고 예민한 사춘기 청소년이었다. 그는 히틀러 유겐트가 자신에게 맞지 않는다는 점을 빠르게 파악했다. "히틀러 유겐트 단원들이 서로를 대하는 방법은 천박했다. 매우 불쾌하고 폭력적인 태도가 예사였다. 예를 들면 우리는 이런 말을 들었다. '너희의 선생들이 새 시대를 이해하지 못했다면, 그 주둥아리에 주먹을 날려라!'" 그렇지만 "시작은 매우 흥미로웠다. 야밤에 크로스컨트리를 하듯 기동 연습을 했다. 그 배후의 진짜 태도는 기본적으로 매우 폭력적이고 매우 잔인하고 매우 거친 것이라는 느낌이 점점 더 분명해졌다. 퓌러의 원리에 따라 상관 역할을 하는 동년배의 말에 이의 없이 복종해야 했다. 내가 전혀 좋아하지 않는 것이다."

야게만의 히틀러 유겐트의 고압적인 수단이 심지어 교사를 위협하는 데까지 확장되었음을 알고 충격을 받았다. 그는 이렇게 기억했다. "내가 학교에 다닐 때 사건이 있었다. 히틀러 유겐트에 속한 어느 아이가 우리 반에서 자신의 독일어 에세이에 선전 구호를 잔뜩 써넣었다. 독일어 교사는 좋은 점수를 주지 않았다. 그러자 우리 반의 다른 학생이 장학관을 찾아가 그 교사에 대한 조사를 촉발했다."[35]

야게만은 개입해야 한다고 느꼈다. 그는 급우 두 명과 함께 "장학관을 찾아가 그 교사가 매우 객관적이었음을", 그리고 그가 "매우 침착하고 합리적이며 신뢰할 만한 교사"여서 "적합한 점수를 줄" 수밖에 없었다는 점을 "분명하게 밝힐 학급 대표로 선출되었다." 장학관은 예상치 못한 반응을 보였다. 그는 "충격을 받았다. 그는 실제로 우리에게 새로운 시대를 제대로 이해하지 못한다며 꺼지라고 말했다."

야게만은 히틀러 유겐트에 가입하고 2년이 지난 후 국민투표일에 '투표소'로 파견되어 사람들에게 '찬성'이라고 적힌 '작은 스티커'를 나누어주라는 명령을 받았다. 그러면 그들은 '히틀러 투표자'라는 이름을 얻을 수 있었다. 야게만은 몇몇 투표자가 '속으로 반감과 혐오'를 느끼면서도 스티커를 붙였음을 알아챘다. "나는 한편으로 그들이 애처로웠다. 나도 그들과 더불어 싸구려가 된 느낌이었다. 나는 적극적인 사람으로서 그들에게 그것을 붙여주었고, 그들은 이를 허용했다. 우리는 서로 연극을 하고 있었다."

야게만의 경험은 많은 것을 보여주지만 이례적이었다. 히틀러 유겐트에 가입한 독일 청소년은 대부분 "그 활동 프로그램을 사랑했고 돌봄을 받고 있다고 느꼈다. 자신들이 점차 새로운 제국을 떠받치는 가마꾼이 되리라고 여겼던 것이다."[36] 예를 들면 후베르트 루츠는 히틀러 유겐트의 아래 연령대 조직인 융폴크Deutsches Jungvolk 단원이었는데, 제복에 딸려 제공된 단검을 착용하는 것을 '영예'로 생각했다. 어느 정도였는가 하면 "매우 추잡한 짓을 한다면" 두르고 있던 특유의 스카프와 더불어 단검을 빼앗기는 처벌을 받았다. 이는 무리에서 "버림받은 자나 마찬가지"라는 뜻이었다.

루츠와 그 친구들은 나치 독일 치하에서 보낸 어린 시절을 이렇게 회상했다. "일생에서 가장 흥미진진한 시기였다. (…) 그보다 더 신났던 때는 없었다. 알다시피 나치가 집권했을 때 나는 다섯 살이었다. 나는 그 시절에 성장했고, 따라서 내겐 그것이 평범한 삶의 방식이었다."[37]

1935년 좌파의 지하 저항운동 단체인 노이 베기넨Neu Beginnen(새로운 시작)의 구성원들이 쓴 보고서는 가장 열정적인 나치 지지자 다수가 젊은이였다고 확인했을 뿐만 아니라 "민족사회주의에 선동되어 심취한" 자들은 "1차대전을 직접 경험하지 못한 청년들"이라고 참담한 결론을 내렸다. 이듬해 다른 보고서는 그 정권이 "인위적으로 '국민의 단합'을 조성하는" 데 성공했다고 인정했으며 "작금에 무슨 일이 벌어지고 있는지 이해하려면, (…) 이 군사 행진과 문신, 집회와 시위"를 직접 보는 것이 중요하다고 강조했다.[38]

히틀러 유겐트의 군국주의적 측면, 다시 말해 행진과 제복, 캠핑, 난동은 군인의 삶이 어떤 것인지 맛보게 했다. 1937년 훗날 전쟁에서 장군으로 유명해지는 에르빈 로멜 중령이 히틀러 유겐트와 독일 육군 사이의 연락장교로 임명되었을 때 이 연계는 명확해졌다.

다양한 나치 청년단체가 종족주의 교육과 더불어 1930년대 독일 청년들의 정신에 지대한 영향을 미쳤음은 의심할 여지가 없다. 1938년이면 10~18세의 독일 청소년 900만 명 중에 나치 청년단체에 참여한 수는 700만을 넘었다.[39]

1930년대 중반 이제 히틀러 유겐트의 전국 조직자가 된 에밀 클라인은 다른 나라 국민들이 그들의 활동을 얼마나 높이 평가하는지 알고 무척 기뻤다. 그와 동료들은 영국을 방문했을 때 찬사를 받고는 우쭐했다. 어느 영국 역사가는 자신의 책에 이러한 말을 적어 그들에게 헌정했다. "영국에 오늘날의 독일 청년 같은 자들이 있다면 기쁘고 자랑스러울 것이다." 클라인은 이렇게 말했다. "그렇다면 우리는 그 점을 고려해 속도를 조절하겠다고 말해야 하나?" 클라인은 전쟁이 끝나고 오랜 시간이 지난 후에도 여전히 "그 [찬사]가 사실이었으므로 기뻤다." 결론은 이렇다. "나는 지금은 다른 견해를 갖고 있지만 [당시] 일어난 일이 전혀 유감스럽지 않다."[40]

영국의 다른 유명 인사들도 나치 체제가 독일인을 만들어내는 방식에 찬사를 보냈다. 1934년 7월 영국 의회 의원 아널드 윌슨은 쾨니히스베르크에서 연설하며 이렇게 말했다. "지난 석 달 동안 나는 이 나라 곳곳에서 히틀러 유겐트의 활동과 놀이를 지켜보았다. 민족사회주의 운동이 이끌어낸 강렬한 에너지가 감탄스럽다. 나는 독일 청년들의 애국적 열정을 존경한다. 당신들의 학교와 대학에 생기를 불어넣는 국민의 단합을 위한 노력의 깊이와 진지함을 인정한다. 아니 거의 질투가 날 지경이다. 그것이 철저하게 이타적이고 더없이 훌륭하기 때문이다."[41]

윌슨은 엄청난 오판을 했다. 나치의 청년 프로그램은 "철저하게 이타적"이지도 않고 "더없이 좋지"도 않았다. 오히려 그 반대였다. 그것이 독일 사회에 해악을 끼친 한 가지 방법은 청년을 과격하게 만드는 과정에서 일부 가족을 분열시킨 것이다. 어느 미망인은 자신의 두 아들을 걱정했다. 아이들은 "하루 종일 히틀러 유겐트에서 시간을 보냈다. 그곳에서 지속적으로 어머니와 종교, 모든 것에 맞서라는 부추김을 받았다." 다른 여인도 아들이 '열광적인 나치'가 되어서 "아버지와 아들이 더는 서로 이해할 수 없을 정도"라고 걱정했다. 훨씬 더 많은 부모들이 자식들이 듣는 가운데 정권을 비판하면 고발될까 우려했다.[42]

이 모든 소동은 나치가 독일 청년들을 목표로 삼아 성공을 거둔 결과였다. 그러나 이는 히틀러가 독일 총리로 임명됨으로써만 가능해진 일이었다. 독일 엘리트층의 유력 인사들이 히틀러를 그 직책에 앉히는 것이 이익이 된다고 생각하지 않았다면 이 모든 일은 결코 일어나지 않았을 것이다.

이는 그 역사에서 가장 충격적인 면의 하나로 독재자가 되고 싶은 자가 어떻게 현대 국가의 지배권을 획득할 수 있는지에 관해 많은 것을 얘기해준다. 다음 장의 주제가 이것이다.

5

엘리트층과 공모하기

1930년대 초에 단순히 가장 인기가 많은 정당을 이끈다는 사실만으로 독일 총리가 되는 것은 불가능했다. 얼마나 많은 표를 얻었는가는 중요하지 않았다. 권좌에 오르는 유일한 길은 대통령 힌덴부르크가 그 자리를 제안하는 것이었다. 힌덴부르크는 제안 여부를 결정하기에 앞서 독일 엘리트층 내부의 친구들에게 조언을 들었다. 그들 중 다수도 히틀러처럼 민주주의가 파괴되는 꼴을 보고 싶었고, 따라서 서로 공모해 그런 일을 벌였다.

나치가 독일 정치에서 하나의 세력이 되고 있다는 징후는 1930년 봄이면 뚜렷해진다. 5월, 프로이센 내무부 장관은 나치가 현재의 '경제 상황'을 '패전'과 얼마나 성공적으로 연결했는지 보여주는 보고서를 작성했다.[1] 그 결과로 이제는 많은 독일인이 오직 나치만이 나라에 필요한 '근본적인 치유책'을 제공할 수 있다고 믿었다는 것이다. 유권자들은 "어떻게든 파국에서 벗어나야 한다는 열망"이 절실했기에 "민족사회주의의 현혹적인 경제적·정치적 구호를 꿰뚫어"보지 못했다.

이 보고서에 따르면 나치에 특별히 매료된 사람은 "만연한 경제적 고난으로 가장 크게 시달린 주민들"이었다. 이 집단에는 '중간계급'과 '소상인 및 숙련공'뿐만 아니라 '젊은 학자와 대학생'도 포함되었다. 이 젊은 지지자들의 우세가 "그 운동에 매우 특별한 동력"을 부여했다.

보고서는 나치의 선전이 지닌 힘에 크게 주목했다. 나치가 보여준 노력의 규모에서 "다른 정당이나 운동은 전혀 필적하지 못했다." 나치의 연사들은 '체계적인 훈련'을 받아서 각각의 청중에게 맞는 연설을 할 수 있었다. 1920년의 첫 번째 당 강령이 모호했다는 사실과 뒤이어 히틀러가 그 정확한 의미를 명료하게 밝히기를 거부한 것이 도움이 되었다. 농부들은 땅을 빼앗길지도 모른다는 말을 들었고, 소상점주들은 백화점이 그들의 사업을 망칠 수 있다는 말을 들었다. 이들이 전한 메시지에서 유일하게 일관된 부분은 이 모든 위협의 배후가 유대인이라는 것이었다.

이러한 상황에서 괴벨스는 나치의 세세한 정책보다 나치가 무엇에 반대하는지에 대중의 관심을 집중시키는 것이 유익하다는 점을 깨달았다. 이를 위해 그는 1929년에 출간된 레마르크의 소설 《서부전선 이상 없다》를 이용했다. 반전 메시지를 담은 레마르크의 소설은 참호의 고결한 병사들이 후방의 유대인과 부당이득자, 사회주의 정치인에게 '배반'당했다는 나치 선전의 입장과 정면으로 충돌했다.

1929년 7월에 괴벨스는 일기에 그 책을 "불쾌하고 편향적인 거짓말"이요 '역겹고' '파괴적'이라고 썼다. 그렇지만 그는 인정하기도 했다. "이것은 수백만 명의 마음에 영향을 미쳤다."[2] 몇 주 전, 나치 신문 《푈키셔 베오바흐터》는 그 소설을 공격하며 이렇게 문제점을 지적했다. 그 책은 "[전쟁의] 엄청난 유혈극을 불변의 자연법칙으로 보지 않았다."[3]

1929년 8월 14일자 《푈키셔 베오바흐터》는 한스 쵤벌라인이라는 퇴역 군인이 쓴 그 책의 비평 기사를 실었다. 그는 "서부전선의 참호와 포탄 구덩이에서 3년을 누워 있던 사람"이었다. 그는 그 소설을 "야외 변소에 쭈그리고 앉은 자의 시각에서 쓴" 책이라고 주장했다. 따라서 "무명 병사의 회고록이 하나의 거대한 배설물 덩어리가 된다." 레마르크, 즉 "그렇게 더러운 놈"은 다른 나라였다면 "가로등에 목이 매달릴" 것이었다.[4]

이듬해 할리우드에서 그 책을 영화로 만든다는 소식이 전해지자 나치의 공격 강도가 한층 더 높아지는 것은 피할 수 없었다. 《푈키셔 베오바흐터》는 재빨리 그 영화의 감독인 루이스 마일스톤이 "자기 종족의 모든 '속성'"을 다 지닌 유대인이라고 주장했다.[5] 이는 나치의 편견에 딱 들어맞는 이야기였다. 그들은 유대인이 독일의 전쟁 패배를 모의했다는 거짓말을 밀어붙일 수 있었고, 더 나아가 이제 미국이 유대인의 지배를 받고 있다고 주장했다.

1930년 12월 초, 독일에서 그 영화가 개봉된 직후 괴벨스는 신문의 머리기사를 장식할 항의를 지휘했다. 베를린의 모차르트 홀에서 영화가 상영되는 가운데, 나치는 객석에 악취탄을 던지고 쥐를 풀어놓았다. 자유주의적 신문 《포시셰 차이퉁Vossische Zeitung》에 따르면, 이들은 "끊임없이 소음을 냈고 귀에 거슬리게 휘파람을 불었으며 물리적으로 관객을 위협했다." 이어 괴벨스는 이렇게 선언했다. "이제 우리는 돈을 돌려받겠다." 한 무리의 나치가 매표소로 가려 하면서 경찰과 충돌했다.[6] 《푈키셔 베오바흐터》는 사건을 달리 해석해 보도했다. 영화의 "역겨운" 장면에 관객이 "격분"했으며 몇몇은 이렇게 외치기까지 했다고 우긴 것이다. "그만! 이렇게 뻔뻔스러운 유대인의 거짓말을 참을 수가 없어!"[7]

괴벨스는 이 항의 시위에 거의 무아지경에 빠져 이렇게 썼다. "10분후 영화관은 마치 정신병원 같다. 경찰은 무기력하다. 격분한 군중이 유대인들을 폭행한다. (…) [소리친다.] '유대인 퇴출!' '히틀러가 문 앞에 와 있다!' 경찰이 우리에게 동조한다. 유대인들은 작고 못생겼다. 밖에서는 매표소가 습격을 받고 있다. 창틀이 덜거덕거린다. 수천 명이 이 광경을 몹시 즐긴다."[8]

며칠 뒤 그 영화가 다시 상영되었을 때, 괴벨스는 베를린의 놀렌도르프 광장에서 대규모 시위를 준비했다. 나치 지지자 수천 명이 경찰과 충돌했다. 괴벨스는 다시 기운이 넘쳤다. 경찰이 시위자들에게 고무 곤봉을 쓰는 것을 보고는 기쁘기까지 했다. 그는 이렇게 쓴다. "우리 쪽 사람들이 분노로 얼굴이 새파래졌다. 이것은 혁명의 시작이다. 멈추지 말고 계속하라!"[9]

그 직후 영화는 극장에서 내려갔다. 경찰이 관람객을 일일이 수색해 악취탄이나 쥐를 찾아내고 저녁의 평범한 여흥이 계속될 수 있게 하는 것은 불가능했다. 괴벨스는 큰 승리를 거두었다고 자랑했으며 《데어 안그리프》에 솔직하지 못하게 이렇게 썼다. "우리는 이 민주주의 체제의 언론 자유의 권리를 주장했다. 우리의 호소는 기대 이상으로 충족되었다. (…) 결국 그것은 원칙의 문제를 둘러싼 싸움이었다. 우리는 국가의 도덕관을 떠받치는 사람들이다." 그는 이렇게 의기양양했다. "유대인의 도발적인 레마르크 영화에 반대해" 행진함으로써 "굶주리고 추위에 떠는 자들, 버림받고 절망에 빠진 자들, 거짓말에 속아 배신당한 전선의 병사들, 지식인과 장인들 모두" 한데 모여 "추문으로 전락하는 독일의 공적 삶을 더는 참을 생각이 없는 단호하고 과격한 독일 청년의 군대"를 이루었다. 그들은 "독일의 명예가 조롱받는 것을" 지켜볼 준비가 되

어 있지 않았다.[10]

괴벨스는 이 사실을 알고는 즐거웠다. "레마르크 일로 뮌헨에서 [나치 지도부에서] 나의 평판은 굉장히 높아졌다."[11] 이는 전혀 놀랍지 않았다. 그는 영화 한 편의 내용에 관한 작은, 거의 하찮은 논쟁을 이용해 나치의 핵심 가치라고 추정되는 자기희생과 독일에 대한 사랑을, 나치가 폴크스게마인샤프트의 밝은 미래를 떠받치는 것이라고 말한 원리를 성공리에 표현했다. 그는 또한 이것이 단지 시작일 뿐이라고 주장했다. "그 싸움이 전면적으로 철저하게 진행되고 있다고, 언젠가 최종적으로 그 싸움에서 승리하리라고 기대할 이유가 충분하다고 아직도 자세하게 설명해야 하는가? (…) 레마르크는 제거되었지만, 유대인의 오물이 여전히 독일 사회 전체를 뒤덮고 있다. 반드시 깨끗이 치워야 한다."[12]

괴벨스는 심리학을 알지 못했지만 '유대인의 오물'을 거론하는 것이 힘이 있음을 이해했다. 뇌에서 역한 냄새에 반응하는 부분은 "도덕적으로 혐오스러운 것을 생각"하기만 해도 활성화되기 때문이다.[13] 로버트 새폴스키 교수는 이렇게 썼다. "이웃 부족을 지긋지긋한 바퀴벌레"라고 생각하면 '뇌섬엽과 소뇌 편도'가 활성화된다. 이것이 뇌가 '그들과 우리'라는 관념을 처리하는 방법의 핵심이다.[14] 나치가 유대인을 '불결'하다거나 '해충'이라고 묘사하는 것도 비슷하게 강력한 효과를 지녔다.

그러나 괴벨스의 《서부전선 이상 없다》에 대한 공격과 이를 유대인의 '오물'과 연결하려는 시도는 완전히 그의 생각대로만 흘러가지는 않았다. 이 이야기를 매듭짓는 종결부가 있었다. 괴벨스의 선전에서 핵심인 대단한 위선을 드러내는 것이다. 1931년 5월 6일, 《데어 안그리프》는 〈전선의 밤〉이라는 제목의 긴 글을 실었다. 참호 속 생활을 생생하게 묘사한 글이다. 의도는 레마르크의 묘사가 거짓임을 폭로하고 그 전쟁 중에 독일 병사들이 보여준 영웅적 행위의 '진짜' 이야기를 말하는 것이었다.[15] 단 한 가지 문제가 있었다. 나치는 못된 자의 장난에 속았다. 제출된 글이 《서부전선 이상 없다》를 그대로 발췌했기 때문이다. 《조치알리스티셰 빌둥Sozialistische Bildung》은 "나치가 괴벨스 박사의 지도로 레마르크의 책에 맞서 목숨을 건 싸움을 하고 있다고 널리 알려져" 있으므로 그 일이 "어처구니없다"는 것을 간파했다.[16]

《데어 안그리프》는 굴욕적으로 실수를 인정해야만 했다. "어제 우리 편집부는 유대인의 계략에 먹잇감이 되었다. 제출된 초고 중에 당 동지처럼 보이는 R. 샤인플루크R. Scheinpflug라는 자가 고료 없이 게재해도 된다고 보낸 글이 있었다. 알고 보니 이 작은 글은 레마르크의 유대인적인 책 《서부전선 이상 없다》를 발췌한 것이었다. 우리는 이 교활한 속임수에 넘어가 독일인의 정신을 지닌 사람이라면 누구나 거부한 책의 일부를 지면에 실은 것을 유감스럽게 생각한다(원칙적으로는 무고하다). (…) 이로써 두려움에 젖은 유대인이 독일민족사회주의노동자당을 해하기 위해 어떤 술수를 쓰는지 모든 사람이 분명하게 알 것이다."[17]

그 장난의 배후가 유대인이라는 증거는 없었지만, 괴벨스는 그러한 주장을 멈추지 않았다. 그 비난은 나치가 그 혐오 대상에 반사적으로 대응했음을 보여주는 또다른 사례였을 뿐이다. 분명코 유대인에게 책임이 있어야만 했다. 실제로 나치에게 증거의 부재는 유대인이 얼마나 교묘하게 흔적을 지웠는지를 증명했을 뿐이다.

수많은 보통의 독일인은 이러한 사고방식을 믿을 수 없다고 생각했다. 이들은 또한 나치가 여전히 민주적 수단을 통해 권력을 추구하기보다 혁명에 전념하고 있다고 의심했다. 그래서 히틀러는 1930년 9월에 열린 어느 재판에서 매우 세심하게 줄타기를 해야 했다. 장교 세 명이 동료들에게 나치 혁명을 지지하라고 설득했다는 혐의로 고발당했다. 법원은 알고 싶었다. 히틀러는 다수의 결정을 존중하는 정치인인가, 아니면 반란자들을 존중하는 정치인인가?

히틀러는 진실은 이렇다고 증언했다. "성질 급한 당원들"이 있을 수 있지만 "우리는 순수하게 정신적인 운동이다." 히틀러가 이렇게 말했다는 보도가 있었다. "이 싸움에서 우리 것이든 다른 자들 것이든 모래밭에 머리들이 구를 것이다." 그런 말을 한 적이 있느냐는 질문에 그는 자신은 "합법적 투쟁"에 전념한다고, 그렇지만 나치가 승리해 "독일 최고법원"을 설치하면 "1918년 11월은 보복할 것이고 머리들도 구를 것"이라고 대답했다.[18]

히틀러는 이 재판에서 모호하게 얼버무리려고 최선을 다했지만, 이 "성질 급한 당원들"을 더 강력히 통제해야 한다는 점을 알고 있었다. 그들 다수가 돌격대원이었다. 다행스럽게도 히틀러는 곧 오랜 동료에게 도움을 부탁할 수 있었다. 에른스트 룀이다. 1928년 룀은 볼리비아 군대의 고문이 되어달라는 요청을 수락했지만, 이제 독일로 돌아오기를 원했다. 그래서 그는 1930년 9월 어느 동료에게 전보를 보냈다. 내용은 간단했다. "11월에 귀국, 어머니와 히틀러에게 통지 바람."[19]

1930년 11월에 《푈키셔 베오바흐터》는 룀의 재등장을 축하했으며 그를 "민족사회주의 운동이 가장 어려웠던 시절부터 히틀러에게 충성한 동료 전사"라고 칭찬했다. 룀은 뮌헨 중앙역에서 "수많은 당원과 동료, 친구들"로부터 환영을 받았다. 히틀러도 직접 참석했다.[20]

5. 엘리트층과 공모하기

히틀러가 룀의 귀국을 축하하고 뒤이어 그를 돌격대 참모장Stabschef에 임명한 것은 모험이었다. 그는 룀의 단점을 아주 잘 알고 있었다. 몇년 전에 두 사람을 갈라놓은 문제, 다시 말해 나치의 준군사 조직을 얼마나 독립적인 세력으로 두어야 하는지의 문제는 여전히 잠복해 있었다. 그리고 룀의 성격도 변하지 않았다. 그는 여전히 소란을 일으키는 고약한 정치인이었다. 게다가 그는 바이마르 공화국 헌법 제175조에 의해 동성애가 불법이던 시절에 동성애자였다. 제175조가 베를린이 바이마르 공화국 시절 동성애의 중심지가 되는 것을 막지는 못했다. 그리고 룀은 베를린의 모든 동성애자 클럽과 동성애자 목욕탕이 제공한 모든 것에 열정적으로 참여했다.

많은 나치가 룀의 성적 지향에 격분했다. 1931년 2월 괴벨스는 일기에 이렇게 적었다. "역겹다! 히틀러는 또 충분히 살피지 않는다. 우리는 당이 제175조 관련자들의 이상향이 되는 꼴을 용납할 수 없다."[21] 그러나 히틀러는 그러한 우려를 받아들이지 않았고, 같은 달 "돌격대 지도자들을 비난하는 보고서"를 "주제넘은 짓"이라며 "거부한다"고 선언했다. 그는 돌격대가 "특정한 정치적 목적을 지닌 자들의 집단"이라고 썼다. 그들은 "젊은 여성들의 교육을 위한 도덕적 기관"이 아니라 "거친 전사들의 연합체"였다.[22] 퓌러는 말했다. 룀의 가치는 그의 사생활에 관한 어떠한 고려보다도 중요하다고.

그러나 몇 달 뒤 룀은 나치 반대자들의 표적이 되었다. 《뮌헤너 포스트Münchener Post》는 1931년 6월 22일자에 〈브라우네스 하우스Braunes Haus의 동성애〉라는 제목으로 룀의 성적 지향성을 알렸다. 브라우네스 하우스는 뮌헨에 있는 나치 본부였다. 베를린의 신문들을 포함해 다른 매체도 그 이야기를 다루었다.

히틀러는 이 모든 이야기를 가볍게 털어버렸다. 그는 여전히 룀이 필요하다고 생각했다. 왜 그런지는 쉽게 알 수 있다. 돌격대는 지극히 중요한 자원이었다. 10여 년 전 뮌헨 거리에서 총격전이 벌어졌음은 누구나 알고 있었고, 의용대의 준군사적 힘이 없었다면 공산주의자들이 도시를 더욱 공고히 장악했을 것이다. 비슷한 일이 다시 일어나지 말라는 법은 없었다. 그러한 상황에서 돌격대는 십중팔구 나치당의 구원자가, 히틀러가 보기에는 어쩌면 민족의 구원자가 될 터였다.

곤란한 점은 돌격대가 여전히 잠재적인 장애물이었다는 사실이다. 1931년 2월 베를린 돌격대 지도자 발터 슈테네스가 일련의 기고문을 통해 나치의 합헌적인 권력 장악을 거부하고 무장 투쟁을 요구했을 때 괴벨스가 깨달은 사실이다. 다음달 슈테네스와 그의 돌격대원들은 베를린의 나치당 사무실을 공격하고 《데어 안그리프》의 본부를 점거했다. 이는 히틀러에게는 지나친 일이었고, 슈테네스는 당에서 쫓겨났다. 괴벨스는 만족했고, 룀도 이를 지지했다.

이러한 사정을 감안하면, 히틀러가 나치 운동 안에 SS로 널리 알려진 다른 준군사 조직 친위대Schutzstaffel의 출현을 높이 평가한 이유는 분명하다. 친위대는 맥줏집 폭동의 실패 이후 돌격대가 금지 조직이었던 시기인 1925년에 출현했다. 하인리히 힘러는 2년 뒤 친위대 라이히스퓌러 대리Stellvertretender Reichsführer SS가 되었고 1929년에는 친위대 라이히스퓌러Reichsführer SS로 승진해 친위대를 지휘했다. 힘러는 앞서 보호가 필요한 당 집회를 조직할 때 수행한 역할 때문에 그 일에 선택되었을 것이다.[23]

단원이 1500명도 되지 않았던 1920년대 말의 친위대가 종국에는 나치의 조직 가운데 가장 악명을 떨치는 조직으로 성장하리라고 예견한 사람은 없었다. 그러나 힘러는 비록 호감 가는 사람이 아니었어도 나치 운동에 자신과 친위대원들이 채울 수 있는 빈틈이 있다는 사실을 알아챌 통찰력은 있었다. 그 빈틈은 절대적으로 충성하는 엘리트 준군사 조직이었다. 그 초기에 친위대는 전체적으로 돌격대 지도자의 지휘를 받았지만, 힘러는 룀의 제대로 교육받지 못한 거리의 깡패들이 지닌 것과는 정반대의 가치를 신봉하는 자들을 이끌고 싶었다.

"나의 명예는 충성Meine Ehre heisst Treue"이라는 친위대의 좌우명은 친위대와 돌격대를 구분되게 했다. 1931년 4월, 친위대가 슈테네스의 부하들로부터 베를린의 당 본부를 보호하려 한 뒤, 히틀러는 친위대원들에게는 충성이 명예라고 썼다. "그대들의 명예는 충성이다." 힘러는 이후 그 문장을 채택해 조직 전체의 좌우명으로 선언했다.

1930년대 초에 친위대원이 된 베른트 린은 친위대가 특별하다고 생각해 가입했다. 그는 이렇게 말했다. "나의 직감에 친위대는 돌격대보다 한 수 위였다." 그는 친위대가 모든 나치 행진에서 가장 마지막 순서였고, 그래서 "언제나 가장 큰 위험에 노출되었다"는 사실에 깊은 인상을 받았다. 그는 친위대원이 된 것이 너무나 자랑스러워 조직에 대한 충성을 결코 저버리지 않았다. 전쟁이 끝나고 오랜 세월이 지난 후에도 그는 애초에 친위대에 가입하기로 한 결정이 "옳았는지 틀렸는지" 말하기를 거부했다. 다만 "지금은 대답할 수 없다"고만 말했다.[24]

힘러는 엘리트 부대를 창설하려는 욕망을 좇았기에 당연히 정예 요원들을 유치하고 싶었다. 1931년 여름에 그는 가장 인상적인 사람을 찾았다고 생각했다. 지능과 교양이 어째서 결코 야만적 행위를 막지 못하는지를 가장 잘 보여줄 전형적인 인물 라인하르트 하이드리히였다. 그러나 놀랍게도 그는 1931년 6월 1일 나치당에 가입하는 순간까지 나치 운동에 별다른 관심을 보이지 않았다.

1904년생인 하이드리히는 1차대전에 참전하기에는 너무 어렸고 교양 있는 환경에서 성장했다. 그의 아버지는 라이프치히 인근 할레에 음악 학교를 설립했다. 전쟁이 끝날 무렵 사회적 소요가 일고 나서야 10대의 하이드리히는 독일이 혁명에 빠질 수 있다는 현실성을 뼈저리게 느꼈다.

하이드리히는 해군 장교가 되기로 결심했고, 1922년 킬에서 사관후보생으로 훈련을 시작했다. 모든 것이 계획대로 되었다면, 그가 독일 해군에 남아 있었으리라는 점은 거의 확실하다. 홀로코스트의 기획자 중 한 명이라는 영원히 지속될 오명은 없었을 것이다. 단지 해군 병사 하이드리히만 있을 뿐.

1930년 12월 해군에서 순조롭게 경력을 쌓아가던 하이드리히는 리나 폰 오스텐이라는 자신감 넘치는 열아홉 살 여성을 만났다. 며칠 만에 두 사람은 약혼했다. 하이드리히의 신속한 청혼은 그의 두드러진 특징 중 하나를 보여주는 증거였다. 몇 년 뒤에 오스텐은 이렇게 말했다. "그는 언제나 자신이 무엇을 원하는지 정확히 알고 있었다."[25]

하이드리히가 약혼을 발표한 뒤, 곧바로 그의 삶의 진로를 영구히 바꿀 힘든 일이 생겼다. 다른 여성이 나타나 그가 자신에게 먼저 결혼 약속을 했다고 주장한 것이다. 그녀의 아버지는 자기 딸이 당한 일에 격분해 하이드리히의 상급 장교들에게 하소연했다.

1931년 1월에 열린 '명예 법정'에서 하이드리히의 오만함이 그에게 불리하게 작용했다. 그는 그 여성을 안다는 사실을 부인하지 않았지만, 자신이 그녀를 유혹한 것이 아니라 그 반대였다고 말했다. 게다가 그는 그녀에게 청혼한 적이 없다고 주장했다.[26]

이렇게 당당하지 못한 처신 때문에 하이드리히는 상관들에게 미움을 받았고, 4월에 해군에서 쫓겨났다. 종전 후 리나 폰 오스텐은 이렇게 말했다. "해군에서 퇴출된 것은 그의 삶에서 가장 큰 타격이었다. (…) 그를 무겁게 짓누른 것은 소득 능력의 상실이 아니라 그가 온 힘을 다해 장교 경력에 집착했다는 사실이었다."[27]

재판 내내 하이드리히 곁을 지킨 리나 폰 오스텐은 약혼자에게 다른 길을 생각해보라고 권고했다. 나치였다. 그녀는 나치의 대의를 진심으로 믿었고 반유대주의에 깊이 빠져 있었다. 그녀가 맞닥뜨린 유일한 어려움은 하이드리히가 자신만큼 나치에 열정적이지 않았다는 점이었다. 훗날 그녀는 이렇게 말한다. "정치적으로 그는 무지했다. 그는 모든 정당을, 특히 나치당을 거만한 태도로 바라보았고 정치 자체가 저속하다고 생각했다. 이러한 맥락에서 그는 매우 고상한 척했고 자신의 해군 경력을 가장 중요하게 여겼다. 그 나머지는 중요하지 않았다."[28]

그러나 하이드리히는 해군 경력을 망치고 직업도 없어 결혼할 희망이 사라지자 그녀의 설득에 마음을 열었다. 그는 아내의 권고에 따라 나치당에 가입했으며 가족의 연줄을 통해 하인리히 힘러를 소개받았다. 1931년 6월 14일, 입당한 지 2주가 지났을 때 하이드리히는 처음으로 힘러를 만났다. 두 사람은 즉각 마음이 통했다. 힘러는 친위대 안에 정보부대를 창설할 인물을 찾고 있었고 하이드리히가 적임자라고 생각했다. 하이드리히는 키가 크고 금발이었으며 장교의 풍모를 지녔다. 하이드리히가 관련 경험이 없다는 사실(그는 해군에서 무선통신 장교였으며 정보부에서 일한 적이 없었다)은 가볍게 무시되었다.

그 만남은 정상적인 인력 충원 과정이 아니었지만, 힘러가 두 가지 중요한 방식으로 일했음을 보여주었다. 첫째, 그는 신체적 외모에 초점을 맞추었다. 예를 들면 1938년 힘러는 완벽한 아리아인의 표본이라고 생각한 평범한 친위대원을 발견했다. 그는 그렇게 "유능하고 혈통이 좋은 독일인" 병사는 분명코 고위직에 오를 만하다고 생각했고, 그래서 순전히 외모만 보고 그의 친위대 신상서류를 검토한 뒤 승진시켰다.[29] 둘째, 힘러는 자신이 높게 평가한 사람에게 두 번째 기회를 줄 준비가 되어 있었다. 암울하게 해군을 떠난 하이드리히는 기분이 처져 있었고 도움이 필요했다. 힘러는 기꺼이 도움을 주려 했고, 그 과정에서 하이드리히의 감사와 충성을 다 얻어냈다. 히틀러처럼 힘러도 다른 무엇보다 충성을 요구했다.

한층 더 놀라운 것은 하이드리히가 나치 대의에 헌신하겠다는 불타는 의지 없이 친위대에 합류했다는 사실이다. 상황이 변하면 얼마나 빠르게 행동도 변할 수 있는지를 보여주는 이야기에서 이보다 더 극적인 사례는 없을 것이다.

힘러가 하이드리히에게 창설 임무를 맡긴 정보부대는 이후 보안국 Sicherheitsdienst, SD이라고 부르며, 점차 가장 강력하고 두려움의 대상이 되는 조직의 하나가 된다. 그러나 그 시작은 소소했다. 하이드리히는 사무실에 전화기 한 대만 갖춘 채 나치당의 적에 관한 정보를 수집하고 나치 운동 내부에서 활동하는 밀정을 색출할 수 있는 자들을 모으려 했다.

힘러에게는 하이드리히가 단지 책상에 앉아 있는 것만으로는 충분하지 않았다. 그 이상이 절실히 필요했다. 친위대 대원들은 행동하는 자여야 했다. 그래서 하이드리히는 나치의 정적들이 개최한 집회를 공격하는 데 참여했다. 그는 곧 언론의 주목을 받았다. 1931년 11월 《뮌헤너 포스트》는 하이드리히를 친위대 '집행자 조직'에 있는 힘러의 '오른팔'이라고 불렀다.[30]

친위대는 돌격대에 비하면 여전히 수적으로 미미했다. 하이드리히가 가입할 당시 돌격대의 10분의 1에 불과했다. 그러나 힘러에게는 거대한 계획이 있었다. 1931년 6월, 하이드리히를 만난 그달에 힘러는 친위대 상급자들에게 한 연설에서 이렇게 주장했다. "우리는 하나의 민족이 대면할 수 있는 가장 위대하고 고결한 임무를 부여받았다." 그 '고결한 임무'는 '볼세비즘'에 맞선 사활을 건 투쟁이요 '주변 지역'에 독일인을 정착시켜 '2억 명의 국가'를 창설하는 것이었다.[31]

힘러는 이 웅대한 목적을 신속하게 달성할 수 있다고 생각하지 않았다. 그는 '다음 세대'가 목적을 달성할 수 있도록 이 새로운 제국을 위한 길의 준비를, '토대'의 확립을 이야기했다. 그렇지만 나치가 권좌에 오르기 전에도, 친위대원이 겨우 2천~3천 명밖에 되지 않았을 때, 힘러가 향후 엄청난 규모의 무력 충돌이 불가피하며 친위대가 그 싸움에서 중심이 될 것이라고 믿었다는 사실이 중요하다.

힘러는 목전에 다가왔다고 생각한, 세상을 뒤흔들 임무를 위해 계속해서 영리한 사람들을 모집했다. 그중에는 박사학위를 딴 변호사 베르너 베스트도 있었다. 베스트는 1931년 6월 힘러가 연설을 했을 때 스물일곱 살의 사법부 공무원이었다. 그는 얼마 지나지 않아 법학 학위가 초법적 살인 계획에 아무런 방해가 되지 않는다는 점을 증명한다.

독일 서부 헤센주의 나치당 법률 책임자였던 베스트는 공산주의자들이 폭동을 일으킬 경우 나치가 수행해야 할 계획을 작성하는 데 도움을 주었다. 1931년 11월에 여러 신문이 그 자료를 입수했고, 즉각 비난이 쇄도했다. 사회민주당 신문 《포어베르츠Vorwärts》(전진)는 이렇게 외쳤다. "사형! 민족사회주의의 통치 정책은 사살과 굶주림을 보여준다!" 그 기사는 나치가 어떻게 '법'을 "합법적인 살인"으로 대체하려 했는지 개괄했다. "이는 피투성이 광기, 잔혹함, 비인도적 행위의 계시록이다. (…) 인간 속에 내재한 짐승을 풀어놓는 것이요 만인 대 만인의 투쟁이다. 이들의 정책을 달리 요약할 수 없다."[32]

자유주의적 신문 《포시셰 차이퉁》도 비슷한 우려를 제기했다. "1931년 9월 중순, 람페르트하임 인근의 복스하임 농장에서 민족사회주의 당 지도자들의 비밀회의가 열렸다. (…) 소수로 한정된 그 모임에 판사보 베스트 박사가 '비상사태'의 경우를 대비해 마련한 조치들의 초안이 제시되었다. (…) 그 초안은 최고로 잔인한 폭력의 정신을 내뿜는다. 거의 모든 위반 행위를 사형으로 처벌한다고 경고하고 있다. (…) 심지어 재판 없는 총살도 시행하려 한다."[33]

나치의 긴급 대책이 잔인한 성격을 띠었는데도, 그 사건은 당의 이미지를 지속적으로 손상시키지 않았다. 나치 지도부는 이를 지역적인 문제라고 주장했다. 베스트와 그의 지역 동료들이 지나치게 흥분했을 뿐이고 "짐승을 풀어놓는 것"과 "합법적인 살인"은 공산주의자들이 권력 장악을 시도하는 경우에만 고려할 것이라는 말이었다.[34]

이 충격적인 사건이 신문에서 폭넓게 다루어졌는데도 나치가 큰 타격을 받지 않았다는 사실은 놀랍다. 많은 독일인이 폭력의 사용에 반대하면서도 공산주의자들의 폭동에서 자신들을 보호하는 데 나치의 폭력이 필요할지도 모른다고 생각한 것은 분명하다. 요컨대 평화와 평온을 바라는 마음이 폭력으로 그 목적을 달성하겠다고 약속한 정당을 포용하게 했다. 수백만 명의 준법 시민이 법을 파괴하는 정당에 표를 줄 수 있다고 느낀 주된 이유가 바로 여기에 있다. 그것은 또한 중요한 심리학적 통찰의 증거이기도 하다. 연구에 따르면, 인간이라는 하나의 종으로서 우리 중에 절대적으로 폭력에 반대하는 사람은 거의 없다. 우리가 신경쓰는 점은 적절한 상황에서만 폭력을 사용하는 것이다. 합당한 상황이라면 우리는 대부분 열렬한 폭력의 지지자가 될 수 있다.[35] 예를 들면 우리는 거의 모두 치안이 우리를 보호해주기를 원한다. 만일 그들이 우리를 죽이려는 자들을 죽여야 한다면, 그래야만 하는 것이다.

경제 불황과 장래의 '민족공동체'에 대한 나치의 약속 둘 다 이 시기에 그들이 선거에서 성공을 거두는 데 중요한 요인이었지만, 나치가 폭력 정당으로서 질서를 회복할 준비가 가장 잘되어 있다는 믿음도 성공에 기여했다. 1932년 이전에는 나치를 지지하는 성향이 적었던 여성들이 이제 점점 더 많이 그 운동에 표를 주었다는 사실은 의미심장하다. 이전에 여성은 더 중도적인 정당을 지지하는 경향이 있었고 나치든 공산주의자든 극단적인 정당을 외면했지만, 이제 변화가 시작되었다.

20대 초반의 학생이었던 유타 뤼디거가 처음으로 나치에 눈을 돌린 것이 바로 이 무렵이다. 뤼디거의 부모는 경제 공황으로 고생했고, 가족의 금전적 어려움 때문에 그녀의 학업은 위태로웠다. 이렇게 근심스러운 분위기에서 '민족주의'와 '사회주의'를 독특하게 결합한 나치는 그녀에게 각별히 매력적으로 느껴졌다. "그들은 이렇게 설명했다. 만일 누가 민족주의자이고 가정과 나라를 사랑한다면, 그렇다면 반드시 가장 평범한 남자와 가장 평범한 여자를 책임져야 한다. 만일 누가 사회주의자이고 사람들을 돕기를 원한다면, 그렇다면 이는 민족의 특성에 맞게 바뀌어야 한다. 다시 말해서 필요한 것은 러시아 사회주의가 아니라 민족주의적인 독일 사회주의다. 당시에는 이치에 맞는 말로 들렸고, 나는 이것이 앞으로 나아갈 길이라고 정말로 확신했다. (…) 그 시점에 나는 기운을 되찾았고 나 자신에게 이렇게 말했다. 이제 합세해서 역할을 하자. 그래서 나는 민족사회주의 독일학생연맹NSDStB에 가입했다."[36]

뤼디거는 "공산주의자 학생들"도 당시 "매우 활동적"이었다고 회상했다. 그녀는 호기심에 몇몇 친구와 함께 그들의 집회에 가보았다. "그들은 소련에서 여성이 얼마나 멋진 삶을 영위하고 있는지 이야기하고 있었다. 여자들은 일하러 나갈 수 있고 아이들은 돌봄을 받는다는 것이었다. 친구들이 내게 말했다. '이제 네가 무슨 말이든 해야 해.' 나는 이전에 대중 앞에서 말한 적이 한 번도 없었다. 그런 훈련을 전혀 받지 못했다. 그래서 나는 그저 내 생각을 얘기했다. 어머니가 자녀를 특히 초기 발육기에 돌보지 않는 것은 바람직한 상황이 아니라고, 신체와 정신이 건강하게 성장하려면 아이들에게는 사랑과 안전이 필요하다고 설명했다."

뤼디거는 1932년에 처음으로 히틀러가 집회에서 연설하는 것을 목격했다. 당시 상황과 히틀러의 연설 방식에 관한 그녀의 회상은 1930년대 초에 나치 지지자가 된 많은 사람의 전형적인 사례를 보여준다. 그녀는 이렇게 말한다. "[실직한] 사람들은 정말로 굶주렸고 제대로 된 옷도 없었다. 그[히틀러]가 구원을 가져올 사람이라는 소문이 떠돌았다. (…) 쥐 죽은 듯이 조용했고, 이어 그가 지극히 차분하게 발언을 시작했다. 그는 낭랑한 목소리로 천천히 말했고 아주 서서히 격정에 사로잡혔다. 그는 독일 국민을 어떻게 도울 수 있는지, 어떻게 이 고통에서 벗어나도록 인도할 수 있는지 설명했다. 집회가 끝났을 때, 나는 자신과 자신의 이익은 생각하지 않고 오직 독일 국민의 이익만 생각하는 사람이 여기 있다는 느낌을 받았다."[37]

뤼디거는 이러한 믿음에 고취되어 나치 운동 안에서 성장해 결국 앞장에서 보았듯이 히틀러 유겐트와 동등한 여성단체인 독일소녀연맹의 지도자가 되었다. 그러나 나치당의 모든 여성처럼 그녀도 그 운동에서 남성을 이끌 중요한 지위는 기대할 수 없었다. 실제로 1932년 이전에 여성은 당원의 10퍼센트 미만이었다. 히틀러는 여성의 주된 역할은 주부와 어머니라고 믿었다. 1919년 베를린 혁명을 이끈 공산주의자 지도자였던 로자 룩셈부르크 같은 인물이 나치에 등장할 가능성은 없었다.

나치 운동에 힘이 넘치는 여성이 많지 않았다는 말은 아니다. 예를 들면 1931년 12월 26일에 리나 하이드리히가 된 리나 폰 오스텐은 훗날 이렇게 고백했다. "나는 언제나 입이 가벼웠다."[38] 그녀는 심지어 힘러의 아내에 관해 농담도 했다. 그녀의 속옷 사이즈가 'XXXL'라고 조롱했고[39] 그녀를 "암염소나 그 비슷한 것"이라고 불렀다.[40]

하이드리히가 아내에게 끌린 것은 분명히 그녀의 활발한 성격 때문이었을 것이다. 리나 폰 오스텐은 결혼 후 하이드리히에게 배신당했다고 하소연한 여성을 만났던 일을 기억했다. 그녀는 나중에 남편에게 그 여자가 그렇게 예뻤는데 왜 결혼하지 않았냐고 물었다. 남편의 대답은

이랬다. "너무 지루했어."⁴¹

그럼에도 하이드리히와 그의 아내가 처음으로 히틀러를 만났을 때, 그 나치 지도자는 두 사람을 '잘생긴 커플'이라고 불렀다. 히틀러가 인정한 것은 리나 하이드리히의 생기 넘치는 성격이 아니라 아리아인의 외모였다.⁴²

라인하르트 하이드리히가 리나 폰 오스텐과 깊은 관계를 맺은 것과 거의 동시에, 더 중요한 다른 나치도 향후 악명을 떨치게 되는 여성에게 반했다. 마그다 크반트는 1930년 여름에 처음으로 요제프 괴벨스가 연설하는 모습을 보았다. 이미 나치 지지자였던 그녀는 쿠르트 뤼데케의 인도로 나치 운동에 발을 들였는데, 그와 육체적 관계를 가졌다는 소문이 돌았다. 얼마 전에 엄청난 부자인 기업가 귄터 크반트와 이혼한 마그다는 나치즘뿐만 아니라 그 주역의 한 사람인 괴벨스에게도 매료되었다.⁴³ 마그다는 그의 발언을 듣고 1~2주 지났을 때 직접 그의 곁에 다가가는 데 성공했고, 자진해서 그의 '개인 문서'를 정리하는 일을 맡았다.⁴⁴

괴벨스에게 스물아홉 살의 마그다 크반트(금발에 조각상 같은 외모를 지녔다)는 어마어마하게 매력적이었다. 그러나 두 사람의 관계를 우려한 히틀러도 그녀에게 매료되었다. 괴벨스는 처음에는 히틀러의 관심을 경계했지만, 마그다는 이미 선택을 끝냈고 괴벨스와 연애를 시작했다. 괴벨스에 따르면, 히틀러는 '체념'했고 괴벨스의 행복을 막지 않았다. 게다가 히틀러는 괴벨스에게 그녀가 "영리하고 아름다운 여자"라고 말하기까지 했다. "그녀는 당신을 방해하지 않을 것이다. 당신이 발전하도록 도울 것이다."⁴⁵ 히틀러는 더 나아가 1931년 12월 19일 두 사람의 결혼식에 증인이 되기로 동의했다. 하이드리히와 리나 폰 오스텐이 결혼하기 정확히 일주일 전이었다.

리나 폰 오스텐과 마그다 크반트는 나치 운동에 헌신한 지적인 여성이었다. 마그다의 전남편은 훗날 이렇게 말했다. "그녀는 민족사회주의 사상의 가장 열렬한 옹호자가 되었고, 나와 아들에게도 당을 지지하도록 개심시키려 했다."[46] 의미심장하게도 두 여성 모두 동반자를 만나기 전에 그 운동을 지지하기로 결심했다. 둘 다 먼저 나치가 되고 그다음에 [나치의] 연인이 되었다. 그러나 그들은 당의 여성관 때문에 나치 운동에서 크게 성장할 수는 없었다.

괴벨스와 하이드리히의 결혼식 축하 행사가 벌어질 때, 독일의 정치적 위기는 더 나빠지고 있었다. 대체로 대통령 파울 폰 힌덴부르크가 그 전해 3월에 취한 결정 때문이었다. 그는 중앙당Zentrumspartei의 하인리히 브뤼닝을 총리로 임명했는데, 브뤼닝은 의회의 지지가 낮아 전임자들보다 더 직접적인 방식으로 힌덴부르크의 도움에 의지해야만 했다. 브뤼닝은 힌덴부르크에게 의회를 거치지 않고 긴급입법을 실행할 수 있게 한 바이마르 헌법 제48조를 이용할 수밖에 없었다. 그래서 브뤼닝이 의회에서 재정 법안을 승인받지 못하자, 힌덴부르크는 그것을 '긴급행정명령'으로 공포해야 했다. 그러나 제48조는 힌덴부르크와 브뤼닝에게 무제한의 권한을 부여하지 않았다. 의회가 과반수 표결로 간단히 재선거를 강제할 수 있었기 때문이다.

1931년 4월에서 1932년 말까지 힌덴부르크는 99건의 긴급행정명령을 승인했다. 믿을 수 없을 만큼 많은 이 행정명령은 단지 정치적 불안정을 타개하려는 처방에 그치지 않았다. 그것은 민주적 정부의 기능이 거의 멈추었다는 신호였다. 미국 주간지 《타임Time》이 평했듯이, 힌덴부르크는 독일이 권위주의 국가로 추락하는 길에서 '히틀러보다 더한 히틀러'가 되려 한 정권을 주재하는 것 같았다.[47]

힌덴부르크가 이 모든 일에 큰 책임이 있는 것은 분명하다. 특히 그가 널리 존경을 받았기 때문이다. 그는 정치적 우파에서 충성과 청렴결백, 확고부동함의 상징으로 여겨졌고, 나이와 경험으로 보아 국부라는 관념에 어울렸다. 힌덴부르크는 1차대전 발발 3년 전에 예순네 살의 나이로 독일군에서 퇴역했지만 필요할 때 복귀했다.[48] 힌덴부르크는 여전히 1914년 독일이 러시아에 거둔 승리인 타넨베르크 전투의 영웅으로 추앙받고 있었고, 수많은 신문에서 주름진 이마와 허옇게 센 콧수염의 위압적인 그의 얼굴이 독일 군사력의 신체적 구현처럼 세상을 응시했다. 타넨베르크 전투가 끝나고 11년이 지난 후에 그는 대통령으로 선출되었다. 그러나 그는 미숙한 독일 민주주의의 옹호자로 드러나지는 않는다. 결코 그렇지 않았다.

힌덴부르크 주변의 많은 사람이 민주적 절차를 불신했다. 예를 들면 쿠르트 폰 슐라이허 장군은 당시의 통치 체제에 강력히 반대했다. 슐라이허는 힌덴부르크의 강력한 조언자이자 군대와 대통령을 연결한 최종적인 막후 실력자였다. 국방부 장관Reichswehrminister 빌헬름 그뢰너 장군의 권위 뒤에 숨어 은밀히 움직인 그는 군대의 분위기에 관해 힌덴부르크에게 정기적으로 보고했다.

그러나 이 독일 엘리트들은 독일 문제의 권위주의적 해법을 모색하던 중에 한 가지 어려움에 봉착했다. 예측하기 어렵고 폭력적으로 변할 가능성이 있는 나치를 어떻게 수용할 것인가? 나치는 1930년 9월 선거에서 12석에서 107석으로 의석을 늘렸다. 슐라이허가 보기에 나치를 어떤 식으로든 정부에 끌어들여야 한다는 점은 명백했다. 그는 나치를 길들일 방법이 틀림없이 있으리라고 생각했다.

힌덴부르크는 나치와의 거래가 불편했지만, 브뤼닝 행정부를 전심으로 지지하지도 않았다. 브뤼닝은 헌법 제48조에 끝없이 의존하는 것 말고는 의회 내 사회주의자들에게 정권을 묵인해줄 것을 요청함으로써만 권력을 유지할 수 있었다. 힌덴부르크와 그 측근들이 싫어한 바로 그 집단이었다.

히틀러는 슐라이허에게 짧게 설명을 들은 뒤 1931년 10월 10일에 처음으로 힌덴부르크 대통령을 만났다. 이 만남은 성공적이지 못했다. 힌덴부르크는 히틀러의 언행에 소름 끼치도록 놀랐다. 힌덴부르크가 한 말은 널리 알려져 있다. 차관급의 대통령실장Chef des Büros des Reichspräsidenten 오토 마이스너에 따르면, 힌덴부르크는 히틀러를 우정청장 수준의 직책에나 어울릴 인물로 생각한다고 말했다. 그 자격으로 히틀러는 "[그의] 엉덩이나 핥을" 것이었다. 우표에 힌덴부르크의 모습이 들어 있어서 나온 저속한 농담이었다.[49]

히틀러를 총리에 앉힐 가능성에 오싹함을 느낀 사람은 많았다. 힌덴부르크는 그중 한 명이었을 뿐이다. 미국의 저명한 기자 도러시 톰프슨도 있었다. 톰프슨은 히틀러를 인터뷰했다. 히틀러가 독일 대통령을 만나고 몇 주 지난 뒤의 일이다. 베를린의 카이저호프 호텔 스위트룸으로 걸어 들어간 그녀는 처음에는 "미래의 독일 독재자를 만나고 있다고 확신했다." 그러나 "불과 50초도 지나지 않아서 나는 그렇지 않다고 완전히 믿었다." 그녀가 보기에 히틀러는 이러했다. "볼품없고 이렇다 할 특징이 없는 캐리커처 같은 얼굴의 남자다. (…) 그는 평범한 남자의 전형 그 자체다."

도러시 톰프슨은 히틀러의 정치적 견해를 분석하려 했지만 모든 것이 결국 "유대인이 모든 일의 원흉"이라는 그의 믿음으로 귀결된다는 사실을 깨달았을 뿐이다. 그녀가 이렇게 결론 내린 것도 놀랍지 않다. "말이 안 된다."[50]

그렇게 도러시 톰프슨은 히틀러를 오판한 교육받은 엘리트들의 기나긴 명단에 마지막으로 이름을 올리는 사람이 된다. 그녀는 자신이 세상 물정에 밝은 기자로서 허세를 꿰뚫어보고 그 밑에 숨은 분별력이 떨어지는 편견을 간파할 수 있으니 남들도 그럴 것이라고 생각했다. 그녀는 히틀러가 즉각적인 위협이 되지 않는다고 믿었다.

도러시 톰프슨은 힌덴부르크도 잘못 판단했다. 그녀는 힌덴부르크가 "공화국을 보호하는 것이 공화국 대통령의 임무라고 믿는다"고 생각했다. 뒤에서 보겠지만 실상은 그렇지 않은 것으로 드러난다.

힌덴부르크로 말하자면, 그는 단지 히틀러라는 개인만 싫어한 것이 아니었다. 그는 나치의 정책 수행 방식도 혐오했다. 그 전해에 힌덴부르크는 괴벨스에게 명예훼손 소송을 걸었다. 괴벨스가 그의 나이를 조롱하고 또 아무 일도 하지 않는다고 비웃는 만화를 그려 공개했기 때문이다. 만화는 이런 제목을 달았다. 〈힌덴부르크, 당신은 아직 살아 있는가?〉[51] 이는 괴벨스가 이후로도 종종 힌덴부르크를 공격하는 데 쓰는 전술의 이른 사례였다. 괴벨스는 힌덴부르크의 성격이나 전쟁에서 거둔 공적에 초점을 맞추는 대신 그의 나이를 거론했으며 그가 작금의 사태에 집중하지 못한다며 이를 부각시켰다.

명예훼손 재판에서 판사는 힌덴부르크의 영웅적 지위에 이의를 제기하는 것이 아니라 현재의 정치를 비판했을 뿐이라는 괴벨스의 주장을 받아들였다. 결과적으로 그는 징역형 대신 벌금형을 선고받았다. 힌덴부르크는 괴벨스가 그의 전시 공적을 공격한 게 아님을 인정했다는 사실에 만족한 듯했다. 그래서 그랬는지 대통령은 검찰이 괴벨스가 받은 관대한 처벌에 항소했을 때 협력하지 않았다.[52]

힌덴부르크의 7년 임기 대통령직은 1932년 봄에 끝날 예정이었고, 그는 여든네 살의 나이로 다시 선거에 나서기가 싫었다. 그러나 그는 보통의 독일인들이 투표하는 일 없이 의회가 직무를 계속해달라고 요청한다면 재고해보겠다는 의사를 표명했다. 그러나 일련의 토론은 결론 없이 끝났고 그 발상은 거부되었다. 신화적인 인물인 힌덴부르크조차도 민주주의의 엄격한 검증을 피할 수는 없었다.

이에 힌덴부르크의 지지자들은 그에게 출마를 탄원하는 공개 청원을 준비했다. 결국 300만 명이 넘는 독일인이 청원서에 서명한 뒤, 힌덴부르크는 후보로 나서기로 동의했다. 그러나 그는 여전히 선거운동을 거부했다. 힌덴부르크는 다른 사람들이 나라를 돌아다니며 그를 칭찬하도록 내버려둔 채 스스로는 품위를 떨어뜨릴 뜻이 없었다. 표를 구걸하지 않겠다는 것이었다.

히틀러는 이제 곤란한 처지에 놓였다. 독일 민족주의의 상징인 힌덴부르크에게 맞섰다가 크게 패하면 굴욕을 당할 각오를 해야 했다. 그러나 성공한다면 이는 권좌에 오르는 길이기도 했다. 히틀러는 여러 주 동안 주저하다가 모험을 하기로, 즉 선거에 입후보하기로 결심했다. 1932년 2월 22일 실내경기장 베를린 슈포르트팔라스트에서 괴벨스가

연설을 통해 이 소식을 알렸다.[53]

히틀러는 힌덴부르크에게 도전함으로써 독일 정치에 기괴한 상황을 연출했다. 예상과는 정반대였다. 힌덴부르크는 1925년 대통령에 당선되었을 때 민족주의적 우파의 후보였다. 그러나 7년이 지난 지금 최악의 난폭한 민족주의적 후보인 히틀러를 무찌르려면 자신이 싫어하는 이데올로기를 옹호하는 사회민주당의 지지에 의존해야 했다. 사회민주당도 이렇게 얄궂은 상황을 모르지 않았다. 사회민주당의 기관지《포어베르츠》는 독자들에게 다음과 같이 전혀 감동적이지 못한 구호로 힌덴부르크에게 투표하라고 권고했다. "사랑하는 마음으로 투표할 수 없다면 [히틀러를] 미워하는 마음으로 투표하라."[54]

경쟁에 나서기로 결심한 히틀러는 선거운동에 몰두했다. 하루에도 여러 차례 집회에서 연설하는 강행군을 했다. 그러나 힌덴부르크의 선거운동은 나치보다 더 많은 돈을 썼으며 현직 대통령의 견고함과 경험에 초점을 맞추었다. 그들은 이렇게 주장했다. 실업자가 600만 명이 넘을 정도로 불안한 시대에 국민을 이끌기에 적합한 사람이 달리 누가 있겠는가?

일차 투표에서 힌덴부르크는 50퍼센트에 가까운 득표율로 수월하게 승리했다. 그러나 완벽한 50퍼센트를 얻었다면 결선 투표가 필요 없었을 것이다. 일차 투표에서 위협이 될 만한 다른 후보, 즉 공산당의 에른스트 텔만과 민족주의자 테오도어 뒤스터베르크는 둘이 합쳐 20퍼센트밖에 얻지 못했다. 30퍼센트를 득표해 도전자로 등장한 후보는 히틀러였다.

이제 히틀러와 힌덴부르크는 누가 대통령이 될지 결정하는 두 번째 싸움에 들어갔다. 괴벨스가 조직한 "독일 곳곳을 날아다니는" 선거운동으로 히틀러는 비행기를 타고 연설 장소를 돌아다녔다. 이러한 방식은 유용했을 뿐만 아니라 상징적이고 현대적이기도 했다. 움직임이 없는 힌덴부르크와 극적으로 대비되었다. 나치가 두 후보 간의 경쟁을 어떻게 꾸몄는지는 명백했다. 젊고 현대적인 히틀러 대 늙고 닿을 수 없는 힌덴부르크.

곤란한 문제가 있었다. 일차 투표의 선거운동 중에 에른스트 룀이, 거의 불가피하게, 연루된 스캔들이 터진 후 젊고 현대적인 인물이라는 선전이 그다지 잘 먹히지 않았다. 나치 당원이었다가 이제는 그 운동의 비판자로 돌아선 헬무트 클로츠가 《룀의 추락Der Fall Röhm》이라는 작은 책을 썼는데, 룀이 볼리비아에서 베를린의 하임조트 박사라는 친구에게 보낸 편지 몇 통이 들어 있었다. 편지에서 그는 자신의 성적 취향을 이야기했다.[55]

이 책은 폭발력이 있었고, 언론은 서둘러 그 외설스러운 내용을 공개했다. 괴벨스는 소름이 끼쳤다. 그는 1932년 3월 7일자 일기에 이렇게 쓴다. "《디 벨트 암 몬타크Die Welt am Montag》(월요일의 세계)에 룀이 하임조트 박사에게 보낸 당혹스러운 편지가 실림. Mü[뮌헨]의 R[룀]에게 전화. 그는 사실이라고 인정한다. 끔찍하다!" 괴벨스는 즉시 히틀러에게 연락했고, 히틀러는 룀이 막 괴벨스에게 진짜라고 말한 그 편지들이 '완전한 거짓말'이라고 선언하라고 지시했다.[56]

룀은 편지에서 자신에 관해 아주 많은 것을 드러냈다. 1929년 2월 볼리비아의 라파스에서 베를린으로 보낸 편지에 그는 이렇게 썼다. "나는 내가 동성애자라고 생각한다. 1924년에야 그 사실을 '발견했다.' 나는 그전에 어린 학생 때부터 동성애적 감정을 수없이 많이 느꼈던 일을 기억할 수 있지만, 여성과도 성관계를 많이 맺었다. 그렇지만 특별한 즐거움을 느낀 적이 없다. 나는 임질도 세 번 걸렸는데, 훗날 부자연스러운 성관계 때문에 자연이 준 벌이라고 생각했다. 요즘, 여자들은 나를 혐오한다." 룀은 이렇게 고백했다. "내게 연애에 대한 관심이 필요 없다면, [볼리비아에서] 모든 일이 다 괜찮을 것이다. (…) 이제껏 조심스럽게 살펴본 바에 따르면, 내가 선호하는 방식의 행동은 이곳에서 알려지지 않은 듯하다. (…) 나는 슬픔에 젖어 누구나 매우 행복할 수 있는 멋진 베를린으로 돌아갈 생각을 한다."[57]

다른 편지에서 룀은 베를린이라는 "유일무이한 도시"를 동경하는 마음을 거듭 표현했다. "나는 그곳으로 다시 돌아갈 날을 간절히 손꼽아 기다리고 있다. 내 생각에 그곳의 한증막은 정말로 인간의 모든 행복의 집약체다. 어쨌거나 그곳에서의 성관계 방식은 내게 유달리 즐거웠다."[58] 이 모든 내용은 룀이 단지 나치 운동에 다시 합세하기 위해 독일로 돌아온 것만은 아니라고 의심하게 한다.

룀은 또한 바이마르 공화국의 동성애 금지법인 제175조와 동성애를 비난한 나치당 내부 사람들에 대해 공공연히, 정면으로 반대를 표명했다. 그는 이렇게 썼다. "나는 멍청한 도덕가인 알프레트 로젠베르크와 아주 격하게 싸웠다. [《푈키셔 베오바흐터》에 실린] 그의 기고문은 특별히 나를 겨냥하고 있다. 내가 나의 태도를 숨기지 않기 때문이다."[59]

룀에게는 불운하게도 동성애를 반대하는 사람이 "멍청한 도덕가" 알프레트 로젠베르크만은 아니었다. 괴벨스는 1932년 3월 17일자 일기에서 바이에른의 호숫가 도시 테게른제의 "아름다운 밤"에 히틀러와 함께 "온갖 것, 특히 제175조의 문제"에 관해 "이야기한" 일을 적었다. "나는 여기서 그 말을 듣고 기뻤다. 히틀러의 견해도 나와 똑같이 매우 엄격하다. 크게 안심이 된다. 뿌리를 뽑아라! (…) 그렇지 않으면 전국적인 유행병이 될 것이다."[60]

히틀러는 동성애를 분명하게 거부하면서도 룀이 돌격대 참모장직을 유지할 것이라고 말했다. 그러나 그는 또한 그 스캔들 때문에 당이 입는 피해도 인식했다. 몇 주 뒤에 히틀러는 돌격대의 명령 체계를 변경해 히틀러 유겐트 지도자가 룀이 아닌 자신에게 직접 보고하게 했다.[61] 이 스캔들이 대통령 선거에서 나치의 득표에 얼마나 나쁜 영향을 끼쳤는지는 확실히 알 수 없다. 투표할 가능성이 있는 많은 유권자는 아마 이를 소문으로 치부했을 것이다. 다른 무엇보다도 독일의 경제적·정치적 문제가 너무 심각했기 때문이다.

그럼에도 대통령 선거 결선 투표소에서 독일 유권자들은 나라 곳곳을 날아다닌 젊은 선동자보다 구태여 선거운동에 나서지 않은 늙은이를 더 좋아했다. 힌덴부르크는 거의 600만 표 차이로 너끈히 히틀러를 이겼다.

그러나 히틀러와 그의 동료들은 처음에는 실망했지만 곧 중요한 것을 얻었음을 깨달았다. 힌덴부르크가 아니라 히틀러가 민족주의적 대의의 명백한 대변자였고, 선거 결과로 힌덴부르크는 한층 더 곤란한 딜레마에 처했다. 힌덴부르크는 권위주의적인 민족주의 정부를 원한 사람들에게 공감했지만 사회민주당의 도움으로 대통령에 당선되었다. 한편 나라에서 가장 강력한 권위주의 파당의 지도자가 이인자로서 그를 추격했다.

이제 다시 7년 임기의 대통령이 된 힌덴부르크는 극적인 조치를 취했다. 그는 슐라이허 등과 의논한 뒤 1932년 5월 말에 브뤼닝 총리를 해임하고 동시에 사회민주당과의 관계를 청산하기로 결정했다. 브뤼닝은 나치와의 협력까지 의논할 준비가 되어 있었지만, 이는 그를 구하기에 충분하지 않았다.

새로운 총리는 쉰두 살의 귀족 프란츠 폰 파펜이었다. 그는 슐라이허 장군의 친구였고, 그의 직무 자격은 힌덴부르크가 보기에는 훌륭했다. 히틀러와 달리 파펜은 의심할 바 없는 독일 엘리트층의 일원이었다. 그는 세련되고 부유하고 매력적인 전직 장교로 가벼운 마음으로 정치에 입문했다. 그러나 힌덴부르크에게는 불운하게도 파펜은 한 가지 더 중요한 점에서도 히틀러와 달랐다. 대중의 지지를 받지 못한 것이다.

파펜의 총리 임명은 독일 정치의 분수령이었다. 힌덴부르크는 연방의회 의원도 아닌 자를 총리로 임명했다. 의회를 이보다 더 노골적으로 경멸할 수는 없었을 것이다.

파펜 정권이 진전을 이룰 방법은 분명코 둘 중 하나였다. 나치의 지지를 획득하거나 국민의 지지 없이 통치를 시도하는 것뿐이었다. 국민의 지지 없이 통치하려면 필시 헌법을 개정해 다시금 권력을 얻은 힌덴부르크가 보통의 유권자들을 대표한다고 주장해야 했다.

파펜은 처음에는 대화로 나치를 설득해 정부의 민주적 합법성을 획득할 수 있기를 바랐다. 자만심으로 가득하기도 했거니와 또한 자신이 히틀러보다 뛰어나다고 생각했기 때문이다. 파펜은 정확히 도러시 톰프슨과 똑같이 히틀러를 '평범한 남자'로 생각했다.[62] 파펜은 1932년 6월 9일에 히틀러를 처음 만났을 때 그 나치 지도자가 "이상할 정도로 인상적인 면모가 없다"고 느꼈다. 파펜은 자화자찬으로 가득한 회고록에 이렇게 썼다. "나는 그에게서 놀라운 대중 장악력을 설명해줄 숨은 자질을 전혀 찾지 못했다. 그는 감청색 정장을 입고 있었고 완벽한 프티부르주아로 보였다. 그는 안색이 건강하지 않았으며, 작은 콧수염과 유별난 헤어스타일 때문에 뭐라 말할 수 없는 보헤미안의 특성을 지녔다. 태도는 겸손하고 정중했으며, 그의 눈에 자석 같은 흡인력이 있다는 말을 많이 들었지만 깊은 인상을 받은 기억은 없다."[63]

이 같은 오만한 평가는 다른 독일 귀족인 오토 폰 로소 장군의 말을 떠올리게 한다. 오토 폰 로소는 1924년 히틀러를 "허세 가득한 작은 지역 정치인"이라고 했다.[64] 로소도 파펜도 다른 많은 독일인 엘리트도 히틀러가 갖추었다는 '카리스마'에 흔들리지 않았다는 사실은 주목할 만하다. 그들은 이 나치 지도자가 자신들보다 하위에 있다고, 사회 계급과 교육 수준, 예의범절, 스타일, 지성에서, 단 하나만 제외하면 거의 모든 변수에서 자신들보다 밑이라고 생각했다. 그렇지만 히틀러는 수백만 유권자의 지지를 받았고, 그들은 그렇지 못했다.

이들 다수가 히틀러에게 느낀 불쾌한 감정은 많은 보통의 독일인이 파펜의 계급과 성격에 느낀 불쾌한 감정에 반영되어 있었다. 독일의 패배를 이끈 것이 파펜 같은 자들 아니었나? 헌신적인 왕정주의자였던 파펜은 카이저의 독일을 더 연상시키는 인물이 아니었나? 어떻게 그가 독일의 문제에 대한 해법을 대표했는가? 결국 수백만 독일인에게, 파펜은 '우리'가 아니라 '그들' 중 한 사람이 아니었는가?

파펜은 자신이 원하는 만큼 거들먹거릴 수 있었지만, 그것이 근본적인 문제를 해결하지는 못했다. 그의 행정부는 합법성이 없었던 것이다.

그래서 그가 일찍 내린 두 가지 결정은 나치를 달래기 위한 것이었다. 첫째, 1932년 4월 브뤼닝 정부가 시행한 돌격대의 공개적인 행진과 제복 착용 금지를 취소했다. 둘째, 연방의회 재선거를 선언했다. 파펜은 이제 거의 40만 명에 육박하는 돌격대를 다시 거리로 쏟아져 나올 수 있게 함으로써 나치의 무력시위를 허용했다. 그 결과로 그해 여름 돌격대와 공산주의자들의 대결은 그 어느 때보다 더 폭력적이었다. 7월 한 달 동안에만 정치적 살인이 86건이나 발생했다.[65] 내전은 아직 발발하지 않았지만 뚜렷한 가능성으로 떠올랐다.

파펜은 7월 20일 반민주주의자의 자격을 증명했다. 프로이센 행정부가 법과 질서를 유지하는 데 실패했다며 주 총리인 사회민주당원 오토 브라운을 해임하려 한 것이다. 그러나 이 쿠데타 시도는 대중의 반대와 파업에 직면해 곧 실패했다.

채 2주가 지나기 전에 새로운 총선거가 실시되었다. 이는 나치의 또 다른 승리였다. 1932년 7월 31일에 나치는 37퍼센트를 약간 넘는 득표율을 보여 비록 과반수에는 여전히 모자랐지만 연방의회에서 가장 큰 정당이 되었다. 이러한 상황이 이례적이지는 않았다. 바이마르 공화국은 다당제 체제였기 때문에 앞선 정부들은 전부 연립정부였다.

독일인이 세 명에 한 명꼴보다 더 많은 비율로 나치에 투표하기로 결정한 데에는 강력한 인지편향이 작용했을 것이다. 심리학자들은 우리 모두에게 '손실회피loss aversion'의 경향이 있다고 말한다. 무엇인가 상실하는 아픔을 이미 겪었다면, 그로 인한 고통은 그에 상응하는 이익을 얻는 기쁨보다 더 크다는 것이다.[66] 나치에 투표한 독일인의 37퍼센트는 정치적 불안정이 지속된다면 무엇을 잃을지 날카롭게 인식했다. 다시 말해서 그들은 경제적 재난이 닥친 가운데 이미 무엇을 잃었는지 날카롭게 인식했으며 더 많은 것을 잃을까봐 두려워했다. 그들은 이 불안정한 시절에 안정을 갈구했다.

선거운동 중에 히틀러는 모두가 간절히 바라는 안정을 찾을 유일한 방법은 독일 민주주의를 폐지하는 것이라고 공공연히 얘기했다. 히틀러는 1932년 7월 어느 연설에서 이와 같이 과장되게 말했다. "서른 개 정당이 있는 것이 독일의 대표적인 특징인가? 우리는 [이 체제를] 용납할 수 없다. 나는 한 가지 목표가 있다. 이 서른 개 정당을 독일에서 쓸어버리는 것이다."[67] 선거 기간 중에 히틀러의 연설을 지배한 것이 바로 이와 같이 민주주의 정치인들의 무익한 싸움과 독일인들이 단결해 신비로운 폴크스게마인샤프트를 창조할 필요성에 초점을 맞춘 것이다. 유대인에 대한 혐오는 여러 해 동안 그의 공개적 발언에서 두드러졌지만 그만큼 눈에 띄지 않았다. 그 혐오가 사라진 것은 아니다. 그는 결코 그렇지 않다고 말했다. 다만 그는 정치 경력 초기에 보여준 격한 반유대주의 발언이 대중의 지지를 획득하는 방법이 아님을 깨달을 만큼은 영리했을 뿐이다.

공산주의자들은 1932년 7월 선거에서 소소한 성과를 거두어 연방의회에서 89석을 확보했다. 결과적으로 나치와 공산당이 합쳐서 유권자의 절반을 약간 상회하는 몫을 차지했다. 중요한 국면이었다. 독일인의 과반수가 나치나 공산당을 지지함으로써 민주주의 파괴를 공언한 정당에 투표했다는 뜻이기 때문이다. 독일인들은 민주주의를, 적어도 힌덴부르크가 그 출현에 일익을 담당한 마비된 형태의 민주주의는 원하지 않는다는 점을 입증하기 위해 민주적 절차를 이용했을 뿐이다.

1932년에 치러진 선거는 누군가에게 의회에서 보유한 의석 숫자라는 전통적 수단을 토대로 총리가 될 권리가 있다면 그는 바로 아돌프 히틀러라는 사실을 증명했다. 슐라이허도 분명히 그렇게 생각했다. 슐라이허는 내각의 다른 우파 인사들이 히틀러를 억제하면 된다고 말하며 힌덴부르크에게 히틀러의 총리 임명에 동의하게 하려 했다. 그러나 힌덴부르크 대통령은 이 해법을 숙고할 준비가 되어 있지 않았다. 힌덴부르크는 1932년 8월 13일 히틀러와의 그 유명한 만남에서 그 나치 지도자에게, 대통령실장 오토 마이스너에 따르면, 이렇게 말했다. "그[힌덴부르크]는 신 앞에서, 양심과 조국 앞에서 정부의 모든 권한을 일개 정당에, 특히 견해가 다른 국민에 대해 편견을 지닌 정당에 이양하는 것의 정당성을 입증할 수 없었다."[68]

이 근사한 표현 때문에 힌덴부르크는 역사를 세세히 살피지 않은 사람들로부터 마땅히 받아야 할 것보다 더 과도한 칭찬을 받았다. 그들은 힌덴부르크가 총리와 함께 긴급행정명령으로 통치하는 정책을 추구함으로써, 뒤이어 의원들이 정부 불신임안에 찬성하자 의회를 해산함으로써 위기의 악순환을 초래했다. 최근에는 통치 권한이 전혀 없는 사람인 파펜을 총리에 임명함으로써 민주적 절차를 더욱 무시했다.

힌덴부르크가 히틀러의 총리 임명을 거부했다고 문제가 해결된 것 같지도 않았다. 충분히 예측할 수 있는 일이었지만, 가을에 연방의회가 개회했을 때 의원들은 파펜 정부에 대한 불신임안을 발의했다. 파펜은 이제 막 개회한 의회를 해산함으로써 투표를 막으려 했다. 한 편의 블랙코미디였다. 연방의회의 새 의장 헤르만 괴링은 파펜의 요구를 무시했고, 불신임 투표는 실시되었다. 결과는 독일 정치 체제의 절망적인 상황을 보여주었다. 500명이 넘는 절대적인 과반수가 불신임안에 찬성표를 던진 것이다.

힌덴부르크는 계속 파펜을 신뢰했다. 그는 연방의회를 해산하고 11월에 한 번 더 선거를 치르기로 일정을 잡았다. 이 반성 없는 악순환은 끝이 없을 것만 같았다. 독일인들은 투표를 했지만 위기는 해결되지 않았고, 그래서 다시 투표하라는 말을 들었다. 이러한 상황에서 왜 그렇게 많은 독일인이 민주적 절차에 환멸을 느꼈는지 이해하기는 어렵지 않다.

파펜은 나치의 선거 승리가 정점에 도달한 것이기를 바랐다. 그의 권위주의적 정부가 유권자들이 좋아한 나치의 정책을 이행할 수는 있겠지만, 돌격대의 잔인한 폭력 없이도 가능할까? 나치와 공산당이 동전의 양면이라고 유권자들을 설득할 수 있을까? 그럴 수 있다는 징후가 보였다. 1932년 11월 베를린 교통주식회사BVG 파업 중에 나치와 공산당이 일시적으로 협력했는데, 이는 두 과격한 반민주주의 정당에 많은 공통점이 있음을 확증하는 듯했다.[69] 나치는 노동자를 지지한다는 점을 보여주려고 파업을 후원했지만, 중간계급의 일부 유권자들을 멀어지게 하는 대가를 치렀다.

1932년 11월의 선거는 나치에 상당한 실패였다. 득표율은 4퍼센트가 줄었고 의석은 34석이 감소했다. 그렇다고 전체적인 상황이 실질적으로 변하지는 않았다. 공산당의 득표율이 2.6퍼센트 증가한 선거 결과는 위기가 심화되고 있다는 더욱 확실한 증거로 해석할 수도 있었다.

힌덴부르크는 나치와 더 협상을 했지만 성과가 없자 파펜의 해법으로 돌아서서 궁지에서 벗어나려 했다. 파펜의 총리직을 유지하며 사실상 독재나 다름없는 것을 허용할 생각이었다. 그러나 늘 곁에 있던 슐라이허가 강력하게 반대했다. 12월 2일 각의에서 그는 부관인 오이겐 오트 중령이 준비한 도상 작전의 결과를 제시했다. 폴란드가 독일 동부 국경으로 기동해 공격을 개시하는 동시에 나치와 공산당이 충돌해 대놓고 폭동을 일으킨다면 군대가 나라를 수호할 수 없을 것임을 보여주는 결과였다. 폴란드의 공격이 임박했다는 것은 무리한 추정이라고 해도, 이는 충격적인 뉴스로 받아들여졌다.[70]

슐라이허는 이 계책으로써 파펜을 끌어내리는 데 성공했다. 힌덴부르크는 늘 군대의 생각이 어떤지 알고 싶었고, 군대가 도상 작전으로 이러한 전개를 예상했을 때 그렇게 충격적인 결과를 얻었다는 생각에 심히 난처했다. 12월 3일 힌덴부르크는 슐라이허를 총리로 임명했다.

슐라이허는 힌덴부르크에게 만일 자신이 총리가 된다면 파펜이 할 수 없던 일을 하고 나치의 정부 참여를 이끌어낼 수 있다고 말했다. 슐라이허는 심지어 파펜의 낙마 이전에도 나치와 함께 모의하고 있었고 이제는 나치 운동의 조직국 수장Organisationsabteilung Leiter인 그레고어 슈트라서와 함께 오랫동안 의논했다. 히틀러는 회담을 갖는 데 동의했지만 11월 말 협상이 마지막 단계에 이르자 동의를 철회했다. 나치의 정부 참여는 언제나 미묘한 문제였다. 나치가 단순한 항의 정당에 그치지 않는다는 점을 보여주는 것은 장점이었지만, 계획이 성공하지 못할 경우에 운동이 하찮은 세력으로 전락할 가능성이 있었다. 결국에 히틀러는 후자가 더 걱정스러운 일이라고 판단했다.

그럼에도 슐라이허는 슈트라서와 대화를 지속했고, 12월 첫 주에 그에게 부총리직과 프로이센주 총리직을 제안했다. 히틀러가 제안을 수용하지 말라고 명령하자, 슈트라서는 격노했다. 12월 8일 험악한 분위기 속에서 슈트라서는 동료 나치들에게 히틀러가 정치적 현실을 이해하지 못하는 것 같다고 말했다. 힌덴부르크는 '시종일관' 히틀러에게 총리직을 제안하기를 거부했다는 것이다. 히틀러가 태도를 굽히지 않자 슈트라서는 당직에서 사퇴한다고, "산악지대로 가서 원기를 회복하려" 한다고 발표했다.[71]

히틀러는 여전히 강경했다. 나치가 정부에 참여하면 그는 대통령의 내각에서, 정당들의 협력에 의존하지 않는 내각에서 총리가 되는 대가를 치러야 했다. 그러나 히틀러가 의회에서 과반수를 확보하면 힌덴부르크는 그를 의회 내각의 총리로, '특별 명령'을 통한 대통령의 협조가 필요하지 않은 내각의 총리로 임명해야 할 것이다. 최근 선거 결과에 비추어 볼 때 힌덴부르크는 이러한 결과를 받아들일 수밖에 없었다. 그러나 히틀러가 의회에서 그러한 과반수를 끌어 모을 가능성은 거의 없는 것이나 마찬가지로 희박했다.

이렇게 역행에 아랑곳 않고 히틀러는 낙관론을 펼치려 했다. 슈트라서가 사퇴하고 불과 몇 시간 뒤에 히틀러는 나치 고위층 인사들에게 자신이 원하는 조건으로 총리가 될 때 "우리의 날이 올 것"이라고 말했다. "십중팔구 생각보다 더 가까이 왔을 것이다."[72] 그러나 이는 희망 섞인 생각이었던 것 같다. 당의 재정은 언제나 빈약하기는 했지만 여러 차례 선거에서 싸우는 비용 때문에 더욱 엉망이었다. 12월 말 요금을 납부하지 못해 라인하르트 하이드리히의 전화가 끊겼고, 다음달에는 돈이 없어서 보안국 직원들에게 급여를 지급하지 못했다.[73]

그러나 1933년 1월에 파펜은 유일하게 전진할 방법은 히틀러가 총리가 되는 것임을 받아들이게 된다. 다만 자신이 부총리가 되고 우파 동료 여러 명이 내각에 들어간다는 조건에서만 수용할 생각이었다. 그래야만 히틀러를 통제할 수 있기 때문이었다. 적어도 이론상으로는 그랬다.

힌덴부르크를 설득하는 데 시간이 필요했다. 히틀러가 총리가 되기 겨우 나흘 전인 1933년 1월 26일까지도 그는 이렇게 말했다. "여러분, 내가 이 오스트리아 하사를 총리에 임명할 수 있다는 생각은 하지 않기를 바랍니다."[74]

힌덴부르크가 생각을 바꾼 데에는 파펜과 다른 측근들의 설득력 있는 말뿐만 아니라 쉰네 살의 장군 베르너 폰 블롬베르크의 국방부 장관 임명도 역할을 했다. 블롬베르크는 정확히 힌덴부르크가 좋아하는 유형의 장교였다. 블롬베르크의 부관에 따르면 그는 "매우 기품 있고 미남이고 키가 컸으며 다양한 면을 보는 외교적 훈련이 잘되어 있었다."[75] 블롬베르크는 또한 권위주의적 국가 만들기를 환영한 군대 내 여러 장교 중 한 사람이었다. 소련을 방문했을 때 그는 일당국가의 작동 방식에 깊은 감명을 받았으며, 이제 동프로이센을 근거지로 삼아 돌격대의 인상을 긍정적으로 보이도록 만들어냈다.

힌덴부르크는 마침내 설득되었고 1933년 1월 30일에 히틀러를 총리에 임명했다. 힌덴부르크는 자신이 임명한 남자에 대해 실로 걱정이 있었지만 큰 그림을 그리고 있었다. 안정을 가져올 것으로 기대되는 정부를 세운다는 목표를 결국 달성했다는 것이었다. 비록 민주주의의 파괴라는 대가를 치를지언정.

힌덴부르크와 그 주변의 엘리트들에게 집단적 사고group think의 경향이 있었던 것은 분명하다.[76] 이 심리적 현상은 집단의 구성원들이 비록 모든 부정적 함의와 잠재적 대안들을 적절히 고려하지 않았다고 해도 문제의 올바른 해법에 도달했다고 확신할 때 발생한다. 특히 압박 속에서 결정을 내릴 때, 그리고 의사결정 집단의 구성원들 사이에 다양성이 부족할 때 발생할 가능성이 크다. 이 경우가 바로 그렇다. 힌덴부르크와 동일한 엘리트 배경을 갖고 있던 그 패거리는 히틀러를 총리로 임명하면 어떤 결과가 초래될지 내다보지 못했다. 대신 그들은 히틀러가 직무를 시작한 뒤에 그를 통제할 수 있다고 생각함으로써 제 꾀에 넘어갔다.

이들의 오만함은 민족주의자 정치인이요 부유한 언론 거물인 알프레트 후겐베르크가 잘 보여주었다. 그는 히틀러가 총리가 되면 불가피하게 자신처럼 노련한 정치인들에 의해 억눌릴 것이라고 믿었다. 그는 이렇게 호언장담했다. "우리는 그를 가둬놓고 있다." 프란츠 폰 파펜도 똑같이 잘난 체했으며 히틀러가 임명된 후 득의양양했다. "우리는 그를 고용했다."[77]

비극이었다. 최악의 경기 침체가 곧 끝나리라는 신호들이 있었기에 더욱 비극적이었다. 1932년 여름 로잔 회담에서 독일 대표단은 베르사유 조약이 부과한 배상금 지불을 끝내야 한다고 주장했고 성공을 거두었다(거의 90퍼센트가 삭감되었다). 독일이 경제 회복의 길에 접어드는 데 나치 총리는 필요하지 않다는 의미였다.[78]

결국 히틀러는 독일 엘리트들의 묵인으로 쉽게 권좌에 올랐다. 그를 제거하는 것은 훨씬 더 어려운 일로 드러난다.

6

인권 공격하기

독재자는 일단 권력을 장악하면 국민의 인권을 말살하려 한다. 독재자가 안전하다고 느끼려면 언론의 자유, 법치, 공정한 선거는 전부 폐기해야 한다. 히틀러도 예외가 아니었지만, 수백만 명의 국민에게 그들의 이익을 위해 그들의 자유를 빼앗는다는 점을 납득시키려 했다는 측면에서 다른 자들보다 더 노련했다. 이는 심리적으로 어려운 과제였지만, 영리한 그는 이를 어떻게 달성할 수 있는지 본능적으로 알았다.

1933년 1월에 히틀러의 독일 총리 임명이 억압의 시작, 그때까지 세상에 알려지지 않은 가장 크고 가장 잔인한 전쟁과 홀로코스트라는 지독한 범죄로 절정에 달하게 될 12년의 시작을 알리리라는 것이 분명했다는 말은 아니다. 지금은 1933년 1월 30일이 끔찍한 역사적 사건이 발생한 날로, 역사의 오점으로 여겨지지만, 당시 많은 사람은 그렇게 보지 않았다.

사회민주당 의원 요제프 펠더는 당 안에 사회주의 통치가 "그래도 올 것"이며 의회를 통해 히틀러를 통제할 수 있으리라는 '재앙 같은 믿음'을 지닌 동료들이 있었다고 기억했다. 그들의 태도는 이러했다. "대통령에 의해 헌법에 따라 구성된 히틀러 정부가 합법적으로 일한다면, 우리는 합법적인 야당이 된다."[1]

베를린에 사는 열여섯 살의 유대인 오이게네 레비네는 어머니가 히틀러의 권좌 등극을 "못 본 체했다"고 회상했다. "나는 말했다. '보세요, 이제 우리는 이곳에서 안전하지 않아요.' 어머니는 웃고 말았다."

레비네와 그의 어머니는 이중으로 위험에 처했다. 유대인인 데다 열성적인 공산주의자였기 때문이다. "우리 중 몇몇은 베를린이 나치의 손아귀에 떨어지는 일은 결코 없을 것이라고 믿었다. 베를린은 언제나 공산주의자들의 도시일 것이다. 그렇지만 이 일은, 이러한 결과는 큰 충격으로 다가왔다." 그러나 히틀러가 총리가 된 지금도 "많은 사람은 이렇게 생각했다. 그는 실업에 대처할 수 없어. 그는 아무것도 할 수 없어. 그는 곧 끝날 거야. 그는 약속을 남발할 거야. 그는 끝날 거야."[2]

독일 주재 영국 대사 호러스 럼볼드는 많은 독일인이 "그 소식[히틀러의 총리 임명]을 무감하게 받아들였다"고 생각했다.[3] 히틀러를 근자에 등장한 수많은 정치 지도자의 한 사람으로 보는 것은 가능했다. 그가 특별한 인물인지 아닌지는 시간이 말해줄 터였다.

귄터 로제 같은 나치 지지자의 반응은 예상대로 매우 달랐다. "이제 한 남자가 외양간을 치우려 한다. (…) 한 사람이 진실을 이야기하고 있다. 열다섯 사람이 아니다. 이것이 결정적이었다. 왜냐하면 그들은 [모든 것을] 잘못 관리했기 때문이다. 한 가지 더 있었다. 민족의식에의 호소였다. (…) 아돌프 히틀러는 독일 민족에 완전히 다른 방식으로, 그들을 '독일 민족'이라고 말하며 이야기했다. '독일 민족'이라는 개념은 철저하게 잊혔다. 아무도 더는 그 말을 입에 올리지 않았다. (…) 사람들은 말했다. '그가 신속하게 개혁을 추진할 것이다. 모든 일이 빠르게 진행되어야 한다. 대안은 없다.' 다른 무엇보다도 이렇게 말하는 사람의 손에 권력을 쥐어주고 싶다는 바람이 있었다. '우리는 그 일을 할 것이다.

이것이 일을 성사시키는 방법이다. 바로 이것이 우리가 그 일을 처리하는 방법이다. 우리 모두가 소매를 걷어붙인다면 우리는 이처럼 성공할 것이다.' 사람들은 그를 원했다. 독일 민족은 심한 굴욕을 당했을 뿐만 아니라 기도 꺾였다. 달리 어떻게 말하겠는가. 온통 잿빛이었다. 화려한 천연색의 행복은 어디에도 없었다. 이제 한 사람이 나타나 약속했다. '600만 명의 실업자를 우리는 즉각 없앨 것이다'라고."

1933년 1월 30일 저녁, 로제는 수천 명의 돌격대원과 여타 나치 지지자들이 횃불을 들고 베를린의 정부 청사 구역 중심부인 빌헬름슈트라세를 따라 거리를 행진하는 것을 지켜보았다. 그는 이렇게 말했다. "정말로 인상적이었다. 이 축하 행렬은 자발적이었다. (…) 거리는 온통 사람들로 가득했다. 젊은이와 노인, 여자, 어린이 등 모두 그곳에 나와 있었다. [단지] 돌격대원만 있었던 것이 아니다. 내 말 뜻을 이해하기를 바란다. 돌격대는 횃불을 들고 그곳에 도착했을 것이다. 그러나 시선 닿는 곳까지 사람들이 가득 차 있었다. 그들은 아돌프 히틀러를 연호했다[그는 총리실에서 군중의 환호에 응했다]."[4]

그러나 히틀러의 권력이 열렬한 나치 지지자들이 믿고 싶었던 만큼 안정적이지는 않았다. 대개 나치의 통치는 1933년 1월 30일에 시작되었다고 생각되지만, 이는 다소 오해다. 히틀러는 국가수반이 아니었다. 국가수반은 힌덴부르크였다. 헌법상 히틀러는 여전히 대통령이 원하면 언제든지 총리직에서 해임될 수 있었다.

그리고 국방군Reichswehr[바이마르 공화국과 나치 집권 첫 2년 동안의 명칭. 1935년 3월 16일부터는 Wehrmacht로 바뀐다. 일률적으로 국방군이라고 옮긴다] 문제가 있었다. 히틀러는 장군들을 한편으로 끌어들이는 것이 가장 긴급한 과제임을 알고 있었다. 힌덴부르크가 항상 군대의 분위기에 신경을 곤두세우고 있었을 뿐만 아니라 히틀러로서는 장래의 계획을 실현하는 데 군대의 지지가 필요했기 때문이다. 군대는 돌격대를 신뢰하지 않았다.

2월 3일, 총리에 임명되고 고작 나흘이 지났을 때 히틀러는 육군최고사령관Chef der Heeresleitung 쿠르트 폰 하머슈타인에크보르트 장군의 집으로 저녁을 먹으러 갔다. 그 만남은 조짐이 좋지 않았다. 하머슈타인에크보르트는 히틀러의 임명에 반대했다. 그는 히틀러에 앞서 잠시 총리직을 맡았던 슐라이허 장군의 가까운 친구였다. 그러나 히틀러에게는 다행스럽게도 국방부 장관 베르너 폰 블롬베르크와 그의 장관실장Chef des Ministeramts 발터 폰 라이헤나우 등 만찬에 참석한 다른 사람들은 그에게 더 호감을 가졌다.

이 만남은 역사에서 매우 중요한 순간이었다. 공식적인 대화록은 없지만, 어떤 논의가 이루어졌는지 알려주는 자료는 많다. 하나는 러시아 밀정이 전하는 것인데(하머슈타인에크보르트의 딸인 헬가Helga일 가능성이 가장 크다[5]), 그자는 히틀러가 장군들에게 이렇게 말했다고 주장했다. "개인의 삶에서 가장 강하고 더 뛰어난 자가 언제나 승리하듯이 민족의 삶에서도 똑같다." 그러나 이제 이 자연의 질서에 "급격한 변화"가 일어났다. 1차대전에서 독일이 패배해, 그리고 "볼셰비즘이 세상을 더럽혀" 초래된 변화였다. 그들 모두가 직면한 문제는 이러했다. "어떻게 독일을 구할 수 있는가?"

히틀러는 이렇게 심히 실존적인 질문을 던진 후 장군들에게 자신이 알고 있는 해답을 쉽게 얘기했다. 그가 좋아한 해법은 "독일 민족Volk

의 생활공간Lebensraum 확대를 전제로 한 대규모 이주 정책을 통하는" 것이었다. 그래서 그는 "마르크스주의를 완전히 파괴하기까지 6년에서 8년의 시한"을 정했다. 그 목표를 달성한 후 군대가 "독일 민족의 생활공간 확대"를 이루어내는 임무를 맡게 될 터였다. "그 대상지는 필시 동쪽에 있을 것이다. 그러나 정복지 주민의 독일화는 불가능하다. 오직 땅만 독일 것으로 만들 수 있다. 우리는 종전 후 폴란드와 프랑스가 했던 것처럼 수백만 명을 가차 없이 추방해야 할 것이다." 히틀러는 종종 그러했듯이 호소로써 발언을 끝냈다. "나의 장군들이여, 나는 여러분에게 말합니다. 이 원대한 목적을 위해 나와 함께 싸울 것을 요청합니다. 나를 이해하고 지지해주기를 바랍니다."[6]

놀라운 고백이었다. 히틀러가 1924년 《나의 투쟁》에서 동쪽 영토를 획득할 작정임을 명시적으로 밝히기는 했지만, 1930년대 초 여러 선거 운동에서 그는 그러한 계획의 언급을 피하려고 조심했다.

히틀러가 그 국면에서 장군들에게 장기적인 목적을 이야기할 필요는 없었다. 그 만남의 목적은 장군들에게 자신이 강력한 군사력의 회복에 전념하고 있으며 향후 독일이 외국의 적과 싸우게 될 경우 그들이 그 싸움을 지휘할 것이라고 보증하는 것이었다. 돌격대의 유령이 그 만남의 배후에 도사리고 있었고, 히틀러는 룀의 맥줏집 사내들의 간섭에 대한 장군들의 우려를 불식시키려 애썼다. 그러나 히틀러가 그런 식으로 거창한 목표를 드러낼 필요가 있다고 느낀 이유는 무엇으로도 설명되지 않는다. 아마도 그는 장군들을 자극해 자신의 원대한 목표에 대한 지지를 얻어낼 심산이었을 것이다. 그렇다고 해도 히틀러는 독일 국민을 속였듯이 장군들에게 자신의 계획을 감추기로 결정했을 수도 있었다.

어쨌거나 히틀러가 장기적인 목적을 밝혔으므로 장군들이 주로 그의 즉각적인 메시지에 집중하는 것은 가능했다. 군대를 보호하고 확대하겠다는 약속과 앞선 몇 년간의 정치적 불안정이 이제는 끝났다는 보증이었다. 게다가 베르사유 조약의 굴욕을 만회할 기회도 눈앞에 다가왔다. 그날 밤 최고사령관의 집에 모인 장군들에게는 마음을 사로잡는 미래상이었다. 새 총리가 미래에 관해 야심찬 포부에 사로잡혀 있었다고 해도, 이는 흔히 정책보다 환상적인 목표를 제시하길 좋아하는 정치인에게서 예상할 수 있는 일이었을 것이다.

참석자 중에 동쪽 땅을 점령할 기회를 환영한 사람도 아마 몇 명 있었을 것이다. 어쨌거나 독일군이 15년 전 브레스트-리토프스크 조약에서 볼셰비키에 굴욕을 안겼음은 모두의 기억 속에 남아 있었다. 동쪽에 독일 제국을 세운다는 것이 완전히 비현실적인 생각은 아니었다.

그래도 결정적인 사실은 남는다. 히틀러는 총리에 임명되고 딱 나흘 만에 장군들에게 자신이 좋아한 외교정책 방안은 동쪽에서 정복전쟁을 벌이는 것이라고 속내를 밝혔다. 이 만남부터 1941년 6월 독일의 소련 침공까지 8년 동안 일어난 일은 전부 이를 배경으로 이해해야 한다. 히틀러에게 목전의 과제는 독일인의 집단적 정신을 전쟁에 대비시키는 것이었지만, 보통의 독일인들에게 이것이 그의 계획이라는 사실을 말하지 말아야 했다.

장군들이 히틀러의 여러 목적을 지지하기는 했어도, 나치당을 어느 정도로 신뢰했는지는 저마다 차이가 있었다. 쿠르트 폰 하머슈타인에크보르트는 히틀러 지지자가 아니었지만, 블롬베르크와 라이헤나우가 지지자였음은 확실하다. 라이헤나우는 심지어 나치를 지지한다는 이유로 히틀러가 총리가 되기 전에 슐라이허에 의해 동프로이센으로 좌천되기도 했지만, 이제 블롬베르크가 그를 베를린으로, 권력의 핵심부로 다시 불러들였다. 그 모임의 참석자 중에서 나치가 혁명가들이며 이 혁명이 필요하다고 믿은 사람은 다른 누구보다도 라이헤나우였다.

바로 이것이 열아홉 살의 나치 지지자 만프레트 폰 슈뢰더Manfred von Schroeder가 진심으로 동의한 정서였다. 그의 생각은 이러했다. 이것은 '새로운 독일'의 시작이다. 공산주의자들이 공격의 표적이 되었다면, 사람들은 이렇게 생각했다. "그래서 어쨌다고?" "공산주의자들도 똑같이 했을 텐데. 이건 혁명이야."

슈뢰더는 기득권층 출신이었고 스스로 '이상주의자'라고 생각했다. 그는 히틀러의 총리 임명이 정부 내 교착상태를 해소했다고, 끝없는 선거의 반복이 완전히 끝났음을 의미한다고 믿었다. 그는 《나의 투쟁》을 읽었지만 그 내용을 "정말로 진지하게" 받아들이지는 않았고 그 책을 여러 해 전에 쓰인 비약적인 상상의 결과물로 여겼다. 이제 중요한 것은 "1차대전의 귀결을, 특히 베르사유 조약을 극복하는 것"이었다. 물론 공산주의자들이 정치 세력으로서 제거되어 가족의 재산이 안전해지는 것도 나쁘지 않았다.[7]

히틀러는 2월 3일에 군대의 선임 지휘관들에게 군대가 '생활공간'의 '확대'를 위해 준비하기를 원한다고 말한 바로 그날 기자회견을 열고 외국 기자들에게 정반대의 발언을 했다. 이제 그는 위선적이게도 평화를 유지하려는 마음이 간절한 사람으로 처신했다. 그는 이렇게 말했다. "나처럼 전쟁이 무엇인지 아는 사람이라면 헛된 노력, 다시 말해 힘의 낭비가 어떤 결과를 초래하는지 인식하고 있다."[8]

이틀 전인 2월 1일에 히틀러는 총리 취임 후 처음으로 독일 국민에게 연설했다. 라디오로 방송된 연설은 그때까지 그의 이력에서 가장 의미 있는 것이었고 새 정권에 대한 수백만 독일인의 생각에 영향을 끼치는 역할을 했다.

그런데 정작 놀라운 것은 히틀러가 방송에서 말하지 않은 것이다. 그는 유대인에 대한 증오를 말하지 않았고 다가올 대결을 경고하지도 않았으며 세세한 정책 제안을 내놓지도 않았다. 대신 그는 이전 정권이 얼마나 소름 끼쳤는지를, 그리고 자신이 "지독한" 혼란을 물려받았음을 강조했다. 히틀러는 과장된 표현으로 이렇게 말했다. "우리가 해결해야 할 문제는 아득히 먼 옛날부터 독일 정치인에게 맡겨진 것 중 가장 어려운 문제다." 그러나 다행스럽게도(히틀러는 자신을 힌덴부르크와 결부지어 말했다) "세계 전쟁의 훌륭한 지도자가 우리 민족주의 정당들과 결사들의 사람들에게 일찍이 전선에서 했던 것처럼 한 번 더 그의 지휘 아래 단합해 충성스럽게 싸움으로써 제국을 구하라고 요청했다."⁹

히틀러는 모호한 개념으로 가득한 연설에서 자신의 정권이 가장 모호한 개념인 폴크스게마인샤프트에 헌신할 것임을 진심을 다해 이야기했다. "민족 정부"의 "최우선 의무"는 "민족Volk의 정신과 의지의 통합을 회복하는 것"이었다. 이는 정치인의 약속으로 더없이 듣기 좋은 말이었다. 멋진 말로 들렸지만 정확히 무슨 의미인지 밝히려 하면 사라져버렸다. 히틀러는 자신의 정부가 "우리의 온전한 도덕률을 토대로 기독교를 강력히 보호할" 것이라고도 말했는데, 이는 유권자의 대다수가, 그리고 많은 정치인이 기독교도임을 그가 인식하고 있다는 징표였다. 히틀러는 실천적인 기독교인이 아니었는데도 이렇게 말했다. 그가 이 약속을 지키지 않은 것은 놀라운 일이 아니다.

히틀러는 이렇게 주장했다. "마르크스주의[즉 사회주의 정부]의 14년은 독일을 망쳐놓았다." "단 1년의 볼셰비즘이 독일을 완전히 파괴할 것이다." 적을 잘 골랐다. 영리한 선택이었다. 헌신적인 나치들은 '볼셰비즘'이라는 낱말을 반유대주의를 일깨우는 기폭제로 인식했을 것이다. 히틀러는 이전에 유대인이 이 가증스러운 이데올로기의 배후라고 강조하지 않았나? 그러나 마찬가지로 그 대의에 덜 헌신적인 독일인들은 그 낱말을 액면 그대로 받아들일 수 있었다. 대다수 독일인은 반유대주의적 조치를 지지하지 않더라도 공산주의 혁명에는 반대했다.

이 연설은 한 가지 결정적인 사실에 대한 히틀러의 이해를 보여준다. 나치 당원만으로는 그의 권력을 유지하기에 충분하지 않다는 것이었다. 그에게는 다양한 세력 집단, 특히 군대와 우파 정치 엘리트들의 지지가 필요했다. 그는 다른 누구보다도 힌덴부르크를 같은 편으로 삼아야 했다. 그래서 연설에서 여러 차례 독일 대통령을 언급하며 아부했던 것이다. 힌덴부르크의 지지가 있었기에 장군들은 그의 총리직을 수용했고 그의 정치적 동맹자들은 계속 말없이 따랐다.

힌덴부르크로 말하자면, 그는 1월 30일 창문 밖으로 빌헬름슈트라세를 지나는 돌격대의 횃불 행렬을 본 순간부터 새 정권을 지지한다는 신호를 있는 대로 다 드러냈다.[10] 그는 3월에 재선거를 치를 수 있으며 (히틀러의 핵심 요구 사항이었다), 새 정부가 대통령령으로 통치할 수 있다고 동의했다. 힌덴부르크가 이전에는 히틀러가 늘 원한 이러한 양보를 거부했다는 사실을 기억할 필요가 있다. 게다가 힌덴부르크는 3월 선거가 독일에서 치러지는 '마지막' 선거여야 한다는 히틀러의 주장에 아무런 이의를 제기하지 않았다. 대통령은 그의 친구 파펜처럼 민주주의의 파괴와 이에 뒤따를 권위주의적 통치를 환영했다.

히틀러는 그 2월에 몹시 끌어들이고 싶은 다른 권력 집단이 있었다. 대기업이다. 히틀러와 나치가 강력한 산업 콘체른의 지지로 권력을 장악했다는 것은 대중적 신화다. 실상은 그렇지 않았다. 많은 중소기업 소유자들은 나치를 지지했지만, 대기업은 대체로 보수적인 중도정당들과의 제휴를 선호했다.

2월 20일 독일에서 가장 부유한 축에 드는 일단의 기업가들이 베를린의 괴링 거처에서 열린 모임에 초청받았다. 히틀러는 그들에게 자신은 자본주의에, 그리고 민주주의의 파괴에 전념할 것이라고 말했다. "사기업은 민주주의 시대에 살아남을 수 없다. 사기업은 사람들이 권위와 개성을 잘 이해할 때에만 고려할 수 있다. 이 세상의 경제와 문화 영역에서 달성된 긍정적이고 훌륭하고 소중한 것은 전부 오로지 개성 덕분이다. (…) 이제 우리는 마지막 선거를 목전에 두고 있다. 결과가 어떻게 나오든 후퇴는 없을 것이다."[11] 히틀러는 그들에게 기업에 크나큰 위험은 공산주의라고 말했다. 바로 그가 파괴하겠다고 결심한 신조다.[12]

그 모임의 진짜 목적은 히틀러가 발언을 마친 후에야 분명해졌다. 나치는 돈이 필요했다. 그들이 3월 선거를 위해 선거운동을 하려면 현금이 필요했다. 괴링은 기업가들에게 "3월 5일의 선거가 분명코 이후 10년 동안, 어쩌면 100년 동안 다시없을 마지막 선거가 될 것"임을 안다면 "요청된 희생을 감당하기가 더 쉬워질 것"이라고 말했다.[13] 히틀러와 괴링이 자리를 떠난 뒤, 나치를 지지한 저명한 은행가 할마르 샤흐트가 기업가들에게 지갑을 열라고 요청했다. 나치당으로 송금이 쇄도

했다. 큰 산업 콘체른 이게파르벤IG Farben 한곳에서 보낸 돈이 40만 마르크에 달했다.[14] 오늘날의 가치로 수백만 파운드에 해당한다.

그 저녁의 모금은 마피아 스타일의 갈취와 비슷했다. 나치가 장기 집권을 획책했으며 이 기업계의 거물들이 나치의 열차에 올라탈 것인지 말 것인지 결정하라는 것은 은근한 협박이었다. 승강장에 남은 자들은 적어도 삶이 불편해지리라는 사실을 알았다. 그러나 그 저녁에는 노골적인 위협 말고도 다른 것이 있었다. 자기이익이었다. 히틀러는 안정과 돈을 벌 기회를 약속했다. 어떤 기업가가 이런 말을 듣고 귀가 솔깃하지 않을 수 있겠는가? 그 모임에서 히틀러가 유대인을 언급하는 데 신중하기는 했지만, 그 정권이 적의 파멸과 유대인의 박해에 몰두했다는 사실은 그들의 관심사가 아니었다.

―――

2월 27일, 히틀러가 기업가들을 만나고 정확히 7일이 지났을 때, 나치가 독일 국민의 정신을 주무르는 데 엄청나게 도움이 될 사건이 발생했다. 베를린의 연방의회 의사당에 화재가 난 것이다. 히틀러와 괴링, 기타 나치 지도자들은 즉각 현장으로 달려갔다. 괴벨스는 일기에 이렇게 썼다. "의사당이 불타고 있다. 상상 속에서나 볼 수 있는 미친 짓이다. 그러나 사실이다. 즉시 히틀러와 함께 내달렸다. 건물 전체가 화염에 휩싸였다. (…) 히틀러는 격분했다."[15]

스물네 살의 네덜란드 공산주의자 마리뉘스 판데르 뤼버가 곧 단독범으로 확인되어 건물 안에서 체포되었다. 그의 주변에서 발화가 시작되었기 때문이다. 그러나 히틀러와 괴링, 괴벨스 등 나치 지도부는 분명히 배후에 공산주의자들의 큰 음모가 있을 것이라고 결론을 내렸다. 1차대전 종결 후 베를린에서 공산주의자들이 폭동을 일으키지 않았나? 불과 1년 전 나치와 공산당 간의 내전에 대한 두려움이 있지 않았나? 이러한 갈등의 시작을 알리는 데 의사당 화재보다 더 극적인 신호가 어디 있겠나? 의사당은 공산주의자들이 무너뜨리고자 하는 민주주의의 상징이 아닌가?

프로이센 경찰청장 루돌프 딜스에 따르면 히틀러는 범죄 현장에서 이렇게 말했다. "이제 자비는 없다. 우리의 길을 방해하는 자들은 죽음을 당할 것이다. 독일 국민은 관용을 받아들이지 않을 것이다. 모든 공산당 간부는 잡히는 즉시 현장에서 사살될 것이다. 연방의회의 공산당 의원들은 오늘 밤에 바로 목을 매달아 죽여야 한다. 공산주의자들과 동맹한 자는 전부 구금해야 한다. 사회민주당원들에게도 더는 자비를 베풀지 않을 것이다."[16]

괴링은 범죄 현장에서 히틀러에게 한 말에서 의사당 건물에 화재가 발생하기 약 30분 전까지 공산당원 몇몇이 내부에 있었다는 사실을 강조했다. 그렇지만 이는 놀랄 일이 아니었다. 베를린의 공산당 사무실이 강제로 폐쇄되었기에 그들은 의사당을 회합 장소로 쓰고 있었다.

그렇지만 히틀러와 괴링 등은 그 범죄가 음모의 소산이라고 집요하게 주장했다. 이는 그들에게 엄청나게 이로운 주장이었다. 화재가 난 다음날인 2월 28일에 힌덴부르크는 히틀러가 요청한 행정명령 '국민과 국가의 보호를 위해'에 서명했다. 이는 바이마르 공화국 시절 독일 국민이 누리던 기본적인 인권이 사라진 순간이었다. 언론·출판의 자유, 집회의 권리, 편지와 전화통화의 비밀보호 권리가 전부 제거되었다. 히틀러의 통치 내내 연장된 이 명령은 나치가 내부의 적에 가한 대부분의 테러에 법적 토대를 제공했다.

함부르크의 퇴직 교사 루이제 졸미츠의 일기는 의사당 화재가 이러한 시민적 자유의 파괴에 대한 우려를 얼마나 말끔히 불식했는지 보여준다. 화재 전에 그녀는 대체로 나치를 지지했지만(히틀러가 권좌에 오른 뒤 함부르크에서 진행된 횃불 행진을 "우리 모두의 사기를 높이는 멋진 경험"이라고 했다) 그래도 나치 정권에 비판적인 견해를 갖고 있었다. 졸미츠는 2월 25일의 일기에 나치 이데올로기와 상반되게 이렇게 믿는다고 썼다. "모든 민족은 자체의 영역 안에서 권리를 인정받고 존중받아야 한다." 그녀는 자신과 남편이 다가올 3월 선거에서 나치에게 투표할지 아니면 나치와 동맹한 민족주의자들에게 투표할지 결정하지 못했다고 고백했다.

그러나 판데르 뤼버의 행위가 졸미츠에게 즉각 영향을 미쳤다. 그녀는 1933년 3월 1일 이렇게 쓴다. "의사당 화재는 그저 시작에 불과할 수도 있다." 공산주의자들은 원한다. "여자들과 아이들을 인질로 삼고. (…) 마을에 잔인한 무리를 보내 불을 지르고 최고로 정교한 것부터 원시적인 것까지, 끓는 물부터 독극물까지 도시 안의 온갖 무기를 이용하기를" 원한다.[17]

이는 '그들과 우리'라는 범주화의 심리적 힘을 보여주는 또다른 사례다. 졸미츠는 공산주의자들의 폭동이 두려웠기에 이 "잔인한 무리"들이 할 짓에 갑작스럽게 극심한 공포를 느꼈을 때 나치를 더 굳건히 지지하게 되었다. 의사당 화재의 여파로 루이제 졸미츠를 비롯한 수백만 명의 독일인은 자신이 끔찍하게 취약한 시대에 살고 있다고 믿었다. 나라가 직면한 위험에 대처하기 위해서 인권을 제한할 필요가 있다면, 그렇게 해야 했다.

히틀러가 공산주의자들의 잠재적 위협을 증폭시킬수록, 그와 나치들은 더 많은 이득을 보았다. 이 목적을 위해 그들은 다른 음모론자들이 즐겨 썼던 바로 그 과장된 표현법을 사용했다. 리처드 호프스태터는 1960년대 초에 쓴 논문에서 이렇게 말했다. "과대망상에 빠진 그 대변자는 묵시론적 용어로 음모의 운명을 인식한다. 그는 모든 세상, 모든 정치 질서, 인간의 모든 가치관의 탄생과 소멸을 부정하게 거래한다. 그는 항상 문명의 방책防柵에 인력을 배치하고 있다. 그는 늘 전환점에 살고 있다. (…) 적은 완전히 사악하고 결코 달랠 수 없는 존재로 생각되기에 발본색원해야 한다."[18]

히틀러와 그의 동료들은 확실히 그러한 구조에 어울렸다. 그들의 여러 음모론이 정치적으로 편리하기 때문만은 아니었다. 그러한 사고방식 덕분에 그들은 스스로 역사의 '전환점' 한가운데 있다고 상상할 수 있었다. 그들은 과거에 자신들보다 더 중요했던 사람은 한 명도 없다고 믿었다. 그들은 보통의 삶을 살지 않았고 초월적인 목적을 지녔다. 그러나 그들이 자신이 품은 음모론의 타당성을 한 번이라도 의심해보았다면, 그들의 세계관 전체가 무너졌을 것이다. 무찔러야 할 대단한 적이 없다면 어떻게 대단한 영웅이 될 수 있겠는가?

의사당 화재 사건에서 한층 더 놀라운 것은 그것이 이중 음모의 주제가 되었다는 사실이다. 한편으로 나치는 일단의 흉악한 공산주의자들이 방화로써 공격하려는 음모를 꾸몄다고 주장했다. 다른 한편으로 적들은 나치가 조직적으로 그 사건을 전부 준비했다고 선언했다.[19] 히틀러와 그의 동료들이 그 공격에 경악했음을 보여주는 증거가 많은데도 그랬다. 그 화재에 관해 많은 책이 쏟아져 나왔지만, 그 사건은 여전히 판데르 뤼베가 홀로 저지른 일일 가능성이 높다.[20]

여러 해 동안 수많은 사람이 의사당 화재에 관한 이러저러한 음모론에 혹했다는 사실이 중요하다. 당연하게도 그 사건이 상이한 해석의 여지를 주고 있다는 점이 한 가지 이유가 된다. 그러나 이렇게 음모론으로 기우는 경향에는 중대한 사건에는 틀림없이 중대한 원인이 있을 것이라는 흔한 믿음이 역할을 한다. 사회심리학자들이 비례성 편향 proportionality bias이라고 부르는 현상이다.[21] 결과에서 역으로 논거를 만들어내는 경향이 있다. 이 경우에는 의사당 화재로부터 독일의 시민적 자유를 파괴하는 법률을 통과시킬 논거가 만들어졌다.

걱정스러운 것은 우리의 삶에서 엄청나게 중요한 많은 사건이 사소한 원인에서 비롯될 수 있다는 사실이다. 어떤 사람이 인도에 쌓인 낙엽을 밟고 미끄러지는 바람에 차도로 넘어져서 버스에 치여 죽는다면, 그 원인은 사소한 것이지만 결과는 비참하다. 그런데 우리의 정신은 이 임의성에 반기를 드는 경향이 있다. 수천 년 전 중대한 사건에는 반드시 중대한 원인이 있기 마련이라고 믿은(아마도 신들이 노했으니 달래야 한다고 믿었을 것이다) 우리 선조들은 나쁜 일은 언제든 일어날 수 있다고 이해한 사람들보다 인생의 부침을 더 잘 견딜 수 있었을 것이다. 그러므로 우리는 대개 아무런 의미가 없는데도 기어코 의미를 찾아낸 사람들의 후손이다.

1933년 2월, 시민적 자유를 말살해버린 의사당 화재 행정명령 '국민과 국가의 보호를 위해'는 즉각 효과가 나타났다. 베를린 주재 미국 대사 프레더릭 새켓은 워싱턴의 국무부에 급전을 보내 나치가 "유명한 평화주의자, 기자, 저술가, 교육자, 정치적 재판에서 공산당원을 변호한 변호사, 다수의 사회민주당원"을 체포하고 있다고 경고했다. 그는 다가오는 3월 선거가 "웃음거리"가 될 것이라고 생각했다. 사회민주당원들이 "심하게 입이 틀어막혀 적어도 표면상으로는 존재하지 않았기" 때문이었다.[22]

의사당 화재 행정명령은 나치가 이미 밟고 있던 과정을 가속화하는 역할을 했다. 의사당 화재 며칠 전, 괴링은 프로이센 내무부 장관 대리 자격으로 돌격대원들에게 선서를 시켜 '보조경찰'로 임명했고, 이들은 즉시 과거의 적들을 표적으로 삼았다. 맥줏집에서 공산주의자들과 싸운 적이 있는 돌격대원 볼프강 토이베르트도 그렇게 새로이 '경찰'이 된 자였다. 그는 동료들과 함께 "두 명을 체포했는데, 한 명은 노동조합 간사로 상당한 말썽꾼이었고, 다른 한 명은 악명 높은 사기꾼으로 정식 재판에서 5년 징역형을 선고받았다. 반면 그 노동조합 간사는 몇 주인지 몇 달인지 얼마 후에 석방되었다."

토이베르트와 그의 동료 '보조경찰들'에게 체포된 노동조합 간사 같은 사람들을 가두기 위해 임시 구치소가 만들어졌다. 시간이 지나면서 그러한 장소들을 대신해 훗날 나치가 악명을 떨치게 한 강제수용소가 들어섰다. 1930년대에 이 수용소들은 비록 일부 수감자가 살해당하기는 했어도 집단학살의 장소는 아니었지만 만들어질 때부터 새 정권의 인권 침해를 상징했다. 나치는 수감자들을 '예비구금'으로 억류했다고 주장했기에 그들을 형사고발할 필요가 없었다.

토이베르트는 종전 후 강제수용소에 관해 질문을 받았을 때 자신의 의견을 명확히 밝히는 데 어려움을 겪었다. 그는 처음에는 수용소의 '부당함'을 인정했지만 곧이어 이런 말로 자신의 견해에 조건을 달았다. "무고한 사람들도 그곳에 들어왔다는 것이 내게는 꽤나 분명했지만, 다른 한편으로 우리에게 그 이상의 다른 죄는 없다. 범죄는 없었다. 그것은 좋은 면, 밝은 면이다. 햇볕을 쬐면 그림자가 생기게 마련이다. 범죄자를 가두고 있다면, 범죄자로 추정되는 자들을 가두고 있다면, 그런 일이 일어날 때는 이따금 사사로운 복수 행위가 있다[있을 수밖에 없다]. 그게 인간이다."[23]

사건 후 몇 주 동안의 복수심으로 가득한 이러한 분위기는 나치 정치인 빌헬름 무어가 재치 있게 표현했다. 그는 집회에서 이렇게 선언했다. "우리는 눈에는 눈, 이에는 이라고 말하지 않는다. 절대로 그렇지 않다. 만일 누가 우리의 눈을 쳐서 하나라도 빠지게 한다면, 우리는 그의 손을 잘라낼 것이다. 만일 누가 우리의 이를 쳐서 하나라도 빠지게 한다면, 우리는 그의 턱을 깨부술 것이다."[24]

나치 정권의 적에게는 분명히 위험한 시기였다. 청년 공산주의자 알로이스 팔러는 독일에 머물면 안전하지 않다고 판단해 나라를 떠났다. 역시 공산주의자였던 그의 형은 머물기로 결정했다. 팔러는 이렇게 말했다. "그는 실수했다. 그 때문에 목숨을 잃었다." 그는 강제수용소로 보내졌고 "8년 뒤 죽을병에 걸린 채 나와서 몇 년 뒤 사망했다."

알로이스 팔러는 소련으로 도피했으나 1년 뒤 비록 목숨이 위태로워질 수 있음을 알고 있었지만 독일로 돌아가 공산당 재건에 보탬이 되어야 한다고 생각했다. 그는 돌아오자마자 한때 공산당 당원이었던 자의 밀고로 체포되었다. 경찰서로 끌려간 팔러는 주먹으로 얼굴을 맞았고

발길질을 당해 의식을 잃었다. 정신을 차렸을 때 다시 구타를 당해 고막이 찢어졌다. 방 안은 온통 피투성이였다. 그다음 "나는 양동이와 걸레를 받았고, 책상과 바닥을 닦아야 했다. 피를 깨끗이 지워야 했다. 그다음에 다른 요원에게 인계되어 독방에 갇혔다."[25] 그는 경찰서에서 강제수용소로 이감되어 여러 해 동안 비참한 생활을 했다.

의사당에 화재가 발생한 날부터 3월 총선거 때까지 7일 동안 체포된 사람은 최대 5천 명에 달했고, 그후 더 많은 사람이 체포되었다. 1933년 어느 시점에 나치가 억류한 정치범은 전부 합쳐 대략 20만 명이었다.[26] 정권의 복수 능력과 그들의 인권 경시를 보여주는 충격적인 수치였다.

3월 5일 독일의 '마지막' 총선거 결과는 둘 중 하나로 이야기할 수 있다. 나치에 긍정적인 면을 말하자면, 그들은 그때까지 가장 높은 득표율인 43.9퍼센트를 달성했으며 정치적 협력 상대인 보수주의자들과 함께 51퍼센트를 약간 넘는 점유율로 의회 내 과반수를 확보했다. 부정적인 면을 말하자면, 선거운동을 지배한 폭력과 강압의 분위기를 감안하면 결코 눈부신 성과는 아니었다. 그리고 나치가 많이 유리했음에도 불구하고 독일 국민의 절반 이상을 설득하지 못했다는 사실은 주목할 만하다. 그러나 이 수치를 어떻게 해석하든, 나치는 이제 약속을 이행했고 마지막 선거를 치렀다. 어떤 성격이든 진정한 선택을 제시하는 총선거는 히틀러가 자기 머리에 총알을 박아 넣을 때까지는 독일에서 다시 열리지 않는다.

1933년 3월 17일 빅토르 클렘퍼러는 일기에 이렇게 썼다. "1918년의 패배보다 현재의 정세가 나를 더 우울하게 한다." 드레스덴의 대학 교수였던 클렘퍼러는 몇 년 전 프로테스탄트로 개종했지만, 유대인 혈통이라는 사실은 여전히 그를 위험에 처하게 했다. "날마다 적나라한 폭력 행위와 탈법, 야만적인 여론이 꽤나 공공연히 공식적인 법령처럼 나타나니 충격을 금할 수 없다." 나치가 이미 독일에 끼친 영향을 자세히 들여다본 그는 이렇게 말했다. "나는 이제 더는 혐오와 치욕의 감정을 떨칠 수 없다. 아무도 움직이지 않는다. 모두 전전긍긍하며 눈에 띄지 않으려 한다."[27]

그러나 히틀러와 그의 선전 전문가 요제프 괴벨스는 "모두 전전긍긍하는" 독일을 지배하고 싶지 않았다. 그들은 "종족적으로 순수한" 독일인을 최대한 많이 설득해 이전의 충성을 버리고 자신들을 지지하도록 만들기를 원했다. 그래서 괴벨스는 더 큰 단합을 이끌어내기 위한 첫 번째 조치로서 히틀러와 연로한 힌덴부르크 대통령의 관계에 대한 국민의 인식을 강화하려 했다. 3월 선거 전에 사용한 한 가지 전술은 히틀러와 힌덴부르크를 함께 보여주는 포스터를 제작한 것이었다. 대통령의 얼굴은 왼쪽 위에, 히틀러의 얼굴은 오른쪽 아래에 나오는 포스터였다. 시각적 의미는 분명했다. 거의 신과 같은 힌덴부르크가 젊고 활력 넘치는 후계자를 축하하고 있었다. 이는 히틀러에게 힌덴부르크의 훌륭함을 덧입히려는 시도임이 분명했다. 포스터가 의미하는 바는 이것이 나치 혁명이겠지만 위로부터 재가를 받았고 독일의 명예와 전통에서 비롯했다는 것이었다.[28]

힌덴부르크의 명성에 편승하려는 나치의 시도는 선거 후 2주가 조금 지났을 때 시작된 의회의 새 회기 중에 정점에 이르렀다. 의사당 화재 때문에 개회식은 3월 21일 베를린 외곽의 포츠담에서 열렸다. 장소 선정은 더할 나위 없이 상징적이었다. 히틀러가 영웅으로 숭배한 프리드

리히 대왕의 매장지 요새 교회Garnisonkirche였다.²⁹

당시 독일의 젊은 소설가 에리히 에버마이어는 일기에 이렇게 썼다. "이곳에서 히틀러가 인도한 대중과 힌덴부르크가 대표한 프로이센 전통, 즉 '포츠담 정신'의 결합은 영구적으로는 아닐지언정 적어도 일시적으로는 성공적이었다. 기획의 거장 괴벨스의 뛰어난 작품이 아닌가! 힌덴부르크와 정부 인사들, 의원들이 베를린에서 포츠담으로, 빽빽이 줄지어 환호하는 수백만 명을 지나쳐 달려왔다. 베를린 전체가 거리로 나온 것 같다."³⁰ 괴벨스가 원했듯이, 에버마이어는 독일의 과거를 그 미래와 통합할 수 있는 유일한 사람인 힌덴부르크의 참석이 갖는 의미에 깊은 인상을 받았다.

힌덴부르크가 휘황찬란한 육군 원수 제복을 입고 무대의 중앙을 차지한 반면, 히틀러는 민간인 복장으로 나타나 자신이 아랫사람임을 드러내 보여주었다. 교회 안으로 들어간 히틀러는 아부하듯 힌덴부르크를 찬양했다. 그는 힌덴부르크를 가리켜 정중하게 말했다. "각하의 경이로운 삶은 우리 모두에게 독일 민족의 불멸의 원기를 보여주는 상징입니다." 힌덴부르크의 '양해' 덕분에 "과거의 위대함의 상징과 젊은 힘의 상징 간의 결합"이 가능했다.³¹ 그다음 힌덴부르크가 홀로 교회의 지하실로 내려가 묘실에 안치된 프로이센의 왕들에게 예를 표했다. 힌덴부르크가 새 정권과 독일의 영광스러운 시절의 결합을 지지한다는 점을 선전하는 구경거리로 더할 나위 없이 좋았다.

히틀러는 베를린의 크롤 오페라극장으로 이동해 새 의회의 첫 번째 회기에 참석했다. 그는 의원들이 수권법(독일 민족과 제국의 고난을 없애기 위한 법)을 통과시켜 자신이 대통령과 의회를 거치지 않고 통치할 수 있기를 바랐다. 그러나 장애물이 있었다. 3분의 2 이상 출석에 출석 의원 3분의 2 이상의 찬성이 필요했다.

공산당 의원들은 방해가 되지 않았다. 건물에 들어올 수도 없었기 때문이다. 그렇지만 중앙당 의원들을 설득해 지지를 얻어야 했다. 그래서 그는 힌덴부르크에게 살랑거렸듯이 이제 중앙당 의원들에게도 아부했다. 이 나치 지도자는 위선적으로 그들의 기독교 신앙을 지지한다고 공언했다. "민족사회주의 정부는 기독교의 두 교파에서 공히 우리의 민족성 보존에 가장 중요한 성분을 본다."[32]

히틀러는 최대한 점잖게 토론을 시작했다. 그러나 사회민주당의 오토 벨스가 "비판은 유익하고 필요하다"는 견해를 밝히며 수권법 통과의 "심각한 결과"에 반대하자 히틀러는 정치인의 가면을 벗어던지고 본성을 드러냈다. 맥줏집 선동가의 모습이었다.[33] 그는 협박으로 가득한 연설에서 나치는 "14년 동안 우리를 고문하고 괴롭힌 자들과 맞서지 않으려 자제하고" 있다고 주장했다. 히틀러는 사회민주당 의원들을 "박해를 거론하는 계집애들"이라고 부르며 그들의 "마지막 시간이 닥쳤다"고, 그들은 파멸해야 마땅하다고 말했다. 그는 이렇게 선언했다. "국민 중에 썩어빠지고 낡고 허약한 것은 모조리 사라져 다시는 돌아오지 못할 것이다."[34]

이어서 사회민주당을 제외한 모든 원내 정당이 수권법에 찬성표를 던져 444 대 94로 통과시켰다. 그렇게 대다수 의원이 투표로써 무책임한 행태를 보였다.

수권법이 통과될 때면, 나치는 이미 결연하게 국가의 보안 기구를 확고히 장악하기 위한 노력을 기울이고 있었다. 예를 들면 하인리히 힘러는 바이에른 총리 하인리히 헬트가 강제로 물러난 뒤 3월 9일에 뮌헨의 바이에른 경찰청장 대리가 되었다.

힘러는 집무를 시작하고 며칠 지난 뒤 기자회견에서 이렇게 말했다. "나는 예비구금을 상당히 폭넓게 사용했다. (…) 그렇게 해야 한다고 느낀 이유는 도시의 여러 곳에서 많은 선동이 벌어져서 이를 일으킨 특정 개인들의 안전을 보장하기가 불가능했기 때문이다."[35] 힘러의 '예비구금' 개념은 놀라울 정도로 냉소적이었다. 그는 회견장의 청중이 정권 반대자들을 다른 독일인들의 정의로운 분노로부터 '보호'하기 위해 구금했다는 자신의 말을 믿기를 바랐다. 그렇게 힘러는 그들을 가둠으로써 호의를 베풀고 있다고 주장했다.

국가의 권력 구조가 분권적이었기에 나치의 치안력 접수는 점진적으로 수행되어야 했고, 힘러는 1936년에 가서야 공식적으로 독일 경찰 전체의 수장이 된다. 그러나 이 이른 시기부터 경찰관들은 엄정한 선택에 직면했음을 이해했다. 새 정권을 지지하지 않으면 강제로 밀려나야 했다. 4월에 제정된 직업공무원 복원법Berufsbeamtengesetz은 나치에 반대한 경찰관의 축출을 법적으로 뒷받침했다. 이 법률이 통과되고 당원이 경찰 지도자에 임명됨으로써 새 정권에 충성하는 경찰이 빠르게 등장했다.

숙청이 많이 필요하지는 않았다. 대다수의 독일 경찰관은 그대로 머물러 나치에 봉사했다. 그들은 새로운 지휘관들이 대개 자신들이 불과 몇 달 전에 위험한 혁명가로 지목해 체포하려고 추적했던 자들이었음에도 불구하고 나치를 위해 일하기로 결심했다. 예를 들면 라인하르트 하이드리히는 히틀러가 총리가 되기 전에 다양한 불법 행위를 저지른 자였지만 이제 뮌헨의 바이에른 경찰청 정치과(제4분과)의 우두머리가 되었다.

하이드리히가 인계받은 인원 중에는 서른두 살의 직업 경찰 하인리히 뮐러가 있었다. 뮐러는 공산주의를 몹시 싫어했지만 나치를 지지한 적은 없었다. 뮐러의 충성심이 다른 곳을 향하고 있음을 나치가 알고 있었는데도, 그의 경력은 화려하게 꽃을 피웠고, 결국 그는 게슈타포Gestapo(국가비밀경찰)의 수장이 되었다. 1937년 지구당의 칭찬은 시사하는 바가 있다. 뮐러는 1933년 이전에 좌파 단체들을 탄압했다. "그러나 뮐러가 우파를 탄압하는 임무를 맡았다면 분명히 똑같이 행동했을 것이다." 보고서의 결론은 이러했다. "야심이 크고 추진력이 강한 그는 누가 지배자가 되든지 주어진 체제에서 인정받기 위해 최선을 다했을 것이다."[36] 인간의 실리주의를 이보다 더 잘 묘사할 수는 없을 것이다.

이와 같이 근원적인 심리적 특성을 드러낸 사람이 하인리히 뮐러만은 아니었다. 엄청나게 많은 독일인이 과거의 충성을 신속하게 내던지고 새로운 질서에 순응했다. 1933년 초에 100만 명이 넘는 독일인이 나치당에 가입했다.[37] 이 모든 사람이 갑자기 일종의 집단적인 개심의 순간을 경험해 히틀러의 주장이 타당함을 깨달았다는 것은 순진한 생각이다. 상당수는 그저 기회주의자였을 뿐이다.

소설가 에리히 에버마이어는 1933년 4월에 우연히 그런 인물과 마주쳤다. 그는 "지금까지 결코 나치가 아니었던" 친구가 "상의 안에, 조끼에 당 배지를 달고 있는" 모습을 보고 충격을 받았다. "나는 모골이 송연했다. 그는 내게 냉정하고 침착하게 나치의 압박에 곤란한 처지에 놓이고 싶지 않다고 설명했다. 너도 합세해야 해. 가슴이 뛰고 있는지 아닌지는 중요하지 않아." 에버마이어는 크게 놀랐다. 특히 그의 친구가 "라이프치히에서 매우 실력 있는 배우"였기 때문이다. "왜 그가 정치의 영향을 받아야 하는가?"[38]

3년 뒤, 이제는 불법 정당이 된 사회민주당의 어느 당원은 우울한 결론에 이르렀다. "보통의 노동자에게 최우선의 관심사는 일이지 민주주의가 아니다. 한때 열렬히 민주주의를 옹호하던 사람들이 이제는 정치에 아무런 관심도 보이지 않는다. 사람들은 자신이 우선 가족의 일원이며 직업을 갖고 있다는 사실, 정치는 부차적인 중요성만 가지며 그나마 사람들이 정치로부터 무엇인가 얻어낼 수 있기를 기대할 때에만 의미가 있다는 사실을 분명하게 이해해야 한다."[39]

심리학 연구는 대다수의 사람이 어디엔가 "소속될 필요성"을 절실히 느낀다는 점을 증명했다. 우리는 사회적 동물이며, "귀속성의 부재는 건강과 적응, 안녕에 다양한 악영향을 미친다."[40] 이 '필요성'은 국가의 영향을 받지 않는 사회 집단에 참여함으로써 충족될 수 있지만, 나치 독일에서 그렇게 하기는 점점 더 어려워졌다. 정권이 모든 단체에 손을 뻗치려 했기 때문이다. 이처럼 개인의 사적 공간에 대한 침투는 폴크스게마인샤프트라는 이상적인 꿈에 따르는 여러 해악 중의 하나였다.

라이프치히에 사는 에리히 에버마이어의 배우 친구는 새로운 독일에 순응할 수 있었지만, 나치의 눈에 유대인으로 보이는 사람이 그렇게 하기는 불가능했다. 유대인은 독일 국민의 1퍼센트 미만이었으므로 쉽게 억압할 수 있는 소수민족이었다. 정권 초기였던 그 시기에 유대인은 돌격대의 임의적인 공격을 받을 위험이 매우 컸다. 대개는 유대인에게 굴욕을 안기기 위한 활동이었다. 뉘른베르크의 유대인 가정에서 태어난 루디 밤버는 아버지가 운동장으로 끌려가 다른 유대인들과 함께 이로 잔디를 물어뜯어 깎아야 했던 일을 기억했다.[41]

히틀러는 수권법 통과 후 불과 며칠 만에 반유대주의를 공개리에 표명했다. 그는 당의 모든 조직에 보내는 성명서에서 독일 유대인들이 나치의 잔학행위에 대한 다른 나라 국민들의 항의에 도움을 주었다고 비난했으며, 유대인들이 국경을 초월해 서로 협력하며 계략을 꾸몄다는 음모론을 되풀이했다.[42] 그는 유대인은 자신이 살고 있는 나라가 아니라 다른 유대인들에게 애착을 느낀다고 믿었다.

그러나 이 성명서는 보이는 것이 전부가 아니었다. 성명서가 히틀러의 의사와 무관하게 공포될 수 있었다고는 생각할 수 없지만, 그럼에도 '당 지도부'라는 서명만 있었다. 성명서는 유대인의 상점과 사업체에 대한 보이콧을 요구했지만 유대인의 신체에 폭행을 가하는 일은 없어야 한다고 강조했다.

기만적이게도 3월 30일자 《푈키셔 베오바흐터》는 히틀러가 보이콧의 한 가지 이유로 '(독일)민족'이 유대인에 맞서 분기해 "바람직하지 않은 형태를 띨 수도 있는" 행동을 보일 위험성을 거론했다는 내용의 기사를 실었다.

힘러가 사람들을 대중의 분노로부터 '보호'하기 위해 강제수용소에 가두어야 한다고 말한 것처럼, 히틀러는 보통의 독일인들의 자발적인 공격으로부터 유대인을 안전하게 지키기 위해 국가가 유대인을 박해해야 한다고 역설했다. 완전한 허튼소리였다. 특히 나치가 자국민을 단속할 수 없다고 전제한 주장이었기에 더욱 말이 되지 않았다.

이 왜곡된 논리를 전개한 이유는 히틀러가 서로 경쟁하는 이익 집단들 사이에서 균형을 잡아야 한다는 것을 알았기 때문이다. 지구당 활동가들은 이미 유대인을 표적으로 삼아 공격하고 있었다. 히틀러는 그들의 지지를 얻어야 할 필요가 있었지만 또한 군대와 내각, 힌덴부르크 대통령을 포함하는 전통적인 보수 세력이 법을 무시하는 폭도들이 독일을 좌우한다고 생각하지 않도록 해야 했다.

히틀러가 성명서에서 밝힌 것은 한 가지 점에서는 옳았다. 나치의 유대인 박해에 관해 외국에서 항의가 있었다. 가장 주목할 만한 것은 3월 27일 5만 명 이상이 참여한 뉴욕의 집회였다. 그러나 히틀러는 사람들이 항의하는 이유에 대해서는 언급하지 않았다. 그들이 항의에 나선 이유는 나치가 이미 유대인을 탄압하고 있었기 때문이다. 히틀러는 나치를 유대인과의 갈등에서 부당하게 오해를 받는 사람들로 제시하려 애썼지만, 먼저 문제를 일으킨 것은 그와 그의 동료들이었다. 히틀러는 이렇게 표리부동한 주장을 빈번히 써먹었다. 그는 불을 질러놓고 다른 사람들이 불을 끄려 한다고 비난하곤 했다.

유대인 상점과 사업체에 대한 보이콧을 시작하기로 한 전날 밤, 괴벨스는 보이콧이 단 하루 동안만 지속될 것이라고 선언했다. 이는 히틀러가 독일 내부에 그 행위에 대한 지지가 많지 않으며 보이콧이 길게 이어지면 교역 상대인 다른 나라들을 더욱 화나게 만들 위험이 있음을 깨달았기 때문일 것이다.

4월 1일 보이콧이 시행되자 독일 유대인들은 큰 충격을 받았다. 돌격대는 유대인 상점 바깥에 자리를 잡고 사람들을 겁박하며 가까이 다가오지 못하게 했다. 유대인들은 국가가 자신들을 보호하지 않을 뿐만 아니라 사실상 자신들에게 해를 끼치려 한다는 것을 깨달았다. 슈투트가르트에 살던 10대의 한 독일 유대인은 이렇게 말했다. "마치 깊은 구덩이 속으로 떨어지는 것 같았다. 기존의 법률은 유대인에게는 적용되지 않는다는 사실을 그때 처음 직관적으로 깨달았다."[43]

볼프강 토이베르트는 동료 돌격대원들과 함께 "유대인의 상점 바깥에 하루 종일" 서서 "'누구든지 이곳에서는 아무것도 살 수 없다'고 엄포를 놓았다." 그는 히틀러가 제시한, 유대인을 겨냥한 보이콧의 이유를 기꺼이 받아들였다. 그는 이렇게 말했다. "우리는 그러한 경우에서 항상 자연법칙을, 원인과 결과를 알아야 한다. 원인 없는 결과는 없다. 우리가 유대인을 대상으로 하루 동안 보이콧을 실행한 이유는 [외국 유대인들이 경제적] 전쟁을 선포했기 때문이다."[44]

나치 지지자인 귄터 로제에게 유대인을 겨냥한 이 조치는 "히틀러와 괴벨스의 선언"을 이행한 것이었다. 그 선언에 따르면 유대인은 "중요한 지위를 모조리 차지했다. 은행과 산업의 자리, 권한 있는 자리, 대학교 교수직 등 어디에나 유대인이 있다. 오랫동안 그랬다. 그래서 나는 약간의 조정이 박정하다고 생각하지 않았다. 아니 차라리 그 점에 대해 깊이 생각하지 않았다고 말해야겠다. 그러나 내게 의미가 있는 것은 그 배경이다. 그들[유대인들]은 이곳에서 모든 것을 지배한다. 그래서는 안 되는 것이다. 그런 일은 없어야 한다."[45]

귄터 로제는 똑똑한 사람이었다. 나치가 집권했을 때 학생이었던 그는 훗날 독일 외교부에서 일하게 된다. 그렇지만 그는 독일을 '지배'하고 히틀러의 총리 임명에 주된 역할을 한 사람들, 즉 힌덴부르크와 파펜, 기타 독일 엘리트들이 유대인이 아니라는 사실을 누구나 쉽게 알 수 있는 시기에 유대인이 "이곳에서 모든 것을 지배한다"는 거짓말을 앵무새처럼 반복할 수 있었다. 독일 사회에서 '중요한 지위'를 차지한 유대인이 있었지만, 그들이 '어디에나' 있다는 주장은 웃기는 얘기였다.

이전에 독일의 적이었던 대표적인 사람들은 독일에서 벌어지는 일에 주목했다. 베를린 주재 영국 대사로 1933년 4월 26일 런던의 외교부에 뛰어난 직관이 담긴 긴 전문을 보낸 호러스 럼볼드보다 사태를 더 잘 관찰한 사람은 없다. 럼볼드는 "군대와 대통령이 여전히 히틀러 정권을 제어할 위치에 있고 심지어 통제할 수도 있겠지만" 문제는 "조만간, 특히 대통령이 사망하면, 군대가 현 정권에 운명을 걸 것으로 예상된다"는 데 있음을 감지했다. 게다가 히틀러는 "오직 폭력만이 종족의 생존을 보장할 수 있다"고 믿었기 때문에 급속한 재무장 과정에 착수했다. 럼볼드는 히틀러가 그 목적을 달성하기 위해 힘쓰는 동안 "외부 세계를 속여 안전하다는 인식을 심어주려" 노력할 것이라고 생각했다. 동시에 그 '새 정권'은 독일인들에게 그 목적의 정의로움을 납득시키려 할 터였다. "이 목적을 위해 나치 정권은 역사상 유례없는 대규모의 정치적 선전 프로그램에 착수했다."[46]

럼볼드는 요제프 괴벨스의 재능을 일찍 알아본 사람이다. 그는 괴벨스를 "역량과 창의력이 무한한 사람"이라고 묘사했다. 국민계몽선전부 장관으로 새롭게 임명된 괴벨스는 장관 취임 후 처음 가진 기자회견에서 언론을 통제하겠다는 욕망을 분명하게 드러냈다. 그는 기자들에게 이렇게 말했다. "당신들은 당연히 이곳[국민계몽선전부]에서 계속 정보를 제공받겠지만, 또한 지시도 받을 것이다. 당신들은 무슨 일이 일어나고 있는지 알게 되겠지만 또한 정부가 이에 어떤 태도를 취하는지, 당신들이 이를 국민에게 어떻게 전달해야 가장 적절한 것인지도 알게

될 것이다."⁴⁷

문화 단체들은 정권의 방침에 따르지 않거나 정권이 반대하는 사람을 내쫓지 않으면 해산을 각오해야 했다. 심지어 독일학생연맹Deutsche Studentenschaft 같은 몇몇 단체는 자발적으로 '타락시키는' 문학 작품의 목록을 제출하기도 했다. 이러한 거짓 쇄신의 과정 중에 독특한 문화적 수집물이 파괴되었다. 마그누스 히르슈펠트의 선구적인 성과학 연구소Institut für Sexualwissenschaft에 소장된 문헌도 이에 포함된다.[48]

히르슈펠트의 연구소에 소장된 책들은 1933년 5월 6일에 강탈당해 나흘 뒤 베를린에서 열린 혐오스러운 서적의 분서 행사에서 다른 책들과 함께 사라졌다. 학생들은 베르톨트 브레히트와 에리히 마리아 레마르크, 지그문트 프로이트, 기타 유명한 작가들의 작품을 모닥불에 던져 넣었다. 에리히 에버마이어는 라이프치히에서 분서 소식을 듣고는 자신의 책도 사라질지 모른다고 걱정했다. 며칠 뒤인 5월 14일, 그는 무서운 소식을 들었다. 그의 책들이 정말로 금서가 된 것이다.[49]

엄청나게 부유한 기업가 귄터 크반트가 그해 봄에 깨달았듯이, 나치당 입당도 안전을 보장하지 못했다. 그는 5월 초에 당원이 되었지만 곧 체포되어 통화 및 사업과 관련된 불법행위로 고발당했다. 그는 투옥되었고 거액의 보석금을 내고 풀려난 뒤 가택연금에 처해졌다. 그는 나치의 대의에 훨씬 더 많은 자금을 '기부'한 뒤에야 일상생활로 복귀할 수 있었다. 이는 나치가 보호를 명목으로 금품을 갈취한 수많은 사례 중 하나일 뿐이다.[50]

히틀러는 처음에는 그러한 과도한 행위에 양면적인 태도를 취했다. 그러나 1933년 7월 6일 그는 법을 무시하는 분위기를 크게 우려하며 나치 지도자들을 대상으로 한 연설에서 이렇게 경고했다. "혁명은 상시적인 상황이 아니다. 혁명이 상시적인 상황으로 발전해서는 안 된다. 혁명으로 터져 나온 에너지는 점진적 변화라는 안정한 묘상으로 흘러 들어가야 한다." 사업가들이 단지 나치가 아니라는 이유로 "제거되는" 일은 없어야 했다. 왜냐하면 "사업에서 유일하게 중요한 것은 능력"이기 때문이었다. 그뿐만 아니라 "이 계획의 취지를 생각하면 우리는 바보같이 행동하거나 모든 것을 뒤엎을 수는 없다."[51]

히틀러가 이런 말을 하는 것은 아무래도 괜찮았다. 그렇지만 추종자들, 특히 돌격대에 이 말을 따르게 하는 것은 전혀 다른 문제였다. 히틀러가 그 연설을 한 뒤로도 오랫동안 권한 남용은 지속되었다. 이는 나치에 반대한 수백만 명의 독일인에게 새 정권을 지지하라고 설득하려는 히틀러와 괴벨스에게는 점점 더 큰 문제가 되고 있었다. 거의 모두가 공격을 받거나 강탈을 당할 위험성이 있는 분위기에서는 분명코 폴크스게마인샤프트를 만들어낼 수 없었다.

그러나 이것이 히틀러가 직면한 유일한 어려움은 아니었다. 더 시급한 문제는 에른스트 룀이 히틀러의 방침을 따르지 않고 있다는 사실이었다. 룀은 1933년 6월에 쓴 글에서 이렇게 말했다. "독일 혁명으로 가는 길에서 승리는 이미 얻었다." 그렇지만 그것은 "완벽한 승리가 아니었다." "진정한 민족사회주의 독일이 여전히 실현을 기다리고 있는 한, 돌격대와 친위대의 맹렬하고 열정적인 투쟁은 멈추지 않을 것이다."[52] 그뿐만이 아니었다. 룀은 돌격대가 기존 군대에 위협이 되지 않는다고 말했지만, 그들이 새로운 독일에서 역할을 모색하면서 군대를 위협할 수 있다는 징후들이 보였다. 돌격대는 1933년 말이면 수백만 명에 이르는 강력한 세력으로 발전했고, 이처럼 엄청난 대원 수의 확대는 기강을 잡는 문제를 더욱 어렵게만 했다.[53]

히틀러와 그의 오랜 동료인 룀의 대결은 불가피해 보였다. 1934년 2월 1일, 룀은 국방부 장관 블롬베르크에게 메모를 보냈다. 블롬베르크에 따르면 그 전언에서 룀은 돌격대가 군대를 감독하기를 원한다고 말했다.[54] 이는 히틀러의 방침에 정면으로 위배되는 것이었다. 히틀러는 돌격대의 영향력 확대가 아니라 기존 군대의 재무장을 원했다. 그달 말 히틀러는 군대 지휘관들에게 한 연설에서 돌격대가 "국경 수비와 복무 전 군사 훈련의 임무"에 쓰일 수 있겠지만 이는 기존 군대가 성장할 수 있도록 "이행기"에만 가능해야 한다고 분명하게 말했다. 히틀러는 군대가 국민의 유일한 "무기 운반차"가 되어야 한다는 점을 거듭 강조했다.[55]

같은 달, 블롬베르크는 군대가 히틀러를 지지한다는 점을 시위하기를 원했다. 그래서 그는 '아리아인 조항'을 강화하고 군대에서 유대인을 제거해야 한다고 강력히 주장했다.[56] 이제부터 모든 군복 상의에서 스바스티카를 움켜쥔 독수리를 보게 될 것이었다. 이는 개인과 단체가 새 정권을 기쁘게 하고자 어떻게 자발적으로 변화에 나섰는지, 여러 권력 집단 사이에서 '균형'을 잡아야 한다는 히틀러의 인식이 어떻게 그러한 변화의 숨은 동인이 되었는지를 보여주는 또다른 사례였다.

그해 봄에 룀은 상태가 좋지 않았다. 독일 주재 프랑스 대사 앙드레 프랑수아퐁세는 5월에 룀을 만나 저녁을 먹었는데 그가 "정신이 나가 있고 아픈 것처럼" 보였다고 말했다.[57] 룀이 낙담한 한 가지 이유가 다른 사람들이 자신에게 반대하는 쪽으로 움직이고 있다고 믿었기 때문일 수는 있다. 돌격대는 군대에서 인기가 없었을 뿐만 아니라 힌덴부르크 대통령과 프란츠 폰 파펜의 마음에도 들지 않았다.

상황은 곧 위태로운 지경에 이르렀다. 룀은 히틀러와 만나고 나흘이 지난 6월 8일에 돌격대에 자신은 병가를 내니 마찬가지로 휴가를 내라고, 8월 1일에 다시 소집한다고 알렸다. 룀은 대원들을 안심시켰다. "돌격대는 독일의 운명이며 그 점은 변함이 없을 것이다."[58] 그러나 다른 이들은 돌격대의 미래를 그렇게 보지 않았다. 6월 17일, 파펜은 마르부르크대학교에서 연설하며 이렇게 역설했다. "정부는 국민 전체를 대표해야 한다." "정부는 독일 혁명의 가면 뒤에서 커지고 있는 이기심과 원칙의 부재, 거짓말, 무도한 행동을 잘 알고 있다."[59]

6월 21일 히틀러에게 상황은 더욱 나빠졌다. 그날 힌덴부르크와 블롬베르크 장군 둘 다 그에게 "혁명적인 말썽꾼들을 (…) 정신 차리게" 하라고 말했다.[60] 히틀러는 그렇게 할 동기가 충분했다. 그는 룀을 진압하면 힌덴부르크가 사망한 후 자신이 국가수반이 될 가능성이 높다는 것을 알고 있었다. 독일인들은 그가 국민에게 헌신한다는 확신이 필요했는데, 자신의 지지자들에게 등을 돌리는 것보다 더 이를 잘 증명하는 것이 있겠는가?

히틀러는 룀에게 6월 30일 온천 도시 바트비스제에 돌격대 지도자들을 소집하라고 명령했다. 그날 이른 아침, 그들이 아직 잠에서 깨지 않았을 때 히틀러는 20여 명의 친위대원을 포함한 수행원들과 함께 도착했다. 그는 룀의 방으로 문을 박차고 들어가 잠옷 차림의 그를 체포했다. 룀을 포함해 전부 열세 명의 돌격대 지도자가 북쪽으로 약 48킬로미터 떨어진 뮌헨의 교도소에 수감되었다. 이튿날 룀은 자살할 기회를 거부당한 뒤 두 명의 친위대원이 쏜 총탄에 맞아 사망했다. 집행자는 테오도어 아이케와 그의 하급자 미하엘 리페르트였다.

　아이케가 총살집행의 지휘자로 선정된 것은 중요한 의미가 있다. 라인하르트 하이드리히처럼 아이케도 전적으로 하인리히 힘러 덕분에 출세했다. 위험스러운 혁명가였던 아이케는 폭탄으로 나치의 정적들을 제거하려 모의했다는 혐의로 1932년에 징역형을 선고받았다. 그는 보석으로 석방된 상태에서 이탈리아로 탈출했다가 히틀러가 권력을 잡은 뒤에야 돌아왔다. 그는 이전에 나치의 가우라이터 요제프 뷔르켈에게 배신당한 일을 떠올리며 복수에 나섰지만 붙잡혀 정신병원에 보내졌다. 정신병원의 의사는 아이케가 정신이 온전하다고 진단했지만, 뷔르켈은 그가 "매독에 걸렸고 완전히 미쳤다"고 생각했다.[61] 그 직후 힘러가 개입해 아이케를 다하우 강제수용소의 사령관으로 임명해 그를 구했다.

　전혀 있을 법하지 않은 장소에서 인재를 찾아내는 힘러의 능력은 한 번 더 결실을 보았다. 아이케가 그 임무에 안성맞춤이었음이 증명되었기 때문이다. 다하우에서 아이케와 함께 일한 친위대 동료 막스 폰 달라르미는 이렇게 말했다. "그는 가시철조망 뒤의 적들을 증오한다. 그는 그들의 파멸과 절멸을 이야기한다. 그는 연설과 대화를 통해 친위대에 이 증오심을 주입한다. 아이케는 광적인 친위대 장교이자 열렬한 민족사회주의자다. 이 점에서 타협은 없다." 달라르미는 또한 아이케의 이러한 발언을 기억했다. "친위대원은 증오심을 가져야 한다. (…) 그들의 가슴속 심장은 돌처럼 무정해져야 한다."[62]

　아이케는 자신을 정신병원에서 구출해준 힘러에게 무조건적 충성으로 보답했다. 그는 다하우 강제수용소의 개편에 전력을 다해 그곳을 조직적인 잔학행위로 악명을 떨치는, 나치 체제의 '모범' 수용소로 만들었다. 또한 그는 친위대 라이히스퓌러가 맡긴 특별 임무는 무엇이든 적극적으로 이행했다. 바로 그렇기 때문에 1934년 7월 1일 아이케는 뮌헨 슈타델하임 교도소 474번 감방에 들어가 에른스트 룀에게 장전된 총을 겨냥했던 것이다. 그는 이렇게 말했다고 한다. "내 손으로 이 동성애자 돼지를 총살해 자랑스럽다."[63] 다하우에서 아이케와 그의 부하들은 자신들에게 넘겨진 다른 돌격대원들을 죽일 기회를 영광스럽게 생각했다. 그들은 이 일을 맥주를 통째로 마셔대는 잔치판으로 바꿔놓았다.[64]

뮌헨의 사령부에 있던 히틀러는 일단의 추종자들에게 룀이 쿠데타를 준비하고 있었다고 말했다. 확실한 증거는 없다는 말은 하지 않았다. 룀은 히틀러에게 반대하려는 의도를 전혀 보이지 않았다. 히틀러는 룀을 공격해 쿠데타를 미연에 방지한 것이 아니다. 그의 행동은 블롬베르크와 힌덴부르크를 화나게 한다면 성공하기 어렵다는 인식에서, 편협한 이기심에서 비롯한 것이다. 룀의 죽음은 또한 그에게 다른 이점도 가져다주었다. 그로써 히틀러는 돌격대의 세력 기반을 파괴했으며 군대에 자신이 그 우월한 군사력에 운명을 맡겼음을 재차 확인시켰다.

'긴 칼의 밤'으로 알려진 사건의 순전한 무법성은 경악스러울 정도였다. 그것은 단순히 돌격대를 겨냥한 공격에 그치지 않았다. 히틀러는 또한 슐라이허 장군과 그레고어 슈트라서 등 이전에 자신을 화나게 한 많은 사람을 제거할 기회를 누렸다. 전부 합해서 대략 150명이 목숨을 잃었다.

고발된 자들은 법정에서 무고함을 호소할 기회가 허용되지 않았다. 그저 즉결처형을 당했을 뿐이다. 심지어 친위대가 실수로 죽인 사람도 있었다. 6월 30일 저녁 친위대는 뮌헨의 주요 신문에서 음악 평론을 하던 자를 그의 집에서 끌어냈다. 그는 첼로를 연주하던 중이었다. 그의 아내는 친위대에 오해가 있는 게 분명하다고 말하고는 남편의 신분을 증명할 서류를 찾기 시작했다. 그녀는 친위대원이 자신에게 총구를 들이대자 멈추었다. 이틀 뒤 그녀는 남편이 다하우에서 '실수로' 총살되었다는 사실을 알게 되었다.[65] 친위대는 그를 같은 이름의 다른 기자와 혼동했다.

살인자들은 지난해에 독일 총리였던 쿠르트 폰 슐라이허 장군을 죽이러 갔을 때에도 비슷하게 신중하지 못했다. 그들은 슐라이허뿐만 아니라 그의 아내도 죽였다. 그녀는 남편에게 향한 총구를 보고 비명을 질렀다. 이후 게슈타포는 힘러에게 슐라이허가 "체포에 저항하다가" 죽었으며 그의 아내는 뒤이은 총격전에서 죽었다고 보고했다. 나치가 지배한 12년 동안 "체포에 저항하다가"와 "탈출을 시도하다가"라는 표현은 살인을 정당화하는 만능의 핑곗거리였다. 나치의 치안 조직들이 사용한 다른 완곡한 표현은 '자살'이었다. 6월 30일 밤 그레고어 슈트라서가 베를린의 게슈타포 본부의 감방에서 총살된 후 그의 죽음이 바로 그렇게 설명되었다.[66]

히틀러가 이러한 살인의 정당성을 주장하려고 내놓은 핑계는 조금만 조사해봐도 타당성을 잃었을 것이다. 쿠데타가 임박했다는 실질적인 증거가 없었을뿐더러, 돌격대원이 아닌데도 죽임을 당한 자들의 명부는 그러한 살인이 명백히 묵은 원한을 푸는 방편이었음을 보여주었다. 예를 들면 슐라이허와 슈트라서는 하찮은 존재로 전락했기에 결코 정권을 무너뜨릴 음모의 주모자라고 믿기 어려웠다.

7월 3일, 히틀러는 왜 살인이 필요했는지 내각에 최선을 다해 설명했다. 그는 룀이 배신했다고, 슈트라서와 슐라이허가 정부를 전복하려 했다고 말했다. 블롬베르크가 히틀러에게 감사를 표한 뒤, 내각 전체가 그 행위가 "국가를 지키기 위한 정당한 조치"였다는 데 동의했다. 히틀러의 주장이 진실한지 알아보기 위한 사후 조사는 필요 없었다.[67]

힌덴부르크도 그 "반역의 음모"가 진압되었다고, 히틀러가 "독일 국민을 심각한 위험에서 구했다"고 감사를 표명했다.[68] 분명히 히틀러에게는 큰 위안이었다. 그렇게 히틀러는 힌덴부르크와 블롬베르크, 파펜의 3인조를 통해 자신의 총리직에 가할 위험 요소를 차단하는 데 성공했다.

히틀러는 또한 마지막으로 대단한 위선을 드러내 돌격대 내부의 동성애 증거에 큰 충격을 받았다고 주장했다. 당연히 그는 룀의 동성애 성향을 오래전부터 알고 있었다. 룀이 체포되자마자 히틀러는 "모든 어머니가 아들을 윤리적으로나 도덕적으로 타락할지도 모른다는 걱정 없이 돌격대나 당, 히틀러 유겐트에 보낼 수 있기를" 바란다고 말했다.[69]

군대 장교들이 긴 칼의 밤에 보인 반응은 충분히 예측 가능했다. 스물일곱 살의 귀족 요한 아돌프 그라프 폰 킬만세크는 많은 동료를 대변했다. 그는 나중에 이렇게 말했다. 룀은 "그것을 자신의 군대로 만들기를 원했다. 물론 그는 그런 말을 하지는 않았지만, 그렇다는 것은 점점 더 분명해지고 있었다. 이는 우리가 돌격대를 그들의 방식 때문에, 그들의 행태 때문에 간단히 거부한 직후에 일어난 일이다. 그것을 중우정치라고 부르고 싶다면 그렇게 할 수도 있을 것이다. (…) 그러나 혁명은 그 자식들을 먹어치운다. 언제나 그랬다. 그렇지 않은가?" 킬만세크 같은 장교들에게 중요한 것은 다른 무엇보다도 힌덴부르크 대통령의 승인이었다. "그는 히틀러의 행동을 승인했다. 우리에게는 그 점이 중요했다. 알다시피 군대에 힌덴부르크는 히틀러가 아니었다."[70]

킬만세크의 말은 총리가 된 후 1년 반 동안 힌덴부르크의 명성에 기댄 히틀러의 전술이 옳았음을 입증하는 또다른 증거였다. 킬만세크와 그의 동료들은 "힌덴부르크는 히틀러가 아니었기" 때문에 새 정권을 지지하기가 심리적으로 훨씬 더 쉬웠다. 연로한 육군 원수의 승인이 결정적으로 중요했다.

히틀러는 거의 2주가 지난 뒤에 의원들에게 그 살인에 관해 이야기했다. 히틀러가 그들의 동료 의원 여럿의 살해를 주관했음을 감안할 때 미묘한 순간이었을 것이다. 그러나 7월 13일 그의 연설은 도전적이었다. 그는 그런 일을 벌인 이유를 거짓일망정 상세히 설명했을 뿐만 아니라 이런 말까지 했다. "만일 누군가 왜 법정에 유죄 선고를 요청하지 않았느냐고 내게 책임을 묻는다면, 나는 이렇게 말할 수밖에 없다. '이 순간 나는 독일 국민의 운명을 책임지고 있으며 따라서 내가 독일 민족의 최고 재판관이다'라고!"[71]

괴링은 의원들에게 이처럼 히틀러의 말을 되풀이했다. "만일 오늘 다른 나라들이 독일이 혼란스러운 상태에 빠지고 있다고 생각한다면, 독일 민족은 단 한 가지 구호로 응할 것이다. '우리는 퓌러가 하는 일에는 언제나 찬성한다.'"[72] 독일의 대표적인 법률 이론가의 한 사람인 카를 슈미트 교수도 〈퓌러가 법을 보호한다 Der Führer schützt das Recht〉라는 제목의 글에서 히틀러의 행동을 지지했다.[73] 슈미트는 히틀러가 정말로 옳고 그름을 판단하는 최고 재판관이라고 말했다.

이제 법치의 외양은 모조리 사라졌다. 그러나 훨씬 더 주목할 만한 것은 긴 칼의 밤 이후 독일 안에서 히틀러의 인기가 높아졌다는 사실이다. 나치가 언론을 통제했기에 그 살인은 나라의 질서를 회복하려는 히틀러의 영웅적 노력으로 꾸며질 수 있었다. 사람들이 신문에서 읽은 내용은 이러했다. 히틀러는 극심한 무질서를 예방하기 위해 필요한 최소한의 무력만 사용했다. 게다가 히틀러는 국민의 더 큰 이익을 위해 과거의 지지자들을 처벌할 준비가 되어 있었다. 히틀러가 어떻게 자신을 나치당에 투표한 사람들뿐만 아니라 모든 독일인을 위해, 적어도 종족적으로 수용될 수 있는 사람들을 위해 통치하는 자로 여겼는지 보여주는 극적인 증거가 아닌가?

박해를 모면하고자 어쩔 수 없이 망명해야 했던 사회민주당 당원들은 비관적인 내용의 기사를 읽어야 했다. 어떤 보고서는 독일에서 전해진 소식을 이렇게 요약했다. "국민의 큰 부분이, 분명코 매우 큰 부분이 히틀러의 잔인한 결단을 극찬하고 있다. 충격을 받았거나 충격적이라고 생각한 사람은 극소수였다. 노동계급도 대부분 무분별한 히틀러 신격화의 노예가 되었다."[74]

사람들이 모든 매체에서 똑같은 말만 들을 때 어떤 일이 벌어질 수 있는지 보여주는 놀라운 사례였다. 독일의 모든 라디오 방송과 신문이 한결같이 정부의 방침을 앵무새처럼 되풀이해 전했기 때문에, 수백만 국민은 히틀러의 범죄를 용서했을 뿐만 아니라 한걸음 더 나아가 잘했다고 칭찬했다.

법치의 파괴. 자유 언론의 말살. 경찰과 군대의 매수. 히틀러는 독재자가 되려면 이 세 가지를 다 실행해야 한다는 점을 입증했다. 그런 다음에야 독재자는 새로운 부패한 국가 기관들 말고는 정의나 정보, 보호를 위해서 달리 의지할 것이 없는 국민으로부터 히틀러가 실제로 누린 것과 유사한 이익을 거둘 기회를 가질 수 있다.

히틀러가 의회에 자신이 '독일 민족의 최고 재판관'이라고 선언하고 3주가 채 지나지 않았을 때 힌덴부르크 대통령이 사망했고, 히틀러는 이론의 여지가 없는 당연한 국가 지도자가 된다.

괴벨스는 그 전해에 "독일의 정신과 영혼의 동원"을 호소했다.[75] 1934년 8월 이제 그 과제를 진지하게 시작할 수 있었다.

7
믿음 이용하기

아돌프 히틀러는 자신이 인간 정신의 큰 비밀을 알고 있다고 믿었다. 1927년에 그는 이렇게 말했다. "우리도 인식이 아니라 믿음을 최우선으로 한다는 점을 확신하라. 사람은 대의를 믿어야 한다. 오직 믿음만이 국가를 창출한다. 사람들을 종교적 이념에 찬성하고 그것을 위해 싸우게 하는 동인은 무엇인가? 인식이 아니다. 맹목적인 믿음이다."[1]

이는 히틀러가 한 말 중에서도 가장 중요한 축에 든다. 그는 통상적인 의미의 신앙을 지닌 종교인이 아니었지만 독일을 신념의 토대 위에 선 국가, 다시 말해 국민이 초자연적 존재가 아니라 그와 나치 정권에 대해 '맹목적인 믿음'을 갖는 국가를 만들기 위해 최선을 다했다.

히틀러는 또한 믿음을 낳는 최선의 방법을 알고 있다고 생각했다. 관건은 논리가 아니라 감정을 통해 사람들에게 다가가는 것이었다. 그는 《나의 투쟁》에서 이렇게 썼다. "선전의 기술은 대다수의 정서적인 관념을 이해하고 심리학적으로 타당한 형태로 많은 대중의 관심을, 뒤이어 마음을 얻어낼 방법을 찾아내는 데 있다."[2]

1934년 8월 2일 힌덴부르크 대통령이 사망하면서 히틀러는 이러한 생각을 실행에 옮길 수 있었다. 그 전날, 내각은 '독일 제국의 국가수반에 관한 법'을 통과시켰다. 힌덴부르크가 서거하면 히틀러가 독일 제국의 총리는 물론이고 퓌러까지 되는 법이었다. 이 계획은 8월 19일 협박이 난무하는 가운데 실시된 국민투표에서 찬성을 얻었다.

　이제 히틀러가 새로운 국가수반으로 선포되었기에, 군대의 모든 구성원은 개인적으로 그에게 충성을 맹세하라는 명령을 받았다. 요한 아돌프 그라프 폰 킬만세크 같은 군인에게 이는 영광스러운 과거로의 회귀를 상징하는 것이었다. 그는 이렇게 말했다. "프로이센-독일의 역사는 개인적인 충성 맹세로 가득하다. 실로 우리는 한낱 종잇장에 불과한 것에 충성을 맹세하는 것보다 이를 더 좋아했다. 이전에 우리는 바이마르 헌법에 충성을 맹세했다. 누구도 그것이 무엇인지 알지 못한 채."[3] 그렇지만 히틀러에 대한 이 충성의 맹세는 영구적인 의무를 뜻했다. 그는 이렇게 말했다. "독일군 장교라면 신 앞에서 한 맹세를 깨지 않는다."[4]

　이처럼 많은 사람에게 '퓌러'에 대한 정서적 몰입의 증명은 삶을 바꿔놓는 것이었다. 공군 장교 카를 뵘테텔바흐는 이렇게 말했다. 그 맹세는 "나를 평생토록 따라다녔다. 맹세는 맹세라는 말이다. (…) 나는 그 맹세를 깰 수 없다. 그렇지 않다면 자살할 수도 있다[자살해야만 할지도 모른다]." 그 맹세는 영구적인 의무를 뜻했다.[5]

　몇몇 선서식은, 특히 친위대의 선서식은 밤에 횃불을 들고 치렀다. 성스러운 의식을 연상시키는 영적인 분위기를 만들어내기 위해 온갖 기회를 다 이용했다. 히틀러를 전능한 지도자로 신뢰할 수 있도록 의도적으로 노력을 기울인 것이다.

　히틀러는 인식이 아니라 믿음에 초점을 맞춤으로써 심리학자들이 오래전부터 알고 있던 현실에서 득을 보았다. 정서적으로 강력한 믿음을 형성한 사람들에게 합리적인 논거를 이용해 그들이 틀렸음을 납득시키는 것은 거의 불가능하다. 믿음은 이성에 좌우되지 않으니, 어떻게 이성으로써 사람들에게 틀렸음을 납득시킬 수 있겠는가?[6]

히틀러는 이 모든 생각을 다른 하나의 관념으로 결합했다. 그는 큰 집단 속의 인간은 기본적으로 우둔하다고 생각했다. 그는 이렇게 썼다. "큰 집단은 이해력이 떨어진다. 그들은 지적 능력은 작지만 망각의 힘은 엄청나다." 그러므로 "어떤 선전이든 효과적이려면" 단순하면서도 거듭 반복되어야 한다.[7]

국민계몽선전부 장관 요제프 괴벨스도 똑같이 이러한 견해를 지녔다. 괴벨스의 비서 빌프레트 폰 오벤은 상관이 자신에게 한 말을 기억했다. "선전은 전쟁 중에 대대적인 군사적 보호를 받으며 표적을 향해 나아가야 하는 호위대와 같다. 가장 느린 부대에 맞춰 전진 속도를 조정해야 한다. 지금 진행되는 방식이 바로 그렇다. 우리는 선전도 똑같이 해야 한다. 복잡한 선전은 전혀 어울리지 않는다. 대중은 모순을 이해하지 못한다. 아주 단순하게 선전으로써 달성하고자 하는 기본적인 메시지에 집중해야 하며, 그 메시지를 대중에게 가능한 한 가장 통속적인 방법으로 생생하게 전달해야 한다."[8]

괴벨스는 이 말이 선전의 메시지가 엄숙하고 진지해야 한다는 뜻이 아니라고 말했다. 오히려 그 반대였다. 1933년 3월 괴벨스는 독일 라디오 방송국 간부들을 모아놓고 이렇게 말했다. "첫 번째 원칙. 절대로 지루하면 안 된다. 나는 이것을 최우선 원칙으로 삼는다."[9] 많은 전체주의적 선전가와 달리 괴벨스는 듣는 사람에게 억지로 이데올로기적 메시지를 주입하려는 시도는 역효과만 낼 뿐임을 이해하게 되었다.[10] 빌프레트 폰 오벤은 이렇게 기억했다. "그는 자신의 영화에 나오는 사람들을 계속 얘기했다. '정치적 소재를 갖고 오지 마라. 모든 정치적 영화는 불쾌한 것으로 드러났다.' (…) 그는 거듭 되풀이했다. '정치적 영화에서 손을 떼라.'"[11]

괴벨스는 1934년 2월 《푈키셔 베오바흐터》에 실은 글에서 이러한 대중적 소비의 전망을 다른 방식으로 표현했다. "나는 어떤 영화의 배후에 진지한 예술적 태도가 깔려 있다는 생각이 들면 그것을 보호할 것이다. (…) 나는 영화가 민족사회주의의 행진으로 시작하고 끝나야 한다고 요구하지 않는다. 나치의 행진은 우리가 맡아야 한다. 그것은 우리가 더 잘 이해한다."[12]

그래서 괴벨스가 국민계몽선전부 장관으로 있던 시절에 제작된 영화는 대체로 노골적인 선전을 전혀 담지 않았다. 괴벨스를 위해 일한 영화감독 아르투어 마리아 라베날트에 따르면 그는 스스로 영화의 가치를 평가할 자격이 충분하다고 생각했다. 라베날트는 이렇게 말했다. "그는 영화광이었다. 그는 예쁜 여자들을 쳐다보기를 좋아했다. 그래서 그는 기본적으로 관객이 원하는 바로 그것을 좋아했다."[13]

그렇지만 괴벨스는 이러한 오락 영화가 나치 국가 안에서 귀한 역할을 한다는 점을 이해했다. 그런 영화들은 관객이 "가사 돌봄과 가족 걱정"에서 벗어날 수 있게 하는 "정치적 목적"을 지녔다.[14] 게다가 괴벨스는 폴크스게마인샤프트라는 관념을 뒷받침할 러브스토리 같은 주제를 선정함으로써 독일인들에게 부지불식간에 영향을 미치려 했다.

괴벨스는 이렇게 썼다. "여흥조차도 정치적으로 특별한 가치가 있을 수 있다. 사람이 선전을 의식하는 순간, 그 효과는 사라지기 때문이다."[15] 괴벨스가 그의 시대에 선도적인 선전가로 우뚝 설 수 있었던 것은 다른 무엇보다 바로 이러한 깨달음 덕분이었다. 더불어 말하자면,

괴벨스의 방법을 사용하려는 오늘날의 선전가가 전통적인 미디어만큼이나 멜로드라마의 줄거리나 SNS 사이트의 오락 콘텐츠를 통해서도 사람들에게 영향력을 행사해보려는 이유도 이로써 설명된다.

　괴벨스는 엄청난 과제를 설정했다. 그는 1933년 국민계몽선전부 장관에 임명되자 이렇게 말했다. "이 정부가 어떤 상황에서도, 절대로 물러서지 않기로 결심한다면, 그렇다면 총검의 무기력한 힘은 필요 없다. 장기적인 시각에서 우리는 52퍼센트의 지지를 받고 나머지 48퍼센트를 위협해 지배하는 데 만족하지 않을 것이다. 그 나머지 48퍼센트마저 한편으로 끌어들이는 것을 가장 긴급한 과제로 여길 것이다."[16]

　이렇게 오락 영화에 집중하는 것이 48퍼센트를 "한편으로 끌어들이는" 괴벨스의 계획에서 핵심적인 부분이었다. 그러나 그는 만만찮은 장애에 부딪혔다. 첫 번째 장애물은 선전자는 반드시 지루함을 피해야 한다는 그의 권고가 무색하게 그의 후원으로 제작된 뉴스가 대부분 정말 지루했다는 사실이다. 1933년에서 1939년 사이에 신문 발행 부수는 10퍼센트 감소했는데, 주로 기자들이 더는 자신이 원하는 기사를 쓸 수 없었기 때문이다. 대신 그들은 괴벨스의 국민계몽선전부가 제시한 방침을 충실히 따라야 했다. 그 결과 그들의 기사에는 다양성이나 독특함이 거의 없었다.

　괴벨스가 직면한 두 번째 문제는 한층 더 해결하기 어려웠다. 나치의 경제적 '포부'와 현실 사이에는 근본적인 괴리가 있었다. 나치당은 소상공인과 농민의 정당임을 자처했다. 그러나 히틀러가 재무장에 몰두했기에 거대 산업 콘체른과 현대적인 생산 방식에 초점이 맞춰질 수밖에 없었다. 강철과 무기를 생산하는 복합기업 크루프 같은 거대 회사들이 몇 명이 되었든 소규모 작업장에서 일하는 숙련공들보다 훨씬 더 소중했다. 괴벨스가 대도시의 '아스팔트' 문화에 저주를 퍼붓고[17] 독일 숲의 아름다움을 찬미할 수는 있었겠지만, 히틀러가 절실하게 원한 무기가 생산된 곳은 바로 검댕으로 얼룩진, 나무 한 그루 보이지 않는 독일의 공업 중심지였다.

괴벨스와 그의 동료들이 이러한 어려움을 해결하기 위해 찾아낸 방법은 종족적으로 수용될 만한 독일인들의 폐쇄적인 '내집단'을 위해 폴크스게마인샤프트의 흐릿한 미래상을 계속 홍보하는 동시에 '외집단'의 끊임없는 위험성을 강조하는 것이었다. 그 외부 집단은 주로 유대인이었다.[18] 이 맥락에서 괴벨스는 자신만의 큰 진실을 이해했다. 정당의 구성원은 대개 자신이 좋아하는 것보다 증오하는 것을 잣대로 스스로를 규정하기가 더 쉽다는 사실이다. 그러나 선전의 관점에서 이는 한 가지 문제를 노정했다. 사람들이 느끼는 증오심의 크기는 저마다 달랐다. 한쪽 극단에는 돌격대의 흉포한 자들이 있었고, 다른 쪽 끝에는 괴벨스가 나치의 대의에 충성하도록 전향시키고 싶은, 한때 사회주의자였던 자들이 있었다.

증오의 정도에 나타난 이러한 격차는 괴벨스가 1930년대에 반유대주의 영화 제작에 신중했던 한 가지 이유였다. 실제로 독일 극장에서 〈영원한 유대인Der ewige Jude〉과 〈유대인 쥐스Jud Süß〉 같은 노골적인 반유대주의 영화가 상영되기 시작한 것은 전쟁이 발발하고 난 뒤였다. 괴벨스는 영화가 엄청난 힘을 갖고 있다고 생각했는데, 이를 통해 당 내부의 극단적인 유대인 혐오자들이 자극을 받으면 그들의 공격성을 통제하지 못할 수도 있음을 분명히 인식했을 것이다.[19]

그럼에도 나치는 이데올로기적으로 유대인의 '위험성'에 관해 독일 국민을 '교육'하는 데 매진했다. 그들은 이를 주로 두 가지 방식으로 시도했다. 하나는 책과 신문 등 문자였고, 다른 하나는 앞 장에서 설명한 교육제도의 변경이었다.[20] 신문 중에서는 율리우스 슈트라이허의 증오로 가득한 주간지 《데어 슈튀르머Der Stürmer》(돌격병)가 가장 과격한 반유대주의 선전을 지속적으로 펼쳤다. 1934년 5월 '유대인의 살인 음모'라는 제목으로 나온 호가 가장 악질적이었다. 독일 어린이의 피를 모아 무교병을 만드는 유대인 남자들의 캐리커처를 싣고서 유대인의 역사는 "대량 살인과 학살의 끊이지 않는 사슬"이라고 주장했다. 독일 밖에서, 나라 안의 기독교도로부터 항의가 들어오자, 그 호는 결국 배포가 금지되었다. 그러나 이러한 항의에 아랑곳없이 《데어 슈튀르머》는 이후에 발행한 호에서 유대인에 관해 한층 더 기괴한 거짓말을 퍼뜨렸다.[21]

오늘날 《데어 슈튀르머》를 읽으면 그 배후 인물인 율리우스 슈트라이허의 정신이 병들었다는 생각을 지울 수 없다. 종전 후 뉘른베르크 전범재판에서 그의 변호사조차도 그런 것이 아닌지 의심했다. 그러나 정신의학 전문가들로 구성된 위원회가 조사한 결과, 그는 '신경증적 망상'에 사로잡혀 있고 뉘른베르크의 범죄자들 중에서 '가장 낮은 지능지수'를 보이기는 했어도 재판을 받을 수 있을 정도로 정신이 온전하다는 판정을 받았다. 그는 독방에 갇힌 상태에서도 계속해서 반유대주의적 증오를 토해냈다. 그는 미국의 심리학자 구스타브 길버트에게 자신이 "세상에서 유대인의 위협을 역사적 문제로 분명하게 인식한 유일한 사람"이라고 말했다.[22]

강제수용소의 끔찍한 현실이 이 모든 증오가 진짜였음을 확증했지만, 그곳에서도 적어도 1930년대에는 많은 수감자를 '재교육'하려는 시도가 있었다. 나치에게 테러와 정신 개조의 욕망은 동전의 양면이었는데, 이것이 어떻게 가능했는지 이해하려면 이 시기의 수용소가 아직은 홀로코스트에 등장하는 학살 공장이 아니었고 수감자 중에서 유대인이 압도적으로 많은 것도 아니었음을 기억할 필요가 있다.[23] 나치 집권 초기에 수감자는 대부분 정치적 반대자들이었다.

수용소 체제가 잔혹했고 일부 수감자가 살해되기는 했지만, 대다수는 약 18개월의 감금 생활 끝에 석방되어 사회로 복귀했다. 따라서 자신들이 관리하던 수감자를 '재교육'하려는 시도는 친위대 경비병들의 관심사였다. 다수의 수감자가 사회주의자나 공산주의자였기 때문이다. 그들의 정신을 무너뜨리기 위해 종종 잔인한 방법을 사용했다. 굶기기도 했고 채찍질하거나 주먹으로 구타하기도 했다. 그렇지만 친위대가 사용한 다른 많은 기술은 심리학적으로 상당히 정교했다. 한 가지는 형량의 모호한 성격이었다. 강제수용소에 끌려간 사람들은 자신이 얼마 동안 억류될지 알 수 없었다. 그들은 다음날 바로 석방될 수도 있었고 결코 풀려나지 않을 수도 있었다. 수감자들은 전부 '보호'를 위해 수용소에 보내졌기 때문에, 얼마나 오래 머물 것인지는 전적으로 그들을 가둬놓은 자들의 의사에 달려 있었다. 다하우에서 근무한 어느 친위대 장교는 이렇게 말했다. "그들은 구금 기간이 불확실하다는 사실을 전혀 이해하지 못했다. 바로 이 때문에 그들은 지쳤고 최고로 강력한 의지까지도 꺾여버렸다."[24]

친위대는 "의지를 꺾는" 것과 더불어 교화를 통해 새로운 독일의 시민으로 만들 수 있다고 생각한 자들을 개즈할 다른 방법도 써보았다. 나라의 북서쪽 뵈르거모어 강제수용소에 갇혔던 어떤 사람은 친위대가 수감자의 정신을 개조하려고 사용한 한 가지 기술에 대해 얘기했다. 히틀러의 총리 집무 초기 크리스마스이브에 수용소 사령관은 수감자들에게 독일 문화에서 특별한 위상을 갖는 크리스마스 캐럴 〈고요한 밤, 거룩한 밤〉을 부르라고 말한 뒤 그들에게 '연민의 감정'으로 이야기했다.

사령관은 이렇게 말했다. "당신들은 나쁜 사람이 아니다. 당신들은 인간 이하의 존재가 아니다." 그 크리스마스는 나빴을지언정, "당신들에게도 자유의 시간이 올 것이다. 그렇게 되면 우리의 위대한 조국 새로운 독일의 건설에 힘을 보태라. 우리 민족의 훌륭한 총리인 퓌러 아돌프 히틀러에게 진심으로 충성하라. 그는 당신들의 행복을 위해, 당신들의 미래를 위해 싸우고 있으며, 지금도 깨달음의 나무 밑에 안전하게 서서 민족을 생각하고 있다. (…) 독일인이 된다는 것은 곧 민족사회주의자가 된다는 뜻이다. 우리는 지금 그런 마음으로 민족사회주의의 첫 번째 크리스마스를 축하하고 있다."[25]

이는 명백히 크리스마스 정서를 이용해 수감자들에게 나치를 '그들'이 아닌 '우리'로 여기게 하고 그들의 집단적인 '독일인' 의식을 이용해 히틀러에 대한 '믿음'을 심어주려는 시도였다.

물론 같은 독일인이어도 민족사회주의자로 개조하기가 상대적으로 더 어려운 사람들이 있었다. 특히 여호와의 증인이 그러한 경우에 속했다. 이들은 전능하신 하느님에 대한 뜨거운 신앙을 지녔고 공공연히 평화주의를 옹호했기에, 나치는 이들을 직접적인 위협으로 인식했다.

여호와의 증인은 나치의 표적이 된 집단들 중에서도 독특했다. 그들은 신앙을 포기하면 즉각 석방될 가능성이 있었다. 그러나 많은 신도가 그러한 길을 걷는 대신 무서운 박해를 감내하기로 결정했다. 이들은 히틀러가 권력을 잡은 순간부터 늘 체포될 위험을 안고 살아갔지만, 1937년 5월에 내려진 명령으로 한층 더 심한 재난에 빠졌다. 그때 이후로 여호와의 증인은 정권에 반대한다는 혐의만으로도 강제수용소에 수감될 수 있었다.

뵈르거모어 수용소에서 크리스마스를 지낸 그 사람은 친위대가 어느 여호와의 증인 신도의 의지를 어떻게 꺾으려 했는지 설명했다. 그는 "누구에게나 다정했던" 마흔 살가량의 남자로 "감방과 복도를 끊임없이 쓸고 닦았으며 물을 길어와 모두에게 도움을 주었다." 그러나 그는 팔을 들어 '하일 히틀러' 경례 구호를 외치기를 거부했다. 그의 신이 그렇게 하지 말라고 명령했다고 믿었기 때문이다.

이와 같은 규정 위반 때문에 그는 처벌 구역으로 끌려가 매질을 당했다. 그가 돌아왔을 때 다른 수감자들이 자신들도 경비병을 맞이할 때 "그저 시늉만" 한다며 그에게 '하일 히틀러'를 외치라고 설득하려 했다. 그러나 그는 여전히 거부했다. 그러자 친위대 경비병들이 그를 밖으로 끌어내 단단한 땅바닥에 그가 흘린 "피가 굳을" 때까지 두들겨 패 의식을 잃게 했다. 그렇지만 그는 의식이 돌아온 뒤에도 여전히 팔을 들어 올리고 '하일 히틀러'를 외치지 않았다. 이후 그는 '전문 범죄자들'의 방에 던져졌으며 "똥통을 들고 뛰며" 날라야 했다. 그의 일상은 이제 "끌려가 매를 맞고 똥통을 치우는 일"의 반복이었다. 친위대 경비병들은 그를 괴롭히며 즐거워했고 그가 마침내 굴복할 것인지를 두고 서로 내기를 했다. 그가 '여러 주' 동안 그렇게 고문을 당한 뒤 원래의 막사로 보내졌을 때, 동료 수감자들은 친위대원이 지나갈 때 그가 '어줍게' 팔을 들어올리는 것을 보았다. 그는 "덕지덕지 피 묻은 손"을 내뻗으며 마침내 속삭였다. "하일 히틀러!"[26]

다른 수용소에서도 여호와의 증인을 학대했다. 베를린 외곽의 작센하우젠 강제수용소에서 근무한 친위대원들이 종전 후 재판을 받을 때, 법정에서 여호와의 증인 한 사람이 목까지 땅에 파묻혔고 친위대원 두 명이 그의 머리에 소변을 보았다는 증언이 있었다. 그는 한 시간 동안 묻혀 있다가 풀려났다.[27]

그러나 친위대와 여호와의 증인 사이의 관계가 모욕적인 억압의 관계만은 아니었다. 친위대는 또한 여호와의 증인이 지닌 뜨거운 믿음이 부러웠다. 나중에 아우슈비츠 수용소의 사령관이 되는 루돌프 회스는 작센하우젠 수용소에서 두 명의 여호와의 증인 신도가 사형 선고를 받았을 때 보여준 행동에 "깊이 감동했다." 그들은 자신의 운명이 결정되었다는 말을 듣자 "기쁨으로 거의 무아지경에 빠졌으며 어서 빨리 처형되기를 고대했다." 총살 집행에 끌려나온 "그들은 절대로 묶지 말라고 요청했다. 여호와께 두 손을 번쩍 들어올리고 싶었기 때문이다. 그들은 소총 사격장 안의 나무로 만든 칸막이 벽 앞에 서서 황홀경에 빠져 있었다. 이미 이승에 속한 사람처럼 보이지 않았다."[28]

여호와의 증인 신도들의 절대적인 헌신에 감명을 받은 사람이 회스만은 아니었다. 하인리히 힘러와 다하우 수용소 사령관 테오도어 아이케도 마찬가지였다. 이들은 이렇게 선언했다. "친위대원들은 여호와의 증인이 그들의 여호와에게 보여준 것처럼 열광적이고 흔들림 없이 민족사회주의의 이상과 아돌프 히틀러를 신뢰해야 한다. 모든 친위대원이 그 신념을 열광적으로 추구할 때에만, 아돌프 히틀러의 국가는 영원히 안전할 것이다."[29]

이는 친위대 지도부가 자신들이 믿음 위에 세워진 조직을 이끌고 있음을 얼마나 잘 이해하고 있는지 보여주는 발언이었다. 그렇지만 이는 또한 힘러가 친위대원에게 요구한 사고방식을 구축하면서 근본적인 문제에 직면했음을 드러냈다. 힘러는 한편으로 모든 친위대원이 여호와의 증인 신도들처럼 '열광적인' 믿음을 갖기를 원했지만, 다른 한편으로는 그들이 '열광적으로' 느낄 대안적인 신념 체계를 만들어내야 했다. 이는 결코 쉬운 과제가 아니었고, 히틀러가 기독교에 전면적인 전쟁을 선포할 뜻이 없었기 때문에 특히 더 어려웠다. 힘러는 "기독교 교리가 모든 민족의 파멸에 책임이 있다"고 믿었지만, 히틀러는 그에게 공개적으로는 이런 내용으로 발언하도록 압박했다. "그는 국가와 교회의 매우 평화로운 관계를 높이 평가했다."[30]

힘러는 무신론자를 경멸했기에, 그의 태도는 훨씬 더 복잡해졌다. 그는 모든 친위대원이 스스로 기독교 교리를 믿는 사람이라기보다는 '신을 믿는 사람Gottgläubigen'이라고 선언하기를 더 좋아했다. 따라서 그가 직면한 어려운 문제는 '신'을 포함하되 천 년 넘게 지속된 독일 기독교 문화를 무시하는 신념 체계를 만들어내는 것이었다. 힘러는 기독교 이전 시대에 로마인들과 싸운 게르만 부족인 튜턴족의 신앙으로 되돌아가는 방법을 택했다. 그 과정에서 그는 종족의 우월함을 토대로 하는 일종의 조상 숭배를 포함해 여러 관념을 뒤섞어 채택했다.

힘러는 흔히 깊은 감정으로 준수되는 기독교 신앙의 의례들을 대체할 의식을 개발해야 할 필요성을 뼈저리게 느꼈다. 심리학자들은 예를 들면 슬픔을 정리할 필요성 때문에 장례식이 인간의 정신에 매우 중요하다는 점을 오래전부터 인식했다.[31] 힘러는 자신의 행동을 뒷받침하는 심리학적 연구를 알지 못했겠지만 친위대원들이 이승을 떠날 수 있게 하는 의식을 고안하는 데 많은 시간을 들였다. 그는 《장례 방법에 관한 제안》이라는 제목의 작은 책자에 부친 서문에서 자신의 철학을 이렇게 약술했다. "모든 죽음의 의미는 삶에 있다. 어머니는 자식을 살리기 위해 죽음을 감내한다. 수많은 전사와 병사가 우리 민족Volk의 생존을 위해 죽었다. 과거에 우리 조상들은 힘든 일을 견디며 수고한 결실이 자녀와 손주들에게 돌아간다는 것을 알았기에 편안 마음으로 이승을 떠났다. 우리는 죽음이 두렵지 않다. 죽음은 삶의 의미와 삶의 법칙으로 가득한 위대하고 성스러운 사건이다. 개인은 죽지만, 그의 민족은 자녀들 안에서 그의 시대를 뛰어넘을 것이다. 우리는 우리 자신보다 민족의 장래의 삶을 더 사랑하기에 필요하다면 언제든지 기꺼이 용감하게 죽음을 허락할 것이다."[32]

힘러는 장례 자체는 정신을 "고양하는" 것이어야 하고 "영웅적 성격"을 띠어야 한다고 생각했다. 친척들의 "기억에 남는 인상적인" 의식이어야 한다는 것이었다. 이 책자는 "장례식장의 장식"은 "축제 분위기"를 내도록 "밝고 환해야" 한다는 점을 명확하게 밝혔다. 그뿐만이 아니었다. "장식용 식물은 외국 것이 아니어야 한다. 특히 야자수는 절대로 안 된다. 조화를 비롯한 인공 장식물은 우리 의식의 일부가 아니다." 힘러의 좀스러운 생각은 관의 형태에도 뻗쳤다. 1936년 그는 친위대 지도자들을 대상으로 한 연설에서 "끔찍하리만큼 멋없고 유행에 뒤진 기성품 관"의 사용에 대해 불평했다. "소름 끼치는 주물 부속품들은 모든 눈에, 또한 망자에게 모욕이다." 그래서 그는 친위대의 어느 소령에게 이렇게 지시를 내렸다. "나쁜 취향의 정점인, 1870년대부터 1890년대까지 이어진 과도한 장식의 바보 같고 어리석은 허식이 없는 정말로 단순하고 수수하며 훨씬 아름다운 [친위대 관] 디자인을 만들라."[33]

힘러가 제안한 고별사의 내용도 시사하는 바가 있었다. "참나무 한 그루가 얼마나 오래 서 있을지는 아무도 모른다. (…) 그러나 그것이 중요하지는 않다. 왜냐하면 참나무는 종種으로서, 속屬으로서 존속할 것이기 때문이다. (…) 한 사람의 수명은 미리 결정할 수 없지만, 우리 민족Volk의 영생 속에서 우리 종족이 존속할 것임을 우리는 알고 있고 믿는다. (…) 개인은 죽겠지만 그를 낳은 생명은, 그의 종족과 민족의 생명은 그대로 머물 것이다. 이 점을 깨달으면 우리는 이것이 어떻게 일종의 불멸인지를 이해할 뿐만 아니라 그 의미와 목적도 받아들이게 된다."[34]

이는 '내집단'의 궁극적인 종족적 미래상이었다. 사람은 죽고 난 뒤에도 자손의 '순수성'을 통해 '종족'의 일원으로 남는다. 이는 친위대원들이 쉽게 내면화한 간명한 사고방식이었다. 친위대원 요제프 알트로게의 신상기록부에는 그가 쓴 글이 들어 있었는데, 글에서 그는 자신과 동료들이 "우리의 순수한 피를 보존해 자식과 손주들에게 물려주어야" 하는 "신성한 의무"를 느껴야 한다고 말했다. 그들은 이러한 의무를 이행하는 한 "진정한 불멸의 존재"가 될 기회를 가졌다. 알트로게는 기독교의 '삼위일체' 개념을 개악해 이렇게 썼다. 종족적으로 순수한 후손을 번식시킴으로써 "언젠가 제국과 민족Volk, 믿음의 삼위일체라는 목

표를 달성할 것이다."³⁵

그러므로 그로스로젠 강제수용소 사령관 요하네스 하세브뢰크가 종전 후 인터뷰에서 이렇게 말한 것은 전혀 놀랍지 않다. "나의 마음은 나를 지적으로 인도한 친위대에 대한 고마움으로 가득했다. 우리 모두 감사했다. 우리 중 상당수가 그 조직에 가입하기에 앞서 매우 당황했다. 우리는 주변에서 일어나고 있는 일을 이해하지 못했고, 모든 것이 매우 혼란스러웠다. 친위대는 우리에게 이해할 수 있는 쉬운 관념을 몇 가지 얘기했고, 우리는 그것을 믿었다."³⁶

힘러가 친위대에 가입한 대원들 중에서 '단순한' 자들에게만 관심을 가졌다는 뜻은 아니다. 독일에서 가장 똑똑한 축에 드는 청년들도 대원이 되었고, 상당수가 그 조직에서 라인하르트 하이드리히가 이끄는 분과인 보안국에서 근무했다. 그중에서도 가장 악명 높은 두 사람을 꼽자면 프란츠 직스와 오토 올렌도르프였다. 둘 다 전쟁 중에 학살 부대인 특수기동대Einsatzgruppen를 지휘한다.

이들의 배경은 얼핏 보면 학살자에 어울리지 않는 듯하다. 직스는 하이델베르크대학교에서 박사학위를 받았으며 1930년대 중반에 쾨니히스베르크대학교에서 저널리즘을 가르치는 교수였다. 올렌도르프는 이탈리아의 파도바대학교에서 법학 박사학위를 받았으며 이후에는 경제학 전문가가 된다. 그러나 두 사람에게는 학문적 성취를 뛰어넘는 공통점이 있었다. 둘 다 1차대전에서 싸우기에는 너무 어렸지만 그 전쟁을 생생하게 기억할 만큼 나이를 먹었으며, 청년으로서 나치의 대의에 헌신했고, 히틀러가 권력을 잡기 전에 당원이 되었으며, 1930년대에 하이드리히의 보안국에 그 지적 재능을 바쳤다.

두 사람이 종국에는 동쪽의 학살 현장에서 살인자가 되었지만, 올렌도르프와 직스가 애초에 보안국에 선발된 대체적인 이유는 그 지적 재능 때문이라는 사실을 기억할 필요가 있다. 두 사람은 확실한 살인 능력을 지닌 무지한 깡패가 결코 아니었다. 보안국을 위해 학계의 신인을 발굴하는 역할을 맡은 교수 라인하르트 횐은 올렌도르프를 딱 집어 하이드리히의 부대에 "그와 같은 비판적인 지식인이 필요하다"고 말했다.[37]

올렌도르프는 나치의 원칙을 토대로 새로운 독일을 창조한다는 도전적인 과제에 흥분했다. 그는 바로잡아야 할 것이 많다고 믿었다. 종전 후 재판에서 그는 나치가 된 이유를 히틀러가 총리가 되기 전 자기 세대가 경험한 "정신적이고 종교적이며 사회적인 분열" 때문이라고 주장했다. 그때는 "서른 개가 넘는 정당이 국가 권력을 두고 싸워" "사회가 미래의 희망이 없는" 시절이었다.[38]

그러나 오토 올렌도르프와 프란츠 직스가 통상적인 의미의 지식인이 아니었음을 알아보는 것도 중요하다. 동료들과 다양한 이론을 두고 토론할 수 있다고 생각한 보통의 학자와 다르게, 올렌도르프와 직스, 여타 나치 지식인들은 모든 것을 종족이라는 단일한 프리즘을 통해 보았다. 종족주의자가 아니라면 그 클럽에 속할 수 없었다. 그 점에서 그들은 믿음 위에 선 지식인으로서 광적인 기독교도가 신의 존재에 이의를 제기할 마음이 없듯이 종족주의적 믿음의 타당성에 의문을 제기할 생각이 없었다.

물론 이들은 인간의 경험에서 종족이 중심이라고 선언하면서 자신들의 지도자인 아돌프 히틀러를 흉내 내고 있었다. 1924년으로 돌아가 보면, 히틀러는《나의 투쟁》을 쓰면서 자신의 종족주의적 믿음을 지극히 과격한 말로 표현했다. "인간의 약함은 물론이고 강함도 오직 피 안에만 있다. (…) 종족의 문제를, 따라서 유대인 문제를 아주 명확하게 알지 못하면 독일 민족의 부활은 절대로 오지 않을 것이다. 종족 문제는 세계사뿐만 아니라 인간의 모든 문화의 관건이 된다."[39]

나치 지식인들은 학자들의 저술에서 자신의 종족주의적 믿음을 학문적으로 확증하는 것을 찾아냈다. 예를 들면 교수 한스 귄터는 '북유럽 종족'의 영광을 설파하면서 이렇게 주장했다. "삽화가나 화가, 조각가가 목적지향적인 대담하고 결연한 사람이나 남자든 여자든 고결하고 뛰어난 영웅적인 인간의 이미지를 표현하기를 원한다면, 그 사람은 대체로 북유럽 종족을 어느 정도 닮은 이미지를 만들어낸다." 그에 따르면 이는 "서양 모든 나라의 유명하고 걸출한 남녀 중에서 북유럽 사람이 비교적 많이 두드러진" 이유를 설명해준다.[40]

이와 같은 왜곡된 이론이 친위대의 지식인들에게는 핵심을 간파한 고무적인 견해였다. 그들이 스스로 '고결하고 뛰어난 영웅적인 북유럽인'이라고 생각했기에 더욱 그렇게 여겨졌다. 그러나 이들은 또한 가만히 앉아서 그 우월함을 즐기고만 있을 수는 없음을 알고 있었다. 주로 동쪽의 슬라브족 국가들로부터 인구학적으로 위협을 받고 있다고 느꼈기 때문이다. 나중에 포젠 제국대학교의 교수로 임명된 전후 독일의 존경받는 역사가 베르너 콘체는 2차대전 발발 직전에 이렇게 말했다. "중부유럽 동쪽의 넓은 영역에서 농촌의 인구 과잉은 오늘날 가장 심각한 사회적·정치적 문제 중 하나다."[41]

이는 많은 홀로코스트 가해자들의 사고방식을 구축한 결정적인 재료로 입증된다. 이들의 출발점은 독일 민족이 희생자라는 인식이었다.

1차대전에서 패배하고 그 직후 고초를 겪은 것은 내부에 있는 적(다수가 진짜 독일인이 아니었다)의 배반과 다른 민족들의 기만적인 행태가 초래한 결과였다. 마치 그것으로 충분하지 않다는 듯이, 전쟁이 끝난 후 몇 년 동안 독일은 동쪽의 슬라브족 인구가 증가한 탓에 종족적으로 소멸할 위험에 처했다. 이는 볼셰비즘을 장악한 유대인이 획책한 상황이었다.

그러므로 이 잘못을 바로잡는 역사적 과업을 떠맡은 자들은 근본적인 원인에 조금도 책임을 느끼지 않았다. 문제는 그들이 야기하지 않았다. 그들은 그 문제의 해결책이었다. 물론 이는 전부 거짓말이었지만, 이 주장을 진실로 여기는 거짓말을 받아들이고 다른 주장들을 믿음의 차원으로 격하하면, 나름의 논리적 일관성이 있다.

올렌도르프와 직스 같은 나치 지식인들은 자신이 유토피아, 다시 말해 종족적으로 순수한 모든 독일인이 양지의 삶을 영위할 멋진 신세계를 창조하는 과정에 참여하고 있다고 믿었다. 이들은 이 낙원을 건설하려면 수백만 명에 달하는 다른 민족들에게 고통을 안겨야 한다는 사실을 이해했다. 그러나 그들은 종족주의로 무장했기에 이를 '자연' 질서의 불가피한 귀결로 받아들였다.

나치가 스스로를 혁신적인 사상가로, 세상의 현실이 아무리 잔인하더라도 그 현실에 당당히 맞설 준비가 된 유일한 사람들로 여겼다는 사실도 그들에게 도움이 되었다. 그래서 이 나치 지식인들은 대부분 책상 앞에 앉아 있는 것에 결코 만족하지 않았다. 그들은 서둘러 임무를 완수하려 한 행동가였다.[42]

놀랍지 않게도 그들은 영국인을 대체로 인정할 만한 종족이라고 생각했지만 이를 넘어서 영국인들이 목적을 달성하려고 추구한 공격적인 방식에 경의를 표했다. 베를린 주재 영국 대사 네빌 헨더슨은 헤르만 괴링이 자신에게 한 말을 이렇게 전한다. "그가 정말로 존경한 [영국인은] 프랜시스 드레이크처럼 그가 해적이라고 지칭한 자들이었고, 그는 우리가 지나치게 '잔인함이 줄었다'며 책망했다."[43] 영국이 드레이크 시절 이후로 소중한 것을 잃었다는 이러한 견해를 시인이자 작가인 헤르만 부르테가 한층 더 발전시켰다. 그는 1940년 어느 연설에서 셰익스피어가 영국인인 만큼이나 독일인이기도 하다고 주장했다. 그는 영국보다 나치 정권이 엘리자베스 시대 잉글랜드의 '정신'에 더 가깝다고 말했다. 셰익스피어는 《베니스의 상인》에서 유대인 대부업자 샤일록을 거부했는데, 이를 나치가 완벽하게 받아들였다는 것이 이유였다.[44]

나치 정권이 크게 칭찬한 해적질 정신은 이와 같은 나치 지식인 여럿에게 앞날의 무한한 가능성에 관해 엄청난 기대를 심어주었다. 가장 강한 자가 무엇을 원하든 다 가질 수 있다고 믿는다면, 새로운 해적질의 시대를 열 수 있을 터였다. 성공의 유일한 전제조건은 적들보다 더 강하다는 확신뿐이었다.

나치의 유사다원주의적 패권 투쟁은 독일 국경 밖에 사는 사람들을 겨냥하는 데 그치지 않았고 공산주의자와 유대인 같은 내부의 적에 국한되지도 않았다. 그 싸움은 정권 내부에서도 벌어졌다. 1930년대 중반부터 외교부에서 일한 귄터 로제 박사는 근무 시간의 대부분을 정부 내 경쟁 부처와 다투며 보냈다고 기억했다. 상시로 충돌한 부처는 괴벨

스의 국민계몽선전부였다. 예를 들면 괴벨스가 외국 신문을 검열할 때 사용한 검인의 낱말을 두고 싸움이 있었다. 그는 외국 언론의 기사를 점검할 때 "외교부 언론과의 승인을 거침"이라는 문구로 검인을 찍었는데, 괴벨스 참모진의 반대로 거친 싸움이 벌어진 후 문구는 "이의 없음. 외교부 언론과"로 바뀌었다. 로제는 "미묘한 차이지만 지축을 뒤흔드는 것"이었다고 느꼈다. 그는 이렇게 회상했다. "아주 작은 일상의 업무에서 거의 매일 그처럼 기괴한 상황이 연출되었다."

로제는 이 모든 내부 분란의 근본적인 이유는 "퓌러와 가까운 자리를 차지하기 위한 싸움"에 있다고 믿었다. 이러한 갈등을 더욱 악화한 요인이 있다. 히틀러는 "두 사람에게 동일한 임무나 긴밀히 연관된 임무를 주기를 좋아했다." 그리고 분쟁이 발생했을 때 그들 사이를 중재하는 것은 무척 싫어했다. 결과적으로 보통의 관료 기구는 극심한 압박에 무너지고 갈라졌다.

공식적인 직함이 아니라 히틀러와 얼마나 가까운지가 중요했다. 로제에 따르면, 당 관료들은 "퓌러의 결정을, 퓌러가 한 말을 언급했다." 그것은 "퓌러의 의지"로 전달되곤 했다. 히틀러가 했다는 말을 그가 실제로 했는지, 그가 자신이 무심코 내뱉은 말도 [부하들이] 따르기를 기대했는지는 "정말로 의심스러웠지만" 아무래도 상관없었다.[45]

일을 더욱 복잡하게 만든 것은 히틀러가 자신의 천재성을 믿었다는 사실이다. 대다수 지도자는 앞으로 나아갈 바를 결정하기 전에 동료들과 의논하려고 노력했지만, 히틀러는 정반대였다. 히틀러는 정책 논의를 회피했을 뿐만 아니라 때로는 다른 나치 지도자들이 무슨 생각을 하는지 적극적으로 알려고 하지도 않았다. 예를 들면, 1935년 6월 5일 히틀러의 부관 프리츠 비데만은 히틀러의 비서 마르틴 보어만에게 문서를 하나 돌려보냈다. 첨부된 메모에는 이렇게 쓰여 있었다. "퓌러는 이 문서를 받았지만 읽지 않고 곧장 내게 돌려보냈다. 다음번 당 집회에서 그는 이 문제에 관해 중대한 연설을 하고자 한다. 그래서 다른 사람들의 견해에 영향을 받기를 원치 않는다."[46]

이 모든 것은 행정 체계가 예상하지 못한 방식으로 장애를 겪었음을 의미한다. 로제는 이렇게 말한다. "퓌러가 새로운 착상이나 무엇인가 떠올라 새로운 지시를 내리면, 파킨슨 법칙[해양사가 파킨슨C. Northcote Parkinson이 주창한 것으로, 공무원의 수는 실제 업무량과 무관하게 증가한다는 법칙]이 작용했다고 말할 수 있을 것이다. 모두 그 지시로부터 하나의 기관을 만들었다. 그 기관들은 점점 더 커졌다." 로제와 그의 동료들은 히틀러의 전체적인 미래상을, 다시 말해서 "독일 민족이 적어도 유럽에서는 지배하는 종족이어야 한다"는 것, 그리고 "세상을 볼셰비즘에서 해방할" 필요가 있다는 것을 잘 알았지만, 그 모든 구조적 혼란으로 인해 어떻게 바라는 목적을 달성할 수 있을지는 짐작하기 어려웠다.[47]

그런데 이러한 통치 방식은 실제로 엄청난 활력을 만들어냈다. 히틀러가 혁신적인 사고를 높이 평가한다는 사실을 모두가 알고 있었기 때문이다. 따라서 그의 관심을 받는 방법은 어떤 문제에 대해서든 과격한 해법을 제시하는 것이었다. 히틀러가 반드시 그런 제안을 채택하지는 않았지만, 그것을 들고 온 사람을 칭찬할 가능성은 있었다. 요아힘 폰 리벤트로프가 1938년에 나치 정권의 외교부 장관이 되어 중요한 인물로 부상한 것은 부분적으로 이로써 설명이 된다. 리벤트로프는 히틀러가 어떤 생각을 하고 있는지 미리 알고서 이를 그에게 말하면서 자신의 과격한 견해를 덧붙이는 데 능숙했다. 나치의 다른 주요 인사들은 리벤트로프를 오만하고 어리석다며 경멸했지만, 그는 결점이 많았음에도 한 가지 귀한 재능을 보유하고 있었다. 보스를 다룰 줄 알았던 것이다.[48]

삶은 부단한 투쟁이라는 나치의 확신은 모든 공적 영역에 침투했는데 특히 의학에서 두드러졌다. 의사들은 환자보다 국가를 섬기라는 요구를 받았다. 히포크라테스의 이상이 극히 비정상적으로 개악된 것이다. 그 결과로 의료업은 홀로코스트로 이어지는 심리학적 조건을 조성하는 데 중요한 역할을 할 준비를 갖추었다.

충분히 예상할 수 있는 일이지만, 출발점은 종족이었다. 그리고 인간의 가치는 '민족공동체'에 얼마나 기여하는가에 따라 결정된다는 믿음이었다. 역시 예상대로 유용성의 첫 번째 전제조건은 종족적 성분이었지만, 이 종족 시험을 통과한 사람들도 다른 평가 방식에서 기준 미달이라고 판단되면 표적이 될 수 있었다. 그중에서도 가장 악의적인 것은 몇몇 장애인 부류가 잠재적인 위협이 된다는 나치의 믿음이었다.

모든 장애인이 동일한 평가를 받지는 않았다. 독일에서 가장 숫자가 많은 장애인 부류는 1차대전에 참전한 퇴역 군인이었고, 나치는 이들을 조국을 위해 희생한 영웅으로 대접하겠다고 공언했다. 1934년 7월 장애를 입은 참전용사들에게 특별 연금을 지급하는 법률이 제정되었다. 퇴역 군인의 이익을 돌보는 단체인 민족사회주의 상이군인보호NSKOV의 회장 한스 오버린도버는 새로 통과된 법을 "독일 군인의 명예를 위한 싸움"에서 거둔 중요한 승리라고 높이 평가했다.[49]

다른 장애인들은 학대받기 쉬웠고, 나치가 권력을 잡기 전에 이미 그런 대우를 받았다. 14만 명을 웃도는, 독일 보호시설 입소자의 약 30퍼센트가 1차대전 중에 사망했다. 이 소름 끼치는 사망률은 주로 정신병자에 대한 간호가 우선순위에서 밀린 전시 환경의 결과였다.

이러한 상황에서 1920년에 장애인 '문제'의 근본적인 해법을 제안한 책이 독일에서 출간되었다. 제안된 해법은 《살 가치가 없는 생명의 박멸을 허용함Die Freigabe der Vernichtung lebensunwerten Lebens》이라는 제목에 분명하게 드러났다. 이 책은 두 명의 학자, 즉 유명한 법률 사상가인 카를 빈딩 교수와 정신과 의사 알프레트 호헤 교수의 공저였다. 두 부분으로 나누어진 책에서 빈딩은 중증 장애인에 대한 살인의 '사법적' 정당화에 집중했고, 호헤는 '의학적 논평'을 제시했다. 두 저자는 책에서 자신의 견해를 솔직하게 밝혔다. 호헤는 이렇게 썼다. "우리는 신체적으로나 정신적으로 병든 자들의 상태를 개선할 가망성이 조금이라도 있다면 최선을 다해 그들을 치료하기를 결코 멈추지 않을 것이다. 그러나 우리는 언젠가 정신적으로 완전히 사망한 것이나 다름없는 자들을 제거하는 것이 범죄나 부도덕한 행위, 감정을 해치는 잔인한 행위가 아니라 용인할 수 있는 유익한 행위라는 견해에 도달할 수도 있을 것이다."[50]

호헤는 의사들이 "엄청나게 복잡한" 윤리적 문제와 씨름해야 한다고 인정했지만 "어떤 상황에 처한 사람이든 그 생명을 다 보호"해야 할 "절대적인" 필요성은 없다고 주장했다. 의사는 생명을 구할 "상대적" 의무만 지니며, 이조차도 상황을 "다시 검토한" 뒤에는 바뀔 수 있었다. 불치병에 걸린 사람을 살려두는 것은 그들에게는 "고문"이 될 수 있으며 "건강하지만 피로에 지친 사람"을 계속 깨워두는 것과 똑같이 나쁜 짓이었다. 그러나 호헤가 의학적으로 용인된 살인을 순전히 동정심에서 옹호했다고는 생각하지 말자. 그는 의사가 중증 정신장애를 앓고 있는 환자를 제거하면 보호시설의 비용을 아낄 수 있다는 점도 지적했다.[51]

빈딩과 호헤의 책은 논쟁을 일으켰고, 1920년대 내내 열정적인 옹호자들이 등장해 찬성과 반대의 공방을 벌였다. 한편 장애인 돌봄의 위기는 바이마르 공화국 초기에 심해졌고 대공황으로 더욱 악화했다. 장애인 환자를 선별해 죽이는 것은 여전히 실현 불가능한 대책이었지만, 극적인 면이 덜한 다른 해법은 서서히 지지를 획득했다. 불임시술이다.

이 정책의 선구자는 독일이 아니었다. 미국의 여러 주에서 이미 일부 정신장애인과 신체장애인을 대상으로 한 의무적 불임시술 정책을 채택했다. 바로 이러한 상황에서 독일 의사들은 불임시술이 윤리적으로 선택 가능한 대안인지 아닌지 논쟁했다.

보호시설의 장애인에게 불임시술을 시행해도 성과가 크지 않을 것은 분명했다. 안전한 병원에 갇힌 사람들이 생식할 가능성은 없기 때문이었다. 그러나 일반 국민을 선별해 불임시술을 강제하는 것도 똑같이 과격한 조치일 수 있었다. 어떻게 기준을 설정할 것인가? 정확히 어떤 사람이 강제 불임시술의 대상인가?

1931년 바이에른에서 열린 회의에서 오스발트 붐케 교수는 이 논쟁에 훗날을 예언하는 듯한 발언으로 기여했다. 그는 일부 정신병자의 불임시술이 미래 세대의 고통을 예방할 수 있다고 인정하면서도 단지 돈을 아끼기 위해 이러한 조치를 취하는 데에는 반대했다. "그 시점에 없어도 될 듯한 사람들을 재정적 이유에서 모조리 제거해야만 한다"는 "논리적 결론"에 이르게 될 것이기 때문이었다. 붐케는 또한 순수하게 종족적 기준에 따른 불임시술은 하지 말라고 경고했다.[52]

그렇지만 독일에는 다른 견해를 지닌 의학 전문가가 많았다. 대표적인 정신과 의사 한스 룩센부르거 교수는 의사들이 "민족의 우생학적 의지를 집행하는 자"가 되어야 한다고 말했으며, 1932년에는 우생학적 이유로 인한 불임시술을 법으로 허용하자고 제안했다.[53] 히틀러는 동의했고, 이듬해 그가 총리가 되고 여섯 달이 지난 후 유전병 자손 예방법 Gesetz zur Verhütung erbkranken Nachwuchses이 통과되었다.

이 법안은 그 전해에 프로이센 정부가 입안한 초안을 토대로 작성되었지만, 동의를 요하는 조항은 전부 삭제되었다. 게다가 새로운 법률은 정신분열증 같은 정신질환을 앓고 있는 독일인에게만 적용된 것이 아니라 유전에 기인한 시각장애나 청각장애, 여타 심각한 유전적 기형을 안고 있는 사람들까지 망라했다. 심지어 알코올 중독자도 포함되었다.

이로써 의학 전문가들이 막대한 힘을 얻었을 뿐만 아니라 그들 직업의 성격도 변했다. 의사는 이제 개별 인간의 돌봄과 국가의 번영이라고 생각되는 것 사이에서 균형을 잡아야 했다. 이제 그들은 환자에게 해가 되는 일을 금하는 도덕적 구속에 더는 얽매일 필요가 없었다. 국익에 도움이 된다면 환자에게 얼마든지 해를 끼칠 수 있었다. 나치의 고위급 의사였던 게르하르트 바그너에 따르면, 의사의 책무는 "독일 민족이 타고난 종족적·유전적 자질의 잠재력을 완전하게 발휘할 수 있도록 (…) 그 건강을 증진하고 완벽하게 하는 것"이었다.[54]

이는 지각변동과도 같은 태도 변화였다. 그러나 의료계 내부에서는 별다른 저항이 없었다. 왜 그랬을까? 환자를 보호하도록 훈련받은 의사들이 어떻게 그토록 쉽게 타락할 수 있었나? 한 가지 중요한 통계에서 해답의 실마리를 찾을 수 있다. 독일 의사의 대략 절반이 히틀러가 권력을 장악하기 전에 자발적으로 나치당원이 되었다. 다른 어느 직업보다도 훨씬 더 높은 비율이었다.

2012년 정신의학과 심리학, 법학, 정치학의 여러 분과학문 연구자들이 공동으로 왜 그렇게 많은 의사가 나치즘에 매력을 느꼈는지 조사했다.[55] 몇 가지 결론은 이미 익숙한 것이다. 나치 이데올로기 자체가 과학을 가장한 것이어서 의료인들에게 매력적으로 비쳤을 수 있었다는 견해, 그리고 1차대전의 흉포함이 의사들에게 미친 영향이다. 조국을 위해 싸우다 전사한 의사는 거의 2만 5천 명에 달했다. 열 명 중 한 명꼴이다. 이에 어느 연구자는 이런 결론에 도달했다. 많은 독일 의사가 "그 학살 때문에 야만적으로 변했다." 그래서 그들은 종전 후 "인간적인 연민의 감정을 잃어버린 실무적인 의료 기술자"가 되는 경향을 보였다.

그렇게 많은 의사가 나치가 될 수밖에 없었던 다른 그럴듯한 이유로는 앞서 살펴본 다른 현상, 즉 순응해야 한다는 심리적 압박을 들 수 있다. 그러나 연구자들은 의사들의 이러한 성향이 "권위에의 복종"을 강조한 수련 과정의 엄격한 성격 때문에 더 심해졌다고 결론 내렸다.

게다가 의사들은 역사가 시작된 이래 변함없는 동기, 즉 경제적 이익에 영향을 받았을 것이다. 나치가 권력을 잡으면 유대인 의사들은 분명코 직업을 잃을 각오를 해야 했다. 이는 '아리아인' 의사들에게 직업적으로 더 많은 기회가 찾아온다는 뜻이었다. 그뿐만 아니라 바이마르 공화국 시절에 의사의 급여는 비교적 보잘것없었고 의사 실업자도 상당히 많았다. 나치 정권은 그러한 문제의 해결은 물론이고 의사 지위의 향상까지 약속했다. 의사는 이제 출중한 직업이었고, 많은 의사가 퓌러 대리 루돌프 헤스의 말에 고무되었음은 분명하다. 그는 1934년에 이렇

게 선언했다. "민족사회주의는 곧 응용생물학이다."⁵⁶

나치 지식인들이 무한해 보이는 눈앞의 기회에 흥분했듯이, 많은 의학 연구자도 마찬가지였다. "해를 끼치지 않는 것이 우선Primum non nocere"이라는 명령의 파기는 전통적인 윤리적 고려사항에 얽매이지 않아도 되는 의학 연구의 가능성을 열어놓았다. 앞으로는 독일의 종족적 구성에 변화를 줄 기회가 있을지도 모를 일이었다. 단순히 개별 환자를 치료하는 것보다 더 스릴 넘치는 전망이 아니었을까?

이 모든 요인이 수많은 의사가 나치당에 가입하기로 한 결정에 이바지했다. 나치당만이 아니었다. 단일 직업군으로 보면 친위대에 가입한 사람들 중에서 의사가 다른 어느 직종보다도 많았다. 그리고 이 의료인 다수가 홀로코스트의 학살에서 계속해서 중요한 역할을 수행한다.

1933년 단종법이 통과되었을 때 독일 의사들이 대량학살의 여정을 시작했다고 상상할 수 있는 사람은 거의 없었다. 특히나 비슷한 법률을 채택한 다른 나라들은 전혀 그와 같은 길을 걷지 않았기 때문이다. 그렇지만 국가의 지도자가 처음부터 장애인의 선별적 살해라는 은밀한 정책 과제를 품은 다른 나라는 어디에도 없었다. 히틀러는 그러한 정책은 오직 전쟁 중에만 추진하는 것이 최선임을 인정하기는 했지만 1935년에 직접 그러한 목표를 분명하게 밝혔다.⁵⁷

1930년대에 장애인을 처리할 더 과격한 조치를 준비하기 위해 중요한 선전 노력이 이루어졌다. 한 가지 계책은 수많은 독일인에게 정신병원을 방문해 직접 환자들을 볼 수 있게 허용한 것이었다. 나치 활동가 브루노 헤넬은 도르트문트 인근 아플러베크 정신병원의 실태를 목격하고 경악했다. "내가 두 눈으로 거듭 목격한, 결코 잊지 못할 가장 충격적인 것은 정신분열증 환자 병실이었다. 방 안에는 말하자면 간이침대가 마흔 개 있었다. 진짜 침상이 아니라 그저 나무 널빤지였다. 이 마흔 개 간이침대 위에 야윈 사람들이 나체로 누워 있었다. (…) 그 교수는 이것이 정신분열증의 마지막 단계라고, 내일 우리 중 누구라도 뇌에 일종의 변이가 생겨 그 질환의 공격을 받을 수 있다고 말했다. 이 말에 나는 정말로 그런 일이 일어날 수 있다고 크게 걱정했다. 방에서 나올 때 나는 다른 무엇보다도 모든 사람은 다 소중하다는 기독교 교회의 가르침대로 그러한 상태에 있는 자들을 살려두는 것이 아니라 죽이는 것이 옳은 일임을 이해했다. (…) 내 생각에 그러한 자들의 목숨은 더는 살 가치가 없었다. 그게 그 병실에서 내가 얻은 깨달음이었다."[58] 다른 많은 독일인이 정신병원을 방문해 비슷한 경험을 했다. 바이에른의 어느 시설은 1933년에서 1939년 사이에 2만 명이 넘는 방문객을 받았다.[59] 이는 "그들과 우리"라는 인식을 강화하려는 정권의 노력을 가장 극적으로 보여주는 사례 중 하나였다.

그토록 많은 독일인이 정신질환자를 보고 충격을 받은 한 가지 이유는 환자들의 수용 상태였다. 브루노 헤넬은 아플러베크 정신병원에서 '나체의 야윈 사람들'을 보고 기가 막혔는데 이것이 그들의 질병의 결과라고 결론 내렸다. 그러나 이는 최소한 그들이 제대로 보호받지 못했음을 보여주는 징후이기도 했다. 그러한 시설에 예산을 충분히 배정하는 것이 정권의 우선 사항은 아니었으며, 불충분한 자금 지원은 정신병원의 열악한 환경 조성에 일조해 정신질환자에 관한 나치의 편견이 옳음을 확증하는 데 이용되었다. 정신질환자들은 부분적으로는 정권이 원하는 대로 살도록 압박을 받았기 때문에 "살 가치가 없는 목숨"으로 인식되었다. 나치는 나중에 유대인 박해의 강도를 높이면서 비슷한 유형의 기만적인 행태를 보여준다.

나치 정권은 단지 시설을 방문할 기회를 제공하는 데 그치지 않았다. 선전 영화를 통해 그것이 긴급하게 해결해야 할 문제라고 널리 알렸다. 1937년 다큐멘터리 영화 〈과거의 희생자Opfer der Vergangenheit〉는 "정상인이 가축우리"로 버텨야 하는데 정신질환자는 "궁궐에 사는" 이유가 무엇이냐고 물었다. 영화의 해설은 "자연선택의 법칙"을 이제껏 정부들이 무시했기 때문이라고 답했다. 그 결과로 "우리 종족은 파멸"을 향해 가고 있었다. 이것이 괴벨스가 싫어한 유형의 모호함이 없는 선전이었음을 생각하면, 그의 국민계몽선전부가 아니라 라이히스에르츠퓌러Reichsärzteführer(제국 의사 지도자)인 게르하르트 바그너가 이 영화의 제작을 의뢰했다는 사실이 중요하다. 영화의 결론은, 독일의 모든 영화에 나오는 것인데, 더할 나위 없이 명확했다. "그 비참하고 가여운 목숨을 자비롭게 끝내줌으로써 우리는 창조주의 자연선택 법칙과 질서를 따르게 될 것이다."[60]

해설의 마지막 줄에서 '창조주'를 언급한 것에 주목할 필요가 있다. 정권이 교회에 지속적으로 관심을 보였다는 증거이기 때문이다. '창조주'라는 낱말은 의미가 모호한데, 의도적인 선택이었다. 헌신적인 기독교도인 나치는 그 낱말을 기독교 신과 동의어로 생각할 수 있었고, "신을 믿는 사람"인 친위대원은 그 낱말이 힘러가 설파한 고대 게르만족의 신앙을 가리킨다고 생각할 수 있었다. 히틀러도 공적 발언에서 똑같이 모호한 말로 이야기했다. 1936년 3월 어느 연설에서 그는 다음과 같은 말로 자신의 인생을 인도하는 '섭리'의 힘을 언급했다. "나는 섭리가 내게 지정한 길을 몽유병자의 본능적인 확신을 가지고 따라간다."⁶¹ 그러나 히틀러는 섭리가 실제로 누구인지도 무엇인지도 전혀 설명하지 않았다.

많은 독일인에게 히틀러는 서서히 유사종교적인 기운을 내뿜었다. 1930년대 말에 베를린 주재 영국 대사였던 네빌 헨더슨은 이렇게 결론 내렸다. 독일에서 "신은 여전히 숭배를 받고 있지만 그는 순수한 독일의 신이어야 한다. 히틀러는 그 신 자체와 거의 구분할 수 없을 정도로 매우 긴밀히 결합되어 있다."⁶²

히틀러를 사랑하는 추종자들은 그에게 엄청나게 많은 편지를 보냈다. 너무도 많아서 그 대량의 서신을 처리하기 위해 추가로 사무원을 여럿 고용해야 했다. 편지를 쓴 사람은 히틀러의 머리를 깎을 수 있게 해달라고 간청한 이발사부터⁶³ '히틀러 담배'의 판매를 허가해달라는 기업가까지,⁶⁴ 고작 열 달 된 딸이 '퓌러'의 사진을 보고 '하일 히틀러'라고 '인사'할 수 있다며 딸의 사진을 보내 자랑한 부모⁶⁵부터 이런 이유로 자신의 학급을 베를린으로 데려가기를 원한 교사에 이르기까지 다양했다. "나의 퓌러여, 우리 반 여학생들은 아직 아무도 당신을 보지 못했습니다. 모든 소녀가 단 한 번만이라도 얼마나 간절히 당신을 보고 싶어하는지 당신은 상상도 못할 것입니다."⁶⁶

심지어 종교에 귀의한 사람들도 편지를 보냈다. 프란체스코회 소속의 어느 수녀는 히틀러에게 보낸 편지에 이렇게 썼다. "저는 《나의 투쟁》의 마법에 걸렸습니다!" 그녀는 히틀러에게 직접 책의 사본을 보내달라고 요청했다. "우리의 소득은 먹고살기에도 부족합니다." 그녀는 감사의 표시로 "교사로서 제게 맡겨진 10대 소녀들을 민족주의적으로"

교육하겠다고 약속했으며 "날마다 거듭 축복의 기도를 하고 당신의 아름다운 과업의 성공을 기원"하기도 했다.[67]

이 수녀는 분명히 히틀러에게 매혹되었다. 그러나 교회 전체는 그 정도로 마음을 빼앗기지는 않았다. 나치 정권은 1933년 7월 가톨릭교회와 제국정교협약Reichskonkordat을 체결했다. 사제들이 정치에 관여하지 않겠다고 약속하는 대신 독일 교회의 권리를 보장하는 내용의 협정이었다. 그러나 성직자들은 그 거래를 경계했다. 옳은 판단이었다. 협정에 서명이 이루어진 뒤 나치 정권이 교회를 겨냥해 일련의 공격을 가했기 때문이다.

교회 제도 자체에 대한 비난은 없었지만(가톨릭 신자인 나치를 소원하게 할 위험이 있었다), 하이드리히와 힘러는 '엇나간' 사제로 의심되는 자들을 색출하는 데 힘을 집중했다. 1934년 하이드리히는 심지어 그 업무를 지원할 자로 가톨릭 사제인 알베르트 하르틀을 보안국에 충원하기도 했다. 하르틀은 그 전해에 나치당에 입당했으며 훗날 종교적 동지 한 사람을 밀고한 뒤로는 사제직을 떠났다.

사제들을 선별해 성적 비행을 저질렀다고 고발해 교회의 안정을 해치려는 이러한 시도와 더불어, 괴벨스는 선전전을 지휘해 부모들에게 자녀를 종교 교육 학교에 보내면 위험하다고 경고했다. 사제들이 그 자식들을 어떻게 다룰지 누가 알겠는가?

이러한 공격은 위협으로 생각된 타자를 겨냥한 더욱 적극적인 대책과 동시에 진행되었다. 1935년이면 강제수용소에 '예비구금'으로 갇힌 사람들은 대다수가 석방되었다. 그러나 하이드리히는 이를 탄압의 끝이라고 생각하지 않았다. 그 반대였다. 1935년 그는 앞으로 할 일을 상세히 밝힌 일련의 계시적인 글을 썼는데, 이듬해《우리 투쟁의 변화 Wandlungen unseres Kampfes》라는 제목의 책으로 간행되었다.[68]

하이드리히는 '적의 조직들'이 전부 분쇄되었다고 믿으면 안 된다고 경고했다. 이유는 이러했다. "적의 추진력은 영원히 변함이 없을 것이다. 세계 유대인, 세계 프리메이슨, 직위를 남용하는 수많은 정치적 사제들. (…) 이들의 목표는 여전히 우리 민족Volk의 파멸이다." 그는 이렇게 주장했다. 적이 "우리 민족의 생명의 모든 부문에, 국가 조직 안에 들어앉아" 있기 때문에 "투쟁은 더욱 강렬해졌다." "최종적으로 모든 영역에서 적을 몰아내 섬멸하고 새로운 침입으로부터 물리적으로나 정신적으로나 독일을 지키려면 여러 해 동안의 모진 투쟁"이 필요할 것이다.

하이드리히는 히틀러처럼 신중하게 주장했다. 종교적·문화적 가치는 "전혀 위험하지 않다." 그러나 "문서 더미를 보면 교회의 대표자들이 '지배'를 위해 싸울 때 어느 정도까지 거짓말을 할 수 있는지 알 수 있다." 이 "거짓말하는" 사제들과 나란히, 유대인은 여전히 상시적인 위협이었다. 그들은 "언제나 북유럽인이 이끄는 종족적으로 건강한 모든 민족의 숙적이었기" 때문이다.

하이드리히의 접근방식에는 심리적 통찰력이 깃들어 있다. 정권의 적으로 드러난 자들은 쉽게 이겨낼 수 있겠지만 숨은 적은 그대로 남아 있다는 그의 주된 메시지는 반박이 불가능했다. 이 내부의 적이 발각되지 않는다면, 이는 그들이 얼마나 잘 숨었는지를 증명할 뿐이었다. 이는 1938년에 출간된 아동 도서《독버섯Der Giftpilz》처럼 심히 기만적인 반유대주의 선전을 떠올리게 하는 허위 주장이었다. 그 책은 어린이들에게 이렇게 주의를 주었다. "식용 버섯과 독버섯을 구분하기가 때로 매우 어렵듯이, 유대인이 도둑이요 범죄자인 것을 알아보기도 대체로 매우 어렵다."[69] 그러므로 유대인은 명백하게 드러난 위협일 때에만 위험한 것이 아니라 표리부동한 외면 뒤에 진짜 본성을 숨기고 있을 때 훨씬 더 위험할 수 있었다.

이러한 정서는 인간의 부정편향 경향을 강화했다. 많은 학술 연구에서 입증된 이 현상은 긍정적인 자극보다 부정적인 자극에 더 집중하는 뇌의 성향에 기인한다.[70] 예를 들면 우리는 칭찬을 들을 때보다는 거친 말을 들을 때 더 마음이 쓰이며 잠재적 위협에 민감하게, 많은 경우에 지나칠 정도로 민감하게 반응하도록 만들어졌다. 하이드리히는 그 모든 불안을 일깨웠지만 새로운 위협이 숨어 있다고 주장해 긴장을 한 차원 더 높였다.

이는 같은 시기에 소련 지도자 이오시프 스탈린과 비밀경찰 수장 라브렌티 베리야가 쓴 것과는 다른 심리적 전술이었다. 소련에서는 나치 독일에서 결코 볼 수 없었던 무차별적인 테러가 자행되었다. 스탈린의 숙청은 대개 할당량이 정해져 있었다. 여러 당 기구는 사전에 조정된 숫자의 '인민의 적'을 포기하라는 말을 들었다. 그래서 당원들은 회의를 열어 자신들 중에 누구를 '고발'해야 하는지 결정할 수 있었다. 이러한 모임에 참석한 사람들이 느낀 압박감은 말로 다 할 수 없었다. 큰 목소리로 누군가를 비난해야 하는가, 아니면 침묵을 지키며 자신이 비난받을 위험을 감수해야 하는가? 정확히 무슨 일을 해야 '인민의 적'이 되는가? 베리야의 정의는 결정을 내리는 데 그다지 도움이 되지 않았다. 그는 "당의 방침이 옳다는 것을 의심하는" 자는 누구든 '인민의 적'이라고 주장했다. 너무도 모호해서 사실상 누구라도 포함될 수 있는 설명이었다.[71]

1930년대 독일에서 나치의 탄압은 그렇게 마구잡이 방식은 아니었다. 스탈린의 숙청과 달리, 군대 장교들 중에서 한 무더기를 추려내지도 않았고 나치 지도자들에게 신뢰할 수 없는 당원으로 추정되는 자가 몇 명인지 구체적으로 숫자를 제시하라고 명령하지도 않았다. 게다가 보안국과 게슈타포는 베리야의 내무인민위원부보다 인원이 훨씬 적었다. 예를 들면 인구 100만 명인 바이에른의 운터프랑켄 지구 전체를 담당하는 게슈타포 경관은 고작 스물여덟 명이었다.[72] 그러나 이들은 이점이 있었다. 밑에서 떠받치는 지원이 있었다. 감시는 대개 '구역 관리자Blockleiter/Blockwarte'가 수행했다. 아파트 단지와 주택가를 주시한 나치 지지자들이다.[73]

1990년대 초 게슈타포에 관한 선구적인 저작이 나치 정권이 주로 테러에 의존했다는 널리 알려진 생각에 이의를 제기했다. 대신 그 연구는 독일 주민 사이에 히틀러와 그의 정책에 대한 지지가 상당했다는 관념을 지지했다.[74] 다른 역사가들도 그 판단에 동의하게 되었는데, 21세기에 들어서 발표된 어느 평론은 이렇게 결론 내렸다. "민족사회주의는 제3제국 내내 실제로 폭넓은 인기를 누렸다."[75] 이러한 견해를 반박한 사람들은 나치가 언론의 자유를 법으로 막았기 때문에(히틀러에 관한 농담도 범죄였다) '동의'를 구해야 한다는 말을 꺼내기도 어려웠다고 지적했다.[76]

그러나 이렇게 상이한 견해들을 조화롭게 하는 것은 가능하다. 핵심은 소련의 억압 체제와 나치의 억압 체제 간의 근본적인 차이를 이해하는 것이다. 나치 정권에서는 보통의 독일인들이 감시를 받았지만 소련에서 가능했던 임의적인 위협은 없었다. 나치 독일에서는 자신이 고발을 당할 위험에 처한 특정 집단에 속하는지 아닌지 알 수 있었다. 예를 들면 유대인이나 공산주의자, 사제, 정권을 대놓고 비판한 사회민주당원 등이다.

후베르트 루츠 같은 '보통'의 독일인에게 제3제국 시절에 '공포의 분위기'가 있었냐고 물었더니 이런 답변이 돌아왔다. "절대로 그렇지 않다. (…) 어쨌거나 나는 그들로부터 비난받을 일은 하지 않았다."[77] 시사하는 바가 있는 답변이다. 소련의 경우와 달리, 수백만 명의 독일인은 나치 국가를 지지한다고 확실하게 말하는 한 침대에 누워 편히 쉴 수 있었다.

나치 정권이 '정신의 동원'이라는 목적을 추구할 때 가장 필수적인 과제의 하나로 설정한 것은 노동계급의 지지였다. 나치가 노동조합을 불법화했기 때문에 보통의 노동자에게 새로운 독일을 지지하도록 설득하려면 더 많은 일을 해야 한다는 인식이 있었다. 정권의 해법은 '즐거움을 통한 힘Kraft durch Freude'이라는 단체를 설립해 공장의 노동조건을 개선하고 근무 이후 여가 활동을 제공하는 것이었다.

즐거움을 통한 힘은 나치 중에서도 가장 심하게 타락한 인물로 꼽히는 로베르트 라이가 이끈 독일노동전선Deutsche Arbeitsfront의 일부였다. 1차대전의 참전 군인이자 일찍부터 나치당의 지지자였던 라이는 독일노동전선에서 자금을 빼내 익히 알려진 악명 높은 음주와 여성 편력에 썼다. 그의 부패는 노르트라인베스트팔렌주 발트브뢸 인근에 호화로운 장원을 소유하기에 이르렀다. 그 안의 대저택에는 대리석으로 된 큰 방과 벌거벗은 나치 여신이 전차를 모는 모습을 그린 거대한 벽화가 있었다.[78] 다른 많은 나치가 라이를 무능한 술주정꾼으로 여겼지만, 히틀러는 늘 그를 지지했다. 라이가 그에게 충성했기 때문이다. 앞서 보았듯이 이는 히틀러가 가장 높이 평가한 자질이었다.

라이에게 약점이 많았는데도, 즐거움을 통한 힘은 정권을 뒷받침하는 데 실제로 기여했다. 몇몇 공장의 상황이 개선되었고, 노동자들은 할인된 가격으로 휴일을 즐겼다. 나치 돌격대원이었던 볼프강 토이베르트는 즐거움을 통한 힘을 1930년대에 거둔 '성공'의 하나로 기억했다. "공장은 다시 가동되었고, 수공업 작업장도 다시 돌아갔으며, 모든 것이 잘 진행되었다. 이제 노동자들은 즐거움을 통한 힘에서 제대로 된 휴일을 즐길 수 있었다. 그들은 비용의 일부만 지불하면 되었다. 그들은 실제로 오버바이에른으로, 예를 들면 슐레지엔에서 오버바이에른으로 여행을 가서 환대를 받고는 돌연 폴크스게마인샤프트의 실제 모습이 어떠한지 목도했다. 그다음 사람들은 KdF(즐거움을 통한 힘) 배를 타고 마데이라로 갔다. 처음에는 배를 임대했지만, 그다음에는 특별히 건조한 배로 마데이라 등지로 떠났다. 그 시절에 [다른 방법으로는] 절대로 가지 못할 곳들이었다."[79]

반체제 단체인 노이 베기넨은 즐거움을 통한 힘의 행사가 정권 반대자들을 설득해 나치에 대한 생각을 바꾸게 하는 데 기여했음을 이해했다. 1935년의 6월의 어느 보고서는 이렇게 지적했다. "우리와 대화한 전직 사회민주당원과 공산주의자, 노동조합원 상당수가 그러한 행사에, 특히 KdF의 일환으로 조직된 휴일 여행에 갔다가 크게 흥분해 돌아왔다. 이로써 폴크스게마인샤프트의 창조를 향한 추세가 확실하게 강화된다. 이 점에서 '독일 노동자의 영혼'을 한편으로 끌어들이려는 정권의 시도는 매우 성공적이다."[80]

그러나 즐거움을 통한 힘은 결코 진정한 승리를 가져오지 못했다. 가장 인기가 많았던 계획, 즉 '국민차'를 공급하겠다는 약속은 참담한 실패로 돌아갔다. 1934년 봄 히틀러는 자동차 기술자인 페르디난트 포르셰 박사를 만나서 가격이 1천 도이치마르크를 넘지 않는 폴크스바겐 Volkswagen, 말 그대로 '국민차'를 원한다고 말했다. 디자인도 승용차보다는 나중에 군용 차량으로 쓸 수 있도록 변경이 가능해야 했다. 포르셰는 그 과제를 받아들였고, 정확히 3년 뒤에 괴벨스가 새로운 폴크스바겐을 시승하고 이렇게 평했다. "이 차는 견인력이 대단하고 경사로를 잘 올라가며 현가장치가 훌륭하다."[81]

한편 기대에 찬 수십만 명의 독일인이 새로운 폴크스바겐의 첫 번째 소유주가 되기 위해 선금을 지불했다. 그러나 자동차는 인도되지 않았다. 1930년대 말에 생산된 몇백 대의 자동차는 노동자가 아니라 나치 지도자들에게 돌아갔으며, 전쟁 중에 폴크스바겐은 정찰용 군용차인 퀴벨바겐 Kübelwagen으로 개조되었다.[82]

'국민차'는 폴크스게마인샤프트의 주요 약속 중에서 이행되지 않은 한 가지 사례였을 뿐이다. 다른 것도 많았다. 1936년 1월 베를린 주민의 분위기를 조사한 나치 보고서는 '불평'이 늘어나고 있다고 썼다. 이유는 이러했다. "대다수 주민의 소득이 생활비에, 특히 크게 증가한 주요 식료품 가격에 여전히 한참 못 미친다."[83] 몇 주 뒤인 3월에 프로이센 비밀국가경찰의 보고서는 "정부와 [나치] 운동에 대한 전반적인 신뢰가 있다면" 소비재의 "약간의 부족"이 어떻게 "쉽게 받아들여질 수 있

7. 믿음 이용하기

는지" 이야기했다. 그러나 "국가와 당의 고위급, 중간급 지도자들은 대부분 매우 호화로운 생활을 누리고 있다는 견해가 널리 퍼져 있다. (…) '부패'라는 말이 거듭 들려온다."[84]

그러나 바로 그달, 1936년 3월에 히틀러가 베르사유 조약의 결과로 비무장지대가 된 라인란트로 군대가 진입하도록 명령했을 때, 수백만 명의 독일인이 열광했다. 3월 말에 시행된 국민투표의 결과를 보면 독일인의 99퍼센트가 히틀러의 결정에 찬성했다. 주민들에게 가해진 순응의 사회적 압박과 부정선거를 감안하더라도 히틀러의 조치가 널리 지지를 받았다는 데에는 의심의 여지가 없다.

1936년 3월 라인란트 문제에 관해 히틀러가 받은 지지와 물가 상승에 대한 주민들의 지속적인 '불만' 사이의 대비보다 더 폴크스게마인샤프트 개념의 부침을 잘 보여주는 것은 없다.[85] 폴크스게마인샤프트의 한 가지 측면은 잘되지 않았지만, 다른 측면은 잘되고 있었다. 이는 나치 독일에서 '동의'라는 관념의 근본적인 면을 드러내는 이항 대립이다. 사람들은 정권의 몇몇 정책을 포용하면서 동시에 다른 것들에는 반대할 수 있었다.

독일의 단합에 이바지하고 이러한 모순을 해결한 것은 아돌프 히틀러의 존재였다. 1936년 프로이센 비밀국가경찰의 보고서는 이러한 대중적 인식이 널리 퍼져 있다고 언급했다. "퓌러의 주변에 보이지 않는 장막이 쳐져 있어서 진실한 보고가 더는 그에게 전달되지 않는다." 히틀러가 대중이 직면한 문제를 모른다는 생각(종종 "만일 퓌러가 알았다면"이라는 문구로 표현되었다)은 나치 정권의 주된 신화가 되었다. 그래서 수백만 명의 독일인은 나치 지도자들의 부패에 관해 '불평'하면서도 히틀러를 계속 신뢰할 수 있었다.

그렇지만 독일이 어떻게 하면 더 낫게 바뀔 수 있는지에 관한 과장된 표현은 엄청나게 많았다. 단지 괴벨스의 국민계몽선전부에서만 나온 것은 아니다. 1936년에 발간된 편지 작성법 입문서는 이렇게 선언했다. "우리의 새로운 국가는 폴크스게마인샤프트의 국가다!" 독일은 이제 "성과가 가치를 결정하는" 나라였다. "맡은 일을 성실하고 완벽하게 수행하는 평범한 가스 노동자가 직책에 어울리지 않는 총책임자보다 더 귀하다." 정부의 관청을 방문하면 "당신과 나처럼 똑같은 걱정과 기쁨, 욕구를 지닌 인간, 동포Volksgenosse를, 품위 있게 대화를 나눌 수 있는 사람"을 만날 것이다.[86]

이와 같은 책들은 폴크스게마인샤프트가 주로 정신 속에 존재했음을 보여준다. 그것은 경제적 보상이라기보다는 정서적인 느낌, 심리적인 선물이었다. 청과상의 채소 가격이 아니라 모두가 똑같이 중요하다고 느끼는 문제였다.

결정적으로 폴크스게마인샤프트는 의도의 진술이었다. 그 관념은 진실로 믿는 모든 사람에게 밝고 새로운 독일이 기다리고 있다고 약속했다. 그 새로운 독일은 다음달에 바로 달성할 수 있는 실질적인 목표가 아니라 싸워서 얻어내야 할 유토피아적 이상이었다. 이는 다른 무엇보다도 미래에 대한 믿음, 히틀러가 약속을 이행하리라는 믿음의 문제였다.

이는 그 관념에 엄청난 심리적 힘을 부여했다. 학문적 연구는 사람이 목표에 가까이 다가가면 도파민(거칠게 정의하면 기분을 좋게 만드는 뇌의 호르몬)이 분비된다는 점을 증명했다. 로버트 새폴스키 교수는 이렇게 말했다. "도파민은 보상 자체보다 보상에 대한 기대와 더 많은 관련이 있다." 게다가 사람들은 그 목표를 달성할 수 있다고 믿는 한 "비정상적으로 오랜 기간 동안 만족감을 지연할" 수 있다.[87]

역설적이게도 폴크스게마인샤프트라는 목표가 결코 완전히 실현되지 않았다는 사실이 나치 정권에 보탬이 되었을지도 모른다. 연구에 따르면 목표의 달성은 실망스러울 수 있기 때문이다.[88] 인간은 대개 목표를 달성했을 때보다 목표를 향해 다가갈 때 더 행복한 것으로 판명되었다.

그러므로 수백만 명의 독일인은 히틀러에 대한 믿음에 힘입어 폴크스게마인샤프트라는 목표를 달성하기 위해 계속 싸웠고, 그것은 늘 손에 닿을 듯했지만 결코 닿지 않았다.

8
적 평가하기

베를린 올림픽은 국제무대에서 정점을 찍은 나치 독일의 위상을 보여주었다. 강력한 친독일 인사였던 영국 보수당 정치인 헨리 '칩스' 채넌은 1936년 8월 6일 일기에 이렇게 썼다. "세상에 새 정권의 위엄과 지속성, 훌륭함을 보여주려는 노력이 느껴졌다. 분명코 올림픽 게임은 의도한 대로 베를린을, 비록 2주 동안일지언정 세계의 저명인사들과 멋쟁이들의 집결지로 만들었다."[1] 올림픽이 끝나자 채넌은 최종 평결을 내렸다. "인류는 이제껏 이렇게 훌륭하고 인상적인 것을 연출한 적이 없다."[2]

올림픽 게임의 모든 것이 이 질문을 유발했다. 왜 나치는 이 길에 머물러 그 '위엄'과 '훌륭함'에 대해 계속 갈채를 받으려 하지 않았나? 답변은 나치의 심리와 그 지도자인 아돌프 히틀러의 과격한 정신에 관해 많은 것을 드러내준다. 특히 그들이 도처에 있는 잠재적인 적을 어떻게 평가했는지를 말해준다.

물론 1936년에 모든 사람이 채넌처럼 베를린 올림픽을 장밋빛으로 보지는 않았다. 심지어 사전에 대회에 참여하지 말자는 이야기도 있었다. 그러나 결국에는 말뿐이었다. 미국 올림픽위원회 위원장 에이버리 브런디지는 나치 정권이 독일 유대인을 어떻게 대하는지 직접 보고 판단하기 위해 1934년에 독일을 방문했다. 어디를 가든 정권의 대표자들이 동행했는데, 그는 놀랍지 않게도 거의 아무런 불평을 듣지 못했다.

그러나 브런디지는 나치 독일에서 유대인이 고초를 겪고 있다는 사실을 분명히 알았을 것이다. 그 전해에 유대인 사업체에 대한 보이콧이 있었기에 모를 리가 없었다. 그렇지만 그는 동요하지 않았다. 나치 독일 경험은 그에게 고향을 떠올리게 했을 것이다. 그가 언급했던 대로 시카고에서 유대인은 그의 상류층 남성 사교 모임에 가입할 수 없었기 때문이다.[3]

나치 정권이 유대인의 스포츠 단체 가입을 공개적으로 금지했음을 생각하면 브런디지의 태도는 한층 더 놀랍다. 나치의 스포츠 담당 고위 관료였던 브루노 말리츠는 이렇게 썼다. "우리 독일 땅에 유대인 스포츠 지도자와 평화주의자, 정치적인 가톨릭교도, 범유럽주의자 등을 위한 자리는 없다. 그들은 콜레라와 매독보다 더 나쁘다."[4]

혜안이 있는 미국 외교관들은 독일 올림픽의 잠재적인 위험성을 인식했다. 오스트리아에서 근무하던 조지 메서스미스는 1935년 12월 워싱턴에 보낸 급송 문서에 이렇게 썼다. "올림픽은 비정치적이어야 하지만, 독일인들은 그것을 정치적 문제로 만들었다. 나는 유럽에서 영국과 프랑스의 완벽한 협력이 부족하다는 사실 말고는 알아챌 수 있는 것이 거의 없다. 그러한 협력의 부족은 유럽에는 1936년 베를린의 올림픽 개최보다 더 큰 불행이 될 것이다."[5]

메서스미스는 2년 전 베를린에서 근무하는 동안 이러한 결론에 도달했다. "온 세계가 독일에 반대하며 독일은 세계 앞에 무방비상태로 놓여 있다는 심리가 조성되고 있다."[6] 메서스미스는 통찰력이 있는 사람이었다. 이렇게 나라가 무수히 많은 위협에 직면해 있다며 불안을 조장하는 데 힘쓰는 것은 나치 정권이 보통의 독일인의 심리에 영향력을 행사하려고 사용한 방식에서 필수적인 요소였다.

이제 1935년 12월에 메서스미스는 나치가 올림픽을 이용하는 방식에 관해 짐짓 모른 체하는 사람들을 보고 "상당히 많은 친구들에 대해 신뢰를" 잃었다고 썼다. 그는 절반은 유대인인데도 독일 올림픽이라는 발상을 여전히 지지한 오스트리아 올림픽위원회 위원장의 말을 인용했다. 독일에 "스포츠와 페어플레이의 원리가 전혀 없는데" 어떻게 그런 태도를 취할 수 있는지 묻자 그는 이렇게 대답했다. "우리는 베를린으로 가는 게 아니라 올림픽 경기를 하러 간다."[7]

나치는 올림픽 운동의 모든 사람이 다 그렇게 쉽게 넘어가지는 않으리라는 것을 알고 있었다. 그래서 그들은 독일 대표팀의 기준을 충족한다면 독일 유대인에게도 경쟁에 참여할 기회를 주겠다고 선언했다. 1934년 나치는 스물한 명의 유대인에 대해 자격이 충분한지 평가하기 위해 '올림픽 훈련 과정'에 참여시켰다. 예상대로 전부 기준 미달로 판명되었다. 조상 중에 유대인이 있는 독일인으로서 하계 올림픽에 출전한 선수는 단 한 명뿐이었다. 펜싱 선수 헬레네 마이어였다.[8] 그러나 이조차도 겉으로 보이는 것과는 달랐다. 마이어는 절반의 유대인이었고 여러 해 동안 미국에 살고 있었다. 금발에 조각같이 잘생긴 그녀는 '아리아인'처럼 보였고 심지어 은메달을 딴 후 단상에 올라서는 '어색하게' 나치 경례까지 했다.[9]

1936년 올림픽 경기는 한 사람의 행동으로 유명하다. 바로 제시 오언스다. 흑인 미국인인 그는 네 개의 금메달을 획득했으며, 그 과정에서 '아리아인'의 인종적 우월성을 무너뜨린 것 같아 나치 정권을 화나게 했다. 그러나 이 경우에도 진실은 그렇게 간단하지 않았다. 괴벨스의 국민계몽선전부는 1936년 8월 3일에 다음과 같은 내용의 명령을 내렸다. "인종주의적 시각은 어떤 형태로든 운동 경기의 결과에 대한 논의에 들어가서는 안 된다. 니그로 운동선수들의 기분을 상하게 하지 않도록 특별히 유의해야 한다."[10]

독일인이 압도적으로 많았던 올림픽 스타디움의 관중은 오언스의 성공에 전혀 화내지 않았고 오히려 그를 응원했다. 히틀러가 악수를 거부해 오언스를 냉대하는 일은 없었다. 첫날 경기가 끝나고 이 나치 지도자는 올림픽위원회 관료들로부터 모든 우승자를 축하하거나 아니면 아예 하지 말거나 둘 중 하나를 선택해야 한다는 말을 들었다. 그는 아리아인이 아닌 선수들과의 인사를 피하기 위해 누구도 보지 않기로 결정할 수도 있었다. 십중팔구 그럴 수 있었을 것이다. 그러나 히틀러는 오언스를 특별히 골라 무례하게 취급하는 일은 하지 않았다.[11] 제시 오언스와 관련해서 "차별은 절대 없었다."[12]

나치 독일과 나머지 세계는 극명한 대조를 이룬다는 생각이 때때로 있었는데, 제시 오언스의 성공이 이러한 대비를 보여주지 않은 다른 이유도 있었다. 나치는 인종주의적 차별에 몰두한 유일한 집단이 아니었다. 미국 남부의 여러 주에서는 흑인이 박해를 받았다. 그들은 특정 극장에 갈 수 없었고 기차나 버스에서 원하는 자리에 앉을 수 없었으며 다양한 클럽에 참여하거나 대학교에 입학할 수 없었다. 1930년대에 인종분리를 실행하고 있던 미국 남부 주들과 나치 독일은, 어느 학자에 따르면, "무자비함에서 견줄 바가 없는, 잘못을 인정하지 않는 두 인종차별 체제"였다. "1930년대 초에 독일 유대인은 붙잡혀 매질을 당하고 때때로 살해되었다. 폭도와 국가가 똑같이 저지른 일이다. 같은 기간에 미국 남부의 흑인도 똑같이 붙잡혀 매질을 당하고 때때로 살해되었다."[13] 나치는 심지어 1930년대 중반에 독특한 반유대주의 법률을 제정하는 데 창조적인 자극을 받고자 미국의 인종법을 참고하기도 했다. 훗날 전쟁 중에 민족법정Volksgerichtshof 재판장이 되어 악명을 떨치는 롤란트 프라이슬러는 1934년에 이렇게 말했다. 미국의 인종적 "법체계는 단 한 가지만 제외하면 우리에게 완벽하게 어울린다." 그 예외는 미국에서 "우리에게도 관심사인 유대인은 유색인으로 여겨지지 않는다"는 것이었다.[14]

역사를 아는 사람이라면 누구도 1930년대의 두 체제가 정확하게 동등하다고 주장하지 않을 것이다. 특히 미국에는 강제수용소가 없었기 때문이다. 그러나 본질적인 핵심은 그대로 남는다. 미국의 흑인 운동선수는 고국에서나 외국에서나 똑같이 일상적으로 인종주의적 편견을 마주했다.

반유대주의가 나치 독일에만 국한된 현상도 아니었다. 국제올림픽위원회 위원장이었던 벨기에의 귀족 앙리 드 바예라투르는 베를린 올림픽 전에 에이버리 브런디지에게 보낸 편지에 이렇게 썼다. "나는 개인적으로 유대인과 유대인의 영향력을 좋아하지 않는다." 그러나 그는 이 점에서는 단호했다. "나는 그들이 어떤 식으로든 괴롭힘을 당하게 놔두지는 않을 것이다."[15] 이러한 감정에 따라 앙리 드 바예라투르는 1936년 2월 바이에른주 가르미슈파르텐키르헨에서 개최되는 동계 올림픽에서는 반유대주의를 드러내는 간판을 내려야 한다고 강조했다.[16] 당시의 많은 사람이 그러했듯이, 그가 나치의 반유대주의에 제기한 이의는 원칙이 아니라 실행의 문제였다.

유대인 핏줄이라는 이유로 드레스덴 공과대학교 교수직을 박탈당한 빅토르 클렘퍼러에게 베를린 올림픽은 "혐오스러웠다." 그는 세상이 속임수에 빠져 이렇게 생각한다고 보았다. "우리는 온 세상을 사랑스럽게 끌어안는 제3제국의 정신을 (…) 목격하고 있다." 클렘퍼러는 이것이 거짓임을 간파했고 나치 정권의 사악한 반유대주의가 올림픽 동안에 일시적으로 멈추었지만 올림픽이 끝나자마자 본격적으로 되돌아올 것임을 깨달았다.[17]

에이버리 브런디지는 언제나 올림픽이 정치와는 무관하다고 주장했다. 그러나 1936년 베를린에서 그러한 구분은 불가능했다. 나치 정권의 영향력은 베를린 곳곳을 수놓은 스바스티카 깃발부터 베를린을 방문한 고위 인사들에 대한 호사스러운 환대까지 어디에서나 확인되었다. 리벤트로프와 괴벨스, 괴링은 저마다 믿을 수 없을 만큼 사치스러운 파티를 열었다. '칩스' 채넌은 이렇게 썼다. 괴링이 주최한 화려한 행사에서 "군무 발레리나들이 달빛을 받으며 춤을 춘" 뒤에 "갑자기 예고도 없이" 거대한 정원의 끝에 "투광 조명이 비추고 어딘지 모를 곳에서 백마와 당나귀, 농민, 가수가 여럿씩 나타났다." 당연하게도 "깜짝 놀라 움찔한 손님들은 그렇게 호사스러운 환대에 정신이 아찔해 이리저리 배회했다."[18]

채넌은 순진한 사람이 아니었다. 그는 나치가 "상황에 따라 필요하면 (…) 매우 거칠고 무자비할" 수 있음을 알아챘지만 공산주의의 위험성에 비하면 하찮은 걱정이라고 생각했다.[19] 채넌은 독일이 공산주의 국가가 아닌 것은 "히틀러 덕분"이라고, 영국은 '각성'해야 한다고 믿었다. "나태와 자만에 빠진 영국인들은 소련의 위험성을 알지 못하며 독일이 우리의 싸움을 대신해주고 있다는 사실을 (…) 깨닫지 못할 것이다."[20]

근대 올림픽의 창시자 피에르 드 쿠베르탱 남작은 베를린 올림픽이 "올림픽의 이상에 훌륭하게 기여"했다고 결론 내렸고, 에이버리 브런디지는 올림픽 경기를 보이콧하려고 했던 사람들을 물리쳐서 기쁘다며 이렇게 주장했다. "4년마다 열리는 이 위대한 제전은 그것이 지금까지 [인류가] 발명한 것으로는 국제 사회의 평화와 화합에 가장 효과적이었음을 다시 한번 입증했다."[21]

히틀러는 올림픽의 성공을 만끽했다. 독일은 "올림픽의 이상에 훌륭하게 기여"했을 뿐만 아니라 다른 어느 나라보다도 더 많은 메달을 획득했다. 퓌러의 권위는 이론의 여지가 없었고, 세계무대에서 그의 지위는 최고의 찬사를 받았다. 수많은 다른 독재자도 이 모든 것에 만족하고 기쁨에 젖었을 것이다. 그러나 히틀러는 그렇지 않았다.

그 이유에 대한 한 가지 단서는 베를린 올림픽 스타디움에서 해머던지기 경기가 벌어지고 있을 때 찍은 영화에 담겼다. 레니 리펜슈탈의 〈올림피아Olympia〉에는 히틀러가 거리낌 없이 웃는 장면이 나온다. 히틀러는 적어도 공개적인 장소에서는 자연스럽게 기쁨을 표현한 순간이 거의 없었기에 이는 이례적인 경우였다.[22] 그는 독일이 그 경기에서 금메달과 은메달을 거머쥐어서 기뻤고, 아마도 해머를 세상 그 누구보다 더 멀리 던질 수 있는 독일인이 바로 싸울 수 있는 독일인이라고 생각했을 것이다. 이는 그 8월에 앞으로의 전쟁이 히틀러의 마음을 무겁게 짓누르고 있었기 때문이다.

군비에 엄청난 돈을 투입한 탓에 독일 경제가 불안해질 위험이 있었지만, 그래도 히틀러는 1936년에 우선순위를 바꿔 국내 경제를 강화하기로 결정할 수 있었다. 그러나 1936년 8월, 나치 독일이 베를린 올림픽을 개최한 그달에 히틀러는 자신의 선택을 재확인했다. 그의 최우선 사항은 재무장이었다. 비용은 얼마가 들어도 상관없었다.

그 8월에 히틀러는 메모를 작성해 자신이 왜 전쟁이 불가피하다고 믿는지 그 이유를 약술했다. 대다수 지도자들은 자주 정치적 견해를 기록으로 남기지만, 히틀러가 그렇게 한 것은 지극히 이례적인 일이었다. 이 경우에 히틀러가 메모를 작성했다는 사실은 그의 심리에 관해 아주 많은 것을 드러내준다.

히틀러는 메모의 서두에서 훈계조로 이렇게 말했다. "프랑스 대혁명이 일어난 이래로 세상은 점점 더 빠른 속도로 새로운 갈등을 향해 나아갔다. 그것의 가장 극단적인 해법이 볼셰비즘이라고 하는데, 그 본질과 목적은 오로지 이제껏 인류에게서 지도력을 제공한 계층을 제거하고 그들을 세계적 유대인으로 대체하는 것이다."

이 말은 정확한 정치적 분석으로서는 형편없지만 명료하다는 이점이 있었다. 히틀러는 한 번 더 확신을 드러냈다. 그의 결정적인 매력이다. 히틀러는 가까운 추종자들에게 가부장과 지적으로 뛰어난 사람을 결합한 흥미로운 존재였다. 모호함이라고는 없었다. 추종자들은 그가 무엇을 믿는지 알고 있었다. 스스로 그것을 믿지 못하는 자는 그 운동에서 미래가 없었다.

히틀러는 메모에서 독일의 '운명'에 관해 말했다. 그것은 "볼셰비키의 공격에 맞선 서방 세계의 중심점"이 되어야 했다. 만약 '볼셰비즘'이 승리한다면, 이는 "고대 국가들의 몰락 이후 인류를 덮친 (…) 가장 무

시무시한 대재앙"이 될 터였다.[23]

이는 히틀러의 과장된 화법을 보여주는 또다른 사례였다. 앞서 보았듯이, 그는 종종 극적인 양자택일을 제시했다. 승리하지 않으면 파멸한다. 이는 그의 정치 이력 초기부터 지속된 사고방식이었다. 1920년 첫번째 당 강령의 선언이 나치 운동의 지도자들은 목적 달성을 위해 "목숨까지도 희생할" 준비가 되어 있다는 장담으로 끝났음을 기억하라.

고상한 정치사상가들이 이러한 접근법을 조롱하기는 쉽다. 그러나 이는 엄청나게 효과적이었다. 누구나 자기 목숨이 중요하다고 생각한다. 고대 이래로 "가장 무시무시한 대재앙"을 막는 임무를 수행하는 것보다 더 목숨이 중요한 때가 어디 있겠는가?

이는 조지 오웰이 지체 없이 간파한 진실이었다. 1940년 오웰은《나의 투쟁》에 관한 글에서 히틀러 정신의 "경직성"과 "그의 세계관은 발전하지 않는다"는 사실에 관해 논평했다. 오웰은 이렇게 인식했다. "히틀러는 그 개성이 지닌 매력이 없었다면 수많은 경쟁자를 물리치고 성공할 수 없었을 것이다. 그는 순교자요 희생자, 바위에 사슬로 묶인 프로메테우스, 승산이 거의 없음에도 자신을 희생하며 홀로 싸우는 영웅이다. 그는 쥐 한 마리를 죽이더라도 그것이 마치 용인 듯이 보이게 하는 법을 알고 있을 것이다. (…) 사회주의는, 심지어 자본주의도 마지못해 사람들에게 '좋은 시절을 주겠다'고 말했지만, 히틀러는 '투쟁과 위험, 죽음을 제안한다'고 말했다. 그 결과로 하나의 민족 전체가 그의 발앞에 엎드렸다."[24]

히틀러가 리하르트 바그너의 오페라 〈로엔그린〉을 여러 번 관람한 것은 우연이 아니었다. 부당하게 고발된 귀족 여인을 보호하기 위해 모험에 나선 기사의 이야기는 영웅적 투쟁의 무대라는 히틀러의 세계관에 완벽하게 들어맞았다. 히틀러에게 삶은 기념비적인 투쟁, 내가 가진 것을 원하거나 내가 원하는 것을 가진 적들에 맞선 투쟁이었다.

히틀러의 '그들과 우리'라는 수사법을 다른 독재자들에게서는 좀처럼 보기 힘든 수준까지 끌어올린 것이 바로 이러한 사고방식이었다. 적은 그의 세계관에서 필수적인 요소였다. 그는 오로지 죽음만이 한 개인의 적에 맞선 싸움을 끝낼 수 있다고 믿었다. 실로 적이 없다면 그의 세계관은 무너졌을 것이다. 그는 적의 지대한 가치를 이해했다.

사고방식이 이러할진대 히틀러가 1936년에 독일 경제의 안정을 위해 재무장 규모를 축소하는 것은 상상도 할 수 없었다. 애덤 투즈 교수는 이렇게 말한다. "나치가 1930년대의 번영을 폴크스바겐이 내세운 현대성과 만족의 미래로 어떻게든 연장할 수 있었다는 생각은 히틀러 정권의 선택지에 없었다. 이는 많은 사람이 쉽게 빠지는 기본적인 오해다. 그것은 정말로 히틀러의 마음에는 없었다."[25]

일찍이 이 메모가 작성된 1936년에도 히틀러가 다가올 싸움에서 어떻게 승리할 것인가가 아니라 오로지 승리 자체만 걱정했다는 것 또한 분명했다. "후세는 우리에게 지금 유효한, 어떤 방법으로, 어떤 정신, 견해 등등으로 민족의 구원을 성취했는지가 아니라 오직 성취 **여부**만 물을 것이다." 얼마나 잔인하고 무자비해야 했는지는 중요하지 않았다. 오로지 승리만이 중요했다.

게다가 히틀러는 필요하다면 어떤 수단을 써서라도 '볼셰비즘'과 대결함으로써 독일의 이데올로기적 문제뿐만 아니라 실제적인 문제도 해결할 것이라고 주장했다. 독일의 문제가 '인구 과잉'이므로, 그 해답은 "우리 민족의 생활공간과 그 원료와 식량의 원천을, 아니면 둘 중 하나를 확대하는 데 있다. 언젠가 이 문제를 해결하는 것은 정치 지도부의 책무다." 그뿐 아니라 독일의 원료 부족 같은 경제적 관심사도 "오로지 의지의 문제"가 될 것이다. "민족사회주의 국가의 지도부는 전쟁이 발발할 경우에 이러한 문제들을 해결할 의지를, 결단력과 단호함도 갖출 것이다."

유대인이 한층 더 가혹한 박해에 직면한 것은 분명했다. 히틀러는 의회가 "경제적 사보타주에 사형을 선고"할 뿐만 아니라 "유대인 전체에 그 범죄 공동체의 개별 종자가 독일 경제에, 따라서 독일 민족에 입힌 모든 손해에 대해 책임을 지게 하는" 법을 통과시키기를 원했다.[26]

이것이 세계의 대부분이 독일의 베를린 올림픽 연출 방식을 두고 평화로운 경쟁을 위한 궁극의 행사라고 찬사를 보냈을 때 나온 말이라는 사실을 기억하라. 훨씬 더 중요한 것은 히틀러가《나의 투쟁》에서 개략적으로 설명한 이중 목적, 즉 독일이 동쪽으로 팽창해야 할 필요성과 '유대인 문제'에 맞서는 것의 중요성이 한 번 더 표현되었다는 사실이다. 평화를 갈망하는 히틀러의 공개적 발언은 의미가 없다.

히틀러의 최측근 정치인들 사이에서는 그의 공격적인 의도가 널리 받아들여졌다. 일찍이 1936년에 식량농업부 장관 발터 다레는 제국식량협회Reichsnährstand의 관료들에게 독일이 소련 서부 지역의 땅을 강탈할 것이라고, "우월한 민족은 열등한 민족의 땅을 점령해 소유할" 권리가 있다고 말했다. "유럽은 베르사유 조약이 초래한 파행에서 해방되었다. 10년이 지나지 않아서 유럽의 정치 지형은 다시 오늘날과는 매우 다르게 보일 것이다."[27]

1936년 9월 4일 히틀러의 메모를 논의하는 자리에서 내각은 그 내용에 거의 놀라지 않았다. 괴링은 그것이 "러시아와의 막판 대결은 불가피하다는 기본적인 전제에서" 출발했다고 간단명료하게 표현했다.[28] 괴벨스는 훨씬 더 낙관적이었다. 1937년 2월 괴벨스는 일기에 이렇게 쓴다. "그[히틀러]는 5~6년 안에 거대한 세계적 충돌이 일어나리라고 예상한다. (…) 그는 미래의 밝은 전망을 상상한다. 앞으로의 싸움에서 독일은 승리할 것이다. 그렇지 않다면 계속 살아가지 못할 것이다."[29]

다레와 괴링, 괴벨스 세 명의 나치 지도자는 저마다 히틀러의 야심적인 계획을 수용했지만, 심리적인 이유는 미묘하게 차이를 보였다. 괴링은 적을 짓밟는 데 아무런 문제도 느끼지 않는 냉혹한 인물이었다. 특히 그는 1934년에 썼듯이, 이러한 견해를 지녔다. 히틀러는 "독일을 구하라고 신이 우리에게 내려준 인물이다. (…) 그는 모든 자질을 최고 수준으로 갖추고 있다. (…) 우리에게 퓌러는 모든 정치적 문제에서, 민족의 국가적 이익과 사회적 이익에 관련된 다른 온갖 문제에서 절대적으로 옳을 뿐이다."[30] 12년 뒤에 뉘른베르크의 감방에서 어느 미국인 정신과 의사와 대화할 때에도 그는 여전히 히틀러는 '천재'라는 견해를 되풀이했다.[31]

발터 다레는 완전히 다른 경우였다. 괴링과 달리 그는 종족 이론에 집착한 지식인이었다. 그는 공격 전쟁을 통해 동쪽에서 더 많은 '공간'을 확보해야 한다는 생각을 전심으로 지지했다. 그에게 이는 정치적으로는 물론 지적으로도 사리에 맞는 일이었다.

괴벨스에게서는 두 사람의 생각이 같이 보였다. 그는 괴링처럼 히틀러의 천재성을 신봉했고 다레처럼 지식인을 자처했다. 그러나 괴벨스는 이 혼합에 다른 것을 추가했는데, 히틀러를 향한 뜨거운 감정이었다. 그는 1926년에 이를 '사랑'이라고 표현했다.[32] 괴벨스는 괴링과 달리, 어느 정도는 다레와도 다르게, 나치 운동 안에 실질적인 기반이 없었다. 그는 완전히 히틀러의 사람이었다.

나치 지도부의 세 사람뿐만 아니라 히틀러를 추종한 다른 모든 사람을 하나로 묶은 이상한 심리적 현상도 있다. 이들은 모두 히틀러가 전략적 결정을 내리기를 수동적으로 기다리기만 했다. 괴벨스는 1939년 2월 일기에 이렇게 썼다. "정오, 퓌러의 방. 그는 지금 산에 가서 앞으로의 외교 정책적 조치들에 관해 생각할 것이다." 그 새로운 '조치들'이 무엇일지 괴벨스는 전혀 몰랐다.[33]

이것이 민주적인 지도자의 행동 방식은 분명히 아니었지만(앞서 보았듯이 히틀러는 주요 문제에 관해 결정을 내릴 때 남의 의견을 전혀 듣지 않았다), 보통의 독재자가 일하는 방식도 아니었다. 이는 가르치는 성향은 전혀 없는 히틀러가 하수인들이 오직 자신의 의도를 위해서만 일을 주도하고 아이디어를 내놓고 독창적인 해법을 추진하도록 허용했기 때문이다. 이는 추종자들의 마음속에 히틀러가 '우리 모두'를 위해 앞장서서 이끌고 있다는 인식을 심어준 공생 관계였다.[34]

그러나 히틀러는 "우리"라는 속성을 뛰어넘는 차원에서 심리적으로 엄청나게 강력한 다른 것을 계속 안겨주었다. 확신이다. 히틀러는 아버지와 같은 존재로서 행동할 수 있었고 많은 지지자의 마음속에 부모를 향한 아이의 감정을 불러일으키는 능력이 있었다. 이는 괴벨스와의 관계에서 가장 두드러진다.

괴링은 뉘른베르크 재판에서 증언할 때 '지도자 원리'를 언급하며 이를 이전의 통치 방식이 '역전'된 것이라고 규정했다. 그는 이렇게 말했다. "과거에 독일 의회 절차에는 최고위 관료들에게 책임이 부여되었다. 그들은 익명의 과반수가 바라는 것을 실행할 책임이 있었다. 바로 그들이 권한을 행사했다. 지도자 원리에서는 그 방향의 역전을 추구한다. 다시 말해서 권한은 최상부에 있고 그곳에서 아래로 이동하며, 반면 책임은 최하부에서 시작해 위로 올라간다." 괴링은 이 새로운 형태의 통치법을 전심으로 지지했다. "왜냐하면 이전의 체제는, 우리가 의회 제도나 민주주의 제도라고 부른 체제는 독일을 파멸 직전으로 몰고 갔기 때문이다."[35]

히틀러는 헌신적인 추종자들뿐만 아니라 많은 주민에게도 자신을 전능한 아버지의 이미지로 투사하는 것이 매우 중요함을 잘 알고 있었다. 그는 이렇게 발언한 적이 있다. "아주 많은" 독일인에게 '우상'이 필요하다.[36] 히틀러가 엄청나게 잔인한 짓을 저지를 수 있었음은 분명하지만(1934년에 보여주었듯이 필요하다면 지지자들까지도 공격할 수 있었다), 그는 1930년대 말 이오시프 스탈린의 행태를 이해할 수 없었다. 그때 그 소련 지도자는 당 활동가들과 군대 장교들을 대대적으로 숙청했다. 히틀러는 1937년 7월 괴벨스에게 이렇게 말했다. "스탈린은 필시 머리가 이상해졌을 것이다. 그 잔혹한 통치 체제를 달리 설명할 방법이 없다."[37]

물론 이러한 방식에는 약점도 있었다. 히틀러는 스탈린 방식으로 숙청을 실행하지 않았기에 뜻대로 하려면 지위에 따르는 권위에 의지해야 했을 뿐만 아니라 설득력도 갖추어야 했다. 전쟁부 장관 베르너 폰 블롬베르크는 히틀러 신봉자[38]였지만(그의 부관은 이렇게 주장했다. "그는 [히틀러와 만나고] 돌아올 때마다 항상 그를 칭찬했고 그의 생각이 훌륭하다고 말했다[39]),

군대의 다른 주요 인사들은 그만큼 감동하지 않았다. 육군참모장 루트비히 베크에게는 히틀러의 카리스마가 통하지 않았다. 육군최고사령관 베르너 폰 프리치 장군에게도 마찬가지였다(베르너 폰 프리치는 1934년 1월 1일부터 1935년 6월 1일까지 육군사령부의 수장이었고, 이후 1938년 2월 4일까지는 신설된 육군최고사령부의 수장이었다. 구분 없이 육군최고사령관으로 옮긴다).

1937년 11월 5일 늦은 오후 히틀러는 군대 지휘관들에게 자신의 최신 계획을 알릴 때가 왔다고 판단했다. 육군과 해군, 공군의 수뇌부와 외교부 장관 콘스탄틴 폰 노이라트가 참석한 총리실 청사 회의에서 히틀러는 먼저 자신이 이야기할 주제가 매우 중요하다고, "그가 죽을 경우에" 회의 내용은 "그의 마지막 유언"으로 받아들여야 한다며 말을 꺼냈다.

군대 지휘관들에게 이는 충격으로 다가왔다. 그들은 그 회의가 원자재의 할당을 둘러싼 잡음을 해결하기 위한 것이라고 예상했다. 그러나 히틀러는 중대한 얘기를 하겠다는 암시를 주었다. 그는 자신의 전체적인 '목적'이 "민족공동체Volkmasse를 안전하게 보존하고 확대하는 것"이라고 말했다. "따라서 그것은 공간의 문제였다."[40] 이는 그가 1933년에 총리가 되기 며칠 전에 독일 장군들에게 밝힌 포부였지만,[41] 이제는 먼 미래에 이루어질지도 모르는 목표에서 몇 년 안에 달성할 목표로 바뀌었다. 히틀러는 흉포한 반향을 일으킬 오싹한 메시지를 전했다. "이것은 인구를 확보하는 문제가 아니라 농사에 쓸 공간을 획득하는 문제다. 그리고 원료 생산 지역은 해외가 아니라 제국에 바로 붙은 유럽의 인접 지역에서 구해야 더 실용적이다. (…) 독일의 문제는 무력을 통해서만 해결할 수 있으며, 그런 일에 위험이 따르지 않는 경우는 결코 없었다."

히틀러는 "늦어도 1943년에서 1945년 사이에는 독일의 공간 문제를 해결"하겠다고 선언했다. 이 목표의 달성을 위한 첫 단계는 체코슬로바키아와 오스트리아를 공격하는 것이었다. 그는 이 순간에는 소련을 전혀 언급하지 않았다.

회의 의사록을 보면 블롬베르크 원수와 프리치 장군 둘 다 이 공격 행위가 영국과 프랑스의 대독일 전쟁 선포를 야기할지도 모른다는 우려를 표명했다. 프리치는 겁이 나서 히틀러에게 며칠 후에 예정된 휴가를 취소해야겠다는 생각이 든다고 말했다. 히틀러는 앞으로 닥칠 '싸움'이 그렇게 임박하지는 않았으니 그럴 필요 없다고 그를 안심시켰다.

블롬베르크와 프리치의 걱정은 이해할 만했다. 두 사람 다 1차대전에 참전했으며 적어도 독일이 승리할 가능성이 높다는 생각이 들기까지는 서유럽에서 영국과 프랑스와 다시 싸우고 싶은 욕망은 없었다. 히틀러는 영국과 프랑스가 문제를 일으킬 것 같지는 않다고 두 사람을 안심시키려 했다. 그러나 그의 논지는 설득력이 없었다. 그의 계획은 분명 크나큰 위험을 내포했다.

육군참모장 루트비히 베크는 며칠 뒤에 그 회의에 관한 이야기를 전해 듣고 히틀러의 계획을 검토한 뒤 자신의 견해를 종이에 적었다. 평가는 완전히 부정적이었다. 그는 독일의 경제 문제를 생활공간의 확대로써 해결한다는 발상을 "숙고가 부족하다"는 정중한 표현으로 일축했다. 독일은 세계경제에 대한 참여를 거부하지 말고 다른 나라들과 교역해야 했다. 그러지 않으면 "독일 국민은 서서히 야위어갈 것이다."[42] 게다가 베크도 프리치와 블롬베르크처럼 히틀러의 계획에 대한 프랑스와 영국의 반대를 경시하면 위험하다고 경고했다.

상황은 극적으로 변했다. 몇 주 만에 블롬베르크와 프리치 둘 다 직위에서 해임되었다. 그러나 그 과정은 일련의 야간 기습 체포에 고문과 처형이 뒤따른, 스탈린의 "잔인한 정권"이 취한 방식과는 달랐다. 블롬베르크와 프리치가 무대에서 사라진 방식은 폭력성이 훨씬 덜했으며, 두 사람의 퇴출은 부분적으로는 우연한 사건에 기인했다.

쉰아홉 살의 홀아비였던 블롬베르크는 1938년 1월 12일 히틀러와 괴링이 참석한 가운데 20대 중반의 비서와 혼례를 치렀다. 그 직후 괴링은 블롬베르크의 젊은 아내가 포르노그래피 영화에 출연했다는 사실을 알았다. 종전 후 뉘른베르크 재판의 증언으로 밝혀진 내용이지만, 그녀의 이름은 "독일의 일곱 개 대도시의 문서에 매춘부로 기재되어" 있었다.[43] 독일의 귀족적인 장교들은 신분 의식이 남아 있는 세계에 살고 있었기 때문에 블롬베르크가 그런 여자와 결혼했다는 생각에 격분했다.

블롬베르크는 추문을 자초했다. 누구도 그에게 '과거'가 있는 젊은 여자와 결혼하라고 등을 떠밀지 않았다. 그러나 베르너 폰 프리치 장군에게 일어난 일은 다른 경우였다. 블롬베르크에 관한 소식에 충격을 받은 히틀러는 이전에 프리치가 불명예스러운 일에 연루되었음을 암시하는 보고가 있었음을 기억해냈다. 2년 전, 하이드리히는 프리치가 남창 소년과 육체적 관계를 맺어왔음을 증언하는 자료를 수집했다. 그 정보는 주로 오토 슈미트라는 악질 범죄자의 증언을 토대로 만들어졌는데, 히틀러는 1936년에 그 보고를 일축했다. 신뢰할 수 없다고 판단했기 때문인지 아니면 프리치의 성적 특질에 관심이 없었기 때문인지는 분명하지 않다(히틀러는 룀의 성적 지향에 대해서도 여러 해 동안 신경쓰지 않았다).

그러나 이제 이 오래된 보고서가 다시 불쑥 나타났다.

1월 26일 총리실 청사에서 프리치는 히틀러와 괴링이 지켜보는 가운데 고발자인 오토 슈미트를 만났다. 프리치는 독일군 장교의 명예를 걸고 모든 의혹을 부인했다. 그럼에도 히틀러는 그를 해임했다.[44] 히틀러는 또한 완전히 신뢰할 수 없다고 생각한 10여 명의 다른 장군도 제거할 기회를 잡았다. 50명에 가까운 장군은 말썽을 일으킬 수 없는 직책으로 자리를 옮겼다.[45]

이튿날 블롬베르크는 사임했다. 그러나 괴링은 계략을 꾸며냈는데도 정작 블롬베르크의 자리를 차지하지는 못했다. 블롬베르크는 히틀러와의 마지막 만남에서 그에게 직접 그 직책을 떠맡으라고 제안했다. 히틀러는 자신이 전쟁부 장관으로서 총리인 자신에게 책임을 져야 하는 상황이 되니 그러한 임명이 지휘계통을 어지럽힐 수밖에 없었는데도 제안에 동의했다. 그 직후 히틀러는 전쟁부의 명칭을 국방군 최고사령부Oberkommando der Wehrmacht, OKW로 변경하고 스스로 그 최고지휘관Oberbefehlshaber des OKW이 되었다. 그렇지만 행정상의 혼란은 그대로 남았다.

1월 27일 이후 며칠은 히틀러와 나치 지도부에는 위험할 수 있는 시기였다. 독재체제에서는 언제나 그렇듯이, 권력자들에게 가장 큰 잠재적 위협은 군대였다. 이제 그 나라에는 전쟁부 장관 블롬베르크와 육군 최고사령관 프리치가 없었다. 게다가 육군참모장 루트비히 베크 장군은 나치 지도자의 호의를 얻지 못했다. 그렇다면 베크는 왜 앞장서서 힘을 모아 저항하지 않았는가? 상급 장교 중 적어도 한 명은 베크에게 그 위기에서 지도력을 보여주라고 요청했지만, 그는 거부했다.

이 결정적인 순간에 루트비히 베크의 심리 상태가 어땠느냐는 질문은 이후에 벌어질 일 때문에 한층 더 흥미롭다. 6년 뒤에 그는 히틀러를 살해하려는 1944년 7월 20일 음모에 가담한다. 그러나 1938년에 들어설 무렵 베크는 계속 충성해야 한다고 생각했다. 이는 부분적으로는 블롬베르크와 프리치의 퇴출을 둘러싼 분위기 때문이었다. 베크는 힘러와 친위대를 불신했을지언정 블롬베르크의 불운한 결혼을 지지할 수도 없었다. 그는 프리치에 대한 고발 내용이 맞는지 판단할 위치에 있지도 않았다. 프리치가 성적 의혹에 배후는 없다고 선언한 마당에, 베크가 히틀러의 행위를 비난할 수 있었을까? 군사 재판이 소집되기 전에 다급히 움직였을 수는 있다. 그러나 그들의 혐의는 중대했다.

더 큰 배경도 있었다. 베크는 히틀러의 돌발적인 조치 때문에 영국과 프랑스와 전쟁을 하게 될 수 있다고 걱정했으면서도 재무장과 베르사유 조약의 '부당함'의 시정이라는 전체적인 정책 방향에 찬성했다. 그는 또한 카이저의 망명으로 독일 국가수반의 소멸을 한 차례 겪으며 절망한 적이 있었기에 다른 국가수반에 저항할 마음이 강하지 않았다.

게다가 베크는 저항운동의 주도적 인물이 되는 사람들과 달리 처음에는 히틀러가 힘러와 괴링 같은 더 사악한 자들로부터 지나치게 많은 영향을 받았다는 거짓말에 속아 넘어갔다. 그러나 그 과정에서 베크는 자신만의 원칙도 무시했다. 3년 전에 그는 육군사관학교에서 한 연설에서 장교가 "상황을 있는 그대로 파악하지 않고 보고 싶은 대로 파악할" 경우의 '위험'을 경고했다.[46]

베크로서는 해결해야 할 다른 어려움도 있었다. 많은 청년 장교가 이데올로기적으로 나치 정권에 헌신했다는 사실이다. 장래의 병사인 히틀러 유겐트 대원들을 세뇌시키려 한 정권의 집중적인 노력은 이제 결실을 맺고 있었다. 이 청년들은 히틀러의 탁월함에 대한 믿음과 나치 정권의 이상에 대한 애착을 지닌 채 입대했다.

중견 장교들로 말하자면, 군대가 확대되면서 그들 상당수가 영광스러운 미래를 내다보았다. 이들은 베크를 과거의 유물로 여겼다. 예를 들면 루돌프 슈문트 소령은 1938년 동료들에게 베크는 그저 "새로운 정권의 활력"을 이해할 수 없었을 뿐이라고 속내를 털어놓았다.[47] 그 '활력'에 운명을 맡긴 슈문트는 1944년 7월 히틀러를 겨냥한 폭탄 공격에서 부상을 입고 그로 인해 사망한다. 베크가 지원한 저항운동의 음모에 희생된 것이다.

프리치가 해임된 직후 베크는 동료에게 히틀러가 군대 개편에 관해 협의하겠다고 약속하고는 아무 말이 없다고 불만을 토로했다. 그 동료는 애당초 히틀러의 말을 믿은 것이 잘못이라며 그에게 '바보'라고 했다.[48] 그러나 베크는 비록 심히 불만스러웠어도 행동에 나서기를 주저했다.

결국 베크는 성격 탓에 해를 입었다. 유니버시티 칼리지 런던의 발달정신병리학자 에시 비딩은 이렇게 말했다. "환경은 단지 '우리에게 벌어지는' 일로 그치지 않는다. 인간은 저마다 자신의 환경을 만들고 선택하고 바꾼다. 우리는 사회적 생태 환경의 공동 창조자다."[49] 자신의 환경을 만들어내는 능력은 분명히 사람마다 다르겠지만(강제수용소에 갇힌 나치의 포로들은 자신들의 '사회적 생태 환경'을 바꾸기 위해 할 수 있는 일이 거의 없었다), 베크는 확실히 자기 세계를 선택했다. 프로이센 군대의 전통에 깊이 젖은 세계였다. 그는 히틀러에게 충성하기로 맹세했고 이를 지키려 했다. 그는 1938년에 이와 같은 유명한 발언으로 자신의 입장을 요약했다. "항명과 혁명은 독일 장교의 사전에는 없는 낱말이다."⁵⁰

히틀러는 블롬베르크와 프리치의 자리에 주무르기 쉬운 장군을 임명함으로써 두 사람과 관련된 위기를 그럭저럭 잘 활용했다. 프리치를 대신해 육군 최고사령관이 된 자는 발터 폰 브라우히치 장군이었다. 그는 프리치보다 더 의지가 약했고, 그의 아내 샤를로테 슈미트는 열성적인 나치였다. 국방군 최고사령관Chef des OKW에 임명된 자는 빌헬름 카이텔 장군이었다. 그는 누구보다도 고분고분한 인물이었다. 카이텔은 종전 후 뉘른베르크에 갇혀 있을 때 미국인 정신과 의사와의 면담에서 자신에게 닥친 일이 곤혹스럽다는 듯이 말했다. "어쩌면 내 성격이 지나치게 무비판적일지도 모른다는 것을 오늘에야 알게 되었다."

나치의 잔학행위에 대한 증거는 차고 넘쳤는데도, 카이텔은 전쟁이 끝난 후에도 여전히 히틀러가 "미래를 내다보는 대단한 능력과 상황을 파악하는 엄청난 능력, 역사적으로 중요한 문제와 군사적인 문제에 해박한 지식을 갖춘 천재"라고 믿었다.⁵¹ 그 정신과 의사는 카이텔과 대화한 뒤 눈앞의 인간 생물체로부터 좋은 인상을 받지 못했다. 그는 이렇게 말했다. "카이텔은 나무토막처럼 딱딱한 군인이다. 남의 비위를 맞추는 미소를 지녔지만 주목과 인정을 받고 싶은 인간적인 번뇌로 고통받는 나무토막이다."⁵²

―――

카이텔과 브라우히치는 새로운 직책을 맡은 지 불과 몇 주 만에 위기에 빠졌다. 오스트리아에 관한 히틀러의 구상이 야기한 위기였다. 히틀러는 오랫동안 자신이 태어난 나라인 오스트리아를 장악하고 싶었고, 1938년 2월 12일 바이에른주 베르히테스가덴에서 열린 회담에서 오스트리아 총리 쿠르트 슈슈니크에게 일련의 협박을 가함으로써 기존의 긴장을 한층 더 높였다. 히틀러는 슈슈니크에게 이렇게 경고했다. "어느 날 빈에서 잠에서 깨면 우리[독일인들]가 그곳에 있는 것을 보게 될 것이다. 마치 봄날의 폭풍처럼. 그때 무엇인가 보게 될 것이다."[53]

히틀러는 대담하게 베르사유 조약에 대한 영국의 태도가 흔들리고 있다는 사실로써 오스트리아 총리를 위협했다. 핼리팩스 경은 1937년 11월에 베르히테스가덴으로 히틀러를 방문해 이렇게 말했다. 오스트리아와 그단스크, 체코슬로바키아 같은 성가신 문제들은 "시간이 지나면서 불가피하게 나타날 유럽 질서의 가능한 변화라는 범주에 들어갔다."[54] 핼리팩스 경은 이 말을 할 때 외교부 장관이 아니었지만(1938년 2월이 되어야 그 직책을 맡는다), 히틀러가 보기에 그가 총리 네빌 체임벌린의 생각을 전하고 있음이 분명했다. 물론 핼리팩스 경은 영국이 베르사유 조약에 위배되는 무력 침공에 찬성한다는 뜻으로 말하지는 않았다. 그래도 "가능한 변화"를 받아들일 수도 있다는 생각은 의미심장했다.

베를린 주재 영국 대사 네빌 헨더슨은 1937년 5월 4일자 메모에 베르사유 조약을 '신성불가침'으로 보는 것은 위험하다고 생각한다고 적었다. "평화로운 협상으로 조약을 변경하지 않으면 향후 전쟁 발발의 화근이 될 것이다." 헨더슨은 또한 히틀러의 종족주의적 견해에 공감하듯이 이런 말도 했다. "독일인이 슬라브인보다 더 문명화한 민족임은 틀림없다." 그러므로 "독일이 통합을 성취하고 슬라브인과의 전쟁에 대비하는 것을 방해하려는 노력은 공정하지 않다."[55]

헨더슨과 핼리팩스, 체임벌린의 심정을 이해하기는 어렵지 않다. 1차 대전의 참상을 겪은 후 그들의 주된 목적은 최선을 다해 갈등의 재발을 막는 것이었다. 특히 이제는 많은 사람이 부당하다고 여긴 조약의 조항들을 둘러싼 갈등을 방지해야 했다. 이들은 또한 독일이 유럽의 강국일 뿐만 아니라 '문명'이 결여된 동쪽의 슬라브인을, 스탈린의 소련이 상징하는 위협을 막아줄 보루가 될 수 있다고 믿었다.

이처럼 나치 정권에 대한 영국의 태도가 누그러진 것은 히틀러의 외교 전략이 점점 더 큰 성공을 거두고 있다는 증거이기도 했다. 히틀러는 베르사유 조약으로 상실한 영토를 되찾아 독일어를 말하는 사람들을 전부 통합하고 싶다고 공언했지만 속으로는 광대한 새 제국을 건설하려는 야심을 숨기고 있었다. 그렇게 확실하게 드러난 목표를 추구할 때 히틀러에게 가장 손쉬운 표적은 오스트리아였다. 오스트리아인들은 베르사유 조약 때문에 독일과 합치지 못했을 뿐만 아니라 독일어를 사용하는 사람들이기도 했다.

두 나라 사이에 긴장이 고조되면서, 슈슈니크는 파멸적인 결정을 내렸다. 국민투표를 실시하기로 결정한 것이다. 1938년 3월 13일로 정해진 국민투표는 오스트리아인들에게 독립을 유지하기를 원하는지 묻기로 했다. 그는 24세 미만인 사람에게는 투표권을 주지 않았는데, 이는 노골적으로 원하는 결과를 얻어내려는 시도였다. 그 오스트리아 총리는 청년들이 얼마나 나치즘에 마음을 빼앗겼는지 분명하게 파악하고 있었다.

히틀러의 대응은 강력하고 극적이었다. 3월 12일 아침 독일군은 아무런 방해도 받지 않고 오스트리아에 진주했다. 이는 1938년에 나치의 심리 형성에 기여한 세 가지 중요한 조치 중 첫 번째였다.

이제 히틀러 유겐트의 지역 지도자HJ-Obergebietsführer가 된 에밀 클라인은 그 3월에 국방군 부대를 따라 오스트리아로 들어갔고, "형언할 수 없는" 열광적인 환영을 받고도 놀라지 않았다. "[침공 전에] 내가 오스트리아에 갔을 때 사람들은 늘 물었다. 언제 병합이 이루어질 것인가? 우리는 언제 병합될 것인가? 히틀러가 병합이라는 말을 꺼내지도 않았을 때였다! 그들은 독일이 마치 교황 성하인 듯이 이야기했다. 오스트리아인들이 바로 그러했다. 그들은 우리를 고대했다! 대다수가 제국과의 통합을 염원했다. 그것은 그들에게 성스러운 일이었다. 누구나 통합을 경험했어야 한다!" 다른 나치 지지자 베른트 린도 오스트리아로 진군할 때 '흥분'을 목격했다. 그는 "포도주를 사발로, 아니 양동이로" 제공받았다고 주장했다. "모두가 환호했다. (…) 나중에는 마침내 빈의 황궁에서도 이러한 축하 행사가 있었다. [그] 분위기는 최고였다. 저항 따위는 없었다."[56]

그러나 꽃과 포도주가 전부는 아니었다. 나치는 꽤 많은 오스트리아인이 반대한다는 사실도 알고 있었고, 그래서 힘러와 하이드리히는 3월 12일 아침 일찍 빈으로 날아갔다. 심지어 독일군이 전부 도착하기도 전이었다. 두 사람과 그들이 이끈 비밀경찰은 체포해야 할 2만 명의 긴 명부를 준비해왔다. 일부는 국경 너머 뮌헨 외곽의 다하우 강제수용소로 데려갔고, 나머지는 히틀러의 고향 린츠 인근 마우트하우젠의 새로운 수용소에 가둘 예정이었다. 마우트하우젠 수용소는 최악의 강제수용소 중 하나가 된다.

예상대로 유대인은 특별한 표적이 되었고, 나치 지배 시기의 그 어느 고난도 강도와 신속성에서 이들이 겪은 것에는 비할 바가 못 되었다. 이는 부분적으로는 유대인의 비율이 독일보다 오스트리아에 더 많았기 때문이다. 독일에서 유대인은 인구의 1퍼센트 미만이었던 반면, 오스트리아에서 유대인은 약 2.8퍼센트였고 주로 수도 빈에 모여 살고 있었다.

오스트리아에서는 하이드리히조차 우려할 정도로 폭력과 약탈이 극심했다. 결국 오스트리아는 독일어를 사용하는 같은 동포의 국가가 되었다. 하이드리히는 과도하게 난폭한 행위의 책임을 공공연히 나치의 적에게 돌리려 했다. 그는 1938년 3월 17일 《비너 노이에스테 나흐리히텐Wiener Neueste Nachrichten》에 실린 글에 이렇게 썼다. "공산당의 추종자들이 당의 공식 제복을 입수해 입고 불법적으로 징발과 가택수색, 체포에 나섬으로써 공공의 안전과 질서를 위협하려 한다. 국가경찰은 그러한 범죄 행위를 막기 위해 가장 강경한 수단으로 개입해 무자비하고 엄중하게 대처할 것이다."[57]

그러나 문제는 "당의 공식 제복"을 입은 "공산당원들"이 아니라 나치 자신들이었다. 하이드리히는 빈의 신문에 그의 글이 실린 바로 그날, 오스트리아의 나치 지도자 요제프 뷔르켈에게 전한 메모에서 이렇게 인정했다. "불행하게도 [나치] 당원들이 완전히 자제력을 잃고 불법 행위를 한" 것 같다. 그는 공개적으로는 그 범죄를 두고 "공산당 추종자들"을 비난했지만 "우리 당 동지들"에게 미승인 작전에 착수하지 말라고 은밀히 경고했다. 그는 이렇게 말했다. "국가경찰이 당원 동지들에 대해 대규모로 조치를 취해야 한다면 이는 불행한 일이 될 것이다."[58]

1933년 독일에서 그랬듯이, 나치 지지자들의 증오를 부채질해놓고 그들을 통제하기란 어려운 것으로 드러났다. 빈에 유대인이 많고 유명한 사람도 많아서 독일보다 오스트리아에서 나치를 통제하기가 분명히 훨씬 더 어려웠을 것이다. 그 도시는 지그문트 프로이트 같은 세계적으로 유명한 유대인들의 고향이었다.

나치가 오스트리아 유대인들에게 길바닥을 문질러 깨끗이 청소하게 한 일은 악명을 떨쳤다. 빈의 어느 청년 유대인은 자신이 본 것을 이렇게 회상했다. 그가 거리를 문질러 닦고 있을 때 "옷을 잘 차려입은 여자"가 "금발의 사랑스러운 소녀를 들어올렸다. 그래서 그 아이는 스무 살에서 스물두 살쯤 된 남자(나치 돌격대원)가 한 유대인 늙은이를 무릎을 꿇고 있도록 허락받지 않았다는 이유로 발로 차 쓰러뜨리는 것을 잘 볼 수 있었다. (…) 그들은 모두 웃음을 터뜨렸고, 아이도 웃었다. 대단한 볼거리였기 때문이다. 나는 충격을 받았다."[59]

프린스턴대학교의 심리학자 수전 피스크의 선구적인 연구는 빈의 거리에서 유대인을 괴롭힌 자들의 정신 작용을 이해하는 데 도움이 된다. 그녀는 고정관념과 편견을 연구하면서 예를 들면 새로운 이웃이 이사 올 때 물어야 할 중요한 질문으로 두 가지를 꼽았다. 첫째, 그들은 친절할까, 아니면 적대적일까(호의적일까, 악의적일까)? 둘째, 그들은 그 역할의 수행에서 유능할까, 무능할까?[60]

나치는 빈의 유대인을 대체로 유능하고 악의적이라고 보았다. 그러나 그들에게 굴욕을 안긴 그 행위로 인해 그들은 훨씬 덜 위협적인 범주로 바뀌었다. 로버트 새폴스키 교수는 이렇게 말한다. "군중이 조롱하며 지켜보는 가운데 나치가 유대인들에게 무릎을 꿇은 채 칫솔로 인도를 문질러 닦게 함으로써 개척해낸 성과는 그들을 유능하고 악의적인 존재에서 무기력하고 악의적인 존재로 바꾼 것이다." 이는 "우리가 매우 유능하고 매우 악의적이라고 여긴 사람들을(우리는 그들이 은행과 기타 모든 것을 통제하고 있다고 믿는다) 완전히 다른 '그들'이라는 범주로" 바꾸는 것이었다.[61] 뒤에서 보겠지만, 유대인에게 굴욕을 주는 행위는, 그들을 나치의 눈에 "유능하고 악의적인" 존재에서 "무능하고 악의적인" 존재로 보이도록 바꾸는 행위는 전쟁이 시작되면 한층 더 큰 규모로 실행된다.

거리의 잔학행위에 더 체계적인 박해가 동반되었다. 게슈타포는 빈의 유대인 엘리트들에게서 귀한 미술품을 강탈했고, 새로운 정권은 예술과 학문 등 온갖 다양한 직업에서 유대인을 쫓아냈다. '아리아인화' 과정으로 유대인은 실제 가치의 극히 작은 일부만 받고 사업체와 재산을 넘겨야 했다. 동시에 하이드리히의 보안국에서 '유대인 전문가'였던 아돌프 아이히만은 나치에게 유대인 재산을 강탈한 뒤 그들을 강제 이송할 수 있게 한 행정 절차를 마련했다. 그해가 끝날 무렵 8만 명의 유대인이 오스트리아에서 강제로 쫓겨났다.[62]

독일이 오스트리아를 집어삼킬 때 어느 나라도 군사적으로 오스트리아를 돕겠다는 제안을 하지 않았고, 히틀러는 자신의 행동에 대한 외교적 항의를 쉽게 무시할 수 있었다. 3월 12일 《샌프란시스코 이그재미너San Francisco Examiner》는 이러한 제목으로 머리기사를 내보냈다. "5만 명의 독일군이 오스트리아를 점령하다." "프랑스와 영국은 항의만 할 뿐이다."[63]

히틀러의 원래 의도는 오스트리아와의 연합이었지만, 고향 도시 린츠에 들어갈 때 미칠 듯한 환영을 받자 그 나라를 제국에 완전히 병합하기로 마음을 굳혔다. 사흘 뒤 그가 오스트리아 수도에서 연설을 했을 때 그에 대한 찬사는 어마어마한 규모로 되풀이되었다. 히틀러가 오스트리아의 새로운 지위를 선포하는 것을 보기 위해 빈의 호프부르크 궁전 앞 헬덴 광장에 20만 명이나 모였다.

히틀러의 일생에서 이 순간은, 청년 시절 그토록 처절한 실패를 맛본 고향으로 금의환향한 일은 그에게 변화의 힘을 준 순간이었다. 앞서 보았듯이 학술 연구는 "뇌와 문화는 공진화한다"는 것을 증명했다.[64] 정신은 적응성이 있다. 환경이 우리 뇌가 주변에서 벌어지는 일을 처리하고 인지하는 방식에 변화를 촉진할 수 있다는 뜻이다. 이 일이 히틀러에게 그러한 변화의 순간이었음은 거의 확실하다. 만일 그가 이 한 가지 꿈을 이루었다면, 나머지 다른 꿈들도 이루지 못할 이유가 무엇인가?

프란츠 폰 파펜이라면 이 분석에 동의했을 것이다. 그는 그 독일 지도자가 빈에서 '황홀경'에 빠져 있었다고 썼다. 히틀러의 성공은 "모든 경고와 예측이 무색하게", 파펜에 따르면 심대한 영향을 미쳤다. "많은 사람이 히틀러가 외교 정책에서 절제를 보여주기를 원했지만, 이 일로 히틀러에게 그런 충고는 먹히지 않았다."[65]

물론 오스트리아에서 히틀러가 거둔 승리가 그에게만 영향을 미친 것은 아니다. 이제 다른 사람들도 생각을 재고했다. 프리치 장군이 군사법정에서 무죄를 선고받고 하이드리히와 힘러의 음모가 까발려진 것은 중요하지 않았다. 카이텔 장군은 뉘른베르크에서 자신을 면담한 미국인 정신과 의사에게 이렇게 말했다. "성공만큼 군인을 잘 설득할 수 있는 것은 없다."[66]

오스트리아의 병합은 다른 중대한 결과도 가져왔다. 이는 나치의 심리에 영향을 준 1938년의 세 가지 의미 있는 사건 중에서 두 번째 것이다. 독일군이 오스트리아에 진입하고 불과 며칠 지난 뒤, 프랭클린 루스벨트 미국 대통령은 나치의 박해 때문에 독일 제국을 떠나려 한 사람들의 곤경을 논의하기 위해 국제회의를 소집하기를 원한다고 밝혔다. 당시의 문제는 1936년에 세계 시온주의자 기구World Zionist Organization 의장 차임 바이츠만이 간명하게 표현했다. "세계는 그들[유대인들]이 살 수 없는 곳과 그들이 들어갈 수 없는 곳으로 나뉘어 있다."[67]

얼핏 보기에 오스트리아 위기에 대한 루스벨트의 반응은 인도주의적이고 동정적으로 보였다. 히틀러는 비록 에둘러 빈정대듯이 말했지만 이 계획을 환영했다. 1938년 3월 25일에 한 연설에서 그는 "이 범죄자들[유대인들]을 심히 애처롭게 여기는" 세계의 다른 곳들이 "이 동정심을 실질적인 도움으로 전환하기에 충분할 만큼의 아량을 베풀기를" 희망한다고 말했다. 그는 심지어 "이 범죄자들이 그 나라들로 갈 수 있도록 안락한 선박을 제공할" 준비가 되어 있다고도 말했다.[68]

그러나 루스벨트가 앞장서 내놓은 계획은 겉보기와는 달랐다. 그는 자신이 제안한 회의에서 유대인에게 긍정적인 제안은 전혀 나올 가능성이 없음을 처음부터 알고 있었다. 당시에는 공개되지 않은 국무부의 '난민에 관한 비망록'을 보면 회의의 목적이 "주로 이민법을 관대하게 바꾸려는 시도를 미연에 방지하기 위해 앞장서서 압력을 주도하는" 것이었음이 드러난다.[69] 달리 말하자면, 모든 것이 속임수였다. 미국이 절실히 안전한 피난처를 찾고 있는 유대인을 돕기 위해 실제로는 아무 일도 하지 않으면서 이론상으로 마치 무엇인가 하고 있는 것처럼 보이게 하려는 연막이었다.

난민 활동가들은 미국이 보낸 초청장을 대충 읽어보기만 해도 즉각 의심을 품었을 것이다. 초청장은 회의에 참석한 어떤 나라에도 현재 법률이 허용하는 것 이상으로 난민을 받아들이라고 요구할 수 없다고 노골적으로 밝히고 있었다. 그뿐만 아니라 그 회의를 제안한 이유였던 나치의 유대인 박해를 공개적으로 거론하지도 못했다. 오직 '정치적 난민'만 언급했다.

회의에서 대화를 나누었을 뿐 달리 얻어낸 것이 없음을 보여주는 다른 신호는 나치가 유대인에게 출국을 허용하기 전에 그들의 재산을 강탈했다는 사실이다. 이 일로 유대인을 받아들이고 싶은 마음은 더욱 줄어들었다. 프랑스의 에비앙에서 회의가 열린 날, 베를린 주재 영국 대사 네빌 헨더슨은 막 독일 외교부 장관에 임명된 리벤트로프에게 "어떤 나라도 독일 유대인의 유입을, 특히 그들이 아무런 재산도 없이 온다면, 받아들일 준비가 되어 있지 않기" 때문에 독일이 유대인에게 재산을 갖고 나라를 떠날 수 있게 허용할 의향이 있는지 물었다. 리벤트로프는 이 문제는 "논의할 필요가 없는 독일 내부의 문제"이므로 '협력'이라는 발상을 철저히 거부했다.[70]

에비앙 회의의 진짜 목적을 밝혀줄 다른 실마리는 초청받지 못한 나라들의 목록이었다. 헝가리와 폴란드, 소련 등 거의 전부 유대인이 많이 사는 곳이었다. 절대로 공개리에 인정되지는 않았지만, 이 나라들이 에비앙 회의에 초대받지 못한 이유는 자국 유대인의 일부를 치우는 일에 대한 논의를 원치 않았기 때문임은 분명하다. 실제로 영국 외교부 안에서는 그렇다는 점이 인정되었다.[71]

회의가 성립되기까지의 과정에 마지막 한 조각의 냉소적 사고방식이 더 남아 있다. 이해할 수 있는 일이지만, 유대인 단체들은 많은 수의 난민을 당시 영국이 통제하고 있던 팔레스타인으로 보낼 가능성을 논의하고 싶었다. 그러나 이 방안은 분명하게 배제되었다. 영국은 중동에서 유대인과 아랍인의 권리 주장 사이에서 세심하게 균형을 유지하려 했지만, 1938년 무렵에는 아랍인 쪽으로 균형이 기울어진 듯했다.[72] 에비앙 회의의 기록에 따르면 영국 대표로 참석한 윈터턴 경은 팔레스타인에서 아랍인의 대의를 지지했다.

이러한 사정을 고려하면, 1938년 여름 에비앙 회의가 의미 있는 성과를 내지 못했다고 놀랄 필요는 없다. 회의는 초청받은 나라들이 저마다 '난민' 문제에 공감을 표명하는 공론장이 되었지만, 실질적으로 도움이 될 만한 것은 거의 제안되지 않았다. 이는 모임을 주도한 루스벨트의 목적에 의심할 바 없이 완벽하게 어울렸다. 그는 미국이 나치의 유대인 박해에 따른 인간의 희생에 관심이 있음을 자신이나 자국에 아무런 실질적 손해를 끼치지 않고 입증할 수 있었다. 많은 유대인이 지독히 어려운 처지에 놓여 있었는데도 그뿐이었다. 한층 더 씁쓸한 역설은 회의가 유대인이 엄청나게 강력하다는, 세계 곳곳의 여러 정부를 은밀히 장악하고 있다는 히틀러의 주장이 거짓임을 입증한 것이다. 에비앙 회의는 그들이 실제로 힘과 영향력이 없음을 증명했다.

나치의 심리와 관련해 에비앙 회의가 매우 중요한 이유는 회의에 짙게 배어든 위선에 있다. 히틀러는 1938년 9월 12일 뉘른베르크 집회에서 이렇게 말했다. "항의가 견딜 수 없는 지경에 이르렀으므로" 독일은 "더는 이 기생충들[유대인]에게 남김없이 피를 빨리고 싶지 않다. 지금 외국에서는 불만이 상당하다. 그렇지만 이 민주주의 국가들은 그 위선적인 항의를 도움이 되는 행동으로 바꾸지 않는다. 오히려 반대로 자신들한테는 여유 공간이 없다고 차갑게 말한다!" 히틀러는 나치가 유대인을 다루는 방식에 불만을 표한 국제사회의 태도를 이렇게 요약했다. "도움은 주지 않고 도덕만 얘기한다."[73]

위선은 강력한 심리적 효과를 지닌다. 한 연구는 이와 같이 밝혀냈다. "놀랍게도 위선자는 공공연히 거짓말을 일삼는 사람보다도 더 신뢰하기 어렵고 호감도 덜 가며 도덕적으로도 더 나쁜 사람으로 평가된다."[74] 따라서 에비앙 회의에 퍼진 위선적 태도가 나치에 깊은 영향을 미친 것, 히틀러가 루스벨트를 비롯해 에비앙 회의를 지지한 다른 지도자들을 걱정하는 척만 하는 정치인이라고 말한 것은 이해할 만했다. 이 모든 것이 히틀러가 투사하려 한 세계관, 즉 독일이 주장만 앞세우고 실천하지는 않는 나라들의 희생양이라는 세계관에 잘 들어맞았다. 친위대의 간행물 《다스 슈바르체 코어Das Schwarze Korps》(검은 군단)의 1938년 11월 24일자 기사는 이렇게 말했다. "루스벨트 씨도 영국의 대주교도 여타 저명한 민주주의자도 자신의 딸을 천박한 동유럽 유대인의 침대에 눕히지 않을 것이다. 그러나 독일에 관한 얘기라면, 그들에게 당장에 유대인 문제는 없다. 마치 우리가 유대인이 무엇을 믿거나 믿지 않는지에 내내 관심을 가졌다는 듯이, 그들이 아는 것은 오로지 '신앙 때문에 박해를 받는 무고한 자들'뿐이다."[75]

에비앙 회의에 참석한 국가들이 유대인 난민을 받아들이지 않기로 한 결정은 히틀러의 '공간'에 대한 집착에 유리하게 작용했다. 그는 "도움은 주지 않고 도덕만 얘기한다"고 '민주주의' 국가들을 비난한 그 연설에서 '식민지' 문제에 관한 그 나라들의 명백한 위선도 지적했다. 그는 이렇게 말했다. "그들은 원주민의 의견을 조금도 신경쓰지 않고 잔인한 폭력으로 여러 대륙을 정복했다. 그러나 독일이 식민지를 되찾겠다고 하자, 그들은 불쌍한 원주민의 운명이 경악스럽다는 듯이 그들을 절대로 그러한 운명에 처하도록 내버려둘 수 없다고 선언한다."[76]

그렇게 히틀러는 다른 무엇보다 중요한 커다란 위선을 포착해냈다. 다른 나라들은 유대인 난민을 받아들일 공간이 충분한데도 여전히 그들의 수용을 거부하면서 동시에 독일인들이 더 편안히 살아갈 공간을 확보할 권리를 인정하지 않는다는 것이다.

히틀러는 자신이 '유대인 문제'라고 생각한 것의 해법을 밀어붙이고 있던 그 시기에 조용히 전쟁을 일으키려고 움직이고 있었다. 히틀러가 1938년에 체코슬로바키아의 파괴를 계획했음은 익히 알려진 사실이지만, 1938년 5월 중에 그가 어떻게 사태를 점차 확대하기로 결정했는지 그 과정은 그다지 잘 알려지지 않았다.

히틀러는 여러 가지 이유로 체코슬로바키아를 증오했다. 그는 그 나라를 베르사유 조약의 창조물로 여겼다. 다양한 민족 집단들을 포함한 가짜 구성물이라는 것이었다. 여기에는 300만 명이 약간 넘는 독일어 사용자들이 포함되는데, 이들은 주로 국경 지역인 수데티(주데텐란트)에 살고 있었다. 체코슬로바키아는 또한 서유럽 강국들과 연결된 민주주의 체제였다. 두 가지 문제 다 그를 짜증나게 만들기에 충분했다.

1938년 3월 말, 오스트리아를 성공리에 점령한 후 히틀러는 수데티의 독일인 지도자들을 베를린으로 불러들였다. 그는 그들에게 체코슬로바키아 정부에 수데티 행정의 완전한 변화를 요구해야 한다고 말했다. 그들도 받아들여질 수 없으리라고 생각한 요구였다. 이는 긴장을 높이려는 의도에서 나온 것이지만, 그렇다고 히틀러가 갑자기 수데티 문제를 핑계로 체코슬로바키아를 짓밟을 준비가 되었다는 뜻은 아니었다. 5월 20일 히틀러는 군대 지휘관들에게 예기치 않게 기회가 찾아오면 모를까 체코슬로바키아에 대해 행동에 돌입할 생각은 없다고 밝혔다. 그러나 5월 말 그는 장군들에게 이제는 체코슬로바키아 문제를 처리하기를 원한다고 말했다. 알프레트 요들 대령은 일기에 이렇게 썼다. "체코슬로바키아 문제에 손대지 않겠다는 퓌러의 의중은 아직까지 바뀌지 않았다."[77]

히틀러는 극적인 지정학적 사건이 발생했다고 해서 일정을 근본적으로 수정하지는 않았다. 그는 주로 무시당했다고 느낄 때 마음을 바꾸었다. 5월 20일 이후 히틀러는 독일이 체코슬로바키아를 공격할지도 모른다는 소문을 부인해야 했다. 대체로 영국과 프랑스의 항의 때문이었다. 이후 며칠 동안 그는 이 일을 곰곰이 생각하면서 굴욕감에 휩싸이게 된다. 요들은 이렇게 썼다. "독일의 자제 때문에 퓌러의 위신이 실추되는 결과가 초래된다. 그는 더는 이를 감수할 생각이 없다." 외교부 차관이었던 에른스트 폰 바이츠제커는 훗날 일기에서 이렇게 확인했다. 히틀러는 "5월 22일에 영국이 꽁무니를 뺀다고 그를 조소하자 분노해서 전쟁의 길을 가기로 결정했다."[78]

이는 이례적인 상황이었다. 한 사람의 "위신이 실추"되었다는 인식이 수백만 명의 운명을 바꿀 행동으로 이어질 뻔했던 것이다. 이것이 1938년에 전쟁으로 이어지지 않은 것은 주로 영국 총리 네빌 체임벌린의 유화정책 때문이었다. 체임벌린이 9월 15일에 베르히테스가덴에서 히틀러를 만난 뒤, 체코슬로바키아는 수데티를 독일에 양도해야 했다. 히틀러는 체코슬로바키아가 자신의 요구에 굴복했다는 말을 듣고 충격을 받았다. 9월 30일 이른 시간에 뮌헨 회담에서 서명된 최종 협정으로 히틀러는 표면적으로 원하던 것, 즉 수데티를 얻었지만 진정으로 바란 것은 얻지 못했다. 그가 정말로 원한 것은 체코슬로바키아의 영토 이양 거부, 즉 전쟁을 일으킬 핑계였다. 전쟁이 벌어져도 영국과 프랑스는 체코슬로바키아가 굴복하기를 완강하게 거부한 것을 보았으니 싸움에 관여하지 않으리라고 그는 기대했다.

히틀러가 이에 못지않게 실망했던 것은 대다수 독일인이 그의 전쟁 열망을 공유하지 않는다는 증거가 점점 더 많이 나타나고 있었다는 사실이다. 1938년 8월에 보안국 보고서는 분위기가 "대체로 비관적"이라고 설명했다. 이유는 이러했다. "매우 많은 국민이 조만간 전쟁이 벌어지면 경제적 번영이 파괴되고 독일이 끔찍한 종말을 맞게 되리라고 매우 심각하게 우려하고 있다."[79] 괴벨스는 대담하게도 히틀러의 면전에서 이러한 견해를 밝혔다. 바이츠제커에 따르면 괴벨스는 점심식사 자리에서 전쟁에 대한 국민의 열의가 높지 않다고 말했다.[80]

이는 히틀러의 야심과 그의 길을 방해한 실질적인 문제들 사이에 존재한 긴장을 생각나게 한다. 히틀러는 결코 전능한 지도자가 아니었다. '위신'의 실추 때문에 정책을 변경할 힘은 있었지만, 그럼에도 다른 사람들의 복종을 얻어내려면 언제나 설득이 필요했다. 그리고 이 일에서 히틀러는 그의 방식에 동의하지 않은 많은 자들이 그의 목적에는 동의했다는 사실에서 도움을 받았다. 참모장 루트비히 베크조차도 독일이 팽창을 원한다면 체코슬로바키아의 존재는 골칫거리라고 인정했다. 그와 히틀러의 견해 차이는 체코슬로바키아에 대한 공격이 영국과 프랑스와의 전쟁을 유발할 것이냐는 실제적인 문제에 있었을 뿐이다.

히틀러는 판단력이 있는 사람이어서 수백만 명의 독일인이 전쟁 가능성을 기꺼이 받아들일 뜻이 없다는 데는 자신에게 일부 책임이 있음을 깨달았다. 공개리에 다시 전쟁을 원하지 않는다고 지속적으로 말해 왔기 때문이다. 그는 1938년 11월에 언론사의 간부들을 대상으로 한 연설에서도 그렇게 인정했다.

히틀러는 대화 중에 지금껏 속임수를 써왔다고 솔직하게 밝혔다. 그는 이렇게 말했다. "상황 때문에 어쩔 수 없이 거의 평화에 관해서만 이야기했다. 평화에 대한 독일의 열망과 의지를 지속적으로 강조해야만" 독일의 군비 확충이 가능했다. 그러나 이 평화의 수사법이 독일 국민 사이에 "패배주의적" 태도를 조성할 위험이 있다는 것이 곤란한 문제였다. 히틀러는 근자에 이러한 태도를 바꾸려 했다고 말했다. 그래서 독일의 선전은 이제 이와 같이 강조해야 했다. "평화적으로 실행할 수 없다면 폭력적인 수단으로 실행해야 하는 일들이 있다."

히틀러는 국민의 사고방식을 갑자기 그렇게 바꿀 수는 없다고 인정했다. 정부가 국민에게 어떤 생각을 해야 하는지 말한다고 될 일이 아니었다. 변화를 가져오는 방법은 "대다수 국민의 머릿속에 좋은 방법으로 해결할 수 없다면 힘으로써 해결해야 한다는 확신이 서서히 자연스럽게 일도록 몇몇 사건들을 부각시키는" 것이었다. "그러나 그렇게 되기가 쉽지는 않다."[81]

괴벨스도 이러한 접근방식에 찬성했다. 그는 뉴스영화 제작 방식에 관해 히틀러와 논쟁을 벌였음을 생각하면 역설적이지만 1941년 7월 일기에 이렇게 쓰곤 했다. "나는 그냥 영화를 틀어놓고 관객이 다른 방식으로는 이해하지 못하는 것만 논평으로 설명하는 것을 선호한다. 관객이 그 뒤에 숨은 의도를 깨닫지 못하기 때문에 나는 이것이 더 효과적이라고 본다."[82]

히틀러는 1938년 11월에 기자들을 모아놓고 독일 언론이 수데티의 획득을 전심으로 도우리라고 믿는다고 말했다. 그렇게 일치단결해 움직여야만 독일 민족의 '자신감'을 키운다는 큰 목적을 달성할 수 있었다. 히틀러는 권한을 지닌 자들 중에 한두 가지 점에서 무능한 사람은 언제나 있기 마련이라고 인정했지만, 언론은 그들의 잘못을 절대로 전달하지 말아야 했다. 그것이 중요했다. 지도부는 언제나 옳다는 메시지를 전달해야 했다. 거듭 강조된 이 좌우명이 지도부가 위기에도 생존할 수 있게 할 '심리적' 상황을 만들어낼 터였다.[83]

히틀러가 독일 기자들에게 상황을 설명하며 속내를 털어놓은 날은 11월 10일, 나치의 심리에 깊은 영향을 미친 1938년의 마지막 사건, 즉 '수정의 밤Kristallnacht'이 벌어진 다음날이다. 히틀러가 기자들에게 길게 이야기하면서 유대인을 겨냥한 그 돌발적인 폭력의 분출을 언급하지 않았다는 사실은 의미가 있다. 많은 독일인이 그 잔학행위에 반대했기 때문에, 거론해봤자 득 될 것이 없었다.

나치의 거친 시내들은 파리에서 독일 외교관이 유대인 청년에게 공격당한 일에 대응해 유대인 상점을 때려 부수고 유대교 회당을 더럽히고 개별 유대인을 공격했다. 최대 100명의 유대인이 살해당했고, 3만 명이나 강제수용소로 끌려갔다. 바깥 세계는 물론이고 보통의 수많은 독일인까지 오싹하게 만든 행위였다. 바이에른주 슈바벤의 지구지도자Kreisleiter는 이렇게 전했다. 그 외교관이 살해당한 이후 많은 사람이

"중앙정부가 모종의 조치를 취하기를 기대했지만, 국민 대다수는 자발적인 유대인 탄압이 이루어진 방식을 그다지 이해하지 못했고 공감하지도 못했다. (…) 이 사건들은 도시와 시골에서 유대인을 애처롭게 여기는 불필요한 감정을 자극했다."[84] 뮌헨에 거주하던 어느 유대인은 자신과 가족이 유대인이 아닌 이웃들로부터 도움을 받았다고 썼다. 그는 뮌헨의 어느 은행가가 눈물을 흘리며 자신에게 이렇게 고백했다고 밝혔다. "독일인이라는 사실이 부끄럽다."[85]

그러나 이러한 분노의 감정은 결코 일반적이지 않았다. 유대인을 공격한 폭력 행위를 칭송한 독일인도 있었다. 뉘른베르크에 살던 10대의 한 유대인은 수정의 밤 다음날 아침 지나가던 사람들이 자기 집의 망가진 현관에 돌을 던진 일을 기억했다.[86]

일반적인 인식은 이러했다. 수정의 밤은 헤르스헬 그린슈판(헤르만 그륀슈판)이라는 열일곱 살 유대인 남자가 쏜 총탄에 맞아 사망한 외교관 에른스트 폼 라트의 죽음에 대해 대중이 자발적으로 대응한 결과였다. 그러나 사실이 아니었다. 그 사건에서 자발성은 거의 찾아볼 수 없었다. 11월 9일 맥줏집 폭동 기념일을 축하하기 위해 주요 나치들이 뮌헨에 모여 있었기에, 이들이 그 공격을 주도하기는 쉬웠다. 괴벨스는 일기에 이렇게 적었다. "나는 그 일을 퓌러에게 알렸다. 그는 이렇게 결정했다. [반유대인] 시위를 계속하게 내버려두라. 경찰을 철수시켜라. 유대인은 민족의 분노를 맛보게 될 것이다. 그것이 옳다. 나는 경찰과 당에 즉각 적절한 지시를 내렸다. 그다음 당 지도부에 그러한 취지로 간략하게 얘기했다. 우레와 같은 박수가 쏟아졌다. 이제 민족이 행동할 것이다."[87]

괴벨스는 히틀러의 말을 오해하고 있었다. 행동에 나설 자들은 민족이 아니라 나치의 폭력배였다. 그는 또한 수정의 밤을 초래한 그 상황의 조성에 나치 스스로 이바지했다는 사실을 언급하지 않았다.

나치는 폴란드 정부가 독일에 거주하는 자국 유대인의 시민권을 부정할 것이라는 우려스러운 소식에 대응해 10월 28일 독일에 있는 폴란드 유대인을 국경 너머 폴란드로 추방하기로 결정했다. 이는 엄청난 고난을 초래했다. 그 유대인들 다수가 여러 해 동안 독일에 살고 있었는데, 이제 집에서 쫓겨나 자신들을 원하지 않는 나라로 추방되었다. 일부는 두 나라 국경 사이의 경계가 불분명한 곳에 갇혀 밤을 지새우다 사망했다.[88]

폴란드로 추방된 사람들 중에는 헤르스헬 그린슈판의 부모도 있었다. 그는 부모가 겪어야 했던 일로 비탄에 빠져 복수심에서 라트를 총으로 쏘았다. 그러나 그린슈판이 방아쇠를 당길 때 그 인과 사슬의 첫 번째 고리는 분명했다. 나치의 유대인 박해가 모든 사태의 근원이었다.

이 심리학적 순서, 문제의 씨앗을 만들고 반응을 기다린 다음 행동하고 타자를 비난하는 이 과정은 히틀러가 유대인을 공격할 때는 물론이고 2차대전 내내 독일을 이끈 주된 방법이었다. 히틀러는 1939년 2월 10일 군대의 주요 인사들을 대상으로 한 비밀 연설에서 거의 이 정도까지 인정했다. 그는 이렇게 말했다. "처음에는 당연히 세상에" 독일이 기꺼이 재무장 정책을 시행할 것이라고 "선포하는 대담한 조치"를 취할 "적절한 순간을 내다볼 수 없었다." 마찬가지로 그는 오랫동안 오스트리아와 체코슬로바키아의 "문제를 해결하기를" 원했지만 행동에 나서기에 유리한 순간을 기다리고 있었다.[89]

나라를 이끄는 방법치고는 이상했다. 장기적인 목표가 있는데 타자의 행위에 대응하는 갑작스러운 행동으로써 이따금씩만 달성할 수 있었기 때문이다.

이러한 사고방식의 사례로 한층 더 극단적인 것은 폴란드에 대한 히틀러의 시각이었다. 1939년 1월 폴란드 외교부 장관 유제프 베크가 회담을 위해 베를린을 방문했을 때, 히틀러는 바르샤바로 진격해야 하는지 여전히 확신이 없었다. 그는 베크로부터 폴란드가 베르사유 조약의 결과로 국제연맹이 관리하는 '자유' 도시가 된 그단스크를 두고 거래할 생각이 있는지를 몹시 알아내고 싶었다. 그단스크는 1차대전 발발 전에는 독일의 단치히였지만, 이제는 동프로이센을 독일의 나머지 지역과 갈라놓은 폴란드 '회랑'에 있었다.

만약 폴란드가 히틀러의 요구를 받아들인다면, 또한 두 달 후의 슬로바키아처럼 독일의 위성국가가 되기로 동의한다면, 나치가 동쪽으로 지나가기 위해 그 나라를 침공할 필요는 없었다. 그러나 베크와 폴란드 정부는 대충 얼버무렸다.

상황은 1939년 3월에 급변했다. 독일군이 체코슬로바키아 영토로 진격해 프라하를 점령한 것이다. 바로 이 때문에 영국과 프랑스가 폴란드에 약속하게 되었다. 독일이 폴란드를 침공하면 연합군이 전쟁에 돌입하기로 했다. 폴란드의 모호한 태도는 이제 확실하게 바뀌었다. 나치 독일과의 거래는 없을 터였다.

이후 사태가 급격하게 전개된 것은 대체로 히틀러의 성격 때문이었다. 새로운 요인이 전면에 부상했다. 자신도 죽음을 피할 수 없다는 히틀러의 두려움이었다. 히틀러는 독일 전차들이 국경 너머 폴란드로 진입하기 열흘 전에 군대 지휘관들에게 전쟁이 필요한 이유를 설명하면서 한없이 오만한 태도를 드러냈다. 그는 이렇게 말했다. "본질적으로 모든 것은 나에게, 나의 실존에 달렸다. 나의 정치적 소질 때문이다." 그러나 그는 자신이 "범죄자나 미치광이의 손에 언제라도 제거될" 수 있다고 걱정했다. 그뿐만이 아니었다. "내가 얼마나 오래 살지는 아무도 모른다. 그러니 당장에 전쟁을 하는 것이 낫다."[90]

전쟁이 가까워오자 히틀러는 그의 난잡한 외교정책 중에서도 가장 놀랄 만한 일을 결정했다. 소련 서부에 새로운 제국을 확보한다는 그의 장기적 목적은 변함이 없었음에도, 나치 정권은 영국과 프랑스의 고집 센 반대라는 단기적인 문제를 처리하고자 스탈린의 소련과 거래를 했다.

히틀러의 지도력은 장기적인 목표를 설정하고 타자를 도발해 반응을 살핀 뒤에 신속하게 대응하는 방식을 취했는데, 1939년 8월에 체결된 나치와 소련의 협정은 이러한 히틀러 방식의 지도력에 따르는 비참한 실패의 전형적인 사례였다. 바로 그렇기 때문에 히틀러는 결국 이데올로기적 적과 불가침 협정을 체결하고 원래 세상에서 친구가 되고 싶었던 얼마 되지 않는 나라 중 하나인 영국과 전쟁을 하게 되었다.

친위대원 베른트 린도 나치당의 다른 많은 헌신적인 당원처럼 이 새로운 협정에 "매우 놀랐다." 그러나 그는 개인적으로는 눈앞에서 벌어지는 일을 연합국과의 '세력 투쟁'에 대한 실용적인 대응일 뿐이라고 합리화했다.[91]

다른 많은 나치와 마찬가지로 베른트 린에게도 어디에나 잠재적인 적이 있었다. 그런 만큼 때로 가장 큰 적을 마치 친구인 듯이 생각하며 행동해야 한다고 해도 이해할 수 있었다.

9

저항 분쇄하기

나치는 이전의 침략자들과는 달랐다. 1939년 9월 나치는 폴란드를 점령하려 했을 뿐만 아니라 그 나라를 이데올로기적으로나 종족적으로나 개조하기를 원했다. 나치의 계획은 대규모의 잔인한 계획이었다. 나치 살인자들이 폴란드에서 보여준 행동은 홀로코스트의 기반을 닦았을 뿐만 아니라 인간이 어느 정도까지 섬뜩한 짓을 저지를 수 있는지, 그러고도 어떻게 자신의 행위가 정당하다고 생각할 수 있는지를 드러냈다.

이 모든 것이 가능했던 한 가지 이유는 폴란드 침공이라는 발상이 원칙적으로 독일군 고위 지휘관들 사이에서 인기가 없었기 때문이다. 증오의 대상이었던 베르사유 조약의 조건에 따라 독일 민족이 포함된 영토가 폴란드로 통합되었다. 그래서 독일군 제8군 사령관 요하네스 블라스코비츠는 종전 후 자신을 심문하는 사람들에게 이렇게 말할 수 있겠다고 느꼈다. 폴란드 공격은 "애석하게도 불가피한 일이었지만 신성한 의무로 여겨졌다."[1] 1939년 9월에 블라스코비츠는 나치가 단지 폴란드의 저항을 진압하기를 원했을 뿐만 아니라 폴란드를 짓밟는 잔인한 방식에 동의하지 않는 군 장교들도 공격할 준비가 되어 있었다는 사실은 아마도 깨닫지 못했을 것이다.

1939년 8월 29일, 독일이 침공을 개시하기 사흘 전, 국방군 병참감

에두아르트 바그너는 라인하르트 하이드리히와 그의 친위대 동료 베르너 베스트를 만났다. 그는 일기에 두 사람 다 "불가해한 유형"의 인물이라고, 하이드리히는 "유달리 무정한" 사람이라고 썼다.² 그럼에도 모든 관련 당사자들은 특수기동대라고 부른 특별 '보안'부대가 군대를 따라 폴란드에 들어간다는 데 동의했다. 하이드리히의 후원으로 결성된 이 부대는 이후 온갖 잔학행위를 저질렀다.

특수기동대 지휘관들은 대개 하이드리히의 보안국에서 자리를 옮긴 자들인데 단순히 거친 깡패들이 아니었다. 대다수는 고등교육을 받았고 박사학위를 딴 자도 여럿이었다. 결정적으로 그들은 전부 이데올로기적으로 나치즘을 신봉하는 자들이었다. 대부분 민족주의적인 의용대의 대원이었고 신념을 위해 싸울 준비가 되어 있음을 이미 증명했다.³ 그들은 또한 '우리와 그들'이라는 차별적 관념을 확고히 믿는 자들이었다. 폴란드 전쟁이라는 상황에서 말하자면 폴란드 국민 중에서 소수민족인 독일인은 '우리'였고 나머지는 아주 확실하게 '그들'이었다.

그러하니 특수기동대 대원들이 9월 3일 바르샤바 북서쪽 비드고슈치에서 폴란드인들이 수백 명의 독일인을 살해했다는 소식을 들었을 때, 특히 나치의 선전이 그 사건을 '브롬베르크의 피의 일요일 Bromberger Blutsonntag'(브롬베르크는 그 도시의 독일어 명칭이다)이라고 부른 만큼, 이를 어떻게 처리했을지 상상해보라. 폴란드군 부대가 독일인들에게 총을 쏜 이유는 아직도 분명하지 않다. 종전 직후 수집한 목격자의 증언에 따르면, 독일인들이 퇴각하는 폴란드인들에게 사격을 가했다. 당시의 다른 기록에는 누락된 내용이다. 보안국이 먼저 폴란드인들을 공격했다는 주장도 있는데, 폴란드의 어느 주요 학자는 폴란드인들이 단순히

퇴각하다가 "잘 모르고" 마구 총을 쏘아댄 것 같다며 이를 반박했다.[4]

폴란드인들이 독일인들을 죽인 이유가 무엇이든지(독일인들이 도발했기 때문인지, 아니면 폴란드인들이 퇴각 중에 당황했기 때문인지), '피의 일요일'은 엄청난 결과를 가져왔다. 헤르만 괴링은 뉘른베르크 재판에서 그 일이 독일이 폴란드를 침공한 이유 중 하나라는 말도 안 되는 주장을 펼쳤다. 그 사건이 침공이 시작되고 이틀이 지난 후에 벌어졌음을 생각하면 터무니없는 주장이다.[5] 나치 지지자였고 나치의 청년 여성운동인 독일소녀연맹 대원이었던 멜리타 마슈만은 종전 후에 쓴 글에서 똑같은 오류가 있었음을 기억했다. "내가 분명히 기억하는 바로 우리가 폴란드를 공격한 것은 '피의 일요일' 소식이 베를린에 전해진 이후였다. 그런데 실제로 그 사건들의 발생 순서는 그 반대였다. 그렇지만 내가 몇 달 전까지도 알고 있던 설명이 우리의 나쁜 정치적 양심을 편하게 해주는 데에는 훨씬 좋았다."[6]

나치는 독일의 폴란드 침공 중에 폴란드인들에게 살해된 독일인의 수를 크게 과장했다. 실제로는 브롬베르크에서 수백 명, 폴란드 전역의 다른 곳에서 2천~3천 명이었는데, 나치는 5만 8천 명이 죽었다고 선전했다. 그 사건은 폴란드 영토에 살고 있던 독일인이 위험에 처했다는 나치의 주장에는 더할 나위 없이 좋았다. 《푈키셔 베오바흐터》는 이렇게 썼다. "지난 며칠 동안 죽음의 그림자가 브롬베르크를 뒤덮었다. 거리마다 정원마다 살해된 독일 민족Volksdeutsche의 시신들이 무참하게 절단된 채 널려 있다."[7] 이러한 기사에 폴란드를 침공하던 독일군 병사들은 격노했다. 브롬베르크에서 특수기동대는 이에 대한 보복으로 현지의 독일인 '자위대'와 함께 약 1200명의 폴란드인을 살해했다.[8]

9. 저항 분쇄하기 337

브롬베르크 사건이 많은 독일인의 마음에 그토록 큰 충격을 안긴 주된 이유는 소수민족인 독일인들이 살해된 방식에 있었다. 폴란드의 저격수들이 교회 종탑에 숨어 독일인들에게 총을 쏘았다는 주장은 유달리 강한 혐오감을 유발했다. 1차대전에서 저격수는 다른 유형의 군인보다 더 큰 미움을 받았는데, 그러한 증오가 이 전쟁에까지 이어졌다. 1944년 노르망디에서 싸운 연합군의 어느 병사는 이렇게 기억했다. 어느 편이든 저격수는 "포로가 되면 별다른 절차 없이 현장에서 사살되었다." 병사들이 "의도적으로 사람을 골라 죽이려는 저격수의 의도를 몹시 싫어했기" 때문이다.[9]

또한 독일인들은 브롬베르크뿐만 아니라 폴란드 전역의 다른 곳에서도 민간인 복장을 한 전투원인 유격대원이 독일인에게 총격을 가할 수 있다고 걱정했다. 폴란드 정규군이 패배하고 저항운동이 싸움을 넘겨받은 후, 이러한 염려는 더욱 심해졌다. 저격수처럼 유격대원도 혐오의 대상이었다. 유격대는 비열하고 비겁하게 싸운다고 생각되었다.

힘러는 9월 3일, 브롬베르크 사건이 발생한 그날, "교전 중에 잡히거나 무기를 소지한 채 잡힌 폴란드인 반란군"을 "현장에서 사살"하라는 명령을 내렸다. 그가 정의한 '반란군'에는 "필수적인 시설이나 재화에 위협을 가한" 자라면 누구나 포함되었다. 며칠 뒤 국방군은 독일군 병사들에게 총을 쏘았다고 의심되는 폴란드 민간인의 처리에 대해 앞서 지녔던 태도를 바꾸었다. 각 사건을 개별적으로 조사하는 대신, 고발된 자들을 "우리 병사들을 향한 발포가 이루어진 집과 농가에 있었을" 뿐인 사람들과 함께 즉시 사살했다.[10]

'유격대의 위협'은 강력한 심리적 요소를 지녔다. 폴란드의 민간인이 내게 총을 쏠 수도 있다면 폴란드에서 만난 사람을 어떻게 신뢰할 수 있겠나? 폴란드를 침공한 독일군의 많은 병사는 우선 총을 갈기고 내가 두려워한 자가 진짜 유격대원인지 아닌지는 나중에 걱정하는 것이 훨씬 낫다고 생각했다.

친위대 슈투름반퓌러Sturmbannführer 헬무트 비쇼프 같은 특수기동대 장교들이 보기에 이러한 두려움은 인질 살해를 정당화했다. 브롬베르크에서 독일인 소수민족이 살해당한 뒤에 비쇼프는 10여 명의 폴란드 민간인(유대인과 비유대인이 섞여 있었다)을 체포해 기동대가 묵고 있는 호텔 입구 앞에 세워두라고 명령했다. 그다음 그는 유격대원의 총에서 나온 것으로 추정되는 총성이 들릴 때마다 인질 한 명을 사살하겠다고 선언했다. 그날 밤 인질은 전부 살해되었다.[11]

전쟁 초기였는데도 독일 보안부대 안에는 실제든 상상이든 민간인의 저항은 무차별적 보복을 정당화한다는 믿음이 형성되고 있었다. 예를 들면 숨어서 총을 쏜 브롬베르크의 폴란드인들은 독일인을 위협한 죄가 있어도 이에 대한 보복으로 살해된 인질은 죄가 없지 않느냐는 생각은 하지 않았던 것 같다. 특수기동대가 보기에 그들은 전부 위협적인 폴란드인이라는 동일한 집단의 일원이었다.

여기에 폴란드인들이 저항하며 보여준 행태는, 어느 독일군 병사가 말했듯이 "원시적인 민족의 특징"이라는 인식이 더해졌다. 그러므로 독일인은 '야만인'과 맞서 사투를 벌이는 '문명인'이었다.[12] 이러한 믿음은 당연하게도 많은 병사가 일반적인 규제를 전부 어겨도 된다는 생각으로 이어졌다.

또한 결정적으로 중요한 것인바, 폴란드 유대인이 유격대의 위협에서 주된 역할을 한다는 (잘못된) 믿음도 있었다. 하이드리히는 9월 21일 특수기동대 지휘관들에게 유대인이 공격과 '약탈 작전'의 '핵심 참여자'라고 말했다.[13] 두려움과 복수의 열망은 인간의 가장 강력한 두 가지 감정이며, 특수기동대는 이러한 감정으로 들끓고 있었다. 그러한 독성 연료를 공급받은 보안부대는 9월 초 쳉스토호바에서 300명의 남녀를 살해했으며(유대인이 절반을 넘었다), 미엘레츠와 벵진 등지에서 유대교 회당에 유대인을 몰아넣고 불을 질렀다. 수백 명이 목숨을 잃었다.[14]

브롬베르크에서의 작전 이후, 헬무트 비쇼프와 그의 특수기동분견대Einsatzkommando는 폴란드 안으로 더 깊숙이 침투했다. 많은 동료가 그랬듯이 비쇼프도 교육받은 사람으로 법학 박사 학위가 있었다. 그러나 그는 먼저 1920년대 말 히틀러 유겐트에 가입한 뒤 이어 1930년에 나치당에 입당했고, 자신과 자신이 지휘하는 부대가 폴란드에서 가차 없이 행동할 수 있는지 없는지가 자신들의 성격을 시험하는 근본적인 계기가 되리라고 믿었다. 그의 지휘를 받은 어떤 이는 훗날 비쇼프가 이렇게 말했다고 회상했다. "이 작전에서 누구나 자신이 진짜 남자임을 증명할 수 있다."[15]

공격의 본능과 '진짜 남자'임을 증명하고픈 욕망 위에 나름대로 치명적인 지적 접근방식이 겹쳐져 있었다. 대체로 비교적 젊은 나치의 경제사상가들은 폴란드에 관한 근본적인 문제가 무엇인지는 쉽게 확인할 수 있다고 주장했다. 그곳에 사는 폴란드인이 너무 많다는 단순한 사실이었다. 20대의 경제학자 헬무트 마인홀트는 1941년에 600만 명에 가까운 폴란드인을 '잉여 인구'로 계산했다.[16]

나치는 폴란드에 약 300만 명의 유대인이 살고 있어서 이 '문제'가 더 심해졌다고 믿었다. 독일에 남은 유대인이 수십만 명인 데 비하면 엄청나게 많은 숫자였다. 독일외교연구소의 에두아르트 쾨네캄프는 1939년 12월 폴란드 방문에 관해 이렇게 썼다. "대다수 독일인이 한꺼번에 그렇게 많은 유대인을 보는 것은 평생 처음일 것이다." 그는 유대인들이 "거의 상상할 수 있는 가장 불결한 장소"인 게토에서 "무위도식하고 있다"고 생각했다. "이 인간 이하의 존재들을 절멸하는 것이 전 세계에 최선의 이익이 될 것이다. 그러나 이들을 절멸하는 데에는 믿을 수 없을 만큼 어려운 문제들이 있다. 총으로 쏘아 죽여야 할 자가 너무 많다. 여자와 아이들을 쉽게 쏘아 죽일 수는 없다."[17]

쾨네캄프는 이상적으로 유대인의 '절멸'이라는 꿈을 꾸었지만, 나치 점령 초기 국면에 폴란드 유대인에 관한 정책은 주로 게토화, 다시 말해 유대인을 아직은 명확하게 결정되지 않은 목적지로 이송하기 전에 게토에 가두는 것이었다. 게토화의 속도는 차이가 있었지만(우치 게토는 1940년 4월에, 바르샤바 게토는 1940년 11월에 '봉쇄'되었다), 유대인은 처음부터 박해의 표적이었다. 오스트리아에서 그랬듯이, 의도적으로 유대인에게 굴욕을 안기려는 시도가 있었다. 심리학 연구가 암시하듯이, 유대인을 박해자가 지켜보는 가운데 "악의적이고 유능한" 존재에서 "악의적이고 무능한" 존재로 바꿔놓는 것이었다.[18] 예를 들면 바르샤바에서 에마누엘 링겔블룸이라는 폴란드 유대인은 1940년 2월 일기에 이렇게 적었다. 유대인 노동자들은 "갈로시(비 올 때 신는 고무 덧신)로 서로 때리라는 명령을 받았다." "어느 랍비는 바지에 똥을 싸라는 명령을 받았다."[19] "모피코트를 입은 여자들"은 "팬티로 인도를 청소한 뒤 다시 입으라는 명령을 받았다."[20] 물론 이러한 행위는 많은 박해 가해자의 동기가 성적인 사디즘이나 기타 사디즘에서 비롯했음을 암시한다.

나치는 유대인을 핍박하면서 동시에 폴란드의 '지도층'을 궤멸해 그 나라의 질서를 재편하고자 했다. 지주, 교사, 나아가 약사까지도 강제수용소 수감이나 처형의 위험에 처했다. 하이드리히의 부대는 타넨베르크 작전Unternehmen Tannenberg으로 알려진 활동에서 6만 명이 넘는 폴란드의 주요 인사를 표적으로 삼아 명부를 작성했다. 작전의 이름은 의미심장했다. 1914년 8월 힌덴부르크가 러시아에 거둔 유명한 승리뿐만 아니라 15세기 초 튜턴 기사단과 폴란드 왕국과 리투아니아 대공국의 연합군 사이에 벌어진 제1차 타넨베르크 전투까지 가리킨 것이다.[21] 튜턴 기사단은 전투에서 패배했지만, 그럼에도 그 전투는 이 땅이 수백 년 동안 독일의 팽창 현장이었다는 관념을 상징했다.

특수기동대 지휘관들은 상당한 재량권을 부여받았다. 나치 스스로 몇몇 지휘관을 과도한 잔학행위를 저질렀다고 비난할 정도였다. 하이드리히의 제국보안본부Reichssicherheitshauptamt는 30대의 유능한 변호사였던 특수기동분견대 지휘관 알프레트 하셀베르크의 활동을 조사했다. 하셀베르크의 부하였던 프리츠 리블은 1939년 12월 조사관들에게 하셀베르크의 명령에 따라 일하다 보니 폴란드에서는 "인간의 목숨은 조금도 가치가 없다"는 결론에 이르렀다고 말했다. 그는 포로들을 구덩이 가장자리에 세워놓고 목 뒤에 총을 쏘아 죽여야 하는 상황이 "특별히 역겨웠다." 그는 원칙적으로 이 폴란드인들을 죽이는 데 반대하지 않았지만 실제로는 이렇게 생각했다. "처형단의 구성원들은 그런 임무를 수행하도록 훈련받지 않았다."[22]

조사에 따르면, 하셀베르크는 부하들에게 "돈을 내놓지 않으면 죽이겠다"고 소리치며 폴란드인의 아파트로 들어가라고 명령했고, 그들은 "유대인 여성의 손가락을 부러뜨리면서까지 반지를 빼앗고는 그들을 발가벗겨 샅샅이 뒤졌다."²³ 부하 한 명이 이렇게 생각한 것도 놀랍지 않다. 하셀베르크는 "사람들에게 고통을 주며 기뻐했다." 그는 "사디즘의 성향을 지녔다." 특수기동분견대의 다른 대원은 이렇게 불평했다. 하셀베르크를 위해 일해야 한다는 "두려움이 지속되면 인간의 정신에 불안 정신병이 생긴다."²⁴

하셀베르크 같은 사람이 어떻게 그러한 상황에서, 자신을 위해 일하는 많은 살인자가 그 임무 수행에 어려움을 느끼는 상황에서 잔인함을 드러낼 수 있었는지에 관해서는 다음에 이어지는 장들에서 몇 가지 견해를 논하겠다.²⁵ 하셀베르크에 관한 조사로 말하자면, 하이드리히는 1940년 1월 그가 국방군으로의 전근을 요청했을 때 조사를 종결했다.²⁶

하이드리히는 아내에게 쓴 편지에서 자기 자녀들을 포함해 자신과 가까운 사람들이 어떻게 행동하기를 기대했는지 밝혔다. 편지는 그가 사망하면 공개될 예정이었다. 그는 아내에게 이렇게 요청했다. "아이들이 퓌러와 독일을 신뢰하도록, 나치 운동의 이념에 충실하도록, 친위대의 기본 규칙을 준수하도록, 자신에게 엄격하도록, 자기 민족Volk의 동포에게 관대하도록, 국내나 외국에 있는 모든 적에게 가혹하도록 교육하라." 그리고 마지막으로 "시간이 지나 상처가 아물거든" 그녀는 "아이들에게 새 아버지를 만들어주되 그는 내가 되고자 했던 인간처럼 진짜 남자여야만 한다."²⁷

하셀베르크 사건으로 드러난 어려움은 이것이다. "진짜 남자"는 정확히 어떤 사람이었나? 죄 없는 민간인을 죽이기를, 가까이에서 냉혹하게 죽이기를 즐겼다면, 더는 "친위대의 기본 규칙"을 고집하지 않는다는 뜻인가? 뒤에서 더 보겠지만, 힘러는 부하들이 "품위 있게" 처신하는 것이 중요하다고 종종 강조했다.[28] 그러나 이런 성격의 살인에 관여했다면, 어떻게 품위 있는 처신이 가능한가? 어느 폴란드인 목격자는 친위대 대원들이 일단의 폴란드인을 총으로 쏘아 죽인 뒤 술집으로 들어와 자신들의 행위를 '자랑'하며 이런 말을 했다고 증언했다. "빌어먹을 뇌가 사방으로 튀었어."[29] 이는 확실히 나치의 '적'에 "강하게" 대응한 것이었지만, 어떻게 "품위 있는" 행동일 수 있나? 이는 학살의 강도가 높아지면서 나치에게 한층 더 불확실한 문제가 되었다.[30]

독일군은 대체로 특수기동대와 협력했다. 브롬베르크 현지의 최고 사령부는 부대에 보복 살인에 간섭하지 말라고 명령했다. 그러나 협력은 그 수준을 넘어섰다. 발터 브레머 소장은 부대 막사에 억류하고 있던 500명의 포로를 총살당하게 넘겨주었고, 국방군 병사 한 명이 죽을 때마다 구 시장광장에서 폴란드인 스무 명을 죽여 보복했다.[31]

군대와 하이드리히의 제국보안본부 부대 사이의 소통이 늘 원만하지는 않았다. 군대의 상급 장교 중에는 자신이 목격한 일에 이의를 제기한 자들이 있었다. 그들의 항의 방식은 그들의 사고방식뿐만 아니라 전반적인 저항 심리에 관해서도 많은 것을 얘기해준다. 예를 들면 1939년 11월 점령지 폴란드에 설치된 바르테가우의 군사 지구 사령관 발터 페첼은 예비군을 전부 통할하는 지휘관에게 보내는 메모에서 친위대 부대가 "국가 안의 국가"를 만들고 있다고 불평했다. 친위대가 공개 처형을 실행했을 뿐만 아니라 그들의 "[희생자] 선정은 때로 이해하기 어려웠다." 게다가 "폴란드의 모든 지주가 가족과 함께 체포되어 억류되었다." 페첼은 또한 이러한 점도 우려했다. "많은 도시에서 유대인 탄압 행위는 심각한 폭행으로 변질되었다." 폴란드의 어느 도시에서는 "많은 유대인이 회당으로 끌려가 좌석 사이로 노래를 부르며 기어가야 했다. 그동안 친위대원들이 채찍으로 그들을 계속 때렸다. 그다음으로 그들은 바지를 내려 맨살의 엉덩이에 매를 맞아야 했다. 겁을 먹고 변을 지려 바지를 더럽힌 한 유대인에게는 다른 유대인의 얼굴에 배설물을 문지르게 했다."[32]

군대의 다른 지휘관들도 페첼의 걱정을 되풀이했다. 가장 주목할 만한 사람은 폴란드 전체를 책임진 군사령관 요하네스 블라스코비츠다. 블라스코비츠는 불만 섞인 메모를 작성해 히틀러의 부관을 통해 1939년 11월 18일 그에게 전달했다. 히틀러의 부관은 이렇게 썼다. 그 문서의 내용을 "그는[즉 히틀러는] 처음에는 냉정하게 인정했다." 그러나 그 뒤에 "당신은 구세군의 방법으로 전쟁을 하는 것이 아니다"라는 말로써 "군대 지휘부의 '유치한 태도'를 정색하고 비난"하기 시작했다. 히틀러에 관해서 말하자면, 그 메모는 블라스코비츠에 대한, 그가 "오랫동안 품어온 반감"을 확인하는 데 기여했을 뿐이다.[33]

히틀러에게서 메모에 대한 공식적인 답을 받지 못한 블라스코비츠는 폴란드에서 벌어진 잔학행위를 다른 고위 장교들에게 상세히 전달했다. 빌헬름 리터 폰 레프 장군은 그 소식을 듣고 격분해 육군참모장 프란츠 할더 장군(루트비히 베크의 후임으로 1938년 9월부터 1942년 9월까지 재직했다)에게 다음과 같은 내용의 편지를 보냈다. "폴란드에서 경찰이 문명국가에 어울리지 않는 행태를 보였다는 소문이 곳곳에 퍼지고 있다. 내가 보기에는 아주 믿을 만한 것이다."[34]

블라스코비츠는 잔학행위의 사례를 모은 다음 다른 보고서를 작성해 1940년 2월 15일 육군 최고사령관 발터 폰 브라우히치에게 제출했다. 블라스코비츠는 이렇게 썼다. "지금 벌어지고 있는 일처럼 약 1만 명의 유대인과 폴란드인을 학살하는 것은 잘못이다. 인구 규모를 보건대 이는 폴란드인의 국가관을 없애지도 유대인을 제거하지도 못할 것이다. 오히려 그 반대다. 학살 방식은 매우 큰 손해를 끼치고 있다. 문제를 더욱 복잡하게 하고 폴란드인들을 지금껏 그래왔던 것보다 훨씬 더 위험한 존재로 만들고 있다." 블라스코비츠는 한걸음 더 나아가 학살 때문에 "적의 선전"이 더 효과적일 것이라고 주장했다. "유대인에게 공개적으로 폭력을 행사하는 행태는 신앙심 깊은 폴란드인에게 매우 강한 혐오감을 불러일으킬 뿐만 아니라 지금까지 그들이 다소 적대적으로 대한 유대인 주민에게 동정심을 갖게 한다." 그러나 가장 큰 손해는 독일인에게 돌아갈 터였다. "귀중한 독일의 인적 자원 사이에 야만화와 도덕적 타락이 마치 유행병처럼 빠르게 퍼질 것이다."[35]

블라스코비츠는 부하들을 시켜 수집한 잔학행위의 "전형적 사례"를 긴 목록으로 작성해 보고서에 첨부했다. 전부 경찰이나 친위대, 나치 행정부의 여타 기관이 저지른 일이었다. 처형이 제대로 되지 않아 부상만 입은 채 시신으로 가득한 구덩이에 떨어졌으나 고통에서 벗어나고자 다시 총을 쏴달라고 절규한 폴란드인의 사례부터, 귀중품을 찾는다는 이유로 "혹독한 추위" 속에 벌거벗겨진 채 몸수색을 당한, 심지어 숨겨놓은 것이 있는지 여성의 "생식기까지 경찰이 조사한" 250명의 유대인에 대한 묘사까지 여러 사례가 포함되어 있었다.

가장 소름 끼치는 사례는 아마도 보안국 병력이 폴란드인 두 명, 20대의 남자와 여자를 학대한 일일 것이다. 이를 목격한 국방군 병사 세 명은 나중에 그 사건에 관해 정식으로 불만을 제기했다. 그 폴란드인 남자는 누군가를 총으로 쏘았다고, 여자는 "총탄을 숨겼다"고 고발당했다. 두 사람 다 현지인들이 모여 지켜보는 가운데 자신이 묻힐 구덩이를 파라는 명령을 받았다. 두 사람이 땅을 파고 있을 때, 경찰이 삽으로 그들을 구타하기 시작했다. "뒤에서 여자의 꼬리뼈 부분을 있는 힘을 다해 내려쳤다. 여자는 눈물을 흘리며 비난조의 폴란드어로 울부짖었다. '경관님, 시키는 대로 하고 있잖아요?' 그러자 그 경찰은 구덩이 안으로 뛰어들어 그녀 앞에 서더니 가죽 장갑을 낀 채 손등으로 여자의 얼굴을 후려쳤다. 얼마나 세게 때렸는지 대포를 쏜 것같이 쿵 소리가 들렸다. (…) 여자는 뒤로 넘어져 다리가 벌어진 채 [구덩이] 바닥에 쓰러졌다. 동시에 그녀의 코와 입에서 피가 마구 쏟아져 나왔다. (…) 여전히 일어설 수 없었던 그녀는 두 다리가 벌어진 채 치마는 들추어져 피로 흠뻑 젖은 속옷이 드러나 보였다. (…) 바로 그때 여전히 구덩이 안에서 그녀 앞에 서 있던 경찰은 이렇게 말했다. '생리까지 하니 한 번 하기는 어렵겠군.'"

악몽에 나올 일이었다. 그렇지만 틀림없이 두 명의 '유격대원'에 대한 분노로 가득했을 그 경찰이 어떻게 그들이 그토록 소름 끼치는 대접을 받아야 마땅하다고 생각했는지에 주목할 필요가 있다. 그가 보기에 그들도 슬라브인이었고 그래서 배려할 가치가 없는 자들이었다.

블라스코비츠로 말하자면, 그는 자신이 이러한 참사 목록을 작성함으로써 상관들에게 듣고 싶지 않은 얘기를 하고 있음을 분명히 알았을 것이다. 다른 장교들은 블라스코비츠에게서 폴란드에서의 잔학행위에 관해 듣자마자 분노를 터뜨렸지만, 이를 두고 히틀러와 맞서려는 사람은 아무도 없었다. 육군참모부의 하인리히 놀테 대령은 상관인 참모장 프란츠 할더에게 이 문제를 제기하려 했지만 소용없었다. 놀테는 종전 후 이렇게 쓴다. "나는 사적인 대화에서 할더에게 실망감과 분노를 표현했다. '이를 그냥 넘겨서는 안 됩니다.' 할더는 나를 진정시키려 했다. 결국 그는 이런 말로 대화를 중단했다. '가련한 사람 같으니, 무얼 원하나? 그보다 더 나쁜 일도 많아. 지금 그런 문제에 관해서 할 수 있는 일은 없어.'"[36]

헌신적인 나치들은 놀랍지 않게도 블라스코비츠를 비롯해 겁도 없이 보안국 병력의 행태에 불만을 제기한 국방군 장교들을 경멸했다. 나치가 점령한 폴란드의 행정구인 총독관구Generalgouvernement의 수장 한스 프랑크는 요제프 괴벨스에게 짜증을 냈다. 괴벨스는 1939년 11월 2일자 일기에 이렇게 썼다. "저녁에 프랑크가 어려움을 설명했다. 특히 종족 정책이 아니라 우유부단한 부르주아 근성의 정책을 추구하는 국방군에 짜증을 드러냈다. 그러나 종국에는 프랑크가 이길 것이다. (…) 이들[폴란드인들]은 이제 더는 인간이 아니다. 그들은 짐승이다. 그러므로 우리의 임무는 인도주의적인 것이 아니라 외과 수술과 같다. 이곳에서 조치를 취해야 한다. 그 조치는 종족적인 조치여야 하고 실수가 없어야 한다. (…) 그렇지 않으면 유럽은 유대인 병에 걸려 사멸할 것이다."[37]

블라스코비츠는 그러한 항의로 경력을 망칠 수도 있음을 분명히 알았을 것이다. 그렇다면 왜 그랬나? 폴란드 침공에 반대했기 때문이 아니다. 그의 이견은 우선 그 나라를 점령해야 한다는 독일의 결정이 아니라 유대인이든 아니든 폴란드인을 다루는 방식과 관련이 있었다.

블라스코비츠가 그렇게 한 이유는 타고난 성향과 문화적 성장 환경 간의 복잡한 관계에서 다시 찾아볼 수 있다. 저항에 유전적 요소가 있다는 주장은 이상하게 들릴지 모르지만, 발달정신병리학 전문가 에시 비딩 교수는 이와 같이 단호하게 주장한다. "인간의 다른 특성과 마찬가지로, 사람에 따라 반대를 보여줄 가능성이 높거나 낮은 것에 유전적 성향이 없다면 이는 매우 놀랄 만한 일이다. 인간의 특성 중에서 어느 정도 유전적 영향이 없는 것을 나는 보지 못했다." 에시 비딩은 잘라 말한다. 우리의 특성이 애초에 타고난 것일 수 있음을 "사람들이 왜 받아들이려고 하지 않는지 나는 모르겠다." 우리는 "신체적 특징"이 유전에 기인한다는 사실을 인정하면서는 더할 나위 없이 즐거워하지 않는가.[38]

이 "유전적 성향"에 더해, 블라스코비츠가 어째서 환경의 영향을 받은 것이 틀림없는지 알아보기도 쉽다. 그의 아버지는 동프로이센의 마을 교회 목사였고 설교가 힘이 넘쳐서 "우레 같은 블라스코비츠"로 유명했다. 아버지와 아들 둘 다 독실한 기독교인이었다. 블라스코비츠 장군은 성서를 갖고 다니며 밤마다 읽었다.

1883년에 태어난 블라스코비츠는 먼저 쾨슬린(오늘날 폴란드의 코샬린)에 있는 프로이센 사관학교에서, 이후에는 베를린 인근 그로스리히터펠데에 있는 중앙사관학교Hauptkadettenanstalt에서 훈련을 받았다. 이 민감한 시기에 그는 충성스럽고 명예로운, 자기부정을 실천하는 군인이 되도록 교육받았다. 그러나 그러한 교육이 반드시 흔들림 없이 원칙을 고수하는 장교를 만들지는 않는다는 것을 떠올리게 하는 사례가 있다. 그로스리히터펠데에서 그와 함께 교육을 받았고 1940년 초에 육군최고사령관이 된 발터 폰 브라우히치는 폴란드에서 벌어진 잔혹행위

에 대한 블라스코비츠의 불만을 듣고는 차라리 듣지 않았다면 좋았겠다고 생각했다.[39]

이 모든 요인들의 조합이, 다시 말해 유전적 성향, 동프로이센의 마을에서 철저한 기독교도로 양육된 것, 엄격한 사관학교 교육, 폴란드에서 맞닥뜨린 상황이 블라스코비츠로 하여금 그렇게 행동하게 했다. 이러한 전제조건은 또한 그가 취할 수 있는 저항의 형태를 제한했다. 그는 항의하기로 결심했지만, 오랫동안 그의 삶이었던 구조, 즉 독일 육군 안에서만 항의할 수 있었다. 그는 군대 밖으로 나가지 않았다. 아마도 그럴 수 없었을 것이다.

그렇게 엄격한 틀 안에서 성장하지 않은 다른 항의자들은 매우 다른 접근방식을 취했다. 1939년 11월, 블라스코비츠가 폴란드에서 벌어진 잔학행위의 증거를 모으고 있을 때, 정권에 맞서 좀더 직접적인 조치를 취한 독일인이 있다. 서른여섯 살의 목수 게오르크 엘저는 대담하게도 아돌프 히틀러를 폭탄으로 날려버리려 했다. 엘저는 히틀러가 11월 8일 맥줏집 폭동 기념일에 뮌헨의 맥줏집 뷔르거브로이켈러에서 연설하기로 한 사실을 알고 있었고, 그래서 폭탄을 만들어 목공품에 숨겨 연단 가까운 곳에 두었다. 그는 여러 날 동안 맥줏집에 잠복해 있으면서 영업이 끝날 때까지 기다렸다가 밤새 폭발 장치를 숨겨둘 것을 만들었다.

폭탄은 계획대로 11월 8일 오후 9시 30분 직전에 폭발해 여덟 명이 사망하고 많은 사람이 부상당했다. 그러나 히틀러는 피해를 모면했다. 날씨가 나빠서 비행기 대신 기차를 타고 베를린으로 돌아가기로 결정하면서 연설 시간을 앞당겼기 때문이다. 히틀러는 기가 막히게 운이 좋아 목숨을 구했다.

엘저는 그다지 운이 좋지 못했다. 노련한 범죄자가 결코 아니었던 그는 11월 8일 밤 스위스로 넘어가려다가 체포되었다. 국경 경비대가 그에게 주머니를 뒤집어보라고 명령했을 때, 뷔르거브로이켈러의 엽서를 포함해 범죄와 관련된 물건이 잔뜩 나왔다. 엘저는 게슈타포에 거듭 고문을 당했지만 일관된 진술을 고수했다. 그는 단독으로 행동했다. 이는 나치 정권이 퍼뜨리려 한 음모론, 다시 말해 엘저가 영국 정보부가 꾸민 더 큰 계획의 일부라는 음모론에 어울리지 않았다.

이후 드러난 모든 증거는 히틀러 살해 시도에 공모자는 없다는 엘저의 주장을 뒷받침했다. 그는 전형적인 단독 암살자였다. 어디를 가든 다른 사람들과 어울리기 어려운 괴짜였다. 종종 직업을 바꾸었어도 장기적인 관계를 유지할 수 없었고, 개인적인 상황과 독일 국가를 한 덩어리로 여기고 이에 관해 깊은 생각에 잠기는 성향이 있었다. 엘저는 이전에 공산당에 투표했으며 나라 안에서 노동자들이 수행할 역할을 걱정했지만, 다른 사람들과 함께 저항 단체를 만들기에는 지나치게 내성적이었다. 그는 독일을 구하기 위해 무슨 일을 해야 할지 스스로 찾아냈다. 필요한 것은 히틀러가 없는 독일이었다.

이러한 유형의 단독 암살자는 막기가 어렵다. 게슈타포가 아무리 주의 깊게 저항 단체들을 감시한들 그를 적발하기 쉽지 않았을 것이다. 엘저는 정식 교육을 받지 못했는데도 한 가지 중대한 진실을, 비밀의 정의를 알고 있었다. 비밀이란 단 한 사람만 아는 것임을.

엘저는 또한 저항에 관한 심리적 현실을 보여주는 사례였다. 많은 주민 사이에 여러 변수, 즉 유전적 성향, 부모의 자녀 양육, 교육, 기타 환경의 수많은 요인이 확산되었다는 것은, 에시 비딩 교수가 말하듯이, "언제라도 무조건적으로 저항할 사람은 있다"는 뜻이다.

이 경우에서 잘못은, 나치에 관한 한, 게슈타포가 엘저가 폭탄을 만들기 전에 그를 찾아내지 못한 것이 아니라 뷔르거브로이켈러 맥줏집의 보안을 엄격히 점검하지 못해 엘저가 암살을 시도할 수 있게 한 것이다. 어쨌거나 게오르크 엘저의 계획은 실패했으니, 그에게는 아무래도 상관없었다. 그는 강제수용소로 끌려가 전쟁이 종결되기 직전에 처형되었다.

블라스코비츠 장군의 항의는 다른 길을 걸었다. 엘저와 달리 그는 종교와 군인의 규범이 중요한 기둥이 되는 문화에 깊이 젖어 있었다. 그는 나치가 권력을 잡았을 때 마흔아홉 살이었고 전쟁이 시작될 때 쉰여섯 살이었다. 그러므로 그의 세계관은 히틀러가 그의 경력에 영향을 주기 전에 형성되었다고 할 수 있다.

블라스코비츠 같은 장교는 결코 스탈린을 곤란하게 할 수 없었음을 주목할 필요가 있다. 1930년대에 그 소련 지도자는 아주 조금이라도 충성이 의심스러운 장교는 모조리 제거했다. 그러나 앞에서 살펴보았듯이 히틀러는 독일군에 대한 대량 숙청은 하지 않기로 결정했다. 주된 이유는 정복 전쟁을 시작할 의도가 있었고 지휘 구조의 안정을 해치고 싶지 않았기 때문이다. 히틀러의 시각에서 그러한 접근방식에는 위험이 따랐다. 나치의 이데올로기적 투사들의 행동에 항의할 수 있다고 생각하는 장군의 출현이었다.

그러나 블라스코비츠의 배경도 그의 저항을 가로막는 장애물이었다. 그는 사춘기와 성인 시기 전 기간 동안 집단의 행동규범을 따르며 지냈고, 그래서 유일하게 항의할 수 있는 방법은 지휘계통을 거치는 것뿐이라고 믿었다. 많은 고위 장교처럼 블라스코비츠도 처음에는 자신이 충성을 맹세한 국가수반인 히틀러가 그의 이름으로 자행되는 범죄를 알고 있다고는 믿기가 어려웠다. 블라스코비츠와 그의 동료들은 그 문제를 히틀러의 관심을 끌기 위한 경쟁으로 보는 경향이 있었다. 히틀러가 친위대의 행태를 자세히 알기만 한다면, 상황이 바뀔 수도 있다고 생각한 것이다.

블라스코비츠의 저항은 전적으로 폴란드에서 벌어진 사건들에 집중되었다. 다만 그가 모르는 것이 있었다. 베를린에 있는 동료들이 더 실존적인 위협에(그들은 그렇게 생각했다) 직면했다는 사실이다. 최대한 신속히 서유럽으로 진격한다는 히틀러의 결정이다. 일찍이 1939년 9월 27일에 히틀러는 서유럽을 타격할 "즉각적인 계획"을 요구했다. 이는 그와 가까운 군 지휘관들에게는 충격적인 소식이었다. 그들이 어느 정도로 충격을 받았을지는 상상하기 어렵다. 1940년 5월에 시작된 서유럽 출정이 압도적인 성공으로 이어졌다는 사실을 우리는 알고 있기 때문이다. 그러나 나치 정권에서 막강한 지위에 있던 사람들의 심리가 전쟁 중에 어떻게 변했는지 이해하려면, 그들이 당시에 히틀러의 계획이 얼마나 위험하다고 느꼈는지 파악할 필요가 있다.

폴란드 군대와 달리 영국과 프랑스의 군대는 만만찮은 장애물이었다. 그들은 독일군보다 더 많은 전차를 보유했을 뿐만 아니라, 전차 성능도 국방군이 전투에 투입할 수 있는 것보다 뛰어났다. 독일의 많은 군사 전문가가 심사숙고해 내놓은 판단은 서유럽 전쟁에서 실질적으로 성공할 가능성이 있는 때는 일러야 1941년이라는 것이었는데, 프랑스의 방어 시설을 뚫기가 쉽지 않으므로 1942년이 더 현실적인 선택이라고 생각하는 자들도 있었다.[40] 국방군 최고사령부의 전쟁 일지에 인용된 오토 폰 슈튈프나겔 장군의 견해는 이러했다. "[독일의] 중전차는 동쪽에서 [폴란드 침공 전쟁에서] 심한 타격을 입어서 우선 철저하게 정비해야 하고, 새로운 장비의 공급은 당분간 충분하지 않다. 경전투 차량은 격전에는 적절하다고 볼 수 없다."[41]

영국과 프랑스의 견해도 그와 일치했다. 그들은 서유럽에서 당장 전쟁이 벌어지면 자신들이 승리하리라고 확신했다. 프랑스 합동참모본부 제2국의 군사 정보 전문가들은 히틀러가 프랑스를 공격하면 독일군은 "나치 정권의 몰락을 초래할 수 있는" "엄청난 인적 손실"을 겪을 것이라고 판단했다.[42] 전쟁 발발 직전, 윈스턴 처칠은 마지노선 요새들을 방문하고는 그곳을 지키는 프랑스 병사들의 "차분하고도 결의에 찬 기세"에 깊은 감명을 받았지만 국경 너머의 독일군은 "지쳐 있거나 상당히 굶주린 것처럼, 어쩌면 두 가지 다 해당되는 것처럼" 보였다.[43]

독일군의 최상위 장군 두 사람, 즉 육군 최고사령관 브라우히치와 육군참모장 할더는 괴로웠다. 두 사람은 히틀러에게 충성을 맹세했고, 수백 년간 이어져온 군사적 전통도 그렇거니와 장교 교육 과정도 추호의 의심도 없는 충성을 요구했다. 게다가 브라우히치는 히틀러의 압박에 기가 꺾이는 경향을 드러냈고, 새로 맞이한 아내가 확고한 나치 신봉자였기에 집에서도 히틀러의 계획에 대한 반대에 지지를 기대할 수 없었다. 할더는 더 단호한 태도를 보이는 듯했지만, 그도 역시 그 나치 지도자의 단호한 명령에 불복하기는 어려웠다. 서유럽을 공격하면 실패할 수밖에 없다는 두 사람의 믿음이 이와 충돌했다. 서유럽 공격은 기껏해야 막다른 궁지에 이를 것이고, 두 사람 다 너무도 잘 기억하고 있는 1차대전의 참상이 되풀이되는 꼴을 보게 될 터였다.

할더의 전쟁 일지에서 가장 놀라운 기록 중의 하나는 바로 이러한 배경에서 나왔다. 그는 1939년 10월 14일 브라우히치와 만난 뒤에 이렇게 썼다. "세 가지 가능성. 공격한다, 기다린다, 바꾼다."[44] 이 다섯 낱말에는 충격적인 사태의 가능성이 포함되어 있다. 반란이다. 할더의 세 번째 가능성 "바꾼다"가 무엇을 의미하는지는 확실히 알 수 없지만, 지난 전쟁 중에 힌덴부르크와 루덴도르프가 카이저를 밀어냈듯이 히틀러를 치워버리겠다는 뜻으로 해석할 수도 있다. 아니면 한걸음 더 나아가 할더는 히틀러가 프랑스와 네덜란드를 공격하라고 명령하면 그를 체포할 가능성을 염두에 두었을지도 모른다.[45]

할더는 또한 다른 장군들, 그리고 국방군 방첩부Abwehr와 외교부 안의 잠재적 반대자들과 함께 히틀러의 계획을 막을 다양한 방안을 논의했다. 그러나 브라우히치는 과격한 행동이 초래할 결과를 여전히 우려했고, 11월 5일 히틀러와의 재앙 같은 만남으로 한층 더 큰 두려움에 사로잡혔다. 브라우히치가 히틀러에게 군대가 서쪽으로 공격할 준비가 되어 있지 않다고 말하고 병사들의 사기를 의심하자, 그는 격노했다. 히틀러는 군대가 준비되지 않았다는 말에 격분했고, 브라우히치가 언급한 문제들의 구체적인 사례를 대보라고 요구했다. 히틀러가 너무도 심하게 화를 내서 브라우히치는 그와의 만남을 마치고 나올 때 완전히 풀이 죽어 있었다. 이제 그는 히틀러를 밀어내려는 시도에서 어떤 역할도 하지 못할 것 같았다. 실제로 브라우히치는 히틀러가 고위 장교들이 자신을 제거할 음모를 꾸미고 있음을 이미 알고 있다고, 적어도 강하게 의심하고 있다고 걱정했다.

한편 할더는 몇몇 장군이 서유럽 공격 제안이 '미친'[46] 짓이라는 자신의 견해에 동조하기는 하지만 일견 극복할 수 없는 문제가 있음을 알아챘다. 고위 장교들이 맹세를 깨고 히틀러를 끌어내릴 준비가 되어 있다고 해도, 그들이 부하들의 지지를 기대할 수는 없었다. 기갑군단의 어느 장교는 종전 후에 이렇게 썼다. "젊은 병사들 대다수"가 히틀러를 매우 깊이 신뢰했기 때문에 폭동 시도는 '헛된' 노력이 되었을 것이다.[47]

심리의 분열이 한 번 더 노정된다. 대체로 나치 집권 이전에 견해가 형성된 구세력과 나치 정권에 의해 '교육받은' 그 이후의 추종자들 사이에 의견이 갈렸다. 할더와 브라우히치 같은 장교들은 하나의 제도로서 군대에 강력히 충성했다. 이들이 '그들과 우리'라는 관념을 생각할 때, 압박을 받는 순간에는 군대를 '우리'로, 히틀러와 나치를 '그들'로 분류하려는 유혹이 여전했다. 그러나 대다수 젊은 병사에게는 그러한 갈등이 전혀 없었다. 그들은 히틀러가 진정으로 '우리' 중 하나라고 가르친 체제에서 성장했다.

반대자들이 직면한 다른 문제는 1939년 11월 8일 엘저의 실패한 암살 기도에 대한 대중의 반응이었다. 보안국과 현지 경찰의 보고서는 히틀러 암살 시도에 엄청난 분노가 터져 나왔다고 강조했다. 바이에른주 바이센펠트의 경찰이 낸 어느 전형적인 보고서에는 이렇게 쓰여 있다. "거의 전 국민이 이 극악무도한 행위에 몸서리쳤다. 사람들은 이런 말을 거듭 들을 수 있었다. '신은 분명히 퓌러 편이고, 그가 다치지 않아서

정말로 다행이다.'"⁴⁸

이 잠재적 반란의 배후 동기도 적지 않게 중요했다. 할더와 브라우히 치가 원칙에 입각해 행동하지는 않았다. 그들은 폴란드에서 무고한 민간인을 대상으로 자행된 잔학행위에 대해 블라스코비츠처럼 입장을 표명해야 한다는 판단은 없었다. 두 사람은 전적으로 실제적인 문제에만 관심이 있었다. 독일군이 서쪽에서 전쟁을 벌이면 패배한다는 것이었다. 그들은 이론적으로는 프랑스를 무너뜨림으로써 베르사유 조약에 대한 보상을 얻어낸다는 생각에 구미가 당겼다. 다만 그 시기에 관해서는 의견이 달랐을 뿐이다. 두 사람은 순교자가 아니라 실용주의자였다. 바로 그 점에서 그들은 인간 경험의 주류에 확실하게 포함된다.

브라우히치는 1940년 내내 하인리히 힘러에 대한 블라스코비츠의 불만을 제기할 준비가 되어 있었지만 그 친위대 지도자로부터 한두 마디 흔해빠진 말을 들은 후에는 쉽게 안심했다. 브라우히치와 그의 여러 동료가 힘러가 내린 다른 지시에 더 큰 관심을 보였다는 사실은 의미심장하다. 1939년 10월 말, 이른바 "생식 명령"에서 힘러는 군인은 최선을 다해 자녀를 낳아야 한다고 말했다. 군인은 기혼자이든 미혼자이든 상관없이 '생식'해야 했다. 그러나 힘러가 "모든 친위대원과 경찰관"에게 내린 1940년 1월 30일자 명령에서 인정했듯이, 이를 친위대원이 "전장에서 싸우고 있는 병사들의 아내에게 수작을 걸라는 요청을 받는다"는 의미로 "몇몇 사람은 오해"했다. 힘러는 독일 여성들이 "명예의 수호자"로 행동하지 않는다는 암시에 격노했다고 주장하면서 브라우히치와 군부의 여타 인사들이 크게 안심할 수 있도록 이와 같이 분명하게 말했다. "전우의 아내에게 수작을 걸지 마라."⁴⁹

2년 뒤 친위대 법률과Hauptamt SS-Gericht 과장이 힘러에게 명확한 설명을 요청하는 서한을 보냈을 때 이 문제는 매듭지어졌다. "최근 친위대와 경찰의 대원들이 징집된 병사들의 아내와 성관계를 맺는 사례가 증가했다." 그러나 잘못이 늘 친위대원에게만 있지는 않았다. "여자들이 젊은 남자와의 성관계를 아주 쉽게 생각한다." 친위대원이 "여자가 이혼한 뒤 그녀와 결혼하려는 의도를 지닌" 사례가 인용되기도 했다. 따라서 만일 "진지하게 결혼까지 생각하는 바람직한 낭만적 관계로 발전"했다면 어떻게 해야 하는가가 문제였다.[50]

6주 뒤인 3월에 힘러는 자신의 견해를 분명하게 밝혔다. "모든 위반 행위가 다 법적인 처벌 대상은 아니다. 처벌은 개별 사례에 따라 결정될 것이다."[51] 물론 이는 브라우히치가 2년 전에 약속받은 것이 아니었다. 그 이후로 많은 것이 변했다. 독일군은 러시아의 초원 지대에서 생사가 걸린 싸움을 하고 있었고, 친위대는 1939년 폴란드에서 자행한 것을 압도하는 대대적인 규모로 잔학행위를 저지르고 있었다.

힘러는 1940년 초 군대 지휘부의 친위대에 대한 우려를 불식시키고자 상투적인 발언을 쏟아냈지만 폴란드인들을 향한 강경한 이데올로기적 태도를 바꾸지 않았다. 실제로는 그 반대였다. 그는 단지 폴란드 국민을 공포에 빠뜨리는 것에서 그칠 뜻이 없었다. 그는 역사상 가장 큰 규모의 민족정화 활동을 시도하고 있었다. 리벤트로프가 스탈린과 체결한 협정에 따라, 독일인 소수민족이 상당히 포함된 발트 국가들과 동유럽의 다른 영토가 소련의 지배 아래 떨어졌다. 힘러와 히틀러는 "종족적으로 순수한" 피를 추구했기에 이들을 볼셰비키의 지배에서 '구출'하기를 원했다. 1939년 10월 독일민족강화 라이히스코미사르

Reichskommissar für die Festigung deutschen Volkstums, RKFDV로 임명된 힘러는 이 독일인 소수민족 수만 명(에스토니아와 라트비아에서만 약 6만 명이었다)을 폴란드로 데려와 재정착시켰다.

나치는 독일인 소수민족에게 필요한 공간을 확보하기 위해 2년이 채 안 되는 기간 동안 그 나라의 동부에 수립된 총독관구로 20만 명이 넘는 폴란드인을 추방했다. 이 폴란드인들의 고난은 이루 말로 다할 수 없었다. 앞에서 히틀러 유겐트 생활을 매우 싫어한 사람의 사례로 거론된 프란츠 야게만은 친위대가 폴란드 마을 주민들을 추방할 때 이를 도와줄 보조 통역사로 선발되었다. 그는 처음에는 나치가 사용한 모호한 말 때문에 혼동을 느꼈다. "모든 말이 매우 조심스러웠다. 그들은 이런 식으로 말하곤 했다. 이 사람이나 저 사람은 '소개'되어야 하고 독일인에게 자리를 내주어야 한다. 그러나 그런 방식의 얘기를 들을 때는 내가 나중에 겪은 현실을 떠올릴 수 없었다."[52]

나치 정권은 처음부터 완곡한 표현을 사용해 그 행위의 잔인한 진실을 감추었다. 강제수용소의 수감자들은 "재교육"을 위해 "보호 구금"된 상태라고 얘기되었다. 그러나 전쟁이 발발하고 잔학행위가 늘어나면서 완곡한 표현은 늘어났고, 결국 홀로코스트의 거의 모든 행위가 위장의 용어로 포장되었다. 유대인은 "추방"된 것이 아니라 "재정착"했고, 살해될 자들은 "특별한 대우"를 받을 터였다. 9만 7천 명의 유대인이 살해된 후, 어느 보고서는 그들이 "처리되었다"고 무덤덤하게 설명했다.[53] 완곡한 표현의 가장 유명한 사례는 나치가 홀로코스트에 붙여준 이름이다. "유대인 문제의 최종 해결."

완곡한 표현을 사용하는 이점은 명백했다. 마리아 오테로 로시가 지적했듯이, 그것은 범죄를 "나중에 부인"하기 "쉽게 했다."[54] 종전 후 문서를 조사해본 사람이라면 단지 유대인을 "특별 취급"했다는 말만 있을 뿐 살해했다는 언급은 발견하지 못했을 것이다. 이는 지금까지도 홀로코스트를 부인하는 사람들을 돕는 계략이었다.

이렇게 진통제와도 같은 표현은 나치에게 심리적으로 더욱 지대한 다른 이점도 주었다. 앨버트 밴두라 교수의 말을 빌리자면, 완곡한 표현은 가해자를 그의 행위에서 "분리하고 그 주체성을 제거하는" 데 도움을 준다. 심리학적으로 이러한 증거도 있다. "사람들은 공격적인 행위에 공격이라는 말보다 무해하게 보이는 꼬리표가 붙을 때 훨씬 더 잔인하게 행동할 수 있다."[55]

그러나 이 도덕적 해방의 기술이 모든 사람에게 다 효과적이지는 않았다. 프란츠 야게만은 집에서 쫓겨나 추방되는 폴란드 민간인들을 목격하고는 절망에 빠졌다. 그는 이렇게 회상했다. "사람들은 발로 차이고 주먹으로 맞았다. 눈앞에는 권총이 어른거렸다. 마치 강도짓 같았다." 마을 사람들이 화물차에 실려 끌려간 뒤, "친위대원들은 가톨릭 성인의 화상을 작은 기념물과 작은 조각상 등등과 함께 벽에서 떼어내 마당에 내던져 쌓고는 모조리 부수어버렸다. 그런 뒤에 그 위에 밀짚을 던지고 불을 붙여 전부 태워버렸다. 이는 일종의 상징적인 전유, 다시 말해 탈가톨릭화, 탈폴란드화였다. 이로써 폴란드인의 통치는 끝났다." 추방과 이와 연결된 파괴가 완료되자, 친위대는 인근의 여관으로 가서 "만취하도록 술을 마셨다." 야게만의 기억은 이러했다. "친위대원들은 언제나 스스로에게 만족했다. 그들의 시각에서는 자신의 만행과 무자비함을 통해 누가 권력자인지 증명했기 때문이다."

야게만은 친위대의 행태에 '공포'를 느꼈고 소소한 저항을 했다고 주장했다. 그는 다음번 강제추방이 언제, 어디서 벌어질지 알아냈고 표적이 된 마을의 주민들에게 '경고'하려 했다. 그가 이렇게 위험을 무릅쓴 이유는 분명했다. 자신에게도 폴란드인의 피가 일부 흐르고 있었기에 갈등을 느꼈던 것이다. 그는 폴란드인이었나 아니면 독일인이었나? '우리'는 누구이고 '그들'은 누구였나? 야게만은 이 잔인한 민족정화 활동에 참여했지만 차츰 폴란드인 편으로 기울었다고 할 수 있다.

강제추방이 이루어지던 중에 야게만은 "나도 당신들과 같은 사람"이라는 말로 어느 젊은 여자를 "진정시키려"했다. "나는 그렇게 암담한 상황에서 이런 말이 그들에게 도움이 되는 것 같다는 생각이 들어 나중에 같은 말을 되풀이했다. 어느 날 나는 그들 중 한 사람이 나에 대해 이렇게 말하는 것을 듣고는 움찔했다. '그도 우리랑 같은 사람이다.' 악의가 섞인 말이 아니었다. 존중하는 마음이 담긴 갈투였다."

야게만이 자신을 용감하다고 생각했다는 말이 아니다. 그는 종전 후 용기가 부족했다고 자책했다. "때로 내가 나쁜 사람이라는 생각이 들었다. 더는 나를 좋아할 수 없었다."[56]

이러한 강제추방은 폴란드에 대한 나치의 계획의 일부였을 뿐이다. 그들은 폴란드를 거대한 종족 분류의 장소로, '우리'에게서 '그들'을 분리하는 방대한 실험장으로 보았다. 사람의 성격, 지성, 교육 수준, 범죄의 유무, 어느 것도 중요하지 않았다. 나치 행정관들의 관심은 오로지 종족적 성분에 대한 판단뿐이었다.

힘러는 1940년 2월 29일 나치의 가우라이터들에게 이렇게 말했다. "한 가지는 분명하게 할 필요가 있다. 나는 우리의 혈통, 북유럽인 혈통이 지구상에서 가장 훌륭한 혈통이라고 믿는다. (…) 우리는 다른 모든 것, 모든 사람보다 우월하다. 우리를 방해하고 제약하는 요인들에서 해방되기만 하면, 자질과 능력에서 우리를 능가하는 것은 없다." 그는 이렇게 덧붙였다. "북유럽인 혈통"이 우월하기 때문에, 나치는 현재 제국 안에 살고 있지 않는 "지구상에서 가장 훌륭한 혈통"을 지닌 사람들을 찾아내 독일로 데려올 필요가 있었다. "이제 우리가 강해진 때가 왔으므로, 우리의 피를 지닌 자들을 전부 데려와야 하며 우리의 피를 지닌 자들을 다시는 밖으로 유출되지 않도록 온힘을 다해야 한다."[57] 힘러는 "우리와 같은 피를 지닌 자들을 전부 데려오는" 이 정책을 추구하면서 "종족적으로" 받아들여질 수 있다고 생각되는 폴란드의 어린아이들을 납치해 독일인으로 키우라고 명령했다.

  힘러의 종족주의적 광기는 너무도 강력해서 나치가 보기에 처형으로 처벌할 만한 범죄를 저지른 사람조차도 재분류를 거쳐 '종족'이 바뀐다면 구원받을 수 있었다. 독일인 여성과 합의하에 성관계를 가진 많은 폴란드인 노동자가 바로 그런 사례였다. 이런 '범죄'를 저지른 폴란드인은 처음에는 누구나 사형을 선고받았지만, 1941년에 명령이 바뀌어 "북유럽인 종족의 성분을 입증"하고 "좋은" 특성을 지닌 자는 처형을 면할 수 있었다. 폴란드인이 이 종족적 시험을 통과하면(광대뼈와 머리카락 색깔, 눈 색깔에 대한 검사를 포함한 신체검사 후에) "단기간" 강제수용소에 수감되었다가 이후 "독일인화"했다.[58] 광대뼈와 머리카락 색깔이 기준에 미치지 못하면 살해되었다. "종족"이 전부였다.

———

나치는 폴란드의 종족주의적 재조직과 병행해 소름 끼치는 고통을 초래한 다른 정책도 추진했다. 장애인에 대한 '안락사'였다. 이 치명적인 계획은 오늘날 대중의 의식에 깊이 침투해 있어야 마땅하지만 그렇게 되지는 않았다. 이는 한편으로는 홀로코스트라는 엄청난 사건 앞에서 이 살인이 작아 보였기 때문이지만, 완곡한 표현의 효과 때문이기도 하다. 나치는 그 작업을 장애인의 '안락사'라고 불렀다. 그 살인에 동의의 요소가 있다는 의미였다. 그렇지만 실제로 동의 따위는 없었다. 그것은 완전히 무고한 장애인 시민을 선별해 죽이는 계획이었다. 그들의 불행한 운명은 나치 국가에 '짐'으로 여겨졌다는 사실에 있었다.

'안락사' 활동은 또한 이후에 홀로코스트를 계획하고 실행한 자들의 심리를 이해하는 데에도 중요하다. 장애인에 대한 살해를 용이하게 하는 데 쓰인 다수의 심리적 장치를 훗날 학살수용소의 살인자들도 사용하기 때문이다.

우리는 앞에서 히틀러가 독일의 장애인을 선별해 강제로 불임시술을 시행하는 법률을 추진하기는 했어도 늘 더 근본적인 정책을 원했음을 보았다.[59] 1939년 여름 전쟁이 가까워지면서 히틀러는 기회를 잡았다. 총리실장 필리프 불러는 중증 장애 자녀를 둔 남자가 쓴 편지를 히틀러에게 보여주었다. 그 남자는 "자비로운" 행위의 일환으로 아이를 죽여주기를 원했다. 히틀러는 동의했고, 이 한 가지 사례로부터 "아동 안락사 계획"이 나왔다.

세 명의 의사가 각 아동에 관한 보고서를 따로 검토한 뒤 양식에 플러스 또는 마이너스 표시를 하기로 했다. 마이너스가 두 개 이상 나오면 그 아이는 죽음의 판정을 받았다. 그렇게 의사들이 결정에 대한 책임을 나누어 졌다. 어떤 사수도 형을 선고받은 자의 죽음에 전적인 책임을 느끼지 않는 총살 집행반처럼, 어떤 의사도 아이 살해에 홀로 죄의식을 느낄 필요가 없었다. 이렇게 책임을 분산하면 확실히 심리적 이점이 있었다.

모든 의사가 다 아동 살해 계획을 지지하지는 않았다. 의사 프리드리히 휠첼도 그 일에 참여하는 것이 내키지 않았다. 그는 그 계획에 열광한 가장 악명 높은 사람을 위해 일했다. 바이에른의 에글핑하르 정신병원 원장 헤르만 판밀러였다. 휠첼은 판밀러에게 보내는 편지에서 이렇게 말했다. "새로운 조치들이 설득력이 있다"고 생각하지만 "국가의 조치를 확고히 지지하는 것과 이를 최종적인 결말까지 직접 실행하는 것은 별개의 문제다." 그는 아이들에게 "왠지 정서적으로 연결되어 있는 것처럼" 느꼈고, 편지 말미에 자신이 "이 업무를 수행하기에는 너무 약하다"고 인정했다.[60]

휠첼이 어떻게 완곡한 표현으로 도피했는지 한 번 더 주목하라. 살인은 "새로운 조치"나 그저 목전에 다가온 "업무"였을 뿐이다. 또한 그가 그 계획의 옳고 그름을 따지지 않고 자신의 수행 능력만 비판한 것도 중요하다. 홀로코스트가 시작되었을 때, 총살 집행반에 속했으나 유대인에게 총을 쏠 수 없었던 사람들도 비슷한 핑계를 댔다.[61]

히틀러는 장애 아동의 선별적 살해를 허가한 직후 그 계획을 성인 장애인에게도 확대하라고 명령했다. 이는 그 일을 집행해야 하는 사람들에게 많은 '난제'를 안겼다. 아이들은 약물로 죽이거나(예를 들면 루미날 과다복용) 굶겨 죽였다. 그러나 이러한 조치들은 그 "새로운 조치들"의 대상으로 선택될 것으로 예상되는 수많은 성인 장애인에게는 충분하지 않았다. 안락사 계획에 종사한 관료들은 다른 살해 방법을 모색하면서 어느 과학자와 연락했다. 범죄기술연구소Kriminaltechnisches Institut에서 근무하는 스물일곱 살의 알베르트 비트만 박사였다.

비트만은 "인간의 모습을 한 짐승들"은 죽여야 한다는 말을 들었고, 이를 어떻게 실행해야 할지 방법을 제시하라는 요구를 받았다. 먼저 그는 환자들이 자는 동안에 병동에 일산화탄소를 주입해 질식사를 유도할 수 있다고 제안했다.[62] 그러나 병동을 밀폐하는 실질적인 어려움 때문에 그 계획은 수정되었다. 죽이기로 선별한 장애인 환자들에게 샤워를 해야 한다고 말하고 샤워장에 물 대신에 일산화탄소를 뿜어 넣기로 했다.

이는 나치의 대량학살 과정 전개뿐만 아니라 학살자들이 정신적으로 그 일에 대처할 수 있는 방법에서도 결정적인 순간이었다. 가짜 샤워라는 방법을 사용해 가스로 살해하므로 집행자들은 지극히 중요한 이점을 얻었다. 물리적 거리라는 이점이었다. 심리학 연구에 따르면 근접한 곳보다 먼 곳에서 죽이는 것이 훨씬 더 쉽다. 1차대전의 상황에서 보았듯이, 희생자의 눈을 들여다보며 총검으로 찌르는 것은 수 킬로미터 떨어진 곳에서 대포를 발사하는 것보다 훨씬 어렵다.[63]

대포로 적을 죽이는 추가 이점은 일개인으로서 살인을 저지르지 않는다는 사실에 있다. 팀의 일원으로 행동하기에 "집단 면책"을 얻는다. 이 과정은 큰 심리적 해방감을 주기에 어느 전문가는 이렇게 썼다. "여러 해 동안 전투 중 살인이라는 주제를 연구하며 자료를 읽다 보니 이러한 상황에서 적을 죽이기를 거부한 사람은 단 한 명도 찾지 못했다. 또한 이러한 유형의 살인과 연관된 정신적 외상의 사례도 발견하지 못했다."⁶⁴ 마찬가지로 어린아이에게 치명적인 화학약품을 주입하는 것에서 성인을 샤워장이라며 들여보내 가스 밸브를 여는 것으로 할 일이 바뀌면, 관련자들이 그 범죄를 실행하기가 심리적으로 더 쉬워졌다.

샤워장/가스실 고안은 살인자들에게 다른 심리적 이점도 제공했다. 독극물을 주사하려고 데려온 아이들이 저항하거나 애원하는 사례가 있었는데, 이는 그 일에 관여한 간호사들과 의사들에게 곤혹스러울 수 있었다. 그러나 성인 대상의 계획에서 의료진은 희생자들이 독가스를 들이마시기 시작하는 그 순간까지 샤워를 할 것이라고 믿는 한 불편함을 '면할' 수 있었다. 그렇지만 일이 진행되면서, 나치의 표적이 된 장애인들은 자신의 운명을 모르지 않았다. 결국에는 학살을 비밀로 할 수 없었다. 그래서 비통한 장면이 연출되었다. 선별되어 학살장으로 끌려갈 환자들이 소리치며 애원한 것이다. "나는 살고 싶다. 그저 살기만 바랄 뿐이다."⁶⁵

안락사 집행자들의 마음가짐은 향후 등장할 홀로코스트 가해자들의 마음가짐과 여러 점에서 닮았다. 특히 의료진이 스스로 정당하다고 느꼈다는 점이 가장 두드러진다. 그들은 히틀러의 선례를 따랐다. 히틀러는 성인 안락사 계획에 관한 회의에서 "살 가치가 없는 목숨"을 없애는 것은 옳은 일이라고 생각한다고 말했다. 그는 정신적으로 병든 사람들이 "자기 배설물"을 먹고 "늘 바지에 똥을 싸기" 때문에 맨땅에서 자는 오싹한 그림을 그렸다.⁶⁶ 이러한 종류의 수사법은 그 일에 관여한 사람들에게 자신은 친절을 베푸는 것이나 마찬가지라는 생각을 갖게 했다.

그 살인 관련자 몇몇은 전쟁이 끝나고 한참 지난 후에도 여전히 죄가 없다고 항변했다. 오스트리아의 하르트하임 안락사 시설에서 일한 의사 게오르크 레노는 1997년에 이렇게 말했다. "나는 사람이나 여타 다른 것에 총을 쏜 누구처럼 죄책감을 느끼지는 않는다. 나는 사람들이 어떻게 죽는지 본 뒤에 그것이 그들에게 시련이 아니라고 생각했다. 차라리 인용 부호로 강조해 이렇게 말하고 싶었다. '이것은 구원이다'라고." 레노는 이런 말을 할 때 아흔 살이었고 과거에 저지른 범죄에 대해 이렇게 말할 정도로 느긋했다. "나는 확신을 갖고 영원으로 들어간다."[67]

안락사 계획 업무를 부여받은 친위대원 베르너 뒤부아는 자신과 다른 동료 앞에 "중증 정신질환자들의 사진이 제시"되고 자신들이 "자비로운 살인"에 관여하게 될 것이라는 말을 들었다고 기억했다.[68] 그는 또한 그 활동이 경제적으로도 이익이라는 말을 들었다. "그 불치병 환자들에게 수십억 마르크가 들어가고 있으며, 의사들과 간호진이 그들을 돌보는 데 매여 있다. 다른 목적에 그들과 그 돈이 필요한데도 사정이 그렇다."[69]

살인 시설 운영에 투입된 많은 사람이 헌신적인 나치였을 뿐만 아니라 그 일에 따르는 책임의 수준에 비하면 젊었다. 의사 호르스트 슈만은 그라페네크 안락사 시설 소장이 되었을 때 겨우 서른세 살이었고, 의사 루돌프 로나우어도 오스트리아의 하르트하임 안락사 시설 운영 업무를 맡았을 때 같은 나이였으며, 의사 이엄프리트 이벨은 브란덴부르크 안락사 시설 팀장으로 임명되었을 때 겨우 스물아홉 살이었다.

특히 이벨은 광신도였다. 그는 학생일 때 히틀러의 외모를 흉내 내어 짧은 콧수염을 기르고 히틀러의 꿰뚫어보는 듯한 시선을 따라 했다. 그는 또한 기독교인과 유대인을 증오했고 주기도문을 조롱해 다음과 같은 문장을 집어넣었다. "당신의 이름이 하찮게 되기를 원합니다. 당신의 왕국이 파괴되기를 원합니다. 동료들을 시험에 들게 하지 마소서. 다만 그들을 유대인과 사제들로부터 구하소서."[70]

안락사 계획에 관여한 다른 의사는 이벨에 대해 "허영심이 매우 강하고 거만하다"고, "자신과 자신의 능력에 대한 자부심이 강하다"고 평했다.[71] 상황이 이벨에게 나치로서 주목을 받을 기회를 주었고, 그는 자신의 가치를 입증할 기회를 즐겼다. 장애인 살해에 관여한 다른 많은 사람처럼 이벨은 뒤이어 홀로코스트에서도 중요한 역할을 수행한다.

폴란드의 장애인들이 먼저 나치의 표적이 되었다. 특수기동분견대가 1939년 9월 말 서프로이센에서 폴란드인 환자들을 살해했다. 이 폴란드 장애인들은 나치 이데올로기 때문에 목숨을 잃었지만, 그 나라에 혼란을 초래한 주민 이동과 연관성이 있었다. 학살로 비게 된 몇몇 건물이 훗날 새로운 삶을 찾아 도착한 독일인 소수민족들의 주거지로 쓰였다.

가스를 이용한 살해 실험도 폴란드에서 시행되었는데, 장애인들에게 가스를 살포하는 방법으로 완전히 새로운 것이 쓰였다. 폴란드인 환자들을 독일 안의 살인 시설로 데려가 죽이는 것은 귀찮은 일이었기에, 살인 도구를 그들이 있는 곳으로 가져오는 방법이 마련되었다. 서른 살의 친위대 장교 헤르베르트 랑에는 이동 가스실, 즉 가스 밴을 이용하는 방법을 고안했다. 랑에의 부하들은 '카이저의 커피 회사 Kaiser's Kaffee Geschäft'라는 문구를 단 밴을 타고 폴란드 바르테가우의 정신병원들을 돌아다니며 환자들을 골라 태워 밴의 화물칸에 가득 밀어 넣고 가스 밸브를 열었다.[72]

랑에와 그의 부하들은 1939년 12월 7일 가스 밴을 몰고 포즈난 북동쪽으로 약 48킬로미터 떨어진 지에칸카 정신병원에 도착해 작업에 착수했다. 이후 그들은 몇 주 동안 그 지역 곳곳에서 1천 명의 환자를 살해하고 또 수천 명을 더 살해했다. 술이 임무 수행에 확실히 도움이 되었다. 랑에의 팀원들은 1940년 4월 바르타의 정신병원을 깨끗이 처리한 뒤 의식을 잃을 때까지 술을 마셨다.[73]

이벨처럼, 헤르베르트 랑에와 그의 가스 밴도 곧 다시 보게 될 것이다.

―――

랑에와 이벨, 그들의 친위대 동료들이 가스실과 가스 밴으로 수천 명의 장애인을 살해하는 동안, 독일군 장군들은 자신들의 관심사에, 주로 히틀러가 프랑스를 침공해 독일을 파멸로 몰아가는 것을 막을 방법에 집중했다. 반란은 실행 가능한 선택지가 아니었기에, 그리고 히틀러의 마음을 바꾸기는 불가능했기에, 그들이 유일하게 의지할 수 있는 수단은 공격을 지연시키려 노력하는 것뿐이었다. 기상 악화는 가장 효과적인 핑계 중 하나가 되었다. 침공 날짜가 고지되었다가 취소되었다.

히틀러는 당시에는 몰랐지만, 이는 나중에 일련의 다행스러운 중단으로 밝혀지는 것 중 첫 번째였다. 1939년 11월로 예정된 서유럽 침공 계획은 1914년의 실패한 군사 행동의 반복이나 다름없었다. 공격이 실패하리라는 장군들의 생각이 옳았다. 그러나 그때 놀라운 일이 일어났다. 장군들은 서유럽 공격이 불가피하다는 사실을 알았기 때문에 더 창의적인 접근법을 검토하기 시작했다.

에리히 폰 만슈타인 장군이 옹호한 것으로 널리 알려진 새로운 발상[74]은 남쪽으로 아르덴 숲을 관통해 강력하게 밀고 들어가 뫼즈강 변의 프랑스 도시 스당으로 진격하는 것을 권고했다. 일단 강을 건너기만 하면 독일군은 프랑스 북부의 평원을 지나 바다까지 파죽지세로 진격할 수 있을 것 같았다. 그곳에서 공격에 참여한 두 번째 집단군, 다시 말해 독일에서 네덜란드와 벨기에를 지나는 '전통적인' 침공 루트를 거쳐 서진하는 임무를 맡은 군대와 합류할 예정이었다. 이 계획을 상세히 연구한 어느 학자는 이렇게 말했다. "이는 병참의 위험이 전례 없이 큰 작전이다. 전면적인 승리의 가능성이 있지만 (…) 파멸적인 패배의 위험성도 있는 도박이다. 그들은 이를 완벽하게 이해하고 있었다."[75]

독일군이 아르덴 숲을 지나 전진할 때 연합군이 이를 탐지하지 못하리라는 생각이 '도박'이었다. 만일 공습에 취약한 그 숲에서 발각된다면 전쟁에서 패할 것이 거의 확실했다. 그럼에도 위험을 기꺼이 감수하는 자였던 히틀러는 새로운 계획에 열광했다.

도박은 적중했다. 대체로 무능과 무사안일 탓이었는데, 영국과 프랑스는 독일군의 아르덴 숲 통과 기동에 대응하지 못했다. 정작 대응에 나섰을 때는 이미 너무 늦었다. 독일군 기갑부대가 스당에 출현하고 더불어 급강하 폭격기 슈트카의 지독한 공격이 동반되자 프랑스군 부대는 꽁무니를 내뺐다. 1940년 5월 13일의 치욕스러운 '뷜송의 대혼란 panic of Bulson'이다. 5월 15일 오전 7시 30분, 프랑스 총리 폴 레노는 윈스턴 처칠에게 전화를 걸어 호들갑스럽게 말했다. "우리는 패배했다."[76] 독일군으로서는 공세에 착수한 뒤 겨우 닷새 만에 거둔 놀라운 승리였다. 프랑스는 6월 22일까지 버티다가 휴전협정에 서명했지만, 전쟁은 이미 오래전에 끝났다.

독일군 장군들이 이제 어떤 생각을 했을지 상상해보라. 독일은 1차대전에서 프랑스를 점령하려다가 4년 동안 참호에 갇혀 지독한 소모전에 발이 묶였다. 이제 그들은 불과 며칠 만에 프랑스군을 격파했다. 거의 믿을 수 없었다. 1940년 첫 몇 달 동안 할더의 전쟁 일지에는 장군들의 걱정과 근심이 수없이 언급되어 있다. 2월 25일자는 '걱정'이라는 한마디로 시작한다. 그러나 그해 봄 힘겨웠던 작전 계획 국면에도 히틀러는 언제나 "성공을 분명하게 자신했다."[77]

히틀러의 성취가 얼마나 대단한 결과를 가져왔는지 이해하기 위해 지도력의 심리학을 연구할 필요는 없다. 그는 자신이 옳았음을 증명했고, 반대했던 장군들은 틀렸음이 입증되었다. 독일군 장군들은 다음번에 히틀러를 믿지 못하겠다는 생각이 들 때 이 순간을 기억하게 될 것이었다. 이제 괴링과 힘러, 괴벨스 등의 나치가 여러 해 동안 해왔던 일을 그냥 따라 하고 퓌러를 신뢰하는 것이 현명하지 않을까?

프랑스에 거둔 승리가 수백만 독일인의 정신에 미친 영향은 아무리 강조해도 지나치지 않다. 이제 히틀러에 대한 저항은 그 어느 때보다도 어려워졌다. 7월 6일 베를린의 개선 열병식은 그때까지 보지 못한 풍경이었다. 무아지경의 흥분 상태에 빠진 군중이 열광적으로 환호했다. 이제 누가 그에게 반대할 수 있겠나?[78]

10

종족주의 강화하기

1941년 6월 22일 일요일 이른 아침, 독일과 그 동맹국들은 역사상 가장 크고 잔혹한 전쟁에 착수했다. 400만 명에 가까운 병력이 발트 국가들과 모스크바, 우크라이나를 겨냥해 세 방면으로 소련 영토로 밀고 들어갔다.

  2년 전 폴란드 침공 전쟁의 경우와 마찬가지로, 특수기동대의 학살 부대가 정규군을 뒤따라 적의 영토로 진입했다. 그러나 이 새로운 전쟁에서 그들은 차원이 다른 잔학행위를 자행하고 비할 데 없는 유혈과 증오의 난잡한 파티를 벌인다. 나치의 학살 부대는 100만 명이 훨씬 넘는 많은 사람을 살해했다. 150만 명쯤 되었을지도 모른다. 이는 근접 살인, 다시 말해 살인자가 그 행위로부터 멀리 떨어져 있을 수 없는 상황에서 이루어진 살인이었다. 총을 쏘는 사람에게 피살자의 피와 뇌수, 뼈 조각이 쏟아지는 육체적으로 가까운 살인이다.

  나치에게 이 전쟁은 대대적인 청산이 되어야 했다. 히틀러가 보기에 소련은 볼셰비키와 유대인이라는 이중의 위협이 도사린 곳이었다. 게다가 그는 "오늘날 러시아의 지배자들은 흔한 피투성이 범죄자들"로 "인류의 찌꺼기"를 대표한다고 믿었다. 그는 과장된 표현을 한층 더 키워 그들이 "역사상 가장 잔인하고 폭압적인 정권"에 책임이 있다고 주장했다.[1]

히틀러는 이 "찌꺼기"와 대결하고 싶은 마음이 너무도 절실해 두 전선에서 전쟁을 벌이기로 결정했다. 원래의 계획은 서쪽에서 승리한 뒤 동쪽으로 방향을 돌리는 것이었다. 그러나 영국이 포기하지 않았기에 서쪽의 전쟁은 여전히 진행 중이었다. 히틀러는 장군들에게 스탈린에게 승리를 거두면 영국을 격파하는 데 도움이 될 것임을 납득시키려 했다. 히틀러는 이를 위해 영국은 소련이 결국에는 자신들의 동맹국이 될 것을 기대한다고 주장했다. 그러나 이는 거짓 주장이었다. 영국이 크게 기대한 나라는 소련이 아니라 미국이었다. 영국은 스탈린이 아니라 루스벨트가 구원자가 되리라고 믿었다.

그 전쟁은 1939년 9월 1일 독일군 전차가 국경 너머 폴란드로 진격한 순간부터 종족주의적 대결이었지만, 그 종족주의는 이제 새로운 차원으로 격상되었다. 히틀러는 군 지휘관들에게 소련을 공격하는 전쟁은 "절멸 전쟁"이 되어야 한다고 선언하며 소련군의 정치적 통솔자인 "정치위원들"을 "공산당 지식인들"과 더불어 포로로 잡지 말고 죽이라고 명령했다. 그는 이 점을 기억하는 것이 매우 중요하다고 말했다. "공산당원은 전투 이전에나 이후에나 동료가 아니다." 독일군 지휘관들은 "개인적으로 양심의 부담을 이겨내는 희생을 해야만 한다."[2]

히틀러의 발언이 과격한 성격을 띠었음에도 장군들은 별다른 이의를 제기하지 않았다. 그들은 폴란드에서 잔학행위가 벌어졌고 여전히 벌어지고 있음을 알았다. 따라서 그것이 새로이 나타날 만행을 판단하는 기준이었다. 전쟁에서의 기사도는 버려진 지 오래되었다. 폴란드에서 보안부대가 한 일에 항명하지 않았는데 이제 와서 그럴 이유가 있겠는가? 더군다나 히틀러의 군대 지휘관으로서의 위신은 그 전해에 서유럽에서 승리를 거둔 후 그 어느 때보다도 높지 않은가?

그러나 히틀러의 장군들이 이 "절멸 전쟁"에 반대하지 않은 다른 이유가 있었다. 그들 다수는 소련 주민들에 대한 종족주의적 편견을 공유했다. 제4군 참모장 귄터 블루멘트리트 장군은 이렇게 썼다. "러시아의 전쟁사 전체를 보면 러시아인들은 전투원으로서 문맹이고 절반은 아시아인이며 [우리와는] 다르게 생각하고 느낀다."³

제18군 사령관 게오르크 폰 퀴흘러 장군은 훨씬 더 솔직했다. 그는 침공 두 달 전에 이렇게 썼다. "우리와 러시아 사이에는 이데올로기적으로, 종족적으로 깊은 심연이 자리잡고 있다." 그러므로 이 점을 명심해야 했다. "우리는 종족적으로 이질적인 병사들에 맞서 싸우고 있다."⁴ 니콜라우스 폰 팔켄호르스트 장군이 서명해 부대에 내려보낸 다른 메시지는 이렇게 경고했다. "러시아인"은 "온갖 수단의 속임수와 기만, 선전의 귀재"이며, 적군은 "가학적으로 온갖 잔인한 짓을 저지를 수" 있었다.⁵

이 책에서 '그들과 우리'라는 관념이 심리와 행동에 미친 영향을 여러 차례 언급했다. 그러나 이제 '그들과 우리'의 궁극적인 전쟁이 나치에게 무엇이었는지 밝혀졌다. 그 전쟁에서 적을 비인간화하는 나치의 행태는 거의 초월적인 수준에 이르게 된다.

그 침공에 참여한 모든 독일군 병사는 사전에 새로운 적에게서 최악을 예상하라는 말을 들었다. 다시 말해 적은 종족적으로 열등할 뿐만 아니라(사실상 인간 이하의 존재였다) 전쟁 규칙 따위는 무시하고 싸우는 자들이었다. 이는 많은 침공군 병사의 마음속에 엄청난 두려움과 공격성을 불러일으켰다.⁶ 그 전쟁은 인간과의 싸움보다 짐승과의 싸움에 더 가까웠다. 뱀을 신뢰할 수 없듯이 러시아인도 신뢰할 수 없었다. 우리의 뇌는 친구는 개인으로 보고 적은 집단으로 보는 경향이 있다. '러시아인들'은 하나의 들짐승 무리로 인식되었다.

폴란드에 진입한 독일군 병사들 사이에 퍼진, 적이 '유격전'을 펼칠 준비가 되어 있다는 믿음이 나치가 종종 선제적으로 만행을 저지르는 한 가지 요인이 된 과정을 앞서 살펴보았다. 그 감정은 이제 소련 침공에서 몇 배로 확대된다. 그리고 독일군 병사들은 소련군의 "온갖" "속임수"를 예상하라는 말을 들었기에 적을 대단히 잔인하게 다룰 준비가 되어 있었다.

친위대의 고위 인사들은 소련 침공이 잔인한 식민화 전쟁이 되리라는 것을 잘 알고 있었다. 하인리히 힘러는 침공 직전에 베벨스부르크 성에서 친위대 상급 지휘관들의 회의를 열고 점령지 소련에서 '3천만 명'이 사망할 것으로 예상된다고 말했다.[7] 나치가 땅은 원하지만 당시 그곳에 살고 있는 수많은 사람은 원하지 않는다는 사실을 드러내는 발언이었다.

독일군 병사들은 현지인들에게서 음식을 훔치라는 말을 들었고, 엄청나게 많은 민간인이 굶어 죽을 것으로 예상되었다. 나치 관료들은 병사들에게 자기 때문에 굶어 죽은 자들을 불쌍하게 생각하지 말라고 명령했다. 식량농업부 장관 헤르베르트 바케는 이렇게 말했다. "가난, 굶주림, 절약은 수백 년 동안 러시아인의 운명이었다. 그들의 위장은 신축적이다. 그러니 쓸데없는 동정심은 갖지 말자."[8]

도합 약 3천 명에 달하는 특수기동대 네 개 부대가 "당이나 국가를 위해 일하는 유대인"과 "공산당 간부들"을 살해하는 더 시급한 임무를 부여받았다. 그러나 이는 그들이 죽여야 할 자들의 최소한이었다. 명령에 따르면 그들은 현지인들을 설득해 유대인에 맞서게 함으로써 포그롬pogrom을 조장해야 했다.

특수기동대의 극악무도한 범죄를 고려할 때, 그 대원들이 하나같이 피에 굶주린 사디스트라고 생각하기 쉽다. 이는 역사를 생각하는 편리한 방법이지만 틀렸다. 그 학살자들의 동기가 무엇이든, 그것이 집단정신병은 아니었다.

특수기동대 지휘관 네 명 중 두 사람, 형사경찰Kripo의 수장 아르투어 네베와 노르웨이에서 보안경찰SiPo을 지휘한 발터 슈탈레커는 그 임무에 자원했다.⁹ 보안국 출신의 지식인 오토 올렌도르프를 포함한 나머지는 임명되었다. 올렌도르프는 그 학살 부대에서 유일한 지적 지휘관이 아니었다. 특수기동대A의 최상급 지휘관 열일곱 명 중 열한 명이 변호사였고, 아홉 명이 박사학위 소지자였다.¹⁰

특수기동대 대원 여럿이 젊고 야심찬 인물이었다. 베를린의 보안경찰 간부 학교 한 반 전체가 동쪽의 학살 부대로 파견되었다. 대다수는 1910년 이후에 태어나 사실상 경찰로서의 삶 전체를 나치 치하에서 보냈다. 하이드리히의 제국보안본부에서 인사를 담당한 친위대 장교 브루노 슈트레켄바흐는 훗날 이렇게 말했다. "그들은 예외 없이 전부 훌륭함을 증명했다."¹¹

특수기동대의 다른 대원들은 무장친위대Waffen SS와 경찰에서 차출되었다. 친위대의 어느 상사Scharführer는 배관공 일을 하다가 불려왔다.¹² 이들은 전부 보안부대에서 일한 경험이 있는 헌신적인 나치였지만, 그리고 독일이 직면한 문제의 해법으로 기꺼이 폭력을 받아들일 준비가 되어 있다고 생각하기는 했어도, 살인 전력은 없었다. 그리고 이들은 일이 힘들고 어려워도 자신들이 원하는 이상향을 건설하기 위해 서로 협력하고 믿었다. 이들은 특권을 지닌 동시에 부담을 안고 있다고, 이전에도 이후에도 누구도 감당할 용기를 갖지 못할 임무를 부여받았다고 느꼈다.

철학자이자 사회학자였던 지그문트 바우만은 의학과 원예가 나치즘의 두 가지 주된 '모범'이라고 믿었다.[13] 앞 장에서 우리는 의사들이 장애인에 대한 살해는 국가라는 몸을 치료하는 것이라는 말을 들었음을 보았다. 그리고 1941년 7월 16일 히틀러는 나치 고위 인사들에게 동쪽에 '에덴동산'을 건설하고 싶다고 말했다. 이 원예가가 그 낙원의 건설에 쓰고 싶었던 도구는 '사살'과 '재정착'이다.[14]

친위대의 안락사 시설 중 한 곳을 책임진 의사 이엄프리트 이벨은 자신이 의사와 원예가라는 두 가지 역할을 결합했다고 생각했다. 그는 장애인 살해를 원예의 은유로써 정당화했다. 그는 동료에게 이렇게 말했다. 원예가가 식물을 무성하게 키우려면 "잡초를 모조리" 제거해야 하듯이, "살 가치가 없는 자들은 사라져야만 한다."[15] 뒤에서 보겠지만, 이벨 박사는 나중에 나치의 학살수용소 중에서도 악명 높은 트레블린카 수용소의 소장이 되어 끔찍한 규모로 '원예'를 실행한다.[16]

나치는 소련 국경을 넘으면서 현지인들에게 종족적 긴장감을 고조시키는 데 열중했으며, 그 결과로 초기의 잔학행위 중 몇몇은 독일인이 아니라 현지 주민이 저지른 짓이었다. 예를 들면 특수기동대A는 침공

다음날 리투아니아의 카우나스에 도착했을 때 유대인을 죽이려고 혈안이 된 현지인들을 볼 수 있었다. 그들은 한 리투아니아인이 쇠몽둥이로 일단의 유대인을 때려죽이는 광경을 지켜보았다. 그는 유대인 무리를 전부 죽이고는 그들의 시신을 밟고 올라서서 아코디언을 집어들고 고마워하는 군중에게 리투아니아 국가를 연주했다.[17]

같은 달, 우크라이나의 리비우에서는 현지인들이 상당히 많은 유대인을 살해했다. 그들은 독일인들의 지원을 받아 약 4천 명의 유대인을 학살했다. 이는 오늘날까지도 그 도시에 지워지지 않는 인상을 남겼다. 리비우와 카우나스의 학살자들을 움직인 것은 반유대주의와 복수심이었다. 그들은 스탈린의 지배에서 심한 고초를 겪었다. 리비우에서 소련의 비밀경찰은 소련군이 퇴각하기 직전에 우크라이나인 포로들을 살해했으며, 리투아니아에서는 수천 명이 소련의 황무지로 추방되었다. 이제 현지인들은 소련이 저지른 범죄의 책임을 부당하게도 유대인에게 돌렸다.

독일의 동맹으로서 소련을 침공한 루마니아의 병사들도 소름 끼치는 잔학행위를 저질렀다. 이들은 소련에 빼앗겼던 예전의 루마니아 영토를 탈환하면서 10만 명이 넘는 유대인을 살해했다. 이번에도 '전통적인' 반유대주의와 유대인이 공산주의의 배후 세력이라는 잘못된 믿음이 결합해 치명적인 결과를 초래했다. 루마니아인들의 광포한 행위는 너무도 끔찍해서 심지어 독일군의 어느 장군이 그들의 행태에 불만을 드러내는 일까지 있었다.[18]

나치의 학살 부대는 더 명확하게 정해진 계획에 따라 더 체계적으로 활동하는 경향이 있었다. 그러나 상부의 명령으로 정해진 학살 방법이

따로 있지는 않았다. 각 부대의 지휘관이 무고한 민간인을 총살하는 자신만의 방법을 자유롭게 고안해냈다. 뉘른베르크 재판에서 오토 올렌도르프는 "휘하의 총살 집행반을 이용해 군사적인 방식으로 처형을 집행했다"고 주장했다.[19] 그러나 몇몇 지휘관은 사수와 희생자를 한 명씩 짝을 지어주었다. 그런 경우에 살인은 얼굴을 마주하고 이루어졌다. 또 다른 이들은 희생자를 무릎 꿇리고 목 뒤에 총을 쏘았다. 또다른 자들은 유대인을 벌거벗겨 이미 사살된 자들이 널브러져 있는 구덩이에 눕게 했다. 그렇게 하나의 구덩이에서 최대한 많은 사람을 죽일 수 있었다.

사회심리학의 가장 유명한 실험 결과를 통해 그러한 학살자들의 심리를 어느 정도 간파할 수 있다. 1961년 여름, 예일대학교의 심리학자 스탠리 밀그램은 복종의 본질을 평가하기 위해 일련의 실험을 주도했다. 그는 평범한 사람('실험 대상자')이 권위자의 명령에 따라 다른 사람에게 전기 충격을 가할 준비가 되어 있는지를 알아보고자 했다. 실험 대상자는 알지 못하는, 전기 충격을 받는 사람('희생자')은 배우이며 실제로 전기 충격은 가해지지 않았다. 실험 대상자도 희생자도 실험 중에는 서로 볼 수 없지만, 실험 대상자는 두 사람 사이에 마이크가 연결되어 있다는 말을 들었다.

흰색의 긴 웃옷을 입은 권위자는 실험 대상자에게 희생자가 기억력 테스트에 잘못된 답변을 하면 그에게 전기 충격을 가하라고 말했다. 15볼트로 시작해 450볼트까지 점차 강도를 높이라고 했다. 권위자와 실험 대상자는 실험 내내 같은 방에 앉아 있었다. 충격이 커짐에 따라 실험 대상자는 희생자의 항의 소리를 듣는다. 이는 사전에 녹음된 것이다. 가장 높은 두 수준의 충격은 기계에 '위험: 극심한 충격'과 'XXX'로 표시되었다.

실험 결과는 뜻밖이었다. 첫 실험 대상자 마흔 명은 대부분(약 65퍼센트) 최고 수준의 충격을 가할 준비가 되어 있었다. 희생자가 내는 비명 소리를 들었는데도, 마지막 충격에서는 아무런 소리를 듣지 못했는데도 그렇게 했다.

실험 대상자들은 희생자가 고통을 받을 것이라고 생각했고, 원한다면 언제라도 실험을 그만두고 방에서 나갈 수 있었음에도, 전기 충격을 가했다. 충격의 강도가 변하면서 희생자가 비명을 지르며 실험 중단을 간청했을 때에도, 마흔 명의 실험 대상자 중 스물다섯 명이 계속해서 실험을 진행했고 최대 충격을 가했다.[20]

물론 밀그램의 실험과 나치 학살자들의 행위 사이에는 명백한 차이가 있다. 예를 들면 밀그램이 선발한 실험 대상자들은 진행자로부터 그들이 가하는 전기 충격이 영구적인 손상을 초래하지는 않는다는 말을 들었다. 나치는 자신들이 '열등한' 민족을 해한다고 생각했지만, 밀그램 실험의 대상자들은 그런 생각이 없었다. 그렇지만 이러한 조건이 있었다고 해도 밀그램의 연구는 사람을 죽이는 자들의 심리에 대해 유용한 통찰력을 제공한다.[21] 밀그램이 얻은 가장 '근본적인 교훈'은 이것이다. "보통 사람들은 특별한 적의 없이 그저 자신의 일을 수행할 뿐인데도 지극히 유해한 과정의 수행자가 될 수 있다."[22]

권위자의 역할과 예일대학교의 허가는 그렇게 많은 실험 대상자가 실제와 같이 높은 수준의 전기 충격을 가할 수 있었던 두 가지 중요한 원인이었다. 개인적 차원(권위자가 확신을 보여주었다)과 제도적 차원(예일대학교는 미국의 명문 대학교다)에서 공히 밀그램은 대다수의 실험 대상자가 다른 인간에게 고통을 가할 수 있는 환경을 만들어내는 데 성공했다.

　신경과학자 로버트 새폴스키 교수는 스탠퍼드대학교(예일대학교와 마찬가지로 미국의 일류대학교 중 하나다)의 실험실에서 개인과 제도가 비슷하게 정당성을 부여하는 효과를 발견했다. 새폴스키는 동물 실험에 직면한 학생들이 몇 부류로 나뉘는 것을 보았다. 일부는 그 과제가 "조금도 괴롭지 않다"고 느껴서, 그는 "이것이 괴롭지 않다면 뭔가 문제가 있는 것이니 그들을 실험에서 빼낼 수단"을 찾으려 했다. 다른 학생들은 단순히 과제를 감당할 수 없어서 포기했다. 마지막으로 그 과제가 감정적으로는 버거우면서도 "할 만한 가치가 있는지 이해하려 애쓰는" 중간 그룹의 학생들이 있었다. 새폴스키는 이 학생들을 병원에 보내 "아직 그[질병] 치료법이 발견되지 않아서 죽어가고 있는" 환자들을 지켜보게 했다. 그랬더니 "학생들은 갑자기 깨달았다. '아, 그래서 실험을 하고 있구나!'"[23]

　밀그램의 실험에서 권위자는 또한 그 일이 얼마나 중요한지 강조했으며, 실험 대상자들이 전기 충격을 가하는 데 반대했을 때 그 일에 정당성을 부여하기 위해 사전에 이런 말을 준비했다. "부디 계속하라." "계속해야만 실험이 진행된다." "계속하는 것이 절대적으로 필요하다." 흥미롭게도 가장 효과가 적은 것은 마지막 말이었다. "다른 선택지가 없다. 계속해야 한다." 이는 유일하게 '명령'처럼 들릴 수 있는 요구였다.

　이 '명령'이 실험 대상자들이 가장 심한 압박을 받을 시점에 나온 마지막 말이었기에 실패했다고 생각할 수 있다. 그러나 나중에 상황을 바꿔서 그 명령을 실험 초기에 제시했을 때에도 여전히 효과는 매우 적었다.[24] 안심시키는 것이 권위자가 가진 가장 강력한 수단이라는 결론을 피하기 어렵다.

밀그램의 연구와 새폴스키의 검증되지 않은 실험에서 공통적으로 발견되는 다른 깨달음이 있다면 자신의 행동을 정당화하려는 시도가 일반적이라는 사실이다. 심리학자들은 이를 '공정한 세상' 가설이라고 부른다.[25] 이로부터 자연스럽게 드러난 것은, 상당히 많은 사람이 권위자로부터 타인에게 고통을 주는 것이 필요하니 걱정 말고 하라는 말을 들으면 쉽게 그렇다고 믿을 수 있다는 사실이다.

나치 학살자들과 관련하여 볼 때, 분명코 권위자의 역할이 집단의 행동에 정당성을 부여하는 데 결정적이었다. 하이드리히와 힘러는 이 점을 잘 알았고, 학살 부대의 활동에 개인적으로 깊은 관심을 가졌다. 두 사람은 소련을 공격하는 전쟁 초기 몇 주 동안 학살의 속도가 느리다고 보고 걱정했다. 그래서 학살 지대를 순회하며 특수기동대 대원들에게 임무의 중요성을 강조하고 사람을 가장 많이 죽인 자들을 치하했다.

하이드리히와 힘러는 대원들에게 국가가 그들의 행동을 지지한다고, 모든 살인은 동포 독일인의 안전에 필수적이니 '죄의식'을 느낄 필요가 없다고 말했다. 이는 정신분석학자 에리히 프롬이라면 인정했을 법한 리더십의 기술이었다. 그는 일찍이 타인에게 책임을 전가하는 것이 매력적일 수 있다고 말한 사상가다. 그는 이를 "자유로부터의 도피"라고 불렀다.[26]

대체로 말하자면, 각각의 학살자 집단은 세 부류로 나눌 수 있다. 애초부터 살인을 즐긴다고 생각한 자들이 있었다. 학살을 시작한 그 순간부터 살인은 사실상 가능하다고 생각한 자들이 있었다. 총을 쏘기가 어렵다고 생각했지만 그럼에도 할 수 있음을 깨달은 자들이 있었다. 대다수가 중간 집단에 속하는 이 3분할을 학살자의 심리에서 거듭 보게 될 것이다.

소련 침공이 시작되고 몇 주 만에 도덕적 루비콘강의 도하는 완료되었다. 1941년 여름을 거쳐 초가을까지 유대인 여자와 아이까지 살인을 확대하라는 상부의 명령이 학살 부대에 하달되었다. 이는 수천 명의 친위대원과 보안부대 병력으로 특수기동대를 보강한 것과 시기적으로 일치했다.

이와 같은 살인 확대의 이유는 전혀 공식적으로 제시되지 않았다. 다만 힘러가 설명에 가까운 말을 했을 뿐이다. 그는 2년 뒤인 1943년 10월 6일 포즈난에서 나치 지도자들을 대상으로 한 악명 높은 연설에서 그 아이들이 "장성해 우리의 아들들과 손자들에게 복수하는" 것을 보고 싶지 않다고 말했다.[27]

1941년 여름에 힘러는 이러한 정책 변화를 조심스럽게 설명했다. 8월 1일, 그는 프리퍄트 습지에서 활동하고 있는 친위대 기병여단SS-Kavallerie-Brigade에 명령을 내렸다. 그곳은 학살 부대가 폐허로 만들고 있는 점령지 소련 지역 중 하나였다. 힘러는 이렇게 말했다. "모든 유대인을 총으로 쏘아 죽여야 한다. 유대인 여자들은 습지로 몰아넣어라." 제2친위대 기병연대의 프란츠 마길이 이에 답장을 보냈다. "여자와 아이들을 그곳에 몰아넣었지만 습지가 사람이 가라앉을 정도로 깊지 않아서 기대한 만큼 성공을 거두지 못했다."[28] 힘러가 완곡한 표현을 쓰기는 했지만 마길은 그 명령이 여자와 아이들을 죽이라는 뜻임을 완벽하게 이해했음이 분명하게 드러난다.

이 학살자들이 사이코패스였다거나 그런 성향을 지닌 사람이라고 생각하고 싶은 마음이 들 것이다. 그러나 그런 사람은 그렇게 많지 않다. 오늘날 사이코패스로 진단할 수 있는 사람은 인구의 1퍼센트 정도에 불과하다. 그렇지만 사이코패스 성향을 지닌 자들은 잔인한 짓을 허용하는 일에 마음이 끌리기 때문에, 특수기동대에서는 그들의 비율이 아마도 더 높았을 것이다. 예를 들면 칠레의 피노체트 정권에서 저지른 잔학행위에 관한 최근의 연구에 따르면, 그 가해자들은 일반 국민은 물론이고 다른 범죄자들에 비해서도 사이코패스의 핵심적인 특징을 더 높은 수준으로 보여주었다.[29]

가학적 성향을 지닌 사람, 남을 해치는 것을 즐기는 사람이 얼마나 많은지 추정하기는 훨씬 더 어렵다. 심리학자에게 그것은 정의의 어려움과 실험의 어려움으로 가득한 영역이다. 너무도 어려워서, 전체 인구에서 가학적 성욕 성향을 보이는 사람의 추정치는 어떤 기준을 사용하는가에 따라 2~3퍼센트에서 상당히 더 높은 비율까지 "매우 다양하다."[30]

잔학한 짓을 즐긴 나치 학살 부대원들로 말하자면, 여자와 아이까지 죽이는 살인의 확대는 더 큰 희열을 맛볼 기회를 제공했다. 나치 지휘관의 운전수였던 알프레트 메츠너는 이렇게 기억했다. "재미 삼아 임신한 여성들의 배에 총을 쏘고는 그들을 구덩이에 던져버렸다."[31] 게토의 처리를 담당한 장교였던 발터 마트너는 1941년 10월 아내에게 자신이 한 일을 상세히 설명했다. "나는 그 여자들과 아이들, 수많은 젖먹이를 냉정하게 조준해 확신을 갖고 총을 쏘았어. (…) 젖먹이들을 커다란 호를 그리게 공중으로 내던진 뒤 총을 쏘면 갈가리 찢긴 몸이 구덩이에 떨어져 물속에 잠겼지. (…) 오, 악마가 잡아간다! 그렇게 많은 피와 오물, 살덩어리를 본 적이 없어. 이제 피에 취한다는 말이 무슨 뜻인지 이

해하겠지."³²

놀라운 일일 수도 있지만, 특수기동대 안에서 누가 살인을 즐기고 누가 즐기지 않을지 예측하기는 불가능했다. 예를 들어 독일 남서부 카를스루에 출신의 난방 기사 마르틴 바이스를 보자. 바이스가 특수기동분견대에서 일하기 전에 그를 알던 사람들은 그가 "고귀함과 훌륭함을 알아보는, 양식 있는" 모범적인 시민이었다고 말했다. 그러나 유대인의 처리와 유격전에서 그는 무척 잔인하게 행동했다.

종전 후 재판에서 마르틴 바이스가 예닐곱 명의 유대인을 단지 "예의 바르게 행동하지" 않았다고 생각해 사살했다는 사실이 밝혀졌다. 그는 전쟁 중에 이렇게 말했다. "하루라도 피를 보지" 않으면 "견딜 수가 없다." 그는 학살 임무를 수행하다가 집에 오면 카를스루에의 친구들이 기억하는 훌륭한 성품의 인물로 되돌아갔다.³³ 추정컨대 바이스는 배관공으로 일할 때는 발현되지 않은 잔인한 성향을 지녔을 것이다. 동쪽의 전쟁이 그에게 기회를 제공하자 그 성향이 겉으로 드러나게 되었을 것이다.

바이스 같은 자들에 대한 힘러의 태도는 '품위'라는 이상한 개념에 그 토대가 있다. 힘러는 1943년 10월 4일 포즈난에서 친위대 지도자들을 대상으로 한 연설에서 "우리의 동포"에게만 "정직하고 품위 있고 충성스럽고 우호적인" 태도를 보이는 것이 중요하다고 말했다. 그런데 그는 이렇게 덧붙였다. "지구상에서 오로지" 독일인만이 "짐승에게 품위 있는 태도"를 취하기 때문에 친위대는 "그 인간 짐승들에게도 품위 있는 태도"를 보여주었지만 "그들을 걱정하고 그들에게 이상적인 태도를 보여주는 것은 우리의 피에 반하는 범죄다."³⁴ 이는 개별적인 친위대원들이 이해하기 어려운 혼란스러운 논리였다. 친위대원은 "인간의 모습을 한 짐승들"에 대한 "품위 있는 태도"를 갖춘 것으로 생각되었지만 동시에 "그들을 걱정하지" 말라는 명령을 받았다. 이는 나치의 학살 계획 전체에 담긴 모순과 비인간성을 드러내는 징후였다.

놀랍지 않게도 다수의 학살자는 여자와 아이를 근접 거리에서 죽이기가 어렵다고 느꼈다. 그래서 몇몇 지휘관은 부하들에게 개인적 책임을 면하게 해주어 살인 임무를 어렵지 않게 만들려 했다. 펠릭스 란다우는 자신이 속한 특수기동분견대가 유대인 여성들을 사살하되 한 명을 여럿이 동시에 쏘아 죽이라는 명령을 받았다고 설명했다. 그는 이렇게 쓴다. "우리 여섯 명이 그들을 사살해야 했다. 그 일은 이런 식으로 분담되었다. 세 명은 가슴을, 세 명은 머리를 쏘았다. 나는 가슴을 배정받았다. 총탄이 날아갔고, 머리가 터져 공중으로 흩어졌."[35]

심리학 연구는 학살자의 임무를 더 쉽게 만드는 비결은 희생자의 인간성을 최대한 박탈하는 것임을 확증한다. 예를 들면 어느 연구는 납치된 희생자에게 두건을 씌우면 살인자가 방아쇠를 당기기가 더 쉽다는 점을 밝혔다.[36]

마찬가지로 심리학자들이 예견할 수 있었듯이, 나치의 작전 중에 학살자는 희생자와 눈을 마주치면 자신이 사람을 죽인다는 사실을 더 강하게 인식하게 되고 따라서 방아쇠를 당기기가 더 어려웠다. 이는 희생자를 '그들'로 묘사하는 데 왜 그렇게 많은 노력을 기울였는지를 어느 정도 설명해준다.

학살 현장을 벗어나면, 이러한 인간성 박탈의 과정이 때때로 잘못될 수 있었다. 유대인 학살 임무를 받은 예비경찰대대Reserve-Polizei-Bataillon

의 한 대원은 아내에게 보낸 편지에서 자신이 마주친 유대인들에 관해 현저히 다른 방식으로 이야기했다. 그는 빈정대듯이 유대인을 "선택된 민족"이라고 한 묶음으로 지칭했고, 아무런 감정 없이 그들이 "완전히 절멸되는 중"이라고 적었다. 그러나 자신의 종처럼 일한 두 명의 유대인을 언급할 때에는 어조가 변했다. 그는 이렇게 썼다. "우리는 [그들에게] 우리의 빵을 주었어. 너무 모질게 굴 수는 없더군."[37]

학살을 용이하게 하는 두 번째 장치는 술이었다. 소련 침공이 시작될 때부터 학살 부대가 쓴 방식이다. 학살 현장에서 올라온 많은 보고서가 학살자들이 술을 마신 상태였다고 기록한다. 제101 예비경찰대대의 한 대원은 지휘관인 그나데 경위가 총을 쏠 때 너무 취한 나머지 곧 학살당할 자들을 집어넣은 구덩이로 "늘 빠질 위험에" 처했다고 증언했다. 제101 예비경찰대대와 나란히 학살에 참여한 일부 비독일인 학살자들은 한번은 너무 많이 취해서 제대로 임무를 수행할 수 없었다.[38]

비독일인 학살자였던 리투아니아인 페트라스 젤리온카는 술이 살인을 쉽게 해주었다고 확인했다. 그는 이렇게 말했다. "술을 마시면 누구나 더 용감해진다." 술은 젤리온카와 그의 동료들에게 살인 직후에도 중요했다. 그는 학살자들이 막사에 돌아왔을 때 보드카를 맘껏 마시도록 허용되었다고 기억했다. 그들이 마음에 남은 "불쾌한" 이미지를 "떨쳐버리기를" 원했기 때문이다. 그는 이렇게 말했다. "술에 취하면 다르다."

젤리온카는 학살자들이 그 일을 하도록 도운 다른 원초적인 수단도 언급했다. 탐욕이다. "그들[독일인들]은 그들[유대인들]의 몸을 수색해 금반지와 시계 등 금으로 된 것은 모조리 빼앗곤 했다. (…) 예전에 우리 부대의 준위였던 자도 서류 가방을 갖고 다니며 그러한 것들을 챙겼다."[39]

힘러는 자신의 부하들이 "품위 있게" 처신했다고 주장했지만, 현실은 그렇지 않았다. 유대인의 물건을 훔치는 것은 널리 퍼진 현상이었다. 크라쿠프 지역의 어느 경찰은 이렇게 말했다. "농담이 아니다. 유대인을 겨냥한 작전 중에는 언제나 약탈할 것이 있었다. 어디를 가든지 항상 챙길 것이 있었다." 그는 이렇게 폭로했다. 동료들 대부분이 "유대인 사살에 참여할 수 있어서 매우 기뻐했다. (…) 유대인에 대한 증오는 대단했다. 그것은 복수였다. 그들은 돈과 금을 원했다."[40]

학살이 용이하도록 도운 마지막 요소는 집단의 힘이었다. 그 시기에 관한 심리학 연구에 따르면 집단의 힘이 개인에게 미칠 수 있는 압력은 엄청나게 컸다. 예를 들면 헨리 타지펠(헤르시 타이펠)과 그의 동료들은 1970년대의 선구적인 실험에서 사람들이 순전히 임의적인 기준에 의해 여러 집단으로 나뉘었다고 해도 자신이 속한 집단의 구성원을 우대한다는 점을 증명했다.[41]

진화심리학은 이 현상을 직접적으로 설명한다. 수렵채집인 사회에서 무리에서 쫓겨나는 것은 곧 죽음을 의미했다. 누구도 개인으로서 홀로 살아갈 수 없다는 '석기 시대'의 정신 상태는 우리의 행동에 새겨져 그러한 운명을 걱정하게 한다.[42] 오늘날 많은 사람이 집단에 속하지 않고 살아가지만, 대다수에게는 진화로 이어져온 이러한 성향이 남아 있다.

학살 부대가 여러 가지 스트레스를 받는 중에도 집단은 격려와 익명성을 제공했다. 그뿐만이 아니다. 집단의 지도자는 살인에 어려움을 겪는 사람들을 마치 아버지처럼 위로할 수 있었다. 그러한 상황에서 순응의 압박은 엄청나게 컸다.

소련 침공 전쟁에서 약 6500킬로미터 떨어진 곳에 있던 일본 제국 병사들도 집단의 힘이 어떻게 인간의 행동을 결정하는지 보여주었다. 중국에서 그들은 2차대전 발발 전에, 그리고 전쟁 중에도 일련의 잔학 행위를 저질렀다. 그들의 범죄를 홀로코스트의 극단적인 참상과 직접적으로 비교할 수는 없다고 해도, 그들의 집단행동과 독일인의 집단행동 사이에는 현저한 유사점이 있다.

독일군 병사들처럼 일본군 병사들도 열등한 종족과 싸우고 있다는 말을 들었다. 일본군 헌병대에서 일한 츠치야 요시오는 이렇게 말했다. "중국인은 인간 종족에 속하지 않았다. 우리는 그들을 그렇게 바라보았다."[43]

츠치야는 중국에 도착한 직후 훈련 중에 민간인을 총검으로 찔러 죽이라는 명령을 받았다. "나는 처음에는 그럴 용기가 없었지만 피할 길은 없었다. 나는 '겁쟁이'라는 꼬리표를 달게 될 터였다. 그래서 명령대로 해야만 했다. (…) 처음에는 양심이 남아 있어서 기분이 나쁘다. 그러나 용감하다는 말을 듣고 존중과 인정을 받으면, 그렇게 할 용기가 있다고 칭찬을 받으면, 한 번 더 할 추진력을 얻는다. 그들을 인간이라고 생각했다면 하지 못했을 것이다. 그러나 나는 그들을 짐승이나 인간 이하의 존재로 생각했기에 할 수 있었다."[44]

일본 제국 군대의 청년 신병 곤도 하지메는 중국 여성을 강간하는 일이 흔했던 야만적인 '평정' 작전에 참여했다. 그가 입대 3년째 되던 해였다. 고참병이 "나를 불러 말했다. '곤도, 가서 여자를 강간해.'"[45] 곤도는 "거부할 수 없다"고 느껴서 강간범이 되었다고 말했다.

집단의 압박이 있어도 항상 다른 선택이 가능했음을 기억하는 것이 중요하다. 순응의 압박이 매우 크기는 했지만, 곤도 하지메와 츠치야 요시오는 다르게 행동하기로 결심할 수 있었다. 실제로 두 사람 다 50년이 지난 뒤 자신의 경험에 관해 인터뷰에 응함으로써 자신이 속했던 집단의 뜻을 거스르기로 결정했다. 곤도는 이렇게 말했다. "제대군인은 그 전쟁에 대해 공개적으로 발언하지 않는다. 그들은 이렇게 말한다. '나쁜 일에 관해서는 말하지 마라. 일본을 욕보이는 일이다. 입을 다물어라.'"[46]

물론 집단의 힘이 반드시 나쁜 것만은 아니다. 집단은 '부정적인 목적뿐만 아니라 긍정적인 목적에도 이끌릴 수 있다. 예를 들면 노예제나 인권 침해에 항의하고자 결성된 단체가 거둔 성취를 생각해보라. 그러나 심리학 연구로 입증된 것은 개인보다 집단이 더 극단적인 결정을 내리는 경향이 있다는 사실이다. 집단은 좋은 쪽으로든 나쁜 쪽으로든 사람들을 한층 더 강하게 압박한다.[47]

이 모든 심리적 압박에도 불구하고 나치의 학살 부대원이 모두 방아쇠를 당길 수 있다고 생각하지는 않았다. 크리스토퍼 브라우닝은 독일 치안경찰 부대에 관한 유명한 연구에서 다수의 경찰이 상관에게 그 임무를 수행하기 어렵다고 말했음을 밝혀냈다. 어떤 경찰은 "무방비상태의 여자들과 아이들"에게 총을 쏠 마음의 준비가 되지 않았다고 말했고,[48] 또다른 경찰은 그 일이 '불쾌'하다고 말했다. 두 사람 다 외곽 경계 같은 다른 임무에 재배치되었다. 한 상관이 두 경찰에게 명령에 따르지 않으면 총살당할 수 있다고 말했지만, 그들은 다른 임무를 받았을 뿐이다.[49]

종전 후 다수의 학살자가 "명령에 따랐다"는 핑계 뒤에 숨으려 했다. 표면적으로는 참말이지만(어쨌거나 사람을 죽이라는 명령을 받았다), 더 깊이 들어가면 거짓말이다. 살인을 거부했다는 이유로 총살당한 학살자는 없기 때문이다. 실제로 그런 자들 대다수가 받은 것은 일말의 동정심, 최소한 봐주는 듯한 태도였다. '약한' 자로 인식되었기 때문이다. 두 번째, "명령에 따랐다"는 핑계는 학살자들이 "명령을 받으면" 어떤 범죄도 저지를 수 있다는 뜻이기에 거짓말이다. 그렇지 않다는 것을 증명할 수 있었다. 특수기동대D의 부지휘관 빌리 자이베르트는 종전 후 재판에서 상관으로부터 "자신의 부모에게 총을 쏘라"는 명령을 받았다면 그대로 따랐겠느냐는 질문을 받았을 때 "그렇게 하지 않았을 것이다"라고 대답했다. 이유는 이러했다. "아들에게 부모를 사살하라고 요구하는 것은 비인간적이다."[50] "명령에 따랐다"는 변명은 단번에 무너졌다.

1961년 6월 코블렌츠에서 독일 판사들에게 현실을 간명하게 표현하도록 한 것이 바로 이와 같은 증거였다. "역사를 조사해보면 이러한 종류의 명령을 거역했다고 특별히 가혹한 처벌을 받은 사례는 단 한 건도 없다."[51]

이렇게 살인을 거부한 사람들이 당시에 가혹한 처벌을 모면한 것은 그들이 동료들에게 사람을 죽이지 말라고 설득하려 하지 않는 한 비교적 해가 없었기 때문이다. 학살 부대의 지휘관들에게 더 곤혹스러웠던 것은 훨씬 더 큰 집단이었다. 방아쇠를 당겼지만 그 결과로 정신에 상처를 입은 자들이었다.

에시 비딩 교수는 이 현상에 놀라지 않았다. 그녀는 이렇게 말했다. "그렇다. 대다수의 사람은 무정하고 냉정하게 행동하도록, 아니면 특정 상황에서 감정의 스위치를 끄도록 훈련시킬 수 있을 것이다. 적어도 한동안은. 그렇지만 인간은 백지 상태가 아니다. 모든 사람을 똑같은 존재가 되도록 훈련시킬 수는 없다. 인간은 타고난 성향에 제약을 받는다. 사람에 따라 상처는 다를 것이다. 사이코패스 성향을 강하게 타고난 사람들만이 정신에 아무런 상처를 입지 않고 그런 일을 할 수 있다."[52]

다수의 나치 학살자에게 나타난 심리적 문제는 기록으로 잘 남아 있다. 아우슈비츠 수용소 사령관 루돌프 회스는 종전 후 회고록에 이렇게 적었다. "특수기동분견대의 많은 대원이 피에 젖은 생활을 더는 견딜 수 없어서 자살했다. 미쳐버린 대원들도 있었다."[53] 특수기동대C의 어느 대원은 고작 '다섯 번' 사람을 죽였을 뿐인데 그 일에서 빼내줘야 했다. "몸이 좋지 않은 것" 같았고 "마치 꿈을 꾸는" 듯했기 때문이다.[54] 학살 부대의 지휘관으로 악명 높은 술주정뱅이였던 파울 블로벨은 "신경 쇠약"에 걸려 "완전히 실성했다."[55] 블로벨은 종전 후 자신이 저지른 범죄로 처형되기 전에 어처구니없게도 이러한 주장까지 내뱉었다. "이 처형에 참여한 우리 대원들은 사살당한 자들보다 더 심한 신경 소모를 겪었다." 그는 이렇게 말을 이었다. "심리적으로 더 많은 것을 겪었기" 때문에 "우리 대원들이 더 많은 보살핌을 받아야 한다."[56]

학살자들은 휴가를 받아 독일로 돌아올 때 정신적 문제를 안고 왔다. 친위대원 베른트 린이 기차에서 만난 '동료'는 절망에 빠져 그에게 이렇게 말했다. "나는 부대로 돌아가지 않을 거야." 그 친구가 유대인 학살에 관여했다는 사실을 린은 나중에야 알게 되었다. "그는 경찰이었다. 그들은 경찰 순찰대를 그 살인 임무 수행에 내보냈다. (…) 그래서 그는 사람을 죽이게 되었고 압박감을 견딜 수 없었다."[57]

우크라이나에서 활동한 특수기동분견대5의 지휘관 에르빈 슐츠는 학살을 확대해 여자와 아이까지 죽인다면 어떤 문제가 발생할지 예측했는데, 정확히 그가 예견한 대로 문제가 나타났다. 1941년 8월 말, 그는 베를린으로 돌아와 학살 부대의 조직을 감독하는 중요한 역할을 한 친위대 장교 브루노 슈트레켄바흐에게 사람을 죽여야 하는 자들에 관해 항의했다. 슐츠는, 그가 1956년에 한 증언에 따르면, 슈트레켄바흐에게 그들이 심리적 상처를 입을 위험성이 매우 심각하다고 말했다.[58] 슐츠의 항의가 학살을 멈추게 하지는 못했지만, 그 자신은 이후 학살에 연루되는 것을 피할 수 있었다. 그는 무고한 시민을 죽이는 임무를 감당할 만큼 "충분히 무정하지" 않다고 여겨졌지만, 이 때문에 경력을 망치는 일은 없었다. 그는 두 달 뒤에 진급했다.[59]

동쪽의 전쟁이 결말을 보지 못하고 질질 끌면서, 그리고 유격전이 격렬해지면서, 국방군의 보통 병사들은 민간인을 대상으로 한 잔학행위에 더 깊이 연루되었다. 예를 들면 20대 초의 자주포 부대 병사였던 볼프강 호른은 점령지 소련에서 마을들을 징벌하는 작전에 참여했다. 그는 유격대원이 은신해 있을 것으로 의심되는 집들을 불태워 주민들이 기거할 곳을 남기지 않았다. 그는 종전 후 여러 해가 지나고 이런 말로써 자신의 행동을 정당화하려 했다. 그 "원시적인 러시아 주택들"은 "우리의 기준에 한참 못 미치는" 것들이어서 그와 그의 동료들은 "러시아인의 집에 불을 지르거나 그것을 파괴하는 것을 그다지 심각하게 받아들이지 않았다." 집이 파괴된 후 싸늘한 눈밭으로 내쫓긴 주민들로 말하자면, 그는 이러한 주장으로 그들의 삶에 대한 걱정을 일축했다. "러시아인들은 추위에 대처하는 재주가 뛰어나다."[60]

호른은 지식인이었지만(전쟁이 끝난 후 그는 대학 교수가 된다) 자신이 한 일에서 아무런 잘못도 느끼지 못했다. 그는 자신이 눈밭으로 내쫓은 많은 여자와 아이가 얼어 죽을 수 있음을 알아야 했지만, 그 "원시적인" 집에 사는 러시아 민간인들이 고난이 닥쳐도 끄떡없으리라고 추정함으로써 자기 행동의 비인간성을 변호하려 했다. 그뿐만이 아니었다. 유격대원이 그 마을에 숨어 있다는 의심이 들면, 그들은 어떻게든 전부 집단적으로 죽어 "마땅했다." 만일 그들이 그런 운명에 처하는 게 "마땅하다"면, 가해자들에게 무슨 죄가 있겠는가?

학살 부대의 지휘관 파울 블로벨은 종전 후 재판에서 비슷한 심정을 토로했다. 그는 자신과 부하들이 희생자들은 완전한 '타자'여서 보통의 감정을 느끼지 못한다고 스스로를 납득시켰다고 말했다. "인간의 목숨은 [그들에게는] 우리의 경우와 달리 소중하지 않았다. 그들은 크게 개의치 않았다. 그들은 자신의 인간적 가치를 알지 못했다. (…) 그들은 체념하고 운명을 받아들였다. 이것이 동양에 사는 주민들의 이상한 점이다."[61]

자기 행동의 책임을 인정하지 않는 호른과 블로벨의 태도는 심리적 방어 기제의 결과였을 것이다. 에시 비딩 교수는 이렇게 말한다. "그것[고난]이 자기 가족 구성원에게 일어난 일이라면 다른 반응을 보였을 것이다. 나는 우리의 정신은 모든 불쾌한 것에 관여하지 않도록 진화했다고 생각한다. 왜냐하면 나는 우리가 그것에 잘 대처할 수 있다고 생각하지 않기 때문이다. (…) 그러므로 우리는 십중팔구 이러한 사람들을 일개인으로 보지 않을 것이다. 일종의 자기 방어로서 그런 일에 참여하는 것이다."[62]

그러나 볼프강 호른이 유격대원이 숨어 있다고 추정해 마을을 불태운 것과 파울 블로벨의 부하들이 유대인 민간인들을 총으로 쏘아 죽인 것 사이에는 개념상의 차이가 있다. 호른의 경우를 보면, 그는 자신이 전쟁을 하고 있으며 공격받을 위험이 있다고 스스로를 설득할 수 있었지만, 블로벨의 학살자들은 여자와 아이를 죽이고 있을 뿐이었다. 다른 일을 하고 있다고 확신하기가 어려웠다. 전자가 후자보다 심리적으로 덜 곤혹스러웠다.

친위대 공병대 소속이었던 아돌프 부흐너도 볼프강 호른처럼 '유격대의 위협'에 대처하는 군사 작전에 참여했다. 부흐너가 유격대원으로 의심되는 자들을 죽인 개인적인 동기는 증오와 공포라는 단순한 감정이었다. "이런 말을 들었다. '이자는 유격대원이다. 제거해야만 한다. 유격대원은 너의 가족을 죽이기 때문이다. 그러므로 그가 너의 가족을 죽이기 전에 네가 먼저 그를 죽여야 한다!' 그래서 그는 가야 한다. 그 아니면 나, 둘 중 하나다. 그런 경우에 '해야 하나, 하지 말아야 하나?'[라고 묻는] 부담을 떠안는 것은 너의 뇌가 아니다. 그저 본능적인 반응일 뿐이다. 네가 맡게 될 일이 터무니없는 일은 아닐지 생각하지 말고 그저 방아쇠를 당겨라. 그는 나에게 아무런 해를 끼치지 않았고, 나도 그에게 어떤 해도 끼치지 않았다. 그렇지만 나는 그를 죽여야 했다. 어쨌거나 그가 무슨 짓을 할지 모르지 않는가. 그래서 나는 해야만 한다. 우리 둘이 서로 적이라고 하자. 당신도 내가 먼저 당신을 공격하기 전에 당신이 먼저 나를 공격하는 것이 좋다고 생각할 것이다. 세상 일이 대체로 그렇다."[63]

부흐너는 자신의 부대가 시간이 지나면서 어떻게 아이들을 죽이게 되었는지 기억했다. 왜 아이들을 죽여야 했느냐고 묻자 그는 이렇게 대답했다. "아이도 무기를 갖고 있을지 모른다." 그러나 그게 유일한 이유는 아니었다. 성인을 죽이면, 그 자식들은 원치 않는 귀찮은 존재가 된다. "그 아이를 먹여야 한다. 그래서 그들은 곧 아이를 간단히 처리해 구덩이에 던져버린다. 이로써 그 문제는 해결되었다. 아이들이란 지겨운 놈들이다."

이와 같이 누구든 '유격대원'으로 학살될 위험이 있는 극한 상황에서 다시 한번 사디스트들이 등장했다. 부흐너는 이렇게 말했다. "망나니 같은 자들이 있었다. 그들은 그들[마을 주민들]을 알몸이 될 때까지 옷을 벗기고는 죽였다. (…) 우리 중에는 그짓에 정말로 열광한 자들이, 그들을 고통스럽게 죽이기를 원한 자들이 있었다. (…) 예를 들면 여자들 앞에서 먼저 아이들을 사살한 뒤에 그 여자들을 사살했다. 그럴 필요가 있었나? 그런 일도 있었다. 그것은 사디즘이다. 그런 짓을 한 장교들이 있었다. 그들은 가학적인 짓을 좋아했다. 아이를 둔 여자들이나 아이들이 비명을 지르는 것을 좋아했다. 그들은 그짓을 정말로 즐겼다. 내가 보기에 그자들은 인간이 아니다." 그리고 부흐너는 이렇게 덧붙였다. "만일 그들이 전쟁이 끝나고도 살아남아 집으로 돌아간다면, 그들은 양처럼 온순한, 행동거지가 바른 평범한 사람이다. 그들은 이곳에서만 그렇게 비열한 인간이었다."[64]

'품위'가 있다고 자부한 힘러는 가학적 행위가 자신의 대의명분에 보탬이 된다고 생각하면 아무런 곤란을 느끼지 않고 용인했다. 이 이중 잣대의 가장 악명 높은 사례는 그가 만들어 오스카르 디를레방어에게 지휘를 맡긴 특별한 집단이었다. 힘러는 당시 교도소에 수감 중이던 범죄자들을 석방해 주로 유격대를 추적하기 위한 부대를 만들었다. 시간이 지나면서 잡다한 범죄자로 구성된 디를레방어의 부대는 훈련 성적이 나쁜 친위대원들과, 한때 나치의 정적을 지지했으나 지금은 새 정권에 대한 충성심을 증명하고 싶은 강제수용소 수감자들로 보강되었다.

나치 운동의 많은 참여자처럼 디를레방어도 1차대전에 참전했고 의용대에 가담했으며 뒤이어 나치당에 합류했다. 그러나 그는 또한 개인적으로 파란만장한 삶을 살았다. 그는 매우 불안정했고 자주 술에 취했으며 1934년에는 열네 살 소녀와 성관계를 가져 체포되었다. 라인하르트 하이드리히와 테오도어 아이케 등과 마찬가지로, 디를레방어도 친위대 라이히스퓌러 덕분에 갱생한 친위대원의 긴 명부에 이름을 올렸다.[65]

디를레방어의 대원들은 벨라루스에서 유격대 전투를 수행하면서 강간과 약탈, 학살에 몰입했다. 그들은 도로에 숨겨진 폭발물을 제거하기 위해 마을 주민들을 인간 지뢰 탐지기로 이용했고, 그밖에 무수히 많은 잔학행위를 저질렀다. 그 지역의 총독Generalkommissar 빌헬름 쿠베는 1943년 참모진과 함께 점령군에 의한 "심리학적으로 잘못된 주민 처리"에 관해 불만을 제기했으며, 디를레방어와 그의 부대원들을 꼭 집어 최악의 범죄자로 거론했다. "여자와 아이들을 집단으로 사살하거나 산 채로 불태워 죽인다면, 인도적인 전쟁은커녕 그 비슷한 것도 찾아보기 어렵다. 일소 작전 중에 불탄 마을의 수는 볼셰비키가 태워 없앤 것을 뛰어넘는다."[66]

이듬해 디를레방어의 병사들은 폴란드의 해방 전사들이 일으킨 바르샤바 봉기의 진압에 일조했다. 벨기에 사람 마티아스 스헹크는 독일군에 전투공병으로 징집되어 그 작전 중에 디를레방어의 부대에 배속되었다. 그는 자신이 목격한 가학적인 잔학행위를 믿을 수 없었다. 대원들은 항복하려고 두 손을 번쩍 든 여자아이를 사살했으며, 개머리판으로 아이들의 머리를 강타해 두개골을 부숴버렸고, 여자들의 옷을 벗기고 강간했다. '장난' 삼아 10대 폴란드 소년의 주머니에 수류탄을 집어넣고는 달아나라고 말했다. 수류탄이 폭발해 그 아이는 죽었다.[67]

독실한 가톨릭 신자였던 스헹크는 디를레방어 부대의 행동을 보고는 '전율'하며 '구토'했다. 그들이 어느 사제의 옷을 찢고 그를 구타하는 모습도 목격했다. 부대원들은 그후 성찬식 포도주를 마시고 바닥에 놓인 십자가에 "소변을 보았다." 스헹크는 네댓 명의 동료를 모아 교회로 "곧장 달려가 그 사제를 빼냈다." 디를레방어의 대원들은 항의하지 않았다. "만취해서 알아채지도 못했다."

스헹크는 바르샤바에서 목격한 것 때문에 몹시 심란했다. 전쟁이 끝난 지 오랜 시간이 지났을 때에도 그는 디를레방어의 병사들이 폴란드 수도의 여러 건물에 불을 지른 그 시절을 잊을 수 없었다. 그는 이렇게 말했다. "연기 냄새를 조금만 맡아도 소름이 돋았다. 그 장면이 다시 떠올랐고, 마치 그곳에 있는 것처럼 생생한 느낌을 받았다."[68]

힘러는 디를레방어 부대의 성향에 문제가 있음을 잘 알고 있었다. 그들은 힘러의 목적에 유용했지만 "인간의 모습을 한 짐승들"에게 "품위 있는 태도"를 보여주지 않았다. 중요한 것은 디를레방어가 친위대 장교였는데도 그의 부대원들은 전쟁 마지막 해가 될 때까지도 사실상 친위대원이 아니었다. 그전까지 힘러는 그들이 친위대에서 일하지만 친위대 소속은 아니라고 설명했다.[69] 이 구분은 힘러에게 매우 중요했다. 디를레방어의 대원들이 힘러에게 유용했지만, 그는 이 규율 없는 망나니

들로부터 거리를 두고 싶었다.

힘러는 이 무뢰한들의 집단을 만드는 데 동의했고 불안정한 술주정꾼을 책임자로 앉혔으니, 그들이 그렇게 행동했어도 당연히 놀라지 않았을 것이다. 그 부대의 최초 구성원이었던 범죄자들의 정신 상태를 생각해보라. 그들은 도둑질을 하다가 잡혀서 수감 생활을 했고, 이제는 다시 사냥할 기회를 부여받았다. 이번에는 인간 사냥이었다.

독일이 특수기동대를 보조해 유대인을 죽이라고 충원한 많은 현지인처럼, 디를레방어의 범죄자 대원들도 짐승을 도살하는 데 익숙한 시골 사람이었다. 피와 내장을 보는 것은 그들에게 흔한 일이었다. 그러나 이 집단에서도 학살자들은 종종 술의 도움을 받아 감각을 무디게 할 필요가 있었다.

이렇게 눈앞에서 사람을 죽이는 일에 대한 인간적인 반응은 힘러에게 딜레마를 제기했다. 그는 가스 밴이나 가스실에서 장애인을 살해하는 방법이 이미 개발되었다는 것을 알고 있었다. 학살자들을 그 범죄로부터 멀리 떨어뜨려놓는 방법이었다. 그러나 기술적인 문제 때문에 독일에서 사용한 것과 같은 형태의 가스실을 동부전선에 복제할 수 없었다.[70] 향후 특수기동대가 가스 밴을 사용할 수 있게 되지만, 가스 밴은 나치가 점령지 소련에서 표적으로 삼은 자들 중 극히 일부만 죽였을 뿐이다. 특히 도로 사정이 열악해 밴이 자주 고장 난 탓이었다.[71]

이러한 사정을 감안할 때, 사살로써 매우 많은 유대인을 죽일 수 있다는 결론이 나왔다. 1941년 9월 우크라이나의 바비야르에서 나치 학살자들은 이틀 동안 유대인 남자와 여자, 아이를 3만 3천 명 이상 살해했다. 훗날의 학살수용소도, 심지어 가장 큰 수용소인 트레블린카 수용

소와 아우슈비츠(오시비엥침) 수용소도 하루 피살자 수에서 이에 근접하지 못했다.[72]

바비야르 학살은 유대인 절멸이 사살만으로도 가능할 수 있었음을 증명했다. 그러나 1941년 8월 15일 힘러는 그것이 왜 향후 학살자들에게 최선의 방법이 아닌지를 경험으로 깨닫게 된다.[73]

힘러는 민스크에서 특수기동대B 대원들이 '유격대원과 유대인'이 뒤섞인 100여 명을 사살하는 것을 지켜보았다. 이후 친위대 오버그루펜퓌러SS-Obergruppenführer 에리히 폰 뎀 바흐첼레프스키는 자신이 힘러에게 이런 말을 했다고 주장했다. "라이히스퓌러, 이들[사살된 자들]은 고작 100명밖에 되지 않습니다. (…) 이 파견대 대원들의 눈을 보십시오. 심히 동요하고 있습니다. 이들의 남은 인생은 끝났습니다. 도대체 우리가 여기서 어떤 놈들을 훈련시키고 있는지 모르겠습니다."[74]

바흐첼레프스키는 어느 모로 보나 무정한 자들 중에서도 가장 무정한 자였다. 그는 1차대전에서 두 차례 부상을 입었고 기사십자훈장 Ritterkreuz을 받았다. 그는 1930년 나치당에 가입했고, 이듬해 친위대에 합류했으며, 1940년에 폴란드인 수만 명을 집과 마을에서 내쫓은 강제이주에 관여했다. 시간이 더 지난 후 소련 침공 초기에는 라트비아의 리가와 벨라루스의 민스크에서 유대인 학살을 감독했다. 자신들이 한 일에 "심히 동요한" 것이 "이 파견대 대원들"만은 아니었다. 바흐첼레프스키 자신도 마찬가지였다. 1942년 봄 어느 친위대 의사는 힘러에게 바흐첼레프스키가 "특히 그가 직접 지휘한 유대인 사살과 관련된 환영과 기타 동쪽에서 겪은 힘든 경험 때문에" 정신 건강의 문제를 겪고 있다고 보고했다.[75]

1941년 8월, 힘러는 바흐첼레프스키로부터 민스크의 학살 현장에 있던 대원들에 관한 걱정의 말을 들은 후 분명코 학살 부대에 관한 중요한 진실을 이해했을 것이다. 적지 않은 부대원이 피를 보는 잔혹한 활동이 초래한 정서적 문제로 씨름하고 있었다.

힘러는 민스크에 있던 학살자들의 사기를 진작하기 위해 짤막한 연설을 했다. 그는 자연법칙이 이러한 사실을 증명한다고 강조했다. "싸우기를 원치 않은 자들은 완전히 소멸했다. (…) 우리 인간은 해충으로부터 스스로를 지킬 때에 도리를 다하고 있는 것이다." 그의 대원들이 수행해야 할 임무는 의심의 여지없이 '어려운' 것이었지만, 그들은 스스로 '강해'져야 하고 "굳세게 버텨야" 했다.[76]

그러나 말은 쉬워도 실천은 어려웠다. 힘러가 그곳을 방문했을 때 수행원으로 동행한 공군 사진 기자 발터 프렌츠에게 막 학살을 마친 어느 대원이 다가왔다. 그는 이런 말로 프렌츠에게 호소했다. "나는 더는 못 하겠어요. 나를 여기서 빼내줄 수 없겠소?" 그러고는 자포자기하듯 덧붙였다. "더는 견딜 수 없소. 끔찍해요."[77]

힘러는 이러한 일을 겪고 나서 "더 나은" 살인 방법을, 희생자들이 아니라 자신의 부하들에게 "더 나은" 방법을 찾아내기로 결심했다. 나치가 이 소름 끼치는 과제를 다룬 방법은 그들의 학살자로서의 사고방식에 관해 많은 것을 드러내준다.

11

멀리서 죽이기

히틀러와 힘러, 여타 나치 지도자들이 홀로코스트의 전체적인 계획에 책임이 있다면, 실행 임무를 맡은 자들은 종종 스스로 새로운 학살 방법을 들고 왔다. 그들은 '친위대 로봇'[1]이라기보다는 열성적인 문제 해결사였다. 해결해야 할 문제는 감정에 상처를 입지 않으면서 최대한 많은 사람을 죽이는 방법이었다.

밀그램의 실험이 보여주듯이, 타인에게 고통을 가하라고 '명령하는 것'은 일반적으로 그렇게 하라고 설득하는 것만큼 효과적이지 않다.[2] 마찬가지로 친위대 장교들에게 단순하게 누구를 죽이라고 '명령하는 것'보다 그가 왜 죽어야 하는지 이유를 설명하고 그 소름 끼치는 임무를 어떻게 완수할지는 그들의 선택에 맡기는 것이 심리적으로 더 영리한 방법이었다.

1941년에 강제수용소에서 소련 정치위원들을 죽인 것은 이 현상을 무섭게 증명했다. 이 정치위원들은 포로가 되자마자 전선에서 사살되리라고 생각되었지만, 수천 명이 그러한 운명을 모면했다. 그렇지만 그들은 나중에 전쟁포로 수용소에서 발견되었다. 그곳에서 그들은 특별히 "탐탁지 않은 자"로 여겨진 다른 수감자들과 함께 강제수용소로 보내져 학살당했다.

1941년 여름 아우슈비츠에서 친위대는 소련 정치위원들에게 자갈 채취장에서 죽도록 일을 시키기로 결정했다. 그들의 고초를 목격한 폴란드인 정치범 카지미에시 스몰렌은 이렇게 말했다. "불과 며칠 지났을 뿐인데 그들의 모습이 보이지 않았다. 그 일은 수백 명을 고문하고 죽였다. 그들은 잔인한 죽음을 맞이했다. 마치 공포영화의 한 장면 같았다. 그러나 그러한 영화는 결코 보지 못할 것이다."[3]

친위대는 다른 강제수용소에서도 독특한 방법으로 소련 정치위원들을 죽였다. 다하우에서는 사살했다. 플로센뷔르크와 그로스로젠에서는 독극물을 주사했다. 그러나 작센하우젠에서 친위대는 다양한 가능성을 논의한 뒤 훨씬 더 정교한 방법을 고안해냈다.[4] 수감자를 한 명씩 어느 방에 데려가 키를 잰다. 그가 벽에 등을 대고 서 있을 때 옆방에서 뚫은 구멍으로 목에 총을 쏘았다. 죽음의 방을 깨끗이 닦고 시신을 치운 다음, 다음 수감자를 데려왔다.

작센하우젠의 친위대는 이 혁신적인 방법에 자부심을 가졌고 다른 수용소 사령관들에게 시범을 보였다. 그래서 부헨발트와 마우트하우젠에 비슷한 처형 공간이 설치되었다. 그러나 그 방법은 나치의 시각에서 볼 때 중대한 결함이 있었다. 죽이는 자와 희생자 사이의 밀접한 접촉은 그대로 남았고, 각각의 살인은 개별적으로 수행되어야 했다. 점령지 소련에서 특수기동대가 벌인 유혈 낭자하고 소름 끼치는 학살이나 아우슈비츠의 자갈 채취장에서 죽을 때까지 일을 시키는 것보다는 "더 나은" 방법이었을 수는 있겠지만, 살인을 수행해야 하는 자들이 떠안을 수 있는 심리적 문제는 여전히 남아 있었다.

이렇게 사람을 죽인 친위대원들은 이데올로기적으로 정권에 헌신적이었고 수감자를 잔인하게 다뤄본 경험이 있었다. 이들은 또한 소련군 포로를 인간 이하의 존재로, 낮은 등급의 '그들'로 여겼다. 그러나 이 방법은 잔인했고, 동부전선에서 일반적으로 그랬듯이 임무 수행 능력은 대원마다 차이가 있었다. 친위대원의 일정 비율은 맡은 일을 기쁘게 생각해 소련군 포로를 얼마나 많이 해치웠는지 자랑삼아 얘기했다. 소수의 대원은 참여를 거부했는데, 아무도 처형당하지 않았지만 적어도 한 사람은 징계를 받고 형벌부대로 보내졌다. 특수기동대의 사례에서 보았듯이, 대다수는 중간 집단에 속했고 다양한 수준의 어려움을 겪으며 학살에 참여했다. 이 경우에도 술이 일시적으로 한숨 돌릴 여유를 주었다. 긴장을 풀 수 있도록 휴일이 제공되었고, 작센하우젠에서는 이탈리아 여행도 제공했는데 여러 명이 만취해 방을 때려 부쉈다.[5]

강제수용소에서 소련 정치위원들을 죽이기 시작한 직후, 알베르트 비트만은 수백 킬로그램의 폭약과 2정신(艇身)의 가스 호스를 트럭에 싣고 민스크로 갔다. 독일에서 장애인을 선별해 가스로 살해하는 기술을 고안하는 데 도움을 준 비트만은 특수기동대B의 지휘관으로 앞서 형사경찰의 수장이었던 아르투어 네베로부터 새로운 임무를 부여받았다. 비트만은 종전 후에 네베가 자신에게 "러시아인들이 민스크에 치료가 불가능한 정신질환자들을 버려두고 갔으니" 동쪽으로 가라고 요청했다고, "그의 대원들에게 그 정신질환자들을 한 명씩 차례로 사살할 것을 기대할 수 없었다"고 증언했다.[6]

비트만이 독일과 오스트리아의 가스실에서 장애인을 죽이려고 고안한 살인 방식을 그대로 되풀이하는 것은 불가능했다. 그렇게 하려면 일산화탄소를 주입한 병을 사용해야 했다. 많은 양의 가스를 동쪽까지 운반하기가 불가능했을 뿐만 아니라 가스 자체가 비싸기도 했다. 그래서 비트만과 네베는 특수기동대 대원들이 정신질환자를 "한 명씩 차례로" 죽이는 심리적 불편함을 면하게 해줄 다른 방법을 모색하면서 두 가지 소름 끼치는 학살 방법을 실험했다.

첫째는 믿을 수 없게도 폭발물로 희생자를 죽이는 것이었다. 일단의 정신질환자를 폭약과 함께 벙커에 가두었다. 그런데 폭약이 터지자마자 실험이, 나치의 시각에서는, 실패했다는 것이 분명했다. 네베의 특수기동대에서 장교로 일한 빌헬름 야슈케는 이렇게 기억했다. "참혹한 광경이었다. 몇몇은 부상을 당한 채 울부짖으며 벙커에서 기어 나왔다."

벙커를 재빨리 대충 수리한 뒤 생존한 정신질환자들을 다시 집어넣고 더 많은 폭약을 터뜨렸다. 야슈케는 그 실험의 소름 끼치는 결과를 이렇게 회상했다. "조각난 신체가 바닥에 흩어지고 나무에 걸렸다." 이튿날 그와 대원들은 유해를 거두려 했지만 "손이 닿지 않는 나무 위에 걸린 신체 쪼가리는 그대로 남겨두었다."[7]

비트만과 그의 동료들은 차를 몰고 학살 현장을 떠나면서 "의기소침했다." 예상과 달리 "사람들이 [전부] 즉사하지 않았기" 때문이다.[8] 그들은 폭약으로 사람을 죽이는 것이 대량학살의 방법으로서는 지속될 수 없다는 결론에 이르렀다. 다른 방법이 필요했다.

해법을 찾던 네베는 언젠가 차고에서 엔진을 켜놓은 상태로 잠들었다가 "약한 일산화탄소 중독"에 빠진 적이 있음을 떠올렸다.[9] 그 경험이 독가스 생산이라는 다른 방법에 실마리가 되었을까? 배기가스가 살인 약제로서 병에 주입한 가스를 대체했을까? 네베와 비트만은 이 방법이 가스를 병에 담아 학살 장소로 운반하는 것보다 쉬울 뿐만 아니라 "화학약품 회사로부터 가스를 구매하는 것"보다 비용이 적게 든다는 점을 알아차렸다.

네베와 비트만은 이제 민스크에서 동쪽으로 자동차로 두 시간 거리인 마길료우(모길료프)의 정신병원에서 가스 실험을 수행했다. 정신질환자들을 한 방에 가두어놓고 벽돌을 쌓아 막은 측면의 갈라진 틈으로 호스의 한쪽 끝을 밀어 넣었다. 호스의 다른 쪽 끝을 자동차의 배기관에 연결하고 시동을 걸었다. 두 사람은 곧 자동차 한 대의 배기가스로는 원하는 만큼 신속하게 사람을 죽일 수 없다는 사실을 깨달았고, 그래서 대형 화물차의 배기구도 연결했다.

문제가 해결되었다. 네베는 비트만에게 폭약으로 죽이는 것은 선택할 수 있는 방안이 아니지만 배기가스로 죽이는 것은 '가능'하다는 점을 힘러에게 편지를 보내 알릴 계획이라고 말했다.[10]

훗날 비트만은 민스크와 마길료우에서의 정신질환자 살해를 '합법적인' 행위로, 단순히 기존 안락사 정책의 연장으로 보았다고 말했다. 그는 이렇게 증언했다. "당시 내 견해를 말하자면 나는 국가가 그와 같은 일을 명령하고 집행할 수 있다고 생각했다." 그는 이렇게 주장했다. "나는 기계장치의 작은 부품에 불과하다. 나는 방해가 되는 것을 좋아하는 그런 부류의 사람이 아니다. 그래서 나는 계속해서 작은 부품으로 남았다."

비트만은 재판에서 방해가 되지 않는 작은 부품으로서의 삶에서 심리적 한계는 무엇이었냐는 질문을 받았다. 예를 들어 그는 네베가 "자살하라고 명령했다면" 그렇게 했겠는가? 비트만은 거절했을 것이라고 대답했다. 그는 스스로 "정당"하다고 생각한 명령만 따를 준비가 되어 있었을 뿐이다.[11]

비트만은 나치 정권에 헌신하고 새로운 학살 방법을 열심히 궁리해냈지만 나치 정권을 위해 일한 경험을 뒤로하고 내린 결론은 이러했다. "나는 더는 국가권력과 어떤 관계도 맺고 싶지 않다. 우리는 최선을 다하고 싶었을 뿐이었는데 부끄럽게도 나쁜 목적에 이용당했다."[12] 이는 많은 것을 드러내는 진술이다. 비트만은 자신을 희생자로 여겼다. 그는 사람을 죽이는 효과적인 방법을 찾아내는 데 몰두하면서 '최선'을 다하고 싶었을 뿐이다. 그는 이제 사람들이 자기를 불쌍히 여겨주기를, 자신이 어쩔 수 없는 상황에서 합법적으로 행동했음을 이해해주기를 바랐다. 그러나 비트만은 자신이 "부끄럽게도 나쁜 목적에 이용당했다"고 느끼게 된 것은 오로지 나치 정권이 몰락했기 때문이라는 사실을 언급하지 않았다. 나치가 전쟁에서 승리했다면, 그는 거의 같은 방식으로 행동을 이어가며 자부심을 느꼈을 것이다.

───

모든 학살수용소가 다 비트만과 네베가 선호한, 가스로 사람들을 학살하는 방식을 쓰지는 않았다. 가장 큰 학살수용소인 아우슈비츠 수용소에서는 친위대가 독자적인 방식을 고안해냈다. 사령관 루돌프 회스가 수용소를 떠나 있는 동안 주도적으로 움직인 사람은 부사령관 카를 프리치였다.

카를 프리치는 자기 일을 사랑한다는 점을 온갖 방법으로 표현한 광적인 나치였다. 그는 1930년 20대에 친위대에 가입했고, 뒤이어 다하우 강제수용소에서 근무했다. 그는 아우슈비츠에 도착할 때쯤이면 이미 잔인하기로 악명이 높았다. 아우슈비츠에서 프리치는 독방에 집어

넣어 굶겨 죽일 수감자를 고르기를 즐겼다. 그가 수감자를 죽을 때까지 고문했다는 보고도 여럿 있다.

그러나 카를 프리치는 다하우에서 일하기 전에는 사디스트의 징후가 전혀 없었다. 그는 불안정한 아동기를 보낸 뒤 도나우강을 오가는 배에서 일하며 경력을 쌓기로 결심했다. 그러나 1933년에 정착해 가정을 꾸리고 싶은 마음에서 직업을 바꾸었고 다하우에서 일을 찾았다.

프리치는 다하우 수용소에서 일을 시작하면서 친위대의 동지애를 높이 평가하게 된다. 그의 아내는 이렇게 회상했다. "그 우정은 사실상 그에게 전부가 되었다." 그녀는 종전 후 인터뷰에서 남편이 범죄를 저지른 것이 매우 명백한데도 그런 사실이 없다고 부인했다. 그녀는 그렇지 않다고, 모두 거짓말이라고, 오히려 그는 "세상에서 가장 좋은 사람"이라고 말했다.[13]

1941년 8월 말, 프리치는 얼마 전 아우슈비츠에 도착한 "인간의 모습을 한 짐승"인 소련군 포로들에게 수용소에서 의복 소독과 이 퇴치에 사용한 치클론B라는 치명적인 살충제를 사용한다는 중대한 발상을 내놓았다. 그는 이렇게 생각했다. 그 두 가지를 결합하지 못할 이유가 무엇인가? 해충 박멸에 쓰이는 화학약품으로 적을 죽이는 것만큼 그들의 '타자성', 즉 '그들'의 속성을 더 잘 증명할 수 있는 것이 있겠는가?

나치는 그와 같은 동물의 비유를 좋아했다. 그 전해에 제작된, 역사상 최악의 선전 영화 중 하나로 꼽히는 〈영원한 유대인〉에서는 쥐 떼의 장면과 바르샤바 게토의 유대인 이미지가 교차했다. 그 영화를 감독한 프리츠 히플러는 이렇게 말했다. "괴벨스가 쥐가 나오는 장면을 요구했다. 쥐가 유대인의 상징으로 묘사되었기 때문이다." 히플러는 히틀러가 영화 편집에 큰 관심을 보이며 더 끔찍하게 만들 것을 요구했다고 기억했다. "히틀러는 말하자면 이 영화가 유대인이 인류의 기생 종족이며 따라서 나머지 인류로부터 분리해야 한다는 '증거'를 보여주기를 원했다."[14]

유대인은 아직까지는 독가스를 이용한 학살의 표적이 아니었다. 그러나 아우슈비츠가 홀로코스트 최대의 학살장이 된 마당에 살충제로 유대인을 죽이는 것이 어째서 나치에게 심리적으로 "더 쉬운" 방법을 제공하고 더 나아가 유대인은 "기생 종족"이라는 히틀러의 관념을 확실하게 강화했는지 알아채기는 어렵지 않다. 앞에서 보았듯이, 내가 죽이는 것이 사람이 아니라고 믿을 때 살인이 더 쉬울 뿐만 아니라, 사람을 쥐라고 생각하면, 다시 말해 혐오감을 야기하는 다른 동물이라고 생각하면 뇌에서 즉각 부정적인 반응이 강력하게 일어난다.[15]

프리치는 처음에는 자신의 혁신이 효과적으로 작동할지 어떨지 알지 못했다. 치클론B는 시안화물이 주성분으로 결정체 형태를 띤다. 결정체가 공기에 노출되면 독가스가 생성된다. 그러나 사람을 죽이려면 어떤 환경에서 어느 정도의 양이 필요할까? 그래서 그는 실험을 해보았다. 프리치는 아우슈비츠 수용소 본관 제11구역 지하실을 공기가 통하지 않는 밀폐 공간으로 만들고 소련군 포로들을 집어넣은 뒤 문을 잠그라고 명령했다. 제11구역 근처에서 그 일을 지켜본 아우슈비츠의 폴란드인 수감자 아우구스트 코발치크는 이렇게 말했다. "그러나 가스가 그다지 효과는 없는 것으로 드러났다. 많은 수감자가 이튿날까지도 살아 있었다." 그래서 "그들은 용량을 늘렸다. 더 많은 결정체를 퍼부었다."[16]

프리치의 실험에 끌려간 포로들이 얼마나 큰 고통을 당했는지는 상상하기 어렵다. 그들은 몇 시간 동안 숨이 막혀 헐떡거리다가 끔찍한 고통 속에 죽음을 맞이했다. 그러나 친위대는 시행착오를 반복하며 그들이 생각하기에 '최적'인 치클론B 용량을 찾아냈다. 그들은 또한 밀폐된 공간이 포로들로 가득하고 더울 때 가스 효과가 가장 좋다는 사실도 알아냈다. 이러한 발견은 그들이 학살 목적의 가스실을 만드는 데 착수했을 때 도움이 되었다.

사령관 루돌프 회스는 수용소로 돌아와 새로운 학살 방법의 시연을 지켜보고는 만족감을 드러냈다. 그는 이렇게 썼다. "총살로써 절멸을 수행한다는 생각에 언제나 몸서리쳤다." "엄청나게 많은 사람"이 관여했기 때문이다. 이제 그는 "안도했다." "우리는 그 모든 유혈극을 피할 수 있었다." 회스는 또한 이로써 자신이 죽이는 자들의 '고통'도 없어지리라고 생각했다.[17] 그러나 이는 자신의 범죄에 대해 느끼는 불편함을 덜기 위해 스스로에게 한 거짓말이었다. 그가 독가스로 죽인 사람들은 끔찍한 죽음을 맞이했다.[18]

이들이 아우슈비츠 수용소에서 처음으로 독가스로 살해된 수감자들이기는 했지만 그 방법으로 살해된 첫 번째 아우슈비츠 수감자들은 아니었다. 프리치가 실험을 시작하기 몇 주 전에 암호명14f13으로 알려진 계획에 따라 아우슈비츠 수용소에서 수백 명의 수감자가 밖으로 이송되었다. 병이 들었기에 선택된 이 수감자들은 독일의 조넨슈타인 안락사 시설로 이송되어 장애인 환자를 죽이기 위해 만들어진 가스실에서 살해되었다.

이때쯤이면 장애인을 죽이려고 만든 장소가 있다는 소문이 보통의 독일인들 사이에 널리 퍼졌다. 1941년 8월 뮌스터 주교 클레멘스 폰 갈렌이 그러한 발상을 비난했다. 그는 뮌스터 대성당에서 설교를 통해 이렇게 말했다. 나치가 "그 삶이 민족과 국가에 가치가 없다"는 이유로 "무고한 인간"을 죽이고 있다는 "의혹이, 사실에 가까운 의혹이 널리 퍼져 있다." 그는 눈앞의 신도들과 직접적인 연관이 있음을 거론하며 그러한 행위가 "심각한 장애를 입고" 고향으로 돌아온 "용감한 병사들"에게도 적용될 만큼 확대될 수 있다고 경고했다.[19]

갈렌의 발언은 나치 정권에는 골칫거리였다. 부상을 입고 허약해진 채 조국으로 돌아온 독일군 병사들을 해치는 것은 명백하게 '우리'를 공격하는 짓이었다. 나치가 비난받지 않고는 할 수 없는 일이었다.

갈렌의 설교는 히틀러와 그 동료들에게 어려움을 안겼는데, 그 주교의 항의 시점은 이를 가중시켰다. 몇 달 전 바이에른 가우라이터 아돌프 바그너는 가톨릭 신도가 대다수인 바이에른의 학교에서 십자고상을 없애라고 명령했다. 항의가 빗발쳤다. 이후 시위에 참여한 어느 여인은 이렇게 외쳤다. "나는 100퍼센트 히틀러 지지자이며 1923년부터 나치당 당원이었다. 그러나 이것은 너무 지나치다. 퓌러는 이를 원하지 않으며, 분명코 십자가의 제거에 관해서는 알지 못할 것이다."[20]

그녀는 이런 말까지 꺼냈다. "퓌러가 알기만 했다면." 분노를 토해내고 정권의 정책을 비판하는 일반적인 방법이었다. 그러나 항의는 그것으로 끝나지 않았다. 나치 관료 앞으로 온 익명의 편지에는 이런 말이 들어 있었는데, 이는 십자고상 스캔들이 히틀러의 평판까지도 손상시킬 위험이 있다는 징후였다. "우리의 퓌러가 그러한 무뢰한들의 통치를 허용한다면, 이는 '하일 히틀러'와 더불어 곧 끝장날 것이다."[21]

십자고상 문제로 공개리에 항의한 자들이 체포되어 강제수용소로 끌려가는 일은 없었다. 나치 정권은 그들의 목소리를 들었고, 단지 십자고상 문제뿐만 아니라 '안락사'와 관련해서도 정책을 변경했다.[22] 갈렌의 설교 이후, 장애인을 차에 태워 독일 곳곳에 있는 죽음의 장소로 계속 보내는 것은 너무 위험하다고 생각되어 중단되었다.

그 정책을 완전히 포기했다는 말은 아니다. 여러 병원에서 여전히 선별된 장애인들을 굶기거나 독극물을 주사해 죽였다. 그렇지만 조넨슈타인 같은 전문화한 학살 시설에서 독가스로 환자를 죽이는 일은 중단했다. 갈렌 주교로 말하자면, 그는 체포되지 않았고 강제수용소로 끌려가지도 않았으며 게슈타포에게 매질을 당하지도 않았다. 히틀러가 격노하고 여러 나치 지도자가 갈렌을 반역죄로 처형하기를 원했지만, 그는 폭력적인 보복을 모면했다.

갈렌이 그토록 억압적인 정권에서 목숨을 구했다는 사실은 놀라운 일처럼 보인다. 그러나 갈렌은 십자고상에 관해 항의한 사람들처럼 '내 집단'의 일원으로서 비판했다. 그는 나치 정권에 근본적으로 도전하지 않았다. 갈렌은 나치가 아니었지만 볼셰비키를 증오했고 베르사유 조약을 경멸했으며 1차대전에서 독일군이 "등에 칼을 맞았다"고 믿었고 소련 침공에 찬성했다. 1934년 갈렌이 뮌스터 주교에 취임했을 때, 돌격대가 횃불을 들고 주교관을 지나 행진했고, 나치 관료들은 나치의 전형적인 인사법에 따라 팔을 뻗고 그를 환영했다.

종전 후 갈렌은 연합국 점령군에게 독일에 민주주의를 강요하면 "공산주의 세상이 될 것"이라고 말했고, 야간에 흑인 병사들이 거리를 돌아다니지 못하게 하라고 요구했다. 그는 또한 나치의 주요 인사들에게 전쟁 범죄의 책임을 물은 뉘른베르크 재판을 '시범재판'이라고 불렀다.[23] 그러므로 갈렌을 철저한 '저항자'로 그린다면 이는 지나치게 단순한 평가다.

괴벨스는 안락사에 항의했다는 이유로 갈렌을 공격한다면 최전선에서 싸우는 독일군의 가톨릭 병사들을 소원하게 할 위험이 있음을 인지했다. 그는 1941년 8월 18일자 일기에 이렇게 적었다. "내 생각에 원칙적으로 교회와 관련된 일은 당분간 나중으로 미루는 것이 최선이다. 교회 문제는 전쟁이 끝난 후에 해결할 필요가 있다. (…) 일단 우리가 승리를 가져오면, 모든 문제를 한꺼번에 쉽게 처리할 수 있을 것이다." 괴벨스는 십자고상 논쟁에서 유익한 역할을 한 마르틴 보어만이 "이제 자신이 취하는 행동이 몇 가지 점에서 지나치게 강경하며 이 분야에서 과격한 태도는 적어도 현재에는 득보다 실이 많다는 점을 서서히 깨닫고 있다"고 생각했다.[24]

갈렌의 설교에 들어 있지 않은 것에 주목할 필요가 있다. 유대인 박해에 대한 비난이다. 십자고상의 제거에 관해서는 공개리에 거센 항의가 일었지만, 유대인의 운명에 대해서는 그런 일이 없었다.[25] 독일과 나치 제국의 다른 곳에서 유대인이 지독한 고초를 겪고 있다는 증거는 많았지만, 유대인은 장애인과 달리 갈렌을 비롯한 수많은 독일인으로부터 단연코 '내집단'의 일원으로 인식되지 않았다. 괴벨스는 이 구분에 철저하게 주목했다. 그는 8월 18일자 일기에 이렇게 썼다. "그렇지만 유대인 문제는 다르다. 현재 모든 독일인이 유대인에 반대한다. 유대인은 있을 곳에 있어야 한다."

갈렌의 도시인 뮌스터에서 유대인이 추방되었을 때, 그는 전혀 항의하지 않았다. 갈렌에게 철두철미한 반유대주의자라는 꼬리표를 붙인다면 잘못이겠지만, 그는 분명코 유대인의 친구가 아니었다. 그는 심지

어 1941년 9월 14일 설교에서 "모스크바의 유대-볼셰비키 지배자들"을 거론하기도 했다.[26]

갈렌과는 대조적으로 그의 도시인 뮌스터에는 나치 정권에 분명하게 저항한 성직자들이 있었다. 예를 들면 아우구스트 베싱은 나치가 인간 이하의 존재로 여긴 외국인 노동자들에게 동정적이었으며, "폴란드인이든 러시아인이든 유대인이든 누구에게도 적대적으로 대하기"를 거부했다.[27] 베싱은 인류애를 보여준 대가로 큰 희생을 치렀다. 그는 다하우 수용소로 끌려가 전쟁이 끝나기 두 달 전에 그곳에서 사망했다.

갈렌이 용감하지 않았다는 말은 아니다. 그는 분명히 용감했다. 그는 안락사에 항의했기에 게슈타포에게 체포되는 것을 예상했다. 그는 순교자가 될 각오가 되어 있었다. 그러나 그는 선택적으로 항의했으며, 가톨릭의 여러 고위 인사처럼 나치가 교회 제도에 입히는 피해에 집중했다.

그의 저항은 대체로 가톨릭 신앙에 뿌리를 두고 있었다. 블라스코비츠 장군의 사례에서 보았듯이,[28] 저항은 대개 대안이 될 만한 다른 신념 체계에서 비롯했고, 나치 독일에서 가장 강력한 대안적 신념 체계는 바로 교회였다.

갈렌의 설교 이후 몇 달 동안, 즉 1941년 8월부터 12월까지 홀로코스트의 전개와 유대인 학살 방법의 발달은 급격한 변화를 겪었다. 이러한 변화를 뒷받침한 심리를 이해하는 것은 쉽지 않은 문제다. 그러나 이 문제를 다루는 한 가지 유용한 방법은 그 결정적인 시기 동안 몹시

불안정하게 변동한 나치 지도부의 분위기가 1차대전에서 목도한 과정을, 도취에서 낙담으로 바뀐 독일인들의 마음을 심리적으로 더 집중된 형태로 되풀이했다고 보는 것이다.

그해 가을의 처음 몇 주 동안은 나치에게 몹시 즐거운 낙관적인 시간이었다. 9월 국방군은 키이우에서 대승을 거두었다. 현대전 최대의 포위 작전 중 하나였던 전투에서 65만 명이 넘는 소련군이 포로가 되거나 사망했다. 그 직후 태풍작전으로 독일군 전차들이 모스크바로 밀고 들어갔다. 놀랍도록 신속한 진격이었다. 독일군은 하루에 약 48킬로미터를 전진해 오룔에 도착했을 때는 시가전차가 여전히 운행 중이었다. 히틀러는 미칠 듯이 기뻐했고, 10월 3일 베를린에서 이렇게 연설했다. "이 적은 이미 무너졌고 다시는 일어서지 못할 것이다."[29] 한 주가 지나기도 전에 나치당 언론담당관Reichspressechef 오토 디트리히는 기자들에게 이렇게 말했다. "군사적인 의미에서 소련은 끝났다." 이튿날 독일의 신문들은 머리기사로 "동쪽의 승리"를 대서특필했다.[30]

이러한 선전 기사는 어느 것도 괴벨스의 허락을 받지 않았다. 나치 정권의 의사결정이 분열적인 성격을 지녔기에 디트리히는 자신의 책임으로 이 전격적인 홍보를 실행할 수 있다고 생각했다. 그러나 나치 지도부의 시각에서 보면, 언론 권력을 괴벨스에게 몰아주지 않는 것은 잘못이었다. 괴벨스는 10월 10일자 일기에 이렇게 썼다. "나는 우리가 심리적 좌절을 겪지 않는 방식으로 군사 활동이 유지되기를 간절히 바란다."[31]

괴벨스의 걱정은 옳았다. 독일군은 모스크바 외곽에서 저지되어 움직이지 못했고, 괴벨스는 1941년 12월 공개적으로 방한복을 간청해야 했다. "동쪽의 승리"라는 10월의 1면 머리기사와 막강한 국방군이 12월에 국민이 기증한 모피코트와 털모자를 쓰게 된 상황 사이의 대비만큼 독일의 굴욕적인 실패를 상징적으로 보여준 것은 없었다.

1942년 1월 괴벨스가 이렇게 쓴 것은 그다지 놀랍지 않다. 디트리히의 성급한 승리 선언이 "아마도 전쟁 전체에서 심리적으로 가장 큰 영향을 미친 실수일 것이다."[32] 소련군이 "다시는 일어서지 못할 것"이라는 히틀러의 발언이 디트리히의 자랑스러운 선언을 자극한 기폭제가 되었지만, 괴벨스가 히틀러를 그런 말을 했다고 비난하지는 않았다는 사실이 중요하다. 아직까지는 괴벨스가 그렇게 큰 실수의 직접적인 책임을 쉽사리 히틀러에게 돌릴 정도로 상황이 심각하지 않았다.

괴벨스는 일기에 디트리히를 비판하는 내용을 적고 2주가 지난 뒤에 이렇게 썼다. "사람들은 생각보다 훨씬 더 미개하다. 따라서 선전의 본질은 변함없는 단순함과 반복이어야 한다. 문제를 가장 단순한 형태로 만들 수 있는 자들, 지식인들의 반대를 무릅쓰고 이 단순화한 형태를 끝없이 되풀이할 수 있는 자들만이 궁극적으로 여론을 좌우하는 데 성공할 것이다."[33]

괴벨스가 디트리히의 선전의 오류에 그토록 격분한 것은 바로 독일 국민이 '미개'하다고 생각했기 때문이다. 디트리히는 사실상 전쟁에서 승리했다는 '단순한' 메시지를 전달했지만, 이는 사실이 아닌 것으로 드러났다. 괴벨스는 국민에게 나중에 이행하지 못할 구체적인 약속은 하지 말아야 한다는 점을 알고 있었다.

괴벨스는 국민에게 거짓말로 밝혀질 얘기를 하는 것에 격하게 반대했다. 그는 부관 빌프레트 폰 오벤에게 이렇게 말했다. "거짓말로는 아무엇도 얻지 못한다. 진실을 전하되 가장 단순한 사람도 분명하게 알 수 있도록 군데군데 고쳐 보여주어야 한다. 반대로 빤한 거짓말은 언젠가 돌아와 역효과를 낼 뿐이다."[34]

디트리히가 10월에 내놓은 정확하지 않은 승리의 메시지를 실제 현장에서 벌어지는 상황과 조화롭게 하기는 어려웠고, 이 곤란함은 1941년 12월에 나치가 직면한 두 가지 크나큰 문제 때문에 가중되었다. 첫 번째 문제는 예상치 못한 곳에서 왔다. 12월 5일, 소련군이 대대적인 반격을 개시해 27개 사단으로 독일군 전선을 강타했다. 국방군이 예상치 못한 반격이었다. 독일군의 어느 전차 부대 지휘관은 그 며칠을 "끔찍한 경험"으로 기억했다. "전쟁이 완전히 변했다."[35]

이틀 뒤에 다른 충격이 전해졌다. 12월 7일 일요일, 일본이 하와이의 진주만에 있는 미국 태평양 함대를 폭격했다. 그 즉시 막강한 경제력을 가진 미국이 일본의 적으로서 전쟁에 돌입했다. 그러나 독일이 일본의 동맹국이기는 했어도 히틀러가 그 싸움에 합류해 미국에 맞설 필요는 없었다. 그렇지만 히틀러는 12월 11일 미국에 대해 전쟁을 선포했다.

이 역사를 자세히 알지 못하는 사람들은 이를 이해할 수 없는 결정이라고 생각한다. 그러나 히틀러의 시각에서는 이치에 맞는 행동이었다. 루스벨트는 이미 영국을 돕고 있었고, 9월에는 미국 함정들에 북대서양에서 U보트가 "보이는 즉시 발포하라"고 명령했다. 그러므로 히틀러는 어차피 미국과 일전을 피할 수 없으니 일찍 시작한다고 생각하고 전쟁을 선포했다. 나치의 시각에서 바랄 것은 국방군이 소련군을 격파하고 독일군의 U보트가 북대서양에서 미국과 영국 사이의 보급선을 파괴할 수 있을 만큼 일본이 미국을 태평양에 오래 붙들어놓는 것이었다.

물론 이러한 시나리오는 상당히 희망적으로 내다본 것이었다. 1917년 1차대전 때 미국의 참전이 독일을 곤경에 빠뜨렸다는 사실은 누구나 알고 있었다. 그때 이후로 지리는 변하지 않았다. 뉴욕은 여전히 베를린에서 약 6400킬로미터 떨어져 있었다. 히틀러는 정확히 어떻게 미국을 격파할 수 있다고 생각했는가?

그러나 히틀러는 실현 가능성이야 어떠했든 미국이 독일의 적인 근본적인 이유를 알고 있다고 확신했다. 히틀러는 유대인에 대한 병적인 집착 때문에 유대인이 스탈린의 배후이듯이 루스벨트 대통령의 배후이기도 하다고 확신했다. 히틀러의 반유대주의는 매우 기이해서 그는 유대인이 자본주의와 볼셰비즘 둘 다 통제한다고 생각했다. 일찍이 1922년 7월에 히틀러는 이렇게 말했다. 유대인은 "한 가지 공통된 정책과 단일한 목적을 추구한다. 한편으로는 모세스 콘이 그의 조합에 노동자의 요구를 거부하라고 권고하며, 그의 동생 이사크 콘은 공장에서 이렇게 외치며 대중을 선동한다. '저들을 보라! 저들은 오직 당신들을 탄압하려고만 한다! 족쇄를 떨치고 일어나라.' 그의 형은 족쇄가 정말로 튼튼하게 잘 만들어지도록 세심하게 주의를 기울인다."[36] 히틀러는 이렇게 말하고 19년이 지난 뒤인 1941년 12월 11일에 제국의회 의원들에게 현재 독일이 처한 상황에 대한 책임은 "구약성서의 탐욕과 악마 같은 배신 행위로 움직인" 루스벨트 주변의 "유대인 무리"에게 있다고 말했다.[37]

히틀러가 유대인이 자본주의와 볼셰비즘의 배후라는, 일견 모순적인 견해를 유지했다는 사실은 당혹스럽게 보일 수도 있다. 그러나 심리학 연구에 따르면 음모론자들 사이에서는 그렇게 명백한 모순이 보기

드문 일이 아니다. 캐런 더글러스와 그녀의 동료들은 일부 음모론자는 오사마 빈라덴이 지금도 살아 있다는 생각과, 미국이 그를 사살했다고 주장하기 한참 전에 이미 사망했다는 생각에 다 동의할 수 있음을 확인했다. 캐런 더글러스는 이렇게 말한다. 그러한 모순은 "사람들이 무슨 얘기를 들건 믿을 수 없다고 생각한다면 어느 정도 이해가 된다." 어째서 그런가? "만일 이것이 사실일 수 있다면, 다른 음모도, 그밖의 다른 것들도 가능하다."[38]

히틀러는 1939년 1월 어느 연설에서 유럽의 유대인이 또 하나의 세계전쟁을 "일으키면" 그들은 "절멸될 것"이라고 "예언했다."[39] 거의 3년이 지난 1941년 12월 12일, 독일이 미국에 전쟁을 선포한 다음날, 히틀러는 나치 지도자들에게 말하면서 그 '예언'을 명시적으로 언급했다. 괴벨스는 이렇게 쓴다. "유대인 문제에 관해 퓌러는 단호히 오해의 소지를 없애고자 한다. 그는 유대인들에게 만일 또다른 세계전쟁을 일으키려 한다면 절멸될 것이라고 미리 경고했다. 이는 헛말이 아니었다. 지금 세계전쟁이 일어났고, 유대인의 파멸은 분명코 불가피한 귀결이 될 것이다."[40]

'최종 해결'에 관한 합의가 명확하게 이루어진 순간이, 확고한 결정의 순간이 바로 이때였다고 생각하기 쉬울 것이다. 이는 범죄의 발생에 관한 사람들의 생각에 부합할 것이다. 범죄 드라마의 줄거리에서 보듯이, 음모자들의 모임, 최종 결정이 내려지는 회의, 마지막으로 범죄의 실행이 있다. 전부 확실하고 이해하기 쉽다. 그러나 이것은 홀로코스트의 전개에는 맞지 않는 유형이다.

한편으로 유대인은 히틀러가 1941년 12월 12일에 "오해의 소지를 없애기를" 원한다고 말하기 전에 점령지 소련에서 대규모로 학살되고 독일에서 동쪽으로 강제이송 중에 있었으며, 다른 한편으로 히틀러의 발언은 다른 곳에서 학살의 급격한 확대로 이어지지 않았다. 홀로코스트를 향한 움직임은 점진적이었고, 12월 12일이 그 범죄의 전개에서 중요한 순간이기는 하지만 유일한 결정의 순간은 아니었다. 그런 것은 없기 때문이다.

실제로 홀로코스트로 가는 과정이 점진적이었기에 가해자들이 그 범죄를 더 쉽게 실행할 수 있었는지도 모른다. 연구에 따르면, 하나의 큰 결정을 내리는 것보다는 작은 결정을 연이어 내리는 것이 더 쉽다. 이 과정은 시쳇말로 오래전에 나온 심리학 실험을 따라 '단계적 요청foot-in-the-door'(먼저 소소한 요구에 동의하게 함으로써 큰 요구까지 받아들이게 하는 설득의 전술. 1966년 스탠퍼드대학교의 조너선 프리드먼Jonathan Freedman과 스콧 프레이저Scott Fraser가 처음으로 쓴 용어) 기술이라고 부른다.[41] 이렇게 단계적으로 강도를 높여가는 의사결정 과정의 한 가지 귀결은 애초 단번에 최종적인 결정이 내려졌을 경우보다 더 완벽한 결과를 가져올 수 있다는 것이다.

이러한 성격의 단계적 의사결정의 증거는 나치가 홀로코스트를 향해 나아가는 과정 속에 있다. 예를 들면 나치의 관료들은 미국이 참전하기 몇 달 전부터 '유대인 문제'를 해결할 과격한 방법을 다양하게 고려하고 있었다. 친위대 장교 롤프하인츠 회프너는 1941년 7월에 아돌프 아이히만에게 보낸 악명 높은 메모에 이렇게 썼다. "올 겨울에는 모든 유대인을 다 먹이기에는 식량이 부족할 우려가 있다. 효과가 빠른 약제로써 노동에 적합하지 않은 유대인을 처리할 수 있는 가장 인간적인 해법을 진지하게 고민해야 한다. 그들을 굶겨 죽이는 것보다 이것이 분명코 더 유쾌할 것이다."[42]

점령지 폴란드에서도 심하게 과밀한 게토들이 있었던 바르테가우에서 근무한 회프너는 나치 스스로 자초한 위기에 대응하고 있었다. 나치는 유대인을 가두고는 음식을 충분히 주지 않고 돌보지도 않았다. 이제 회프너는 나치가 자초한 문제를 해결하기 위해 일부 유대인을 죽이자고 제안하고 있었다. 이는 심리학자 어빈 스타우브가 확인한 현상의 한 가지 사례다. "가해자들은 희생자 집단에 속한 사람들을 해치기 시작하면서 자신의 행위로부터 배우고 그 행위의 결과로 인해 변화해 이론적으로는 물론 실제적으로도 희생자를 점점 더 가혹하게 학대할 수 있게 된다."[43]

유대인을 죽일 "효과가 빠른 약제"의 발견을 원한 사람이 회프너만은 아니었다. 1941년 말에 이미 폴란드의 두 곳에 별도로 학살장을 건립하고 있었다. 이 두 곳의 학살 공장이 만들어지게 된 인과의 사슬이 시작되는 데 힘을 보탠 사람은 바로 히틀러였다. 1941년 9월 히틀러는 독일과 오스트리아에서 유대인의 강제이송을 허가했다. 베를린에 유대인이 남아 있다는 사실에 화가 난 요제프 괴벨스를 비롯해 수많은 부하가 강력히 권고하자 내린 결정이었다. 그러나 히틀러는 이 유대인들을 동쪽으로 이송한 후 정확히 어떻게 처리할 것인지에 관해 서면으로 지시하지는 않았다. 그렇지만 그가 그들을 어떻게든 '제거'하기를 원했다는 사실은 분명하다.

히틀러가 강제이송을 결정한 직후, 힘러는 바르테가우의 가우라이터이자 지사Reichsstatthalter였던 아르투어 그라이저에게 동쪽의 우치 게토로 유대인 6만 명을 보내려 한다고 통지했다. 그라이저는 항의했다. 우치 게토가 이미 과밀 상태라는 것이었다. 그래서 힘러는 2만 명으로 숫자를 줄이기로 동의했다. 그러나 이 또한 그라이저에게는 큰 문제였다. 이미 관리하고 있는 유대인도 너무 많아 벅찼기 때문이다.

우치 게토에서 유대인들은 판매할 물품을 생산하느라 장시간의 강제노동에 투입되었다. 따라서 그라이저에게 일할 수 없는 유대인은 필요하지 않았다. 그는 이 문제로 힘러와 이미 논의하고 있었고, 따라서 앞서 7월에 회프너가 메모에서 언급한 "노동에 적합하지 않은 유대인"을 위한 "인간적인 해법"이 "비생산적"이라고 추정되는 이 유대인들을 가스 밴으로 죽이는 문제에 관한 논의를 일컫는다고 봐도 무리는 아닐 것이다.

서쪽에서 수천 명의 유대인이 곧 도착한다는 사실은 노동 능력이 없는 유대인을 죽일 가스 밴의 기지를 세우려는 그라이저의 욕망을 더욱 부채질했다. 우치 게토의 동쪽 구역에 있는 외딴 마을 헤움노에 학살 시설을 건립한다는 생각은 그래서 나온 것이다.

나치가 장애인이 아니라 유대인을 가스 밴으로 죽인다는 발상에 처음으로 주목한 것은 1941년 9월 말로 보인다. 나치는 그로지에츠 게토와 즈구프 게토에서 유대인을 여러 명씩 인근의 숲으로 데려가 가스 밴으로 학살했다. 헤움노에 새로운 기지를 건립하자는 제안은 학살자들의 시각에서 그 과정을 더욱 합리적으로 만들기 위한 것이었다.

그라이저 같은 지구 관리자들은, 최우선으로 공격해야 할 적이 유대인이라는 사실을 이해하는 한, 자신의 왕국 안에서는 의사결정에서 상당한 자율성을 부여받았다. 그라이저가 얼마나 큰 자율성을 누렸는지는 그가 1942년에 힘러에게 보낸 메모를 보면 알 수 있다. 그는 메모에서 히틀러가 그에게 이렇게 하라고 했다고 말했다. 유대인에 관한 한 "내가 최선이라고 판단하는 대로 행동해야 한다."[44]

그라이저는 엄청나게 어려운 과제에 직면했다. 그는 인구가 약 500만 명인 지역의 책임자가 되었다. 그중 420만 명가량이 폴란드인이었고, 대략 40만 명이 유대인이었으며, 독일인은 32만 5천 명이었다.[45] 그렇지만 독일인이 수적으로 가장 적은 주민이기는 했어도, 그곳은 '독일화'해야 할 지역이었다. 그라이저는 발트 국가들을 포함해 다른 나라에서 들어오는 독일인들을 바르테가우 안에 수용해야 했는데, 이것이 어려움을 가중시켰다.

이것이 바로 홀로코스트의 역사에서 거듭 되풀이되는 상황이다. 나치의 지도자들은 공동의 미래상을 추구하면서 포부를 크게 가지라는 히틀러의 격려에 따라 종종 달성하기 어려운 목표를 설정하곤 했다. 그들은 그러한 목표를 달성하려 애쓰다가 더 큰 위기를 초래했고, 이러한 문제들을 해결하려다 보니 더 많은 어려움이 발생해 이 또한 처리해야 했다. 나치는 장기적인 미래상과 일련의 단기적인 목표가 있었지만 대체로 양자를 결합할 전략은 부족했다. 나치 관료들이 확실하게 인지한 것은 '과격하게' 행동한다면 결코 비판받을 일이 없다는 점이었다. 전부 다 섞어라. 이것이 매우 역동적인 의사결정 과정의 비결이었다.

1941년 12월 12일 히틀러가 베를린에서 나치 지도자들에게 유대인은 "절멸될 것"이라고 말할 때 이미 헤움노에는 학살 시설이 건립되어 가동 중이었다. 그러나 양자 간의 직접적인 연관은 없었다. 헤움노는 지역적 문제를 해소하는 지역적 해법이었다. 그러나 그것은 나치에게는 '유대인 문제'를 해결하는 과정에서 한걸음 더 나아간 것으로 한층 더 혁신적인 방법이 가능할 수 있음을 증명했다.

헤움노에서 가스 밴으로 학살당한 사람들의 고통은 어느 모로 보나 총살당한 자들의 고통만큼이나 소름 끼치는 것이었다. 어느 마을 주민은 전쟁이 끝나고 오랜 시간이 지난 후에도 가스 밴의 화물칸에서 죽어가던 유대인들의 비명소리를 잊을 수 없었다.[46] 그러나 친위대에게는 단순히 힘을 아끼는 학살 방법에 그치지 않았다. 그것은 유대인을 면전에서 사살하는 것보다 심리적 상처가 덜했다. 밴에서 시신을 꺼내 매장하는 끔찍한 일을 수감자들에게 시켰기 때문에 더욱 적었을 것이다.

헤움노에서 친위대의 경비원이었던 쿠르트 뫼비우스에게 자신의 일이 "정당한 이유"는 명백했다. 그는 당시에 "유대인이 무고하지 않고 죄가 있다고 믿었다"고 말했다. 나치의 선전에 따르면 그들은 1차대전 이후 독일의 문제에 책임이 있는 "범죄자요 인간 이하의 존재"였기 때문이다.[47]

뫼비우스와 그의 친위대 동료들이 헤움노의 가스 밴 장치를 작동하고 있을 때, 점령지 폴란드 동부에 두 번째 학살 시설이 건설되고 있었다. 이 또한 히틀러의 12월 발언 이전에 계획된 것이었으며, 마찬가지로 지역적 문제를 해소하는 해법이었다. 이는 홀로코스트의 역사에서 헤움노보다 더 큰 의미가 있다. 베우제츠라는 외딴 마을의 이 새로운 수용소는 유대인을 죽이기 위한 고정된 학살 시설로는 첫 번째였기 때문이다.

베우제츠는 한스 프랑크가 관리하는 폴란드 지역인 총독관구에 있었다. 앞서 보았듯이 총독관구는 프랑크에게는 심히 짜증스럽게도 독일화해야 할 폴란드 지역에서는 필요 없는 수많은 폴란드인의 '쓰레기 하치장'으로 쓰였다. 그러나 프랑크는 소련 침공의 결과로 '좋은' 소식을 들었다. 계획에 변화가 생겼으며 원치 않는 '성분'들이 전부 동쪽으로 더 멀리 치워짐으로써 그의 관리 지역도 최종적으로는 '독일' 땅이 되리라는 소식이었다. 프랑크는 총독관구의 유대인을 점령지 소련의 프리퍄트 습지에 있는 황량한 곳으로 보내는 것까지 상상했다.

그러나 나치가 동쪽의 전쟁에서 아직 승리하지 못했기에 프랑크는 자신의 '유대인 문제'를 해소할 더 즉각적인 해법을 받아들였다. 힘러와 루블린의 친위대경찰지도자SS und Polizeiführer 오딜로 글로보츠니크가 1941년 가을에 논의한 해법이었다. 두 사람은 루블린에서 약 110킬로미터 떨어진 폴란드 동부의 베우제츠에 절멸수용소를 만들 계획을 세웠다. 총독관구의 많은 유대인을 더는 다른 곳으로 이송하지 않아도 되었다. 이제 그들의 고향에서 죽이면 되기 때문이었다.

홀로코스트 최악의 가해자 중 한 사람이 되는 글로보츠니크도 곤란한 과거 때문에 전적으로 하인리히 힘러의 후원에 힘입어 출세한 자였다. 1904년 당시 오스트리아-헝가리 제국 땅이었던 트리에스테에서 태어난 그는 10대 때 오스트리아 남부로 이사했고 이후 나치당에 가입했다. 1938년 5월 독일이 오스트리아를 합병한 뒤, 글로보츠니크는 빈의 가우라이터로 임명되었다. 바로 그때부터 그의 인생은 망조가 들었다. 그 임무를 맡기에는 너무나도 신뢰할 수 없는 사람으로 드러났기 때문이다. 글로보츠니크는 금전적인 불법행위 혐의 등으로 조사를 받은 후 1939년 1월에 가우라이터 직위에서 해임되었다. 그는 폴란드 침공에 친위대 부사관Unterscharführer으로 참여했고, 이후 힘러가 그를 구하기로 결정해 루블린의 친위대 고위직에 임명했다.

힘러는 글로보츠니크(별명은 '글로부스Globus'였다)가 '의욕적인' 태도를 지닌 야망 가득한 인간이라고 판단했다. 히틀러처럼 힘러도 자신을 위해 일하는 자의 적극적이지 않은 태도를 극도로 싫어했다. 예를 들면 아우슈비츠-비르케나우에 거대한 수용소를 새로 지으려 했을 때 제안된 장소에 하수 처리 문제가 있다는 이유로 이의가 제기되자 힘러는 이렇게 간단히 말했다. "제군들, 그것은 건설될 것이다. 내가 그것을 세우려는 이유가 그대들의 반대 의사보다 훨씬 더 중요하다."[48] 그러나 적극성만으로 문제가 해결되지는 않는다. 하수 처리 문제는 전혀 해결되지 않았고, 수용소는 내내 전염병에 시달렸다. 비르케나우에서 일한 어느 친위대원은 이렇게 기억했다. "한걸음 내딛을 때마다 끈적끈적한 진창에 발이 빠졌다."[49]

글로보츠니크는 그러한 실무적인 문제 때문에 뜨거운 열정을 포기하고 싶은 생각은 전혀 없었을 것이다. 그러나 그와 가까이에서 일한 사람들은 곧 그가 언제나 약속한 만큼 해내지 못한다는 사실을 알아챘다. 아우슈비츠 수용소 사령관 루돌프 회스는 글로보츠니크가 결코 실현할 수 없는 "환상적인 계획"을 쏟아내는 "나서기를 좋아하는 허풍쟁이"임을 알아보았다. 회스는 글로보츠니크에게 "상당히 큰 충격"을 받았고 힘러가 왜 그에게 그토록 "큰 애정"을 보였는지 당혹스러웠다.[50]

글로보츠니크는 야심찬 학살 목표를 추구하면서 한 가지 점에서는 운이 좋았다. 실력이 입증된 기계화한 학살의 전문가들을 쓸 수 있었던 것이다. 1941년 여름 독일의 안락사 시설에서 가스실의 운용이 중단된 후, 그곳에서 일한 전문가 다수가 실직했다. 그래서 그 전문가 약 100명

이 총독관구로 넘어와 그 기술을 이용해 유대인을 죽이라는 말을 들었다.[51]

그렇게 총독관구로 들어온 안락사 전문가 중 하나였던 크리스티안 비르트가 베우제츠 절멸수용소의 첫 번째 사령관으로 임명되었다. 잔인한 경찰이었던 비르트는 학살에 관여한 다른 사람들보다 나이가 많았지만(베우제츠 절멸수용소 운영자로 임명되었을 때 쉰다섯 살이었다) 에너지가 넘치는 사람이었다. 그는 또한 증오의 힘이 어마어마했다. 역시 안락사 전문가였다가 이후 학살수용소 사령관이 되는 프란츠 슈탕을은 비르트가 "무시무시하게 잔인한 욕설"로 자신이 어떤 사람인지 드러냈다고 기억했다. 비르트는 언젠가 이렇게 말했다. "쓸모없는 주둥이들을 제거"하는 일에 관한 "감상적인 언동에 (…) 구역질이 났다."[52]

비르트와 그의 만행은 지금도 여전히 악명 높지만, 학살수용소에서 그가 자신의 가장 중요한 임무, 즉 가스실 작동에서 의지한 사람은 상대적으로 덜 알려져 있다. 로렌츠 하켄홀트는 안락사 전문가였고, 베우제츠의 학살 시설을 건설하고 운용하는 데 관여했을 뿐만 아니라 이후 1942년에 문을 연 새로운 학살수용소인 트레블린카 수용소와 소비부르 수용소에서도 가스실 운용에 도움을 주었다.

하켄홀트의 친위대 기록을 보면, 그는 1914년 베스트팔렌주 겔젠키르헨에서 태어났고, 학교를 졸업한 뒤 벽돌공이 되었다가 1933년 열아홉 살에 친위대에 합류했다.[53]

6년 뒤인 1939년 여름, 하켄홀트와 그의 친위대 동료는 안락사 계획에 선발되어 참여했다. 그들은 두 사람에게 "가장 위중한 단계의 정신질환자 사진을 보여주고" 의료 자원을 아끼려면 이들을 죽이는 것이 중요하다고 말했다.⁵⁴ 하켄홀트와 그의 동료는 아무런 이의 없이 임무를 받아들였다. 하켄홀트의 동료는 나중에 이렇게 주장했다. 안락사 시설에서 "처음으로 시체들을 보았을" 때 "먹은 것을 토해내고 일주일 넘게 아팠다."⁵⁵

하켄홀트는 또한 기계공이었고, 1941년 가을 베우제츠로 전속되기 전에는 주로 안락사 계획에서 운전수로 일했다. 정보를 종합해보면 그는 다부진 인물이었고(키는 180센티미터가 넘었고 체격이 건장했다) 주먹을 쓸 준비가 되어 있었다. 1941년 1월 그는 매춘과 관련된 싸움질에서 여인숙 주인을 구타했다. 경찰이 사건을 조사했지만, 그는 기소되지 않았다.⁵⁶

비르트는 하켄홀트가 베우제츠에 오자마자 그의 전문적인 기술을 최대한 이용했다. 비르트의 지시에 따라 하켄홀트는 네베와 비트만이 점령지 소련에서 개척한 학살 방법, 다시 말해 차량 엔진의 배기가스로 사람을 죽이는 방법의 구축과 유지, 운용에서 주된 역할을 했다.

1942년 3월 인근 지역에서 처음으로 유대인들이 베우제츠로 이송되었다. 그곳 수용소에서 일한 친위대원 카를 슐루흐는 훗날 학살 과정의 실무 작업과 하켄홀트가 수행한 역할에 관해 이렇게 설명했다. "유대인들이 가스실에 들어가면 문을 닫았다. 하켄홀트가 직접 닫거나 그의 부하인 우크라이나인들이 닫았다. 그다음 하켄홀트가 가스를 공급하는 엔진의 스위치를 켰다. 5분에서 7분 정도 지난 뒤(추정치일 뿐이다) 누군가 작은 창문으로 가스실을 들여다보고 안에 있는 사람이 전부 죽었는지 확인했다. (…) 가스실 내부에는 유대인이 빽빽이 들어차 있었다. 시체들이 바닥에 누워 있지 않고 사방으로 혼란스럽게 뒤엉켜 있었던 이유가 여기에 있다. 몇몇은 공간이 좁아서 무릎을 꿇고 있었다. 시신은 온통 진흙이나 소변, 침으로 더럽혀져 있었다."[57]

하켄홀트는 가스실을 지휘했을 뿐만 아니라 더 전통적인 방식으로도 유대인을 죽였다. 슐루흐는 이렇게 말했다. "그는 걸을 수 없는 유대인, 다시 말해 가스실까지 걸어갈 수 없는 유대인을 총으로 쏘아 죽였다. 나는 또한 그가 자신이 원하는 대로 꼼꼼하게 일하지 못한 유대인을 사살하는 것을 두 눈으로 직접 보았다." 슐루흐에 따르면 하켄홀트는 "도의 따위는 안중에 없는 무모하고 거칠고 잔인한" 사람이었다. "나는 거리낌 없이, 편견 없이 말하려 한다. 그는 술을 많이 마셨고 때로는 그 때문에 갇히기도 했다."[58]

하켄홀트의 친위대 동료였던 빌리 그로스만은 그가 "어리석고 오만하다"고 했다. "그는 또한 크나큰 두려움의 대상이었다. 하켄홀트는 자주, 특히 끝에 가서 술에 취했다. 심지어는 상관들에게도 제멋대로 굴었다."[59] 그러나 하켄홀트를 가장 잘 꿰뚫어본 사람은 베우제츠에서 일한 친위대원 로베르트 위르스였을 것이다. 위르스는 이렇게 말했다. "그는 커다란 개들과 함께 소변을 보고 싶었지만 한쪽 다리를 들어올릴 수 없었다."[60]

하켄홀트는 교육받지 못한 노동자였지만 예기치 않게 신의 역할을 할 기회를 제공받았다. 사람들은 일단 그의 가스실 세계 안에 들어오면 다시 나가지 못했다. 그는 대체로 자기 일을 즐겼던 것으로 보이며, 1942년 7월에 가동을 시작한 베우제츠의 개선된 가스실을 만드는 데 중요한 역할을 수행했다. 새 건물 위에는 그에게 경의를 표하는 표지판이 걸렸다. '하켄홀트 재단.'[61] 유대인이 학살당하기 전에 마지막으로 보는 글귀였다.

베우제츠의 '하켄홀트 재단'이 가동될 때쯤이면, 홀로코스트는 진행 중에 있었다. 1942년 1월 베를린 남서부의 반제에서 열린 악명 높은 회의에서 하이드리히는 나치가 이른바 '유대인 문제'의 '최종 해결'에 유럽의 모든 유대인을 포함시킬 것이라고 선언했다. 하이드리히는 애초에 유대인이 동쪽에서 죽을 때까지 도로 건설 노동에 투입될 것이라고 말했지만, 그 정책은 곧 노골적인 학살 정책으로 바뀌었다. 홀로코스트의 이 단계적 확대는 히틀러가 4월 23일부터 5월 3일까지 힘러와 가진 일련의 만남에서 논의되었을 가능성이 있다.[62]

그러나 하이드리히는 이 학살 프로그램의 확대를 볼 때까지 살지는 못했다. 그는 프라하 외곽에서 총격을 받고 1942년 6월 4일 병원에서 사망했다. 하이드리히가 죽은 뒤에, 오로지 유대인을 죽이는 데에만 집중한 세 개의 수용소, 즉 베우제츠 수용소와 새로 건설된 소비부르와 트레블린카의 학살수용소는 하이드리히를 '기려' 일괄적으로 라인하르트 작전Aktion Reinhardt 수용소라고 불렀다. 세 학살수용소 모두 철도로 연결된 외딴 지역에 세워졌지만 그래도 폴란드 유대인이 많이 살고 있던 도시에서 비교적 가까웠다. 셋 중에 가장 큰 트레블린카 수용소는 바르샤바 북동쪽으로 약 80킬로미터 떨어져 있었고, 그 수용소에서 사망한 70만 명에서 90만 명 사이의 유대인 다수가 바르샤바 게토에서 왔다. 라인하르트 작전 수용소에서 도합 150만 명가량이 학살당했다. 대다수는 유대인이었지만, 신티족과 로마니족(나치에게는 치고이네르 또는 집시로 알려져 있었다) 수천 명과 폴란드인 수천 명도 포함된다.

단일 학살수용소로는 가장 큰 아우슈비츠 수용소에서는 아우슈비츠-비르케나우에 벽돌로 새로이 소각로/가스실을 건설해 가동한 1943년이 되어야 본격적으로 대규모 학살이 시작된다.[63] 비르케나우에서는 그 전해부터 농가를 개조한 작은 가스실이 여럿 가동 중이었지만, 홀로코스트의 마지막 진화 단계를 나타냈을 뿐만 아니라 이 집단학살이 다른 사례와 구별되는 중대한 이유가 무엇인지 보여준 것은 바로 이 새로운 건물들의 등장이었다. 라인하르트 작전 학살수용소의 가스실은 임시 건조물이었지만, 견고한 공장 같은 아우슈비츠의 학살 시설은 내구성을 염두에 두고 설계했다. 그곳의 학살 시설은 한 민족 전체를 산업 공정에 준하는 과정을 통해 신속하게 절멸하려는 나치의 시도를 다른 건물보다 더 확실하게 물리적으로 구현했다. 그렇게 아우슈비츠-비르케나우의 벽돌로 지은 소각로/가스실에는 나치의 사악한 이데올로기가 반영되었다.

아우슈비츠의 소각로와 가스실은 또한 비뚤어진 근대성의 성명서였다. 그 수용소가 해방된 후 소련 기자 보리스 폴레보이가 《프라브다Pravda》에 썼듯이, 아우슈비츠의 소각로/가스실 시설은 '거대한 공장'을 닮았다.[64] 현대적인 기술과 혁신이 결합해 새로운 종류의 집단학살을 창출했다. 그러나 이 '근대적' 학살 방법이 가해자들에게 제공한 엄청난 심리적 이점에 관해서는 비교적 적게 언급했다. 나치는 대량학살을 쉽게 할 수 있도록 최선을 다했고, 성공했다.

동쪽에서 활동하며 희생자들이 겪는 감정적 충격(그들은 전부 자신이 곧 죽으리라는 것을 알고 있었다)을 직접 보아야만 했던 특수기동대와 달리, 학살수용소의 친위대원들은 새로 도착하는 사람들 앞에서 마치 그들을 죽일 의도가 없는 것처럼 가장할 수 있었다. 가스실에 들어가는 유대인들에게 곧 '샤워'를 할 것이라고 말하는 관행은 1941년 늦가을 아우슈비츠에서 처음으로 시작된 것 같다. 완전히 새로운 발상은 아니었다. 안락사 시설의 가스실에서도 샤워를 가장했기 때문이다. 그러나 유대인 절멸이라는 맥락에서 이렇게 그들을 진정시키는 방법이 쓰인 것은 이때가 처음이었다.

아우슈비츠에서 일한 친위대원 페리 브로아트는 소각로 안의 개조한 가스실에서 학살이 이루어진 1942년 초에 아우슈비츠 제1수용소에서 진행된 절차를 이렇게 진술했다. 유대인들은 도착하자마자 친위대 장교로부터 "몸을 씻고 소독해야" 한다는 말을 들었다. "우리는 수용소에 유행병이 돌기를 원하지 않는다. 그다음 당신들은 막사로 인도되어 따뜻한 수프를 먹게 될 것이다. 당신들은 직업적인 능력에 따라 고용될 것이다. 이제 옷을 벗어 앞쪽의 바닥에 놓아라." 브로아트는 알아챌 수 있었다. 유대인들은 그런 말을 들은 뒤에 "며칠 동안의 근심을 뒤로하고 안도감을 느꼈다." 얼마 후에 그들은 안내를 받아 가스실로 들어갔고, 문이 잠기고 위쪽에 설치된 해치로 치클론B 결정체가 쏟아졌다. 죽어가는 사람들의 비명 소리는 너무도 컸고 제1수용소의 소각로는 다른 건물에서 매우 가까웠기에 울부짖는 소리를 지우기 위해 트럭에 시동을 걸었다.[65]

'가짜 샤워'의 기만은 엄청난 효과를 낼 수 있었다. 소비부르 학살수용소에 수감되었던 유대인 토이비 블라트는 네덜란드에서 약 3천 명의 유대인이 도착하던 순간을 생생하게 기억했다.[66] 새로 도착한 사람들은 출입구 가까운 곳에 짐을 두고 "커다란 마당으로 곧장" 걸어가라는 말을 들었다. "그곳에서 우리가 '죽음의 천사'라고 부른 독일인이 그들에게 매우 친절하게 말했다. 그는 네덜란드에서 사흘 동안 오느라고 힘들었겠다며 미안하다고 사과하면서, 이제는 아름다운 곳에 도착했다고, 소비부르는 언제나 아름다운 곳이라고 말했다. 그러고는 말을 이었다. '위생 문제로 여러분은 샤워를 해야 한다. 그런 뒤에 이곳을 떠나라는 명령을 받을 것이다.' 그러자 사람들이 박수를 치며 환호했다. '브라보!' 그들은 순순히 옷을 벗었다. (…) 이 속임수는 너무나 완벽해서 나는 그들이 가스실에 들어간 뒤 물 대신에 가스가 뿜어져 나오면 십중팔구 뭔가 고장을 일으켰다고 생각할 것이라고 확신했다. (…) 그 일이 끝났을 때, 그들의 시신이 가스실에서 빼내져 이미 불타고 있을 때, 나는 속으로 별이 빛나는 매우 조용하고 아름다운 밤이라고 생각했던 기억이 난다. (…) 3천 명이 죽었다. 아무 일도 일어나지 않았다. 별들은 똑같은 자리에 있었다."[67]

블라트의 말대로 친위대는 "소비부르는 언제나 아름다운 곳"임을 납득시키려고 무척 애를 썼다. 사령관 프란츠 슈탕을의 지휘로 그 장소의 기능을 감추기 위해 온갖 노력을 다했다. 도착 지점의 램프 옆에 세운 임시 건물은 평범한 역사처럼 보이게 하려고 벽에 가짜 열차 시간표를 붙여놓았고 승강장 옆에는 꽃 화분도 놓아두었다.

심리학적 관점에서 보면, 슈탕을은 새로 도착한 사람들의 확증편향을 뒷받침하려 했다. 심리학자 피터 와슨이 1960년대에 처음 쓴 용어인 확증편향은 대다수 사람에게는 자신이 이미 생각하고 있는 바를 확증할 증거를 찾는 경향이 있음을 말해준다.[68] 이 경우에 나치는 단지 잠시 머물러 샤워와 소독을 하고 떠날 수용소에 도착했다는, 다수의 유대인이 지닌 생각을 강화하려 했다.

트레블린카로 이송되던 일부 폴란드 유대인은 결국 죽을 것이라는 소문을 들었는데도 노동수용소로 가는 기차에 타고 있다는 희망을 버리지 않았다. 1942년에 트레블린카로 보내진 사무엘 빌렌베르크는 이렇게 기억했다. 트레블린카 같은 곳이 있을 수 있다는 사실을 "믿기 어려웠다. 나는 여기에 있었다. 처음에는 그 사실을 믿을 수 없었다."[69]

아우슈비츠-비르케나우에서 친위대는 새로 도착한 사람들을 평가해 노동에 적합한 자와 적합하지 않은 자의 두 집단으로 나누면서 그들이 걱정하지 않도록 세심하게 주의를 기울였다. 친위대는 노인과 어린아이, 젖먹이가 있는 여자는 다른 수용소로 보내져 보살핌을 받았다고 주장했다. 물론 거짓말이었다. 다른 수용소는 없었다. 그들은 가스실로 갈 운명이었고, 노동에 적합하지 않다는 판정을 받은 사람들은 대부분 도착 후 몇 시간 만에 죽었다.[70]

아우슈비츠에서는 노동에 적합한 자와 그렇지 않은 자를 구분하는 것이 일반적인 관행이었지만, 라인하르트 작전 수용소에서는 거의 모든 유대인이 도착하자마자 가스실로 향했다. 아주 이따금씩만 수용소 안에서 일할 강하고 건강한 사람을 고르기 위해 선별 과정을 거쳤다. 이 유대인들 다수는 특별노동부대Sonderkommando에서 일하며 가스실을 치우고 시신을 화장하는 끔찍한 임무를 수행했다.

학살 공장에서 일한 친위대원들의 행동은 매우 다양했다. 일부 친위대원은 특별노동부대 대원들과 그런 대로 원만한 관계를 유지했다. 아우슈비츠에서 특별노동부대의 일원으로 일해야 했던 그리스 유대인 모리스 베네치아는 이렇게 기억했다. 어느 친위대원은 "때때로 우리에게 담배를 주었다." "매우, 매우 좋은 사람"이었다. 물론 이 "좋은 사람"

은 "언제나 기꺼이 사람을 죽일 의사가 있었다."[71] 반면 아우슈비츠의 다른 친위대원 오토 몰은 엄청나게 무서운 사람이었다. 그는 사디스트로 한번은 소각로 덮개를 열고 어린아이들을 산 채로 화염 속에 던져 넣었다.[72]

친위대는 유대인을 조용히, 동시에 재빨리 '처리'하기 위해 최선을 다했다. 라인하르트 작전 수용소에서 친위대는 특히 속도에 초점을 맞추었다. 새로 도착하는 사람들이 자기가 들어갈 막사가 부족하다는 것을 간파하지 못하게 하기 위해서였다. 새로 도착한 사람들을 신속하게 수용소를 지나가도록 이동시킨 것도 친위대가 유대인들을 익명의 집단으로 인식하는 데 도움이 되었다. 짧은 순간에 지나치는 자와 모종의 관계를 형성할 가능성은 없었다. 그래서 유대인들이 강압에 의해 발가벗겨진 채 신속하게 통로를 지나 가스실로 내려갈 때 그들을 '타자'로 보기는 더욱 쉬웠다.

그러므로 나치의 시각에서 학살수용소를 운영하는 열쇠는 마지막 순간까지 최대한 그 장소의 진짜 기능을 비밀로 유지하는 것이었다. 따라서 이송되어 도착하는 인원수를 수용소의 학살 능력과 세밀하게 균형을 이루게 해야 했다. 너무 많이 들어오면, 토대가 붕괴될 수 있었다. 1942년 8월 트레블린카에서 바로 그런 일이 일어났다.

트레블린카 수용소 사령관 이엄프리트 이벨(역시 안락사 프로그램의 전문가였다)은 원대한 목표를 추구했다. 트레블린카에서 일한 친위대원 아우구스트 힝스트는 이렇게 기억했다. "이벨 박사의 야심은 최대한 높은 수치를 달성해 다른 모든 수용소를 능가하는 것이었다."[73] 그는 1942년 여름에 확실히 목표를 달성했다. 바르샤바 게토에서 죽음을 향해 온 자들의 수가 거의 하루 1만 명에 달했다. 그러나 그 결과로 수용소는 서서히 엉망이 되었다. 새로 이송되어온 사람들의 도착과 이들을 가스실에서 죽이고 그 시신을 치우는 일은 다음으로 죽을 자들이 도착하기 전에 끝내야 했는데, 그 사이의 필수적인 연결이 망가졌다. 죽여야 할 사람들로 수용소가 뒤덮이자, 친위대와 그들을 보조한 우크라이나인들은 새로 도착하는 자들을 사살하기 시작했고, 이는 더 큰 혼란을 초래했다. 수용소 곳곳에 시체들이 널려 썩어갔고 소름 끼치는 악취가 풍겼다.

오딜로 글로보츠니크는 트레블린카의 혼란스러운 상태에 관해 듣고는 격노했다. 이 괴이한 상황이 이벨의 무리한 기대에서 비롯했다는 것은, 따라서 그가 글로보츠니크가 종종 직접 행동으로 보여준 대로 행한 결과라는 것은 중요하지 않았다. 이벨은 해임되었다. 프란츠 슈탕을을 소비부르 수용소에서 데려와 새로운 사령관으로 임명했고, 신임받는 학살수용소 해결사 크리스티안 비르트가 혼란을 정리하는 임무를 맡았다.

글로보츠니크가 비르트와 슈탕을처럼 무감해진 학살자를 데려오면서 가스실이 가해자들에게 다른 이점도 제공했음이 증명되었다. 이제 학살을 조정하는 데 소수의 인력만 있어도 되었기에, 계속 남아서 일한 전문가들 사이에는 그것이 스스로 선택한 일이라는 인식이 있었다. 안락사 계획에서 일한 비르트와 슈탕을은 이제 대량학살을 수행한 경험이 몇 년씩 축적되었기에 어려운 상황을 타개할 수 있는 자라고 믿을 수 있었다.

트레블린카로의 새로운 이송은 전부 취소되었고, 그동안 수용소는 깨끗하게 정리되었다. 안락사 계획의 또다른 전문가 프란츠 주호멜은 이렇게 기억했다. 수용소의 한 구역에 "시신들이 뜨거운 열기 때문에 부풀어 올라 알아볼 수 없는 상태로 변해 부패하고 있었다. 그 밑의 오물 구덩이에는 피와 대소변, 여타 분비물이 거의 15센티미터 높이로 쌓여 있었다."[74]

비르트는 에르빈 카이나라는 친위대원에게 팀을 꾸려 이를 치우라고 명령했는데, 주호멜에 따르면 "누구도 그 일을 하고 싶어하지 않았다. 이 일에 할당된 노동 유대인Arbeitsjuden은 사살되곤 했다. 매질을 해도 소용이 없었기 때문이다." 장애인과 유대인에게 잔혹하기로, 또한 바라는 것이 이루어지지 않으면 격분하기로 악명이 높았던 비르트는 이제 카이나를 협박했다. 카이나는 시신을 말끔히 치우도록 일을 시키지 못하면 그 일을 직접 해야 할 터였다. 그러고도 일을 마치지 못하면 그때는 강제수용소로 끌려갈 터였다. 카이나는 비르트의 이런 위협이 그냥 하는 말이 아니라는 것을 알았다. 비르트는 헤센주 하다마르의 안락사 시설에서 일할 때 일반 독일인들에게 자신의 업무에 관해 떠들었다는 이유로 부헨발트 강제수용소에 보내져 여러 달 머문 적이 있었다.[75] 트레블린카에서 카이나는 주호멜에게 이런 뜻으로 말하고는 총으로 자살했다. "그는 다시는 강제수용소에 가고 싶지 않았다."[76]

카이나가 안락사 시설이나 트레블린카 학살수용소에서 살인 과정에 참여하기를 거부하지 못했다는 점에 주목할 필요가 있다. 그는 단지 하다마르에서는 쓸데없는 말을 했다는 이유로, 트레블린카에서는 시신 치우는 일을 싫어했다는 이유로 곤란한 처지에 놓였다. 결국 그에게 트레블린카 수용소를 청소하는 공포는 심리적으로 감당하기 어려운 일로 드러났다.

트레블린카 수용소는 1942년 가을쯤에 다시 가동되었지만, 다른 라인하르트 작전 수용소처럼 이듬해 파괴되었다. 트레블린카와 소비부르, 베우제츠의 수용소는 1~2년의 비교적 짧은 기간 동안 살인이라는 단 한 가지 기능만을 수행하기 위해 계획되었다. 그래서 1943년 말, 주변 지역의 폴란드 유대인 대다수를 죽여 없앴기에, 나치는 이 수용소들을 전부 갈아엎었다. 이제 아우슈비츠 수용소만 학살의 중심 시설로 남아 홀로 나치의 요구를 처리할 수 있었다.[77]

점령지 소련에서 특수기동대가 벌인 작전이 노동집약적이었던 반면, 아우슈비츠-비르케나우의 소각로/가스실 복합시설의 운영을 감독하는 데 필요한 인력은 친위대원 20여 명에 불과했다. 그러한 학살 공장은 총 네 개였는데, 각각 한 번에 최대 2천 명까지 죽일 수 있었다.[78] 이러한 학살 방식이 힘러와 친위대에 주는 심리적이고 실질적인 이점은 명확했다.

아우슈비츠의 친위대원은 대부분 직접적으로 사람을 죽이는 일에 투입되지 않았고 수용소의 경비병으로 일하거나 여러 행정 분과에서 일했다. 아우슈비츠 수용소에서 유대인에게서 강탈한 돈을 계산하는 회계 분과에서 근무한 한 친위대원이 전쟁이 끝나고 오랜 세월이 흐른 후 수용소에서 '우정'을 쌓았다고 말할 수 있었던 것은 바로 그러한 임무의 분리 덕분이었다. "나는 지금도 여전히 [그 우정에 관해] 회상하기를 즐긴다고 말한다."[79]

친위대가 아우슈비츠의 학살 활동에서 얻은 '이점'이 마지막으로 하나 더 있다. 의사에게 새로 도착한 사람들을 선별하는 일을 맡긴 것이다. 훈련받은 의료인이 적어도 잠정적으로는 누구를 살리고 누구를 당장 죽일지를 결정했기에, 나치는 그 과정이 피가 흩날리고 뇌수가 터지는 특수기동대의 학살과 다르게 신중한 고려를 거친 냉정한 의료 절차라고 확신할 수 있었다. 이는 "공정한 세상"으로 알려진 인지편향의 힘을 강력하게 보여준다. 아우슈비츠의 친위대는 자격 있는 의사들이 결정을 내렸기에 이 사람들이 죽어 "마땅하다"는 듯이 처신할 수 있었다. 이들의 전문적인 판단에 누가 반대할 수 있겠는가?

―――

지금까지 우리는 남성 가해자가 한 일만 논했다. 그러나 여성도 홀로코스트에 관여했다. 이는 놀랍게 생각될지도 모른다. 나치 정권이 여성의 첫 번째 의무는 아내이자 어머니라고, 특히 후자의 역할을 강조해 설파했기 때문이다. 1939년 12월 퓌러 대리 루돌프 헤스는 이렇게 말했다. "여성이 공동체에 할 수 있는 최고의 봉사는 민족의 생존을 위해 종족적으로 건강한 아이들을 안겨주는 것이다."[80]

그러나 그것이 여성이 한 일의 전부는 아니었다. 1930년대 말부터 시작해 전쟁 중에 한층 가속화한 것인데, 여성은 노동 현장에서 점점 더 중요해졌다. 여성은 전투에 참여하지 않았다. 남성뿐인 나치당 지도부는 여성의 전투 참여를 여전히 혐오스럽게 생각했다. 소련에서는 여성이 전투기 조종사, 전차 지휘관, 저격수, 심지어 방첩부대인 스메르시SMERSH의 심문자로도 복무했다. 나치 독일에서 그런 일은 상상할 수 없었겠지만, 여성은 산업에서, 군수 공장에서, 타자수와 비서로, 나치당 당직자가 수행할 다른 행정직에서 일했다.

학살자였던 여성도 있었다. 주로 안락사 계획에서 일한 간호사들이다. 파울리네 크나이슬러는 바이에른주 카우프보이렌 정신병원에서 선별된 환자들에게 치명적인 약물을 주사하는 일에 자원했다.[81] 종전 후 그 범죄로 재판을 받은 크나이슬러는 절대로 자신이 살인자라고 생각하지 않았다. "나는 안락사를 결코 살인으로 여기지 않았다. 나는 헌신과 자기희생의 삶을 살았다. (…) 나는 사람을 모질게 대한 적이 없다. (…) 그런데도 지금 [법적 귀결로] 고통을 받고 있다."[82]

여성은 동쪽의 점령지에서 다른 범죄도 저질렀다. 연구에 따르면, 어느 친위대원의 아내는 유대인 어린이 여섯 명을 사살했다.[83] 여성은 또한 수용소로 끌려간 사람들을 고문하는 데에도 힘을 보탰다. 전쟁 발발 전에 여성은 강제수용소에서 여성 수감자들의 감독Aufseherinnen(여성 감독)으로 고용되었다. 특히 여자가 가장 많이 수감된 수용소였을 뿐만 아니라 여성 감독의 주된 훈련 센터이기도 했던 라벤스브뤼크에 많았다. 여성 감독은 공식적으로 친위대에 편입되지는 않았지만(힘러는 여성을 정식 대원으로 받아들이는 것을 끔찍이 싫어했다) 친위대의 남성 경비병들과 함께 일했다.

이런 점을 생각해볼 수 있다. 루블린 외곽의 마이다네크 강제수용소에서 일한 여성 감독들에 관한 어느 연구는 놀랍게도 그들의 합류 동기가 전혀 이데올로기적인 것이 아니라고 결론 내렸다.[84] 마이다네크의 여성 경비원 스물여덟 명 중에서 동기를 확인할 수 있을 만큼 상세한 증거가 남아 있는 사람은 열세 명이다. 그중 단 한 명만 이전에 히틀러유겐트의 여성판인 독일소녀연맹에 가입해 나치 정권에 대한 헌신을 드러냈다. 대다수는 여성 감독이 현재의 일자리보다 더 많은 돈을 벌 수 있고 근무 조건도 좋았기 때문에 선택했다.

라벤스브뤼크 수용소의 행정 부서에서 일했던 수감자 마르가레테 부버노이만은 더 많은 여성을 유인해 여성 감독으로 만들려는 '모집 운동'이 있었다고 기억했다. 모집원들은 단지 "급여가 좋고 음식이 넉넉하다"는 말을 했을 뿐 그 일의 정확한 성격은 언급하지 않았다. 부버노이만은 그 일을 받아들인 여성들 중에서 첫 주에 "울면서" 시작하고 "집에 돌아갈 수 있게 해달라고 요청"한 사람이 "거의 절반"에 가까웠다고 추산했다. 그러나 요청 사항이 있으면 사령관에게 얘기해야 한다는 말을 듣자 거의 아무도 "그렇게 할 용기"를 내지 못했다. 그들은 머물렀고, 시간이 지나면서 대부분 업무에 익숙해졌다.

부버노이만은 이렇게 썼다. "똑같은 변신을 거듭 목격할 수 있었다. 이 젊은 일하는 여자들은 곧 어느 모로 보나 숙련된 전문가만큼이나 사악했다. 수감자들이 마치 막사에서 태어나기라도 한 듯이, 명령하고 괴롭히고 소리쳤다. 물론 예외도 있었지만 많지는 않았다." 몇몇 여성 감독은 새로운 제복을 입자마자 평범한 공장 노동자에서 모진 강제수용소 경비원으로 변신했다. 부버노이만은 그녀들의 가죽 장화와 작업모가 즉시 "그들에게 자신감과 우월감을 주었다"는 사실을 알아챘다.[85]

부버노이만이 목격한 이 여성들의 '변신'은 스탠퍼드 교도소 실험을 구체적으로 알고 있는 사람들에게는 놀라운 일이 아닐 것이다.[86] 1970년대 초, 스탠퍼드대학교의 심리학 교수 필립 짐바도는 자발적으로 실험에 참여한 사람들을 임의로 교도관과 수감자 두 집단으로 나누었다. 곧 각 집단은 새로운 역할을 수행하기 시작했다. '교도관'으로 선정된 사람들 중 일부가 그 일을 너무나도 열정적으로 받아들여, 실험을 도중에 끝내야 했다.

이 논란거리가 된 실험은 엄청나게 많은 학술 문헌을 낳았다.[87] 그렇지만 짐바도의 실험은 지금까지도 스탠리 밀그램의 연구와 더불어 이 책의 탐구와 관련된 행동을 이해하려는 매우 중요한 심리학적 시도 중 하나다. 만일 짐바도가 관찰한 수준의 변화가 민주주의 체제에서 살아가는 청년들에게 일어날 수 있다면, 어떻게 그렇게 많은 젊은 여성이 재빨리 나치의 수용소 경비원으로서 "숙련된 전문가"로 변신할 수 있었는지 상상하기란 어렵지 않다. 그들은 대다수가 강경한 나치는 아니었다고 해도, 종족의 우월함을 설파하고 이제 그들이 감시하고 있는 바로 그 사람들이 제기한 위험을 경고한 문화에서 성장했다. 이 여성들은 수용소 안에서 일함으로써 국가에 지극히 중요한 봉사를 하고 있다는 말을 들었다. 공장에서 일하거나 타자수로 일하는 것보다 훨씬 더 가치 있는 일에 고용되었다는 것이다.

자신의 가치가 높아졌다는 느낌은 수용소에서 제공해준 숙소로 더욱 증폭되었다. 여성 감독은 저마다 손을 씻을 수 있는 세면대가 구비된 방을 제공받았고, 만나서 이야기를 나눌 수 있는 공용 공간도 있었다. 헤르타 엘레르트는 종전 후 이렇게 말했다. "아주 솔직하게 말하겠다. 나는 라벤스브뤼크에 도착하고 그 초기에 누린 것만큼 멋진 생활을 누린 적이 없다."[88]

이러한 사정은 그들 중 스물여덟 명이 동쪽의 글로보츠니크의 학살 제국에서도 심장부였던 마이다네크 강제수용소로 파견되었을 때 변했다. 마이다네크 수용소는 규모에서는 아니었지만 기능에서는 아우슈비츠 수용소와 유사하게 강제수용소인 동시에 학살수용소였다. 마이다네크 수용소는 아우슈비츠와 비슷한 점이 또 하나 있었다. 가스실에서 치클론B로 학살이 실행되고 있었던 것이다.

여성 감독들에게 이 새로운 환경은 충격적이었다. 마이다네크는 감금의 장소였을 뿐만 아니라 체계적인 학살의 장소이기도 했다. 게다가 수용소에서 일한 수백 명의 남성 친위대원 사이에서 그들은 여성인 데다 소수였다. 나날이 되풀이되는 잔혹함의 수준은 라벤스브뤼크에서 볼 수 있는 것보다 훨씬 더 높았다. 마이다네크에서 여성 감독은 말채찍을 들고 다니며 내키는 대로 수감자를 매질할 수 있었다. 이는 여성 수감자를 묶어놓고 채찍으로 때리는 더 공식적인 '매질'에 포함되지 않는 것이었다. 어느 수감자는 이렇게 기억했다. "여성 감독 로자Rosa는 (…) 쇠로 된 채찍 손잡이로 우리의 엉덩이를 스물다섯 번 때리고 스물여섯 번째는 머리를 때렸다."[89]

몇몇 여성 감독은 자신이 수감자 폭행을 즐긴다는 사실을 깨달았지만, 나머지는 자제했다. 여성 감독 헤르미네 브라운슈타이너는 "잔인함과 명백히 사디스트적인 만족감"으로 행동한 반면, 헤르미네 브뤼크너는 종전 후 생존자들로부터 '인간적'이었다고 칭송을 받았다. 어떤 이는 이렇게 회상했다. "그녀[브뤼크너]가 점호를 담당하는 날이면 피를 보지 않을 것임을 우리는 알고 있었다."[90]

여러 여성 감독이 제각기 선택한 폭력 수준 간의 차이는 우리가 남성 가해자들 사이에서 이미 목격한 차이를 반영한다. 매우 놀랄 정도로 유사하게, 트레블린카 수용소에서 일한 남성 친위대원 중에서도 최악의 사디스트였던 쿠르트 프란츠는 최악의 사디스트 여성 감독 중 하나가 마이다네크 수용소에서 한 것과 똑같은 방식으로 자신의 개를 풀어 수감자를 공격하게 했다. 외모 때문에 '랄케Lalke'(이디시어로 '인형')라는 별명으로 알려진 프란츠는 자신이 키우는 세인트버나드 종 개에게 이러한 명령어로 수감자를 공격하게 하곤 했다. "사나이, 저 개를 물어!"[91] 힐데가르트 레헤르트는 마이다네크 수용소에서 그녀의 개에게 이러한 명령어로 수감자를 공격하게 했다. "인간, 가서 저 개를 물어."[92] 두 사람 다 분명히 자신의 개는 인간이라고, 수감자는 개라고 불렀다.

이 주제를 연구한 어느 독일 학자가 이렇게 결론 내린 것도 이상하지 않다. "오만, 독선, 창의적인 고문 방법, 한계 없는 사디즘의 측면에서 여성을 좋게 볼 만한 젠더 특유의 차별성은 없었다."[93]

이전에 나치 독일에서 '평범한' 삶을 살았던 여성들이 기회를 갖자마자 끔찍한 범죄를 저지르기 시작했다. 놀라운 일이지만, 홀로코스트의 역사에서 남녀를 막론하고 종종 보아온 유형이다. 폴란드의 철학자이자 사회학자인 지그문트 바우만 교수는 이렇게 말했다. "가장 쓰라린 점은 대다수 사람이 잔인함을, 최소한 도덕적 무감각을 요구하는 역할에, 그 역할이 우월한 권위에 의해 적절히 강화되고 정당화되기만 한다면, 쉽게 빠졌다는 것이다."[94]

그러나 이제 나치 정권이 점점 더 강한 압박을 받으면서 독일인들은 국가의 '우월한 권위'가 무너지기 시작하면, 기존의 확신이 깨지기 시작하면 무슨 일이 벌어질지 깨달을 시점에 도달했다.

12

두려움 키우기

독일의 전 역사를 통틀어 이와 같은 패배는 없었다. 스탈린그라드 전투에서 40만 명의 독일군이 사망하거나 부상을 입거나 포로가 되었다. 나치 정권의 원대한 목표, 다시 말해 볼셰비즘에 대한 승리, 방대한 자원의 확보, 독일 역사의 그 무엇에도 뒤지지 않는 영광이 비참하게 위협을 받았다.

1943년 2월 2일 스탈린그라드에서 항복이라는 재앙을 떠안은 후, 나치 지도부가 해결해야 할 난제는 분명했다. 그렇게 심리적으로 위축된 분위기 속에서 어떻게 국민의 충성을 유지하고 최후의 순간까지 싸울 태세를 갖출 수 있겠는가?

한 가지 방법은 그저 국민이 종국에는 다 잘되리라는 믿음을 유지하리라고 바라는 것이었다. 맥줏집 폭동에 참여한 '고참 당원Alter Kämpfer' 에밀 클라인도 그 신념을 유지하려 최선을 다한 사람이다. 그는 이렇게 생각했던 기억이 있다. "머리는 우리가 전쟁에서 지고 있다고 말했지만, 가슴은 이겨야 한다고 말했다!"[1] 여성을 위한 히틀러 유겐트였던 독일소녀연맹의 지도자 유타 뤼디거는 이런 사실을 알고 위로를 받았다. 실패란 "역사에서 매우 자주 벌어진 일이다. 프리드리히 대왕을 보라. 그도 거의 모든 것을 잃을 뻔했지만 결국에는 판을 뒤집는 데 성공했다."[2]

나치 정권에 반대한 공무원이었던 프리드리히 켈너는 1943년 여름 일기에 이렇게 쓴다. 독일 주민 중에서 "낙관론자와 비관론자의 비율을 확정하는 것은 불가능하다." 그렇지만 "희망적인 사람의 숫자는 여전히 꽤 많다. 희망이란 파괴할 수 없는 것 같다."³

헤르만 괴링은 1943년 1월 30일에 한 연설에서 스탈린그라드에서 사망한 독일인은 영웅적인 희생을 한 것이라고 선언했고 소련군은 이제 예비 병력이 완전히 소진되었다고 망상에 빠져 말했다. 그러나 그는 또한 심리학적으로 흥미로운 발언도 했다. 괴링은 독일이 스탈린그라드에서 고초를 겪었다는 이유만으로 히틀러의 권력 장악과 그 이후에 거둔 모든 성공이 어떻게 "무의미할" 수 있느냐고 물었다.⁴

괴링은, 무의식적으로 한 것이 거의 분명한데, 나치의 심리에서 이전에 그 정권이 성공을 거두었다는 인식과 수십만 독일군 병사들이 무장과 동기, 지휘에서 더 강력한 적에게 막 패배했다는 현실 사이의 괴리를 부각했다.

이는 심리학에서 가장 중요한 현상에 속하는 인지부조화cognitive dissonance의 사례다. 이 분야에서 선구적인 연구를 내놓은 리언 페스팅거 교수는 이렇게 썼다. "확신을 지닌 사람은 변화시키기 어렵다. 그에게 당신이 동의하지 않는다고 말해보라. 그는 당신을 외면한다. 사실이나 수치를 보여주면, 그는 당신의 자료를 의심한다. 논리적으로 얘기해도 그는 요점을 이해하지 못한다."⁵

페스팅거와 그의 동료들이 밝혀낸 사실은 인간이 내적 모순을 피하기 위해 무척이나 애쓴다는 것이다. 그는 우리가 믿음과 현실 사이의 충돌을 얼마나 간절히 피하려 하는지를 강조했다. 그러한 노력의 흔한 결과는 앞서 구축한 관념에 맞게 현실을 재구성하려는 시도다. 페스팅거는 이렇게 말한다. 누군가 "어떤 것을 진심으로 믿는다고 가정해보자. 한걸음 더 나아가 그가 이 믿음에 깊이 빠져 있다고, 그로 인해 돌이킬 수 없는 행동을 취했다고 가정하자. 마지막으로 그에게 그 믿음이 틀렸다는 증거를, 이론의 여지가 없고 부정할 수 없는 증거를 제시했다고 하자. 무슨 일이 벌어질까? 그 사람은 흔들림 없이 이전보다 더욱 강하게 자신의 믿음이 옳다고 확신하는 경우가 많다. 심지어 자신의 견해를 받아들이도록 다른 사람을 설득하기 위해 일신된 열정을 보여줄 수도 있다."[6]

페스팅거가 1950년대에 외계 방문객의 도착이 임박했다고 믿는 자그마한 준종교적 집단에 관해 내놓은 고전적인 연구는 어떻게 믿음이 최고로 강력한 '반대 증거'까지도 견뎌내고 살아남을 수 있는지 증명했다.[7] 외계인이 예상된 날에 나타나지 않았을 때, 그 집단의 믿음과 현실은 분명하게 충돌했다. 가장 확실하게 믿은 사람들은 예측이 불발한 것에 대해 여러 가지 핑계를 댔다. 많은 경우에 그들의 믿음은 더욱 강해졌다. 나머지 사람들은 최선의 선택으로 현실의 손을 들어주고는 그 집단을 떠났다.[8]

이는 홀로코스트의 역사와도 명백한 연관성이 있는 현상이다. 이와 비슷하게, 독일인들이 동부전선에서의 실패를 알게 된 후에, 나치즘에 대한 신뢰가 여전히 강한 상태를 유지했거나 심지어 더 강해진 사람들이 있었지만, 나치 정권과의 분리를 점점 더 강하게 느낀 사람들도 있었다.

스탈린그라드 전투에서 패배하기 몇 주 전부터 이미 이러한 균열의 징후가 보였다. 보안국의 첩보원들은 "보급 문제의 가중된 어려움, 일상생활 전 영역에 나타난 3년간의 실패, 강도와 규모가 지속적으로 확대되는 적군의 공습", 그리고 "최전선에 나가 있는 친척의 안위에 대한 걱정"으로 "일부 지역에 나타난 강한 전쟁 피로감"을 보고했다.[9]

진심으로 믿는 자들 중에서도 가장 진심이었던 요제프 괴벨스는 여태껏 겪지 못한 가장 어려운 심리적 과제에 직면했다. 그는 믿음이 무너지는 사람들에게 역경에 맞서 굳건하게 버티라고 설득해야 했다. 이를 위한 첫 번째 시도이자 가장 지독했던 시도는 1943년 2월 18일 '총력전' 연설로 나타났다. 독일군이 스탈린그라드에서 패배하고 채 3주가 지나지 않은 시점이었다. 괴벨스는 독일인들에게 노력을 배가하라고, 정권이 사태를 뒤집을 것임을 믿으라고 호소했을 뿐만 아니라 이런 말로써 공포심을 불러일으키려 최선을 다했다. 소련군이 그 전쟁에서 승리하면 이는 곧 "우리의 지식층과 지도부 전체가 소멸하고 우리 노동자들이 볼셰비키-유대인의 노예로 전락한다는" 뜻이다.[10]

괴벨스는 독일인들에게 계속 싸울 수 있는 동기를 부여할 열쇠는 두려움이라는 것을 알고 있었다. 이때부터 전쟁이 끝날 때까지 그는 이런 메시지를 설파하는 데 몰두한다. 절대로 포기하지 않는 것이 그대들 개인에게도 이익이다. 왜냐하면 동쪽의 '인간 이하의 존재들'이 강간, 살해, 복수의 의도를 품은 채 다가오고 있기 때문이다. 항복은 이 야만인들의 도착을 더욱 앞당길 뿐이다.

바로 그가 좋아하는, 감정을 건드리는 노골적인 메시지였다. 그러나 스탈린그라드 전투의 패배를 생각하면 괴벨스는 그로서는 흔치 않은 선전의 실수를 저질렀다. 그는 나치 정권이 소련군에 포로로 잡힌 9만 명 이상의 독일군 제6군 병사들이 모조리 살해되었다고 발표해야 한다는 히틀러의 의견에 동의했다. 1943년 2월 3일에 히틀러는 군사령부에서 이런 메시지를 전달했다. "적이 두 차례나 항복을 요구했지만 우리는 당당하게 거부했다. 마지막 전투는 스바스티카 깃발을 휘날리며 치렀다. 스탈린그라드 폐허의 가장 높은 곳에 꽂은 그 깃발을 어디서든 볼 수 있었다. 장군들, 장교들, 부사관들, 여타 병사들이 마지막 한 발이 남을 때까지 나란히 서서 싸웠다. 그들은 독일의 생존을 위해 죽었다."[11]

이 새빨간 거짓말은 끔찍한 발상이었다. 독일 외교부 관료들은 연합국이 이 병사들이 여전히 포로 신분으로 살아 있다는 소식을 떠들썩하게 알릴 것임을 깨달았다. 이들을 걱정한 친척들은 사랑하는 사람의 소식을 내놓으라고 관료들을 괴롭혔을 것이고, 따라서 거짓말을 계속하기는 어려웠을 것이다. 당연히 포로가 된 병사들에게 관심을 쏟아야 했다. 〈라디오 모스크바〉 같은 연합국 선전 매체가 곧 진실을 알렸기 때문이다.

이것이 나치 정권의 더 큰 문제였다. 독일 국민이 나치의 선전과 현실 간의 괴리를 서서히 인식하게 된 것이, 특히 동쪽에서 범죄를 저질렀고 여전히 범죄가 자행되고 있다는 사실을 알게 된 것이 고민거리였다. 괴벨스의 '총력전' 연설이 있기 딱 두 달 전에 연합국이 홀로코스트의 실체와 "무도하고 냉혹한 절멸 정책"을 상세히 알리는 공동 성명을 발표하면서 나치가 "명예로운" 전쟁을 수행하고 있다고 말하기는 점점 더 어려워졌다.[12]

괴벨스는 연합군의 주장이 사실임을 알고 있었다. 나치는 실제로 수백만 명의 유대인을 학살함으로써 세상 사람들의 머릿속에서 떠나지 않을 범죄를 저지르고 있었다. 그러한 상황은 괴벨스까지는 아닐지언정 그보다 약한 선전자라면 무너뜨리기에 부족함이 없었을 것이다. 괴벨스는 오늘날 '왓어바웃티즘whataboutism'(비난에 대해 자신을 방어하는 대신 상대방을 비난해 대응하는 전략)으로 널리 알려진 기술을 토대로 거대한 선전 운동에 착수하기로 결정했다. 그는 연합국이 홀로코스트에 관한 성명을 발표하기 며칠 전에 선전 회의를 열어 "공격이 최선의 방어"이기 때문에 독일은 적에 맞서 '잔학행위 선전atrocity propaganda'(적이 저질렀다는 실제와 가공의 잔학한 범죄에 관해 정보를 퍼뜨리는 전략)을 조직적으로 펼쳐야 한다고 선언했다. "영국이 인도와 근동, 이란, 이집트 등 영국인들이 들어간 곳 도처에서 자행한 잔학행위"에 초점을 맞추어 했다. "우리는 영국이 한 것과 정확히 똑같이 완전히 모호한 자료를 근거로 그렇게 할 수 있다. 예를 들면 이렇게 말할 수 있다. '카이로를 출발해 막 리스본에 도착한, 신뢰할 만한 사람들에 따르면 저명한 이집트인 몇 사람이 사살되었다.' 기타 등등."[13]

괴벨스는 나치가 홀로코스트에 관한 연합국의 주장을 직접적으로 이용하기는 불가능하다는 점을 알았다. 그는 1942년 12월 14일 회의에서 이렇게 말했다. "우리는 이러한 일에 대응할 수 없다. 만일 유대인들이 우리가 폴란드에서 총살 집행반으로 250만 명의 유대인을 처형했다거나 그들을 동쪽으로 이송했다고 말하면, 우리가 230만 명뿐이었다고 대응할 수는 없다. 따라서 우리는 그 논쟁에 끼어들 수 없다. 어쨌거나 전 세계 여론 앞에서 공개적으로는 안 된다. 게다가 세계 여론은 유대인 문제에 관해 상세히 알지 못하기 때문에 우리가 위험을 감수하고 이렇게 말할 필요는 없다. '그렇다, 우리가 했다. 이런 이유로.' 우리는 어쨌거나 말할 기회를 얻지 못할 것이다."[14]

독일 국민의 심리에 영향력을 행사할 최선의 방법은 감정에 호소하는 것이라는 믿음에 따라, 괴벨스는 기운을 북돋는 다른 화제들로써 공포심을 조장하는 '잔학행위 선전'의 효과를 더욱 높여야 한다는 점을 이해했다. 1942년 3월 그는 일기에 이렇게 썼다. "요즘처럼 긴장이 최고조에 달한 시기에는 영화와 라디오가 국민에게 다소간의 위안을 주어야 한다. 유쾌한 분위기를 유지해야 한다."[15]

그래서 괴벨스는 적에게서 즐거움을 빼앗는 것이 그들의 사기를 꺾는 가장 효과적인 방법 중 하나라고 생각했다. 이를 위해 그는 1942년 영국의 "문화 중심지들, 해안 휴양지들, 시민 생활 중심지들"을 폭격하는 문제에 관해 히틀러에게 얘기했다. 그는 이렇게 주장했다. "심리적 효과는 그곳에서 훨씬 더 클 것이다. 현재 가장 중요한 것이 심리적 효과다." 결과적으로, 그리고 영국의 독일 도시 포격에 대응해, 괴벨스와 히틀러는 "영국의 문화적 명소를 완전히 파괴"하기를 원했다.[16]

괴벨스가 1943년 봄 상충하는 메시지를 기괴하게 병치한 것은 바로 문화의 "심리적 효과"와 독일 국민의 "유쾌한 분위기" 조성의 중요성을 믿었기 때문이다. 그는 2월 18일 '총력전' 연설에서 한편으로는 자기희생의 필요성을 이야기했다. 반면 2주 후에는 독일 역사상 가장 많은 비용을 들인 판타지 오락 영화 한 편을 공개했다. 〈뮌히하우젠Münchhausen〉은 가공의 독일 남작이 펼친 모험을 보여주는 컬러 장편영화였다. 마술사, 열기구를 타고 가는 달 여행, 사치스러운 연회, 하렘의 욕장에서 젖가슴을 드러내고 목욕하는 젊은 여인들이 나온다.

괴벨스를 위해 일한 영화감독 아르투어 마리아 라베날트는 〈뮌히하우젠〉 같은 영화의 숨은 동기를 이해했다. 현실 도피가 지닌 엄청난 힘이다. "[공습 이후] 여러 마을이 불타고 있었는데도, 주민들은 멋지고 훌륭한 세상에 관한 영화를 보려고 거리에 줄지어 서 있었다."[17]

1943년 4월 초, 〈뮌히하우젠〉이 개봉하고 한 달이 지났을 때, 괴벨스는 선전의 선물을 받았다. 왜 독일인들이 사악하고 잔인한 볼셰비키를 두려워해야 하는지에 관한 그의 핵심적인 메시지를 뒷받침한 것이다. 독일이 점령한 소련의 스몰렌스크 외곽 카틴 숲에서 수천 구의 시신이 매장된 채 발견되었다. 이를 조사한 독일인들이 소련의 비밀경찰 내무인민위원부가 그 범죄를 저질렀음을 밝혀내기는 어렵지 않았다. 소련이 점령한 폴란드 동부 지역에서 체포된 수만 명의 저명인사들이 1940년 봄에 사라졌고, 그들 중 다수가 이런 상태로 발견되었다.[18]

이는 괴벨스가 경고한 볼셰비키의 '잔학행위'를 보여주는 증거가 아니겠는가? 명백히 대량학살의 죄를 저지른 연합국이 독일의 범죄를 고발하다니 대단한 위선자가 아닌가? 괴벨스는 기쁘다는 듯이 4월 17일 일기에 이렇게 썼다. "우리는 이 분야의 온갖 독창적인 기술을 동원해 이를 활용하고 있다."[19]

카틴 숲에서 발견된 시신들은 또한 볼셰비키의 야만성이라는 괴벨스의 주된 테마도 강화했다. 그는 뇌에서 공포라는 감정이 왜 그렇게 즉각적으로 강력하게 일어날 수 있는지 그 심리학적 이유는 몰랐겠지만,[20] 겁을 먹은 사람들이 자신을 지키기 위해 싸울 것이라는 점은 분명코 알았을 것이다. 이 연결 고리가 그에게는 엄청나게 유용했다.

괴벨스가 카틴 숲에서 발견된 시신을 '활용'하고 있다고 일기에 쓰고 겨우 이틀이 지났을 때, 나치 정권은 다시 한번 실패를 맛보았다. 바르샤바 게토의 유대인들이 집단으로 들고 일어나 독일인들에게 맞선 것이다. 약 30만 명에 달하는 바르샤바 게토의 유대인 대다수가 지난해 여름 트레블린카 학살수용소로 이송되었다. 당시에 유대인들은 죽을 곳으로 가고 있다는 사실을 확실하게 알지는 못했다. 단지 '재정착' 과정에 있다는, 나치가 퍼뜨린 거짓말은 아직 탄로 나지 않았다. 그러나 1943년 4월 바르샤바 게토에 남아 있던 약 6만 명의 유대인은 독일의 운송 수단에 올라타면 어떤 운명이 기다리고 있는지 알았다.

1943년 4월 19일 게토로 몰래 무기를 반입한 저항 투사들이 독일인들에게 발포했다. 스물한 살의 유대인 아하론 카르미는 이렇게 기억했다. "도망치는 독일인을 본 것은 그때가 처음이었다. 우리가 독일인을 피해 달아나는 사람들이었다. 그들은 유대인이 그렇게 싸우리라고는 전혀 예상하지 못했다. 피가 흘렀고, 나는 거기에서 눈을 뗄 수 없었다. 나는 말했다. '독일인의 피다!'"[21]

저항 투사들은 게토 안에서 거의 한 달 동안 버티며 독일인들에게 건물마다 지하실부터 다락까지 청소하게 했다. 결국 탄약이 거의 떨어지자 아하론 카르미와 소수의 동료는 하수구를 통해 가까스로 게토를 빠져나갔다. 실질적으로 말하자면 성취한 것이 거의 없다. 봉기가 시작될 때 게토에 남아 있던 유대인은 대부분 독일인들에 의해 살해되어 목숨을 잃었다. 그러나 심리적 관점에서는 대단한 성취였다. 바르샤바 게토 봉기는 다른 무엇보다도 유대인이 압제자에 맞서 싸우지 않았다는 것이 거짓임을 증명했다.

그렇지만 트레블린카 수용소의 사령관 프란츠 슈탕을은 종전 후에도 계속 유대인을 멸시했다. 1971년 인터뷰에서 그는 이렇게 말했다. "그들[유대인들]은 너무나 나약했다. 그저 당하고만 있을 뿐 아무것도 막지 못했다. 그들은 다른 사람들과 아무런 공통의 기반이 없었다. 의사소통의 가능성도 없었다. 그래서 멸시를 받은 것이다. 나는 그들이 어떻게 그렇게 쉽게 굴복할 수 있었는지 결코 이해할 수 없었다. 아주 최근에 나는 5~6년마다 배회하다 바다에 뛰어들어 죽는 레밍 쥐에 관한 책을 읽었다. 그 책을 읽고 보니 트레블린카가 떠올랐다."[22] 그는 이를 유대인의 수동성이라고 보고 경멸했는데, 이 또한 앞서 보았던 인지편향의 증거다. 당하는 사람은 그럴 만하기 때문에 당한다는 논리적 오류인 '공정한 세상' 가설이다.[23]

바르샤바 봉기가 그 터무니없는 가정을 깨뜨렸지만, 그 관념은 다른 곳에 남아 좀처럼 사라지지 않았다. 그곳이 어딘가 하면 놀랍게도 종전 직후 이스라엘이다. 마이다네크 수용소와 아우슈비츠 수용소를 거치고도 살아남은 할리나 비렌바움이 전후에 키부츠에 도착했을 때 이런 악담이 쏟아졌다. "당신은 자신을 지키지 못했다. 왜 그랬나? 당신에게는 무슨 일이 있었나? 당신은 비난을 받아야 한다. 아무것도 하지 않았기 때문이다. 우리에게는 그런 일이 없었다. 우리에게 당신 얘기를 하지 말라. 치욕스럽다. 젊은이들에게 말하지 말라. 당신이 그들의 투쟁정신을 박살낼 것이다."[24]

영국군에 입대해 싸운 모셰 타보르는 이렇게 말했다. 그는 "예닐곱 명의 독일군 병사가 어떻게 150명을 차에 태워 데려갈 수 있었는지 이해할 수 없었다. (…) 그러나 나는 폴란드의 작은 도시들에 살았던 유대인들과는 다른 유형의 사람이다. 어린아이일 때 우리는 마치 옛 유대인 영웅이라도 된 듯이 전쟁놀이를 했다. 나는 2천 년 전 이곳[이스라엘]에서 싸운 사람들과 긴밀히 연결되어 있다는 느낌을 받았으며, 양처럼 끌려가 학살당한 유대인에게는 애착을 느끼지 못했다. 그렇게 죽음을 당한 것을 이해할 수 없었다."[25]

모셰 타보르가 용감한 사람이었음은 의심할 여지가 없다. 종전 후 그는 남아메리카로 가서 아돌프 아이히만을 붙잡아 재판을 받도록 예루살렘으로 데려온 이스라엘 팀의 일원이었다. 그러나 그가 "양처럼 끌려가 학살당한" 동포 유대인들에 대해 드러낸 견해는 명예훼손이었다.

우선, 앞서 보았듯이 학살수용소로 끌려간 수많은 유대인은 나치에게 속아 자신의 운명을 알지 못했다. 마지막 순간까지도 그들은 샤워장으로 들어간다고 믿었고, 갑자기 끔찍한 현실을 알아챘을 때는 저항하기에는 이미 너무 늦었을 뿐이다. 그들은 앞으로 일어날 일에 대해 의혹을 품었다고 해도 학살수용소에 도착할 때부터 자동화기로 무장한 경비병들의 감시를 받았다.

동쪽의 학살 구덩이에서는 상황이 달랐다. 그러나 그곳에서도 탈출은 어려움으로 가득했다. 현지 주민은 대부분 도와줄 마음이 없었고, 유대인에게는 온갖 위험을 감수하고 그들을 숨겨줄 친구도 없었다. 또한 학살수용소에 도착할 때도 마찬가지였지만 어린 자녀가 있는 여성들에게는 감당하기 어려운 문제가 있었다. 자녀를 돌보느라 도망칠 수 없었던 여성들을 '학살당한 양'에 비유하는 것은 터무니없는 비방이다.

게다가 모셰 타보르의 비판은 실제로 저항한 유대인들, 비단 바르샤바 게토의 유대인만이 아니라 트레블린카와 소비부르의 학살수용소에서 저항한 유대인의 엄청난 용기를 언급하지 않았다. 1943년에 두 수용소에서 공히 봉기가 일어났고, 수백 명의 수감자가 가시철조망을 뚫고 숲으로 벗어나는 데 성공했다. 탈출에 성공한 사람은 대부분 거치적 거리는 어린 가족이나 늙은 친척이 없는 젊은이들이었다. 예를 들면 소비부르 수용소의 저항 세력은 이전에 소련군 병사로 훈련받은 유대인들이 중심이 되어 이끌었다.[26]

리언 페스팅거라면 유대인이 맹렬한 투사일 수 있다는 소식에 나치들이 보인 반응에 놀라지 않았을 것이다. 논리적으로 보면, 나치 이데올로기의 맥락에서 '논리적'이라는 말을 쓸 수 있다면, 그러한 사건들로 나치는 당연히 앞서 지녔던 견해를 재고했어야 한다. 나치의 선전은 여러 해 동안 유대인의 이미지를 어둠 속에서 음모를 꾸미는 모사꾼처럼 비겁하고 간교한 존재로 제시했다. 그러나 이 판단이 틀렸다는 "이론의 여지가 없고 부정할 수 없는 증거"가 있었다. 그렇지만 나치 주요 인사들은 "이전보다 더욱 강하게 자신의 믿음이 옳다고 확신했다." 페스팅거라면 충분히 예상할 수 있었을 것이다. 유대인들이 저항했다는 사실은 그들이 얼마나 위험한 존재인지 보여주는 또 하나의 '증거'가 되었을 따름이다. 그러므로 이는 그들이 죽어야만 하는 또다른 이유였다.

스탈린그라드 전투 패배의 여파로 소련군에 대한 나치의 평가에서도 비슷한 변화가 나타났다. 소련 침공 이전에는 많은 독일군 지휘관이 소련군 병사들은 야만적이고 원시적이지만 동시에 무능하다고 믿었다. 요들 장군의 다음과 같은 말은 이러한 분위기를 간명하게 보여준다. "러시아라는 거인은 돼지 방광으로 판명될 것이다. 찌르면 터질 것이다."[27]

"돼지 방광"이 "터지지" 않은 것이 아주 확실해졌을 때, 이 평가는 쉽게 변했다. 이제 소련군 병사들의 성공 자체는 그들의 잔인함을 보여주는 증거이자 원래의 침공 결정이 옳았음을 입증하는 '근거'였다. 소련군 병사들이 냉혹하게 싸울 능력을 지녔기에, 그리고 이를 이용해 그들보다 더 '문명화한' 적을 물리칠 수 있었기에, 그들을 격파하는 것이 한층 더 필요했다.

이러한 주장은 1943년 여름 독일이 큰 패배를 겪은 후에 한층 더 강력히 펼쳐야 했다. 모스크바 남서쪽으로 약 450킬로미터 떨어진 쿠르스크의 전투에서 소련군은 독일군 전차 수천 대에 맞서 굳세게 버텼다. 쿠르스크에서 국방군은 적보다 더 뛰어난 군사 장비를 보유했지만, 소련군은 T-34의 '원시적인' 기술에 의존해 독일군보다 더 많은 전차를 전장에 배치할 수 있었다.

독일군이 쿠르스크에서 실망하기 몇 주 전에 괴벨스는 정권이 직면한 어려움을 최대한 그럴듯하게 포장하려 했다. 그는 주간지 《다스 라이히Das Reich》에 실은 글에 이렇게 썼다. 이전의 군사적 성공은 "사실상 확실한 승리를 향해 나아갈 수 있는 절대적으로 안정적인 위치"를 보장했다. 실패와 "때때로 위기의 순간"이 나타날 수 있음은 사실이다. 이는 "우리의 정치적·군사적 입지의 핵심을 흔들 수 없다." 그렇지만 "그것들은 특히 심리적 압박을 어느 정도 가져올 것이다." 그래도 "중대할지언정 일시적일 뿐인 어려움을 진정한 위기로 오인하지" 않는 것이 중요하다.[28]

이는 괴벨스 같은 능숙한 선전자의 주장으로서는 지극히 근거가 박약했다. 괴벨스는 자신이 던진 메시지와 대중이 주변에서 찾은 증거 사이의 불일치를 피하기 위해 언제나 최대한으로 분투했다. 그러나 이때 그가 야기한 것이 바로 그러한 불일치였다. 눈앞의 모든 증거가 독일이 전쟁에서 지고 있음을 가리키는데, 게다가 그가 《다스 라이히》에 글을 쓰고 난 뒤에 훨씬 더 나쁜 소식이 전해졌는데, 국민이 어떻게 '실패'를 무시하면서 곧 승리가 찾아오리라고 확신할 수 있겠나? 쿠르스크 전투가 전부는 아니었다. 1943년 7월 말 연합국은 함부르크에 소이탄을 퍼부었다. 그때까지 독일이 겪어보지 못한 최악의 파괴적 공습이었다.

전체적인 '심리적' 문제도 있었다. 방 안에 있는 코끼리(거론하고 싶지 않은 어려운 문제나 상황을 뜻하는 말)가 아니라 방에 없는 코끼리, 즉 아돌프 히틀러였다. 히틀러는 몇 달 동안 공개석상에 모습을 드러내기를 거부했다. 그는 1943년 3월 21일 전몰자 추도일에 베를린에서 짧은 연설을 했을 뿐, 11월 사관후보생들에게 이야기할 때까지 공개리에 발언하지 않았다. 비교하자면 그 전해에는 여섯 차례 큰 연설을 했다.

괴벨스는 히틀러가 독일 국민 앞에 더 자주 모습을 보여주기를 간절히 원했지만, 그것이 상황 개선에 얼마나 도움이 될지는 의문이었다. 히틀러가 모습을 드러내면 열광적인 반응이 나오리라고 추정되었지만, 지금 그가 보여주는 견해는 결코 낙관적이지 않았다. 1943년 1월 1일 국방군에 전한 신년사에는 자기 연민의 기미가 엿보였다. 그는 이렇게 말했다. "우리는 이 전쟁에 어쩔 수 없이 끌려들었을 때에도 증오라는 관념을, 특히 서유럽의 적들을 향한 증오를 알지 못했다." 그는 단지 영국과 프랑스, 미국과 "우호적으로 살기를" 원했을 뿐이라고 악의적으로 말했다. "우리는 그들을 해하기는커녕 그들의 기분을 상하게 할 수 있는 것조차도 요구하지 않았다."[29]

마치 히틀러는 독일이 어떻게 이러한 상황에 처하게 되었는지 이해할 수 없는 것 같았다. 서유럽 연합국은 왜 그를 적대하는가? 히틀러가 유대인과 스탈린의 소련이라는 쌍둥이 망상에만 집착하고 있다는 사실을 그들은 모르는가? 히틀러에게 서유럽 국가들이 자신이 증오하는 적들과 동맹했다는 생각은 저주였다. 그뿐만 아니라 그것은 이해할 수 없는 처사였다. 그는 이렇게 말했다. "유대-볼셰비키-자본가의 음모가 성공한다면, 신이여 부디 유럽을 불쌍히 여기소서."[30]

히틀러는 뒤이어 1943년 2월 19일에 병사들에게 전한 성명에서 약간의 희망을 내비쳤다. 그는 이렇게 말했다. "그대들이 얼마나 힘들게 싸우고 있는지, 얼마나 큰 희생을 치르고 있는지 나는 알고 있다." 그렇지만 그는 병사들에게 자신이 새로운 사단들을 배치할 수 있도록 굳건히 버텨 시간을 벌어주어야 한다고 말했다. "아직 공개되지 않은 유일무이한 무기가 전선으로 오고 있다."[31]

이때쯤이면 히틀러는 지푸라기라도 잡는 심정으로 애쓰고 있었고 동맹국에도 그렇게 하라고 권고했다. 1943년 1월 이탈리아 외교부 장관 차노 백작은 "기적을 행할 수 있다는 독일의 비밀 무기, 즉 어떤 장갑도 그 일격을 버틸 수 없는 다중 총열 전기 대포에 관한" 소문을 들었다. 차노는 물었다. "그것이 과연 사실인가?" 아니면 "흔한 허풍"인가?[32]

히틀러가 왜 '경이로운 무기'의 환상에 빠질 수밖에 없었는지는 이해하기 어렵지 않다. 카리스마적 권위는, 그 개념의 창시자인 막스 베버에 따르면, '불안정'하고 일단 일이 잘못되기 시작하면 지극히 취약하다.[33] 히틀러는 카리스마적 지도자로서 독일인들에게 나라를 위대하게 이끌 자신의 능력을 믿으라고 요구했다. 그러나 이제 사태는 그가 실패했음을 암시했다. 엄청난 인지부조화, 즉 믿음과 현실 간의 괴리를 초래한 상황이 있었다면, 바로 이 순간이었다.

카리스마적 독재자로서 히틀러는 안정된 정부의 일반적인 제약 조건에 구애받지 않았다. 대신 그는 일련의 권력 집단들을 만들어 그의 총애를 두고 서로 경쟁하게 했다. 이것의 한 가지 부정적인 면은 가장 충성스러운 추종자들이 히틀러의 비현실적인 생각을 마치 하늘에서 신이 내려주는 것인 양 기다리고 있었다는 사실이다. 이러한 경향은 1940년 프랑스에 승리를 거둔 후에 강화된 것으로, 그 때문에 1941년 리벤트로프는 차노에게 이렇게 말한다. "모든 결정은 퓌러의 불가해한 가슴속에 숨겨져 있다."[34] 이는 또한 괴벨스가 1943년 10월 일기에 이렇게 쓰게 된 이유이기도 하다. "퓌러가 종국에 무엇을 하려는지 나는 전혀 모른다."[35]

이제 점점 더 많은 사람이 독일이 전쟁의 승리에서 멀어지고 있음을 인식하면서, 헌신적인 추종자들은 히틀러가 그 비범한 재능으로 어떤 새로운 결실을 가져올 것인지 말해주고 상황을 타개할 방법을 알려주기를 기다렸다. 그러나 벗어날 길은 없었다. 연합국이 요구한 무조건 항복 아니면 독일의 파멸이었지, 다른 선택은 없었다.

―――

히틀러가 직면한 근본적인 문제는 많은 독일인이 그에 대한 신뢰를 잃고 있다는 사실이었다. 히틀러는 신뢰가 전부임을 알고 있었다. 1927년으로 돌아가 보자. 그는 이렇게 말했다. "오직 신뢰만이 국가를 만들어낸다."[36] 이는 1922년 로마 진군으로써 나치에 영감을 준 그의 동료 파시스트 독재자 베니토 무솔리니도 믿은 바였다. 무솔리니는 청년 시절에 이렇게 썼다. "믿음은 산도 옮길 수 있다. 우리에게 산도 옮길 수 있다는 환상을 주기 때문이다. 그 환상이 아마도 삶에서 유일한 실체일 것이다."³⁷ 그러나 독일과 이탈리아에서 공히 '신뢰'는 급속하게 줄어들고 있었다. 이탈리아에서는 1943년 여름이면 신뢰는 완전히 고갈되었다.

히틀러와 나치 지도부에는 엄청나게 우려스러운 상황이었을 텐데, 1943년 7월 25일 이탈리아 국왕은 무솔리니에게 총리직에서 즉각 교체될 것이라고 말했다. 괴벨스는 이렇게 썼다. "21년 동안 권력을 유지한 혁명이 그런 식으로 소멸할 수 있다고 생각하니 대단히 충격적이다."³⁸ 나치 지도부에 한층 더 나빴던 것은 무솔리니의 강제 퇴출 시점이었다. 그 일은 1943년 전반의 온갖 실패에 설상가상으로 얹혔다.

괴벨스는 이탈리아 독재자의 "충격적인" 해임에 관해 글을 쓰기 이틀 전의 일기에서 다른 걱정거리들을 밝혔다. 그는 국민으로부터 이렇게 묻는 편지를 받고는 걱정했다. "왜 퓌러는 공습으로 각별히 심한 타격을 입은 곳을 방문하지 않는가?" "특히 왜 퓌러는 현재 상황에 관해 독일 국민에게 일말의 정보도 주지 않는가? 나는 군사 부문의 상황 때문에 압박이 심하다고 해도 퓌러가 국민에게 이야기할 필요가 있다고 생각한다. 국민을 너무 오랫동안 무시할 수는 없다. 어쨌거나 국민이 우리 싸움의 중심이다. 독일 국민이 어느 순간에 내적 강고함과 지도부에 대한 신뢰를 잃으면, 이제껏 보지 못한 가장 심각한 지도력의 위기가 초래될 것이다."³⁹

그러나 히틀러는 폭격으로 파괴된 지역을 돌아볼 생각이 없었다. 그는 폭격으로 황폐해진 곳에 관해 공개리에 진실을 말할 준비도 되어 있지 않았다. 대부분의 카리스마적 지도자처럼, 대다수의 일반적인 정치인처럼, 히틀러도 나쁜 소식과는 결부되고 싶지 않았다. 그러나 그렇다고 그가 자신의 지위를 걱정하지 않았다는 말은 아니다. 즉각적으로 대응한 것이 있기는 하다. 정부 내 요직에 자신이 절대적으로 신뢰하는 사람들을 앉힌 것이었다. 1943년 8월 히틀러가 하인리히 힘러를 내무부 장관에 임명한 것도 그런 이유에서였다.

히틀러가 자신이 '충성스러운 하인리히'라고 부른 사람을 그 자리에 앉힌 것은 이해할 수 있지만, 히틀러는 그가 그 임무를 감당할 수 있는가의 문제는 고려하지 않았다. 힘러의 수많은 다른 책무 때문이기도 했고, 힘러가 거의 히틀러만큼이나 자신의 꿈이 무너지는 상황에 골몰해 있었기 때문이기도 했다. 독일군이 카스피해를 향해 남쪽으로 진격하던 1942년 여름, 힘러는 대독일제국Großgermanisches Reich의 꿈이 여전히 실현 가능하다는 망상에 빠져 있었다. 동유럽종합계획Generalplan Ost에 따라 광대한 새 제국이 건설될 터였다. 이는 '평범한' 점령이 아니라 거대한 지역의 민족적 개조가 될 터였다. 무고한 사람 수천만 명의 죽음을 초래할 수밖에 없는 계획이었다.

그러나 이제 그 꿈이 무너지고 있었기에 힘러는 몹시 괴로웠다. 한편으로 그는 자신이 창설한 친위대 안에서 현실에 직면해 원칙을 훼손해야 했다. 1943년 5월에 열린 회의에서 친위대 판사들은 "종족적으로 이질적인 여성들"과 성관계를 가진 친위대원에 가해진 제약을 재검토해 줄 것을 요청했다. 동부 점령지의 친위대원과 경찰의 "적어도 50퍼센트"가 그 금지 조항을 어겼기 때문이다. 결과적으로 그 규정은 완화되었다. 힘러의 엄격한 종족주의적 태도는 대원들의 성적 욕구보다 약한 것으로 판명되었다.[40]

다른 한편으로, 일반 국민 사이에 불복종의 기미가 조금이라도 보이면 무자비한 탄압이 가해졌다. 괴벨스는 1943년 11월 12일에 이렇게 동의했다. "끝도 없을 것 같던 불평이 크게 줄어들었다. 패배주의자들에게 사형을 선고했기 때문이다. 우리는 이를 집행하고 널리 알렸다."⁴¹

그 전달에 힘러는 독일이 점령한 폴란드의 포즈난에서 나치 지도부 안의 '패배주의자'일 가능성이 높은 자들을 확실하게 제압하기 위해 놀라운 조치를 취했다. 10월 4일과 6일 두 차례 긴 연설에서 그는 친위대 지도자들과 나치 고위 관료들에게 제국의 가장 큰 비밀에 관해 매우 상세하게 이야기했다. 유대인의 절멸이다. 힘러가 이 엄청난 조치를 취한 이유는 그 말을 들은 모든 사람을 공모자로 끌어들이기를 원했기 때문이다. 전황이 불리해지면서 독일은 더는 그 범죄에 대해 모르는 척할 수 없었다. 그들은 이제 모두 공모자였다. 죄를 나누어 가졌기에 그들은 하나였다.

힘러의 사고방식을 이해하려는 사람들에게 포즈난 연설은 가장 중요한 자료다. 우선 그의 발언에서 근간은 친위대에 대한 자부심이었다. 그는 오직 자신의 대원들만이 유대인 학살을 수행할 수 있었다고 자랑했다. 오로지 그들만이 "품위 있고" 강했다. 힘러는 1943년 10월 4일 청중에게 이렇게 말했다. "나는 지금 유대인의 소개, 유대인의 절멸에 관해 이야기하고 있다. '유대인은 절멸될 것'이라고 말하기는 쉽다. 모든 당원이 말한다. 그것은 '정당하고 공평하다. 유대인의 제거는 우리의 강령에 들어 있다. 절멸, 우리가 그것을 수행할 것이다.' 이제 그들이 전부 우리에게 온다. 8천만 명의 정직한 독일인, 그들에게는 저마다 자신만의 품위 있는 유대인이 있다. 물론 나머지는 나쁜 놈들이다. 그러나 이 한 사람, 그는 훌륭한 유대인이다. 이렇게 말하는 사람은 단 한 명도 그것[즉 학살]을 보지 못했고 경험하지 못했다. 그대들은 100구의 시체가 한꺼번에 나뒹굴고 있을 때, 500구의 시체가, 천 구의 시체가 널려 있을 때 그것이 어떤 의미인지 알고 있다." 힘러는 말을 이었다. 그의 친위대원들은 "이를 견뎌낼 만큼" 충분히 강했다. "다만 우리를 강하게 만든, 품위를 지켰다는 사실 때문에 인간적인 약점을 드러낸 사례가 있었을 뿐이다."[42]

힘러에 따르면, 유대인 절멸이 정당한 이유는 자명했다. "공습과 전쟁의 고난과 부담이 계속되는 지금 모든 도시에 비밀 파괴분자요 선동가, 민중을 들쑤시는 자로 유대인이 남아 있다면, 그것이 우리에게 얼마나 힘든 일인지 우리는 알고 있다. 유대인이 독일 민족의 종족적 몸통 안에 여전히 머물고 있다면, 우리는 아마도 지금쯤 1916~1917년의 상황에 도달했을 것이다."[43]

한 번 더, 독일이 1차대전에서 패배하는 데 유대인이 주된 역할을 했다는 음모론이 2차대전에서 그들의 파멸을 정당화하는 데 이용되었다. 이는 힘러가 그 연설에서 한 가장 명백한 거짓말이었지만, 그밖에도 거짓말은 많았다. 중요한 거짓말 중 하나는 친위대원들이 학살 과정에서 "품위를 지켰다"는 주장이다. 그러나 앞의 두 장에서 제시한 증거가 입증했듯이, 이는 유대인 때문에 독일이 1차대전에서 패했다는 생각만큼이나 확실한 망상이었다.

게다가 힘러는 유대인이 소유한 '재산'은 전부 제국에 귀속되었다고 주장했다. 극히 일부만 소수의 친위대원이 훔쳤는데, 이들은 "단 1마르크만 착복해도 죽을 것"이라는 그의 약속에 따라 처형되어야 했다. 이는 완전한 헛소리였다. 유대인의 돈과 귀중품을 훔치는 일은 다반사였을 뿐만 아니라 그 범죄를 저질렀다는 이유로 처벌받은 친위대원은 극소수에 지나지 않았다. 소비부르 학살수용소에 수감되었던 유대인 토이비 블라트는 이렇게 적었다. "그들[친위대원들]은 정말로 훔쳤다." 그래서 "그들은 왕처럼 살 수 있었다."[44]

아우슈비츠에서도 도둑질은 널리 퍼진 현상이었다. 그 수용소에서 일한 친위대원 오스카르 그뢰닝은 종전 후 절도가 "굉장히 흔한" 일이었다고 밝혔고, 아우슈비츠-비르케나우에서 유대인의 소지품을 분류하는 곳에서 일한 수감자 린다 브레더는 그녀를 감시한 친위대원들이 "전부 [물건을] 훔치곤 했다"고 말했다.[45] "그들은 금을 비롯해 많은 귀중품을 집으로 가져갔다. 누구도 그것들을 헤아리지 않았다. 그것은 그들에게 횡재였다."[46]

아우슈비츠 수용소에서 절도는 너무도 만연한 현상이어서 1943년 친위대 판사 콘라트 모르겐이 조사에 착수했다. 그는 나중에 이렇게 증언했다. "친위대원들의 행위는 군인에게서 기대할 수 있는 모든 기준을 벗어났다." 그가 보기에 그들은 "의기소침하고 잔인한 기생충" 같았다. 그가 대원들의 사물함을 조사해보니 "금과 진주, 반지, 온갖 종류의 화폐"가 나왔다. "한두 개의 사물함에는 갓 도살된 황소의 생식기도 들어 있었다. 성적 능력을 높여준다고 생각된 것이다. 나는 그런 것을 본 적이 없다."[47] 사령관 루돌프 회스조차도 부패에 연루되었다.[48] 그러나 힘러의 규칙을 위반한 친위대원 대다수가 그랬듯이, 그도 처벌을 면했다.

인지부조화 이론가인 페스팅거 교수는 힘러가 포즈난 연설 중에 대안적인 현실을, 다시 말해 친위대원들이 물건을 훔치지 않고 "품위 있는" 방법으로 유대인을 죽이는 현실을 꾸며낸 이유를 잘 알았을 것이다. 힘러는 명예롭되 '강한' 조직이라는 친위대의 이미지와 부패한 현실 간의 괴리가 너무나 큰 나머지 차라리 망상 속에 살기를 선택했다.

힘러의 포즈난 연설은 유대인 절멸에 관해 언급한 대목으로 악명이 높다. 그러나 그보다 덜 알려진 다른 부분들도 그가 그 허구적인 정신세계를 어떻게 갖게 되었는지 이해하는 데 중요하다. 독일 도시들을 폐허로 만든 연합군의 포격에서 긍정적인 면을 찾아내는 그의 기괴한 방식을 예로 들어보자. 힘러는 이렇게 주장했다. 그러한 파괴는 독일 주민들이 "선하신 하느님에 의해 땅으로 내쫓기는" 결과를 낳을 것이고, 시골에서의 삶은 단기적으로는 "꽤나 괜찮을" 수 있었다. "어떤 이들은 이렇게 말할 것이다. '괜찮다. 시골에서는 그렇게 나쁘지는 않을 것이다. 나한테는 염소가 있고, 다른 이에게는 돼지가 있다. 우리에겐 감자도 얼마간 있다. 이 정도면 제법 든든한 기반이 된다. 게다가 지붕에 떨어지는 것도 그다지 많지 않다.'"

힘러는 심지어 연합군의 폭격기들이 의도하지는 않았지만 독일의 도시 계획가들에게 유익한 일을 했다고 주장했다. 그는 이렇게 말했다. "우리는 도시들을 해체할 자금을 결코 마련할 수 없었을 것이다. 이제 운명이 도시들을 무너뜨렸다. 우리는 아마도 도시들을 합리적으로 덜 혼잡하게 재건할 것이다."

마치 연합군의 폭격에서 긍정적인 면을 볼 수 있다는 주장이 과하게 기이한 일이 아니라는 듯이, 힘러는 청중에게 이런 말도 했다. "우리는 전쟁이 끝나면 가난한 국민이 될 것이다." 그리고 이렇게 생각하니 "기분이 매우 들뜨는" 것 같다고도 말했다. 문제는 이것이었다. "만일 우리가 정말로 부유하고 번창한다면, 우리는 감당하지 못할 것이다. 우리는 과대망상에 빠져 어떻게 해야 할지 모를 것이다." 독일인들이 부유해 하인을 고용할 수 있다면, 그로 인해 그들은 고대의 로마인들을 모방할 것이고 외국의 노예에 의존해 '종족적으로' 스스로 파멸할 것이다. 물론 이 마지막 말은 상당히 위선적이다. 힘러는 친위대원의 "적어도 50퍼센트"는 이미 동쪽의 "이질적인" 여성들과 성관계를 가져 "종족적으로" 스스로를 더럽혔다는 사실을 알고 있었기 때문이다.

힘러는 다른 무엇보다도 싸움을 포기하지 않는 것이 매우 중요하다고 말했다. "항복하는 자만이, '이제 믿음과 의지를 잃어 더 버틸 수 없다'고 말하는 자만이 패배할 것이다. 그 스스로 무기를 내려놓았기 때문이다. 끝까지, 강화협정이 체결되고 한 시간이 지날 때까지도 버티고 싸우는 자가 승리할 것이다."[49]

물론 이러한 태도는 독일이 연합군의 폭격과 궁핍한 삶으로부터 이득을 취할 수 있다는 생각만큼이나 비현실적이었다. 필요한 것은 더 끈질기게 버티는 것이 아니라 적을 무찌를 자원이었다. 권총 한 자루 손에 쥔 채 전차에 맞서 "끝까지 버티는 것"은 소용없는 짓이었다.

힘러가 이러한 비판을 받아들였을 것 같지는 않다. 그의 환상에서 중심이 된 것은 친위대가 매우 "강하고" "품위가 있어" 불리한 상황에서도 엄청나게 어려운 임무를 수행할 수 있다는 생각이었다. 10월 6일 두 번째 포즈난 연설에서 힘러는 가우라이터들과 여타 나치 고위 관료들이 모인 자리에서 여태껏 그들이 맡은 것 중에서도 "가장 어려운" 과제에 관해 솔직하게 말했다. 유대인 어린아이들을 죽이는 일이다. "나는 그들을 몰살할, 죽이거나 사람을 시켜 죽일 권한이 있다고 생각하지 않는다. 그렇지만 그들의 자녀가 장성해 우리의 아들들과 손주들에게 복수하도록 내버려둘 권리도 없다. 이자들이 지구상에서 사라지도록 힘든 결정을 내려야 했다." 그는 이렇게 주장했다. 그 살인은 "단언컨대 우리 사람들, 우리 지도자들의 정신과 영혼이 해를 입지 않으면서 수행되었다."⁵⁰

무고한 어린아이들의 학살을 정당화하려는 시도가 많았지만, 이는 그중에서도 가장 역겨운 핑계였다. 그러나 나치 이데올로기에 깊이 젖어 있고 표적을 몰살하려는 나치 정권의 본성에 몰입한 자들에게 힘러의 주장이 어떻게 설득력 있게 들렸을지는 이해하기 어렵지 않다. 힘러의 말은 본질적으로 이와 같았다. "너 자신의 목숨을 구하려면 이 아이들을 죽여야만 한다." 이렇게 달리 표현할 수도 있다. "다른 아이들을 죽여서 너의 자식에 대한 사랑을 증명하라." 아우슈비츠에서 일한 친위대원 오스카르 그뢰닝이 이해한 것이 바로 이 왜곡된 논리였다. 그는 이렇게 말했다. "그 아이들은 그 순간에 적이 아니다. 적은 그 아이들의 몸 안에 흐르는 피다. 적은 그 아이들이 성장해 위험한 유대인이 되는 것이다. 그래서 그 아이들도 [학살을] 당했다."⁵¹

유대인 학살에 관해 상세히 밝힌 힘러의 연설은 그의 의도대로 그 자리에서 연설을 들은 모든 사람을 위태롭게 했다. 힘러는 10월 6일 연설 중에 '유대인 문제'에 관한 발언을 '마친' 후 청중에게 명시적으로 말했다. "이제 당신들도 이 일에 관해 알았으니 비밀을 지켜라."⁵²

그래서 그 자리에 참석했던 사람은 종전 후 그 범죄에 대해 몰랐다고 주장하기가 어려웠다. 몇몇은 그래도 애를 써보기는 했다. 가장 주목할 만한 인사는 군수부 장관 알베르트 슈페어다. 그는 전범재판에서 자신을 양심 있는 나치로 보이려고 최선을 다했다. 그는 뻔뻔스럽게도 자신은 나치 엘리트층의 무력외교Machtpolitik에 내던져졌을 뿐이고 유능한 건축가로서 타인에 의해 길을 잘못 든 예술가일 뿐이라고 주장했다.

슈페어가 선전하려 애쓴 신화에서 중심이 되는 것은 홀로코스트를 몰랐다는 억지 주장이었다. 그가 석방된 후 기자들에게 말했듯이, 그는 강제수용소 노동자들이 일하는 군수 공장을 방문했을 때에도 "그곳에서 일어나는 일을 왼쪽이든 오른쪽이든 전혀 쳐다보지 않았다."[53] 이러한 주장에는 한 가지 문제가 어른거렸다. 슈페어는 힘러의 두 차례의 포즈난 연설 자리 중 한 곳에 참석했다. 그는 자신을 변호할 방법을 모색하다가, 어떤 사람은 바보 같다고 생각할 수 있는데, 힘러가 유대인 학살에 관해 상세히 이야기하기 전에 그 장소를 떠났다고 주장했다. 이는 얄팍한 변명이었지만 슈페어가 1971년에 쓴 편지가 그의 사후에 발견되면서 완전한 거짓말로 드러났다. 그는 편지에 이렇게 썼다. "의심의 여지가 없다. 나는 힘러가 유대인을 모조리 죽이겠다고 선언한 10월 6일 연설 장소에 있었다."[54]

힘러가 포즈난에서 나치 엘리트들에게 연설하고 한 달이 지난 후, 히틀러는 마침내 모습을 드러내 그로서는 거의 피할 수 없는 행사였던 맥줏집 폭동 20주년 기념식에서 중요한 연설을 했다. 그는 뮌헨의 뢰벤브로이켈러로 가서 1943년 11월 8일 오후 열성 당원들 앞에서 연설을 했다. 연설은 녹화되어 그날 저녁 전 국민에게 방송되었다.

히틀러가 "유일하게 변치 않는 감정은 증오"라고 믿었음을 앞에서 보았다.[55] 그리고 그의 연설은 확실히 증오가 차고 넘쳤다. 그렇지만 히틀러는 또한 증오를 우리에게 익숙한 편도체의 다른 원초적 감정인 공포와 연결했다. 그는 독일이 오랫동안 볼셰비키의 위협에 시달렸다고 주장했다. 그는 "볼셰비키라는 거인을 달랠 수도 있었을 것"이라는 생각을 마치 '닭과 거위'가 "여우가 채식주의자가 되리라고 기대하며 더는 여우를 공격할 뜻이 없다"고 선언하는 것과 같다는 말로 조롱했다.

히틀러는 또한 전쟁에서 지고 있는 지도자들이 종종 사용하는 계략을 썼다. 대개 "우리의 자식들은 헛되이 죽지 않았다"라는 주장으로,[56] 심리학 용어로 말하자면 '매몰비용의 오류sunk-cost fallacy'로 알려진 것이다. 이미 사업에 막대한 투자를 했으므로 성공의 전망이 거의 없다는 증거가 더 나오는데도 투자를 계속하는 현상이다.

히틀러는 이런 말로써 그러한 오류에 깊이 빠져 있음을 드러냈다. "러시아 어딘가에서 싸우다가 집으로 돌아오지 못한 우리의 용맹한 병사들은 다른 병사들도 자신만큼 용감하기를 바랄 권리가 있다. 그는 다른 병사들이 자신이 싸워 얻으려 한 것을 배반하라고 죽은 것이 아니다. 그 반대로 자신의 희생과 최전선 및 국내에서 애쓴 모든 동료와 동포 독일인들의 희생으로써 조국의 미래와 민족Volk의 미래가 안전해지라고 죽은 것이다."[57]

히틀러는 매몰비용의 오류에 빠진 채 강력한 감정적 호소와 거짓된 지적 주장을 결합했다. 감정적으로 보자면, 사랑하는 이가 헛되이 죽었다고 생각할 사람이 어디 있겠는가? 그러나 그의 분석에는 논리가 부족했다. 이전에 발생한 죽음이 독일의 미래의 군사적 전망에 영향을 미칠 수는 없기 때문이다.

그런데도 인간이 매몰비용의 오류에 쉽게 빠진다는 것은 심리학 실험으로 증명되었다.[58] 실로 이는 모든 인지편향 중에서도 가장 방심할 수 없는 것이다. 전쟁에서는 수만 명이 이미 죽었다는 이유로 수만 명을 더 죽음에 이르게 할 수 있기에 특히 더 위험하다.

보안국은 히틀러의 매몰비용 주장이 얼마나 효과적일지 판단하기가 어려웠다. 말을 건네보니 모든 사람이 다 자신이 패배주의자로 보이는 반응을 하면 위험하다는 것을 알았기 때문이다. 운터프랑켄 출신의 어느 숙련공은 이렇게 과장된 표현을 토해냈다. "퓌러가 얼마나 큰 힘을 지녔는지 놀랍기만 하다." 반면 보안국의 어느 보고서는 사람들이 쓸데없는 말을 하면 "벌을 받을까" 두려워서 솔직하게 대답하지 못한다고 인정했다.[59]

그러나 외계인의 존재를 믿는 집단에 대한 페스팅거의 분석과 똑같이, 나치의 핵심 분자들이 히틀러의 말을 듣고 믿음이 더욱 강해졌다고 결론 내려도 이치에 어긋나지 않는다. 반면에 나치 정권에 점점 더 심한 환멸을 느끼고 있던 사람들은 그 연설에 아무런 감동도 받지 못했거나 한층 더 심한 절망에 빠졌다. 실망할 일은 많았다. 히틀러가 1943년 11월 연설을 할 때쯤이면, 이탈리아는 연합국 편으로 돌아서 그들과 함께 싸우고 있었다.

독일의 공수부대원들은 축출되어 갇혀 있던 이탈리아 지도자 무솔리니를 구출하는 데 성공했고, 히틀러는 그를 아직까지도 독일이 점령하고 있는 이탈리아 북부 영토의 꼭두각시 국가 '이탈리아 사회공화국 Repubblica Sociale Italiana'의 통치자로 세웠다. 그러나 진실을 외면할 수는 없었다. 이탈리아의 엘리트층은 자국이 전쟁에서 패하고 있음이 분명해지자 서로 공모해 무솔리니를 제거한 것이다.

괴벨스에 따르면, 무솔리니의 축출은 그에게 심리적 효과를 가져오기는 했다. 환상의 세계를 구축한 것이다. 괴벨스는 11월 9일에 이렇게 썼다. "그는 가공의 삶을 살고 있다. 현실 세계에는 자리가 없는 허황되고 무의미한 것들로 주변을 채운다."⁶⁰ 괴벨스는 자신의 말이 아이러니임을 인식하지 못했다. 히틀러에게도 똑같은 말을 할 수 있었기 때문이다.

그러나 나치 지도부가 이탈리아의 상황 전개에 관심이 있었다고 해도, 독일인들이 똑같은 방식으로 히틀러를 제거하기는 어려웠다. 한 가지 원인은 구조적이었다. 히틀러는 무솔리니와 달리 국가수반이었고, 다른 이들과 공모해 그를 끌어내릴 수 있는, 더 높은 지위의 왕이 없었다. 또한 히틀러를 더 안전하게 한 실질적인 고려 사항도 있었다. 그를 체포하거나 살해할 수 있을 만큼 그에게 가까이 다가가기는 어려웠다. 히틀러는 거의 모든 시간을 동프로이센의 군사 복합시설 안에서 보냈기에, 현실적으로 그를 제거할 수 있는 사람은 그의 사령부에 출입할 수 있는 자들이었다. 군인이나 기타 보안부대 인원뿐이라는 말이다. 전부 그에게 충성을 맹세한 자들이었다.

그럼에도 히틀러는 위험에 노출되어 있었다. 군부 엘리트층의 다수가 나치 정권에 구애받지 않는 독립적인 신념 체계 안에서 활동했기 때문이다. 군대 내에는 히틀러가 독일을 파멸로 이끈다고 생각해 무슨 조치든 취해야 한다고 결심한 장교 집단이 있었다(대체로 귀족 출신이었다).

그 공모자들에 관해서는 엄청나게 인기를 끈 신화가 있다. 이를 여러 해 동안 히틀러에 단호히 반대하며 그를 암살할 기회를 엿본 영웅적인 저항자들의 이야기로 그리는 경향이다. 그러나 역사 연구는 실상이 그렇게 분명하지 않다는 점을 증명한다.⁶¹

특히 주목할 점은 군부의 공모자들이 1940년의 성공 뒤에는 히틀러 암살을 시도하지 않았다는 사실이다. 그들이 행동에 나서기로 결심한 것은 전황이 독일에 불리하게 전개된 이후의 일이다. 군사적 실패만큼 정치 지도자가 휘하 장군들에 의해 암살될 위험성을 키우는 것은 없음을 이 역사에서 배울 수 있을 것이다.

히틀러 제거 음모의 모호한 성격은 중앙집단군Heeresgruppe Mitte의 고위 지휘관 헤닝 폰 트레스코 소장이 인간적인 형태로 보여주었다. 유대인 학살이 성인 남자에서 여자와 어린아이에게까지 확대되었다는 소식을 들은 것뿐만 아니라 히틀러의 군사적 무능력을 인지한 것도 트레스코와 동료 공모자들에게 동기가 된 듯하다.[62]

심리적으로 보면, 트레스코와 여타 공모자들은 귀족 출신이라는 점에서 이점이 있었다. 고귀한 혈통의 사람들은 비밀을 지킬 것이라는 확신은 그들이 공유한 신념 체계의 기본적인 요소였다. 그들 대다수에게 나치는 독일 안의 공산주의를 때려 부수고 민주주의를 파괴하고 민족 공동체 의식을 되살리는 데 필요한 유용한 도구였다. 그러나 이제 균형이 깨졌고 나치즘의 어두운 면이 좋은 면을 능가했다. 그래서 그들은 함께 모의했다. 귀족 대 귀족으로서의 대화가 분명코 새나가지 않으리라고 믿었기 때문에 가능한 일이었다.

트레스코는 중앙집단군의 귀족 출신 장교 페터 폰 데어 그뢰벤과 계획을 논의할 정도로 자신감이 있었다. 반드시 그를 그 대의명분에 끌어들이기 위한 것은 아니었고 다만 그에게 '악마의 변호인' 역할을 하고 반대한다면 어떤 이유를 들 수 있는지 말해달라고 요청하려는 것이었다. 트레스코는 이런 걱정이 있다고 그뢰벤에게 말했다. 암살이 성공하더라도 사람들은 "영원히 소수의 반동적인 귀족 장교들이 승리를 거둔 지휘관을 죽였다고 말할 것이다. 전 국민이 우리를 욕하고 비방할 것이다." 다른 한편으로 "우리 중에는 그[히틀러 정권] 배후에 얼마나 많은 개인적 악행이 있는지 아는 사람들이 있다. 게다가 이것도 똑같이 중요한데, 우리는 그와 함께 하면 이 전쟁에서 결코 이길 수 없다. 누구도 히틀러와는 강화를 체결하지 않을 것이다. 만일 우리가 행동하지 않는다면, 이는 양심에 비추어 절대 못할 일이다." 그뢰벤은 트레스코의 말을 주의 깊게 들었고, 그가 '십중팔구' 옳을 것이라고 인정하면서도 여전히 모의에 가담하는 것은 거부했다.[63] 그러나 그는 트레스코를 밀고하지도 않았고 그에게서 들은 얘기를 발설하지도 않았다. 귀족 대 귀족으로서 그들의 대화는 비밀로 남았다.

히틀러는 제거되어야 했다. 모의한 자들은 그 점에서 의견이 일치했다. 그러나 흥미롭게도 그들은 아주 단순한 방법으로, 다시 말해 권총을 꺼내들고 그의 머리에 총알을 박아 넣어 죽이려는 시도를 하지 못했다. 그뢰벤은 그렇게 할 수도 있었다는 것을 확실히 인정했다. "많은 사람이 얘기한다. '당신들은 무기를 소지했는지 조사를 받았나?' 대답은 이랬다. '아니요.' '그렇다면 왜 아무도 그를 쏘지 않았나?' 나는 틈을 보았지만 할 수 없었다. 서류 가방을 갖고 있었고, 물론 그 안에 권총도 넣고 거기에[히틀러와 회의하는 곳에] 갔다. 나는 그로부터 두 걸음 떨어져 있었다. 가까이 다가가야만 쏠 수 있었다."

그뢰벤이라면 히틀러를 쏘는 것이 가능했겠지만, 그는 그 발상에 찬성하지 않았다. 그는 대령에 불과한 자신으로서는 "그런 식으로 운명에 개입하는 것"이 자신의 "임무"가 아니라고 생각했다. 게다가 그는 공개리에 인정했듯이 "두려웠다. 그렇게 했다면 인생이 끝났을 것이다."[64]

앞서 논했듯이, 대다수의 사람은 가까운 거리에서 다른 사람에게 총을 쏘기가 어렵다는 것이 심리학 연구로 입증되었다.[65] 이 모의를 꾸민 사람들도 마찬가지였을 것이다. 최고 지도자에 대한 맹세와 충성이라는 군대의 전통을 감안하면 한층 더 어려웠을 것이다. 트레스코와 베를린의 다른 공모자들 사이에서 연락책을 맡은 파비안 폰 슐라브렌도르프도 히틀러를 저격하는 데 따르는 지대한 심리적 어려움을 인지했다. 그는 이렇게 썼다. "오랫동안 기다려온 사냥감이 마침내 시야에 나타나면 사냥꾼도 들뜬 기대에 사로잡힌다. 하물며 수많은 장애를 극복하고, 그리고 성공 가능성이 크지 않다는 사실을 알면서도, 그 행위의 성패가 수백만 명의 운명을 결정하리라는 것을 인지한 채 목숨의 위험을 무릅쓰고 방아쇠를 당길 때, 그의 마음속에 얼마나 큰 동요가 일겠는가!" 슐라브렌도르프는 이렇게 말했다. "누가 기꺼이 이런 방식으로 암살을 시도할 것인지 일일이 확인해보니, 의심할 바 없이 용맹한 사람들도, 전투에서 수없이 용기를 보여준 사람들도 자기는 그 일을 감당하기에 적합하지 않다고 솔직하게 인정했다."[66]

1943년 3월 히틀러가 중앙집단군 사령부를 방문했을 때부터 여러 차례 암살 시도가 이어졌는데, 그 첫 번째 시도의 내막은 이러했다. 공모자들은 이후 애초에는 히틀러를 사살할 계획이었다고 주장했지만, 중앙집단군 사령관 육군 원수 귄터 폰 클루게가 계획에 대한 지지를 거두자 계획은 변경되었다. 그렇다고 히틀러가 방문했을 때 장교 한 명이 독단적으로 그의 머리에 총을 쏘지 못하란 법은 없었을 텐데, 왜 그런 시도가 무산되었는지는 분명하지 않다. 어쨌거나 그들은 다른 계획을 세웠다. 암살자들에게는 심리적으로 좀더 쉬운 계획이었다. 트레스코는 비행기 편으로 히틀러와 함께 퓌러의 사령부로 돌아가는 다른 장교에게 폭탄을 숨긴 상자를 건넸다. 술 두 병이 들었다고 거짓말을 했다. 슐라브렌도르프에 따르면, 이 계획도 유리한 점이 있었다. 히틀러의 죽음을 사고로 보이게끔 위장할 수 있었기 때문이다.[67] 그러나 폭탄은 터지지 않았다. 공모자들이 고귀한 목적으로 행동에 나섰다고 매우 강력히 주장했음을 생각할 때, 그들이 히틀러와 함께 비행기를 타고 돌아가는 무고한 동료 장교들도 죽일 각오가 되어 있었다는 점은 무척 놀랍다.

공모자들은 겨우 일주일 지나서 다시 히틀러를 죽일 기회를 잡았다. 그가 베를린에서 열린, 노획한 소련 무기 전시회를 찾았을 때였다. 트레스코의 동료로 귀족 출신인 루돌프크리스토프 폰 게르스도르프는 히틀러가 전시된 무기를 둘러보고 있을 때 그를 암살하기로 동의했다. 게르스도르프는 정교하게 계획을 짰다. 히틀러를 따라다니다가 그의 옷에 시한폭탄을 숨기기로 했다. 그러나 히틀러는 예상과 달리 행사장에 오래 머물지 않았고, 게르스도르프는 황급히 화장실에 들어가 폭탄 장치를 해제했다. 용감하게 목숨을 희생하며 히틀러를 죽일 준비가 된 게르스도르프 같은 굳센 마음의 장교가 권총 방아쇠를 당겨 히틀러의 얼굴을 쏠 준비는 되지 않았다는 것이 놀랍지 않은가?[68]

1943년 가을과 1944년 봄에 공모자들은 히틀러의 목숨을 노릴 또다른 가능성을 타진했다. 어느 귀족은 히틀러에게 수류탄을 던지겠다고 자원했고, 다른 사람은 가까운 거리에서 히틀러에게 총을 쏘겠다고 말했다(그 일을 할 준비가 되어 있다고 말한 극소수 중 한 사람이었다). 그러나 최종적으로 이 모든 논의는 결실을 맺지 못했다.

히틀러의 목숨을 앗으려 한 가장 유명한 시도는 또다른 귀족 클라우스 폰 슈타우펜베르크가 실행했다. 그는 동프로이센의 군사령부에서 히틀러가 있는 곳 가까이에 폭탄을 설치하기로 했다. 이제(1944년 7월 말) 나치 정권은 두 가지 새로운 위기에 대처하고 있었다. 6월 6일, 서유럽 연합국은 프랑스 북부 상륙작전인 디데이 공격을 개시했고, 6월 22일 소련군 병사들이 바그라티온 작전Operatsiya Bagration으로 대대적인 공세에 나섰다. 소련군은 디데이 공격보다 훨씬 큰 규모의 작전으로 독일의 중앙집단군을 박살냈다. 2차대전 전체에서 가장 파괴적인 군사 활동이었다.

슈타우펜베르크와 다른 저항자들 사이에는 여러 가지 공통된 특징이 있었다. 그는 13세기부터 시작된 귀족 가문 출신이었고, 나치의 베르사유 조약 반대와 독일군 재건 열망을 환영했으며, 독일이 폴란드를 무찌르고 얻은 승리에 환호하고 프랑스를 격파한 것에는 한층 더 짜릿함을 느꼈으며, 유대인 대량학살과 나치 정권의 늘어가는 잔학행위에 질렸고, 특히 히틀러가 독일을 패배로 이끌고 있다는 사실을 인지했다.

슈타우펜베르크는 히틀러의 회의실에 폭탄을 두고 서둘러 베를린으로 돌아가 반란에 힘을 보탤 생각이었다. 보충군Ersatzheer 사령관 프리드리히 프롬 장군의 지원에 의존한 반란이었다. 그러나 7월 20일 폭탄이 터지긴 했지만, 고작 동료 장교 세 명과 속기사 한 명을 죽였을 뿐이다. 죽이고 싶은 한 사람 히틀러는 중상을 면했다. 그는 가벼운 부상만 입었고, 그가 죽거나 무력해지지 않는다면 공모자들에게 성공의 희망은 없었다.

히틀러 암살 시도가 독일이 곤경에서 벗어날 방법으로 받아들여질 만하다는 생각은 국방군 장교들 사이에서 결코 일반적이지 않았다. 게르스도르프가 육군 원수 만슈타인에게 공모에 가담하겠다고 넌지시 알렸을 때, 만슈타인은 이렇게 간명하게 답했다. "프로이센 육군 원수는 반란을 일으키지 않는다."[69] 폭탄이 터진 후 많은 장교들이 자신의 동료가 최고사령관을 살해할 음모를 꾸몄다는 사실에 격분했다. 7월 20일에 히틀러의 사령부에 있다가 폭발 소리를 들은 공군 장교 카를 뵘테텔바흐는 암살 기도에 격분했다. 그는 종전 후 인터뷰에서 이렇게 말한다. "누구도 내게는 접근하지 않았다. 내가 맹세를 깨지 않으리라는 것을 알았기 때문이다." 그는 또한 슈타우펜베르크가 히틀러를 암살하면서 자신도 함께 죽겠다는 각오 없이 폭탄을 심어놓은 뒤 베를린으로 돌아갔다는 사실에도 분노가 치밀었다.[70]

베를린에서 쿠데타 시도를 진압하는 데 중요한 역할을 한 다른 국방군 장교 오토에른스트 레머 소령이 느낀 감정도 비슷했다. 그는 슈타우펜베르크가 '비겁'했으며 "권총으로 히틀러를 쏠" 용기를 가졌어야 했다고 생각했다. "진짜 남자라면 그렇게 했을 것이고, 나는 그를 존경했을 것이다."[71]

레머와 뵘테텔바흐, 여타 슈타우펜베르크를 비난한 사람들은 그가 폭탄을 설치한 뒤 서둘러 공항으로 갔기에 영웅 행세를 할 수 없다고 생각했다. 그가 이후 체포되어 처형당한 것은 중요하지 않았다. 슈타우펜베르크는 면전에서 히틀러에게 총을 쏘거나 폭탄을 터뜨려 그와 함께 죽음으로써 자신을 희생해야 했다. 그랬다면 영웅의 지위를 요구할 수 있었을 것이다.

슈타우펜베르크에 대한 비난은 인류학자 어니스트 베커라면 완벽하게 이해했을 것이다. 그는 이렇게 썼다. "인간의 비극적인 운명"은 "자신이 우주에서 가장 중요한 존재임을 필사적으로 증명하는 것"이다. "그는 돋보여야 하고 영웅이어야 한다." 베커는 "인간이 영웅이 되기 위해 분투하는 것이 얼마나 자연스러운지" 이해하는 것이 매우 중요하다고 생각했다.72 슈타우펜베르크는 많은 동료 장교가 보기에 영웅이 될 기회를 망쳐버렸다.

공모자들이 괘씸하게 행동했다는, 심지어 그들이 반역자라는 인식은 종전 후에도 지속되었다. 게르스도르프는 새로 창설된 서독 연방군 Bundeswehr에 합류하려 했지만, 그의 신청은 거부되었다. 전쟁에서 패하고 히틀러가 죽은 지도 오래되었지만, 게르스도르프와 여타 공모자들이 장교의 명예를 "저버렸다"는 인식은 좀처럼 사라지지 않았다.73

폭탄 공격 이후 보안국은 독일 시민들이 음모자들에 대한 분노와 히틀러의 생존에 대한 감사를 격하게 토로하고 있다고 보고했다. 나치의 신념 체계에서 중심이 되는 "등에 칼을 맞았다"는 거짓말의 반향은 강력했다. 전선에서 병사들이 보낸 편지들에 관한 연구도 혐오가 널리 퍼졌음을 보여준다.74 편지를 검열했다는 사실은 공모자들에 대한 지지를 표현할 가능성이 없었음을 말해주지만, 병사들이 구태여 그들을 비난할 필요도 없었다. 따라서 암살 기도에 대한 전체적인 반감은 사실로 보인다.

그렇지만 이것이 이야기의 전부는 아니다. 히틀러가 죽지 않아서 미치도록 기쁜 사람들이 있었던 반면, 그렇지 않은 독일인들도 있었다. 독일 남부에서 올라온 어느 경찰 보고서에는 이런 내용이 들어 있었다. "암살 기도의 실패가 당원 동지들과 나치당과 민족사회주의 국가에 찬성하는 주민들 사이에서는 열광적인 반응을 일으켰지만, 어떤 주민들은 발언하거나 의견을 표명하기를 자제하고 있다. 전체적으로는 전쟁의 신속한 종결을 바라는 마음이 강하게 드러난다." 같은 지역에서 이런 견해도 자주 들렸다. 히틀러가 살해되었다면, "당장 전쟁이 끝났을지도 모른다."[75] 이는 믿음에 점점 더 큰 균열이 나타나고 있다는 명백한 증거였다. 암살 기도의 여파로, 요지부동으로 확고한 믿음을 유지한 사람들 사이에서는 나치 정권에 대한 신뢰가 더 강해졌지만, 상대적으로 덜 깊이 빠져 있는 사람들은 전쟁의 종결을 원했다.

히틀러로 말하자면, 그는 자신을 해치려고 공모한 군 장교들에게 격노했고 이 분노를 그 사회계급 전체에 쏟아냈다. 그는 괴벨스에게 귀족 계급은 "독일 국민에 생긴 악성 종양"이며 "조만간 그들에게 책임을 추궁할" 필요가 있다고 말했다. 히틀러는 "그들의 비판을 봉쇄한" 스탈린을 칭찬했으며 "이로 인해 그가 전시에 획득한 유리한 입지"를 부러워했다.[76]

그러나 위협과 분노는 히틀러 암살 시도가 나타난 주된 원인을 전혀 해결하지 못했다. 주된 원인은 독일이 파국으로 치닫고 있다는 것이었기 때문이다. 상황은 너무나 나빠서 괴벨스는, 선전자가 구체적인 약속을 하고는 이행하지 못하면 위험하다고 믿는 사람이었는데도, 슈타우펜베르크의 폭탄이 터지고 딱 엿새가 지난 후 헛된 희망으로 가득한 연설을 했다. 그는 이렇게 선언했다. 나치가 무기에서 이룬 발전은 "적을 따라잡았을 뿐만 아니라 그들을 능가했다." "최근에 나는 독일의 몇몇 무기를 보았는데, 그것을 보고 있노라면 심장이 두근거렸고 때로는 한동안 멈추기도 했다."[77]

나치 정권이 그 전달부터 비행폭탄으로 영국을 공격했지만, 이 때문에 연합국의 전쟁 노력이 큰 타격을 입었다는 징후는 없었다. 독일인들은 다른 무기, 아직까지 선보이지 않은 "경이로운 무기"가 실재한다고 믿어야 했다. 괴벨스의 말은 신빙성이 부족했다.

괴벨스도 개인적으로는 사태의 전개에 실망했다는 징후를 조금씩 드러냈다. 디데이 직전에 그는 일기에 이렇게 썼다. 히틀러는 그에게 "아주 조금이라도 기회가 있다면" 영국에 "치명적인 일격을 가하기로 결심"했다고 말했다. "당시에 나는 그가 실제로 이를 어떻게 실행할지 상당히 당혹스러웠지만, 퓌러는 터무니없어 보이는 계획을 세우고도 끝끝내 실행해내는 경우가 종종 있었다."[78]

이는 내가 보기에 언제나 최선의 방안을 알고 있는 사람을 신뢰하는 데 따르는 결점이다. 괴벨스는 여러 해 동안 중대한 결정을 히틀러에게 넘겼기에 벽이 무너지기 시작했는데도, 사실상 독일 전역에서 벽이 무너지고 있었는데도 계속 그를 믿는 수밖에 없었다. 연합군의 폭격은 1944년에 들어선 후 아홉 달 동안 계속 강도를 높이며 지속되었다. 그 전해 같은 기간 동안보다 거의 세 배나 많은 건물이 완전히 허물어지거나 크게 파손되었다. 그로 인해 약 350만 명이 집을 잃어 새로운 거처를 찾아야만 했다.[79]

이처럼 절망적인 상황 때문에, 특히 나치 정권이 폭격을 멈추기 위해 아무것도 할 수 없었기에, 많은 사람이 환멸을 느꼈다. 소극적인 저항의 표시였지만, 공적인 인사로 히틀러 경례를 쓰는 일이 줄어들었고, 개인 가정에서 퓌러의 사진을 보는 것도 이전만큼 흔한 일이 아니었다.[80] 폴크스게마인샤프트('민족공동체')가 시크잘스게마인샤프트 Schicksalsgemeinschaft('운명공동체')가 되어야 한다고 호소하는 선전은 집과 따뜻한 한 끼를 마련할 수 없는 사람들에게 아무런 도움도 되지 않았다. 그러나 폭격이 집단 반란을 초래하지는 않았다. 저항하면 야만적인 보복이 돌아올 것을 두려워했기 때문이기도 하거니와 집이 파괴된 민간인들은 국가의 지원에 의지해야 했고 또한 자신의 삶을 구원하려는 기관들을 공격해봤자 아무런 소득이 없기 때문이었다.[81] 그리고 폭격이 심하기는 했어도 독일을 향해 몰려오는 소련군의 무자비한 진격은 훨씬 더 해로울 수 있다는 더 큰 걱정도 있었다.

괴벨스와 히틀러 둘 다 이 점을 잘 알고 있었다. 민간인들로 하여금 가까이 다가오는 "볼셰비키 거인"을 계속 두려워하게 하는 것은 싸움을 지속해야 할 강력한 이유로 전환되었다. 이는 또한 수많은 독일군 병사가 동부전선에서 소련군을 저지해야 할 동기이기도 했다. 예를 들면, 페터 폰 데어 그뢰벤은 자신과 동료들이 계속 버텨야 한다고 확신했다. 그는 말했다. "우리는 기계장치의 작은 부품이었다. 군사적 수단으로써 어느 정도 버텨 동쪽에서 위협적으로 다가오는 붕괴를 멈추는 것이 우리의 주된 임무였다."[82] 그는 그 싸움에 절박한 이해관계가 있었다. 그뢰벤의 가족 영지가 동프로이센에 있었고, 소련군이 날마다 더 가까이 다가오고 있었다.

그뢰벤과 수백만 독일인의 두려움은 1944년 10월 소련군이 동프로이센으로 진입해 네메스도르프 마을을 점령했을 때 현실이 된 것 같았다. 독일은 소련군을 격퇴한 뒤 비록 잠시 동안 점령당했는데도 최소 두 명의 여성이 강간을 당하고 주민 수십 명이 살해되었다는 사실을 알게 되었다.[83]

나치는 적의 잔인함을 증명하려고 주민의 희생과 소련군의 잔학행위를 과장되게 선전했다. 그러나 이 이야기들이 독일 주민의 공포심을 불러일으킨 것은 분명하지만, 이를 동포들이 동쪽에서 저지른 범죄와 연결시킨 주민들도 있었다. 슈투트가르트의 어느 일반 시민이 이런 말을 했다는 보안국 보고서가 있다. "우리는 무수히 많은 유대인을 학살하지 않았나?"[84]

이런 말을 하려면 엄청난 용기가 필요했다. 친위대와 게슈타포, 여타 보안부대는 정권에 대한 '충성'을 가혹하게 강요했다. 힘러는 내무부 장관으로서 싸움을 기피한 독일인에게 자비를 베풀지 않았다. 그러나 테러가 늘어난 반면, 나치 정권이 주장하기를 모든 독일인을 결속시켰다는 속성, 즉 폴크스게마인샤프트는 보이지 않았다. 그 점이 확연했다.

일찍이 1941년에도 오버프랑켄의 어떤 나치 관료는 이렇게 말했다. "아무도 폴크스게마인샤프트 이야기를 하지 않는다. 저마다 자신만의 이익을 생각한다."[85] 4년이 지난 지금, 이는 그 어느 때보다도 더 맞는 이야기였다. 1945년 1월 소련군에서 도망친 어느 탈영병은 동프로이센 쾨니히스베르크(칼리닌그라드) 인근 필라우(발티스크) 항구에서 목격한 '끔찍한 장면'을 이렇게 설명했다. "항구에서 모든 사람이 배를 향해 내달리고 있었다. (…) 인간이 짐승이 되었다. (…) 혼란이 만연했지만, 질서가 완전히 무너진 부대의 병사들이 도시로 몰려와 집에 난입해 피난민과 뒤섞여 약탈하고 자신도 배에 올라타려고 달려들면서 혼란은 한층 더 심해졌다." 일부 병사들은 "여자 옷을 입고 도망쳐 배에 오르려 했다."[86]

강경파인 동프로이센 가우라이터 에리히 코흐는 나치 정권 막바지에 본성을 드러냈다. 그는 서둘러 도망쳤고 서쪽의 독일 항구 플렌스부르크에 도착해서 어느 U보트에 자신을 태워 남아메리카로 가자고 요청했지만 거절당했다. 그러나 가우라이터는 모범을 보여 끝까지 싸우라는 히틀러의 명령을 따르지 않은 사람이 코흐만은 아니었다. 43명의 현직 가우라이터 중 히틀러의 요구대로 영웅답게 싸우다 죽은 사람은 두 명뿐이었다.[87]

'베어울프Werwolf'[88] 작전의 결과도 마찬가지로 초라했다. 나치 정권은 후방에 있는 독일인들이 숨겨진 병기 보관소에 쌓아둔 무기를 들고 연합국 점령군에 맞서기를 바랐다.[89] 독일인들은 또한 협력을 거부함으로써 점령지의 연합국 행정부를 마비시켜야 한다는 기대를 받았다. 그러나 대중 봉기는 없었고 연합국의 점령을 인정하지 않으려는 일사불란한 움직임도 없었다. 사람들은 대체로 살아남기만을 원했다.

히틀러는 그러한 '겁쟁이들'을 진심으로 경멸했다. 그는 1945년 2월 초 괴벨스에게 앞으로 닥칠 일에 관한 생각을 말했다. "할 수 있는 최선은 배수의 진을 치는 것이다. 전략적으로는 물론 개인적으로도. 생사에 연연하지 않는 자가 대개 막판에 승리하는 자다."[90]

이는 괴벨스와 괴링 둘 다 오랫동안 감탄해 마지않던 철학이다. 괴벨스는 1943년 3월 괴링과 대화한 후 일기에 이렇게 썼다. "괴링은 우리가 이 전쟁에서 조금이라도 약한 모습을 드러낸다면 우리 모두에게 무엇이 기다리고 있을지 완벽하게 이해한다. 그는 그 점에서 어떤 환상도 없다. 특히 유대인 문제에서 우리에게 탈출구는 없다는 태도를 취했다. 그렇게 하는 것이 좋다. 운동이든 사람이든 배수의 진을 친 쪽이 여전히 퇴각할 수 있는 자들보다 훨씬 더 의연하게 싸운다는 것은 경험이 증명한다."[91]

이러한 태도를 지지하는 심리학 연구가 있다. 어느 연구에 따르면, 대안이 없다고 생각하는 사람이 자신을 둘러싼 제약을 바꿀 만한 방안이 있다고 생각하는 사람보다 정신적으로 "더 강한" 경향을 보였다.[92] 그들의 주안점이 더 명료한 것처럼 보인다. 이는 18세기 학자 새뮤얼 존슨이 이해한 관념으로 유명하다. 그는 이렇게 썼다. "믿어도 됩니다, 선생님. 자신이 보름 안에 교수형에 처해질 것임을 아는 사람이 있다고 칩시다. 이 때문에 그는 놀랍도록 정신을 집중할 것입니다."[93]

히틀러가 전쟁에서 빠져나갈 길을 찾는 데 반대했다는 뜻은 아니다. 그러나 그는 세 가지 명백히 극복할 수 없을 것 같은 장애물에 직면했다. 첫째, 그는 모름지기 협상은 강자의 입장에서 해야 한다고 믿었는데, 독일은 하루하루 지날 때마다 점점 더 약해지고 있었다. 둘째, 연합국은 독일의 '무조건 항복'을 요구했으며, 곧 패할 것이 너무도 분명한 나라와 항복 조건에 관해 논할 이유를 찾지 못했다. 셋째, 1945년 3월이 되면 대체현실을 꾸며내는 히틀러의 성향은 대단한 경지에 이르렀다.

히틀러는 자신이 심히 경멸한 나라와 거래를 하는 상상을 했다. 괴벨스는 1945년 3월 12일에 이렇게 썼다. "물론 소련과의 단독 강화는 우리가 1941년에 설정한 목표를 달성하게 해주지 못할 것이다. 그러나 퓌러는 여전히 폴란드를 분할하고 헝가리와 크로아티아를 독일의 영유권으로 병합하고 서유럽에 맞설 여유를 갖기를 바란다." 괴벨스는 이 모든 것이 "원대하고 설득력 있다"고 보았지만, 여전히 한 가지 문제가 있음을 알아보았다. "당장은 (…) 이를 달성할 기회가 없다."[94]

전쟁이 이 국면에 이르렀을 때 히틀러는 확실히 몸이 아팠다. 그는 진행성 관상동맥경화증과 만성 위염으로 고생하고 있었고, 이 또한 거의 분명한데 파킨슨병 초기였다. 그다지 유능하지 못한 주치의 테오도어 모렐이 처방한 다양한 엉터리 치료법은 그의 건강에 도움이 되지 않았다. 그러나 이 중 어느 것도 그 마지막 시기에 히틀러가 보여준 모습의 근본적인 원인은 아니었다.

히틀러는 언제나 세상을 있는 그대로가 아니라 자신이 바라는 대로 상상했고, 숨을 거둘 때까지 자신의 성격과 믿음을 유지했다. 충격적인 것은 그가 이런 사람이었다는 사실이 아니라 수백만 명이 그러한 사람의 손에 자신의 삶을 맡겼다는 사실이다.

히틀러가 독일이 여전히 헝가리와 크로아티아의 '통치권'을 획득할 수 있고 서유럽에 "맞설 여유"를 확보할 수 있는 가공의 세계를 상상했을지는 몰라도, 그도 괴벨스도 자신들을 구할 수 있는 탈출구를 궁리하지는 않았다. 그 시점에 두 사람 모두 만일 독일이 패한다면 자살해야 할 것이라고 이해했다. 그들은 스스로 퇴로를 차단해 철저하게 배수의 진을 쳤다. 그러나 다른 나치 주요 인사들은 대부분 이런 생각을 공유하지 않았다. 그들 다수는 종전 후의 삶을 이어갈 생각을 했다.

이 실용적인 나치들에게 유용한 비책은 어떻게든 자신이 나치 정권 내부에서 반대 활동을 했다는 증거를 승전국에 전달하는 것이었다. 이상적인 것은 나치의 최대 적, 즉 유대인의 목숨을 구했다는 증거였다. 베르너 베스트는 일찍이 1943년 가을에 거의 확실하게 이런 생각을 했다. 베스트는 열성적인 나치였지만 이제는 다른 곳에서 자신의 이익을 찾았다.[95] 그는 독일 제국의 덴마크 전권대사로 일하는 동안 조만간 강제이송에 처해질 덴마크 유대인들에게 미리 경고가 들어갈 수 있게 했다. 이로써 그는 두 가지 목적을 동시에 달성했다. 거의 모든 유대인이

좁은 해협을 건너 중립국 스웨덴으로 피신했기에, 그는 덴마크를 "유대인 없는" 곳으로 만들라는 나치 상관들의 명령을 이행했으며 이와 동시에 연합국에는 힘써 무고한 생명을 구하려 했음을 증명해 보였다. 베스트는 바로 이 점이 종전 후 재판에서 그에게 유용한 수단이 되리라는 것을 분명히 알았을 것이다. 그리고 실제로 유용했다. 그의 나치 전력은 전후에 사업가로 성공적인 이력을 쌓는 데 아무런 장애가 되지 않았다.[96]

알베르트 슈페어도 미래를 주시한 나치 지식인이었다. 그는 힘러의 두 차례 포즈난 연설 중 하나를 현장에서 들었음에도 베스트처럼 전쟁이 끝날 때 자신의 평판을 긍정적으로 꾸밀 방법을 찾아냈다. 전쟁 막바지에 그는 독일의 기간시설을 파괴하라는 히틀러의 명령을 막을 조치를 취했다. 베스트처럼 그도 이러한 행위로부터 혜택을 입었다. 베스트만큼은 아니었다. 슈페어는 사형을 면했지만 20년 징역형을 선고받았다.

동부전선이 점점 더 베를린에 가까워지면서, 이전에는 충성스럽기로 유명했던 많은 나치가 히틀러와 충돌하기 시작했다. 1945년 3월 히틀러는 독일 최고의 엘리트 부대 구성원들에게 굴욕감을 느끼게 했다. 히틀러는 자신의 오랜 동료였던 제프 디트리히[97]가 지휘한 제6 (친위대) 전차군6. (SS-)Panzerarmee 병사들에게 그 우월한 지위를 나타내는 기장을 떼어내라고 명령했다. 그들이 제국을 방어하는 데 실패했다고 생각했기 때문이다. 이는 명백히 친위대 라이히스퓌러 하인리히 힘러에게는 심한 굴욕이었다.

이 사건은 힘러가 제3제국이 몰락한 이후 어떻게 살아남을 것인지 생존 계획에 박차를 가하고 있을 때 발생했다. 전쟁이 끝나기 전 몇 달 동안 힘러는 스웨덴 적십자사 대표 폴케 베나도트 백작과 협상을 했다. 3월 21일 그는 이 거래의 중개자 역할을 한 펠릭스 케르스텐에게 편지를 보내 자신은 언제나 유대인의 국외 이주를 지원하고 싶었다고, 전쟁 때문에 방해를 받았을 뿐이라고 주장했다. 이제 그는 "지원하고자 하는 욕구"와 나란히 "지혜와 합리성이 결정의 기준이 되어야 한다"고 확신했다.[98]

홀로코스트의 주요 기획자 중 한 사람으로 수백만 명의 죽음에 책임이 있는 힘러가 마지막 순간에 와서 자신이 유대인의 구원자로 변신할 수 있다고 생각했다니 놀랍기 그지없다. 히틀러가 '충성스러운 하인리히'가 막판에 자신을 배반했다고 생각한 것도 이상하지 않다.

베스트와 슈페어, 그들과 비슷한 많은 사람의 행동은 쉽게 이해할 수 있다. 절망적인 상황에 처한 인간의 지배적인 감정은 대개 이기심이다. 베스트와 슈페어는 약은 사람이어서 뒤늦게 보여준 행동으로써 자신의 범죄를 어느 정도 덮을 수 있다고 계산했을 것이다. 그러나 힘러는 달랐다. 힘러 같은 사람이 나치즘이 파멸한 뒤에도 어떤 형태로든 미래를 보장받을 수 있다고 생각하는 것이 어떻게 가능했을까?

이 질문에 대한 답변을 정확히 알 수는 없지만, 정보를 토대로 추측은 할 수 있다. 나치의 주요 인사들에게는 영국과 미국이 스탈린의 소련이 '문명' 세계에 얼마나 위험한지를 인식하지 못한다는 사실이 언제나 곤혹스러웠다. 이제 서유럽 연합국이 곧 스탈린과 결별하리라는 기대가 생겼다. 소련과의 새로운 전쟁이 일어나지 않을까? 힘러는 분명히 이렇게 생각했을 것이다. 그 싸움이 일어나면 나보다 더 보탬이 될 사람이 있겠는가? 전쟁이 끝나기 직전에 힘러는 베나도트 백작에게 연합군 유럽최고사령관 드와이트 아이젠하워와의 만남을 주선해달라고 요청하기까지 했다. 서유럽에서 독일군의 항복을 논의하자는 것이었다.[99] 아이젠하워와 무슨 문제든 논의한다는 힘러의 생각은 바보 같은 발상이었지만, 이제 그의 자기기만은 거의 히틀러와 같은 수준에 이르렀다.

괴벨스는 이보다 좀더 현실적이었다. 적어도 단기적으로는. 1945년 3월 22일, 그는 히틀러에게 이렇게 말했다. "서유럽에서 우리 군대는 이제 더는 제대로 싸우지 못한다." "국민의 사기도 크게 떨어졌다. 아마 바닥을 쳤을 것이다."[100]

그러나 한 달 뒤, 분위기가 미쳐 돌아가는 듯했던 베를린의 히틀러 벙커에서 괴벨스는 한 번 더 퓌러의 환상을 북돋았다. 소련군이 이미 독일 수도를 포위한 4월 25일에도 여전히 적과 거래하자는 말이 나왔다. 히틀러는 이렇게 말했다. "우리가 베를린을 성공리에 방어한다면, 그리고 소련 반대 정서가 엿보인다면, 그때는 [서유럽 연합국에서] 필요한 예지력을 지닌 자들이 [러시아의] 거인에 맞서 용기를 되찾는 모습을 보게 될 것이다. 그 사람들은 속으로 생각할 것이다. 나치 독일과 협력하면 이 거인을 막아낼 수 있다고."[101]

이는 자기 마음속에 있는 세계의 이미지와 외부 현실 간의 괴리를 후자가 아니라 전자를 선택함으로써 처리하는 꼴이니 20세기의 인지부조화 역사에서도 가장 의미심장한 사례일 것이다.

이러한 백일몽은 당연하게도 아무 소용이 없었다. 1945년 4월 30일 아돌프 히틀러는 머리에 총을 쏘아 자살했다.[102] 그는 자살하기 직전까지 많은 시간을 들여 유언을 작성해 자신은 아무 잘못도 없다고 설명했다. 히틀러는 마지막 순간까지 일관되게 2차대전 발발의 책임은 유대인에게 있다고 주장했고 홀로코스트를 부추길 수 있어서 기뻤음을 넌지시 밝혔다. 그는 또한 이후의 독일 지도부에 "모든 민족의 세계적인 독살자인 국제적 유대 민족에 무자비하게" 맞서라고 요청했다.[103]

이튿날인 5월 1일, 괴벨스와 그의 아내는 여섯 명의 자녀가 살해당하도록 준비를 해놓은 채 자살했다. 괴벨스는 이로써 히틀러와 나치 정권에 대한 자신의 확고부동한 충성이 증명되기를 원했다. 며칠 전 그는 이렇게 말했다. 만일 "퓌러가 베를린에서 명예롭게 죽고 유럽이 볼셰비키화한다면, 아무리 길어도 5년 안에 퓌러는 전설이 되고 나치는 전설적인 운동이 될 것이다. 왜냐하면 그는 최후의 당당한 행위로써 불멸의 존재가 될 것이고 지금 그를 비판하는 이유인 모든 인간적인 실패가 일거에 사라질 것이기 때문이다."[104]

괴벨스는 틀렸다. 자식들을 죽음에 몰아넣는 것이 자기 가족이 끝까지 충성했음을 증명하리라는 판단도 똑같이 착각이었다. 괴벨스는 역사가 자신을 영웅으로 평가하리라고 생각했지만 그와 그의 아내는 역사상 최악의 비정한 부모로 기억된다(괴벨스는 친위대 치과의사 헬무트 쿤츠 Helmut Kunz에게 자신의 여섯 자녀에게 모르핀을 주사해 의식을 잃게 한 뒤 입에 청산가리를 집어넣으라고 시켰다).

그러나 괴벨스는 적어도 끝까지 히틀러 곁에 머물기는 했다. 그는 보기 드문 사람이었다. 나치의 다른 고위 인사들은 대부분 베를린에서 퓌러가 맞이한 것과 동일한 운명을 맞고 싶지 않았다. 히틀러가 자살하기 여러 날 전, 힘러는 독일 북서부의 플렌스부르크로 갔고, 괴링은 남쪽의 바이에른으로 갔다. 두 곳 모두 진격해 들어오는 소련군으로부터 멀리 떨어진 안전한 장소였고, 곧 서유럽 연합군에 점령될 지역에 있었다.

한 가지 질문이 남는다. 그 전쟁의 마지막 전장 중 한 곳인 베를린 남쪽의 할베에서 싸운 친위대 장교 베른트 린은 히틀러가 죽었다는 소식을 듣고는 이렇게 말했다. "끝났다. 종결되었다." 이제 "어떻게 새로운 것을 세울 수 있는가?"[105]

맺으며

나치는 1차대전이 끝났을 때 독일의 패배에 격한 분노를 토해냈다. 이 역사의 마지막 얄궂은 결말은 1945년의 항복은 1918년의 패배보다 훨씬 더 파멸적이었다는 사실이다. 폐허가 된 도시들, 영토 상실, 정치적 변화, 점령의 성격. 이 모든 것이 앞선 패배에서는 겪어보지 못한 변화를 요구했다.

이 파국적인 손실에는 심리적 차원도 있었다. 수많은 나치 전력자들이 자신에 대해서, 자신들이 맞서 싸운 적에 대해서 생각하는 방식에 영향을 끼친 차원이다.

이는 한편으로는 종전 직후의 전쟁 후유증에 복수심이, 특히 소련 편에서 복수심이 가득했기 때문이다. 1945년 5월에 들어선 뒤 사흘 동안 소련군 병사들은 독일 북동부의 소도시 데민을 약탈하며 건물에 불을 지르고 여성을 강간했다. 당시 열한 살이었던 발트라우트 레스키는 어머니가 강간당하는 것을 목격한다. "나보다 네 살 어린 여동생과 나, 우리는 기필코 어머니를 보호하려고 비명을 질렀지만, 그들은 갓난아이가 있는 여자들만 해하지 않았다. (…) 나는 그들을 떼어내려 했지만, 당연히 그들은 총을 갖고 있었고 총을 휘둘러댔다. 그 무력감과 온갖 감정, 그 잔인함은 지금까지도 어떤 말로도 표현할 길이 없다."

그녀의 어머니는 윤간당한 데민의 많은 여성 중 하나였다. "하루에도 열 번, 스무 번 강간당하는 것이 어떤 일일지 상상하기도 어렵다. 더는 사람이 아니기 때문이다. (…) 나의 어머니는 그 일을 겪은 후 완전히 다른 사람이 되어 남은 생애를 그렇게 보냈다. (…) 나로 말하자면, 갑자기 어른이 되어야 했던 것 같다. 살아 있는 것 같지가 않았다. 모든 것이 짙은 먹구름 속에 있는 것 같았다."

수백 명이 고통을 끝내는 유일한 방법은 자살이라고 판단했고, 많은 사람이 인근의 강에 몸을 던졌다. 레스키의 어머니는 자신과 두 딸도 똑같은 방법으로 자살해야 한다고 생각했고, 그래서 아이들을 "붙들고 강으로 뛰어들고 싶었다." 레스키의 할머니가 재빨리 행동을 취한 덕분에 그들은 죽음을 면했다.[1]

데민에서 얼마나 많은 사람이 죽었는지는 정확히 모른다. 700명에서 1천 명 이상까지 추정치는 다양하다. 독일사 최악의 집단 자살이라는 것만큼은 거의 분명하다. 그러나 데민의 사건이 극단적이기는 했지만, 소련군이 독일 민간인을 살해하고 강간한 사례는 많았다. 《베를린의 한 여인Eine Frau in Berlin》[2]의 저자는 소련 점령 초기 독일 수도에서 직접 겪은 일을 상세하게 묘사했다. 일단의 소련군 병사들이 자신을 위협하자 그녀는 이렇게 간곡히 애걸하는 수밖에 없었다. "부탁이다. 단 한 번만으로, 제발, 한 번으로 그쳐달라."[3]

독일 여성을 강간한 소련군 병사들은 독일인이 소련 사람들에게 가한 고통에 복수한다고 생각했으며, 많은 경우에 그들은 여자의 남편이나 아버지에게 아내나 딸이 성폭행당하는 모습을 지켜보게 했다. 독일 남동부 치타우에서 어느 소련군 중위는 현지 사업가들과 그들의 아내를 파티에 초대하고는 그중 한 여성을 나머지 '손님들'이 지켜보는 가운데 강간했다.[4]

이는 정복의 문제였다. 여성을 성폭행하는 것이었을 뿐만 아니라 더나아가 가족의 든든한 보호자였던 나치 남성을 파멸하는 것이었다.《베를린의 한 여인》의 저자는 전쟁의 종결이 가까워졌을 때 이렇게 썼다. "마음속 깊은 곳에서 우리 여자들은 일종의 집단적 절망에 빠져 있었다. 남자들이 지배하고 강한 남자를 미화한 나치의 세계는 무너지기 시작했다. 더불어 '인간'이라는 신화도 무너졌다."[5]

많은 독일인은 소련군이 저지른 잔학행위를 동쪽에서 온 "야만적인 유목민 무리"가 "문명화한" 유럽을 더럽힌 증거라고 생각했다. 나치의 고위 관료였던 어떤 이는 전쟁이 끝나고 오랜 시간이 지난 후 인터뷰에서 자신의 아내가 어떻게 "아이들 앞에서 러시아 병사들에게 강간을" 당했는지 설명했다.[6] 적어도 그 사람에 관해서는, 그러한 행위는 볼셰비키의 위협이 지닌 성격에 관한 히틀러의 판단이 내내 옳았음을 입증했다.

얼마나 많은 여성이 점령군에게 강간을 당했는지는 정확히 알 수 없다. 86만 명부터 최대 약 200만 명까지 다양하게 추정된다. 대다수는 소련군 병사들이 한 짓이지만, 결코 적다고 할 수 없는 19만 명 정도는 영국과 미국, 프랑스 등 다른 연합군 병사들에게 당했다.[7]

많은 독일 여성이 침입자들 중 한 명을 '보호자'로 받아들일 수밖에 없다고 생각했다. 다른 사람들을 물리쳐준다는 조건으로 그와 성관계를 맺은 것이다. 게다가 '보호자'는 그녀에게 절실히 필요한 음식도 제공했을 것이다. 《베를린의 한 여인》의 저자는 이러한 조건으로 소련군 소령과 성관계를 맺었고, 자신의 행위에 관한 감정적·도덕적 문제로 괴로워했다. 그녀는 이렇게 쓴다. "결코 그 소령이 나를 강간한다고 말을 해서는 안 된다. 차가운 말 한마디면 그는 제 갈 길을 가고 다시는 돌아오지 않을 것이다." 그러나 상황 때문에 어쩔 수 없이 그러한 행동에 내몰렸고, 결코 자유로운 의사에 따라 동의한 것도 아니었지만, 그녀는 계속 자문했다. "나는 기본적으로 몸으로 먹고사니, 몸을 주고 먹을 것을 얻으니 매춘부가 된 것인가?"[8]

그녀를 비롯해 수많은 독일 여성이 절망적인 상황에 대처하고자 성도덕을 근본적으로 바꿔야만 한다고 생각했다. 1945년 10월 정치학자 게이브리얼 아먼드는 미군 점령지에서 일부 독일 여성이 취한 행동을 이렇게 설명했다. 그 동기는 "위안거리의 전무, 초콜릿과 담배 따위를 얻고자 하는 간절한 욕구, 많은 독일 남자가 사라진 결과로 충족되지 못한 성욕, 패배 자체에 따라온 완전한 사기 저하였다. 어디서나 상황은 똑같은 것 같다. 먹을 것을 얻어야 했기에 거의 불가피한 매춘이지만 이를 넘어서는 어떤 면이 있다. 다가올 겨울에는 틀림없이 더 확산될 것이다."[9]

"초콜릿을 얻기 위한 성관계"라는 관념은 그 비참함을 사소하게 취급한다. 실상을 더 잘 아는 학자들은 여성들이 그렇게 행동한 주된 이유는 사치품에 대한 갈망이 아니라 자신과 친척에게 꼭 필요한 식량을 얻고자 하는 마음에 있다고 지적했다.[10] 그때 일어난 일은 미묘한 차이를 구분해 이해해야만 한다. 윤간을 피하기 위해 '보호자'를 받아들인 여성의 행동은 영양이 부족해 음식을 얻으려고 성관계를 맺은 여성이나 연합군 병사를 좋아해서, 심지어 그와 사랑에 빠져 자발적으로 낭만적인 관계를 맺은 여성의 행동과는 달랐다. 그러나 모든 것을 다 고려해도 고통스러운 현실은 그대로 남는다. 전쟁은 끝났을지 몰라도, 엄청나게 많은 독일 여성의 고생은 끝나지 않았다.

굶주림, 굶어 죽는다는 공포는 그 시기 독일인들의 행동과 태도에서 중요한 역할을 했다. 점령군은 일부러 민간인을 굶주리게 하지는 않았지만 그들을 돌보려는 정책도 없었다. 연합국은 독일의 탈산업화를 요구한 악명 높은 모겐소 계획을 채택하지 않았지만, 그 배후의 생각은 좀처럼 사라지지 않았다.

독일의 미국 점령지구를 관리한 루셔스 클레이 장군은 1945년 5월에 이런 말까지 했다. "독일 국민에게 자신들이 일으킨 전쟁의 귀결을 깨닫게 하려면 약간의 추위와 굶주림이 필요할 것이다." 물론 그는 이렇게 생각하기도 했다. "고생은 집단적인 기아와 질병을 초래할 정도로 확대되지는 않아야 한다."[11] 따라서 이는 처음부터 헷갈리는 태도였지만 보복이라는 발상이 그 토대였음은 분명하다.

2년 뒤 독일 서부의 어느 보건기관은 연합국의 정책이 낳은 결과에 대해 이러한 주장을 내놓았다. "한때 강건했던 국민 전체가 굶주림 때문에 약해져 완전히 무능력해지고 진짜로 병에 걸리는 지경에 이르렀다." 라인란트의 어느 지역 정치인은 1948년에 이런 가짜 주장까지 퍼뜨렸다. 전쟁이 끝나고 3년 동안 독일인은 "세상 그 어느 포로수용소에서도 보지 못한 수준의 굶주림을 견뎌야만 했다."[12]

이러한 비난은 정확하지도 않고 모욕적이었지만 종전 후 연합국이 독일인들을 처벌하고 있다는 믿음을 보여주었다. 나치는 침입자들이 독일을 파괴하려 한다고 늘 경고했다. 최초의 모겐소 계획이 그들에게 선전용 미끼로 받아들여진 이유가 바로 여기에 있다.

그 시기에 독일에 굶주림과 영양 부족이 얼마나 넓게 퍼졌는지는 논란거리이지만, 아사의 공포가 생생한 현실이었음은 분명한 사실이다. 1차대전 후 연합국의 봉쇄와 그로 인한 지독한 고생을 기억하는 독일인이 많았다. 그래서 놀랍지 않게도 상당히 많은 사람이 새로 시작한 이 전쟁에서 패하면 한층 더 나쁜 운명이 기다리고 있을 것이라는 나치의 경고를 쉽게 믿었다.

독일 민간인에 대한 미국인의 기본적인 태도가 그다지 호의적이지 않았다면, 포로로 잡힌 적에 대한 태도는 적극적인 징벌이었다. 미군의 유럽 병참감 로버트 리틀존은 이렇게 말했다. "분명하게 말하지만 나는 포로를 굶어 죽게 하거나 병원에 입원시켜야 할 정도의 배급량에 찬성할 뜻이 없다. 또한 독일인들을 살찌우게 할 배급량에 동조할 생각도 없다."[13] 이는 미국의 정책을 밝힌 성명서로, 최소한 라인비젠라거 Rheinwiesenlager(라인 초원 수용소)〔미군이 점령 지구에 세운 19개 수용소〕에 관한 한, 절반만 진실이었다. 살찐 포로는 전혀 없었지만, 수천 명이 실제로 죽었다. 이 수용소들에는 200만 명에 가까운 독일군 전쟁포로가 갇혀 있었는데, 포로들이 한데서 잠을 자야 하는 등 끔찍하게 열악한 조건이었다. 6천 명이나 수감 생활을 버텨내지 못하고 사망했다.

소련군에 포로가 된 자들의 조건도 더 나쁘지는 않았다고 해도 대개 비슷했다. 독일에 거주했던 미국인 존 노블은 소련군에 의해 나치의 부헨발트 강제수용소였던 곳에 수감되었다. 그의 가족은 드레스덴에 공장을 갖고 있었고 전쟁 중에 독일에 머물렀다. 그들은 외국인으로서 즉각 스탈린의 비밀경찰에게 표적이 되었다.

소련이 관리하던 1945년부터 1950년까지 부헨발트에서 7천 명의 포로가 죽었다. 노블은 수감자들이 음식을 얻기 위해 사용한 필사적인 조치를 기억했다. 그는 이렇게 말한다. "사람들이 실제로 죽어가는 막사에서 경비병이 지나다니며 [침상에 누워 있는 포로들의] 발가락을 만져본다. 아직 온기가 있으면 그를 [소량의 하루 배급량을 받을 사람으로] 셈에 넣는다. (…) 그래서 포로들은 [이미 죽은 포로의] 발가락을 따뜻하게 유지하려 애썼다. (…) 경비병이 왔을 때 이렇게 생각하게 하려는 조치였다. '아직 살아 있군.' 그러면 이튿날 그곳에 하루 배급량의 식량이 놓여 있었다."[14]

소련만 나치의 강제수용소를 재활용한 것은 아니었다. 미국은 친위대원과 나치 주요 인사들을 뮌헨 외곽의 다하우 강제수용소에 수감했다. 맥줏집 폭동에 참여한 열성적인 나치 에밀 클라인도 그곳에 갇혔기에 전쟁이 끝나고 오랜 시간이 지난 후 인터뷰에서 다음과 같은 일화를 얘기할 수 있었다. "나는 뮌헨의 사업계에서 30년을 보냈다. 많은 유대인이 무엇인가 팔려고 나를 찾아왔다. 나는 가구업체를 크게 운영했고, 그들은 카펫 따위를 가져왔다. 어떤 이들은 와서 이렇게 말했다. '나는 강제수용소에 있었다.' 내가 뭐라고 했을 것 같은가? '나도 그렇다.' '뭐라고? 당신도?' '어디에 있었나?' '다하우.' '아, 나도 거기에 있었다.' 그러면 나는 이렇게 묻는다. '언제?' 그들은 말한다. '1943년.' 나는 말한다. '나는 1945년 이후에 그곳에 있었다.' 우리는 둘 다 웃었고 악수했다. 인생이란 그런 것이다. 인생의 짓궂은 장난이다."[15]

이는 지극히 표리부동한 반응이다. 나치가 지배한 1943년의 다하우와 미국이 지배한 1945년의 다하우는 전혀 대등한 조건이 아니었다. 다하우 수용소에서 약 4만 명이 나치의 손에 살해되었는데, 1943년에 그곳에 보내진 유대인은 운 좋게도 살아남았다. 종전 후 미국의 수용소 관리 방식은 가혹하기는 했지만, 그와 비슷한 일은 일어나지 않았다. 그럼에도 에밀 클라인의 이야기는 심리학적으로 시사하는 바가 있다. 나치였던 자들은 그 정권의 범죄를 상대화하려 했고, 이는 그러한 많은 시도 중 하나였다.

아우슈비츠 수용소 사령관 루돌프 회스도 이와 같은 시도를 했다. 그는 처형되기 직전에 쓴 회고록에서 자신의 행위가 "주로 여자와 아이들"이 죽으리라는 것을 알면서도 도시를 파괴하라는 명령을 실행에 옮긴 폭격기 조종사의 행위와 비슷하다고 말했다.[16] 그의 주장에 따르면, 그가 아우슈비츠의 가스실에서 민간인을 살해한 것과 연합군 폭격기 조종사들이 독일 도시의 민간인을 살해한 것은 다를 바가 없었다.

아우슈비츠 수용소 경비대 소속으로 일한 친위대원 오스카르 그뢰닝도 종전 후 인터뷰에서 동일한 비유를 들었다. 그는 연합국이 나치의 행위를 비판할 자격이 없다고 주장했다. "군사적으로 필요했든 아니든" 그들은 "백린탄을 투하해 여자와 아이들을 죽였다."[17]

대규모 폭격에 곤혹스러운 윤리 문제가 따르기는 하지만, 이는 여러 가지 이유에서 잘못된 비유다. 특히 독일 도시들에 대한 폭격은 전쟁이 끝나자마자 멈추었지만, 나치의 민간인 학살은 독일이 전쟁에서 이겼다면 계속되었을 것이다. 물론 유대인 여자와 아이를 절멸하라는 나치의 지침은 있었던 반면, 독일의 여자와 아이를 몰살하라는 연합국의 지침은 없었다.

그러나 연합국이 나치와 똑같이 도덕적으로 타락했다는 생각은 많은 독일인에게 매력적이었다. 나치였던 자들에게만 그런 것도 아니었다. 함부르크에 살던 작가 마틸데 볼프묀케베르크는 친구들과 함께 "온 힘을 다해" 나치 정권의 "몰락"을 위해 노력했지만,[18] 그들은 또한 연합국의 위선도 비난했다. 연합국은 "오직 독일만 그렇게 지독한 냉혹함과 잔인함에 빠질 수 있다고 온 세상에 선언"하면서 "전략 폭격"을 실행하고 "무방비상태의 주민들에게 기관총을 쏘아댔다." 그녀의 결론은 간명했다. "우리는 모두 똑같다. 똑같은 죄인이다."[19]

1945년 11월에 열린 뉘른베르크 국제군사법정은 이것이 잘못된 분석임을 증명하려 했다. 나치가 연합군의 행위와는 비교할 수 없는 무거운 범죄를 저질렀음을 온 세상에 보여주려 했다. 결과적으로 그 재판은 개인이 '반인륜범죄'로 기소된 첫 번째 사례가 된다. 그 재판은 전쟁의 책임 소재를 밝히는 문제에 대한 혁신적인 접근방식이었고 국제법의 역사에서 획기적인 사건이었다.

그러나 재판은 처음부터 정의와 관할권의 문제로 난관에 부딪쳤다. 너무도 곤란해서 1943년 테헤란 회담 때 저녁 자리에서 스탈린은 훨씬 더 간단한 해결책을 제안했다. 그는, 어쩌면 농담이었을지도 모르지만, 종전 후 중요한 '기술자'와 군 장교를 포함해 '5만 명'의 독일인을 총살하자고 말했다. 윈스턴 처칠은 격분해 "그렇게 극악무도한 짓으로 나와 내 나라의 명예를 더럽히지" 않겠다고 대답했다. 루스벨트는 '4만 9천 명'을 죽이는 것이라면 타협할 뜻이 있다고 농담했다.[20]

다른 골칫거리도 있었다. 독일의 지도급 인사들을 물리적으로 일소한다는 발상을 포기하고 대신 재판을 열자고 했을 때, 소련이 그 사법적 절차에 참여하겠다고 강력히 주장했다. 그러나 세상이 다 알고 있었듯이 1930년대에 스탈린은 악질적인 모스크바 시범재판의 주역이었다. 그 재판에서 무고한 피고들은 고문을 못 견디고 죄를 인정했다. 의아하게 생각한 독일인들이 있었다. 뉘른베르크 재판도 그런 유형에 속하지 않는가?

그렇지만 재판이 시작되기도 전에 기본적인 질문에 답을 해야 했다. 피고 중에 한 명이라도 미친 사람이 있는가? 답변은 간명한 것으로 밝혀졌다. 피고들을 검사한 연합국의 심리학자들은 '핵심 전범'으로 재판에 나온 스물한 명 중에서 정신이상자는 단 한 명도 없다는 결론을 내렸다. 반유대주의가 하늘을 찌를 듯했고 어디서나 유대인의 음모를 본 율리우스 슈트라이허조차도 정신적으로 이상이 없다는 판정을 받았다.

연합국 심리학자들은 다른 문제도 검토해보고 싶었다. 피고가 재판을 받을 수 있는지 없는지를 결정하는 데 영향을 미치지는 못했지만 대중의 관심이 상당히 큰 주제임에는 분명한 문제였다. 대중적 신화는 나치의 독특한 인성 유형이 있을지도 모른다고 보았는데, 과연 그런가?

이를 밝혀내기 위한 시도로서 각각의 피고에게, 루돌프 헤스와 헤르만 괴링, 알베르트 슈페어 같은 나치 주요 인사를 대상으로 로르샤흐 검사Rorschach test를 시행했다. 그들에게 종이에 잉크가 번져 생긴 다양한 모양을 보여주고 그 안에서 어떤 이미지와 의미가 보이는지 말하라고 했다. 이는 비교적 쉽게 실행할 수 있지만 해석하기는 결코 쉽지 않은 검사였다. 피고들을 면담한 뒤 여러 전문가의 상이한 결론을 취합해 나온 결론은 뉘른베르크 재판의 심리학적 증거가 정확히 무엇을 의미하는지는 명료하지 않다는 것이었다.

두 명의 심리학자가 완전히 충돌했다. 더글러스 켈리는 로르샤흐 검사가 뉘른베르크 재판의 피고들이 "본질적으로 정신이 온전한" 자들일 뿐만 아니라 "그러한 인성이 (…) 오늘날에도 세상 어느 곳에서든 재현될 수 있다"는 점을 증명한다고 주장했다. 반면 구스타브 길버트는 심리학적 증거가 "독일 문화의 병든 성분들"이 어떻게 "나치 정권 시절에 전염병처럼 극적으로 증가했는지" 보여준다고 믿었다. 그는 심지어 자신이 알아낸 것을 바탕으로 쓴 논문에 이런 제목을 붙였다. 〈친위대 살인 로봇들의 심리〉.

최근에 전문가들이 합의를 이룬 범위 안에서 말하자면, 길버트의 '병든' 문화 논지는 그다지 신뢰를 받지 못하며, 피고들이 저마다 다른 인성을 지녔다는 믿음이 더 지지를 받고 있다. 통일된 나치 '유형'은 없었으며, 그들이 '로봇'이 아닌 것도 거의 분명했다.[21]

심리학자들이 뉘른베르크에서 각각의 피고와 수행한 면담은 공통된 인성 유형을 찾아내려는 시도보다 훨씬 더 생산적이었다. 다른 많은 독일인과 마찬가지로, 여러 명의 피고가 연합국의 '위선'을 경멸했다. 괴링은 미국도 100년 전 서부에서 원주민으로부터 영토를 '갈취'했으니 '공격 전쟁'을 수행한 것이라고 지적했다. 나치의 외교부 장관 리벤트로프도 동의하며 이렇게 말했다. "미국인들이 원주민을 어떻게 학살했는지 듣지 못했나? 그들도 열등한 종족이었나?"[22]

폴란드 총독관구의 나치 통치자였던 한스 프랑크도 비슷한 논지를 펼쳤다. 그는 연합국이 아우슈비츠에서 "하루에 2천 명의 유대인"이 학살당했다고 요란하게 주장했지만 그들은 "함부르크에서 한두 시간 만에 3만 명이 폭격으로 사망했다"는 사실을 잊은 것 같다고 말했다.[23]

그러나 프랑크는 홀로코스트를 상대화하는 데 성공하지는 못했다. 그는 아우슈비츠 수용소 사령관 루돌프 회스가 증언한 뒤 그 일이 "천년 동안 회자될 것"이라고 인정했다. 한편 유대인 절멸이 실제로 일어난 일임을 마침내 인정한 괴링은 아우슈비츠에서의 학살은 회스가 "남부 독일인"이었기 때문에 발생했다고, "프로이센 사람이라면 결코 그런 짓을 할 수 없었을 것"이라고 말해 자신은 그 범죄와 무관하다고 주장하려 했다.[24] 괴링은 그런 견해를 밝히면서 자신이 바이에른 태생이라는 사실을 잊은 것 같다.

리벤트로프는 연합국이 이렇게 판단하리라는 희망을 피력했다. "양측이 똑같이 잘못했다." "여기서 재판을 받고 있는 우리는 독일의 애국자이며, 우리가 잘못 인도되어 히틀러와 함께 도가 지나친 짓을 저질렀지만, 이는 독일 시민으로서 신념에 따른 행동이다."[25] 그러나 뉘른베르크에서 증언과 촬영 필름을 통해 드러났듯이 홀로코스트의 참상은 그러한 망상을 박살냈다.

여러 피고가 심리학자와의 토론에서 자신의 나치 경력은 우연의 결과일 뿐이라고 주장했다. 괴링은 1919년 프리메이슨에 가입하려고 가던 중에 "지나가는 어여쁜 금발 여자"를 보았다고 말했다. "나는 그녀를 잡았다." 그래서 그는 모임에 가지 못했고 프리메이슨 회원이 되지 못했다. 그런데 그는 만일 그 금발 여자가 지나가지 않았다면, 그래서 그날 프리메이슨에 가입했다면, 자기는 이후 나치가 되지 않았을 것이라고 주장했다. 왜냐하면 나치 운동이 프리메이슨에 적대적이었기 때문이다. 괴링은 이렇게 말했다. 따라서 "운명이 어떻게 될지는 아무도 모른다. 그렇게 작은 일에 좌우되기 때문이다."[26]

한스 프랑크도 인생에서 비슷하게 결정적인 순간이 있었다고 말했다. 역시 여성이 관련된 일이다. 그는 어렸을 때 '멋진' 연인이 있었다고 말했다. 그렇지만 그의 '어리석음'과 '운명의 장난' 때문에 두 사람은 결혼하지 못했다. 만일 일이 잘 진행되어 그녀와 함께 하는 삶을 살았다면, "나는 나치가 되지 않았을 것이다." 왜냐하면 그녀가 나치 운동에 반대했고 그는 매우 "쉽게 조종당하는" 사람이었기 때문이다. "특히 내가 사랑하는 여자에게는."[27]

기본적으로 이 나치 주요 인사들은 자신이 왜 그런 사람이 되었는지 이해하려 애썼다. 그리고 자신의 세계관이 옳음을 그토록 확신했는데 왜 전범으로 재판을 받게 되었는지 그 이유를 해명하기 위해 최선을 다했다. 그러나 그들이 의지하기로 선택한 심리적 대처 전략은 유치했다. 그들은 삶이란 본질적으로 운의 문제이므로 자신에게 일어난 일에 대해 비난받아서는 안 된다고 주장했다. 그들이 뉘른베르크 법정의 피고석에 서게 된 것은 한 사람은 어여쁜 금발 여자에게 빠졌기 때문이고 또다른 이는 '멋진' 연인과 결혼하지 않았기 때문이었다.

그러나 잠시 살펴보기만 해도 이러한 논거는 허물어진다. 괴링은 그 금발 여자와 마주쳤을 때인 1919년에 이미 열렬한 민족주의자였고, 혁명가가 될 준비가 되어 있었다. 그는 히틀러의 경제부 장관인 할마르 샤흐트가 프리메이슨이었음에도 나치 정부의 유력한 일원으로 받아들여졌다는 사실을 짐짓 모른 체한 것 같다. 그러므로 괴링이 그 금발 여자를 붙잡은 것이 그의 주장처럼 그의 인생에서 전환점은 아니었다. 결코 아니었다.

한스 프랑크가 희망적으로 고수한 생각을 논박하기는 훨씬 더 쉽다. 사실을 말하자면, 그는 자신의 의지로 '멋진' 연인을 거부했다. 그는 당시 자신의 세계관에 어울리는 선택을 했다. 그리고 그 선택은 다른 여성과 결혼하고 나치로서 출세하는 것이었다.

예상된 일이지만, 피고들은 희생양 찾기에 골몰했다. 슈트라이허는 오래 간직한 시나리오에 따라 이렇게 주장했다. "세계 유대인이 이 재판을 관장한다." 그러나 다른 이들은 대부분 유대인을 비난하는 나치의 전통적인 수단이 더는 효과가 없음을 이해했다.[28] 그들은 그 자리에 없는 나치, 주로 하인리히 힘러를 희생양으로 삼는 편이 더 낫겠다고 판단했다. 친위대 라이히스퓌러는 이상적인 표적이었다. 그는 국가의 보안 기구를 지휘했고 체포된 뒤 자살했기 때문에 그들의 말을 반박할 수 없었다. 힘러를 비난하면서도 히틀러에 대한 신뢰를 계속 표명하는 것도 가능했다. 그들은 여전히 필요하다면 언제라도 "만일 퓌러가 알았더라면"이라는 오래된 방책을 앵무새처럼 되풀이할 수 있었기 때문이다. 그렇지만 결국에 이 모든 회피 전략은 아무런 소용이 없었다. 나치 정권이 초래한 참사의 증거가 압도적이었기 때문이다.

뉘른베르크의 심리학자들이 나치의 주요 인사들을 전부 포괄하는 '인성 유형'에 합의하지 못했지만, 이보다 더 큰 질문에 대해서는 어땠

는가? 그 참사는 '독일 민족의 특성' 때문에 일어났나? 이는 오랫동안 엄청난 논쟁을 불러일으킨 문제이며, 이 주제를 둘러싼 복잡한 논의를 평온하게 빠져나가기는 쉽지 않다. 그러나 출발점은 분명하다. 우리가 성장한 문화는 우리가 어떤 존재인가에 지대한 영향을 미친다. 예를 들면 심리학 연구는 미국처럼 '개인주의적' 문화에서 살아가는 사람들은 중국처럼 '집단주의적' 문화에서 살아가는 사람들과는 다른 방식으로 자녀를 양육한다.

이러한 연구로부터 인종주의적 결론을 도출하는 것은 잘못이다. 중국인이 '집단주의적' 문화를 갖게 된 것이 종족적으로 그러한 믿음을 타고났기 때문은 아니다. 예를 들어보자. 어느 연구에 따르면 중국에서도 밀을 생산하는 지역의 농민들은 서양 국가들의 농민들과 비슷한 '개인주의적' 특징(높은 이혼율 따위)을 보여준다. 중국의 다른 지역에서 '집단주의적' 문화를 추동한 것은 대체로 쌀 재배 농민의 협력적 성격이었다.[29]

심리학자 어빈 스타우브는 독일에서 "권위에 대한 강한 존중"이 "깊이 뿌리내린" 동시에 "복종과 질서, 효율, 집단에 대한 충성을 강조한" "획일적" 문화가 이에 결합했다는 증거를 찾아냈다.[30] 그러나 많은 독일 가족과 학교에 권위주의적 경향이 흐르고 있고 독일의 철학과 음악, 문학의 우월함에 대한 믿음이 널리 퍼져 있는 것은 사실이지만, 이러한 요인들을 지나치게 강조하지는 말아야 한다. 이 역사에 등장하는 많은 독일인은 "권위에 대한 강한 존중"이 없었으며, "획일적"이라는 낱말은 1차대전 직후의 독일 사회를 설명할 때 선뜻 떠오르는 낱말이 아니다. 마찬가지로 '체계적'이나 '효율적' 같은 낱말이 나치 국가를 설명하는 적절한 형용사라는 증거는 거의 없다. 이 책에서 제시한 많은 사례가 증명하듯이, 나치의 선전자들은 세상이 그 정권을 체계적이고 효율적이라고 생각하기를 원했지만, 나치 지지자 귄터 로제가 직접 확인했듯이 "막후에서는" 대개 "완전한 혼란"이 지배한 것이 현실이었다.[31] 게다가 독일인 대다수는 자유로운 선거에서는 나치에게 표를 준 적이 없었다. 1933년 이전에 나치 일당국가의 수립이라는 히틀러의 욕망에 부응한 사람은 소수파에 불과했다.

그럼에도 이러한 참사가 독일이 '권위주의적' 사회였기 때문에 벌어졌다는 생각은 아직도 이따금 대중적 논의에 등장한다. 그러나 이는 단일한 해석의 틀로서는 지지하기 어렵다. 유대인을 살해한 자들 중 다수가 리투아니아와 우크라이나, 루마니아 등 다른 나라 출신이라는 사실을 제쳐두더라도, 독일인 가해자들의 동기는 복잡했다. 어떤 이들은 강한 '권위주의적' 배경에서 성장했지만 그렇지 않은 사람들도 있었다. 인간은 가족과 신념 체계, 유전, 친구, 교육 등 여러 요인의 영향을 받는 다면적인 존재다. 인간의 주변 환경이 되는 문화가 그의 성장 과정에서 중요하지만, 인간은 자신의 선택에 책임을 지는 개별적인 존재이며, 같은 문화 안에 있는 사람들도 매우 다른 행동을 보여줄 수 있다. 1933년에 나라를 탈출한 독일 유대인 오이게네 레비네는 가족이 폴란드에서 겪은 경험을 이야기했다. "나의 가족 중 몇몇은 폴란드인들에게 배신을 당했다. 몇몇은 폴란드인들에게 구조되었다. 그렇다면 나는 폴란드인을 미워해야 하는가, 아니면 사랑해야 하는가?"[32]

진실은 이렇다. 이 책에서 설명한 끔찍한 범죄는 "나치가 독일인이었기 때문"이 아니라 그들이 인간이었기 때문에 일어났다. 홀로코스트의 집단학살은 특정 집단이 인종주의적 이유로 표적이 된 역사상 최악의 사례이기는 하지만, 인종주의적인 비행은 어디서나 발생할 수 있다는 것이 사실이다. 2차대전 중에 미국에서도 분명히 그런 일이 있었다.

1942년 2월 19일, 일본이 진주만을 공격하고 두 달이 지났을 때, 프랭클린 루스벨트 대통령은 그 전쟁 중에 연합국에서 나온 가장 악명 높은 문서 중 하나에 서명했다. 행정명령 제9066호다. 이로써 미국에 살고 있던 일본인 후손 약 11만 명이 억류되었다. 대다수는 미국 시민권을 보유한 사람들이었다.

이 무고한 사람들을 구금하기로 한 정부의 결정은 배후에 충격적인 가정이 숨어 있었다. 미국 시민권을 지녔고 미국에 가족과 사업체가 있는 사람들인데도, 그들을 하나의 집단으로서 신뢰할 수 없다는 것이었다. 서부방위사령부 사령관 존 디윗 중장은 1943년 하원 위원회에서 이렇게 말했다. "그가 미국 시민이든 아니든 상관없다. 그는 여전히 일본인이다. 미국 시민권이 반드시 충성을 보장하지는 않는다."[33]

개인적 과실을 조사할 일은 없었고 특정 개인이 일본의 '첩자'인지 아닌지 밝힐 필요도 없었다. 단지 순수하게 종족만을 이유로 집단적 유죄로 판정되었다. 게다가 미국에 사는 일본인의 후손들이 전쟁 수행 능력을 훼손한다는 증거도 없었다. 한층 더 놀라운 것은 디윗 장군에게 이러한 증거 부재가 중요하지 않았다는 사실이다. 실제로 그는 기막히게 뛰어난 이중적 사고로써 현실을 자신의 편견에 맞게 왜곡했다. "지금까지 사보타주가 전혀 발생하지 않았다는 사실 자체가 그러한 행위가 일어날 것임을 나타내는 당황스럽고도 확실한 표지다."[34]

이 정책의 배후에 깔린 편견과 비논리는 여기서 그치지 않았다. 역설적이게도 진주만 공격의 현장, 다시 말해 일본군이 도달할 수 있음을 증명한 곳인 하와이에서는 일본계 미국인들이 집단적으로 수용소에 억류되지 않았다. 그들은 하와이제도 주민의 3분의 1을 넘었기에, 그들이 없다면 지역 경제가 제대로 작동할 수 없었다.

다행스럽게도 나치 독일과는 다르게 미국은 자유언론과 법치가 있는 나라였다. 1944년 말 연방대법원은 미국 시민을 정당한 절차 없이 구금하는 것은 불법이라고 판결했다. 그래서 수용소에 억류된 사람들이 석방되었다. 40년이 지난 후 그 억류의 동인은 인종주의라는 공식 조사 결과가 발표되었고, 레이건 대통령이 서명한 민권법Civil Liberties Act으로 관련자들은 보상을 받고 많이 늦었지만 사과도 받았다.

어느 학자는 이렇게 나치 독일에서 벌어진 일과는 꽤 다른 형태의 사태에 대해 핵심적인 질문을 제기한다. "만일 디윗 장군이 서부방위사령부를 나치 정부가 지녔던 것과 같은 무제한의 권한으로써 운영했다면 어떤 일이 벌어졌을까?"[35] 이것이 결코 답할 수 없는 것이기는 해도 제대로 된 질문인 이유는 디윗을 자제하게 한 것이 궁극적으로는 미국의 정치 체제였음을 떠올리게 했기 때문이다. 승산 없는 싸움을 한 것은 한 사람의 영웅이 아니라 제도였다.

다행스럽게도 뉘른베르크의 판사들은 이러한 문화적·상황적 문제들과 씨름할 필요가 없었다. 그들은 자신 앞에 서 있는 사람들이 전쟁범죄를 저질렀는지 아닌지만 판결해야 했다. 충분한 심리 끝에 그들은 세 명을 제외한 모든 피고에게 유죄를 선고했다.[36] 그렇지만 1946년 평

결이 내려질 때쯤이면 수백만 독일인의 관심은 재판의 세세한 내용보다는 나치 이후의 생존에 적응하는 데 쏠려 있었다.

나라의 정치적 지형도 불안정한 때였다. 패전 후 독일은 거대한 영토를 상실했다. 베르사유 조약으로 빼앗긴 것보다 두 배가량 많았다. 약 1200만 명의 독일인이 집에서 쫓겨났고, 많은 사람이 살 곳을 찾아다니면서 크게 고생하고 정신적 상처를 떠안았다. 의당 잘 알려져야 할 일이었지만 독일 밖에서는 잘 모르는 역사다.

뉘른베르크 판결로부터 3년이 지났을 때, 독일의 남은 영토는 둘로 분리되었다. 동쪽의 소련 점령지구는 별개의 국가가 되었고, 나머지 연합국 점령지구는 라인강 변의 작은 도시 본을 수도로 삼는 서독이 되었다.

전후에 미국 군정청은 독일인들의 태도에 관해 조사했는데, 그 결과는 바로 이러한 배경에서 판단해야 한다. 1947년 8월, 응답자의 55퍼센트는 민족사회주의가 "실행이 잘못되었을 뿐 좋은 이념"이었다는 명제에 동의했다.[37] 망가진 나라에서의 삶과 공산주의자들이 동유럽의 대부분을 장악한 현실을 감안하면, 질문을 받은 독일인 대다수가 비록 나치 정권의 범죄를 알고도 나치즘을 철저히 거부하지 않았다는 사실이 놀랍지 않을 것이다.

그러나 삶은 개선될 조짐을 보였다. 적어도 그 나라의 서쪽 부분에 살던 독일인들에게는. 미국 국무부 장관 조지 마셜의 이름을 따서 마셜플랜이라고 부른 유럽부흥계획의 원조에 통화 개혁과 세제 개혁에 힘입은 '경제 기적'이 결합되어 미래가 서서히 더 밝아졌다.[38]

이 모든 격변에 비추어 보건대, 나치를 처벌하려는, 최소한 나치당의

'정규' 당원을 '처벌'하고픈 욕구는 점점 약해지고 있었다. 미국 점령지구에서는 종전 후 첫 2년 동안 나치 전력이 있는 사람의 3분의 1이 직업을 잃었지만, 1947년 말이면 대다수가 다시 고용되었다.[39] 서유럽 연합국에게 이런 방향 선회의 이유는 분명했다. 나치를 지지했던 자들을 전부 제거한다면 서독은 현대 국가로서 제대로 작동하지 못할 가능성이 컸다. 게다가 서유럽 연합국과 스탈린 사이의 관계가 점점 더 껄끄러워졌기에 강한 서독을 만드는 것이 그들에게 정치적으로 이로웠다.

이 새로운 태도를 상징적으로 보여준 것은 주요 기업가들을 처리한 방식이었다. 여러 가지 범죄로 고발된 페르디난트 포르셰는 1947년에 석방되었다. 그는 폴크스바겐 공장에서 강제노동을 이용했지만 이 일로 기소되지 않았다.[40] 자신이 소유한 거대한 기업으로 나치에 군수품을 공급하고 '반인륜범죄'로 12년 징역형을 선고받은 알프리트 크루프는 1951년에 조기 석방되었다.[41]

이제 연합국은 "과거를 떨쳐버릴" 때가 왔다고 판단했고, 대다수 독일인은 그럴 수 있어서 기뻤다. 이전에 수백만 명이 그렇게 했듯이, 이들은 새로운 환경에 적응했고 상황 변화에 따라 행동을 바꾸었다.

1950년대 서독에서는 나치 전력자 다수가 어려움 없이 책임과 위신의 자리를 차지했다. 나치즘 체제에서 의욕적이었던 이들은 이제 새로운 민주주의 국가에서도 야망을 키웠다.

예를 들어 콘라트 마이어를 보자. 그는 1932년에 나치당에 가입했고 이듬해 친위대에 합류했다. 농학을 전공한 유능한 계획 전문가였던 그는 동부 점령지에서 민족정화와 집단학살을 촉구한 잔인한, 그러나 대체로 실현되지 않은 계획인 악명 높은 동유럽종합계획 수립의 중심인물 중 한 사람이었다.

그는 종전 후 3년 동안 복역했고 석방되자마자 연구를 재개해 1956년 하노버 공대의 교수가 되었다. 그는 나치 치하에서 '계획'에 관여했고, 이제는 전후 서독에서 '계획'에 관여했다. 이번에는 그의 '계획'에 수백만 명의 무고한 사람들의 죽음과 추방이 포함되지 않았다.

이 전직 나치들 중 일부는 심지어 지나간 시절을 그리운 시선으로 바라볼 수도 있었다. 나치의 또다른 냉혹한 계획인 4개년계획에서 일한 카를 라호르는 1955년 5월 편지에 이렇게 썼다. "나의 유일한 바람은 후세대가 우리가 영광스럽게도 고결한 마음으로, 뜨거운 에너지로, 수고를 아끼지 않고 이행한 것과 같은 과업을 한 번 더 떠맡는 것이다."[42]

최근에 지금은 통일된 국가인 독일의 검사들이 전직 친위대원 몇몇을 골라 추가로 책임을 추궁하려는 시도가 있었다. 그러나 그 수가 너무 적기도 했고 너무 늦기도 했다. 1940년에서 1945년 사이에 아우슈비츠에서 일한 친위대원 6500명 중에 처벌을 받은 사람은 800명에 못 미친다.[43]

친위대원 베른트 린은 전쟁이 끝나고 50년이 지난 뒤 인터뷰에서 여전히 이렇게 믿는다고 말할 수 있었다. 제3제국은 "좋은 시절이었다. 독일은 꾸준히 나아지고 있었다. 그렇지 않았다면 처칠은 우리에 맞서 싸우려 하지 않았을 것이다. 모든 나라가 다 마찬가지다. 어떤 국민의 사정이 좋아진다면, 그들은 가던 길을 고수할 것이다. 우리의 사정은 나아지고 있었다. (…) 온 세상이 우리에게, 제국에 반대했다. 이에 맞서 스스로를 지키는 것은 당연했다." 홀로코스트가 유일무이한 참사라는 생각에 그는 분노하며 항의했다. "아니다! 절대로 그렇지 않다! 털어서 먼지 안 나는 사람은 없다. 영국도 허물이 있다. 있는 정도가 아닐 것이다. 프랑스도 그렇고, 네덜란드도 마찬가지다. 그들이 차지한 식민지를 보라. 그들은 입을 다물고 가만히 있는 편이 나을 것이다."[44]

돌격대원이었던 볼프강 토이베르트도 비슷한 시기에 인터뷰를 했는데 나치 정권의 "긍정적인 면이 부정적인 면을 크게 능가했다"는 데 동의했다. 그는 이렇게 주장했다. "부정적인 면은 한편으로는 인간의 결점이나 정신 나간 행동, 그 비슷한 것에서 나왔다. (…) 개별적인 사건은 언제든 어디서든 일어난다." 그는 어떤 증거도 제시하지 않은 채 이렇게 주장했다. '십중팔구' 홀로코스트로 죽은 사람은 '30만 명에서 40만 명' 정도에 그칠 것이다.[45]

이들에게 틀렸다고, 확실하게 사실적으로 틀렸다고 말해봐야 소용없다. 나치 시대는 그들에게 매우 큰 영향을 주었기에, 그들은 나치에 깊이 헌신하고 많이 희생했기에 이 역사에 관한 진실을 인정하는 것은 곧 그들의 존재 자체를 부정하는 셈이었다.

그러나 나치였던 자들의 해로운 견해보다 더 큰 문제가 있다. 이 책의 마지막 부분에서 논하는 그 곤혹스러운 문제가 바로 이 역사가 오늘날 우리에게 그토록 귀중한 이유다.

12가지 경고

모든 것은 덧없다. 우리의 생각보다 훨씬 더 덧없을 때가 많다. 이것이 내가 공부하며 도달한 주된 메시지다.[1]

나는 자신의 세계가 얼마나 빠르게 변했는지 깨닫고 충격을 받은 사람을 거듭 만났다. 1930년대 초 경제 붕괴에 망연자실한 독일인들부터 나치의 도착으로 얼마나 급속히 삶이 망가졌는지 믿을 수 없었던 헝가리 유대인들까지, 대학교 회의에 참석했다가 체포되어 강제수용소로 끌려간 폴란드 학자들부터 갑자기 가족의 집이 불타고 어머니가 자신들 앞에서 잔인해진 것을 본 독일 아이들까지. 이 모든 사람들이, 더 많은 사람이 우리의 삶과 우리 주변의 제도가 얼마나 덧없는지를 내게 가르쳐주었다.

이는 특히 민족사회주의독일노동자당은 감사하게도 이제는 없지만 나치즘의 본질적인 가치인 증오, 희생양 찾기, 반유대주의, 종족주의, 극심한 민족주의는 여전히 남아 있다는 사실을 생각하면 더욱 걱정스럽다.

책에서는 이 점을 염두에 두고 민주주의가 얼마나 쉽게 훼손될 수 있는지에 관해 열두 가지 경고를 제시했다. 내가 이 끔찍한 시절을 연구해 도출해낸 것이다. 이 열두 가지 경고는 이 책을 구성하는 동일한 제목의 각각의 장과 연결되어 있다.

좌파나 우파 어느 한쪽을 지지하려고 제시한 것이 아니다. 독재를 거부하고 민주주의를 옹호하는 한 개인으로서 한 일이다.

1. 음모론 퍼뜨리기

권력자들이 진실을 감추려 할 수 있음을 우리는 모두 알고 있다. 그리고 탐사기자들이 역사 속의 진짜 음모를 밝혀낸 사례는 많이 있다. 그러나 나치와 여타 비양심적인 집단들이 퍼트린 음모론은 특이할 정도로 매우 다르다. 훌륭한 탐사기자들은 미리 결론을 정해놓지 않고 사실이 인도하는 대로 따라간다. 반면 나치는 편견이 있었고 이를 뒷받침하기 위해 현실을 왜곡했다. 그들의 '음모론'은 진실을 외면했다.

물론 가장 소름 끼치는 사례는 홀로코스트의 토대를 놓는 데 일조한 음모론이었다. 아우슈비츠에서 근무한 친위대원 오스카르 그뢰닝은 이렇게 말했다. "우리는 우리의 세계관에 따라 우리에게 적대하는 유대인의 거대한 음모가 있다고 확신했다. 이는 아우슈비츠에서 이런 생각으로 표현되었다. '지금 여기서 유대인의 절멸이 진행 중이다. (…) 1차대전에서 일어난 일, 다시 말해 유대인이 우리를 비참한 상태로 밀어 넣은 일은 절대로 되풀이되어서는 안 된다. 유대인은 우리의 적이다.' 그래서 우리는 다만 적을 절멸했을 뿐이다."[2]

이 충격적인 반유대주의적 거짓말은 듣고도 믿기 어렵지만, 내가 만난 그뢰닝은 예외적인 사람이 아니었다. 종전 후 그는 유리공장의 인사 담당자로 취직해 아내와 조용히 살았다. 그는 같이 시간을 보내기가 꽤나 지루할 정도로 너무도 '평범한' 사람이었다.[3] 지금까지 그에게서 찾아낸 가장 흥미로운 점은 그가 한때 아우슈비츠에서 일했다는 사실이다.[4]

그뢰닝이 범죄를 저지른 후 오랜 세월이 흘렀지만, 오늘날 그 어느 때보다도 음모론자가 넘쳐나고 있다. 소셜미디어가 기존의 신뢰받는 뉴스와 정보의 토대를 흔드는 데 이용되고 우리의 삶에 관한 기본적인 사실을 '증명'하기가 때로 불가능하다는 사실이 이를 부채질했다. 예를 들면 이런 것을 내게 증명해보라. 정복왕 윌리엄과 노르만은 외계인이 아니다. 우리의 모든 행동을 조종하는 눈에 보이지 않는 초강력 종족 따위는 없다. 인간은 실제로 달에 도착했다.

30년 전에 나는 이러한 성격의 사고방식으로 훨씬 더 충격적인 것을 경험했다. 벨기에 출신의 친위대원으로 광적인 나치였던 자를 만났는데, 그는 홀로코스트를 부정했다. 동료들과 나는 그와 언쟁을 벌였고 그에게 그 범죄의 실재를 증명하는 무수히 많은 증거를 제시했다. 강제수용소에 널려 있는 사망자들의 사진도 있었다.

그는 우리를 경멸하듯 바라보며 말했다. "이 사진들이 진짜라고 정말로 믿습니까?"[5]

2. '그들'과 '우리'를 구분하기

신속하게 피아를 구분하는 능력은 우리의 생존에 필수적이다. 조상들이 상대가 친구인지 아니면 적인지를 순식간에 판단할 수 없었다면 지금 우리는 존재하지 않을 것이다. 뇌에서 이 기능을 담당하는 소뇌 편도가 우리의 삶에서 그토록 중요한 이유가 바로 여기에 있다.

문제는 이렇게 빠른 결정이 거대한 편견을 낳을 수 있다는 사실이다. 사람들을 집단으로 취급해 "그들은 전부 똑같다"고 말하고픈 강력한 유혹이 있다. 뒤이어 뇌의 다른 부분이 그 판단의 타당성에 이의를 제기하려 해도, 우리가 위협을 느끼면 언제라도 소뇌 편도의 감정적 영향력이 먼저 입력된다.

독재자가 되려는 자들은 이를 이용한다. 그들은 세상을 '그들과 우리'로 나누는 인간의 성향을 증폭시키려 한다. '그들', 즉 희생양으로 삼을 수 있는, 쉽게 식별되는 집단에 주의를 촉구하며 사람들에게 강한 인상을 심어주려 한다.

이러한 성격의 '그들과 우리'라는 과장된 화법의 적극적인 이용은 독재자에게 막대한 이점을 준다. 지지자들 사이에서 강렬한 감정을 불러일으킬 뿐만 아니라 추종자들을 지도자와 연결하는 '우리'라는 인식을 강화하고 어떤 문제가 닥치더라도 항상 '그들'에게 책임을 돌릴 수 있다는 메시지를 전달해 안심할 수 있게 해준다.

3. 영웅으로서 인도하기

막스 베버와 어니스트 베커 같은 이론가들은 개인의 영웅적 자질이 얼마나 값진 리더십 요소인지 인지했다.[6] 히틀러도 이 점을 의식했다. 그는 1차대전에 참전한 경험과 1924년 반역죄로 재판을 받을 때 보여준 일견 '영웅적인' 반항으로부터 상당히 큰 득을 보았다.

비슷하게, 나폴레옹 보나파르트부터 베니토 무솔리니까지, 피델 카스트로부터 티토 원수까지, 다른 많은 독재자도 대체로 영웅으로 생각되었기에 탁월한 지위에 올랐다. 물론 많은 경우에 독재자의 '영웅적 자질'은 과장되었거나 선전 효과를 위해 조작된 것이다.

우리는 이 역사에서 히틀러가 법정에서 도전적인 어투로 '용감하게' 일장연설을 늘어놓았을 때 반역죄에 대해 거의 확실하게 관대한 형을 선고받으리라는 것을 어떻게 미리 알았는지 살펴보았다. 1922년 로마 진군으로 파시스트들을 이끈 무솔리니의 이미지가 '두체duce' 신화의 필수적인 요소가 되었지만, 진실은 사뭇 달랐다. 무솔리니는 양복을 입고 중산모자를 쓴 채 기차를 타고 수도로 갔다.[7] 영웅의 행동으로는 전혀 어울리지 않았다.

이 역사로 보건대 '영웅적 지도자'를 신뢰하는 데 따르는 문제는 분명하다. 지도자를 영웅으로 여기는 것과 언제나 최선의 길을 알고 있는 부모 같은 존재로 인식하는 것은 차이가 크지 않다. 사회심리학자 에리히 프롬은 《자유로부터의 도피》에서 누구든 의사결정을 다른 사람에게, 중요한 정치적·사회적 문제를 해결할 준비가 더 잘되어 있다고 느끼는 사람에게 넘기는 것을 매력적으로 생각할 수 있다고 지적했다.[8] 그러나 책임을 방기하는 것은 감정적으로 매력적일 수 있겠지만 동시에 지극히 위험할 수 있다.

4. 청년 타락시키기

25세 미만의 젊은이를 표적으로 삼는 것은 자제력과 분석적 판단력을 담당하는 뇌 영역인 전두피질이 아직 완전히 형성되지 않았다는 생물학적 사실을 이용하는 것이다. 따라서 사춘기 청년은 대개 광신적 지지자로 만들기가 가장 쉬운 사람들이다.

이 점을 직관적으로 이해한 사람이 히틀러만은 아니었다. 다른 독재자들도 마찬가지였다. 캄보디아에서 폴포트의 가장 열성적인 학살자들은 다수가 25세 미만이었고, 중국의 마오쩌둥은 홍위병의 학생들을 동원해 문화혁명의 대재앙을 초래했으며, 소련에서는 지도자들이 연이어 콤소몰(공산주의 청년연맹)의 청년들을 크게 중시했다.

모든 독재자는 어린아이들과 사춘기 청년들에게 자신이 승인한 역사 해석만 가르치기를 원했다. 그러한 방법으로써 점진적인 과정을 거쳐 '새로운 사고방식'에 익숙해지도록 한 것이다. 이러한 방법을 한두 세대 동안 계속하면, 역사를 달리 알고 있는 사람은 거의 남지 않게 될 것이다.

나는 공산주의 체제가 몰락한 직후인 1990년대 초 러시아에서 다큐멘터리 영화를 찍을 때 이를 직접적으로 깨달았다. 사서였던 20대의 지적인 여성에게 1939년 8월의 몰로토프-리벤트로프 조약과 2년 후 소련이 '대애국전쟁'과 관련해 보여준 반나치 선전 사이의 모순을 어떻게 해결했냐고 물었다.

그녀는 이렇게 대답했다. "나는 그 일에 관해 평가할 필요가 없었다. 지난달에야 처음으로 그 조약에 관한 진실을 알았기 때문이다."

5. 엘리트층과 공모하기

우리는 독재자가 스스로의 힘으로 지배력을 장악하는 것이 아니라 다른 사람들로부터 권력을 넘겨받는 경우가 많다는 사실을 종종 잊는다.

이 역사에서도 히틀러가 힌덴부르크 대통령의 승인이 없었다면 독일 총리가 될 수 없었고, 이에 앞서 힌덴부르크 주변의 민족주의자 엘리트들이 그를 설득해야 했음을 보았다.

에스파냐의 프란시스코 프랑코 같은 다른 독재자도 엘리트층의 유력 인사들로부터 지지를 받아 권좌에 올랐다. 프랑코는 가톨릭교회의 고위 인사들의 지지에 크게 힘입었다. 그들은 프랑코가 공화파에 맞선 십자군을 이끈다고 믿었다.[9]

에스파냐 내전 중이던 1936년 9월에 프랑코는 톨레도의 알카사르 성을 공화파의 포위공격에서 구해낸 뒤 에스파냐 수석주교인 추기경 이시드로 고마 이 토마스로부터 고맙다는 내용의 전보를 받았다. 프랑코는 답신에서 그 가톨릭 엘리트의 찬동이 그에게는 무척 큰 의미가 있다고 감사했다. "예하의 축복보다 더 큰 도움은 없을 것입니다."[10]

베니토 무솔리니는 권력을 장악하는 과정에서 한층 더 직접적인 지지를 받았다. 1922년 10월, 국왕 비토리오 에마누엘레 3세는 그를 이탈리아 총리로 임명하기로 결정함으로써 나라에 재앙 같은 결과를 초래했다.

힌덴부르크 대통령과 추기경 고마 이 토마스, 이탈리아 국왕 비토리오 에마누엘레 3세. 엘리트층의 강력한 인물이었던 세 사람은 저마다 독재자의 권력 장악에 중요한 역할을 했다.

6. 인권 공격하기

이는 모든 독재자의 공통된 목표다. 국민의 인권을 말살하지 않고는 절대적인 독재를 실행할 수 없다. 누구도 독재자의 판단에 이의를 제기하거나 독재자에 반대할 수 없어야 한다.

가장 먼저 취해야 할 조치 중 하나는 법치의 폐지다. 민주주의를 파괴할 때까지 법치 폐지 시도를 기다릴 필요가 없을지도 모른다. 투표를 통해 선출되었고 아직은 독재자를 꿈꾸는 단계에 있다고 하더라도, 판사의 임명 절차를 변경하고 새로운 정권을 지지하지 않는 판사들을 제거함으로써 법률 제도를 훼손하는 것도 때로는 가능하다.

마찬가지로, 언론의 비판을 허용한다면 독재자로 성공할 수 없다. 그러므로 출판의 자유를 없애는 것은 초기의 실행 과제 중에서도 다른 것에 우선한다.

개인적인 언론 자유는 독재자의 통치에서 일찍 희생되는 권리이며, 장기적으로는 일반 시민의 사생활에 침투하려는 시도가 빈번히 이루어진다. 아이들을 이용해 부모를 비난하게 하는 것은 이러한 통제의 한 가지 측면이다. 성적 권리와 출산 권리에 대한 규제도 마찬가지다.

그러나 독재자가 국민의 인권을 파괴한 뒤 그 선전에서 자주 저지르는 실수는 "반드시 지루함을 피하라"는 요제프 괴벨스의 조언을 귀담아듣지 않는 것이다.[11]

괴벨스는 국민에게 오락거리를 제공하는 것이 중요하다는 점을 이해했다. 그러나 그가 이러한 진리를 처음으로 깨달은 사람은 아니다. 로마 제국의 황제들은 거의 2천 년 전에 동일한 결론에 도달했다. 그들은 애초에는 귀족 가문 사람의 장례식에서 조문객에 대한 감사의 표시로 보여준 검투사의 대결을 좀더 호화로운 쇼로 바꿀 수 있음을 깨달았다. 로마 시민들은 그 구경거리가 마음에 들수록 그 여흥에 비용을 댄 사람에게 더 많이 감사했다.

7. 믿음 이용하기

히틀러는 믿음이 지닌 엄청난 힘을 이해했다. 추종자들이 독재자를 온전히 신뢰한다면, 합리적 논거를 아무리 많이 제시해도 그들은 자신이 틀렸음을 납득하지 못할 것이다. 그렇기 때문에 우리는 자신의 판단을 '신뢰'하라고 요구하는 정치인은 의심해봐야 한다.

많은 독재자가 지식인을 경멸하는 이유가 바로 여기에 있다. 그들은 학자들이 믿음에 근거한 자신의 의견에 이의를 제기하지 않을까 두려워한다. 그래서 히틀러는 법률가를 증오했다. 그는 법률가들이 자신의 행동을 문제 삼고 약자 편을 들어 개입한다고 보았다. 히틀러가 그 정도로 경멸한 다른 직업은 성직자가 유일하다. 법률가처럼 성직자가 혜택받지 못한 자들을 대변하기 때문이 아니었다. 그들이 믿음에 기반을 둔 다른 신념 체계를 대변해 자신과 경쟁했기 때문이다.[12]

독재자는 빈번히 지지자들의 믿음에 대해 초월적인 보상을 약속한다. 훗날의 유토피아다. 히틀러는 폴크스게마인샤프트라는 미래상을 제시했고, 스탈린은 공산주의 낙원을 약속했다. 앞에서 보았지만, 그러한 목표가 언제나 도달하기 어렵다는 사실도 심리적으로 도움이 되었다.[13]

독재자는 이상적인 미래상을 제시하면서 종종 가공의 준거점으로서 과거를 거짓되게 꾸며낸다. 이런 선전이 전형적이다. "그때 우리는 대단했다. 다시 그렇게 될 수 있다." 나치는 확실히 그런 말을 해댔다. '제3제국'이라는 관념은 신성 로마 제국과 비스마르크가 창설한 독일 제국의 옛 영광을 현재와 연결하려는 의도에서 나온 것이다.

8. 적 평가하기

1930년대에 독일의 국방부 장관이었던 베르너 폰 블롬베르크 장군은 이렇게 말했다. "적이 많을수록 명예도 더 크다."[14] 그의 상관인 히틀러가 진심으로 동의했을 감정이다.

히틀러는 적을 보면 기뻤다. 그는 국민을 결속시키는 가장 손쉬운 방법 중 하나는 적이 누구인지 깨닫게 하는 것이라고 이해했다. 그는 국민이 자신들을 공격하는 어둠의 세력이 있음을, 내부적으로 독일 안에, 그리고 외부적으로 다른 나라에 있음을 늘 느낄 수 있도록 분위기를 조성했다. 그러나 히틀러만 그런 것은 아니다. 이와 거의 같은 방식으로 적을 평가하지 않은 독재자는 떠올리기 어렵다.

적이 독재자에게 유용한 것은 단지 국민을 단결시키는 쉬운 방법이기 때문만은 아니다. 적은 지도부 내의 무사안일주의를 극복하고 국민이 정권의 보호에 의지하도록 하는 데에도 도움이 된다. 스탈린은 편집증이 매우 심해서 실제든 가공이든 '인민의 적'을 색출하는 것을 엄청나게 강조했으며, 1935년 라인하르트 하이드리히는 나치가 "최종적으로 모든 영역에서 적을 몰아내기까지는 여러 해 동안 혹독한 싸움"이 필요할 것이라고 선언했다.[15]

기민한 독재자는 적을 색출하는 일은 결코 끝나지 않을 것이라고 이해했다. 적이 없다면, 만들어내야 한다.

9. 저항 분쇄하기

독재자가 국민의 기본적인 인권을 말살하는 것은 흔한 일이지만, 교회나 군대와 같이 강력한 집단을 공격하는 것은 좀더 어려울 수 있다. 저항은 종종 바로 그러한 집단에서 시작된다.

친위대가 폴란드에서 저지른 잔학행위에 항의한 블라스코비츠 장군은 두 집단에 다 걸쳐 있는 인물이었다. 독실한 기독교인이었던 그는 이상적으로 생각하는 군대상이 있었고 이에 충실했다.[16]

4년 후, 1944년 7월 20일 히틀러 암살을 모의한 사람들이 일단의 군대 장교였던 것도 우연의 일치는 아니다. 주동자인 클라우스 폰 슈타우펜베르크를 비롯해 공모자 다수는 기독교 신앙을 고백한 사람들이었다.

앞에서 논한 여러 가지 이유로, 히틀러는 정권에 대한 저항을 어디서든 제거하려 했지만 교회에서 나온 것이든 군대에서 나온 것이든 내부의 잠재적인 반대를 모조리 없앨 수 있다고는 생각하지 않았다.[17] 그러나 스탈린은 견해가 달랐다. 스탈린 체제는 교회와 군대 둘 다를 히틀러는 하지 못한 방식으로 공격했다. 그는 1930년대에 소련군 장교들을 잔인하게 숙청했다. 그는 고발된 자들 다수가 아무런 잘못도 저지르지 않았다는 사실에, 숙청 때문에 매우 유능한 장군을 많이 잃는다는 사실에 개의치 않는 듯했다.

역사에 관심이 많았던 스탈린은 나폴레옹 보나파르트가 앞서 일어난 혁명을 성공리에 무너뜨렸다는 사실을 알고 있었다. 뛰어난 군 장교였던 나폴레옹은 군주정이 무너진 지 12년 만에 스스로를 황제로 선포했다. 스탈린은 자신의 혁명에 같은 짓을 하려는 또다른 나폴레옹의 등장을 어떤 대가를 치르더라도 막으려 했다.

보통 시민들의 대중적인 운동이 독재자를 끌어내릴 수 있다는 생각은 흔히 저지르기 쉬운 착각이다. 군대와 보안 기구가 지지하지 않는다면 불가능하다. 그러므로 빈틈없는 독재자는 이 무장 세력을 돈이나 여타 은전으로 타락시키거나, 스탈린이 했듯이 고발당하지는 않을지 끊임없이 전전긍긍하게 만든다.

10. 종족주의 강화하기

'그들과 우리'를 구분하는 사고방식은 어느 사회에나 있지만 종족주의가 원인이 아닌 경우도 있다. 예를 들면 군인은 적과 대면할 때 그들을 "종족적으로 열등한" 존재로 여기든 그렇지 않든 늘 '그들과 우리'라는 차별적인 감정을 경험한다. 그러나 히틀러가 알았듯이 '그들과 우리'의 이분법은 종족주의와 결합할 때 새로이 강력한 차원을 띤다. 2차대전 때 동부전선에서 싸운 독일군 병사들이 서부전선에서 싸운 병사들보다 더 무자비한 행태를 보인 이유가 여기에 있다.

나치가 보여준 종족주의는 '그들과 우리'의 차별적 감정을 살인적인 수준까지 고양할 수 있는 독주와 같다. 내가 이 책을 쓰느라 연구하던 중에 만난 매우 현명한 사람도 이러한 판단에 동의했다. 그는 히틀러가 집권한 직후 영국으로 피신한 독일 유대인 오이게네 레비네다. 그는 이렇게 말했다. "다른 사람을 기꺼이 박해하고 증오할 사람은 언제나 많다. 만일 여기[영국]에서 실업이 약간 더 증가한다면, 그리고 당신이 일단의 핵심적인 사람들을 모집해 아시아인이나 유대인, 아일랜드인, 심지어 웨일스인까지도 구타하거나 추방하거나 어쩌면 심지어 죽이자고 한다면, 그들에게 시세대로 이를테면 주당 1천[파운드]와 무료 제복, 무료 숙식을 제안한다면, 5만 명을 모으는 데 그리 오랜 시간이 걸리지 않을 것이다. 장담하건대 나라도 모을 수 있을 것이다."[18]

11. 멀리서 죽이기

이 역사에 반복되는 주제는 사람들이 누군가를 면전에서 죽이라는 말을 들었을 때 겪을 수 있는 심리적 문제였다. 앞서 보았듯이 그 어려움은 나치가 가스실과 같이 멀리 떨어져서 사람을 죽이는 방식을 개발한 주된 이유였다.

그러나 원격 학살의 심리적 이점을 이해한 것이 비단 나치만은 아니었다. 연합국 편에서도 이를 이해한 사람이 많았다. 25년 전에 내가 2차 대전 때 일본 폭격 임무를 수행한 미국인 폴 몽고메리를 인터뷰하고 알아낸 진실이다.

그는 동료들과 함께 수천 명의 민간인 살해에 참여했지만 아무런 심리적 압박도 받지 않았다. 그는 내게 이렇게 말했다. "솔직히 말해서 나는 조금도 후회가 없다. 나는 소이탄을 퍼붓던 그해 여름 스물한 살이었다. 나는 정말로 전쟁이 끝나기를 원했고 집에 가고 싶었다. 몇몇 도시를 더 폭격하라는 명령을 들을 때마다 나는 그렇게 했다."[19]

그와 그의 동료 조종사들이 사람을 죽일 수 있었던 주된 이유는 물리적 거리였다. 몽고메리는 이렇게 말했다. "총검으로 누군가의 배를 찌르는 것과는 다르지 않나? 멀리 떨어져서 죽인다면. (…) 이는 비디오 게임으로 전쟁을 수행하는 것과 같다."[20]

몽고메리는 일본인들에 대해 종족적 우월감을 느끼지 않았다고 주장했지만 '증오심'은 느꼈다고 인정했다. "진주만에서 몇 명의 친구를 잃었기" 때문이다. 그렇게 그는 자신이 죽이는 사람들에게서 물리적으로는 물론 감정적으로도 멀리 떨어져 있었다.

전쟁이 점점 더 기계화하고 있으니, 이는 미래에 던지는 경고가 된다. 전투 로봇과 기타 자동화한 공격 무기는 그 조종자들이 살상 대상으로부터 훨씬 더 멀리 떨어져 있게 해줄 것이다.

잔인한 독재자가 그러한 자원으로 어떤 짓을 할지 생각만 해도 끔찍하다.

12. 두려움 키우기

히틀러의 증오가 이 역사를 뒤덮고 있지만, 그는 이와 밀접히 연관된 감정, 즉 두려움의 가치도 이해했다. 독일인들이 그토록 오래 싸운 매우 중요한 이유 중 하나는 소련군이 가까이 다가오고 있다는 두려움이었다. 게슈타포로부터 '패배주의자'라 비난받는 두려움이 다른 하나였다.

두려움은 소뇌 편도에서 생기는 감정의 하나로(그래서 감정의 즉각적이고 때로 파괴적인 힘이 설명된다) 뇌에서는 공격성과 밀접하게 연결된다. 진화적으로 이치에 맞는 이야기다. 열대지방의 대초원을 걷다가 돌연 맹수와 마주쳤다고 하자. 그러면 즉시 뭔가 할 준비를 해야 한다.

오늘날에는 나를 잡아먹을 짐승과 우연히 마주칠 가능성이 적지만, 독재자는 선동적인 말로써 동일한 감정적 반응을 이끌어낼 수 있다는 사실을 알고 있다. 그러한 전술은 또한 '손실회피' 경향에 어울린다. 앞에서 논한 인지편향이다.[21] 그러므로 가장 강력한 정치적 표현의 하나로 이런 것을 들 수 있다. "두려워하라. 저들이 당신의 집과 아이들을 덮치러 오고 있다." 이는 전쟁 막바지에 히틀러가 독일 국민에게 전한 메시지의 핵심이었고, 앞으로 등장할 수많은 독재자의 표현에서 핵심이 될 것이다.

경고의 말이 길었다. 눈을 부릅뜨고 경계를 늦추지 말아야 한다. 그렇지만 체념하라는 말은 아니다. 여전히 낙관적으로 생각할 이유가 있다. 아돌프 히틀러는 앞서 열거한 기술을 낱낱이 사용했지만, 비록 엄청난 인적 희생이 따르기는 했어도 결국에 대단한 일이 벌어졌다.

나치는 패배했다.

감사의 말

서론에서 밝혔듯이 나는 이 책에서 논한 문제들에 관해 30년 넘게 생각해왔다. 그래서 내가 영광스럽게도 이끌었던 여러 텔레비전 제작 팀의 동료들부터 내 의견을 듣고 조언해준 학자들과 내가 만난, 이 역사를 직접 겪은 사람들까지 연구 과정에서 나를 도운 사람이 당연히 많았다.

앞서 발표한 책들에서 그 모든 사람에게 감사를 드렸다. 여기서 전부 일일이 언급하지 못해도 양해해주기를 바란다. 한꺼번에 감사를 표한다고 진심이 부족하지는 않다.

이 책에 대해서는 먼저 친한 동료이자 조언자인 이언 커쇼 교수에게 큰 빚을 졌음을 이야기해야 한다. 그는 20세기의 가장 위대한 역사가 중 한 사람일 뿐만 아니라 최고로 친절한 사람이기도 하다. 늘 격려를 아끼지 않은 그는 심리학이 이 역사에 어떤 통찰력을 줄 수 있는지 알아보려는 나의 바람을 처음부터 지지했다. 그가 초고를 읽고 의견을 준

덕분에 이 책은 엄청나게 나아졌다. 나의 지적 활동에 휴지기가 있었지만, 그 기간에 커쇼를 만난 것은 최고의 행운이었다. 그에게 진 빚을 결코 다 갚지 못할 것이다.

유능한 독일인 역사가 율리아 피치는 이번에도 나를 위해 독일 기록보관소에서 큰 도움을 주었다. 내가 각본을 쓰고 제작한 다큐멘터리에는 여러 사람의 인터뷰가 담겼는데, 이를 인용할 수 있도록 허락해준 BBC에도 당연히 감사를 드린다.

상원 의장을 역임한 나의 좋은 친구 스토월 오브 비스턴 남작은 출간 전에 책을 읽고 현직 정치인의 시각에서 고견을 들려주었다. 물론 이 책에 제시된 평가와 의견은 전적으로 나의 것이다.

원고를 읽어주고 옥스퍼드대학교에서 나의 지도교수였던 만큼 솔직하게 논평해준 캔자스대학교 영국현대사 수훈교수 빅터 베일리에게도 감사를 드린다. 다행히도 그의 평가는 긍정적이었다.

캐롤라인 도즈 페넉 박사에게도 감사를 드린다. 중앙아메리카 역사에 관한 그녀의 연구에 대해, 그 사회들이 고전기 이후 시대(900년경부터 1521년경까지)에 어떻게 폭력을 자신들의 문화에 통합했는지에 관해 나눈 토론은 멋졌다. 나치 역사와 직접적인 연관성은 없지만 내게 생각할 거리를 많이 주었다.

나는 이 책을 준비하면서 심리학을 상당히 많이 공부했다. 너그러운 마음으로 질문을 받아준 학계의 연구자들에게 감사드린다. 특히 이 책의 출간을 위해 요청한 인터뷰에 응해준 대학교의 심리학자들과 신경과학자들, 즉 루시 포크스 박사와 캐런 더글러스 교수, 스티븐 라이커 교수, 로버트 새폴스키 교수, 조너선 셰들러 교수, 에시 비딩 교수에게 고마운 마음을 전한다. 이 모든 심리학 연구에 대한 나의 해석에 오류가 있다면, 당연히 이는 전적으로 나의 책임이다.

언급하기가 새삼스러울 정도로 오랫동안 내 책의 출간을 대행해준 앤드루 누렌버그는 여느 때처럼 지혜롭게 조언을 해주었다. 이번에는 마이클 딘이 그를 도왔다. 누렌버그가 그의 회사를 운영하는 일상 업무로 한걸음 물러나면서 딘이 점차 실무를 떠맡았다.

출판사 바이킹북스의 편집자 대니얼 크루는 큰 도움이 되었다. 편집부의 에마 브라운, 알렉스 멀홀랜드, 애나 램버트, 올리비아 미드도 지원을 아끼지 않았다. 피터 제임스는 꼼꼼하게 교정을 봐주었다. 한 번 더 그의 전문적인 능력의 도움을 받은 것은 행운이었다. 미국의 출판사 퍼블릭어페어스의 클라이브 프리들은 이 기획을 함께 추진한 동료였다. 그와 출판사 직원들의 도움에 감사를 표한다.

나의 아내 헬레나는 언제나 그렇듯이 헤아릴 수 없이 많은 값진 조언을 해주었다. 30년이 넘는 지난 세월 동안 나치가 저지른 끔찍한 범죄를 알게 해 아내의 마음을 무겁게 했다. 미안한 마음을 금할 수 없다. 그녀는 자발적으로는 절대로 선택하지 않았을 주제에 몰입했다. 나에 대한 사랑을 이보다 더 감동적으로 보여주는 것은 없을 것이다. 내게는 과분한 멋진 사람이다.

나의 세 아이 올리버와 커밀라, 베네딕트도 큰 격려가 되었다. 이제 장성하여 내게 사랑을 줄 뿐만 아니라 학문적인 조언도 해준다. 운이 좋게도 두 아들은 심리학을 전공했고 딸은 역사를 전공했다. 이 기획에는 더할 나위 없이 완벽한 조합이다.

지난번 책은 아들 베네딕트에게 헌정했고, 그전에 낸 책은 딸 커밀라에게 헌정했다. 이번은 올리버 차례다. 아버지의 사랑을 담아 올리버에게 책을 바친다.

2024년 8월 런던에서
로런스 리스

옮긴이의 말

이 책은 아돌프 히틀러와 나치에 관해 다큐멘터리를 제작하고 여러 권의 책을 쓴 로런스 리스가 2025년에 발표한 책이다. 히틀러와 나치, 제3제국에 관한 책은 많다. 나치는 어떻게 그런 범죄를 저지를 수 있었나? 강제수용소와 학살수용소의 지휘관들이 기꺼이, 때로 열정적으로 대량학살을 감독할 수 있었던 이유는 무엇인가? 보통의 독일인들은 어째서 유대인을 쫓아내고 박해하고 절멸하는 것을 용인할 수 있었나? 이 책의 특징이라면 역사 서술의 기본적인 틀을 유지하되 최신 심리학 연구의 결과를 이용해 위와 같은 당혹스러운 질문에 답하려 했다는 것이다. "당원증을 지닌 자들의 믿음뿐만 아니라 그 정권을 지지한 다른 자들의 심리도" 어떻게 발전했는지, 어떤 성격을 지녔는지를 기본적으로 연대기적 틀을 벗어나지 않으면서 심리학의 도움을 받아 설명하고 있다. 음모론, 반유대주의, 청년의 과격화 등 나치의 세력화에 나타나는 여러 특징의 설명에 신경심리학과 진화심리학이 이용되며 '공정한 세상'과 부정편향, 확증편향, 손실회피 같은 인지편향의 심리학 개념이 거론된다. 예를 들면, 20대 중반 이전에는 비판적 능력이 성숙하지 않은 반면 뇌에서 새로움과 흥분을 찾는 부분은 이미 충분히 발달해 있다는 이론을 히틀러는 본능적으로 이해하고 이용했다. 청년들이 들으면 무슨 얼토당토않은 얘기냐고 분노를 토해낼 수도 있겠지만, 그때가 살인자가 되기에도 테레사 수녀가 되기에도 가장 적합한 때라는 심리학자의 말은 일견 타당하다. 권위에 대한 복종이 인간적으로 견디기 어려운 학살을 용이하게 한 것도 심리학적으로 설명된다.

심리학 연구를 원용하는 과정에서 이 책의 새로운 면이기도 하거니와 꼭 필요했던 것은 나치 전력자들과 나치 체제에서 성장한 자들, 홀로코스트에서 살아남은 생존자들의 지금까지 공개되지 않은 증언들을 발굴해낸 것이다. 일기와 회고록, 인터뷰에서 얻은 목격자들과 생존자들의 생생한 증언이 심리학 연구와 결합하면서, 어떻게 사람들이 거짓말과 선전에 빠져 잔학행위의 수행자가 되고 나치가 몰락한 이후 '정상적인' 삶으로 돌아갈 수 있었을 뿐만 아니라 자신들이 옳았다고, 제3제국은 황금기였다고, 반인륜범죄의 증거는 전부 날조된 것이라고 주장할 수 있었는지가 설명된다.

리스는 독일인들이 역사상 최악의 범죄를 자행할 수 있었던 이유와 그 방법에 관하여 깊이 파고들면서 '12가지 경고'라는 틀을 통해 나치의 발흥과 몰락을 추적한 뒤, 결론적으로 오늘날의 지도자들과 대중에게 조심해야 할 징후들을 알려준다. 히틀러와 나치가 정치조직으로서 성장하고 권력을 장악하고 핵심 이데올로기인 종족주의를 바탕으로 '인간 이하의 존재들'인 유대인을 절멸하고 슬라브인의 땅을 빼앗으려고 전쟁을 벌이게 된 과정을 열두 가지의 소주제로 엮어 설명한다.

나치의 성장과 권력 장악, 2차대전, 홀로코스트에 관해서는 특별히 더 설명할 필요가 없을 정도로 많은 연구가 나와 있다. 뿌리는 1차대전에 있다. "등에 칼을 맞았다"는 인식과 굴욕적인 베르사유 조약은 강력한 반유대주의와 민족주의를 키웠다. 히틀러가 특유의 연설 능력으로 수많은 사람의 마음속에 박혀 있는 분노를 정당화했고 그들에게 희망과 기대를 품게 했다. 히틀러는 패전과 베르사유 조약, 사회주의 혁명, 구체제의 파괴, 보통 사람이 감내해야 하는 금전적 어려움 등등 나라의 잘못된 일을 전부 유대인과 공산주의자의 탓으로 돌리며 '그들'과 '우리'를 구분함으로써 반유대주의와 극단적인 민족주의를 결합해 민족공동체를 건설해야 한다고 주장했다. 당의 기록까지 조작하여 자신을 유일한 영웅적 지도자로 내세운 히틀러는 연설과 선전으로써 자신과 당의 이데올로기에 대한 맹목적인 믿음을 이끌어내는 데 성공했다. 훗날 폴란드 총독관구를 책임진 한스 프랑크의 말마따나 그는 사람들이 듣고 싶은 이야기를, 청중의 의식 속에 있는 것을 꼭 집어 말했다. 히틀러의 개인적인 능력이 없었다면 나치의 성장이 가능하지 않았을지도 모르겠다.

그렇지만 나치당의 성장은 더뎠고, 전후 초기의 혼란이 어느 정도 수습되어 나치의 선전에 유리하지만은 않은 상황이 이어졌다. 그러다가 대공황으로 다시 나치에게 기회가 찾아왔다. 실업이 급증하고 거리에서는 나치와 공산당 간의 정치적 폭력이 횡행했다. 그렇지만 나치는 의회에서 제1당의 위치를 차지했을 때에도 과반수를 획득하지 못했기에 독자적으로 권력을 장악할 수 없었다. 개인적으로는 저자가 제시한 열두 가지 경고 중에 '엘리트층의 공모'가 가장 중요하게 보인다. 힌덴부르크 대통령과 우파 정치인들, 귀족 출신의 군인들은 기본적으로 민주주의가 마음에 들지 않았다. 합의를 이끌어내기 어려운 의회 상황 때문이라고 핑계를 댈 수 있겠지만, 힌덴부르크는 행정명령으로 통치했다. 사실상 민주주의가 제대로 작동하지 않았던 것이다. 결국 힌덴부르크 대통령은 히틀러를 적절히 통제할 수 있다고 장담한 측근들의 설득에 공산주의를 막겠다는 그를 총리로 임명했다. 유일하게 가능한 권위주의적 해법이었다. "그를 고용했다"는 프란츠 폰 파펜의 판단이나 히틀러를 인터뷰한 미국 기자 도러시 톰프슨이나 귀족 출신의 장군 오토 폰 로소처럼 그를 허세뿐인 정치인이라거나 평범한 남자로 본 것이 결국 대재앙을 초래했다. 민주주의를 지키려는 노력이 부족했음은 바이마르 공화국 초기부터 엿보인다. 1923년 폭동을 일으킨 나치는 관대한 처분을 받았다. 호의적인 판사, 비공개 재판, 에리히 루덴도르프의 무죄 석방 등은 헌법을 무너뜨리려는 음모를 중죄로 여기지 않은 바이마르 공화국의 판단을 보여준다. 히틀러는 교도소에서 더할 나위 없이 편하게 지냈다. 많은 교도관이 나치에 동조했다. 이후 쿠데타를 포기하고 전략을 바꾸어 민주주의로써 민주주의를 파괴하기로 했고, 이는 히틀러의 총리 임명으로 성취된다. 민주주의에 대한 혐오가 낳은 결과물이다. 전쟁 영웅 힌덴부르크의 후광을 입고 짐짓 겸손한 체하며 총리에 임명된 히틀러는 힌덴부르크가 사망하자 수권법을 통과시켜 헌법을 정지하고 독재를 시작한다. 의사당 화재가 기폭제였다. 즉각 법률로써 기본권을 제한했다. 나치당만으로는 권력을 유지할 수 없었기에 군대에는 자율성을, 기독교 교회에는 보호를, 기업가들에게는 이익을 제시하며 한편으로 끌어들였다. 중앙당의 지지로 수권법은 통과되었다.

그 결과가 전쟁과 홀로코스트다. 히틀러는 수권법이 통과되자마자 스스로 독일 민족의 운명을 짊어진 최고 재판관임을 선포하고 반유대주의를 노골적으로 표명했다. 그는 법치를 파괴하고 언론 자유를 말살하고 군대와 경찰을 매수해 독재의 기반을 닦았다. 나치의 종족주의는 유사다원주의다. 민족은 '피'에 있고, 자연은 잔혹한 생존 투쟁이다. 국경을 초월해 음모를 꾸미는 유대인을 말살하고 위대한 독일 민족의 대독일제국을 건설해야 했다. 독일인들이 '네가 죽어야 내가 산다'는 인식으로 유대인 갓난아기까지 죽이면서도 아무런 죄의식을 갖지 않을 수 있었던 것은 강한 민족이 모든 것을 차지하는 것이 자연의 이치라는 종족주의적 믿음 때문이었다. 나치는 모든 독일인이 행복하게 살아갈 새로운 세상을 창조하는 과정에 참여하고 있다고 믿었다. 그러한 유토피아를 건설하려면 수많은 타 민족이 고통을 당하는 것은 불가피했다. 그것은 자연의 질서였다. 자연선택의 법칙은 외부적으로 유대인과 슬라브인을 겨냥했지만 내부적으로 자국의 장애인, "살 가치가 없는 자"를 겨냥했다. 내외의 두 집단 모두 독일 민족의 파멸을 조장하는 존재였다. 그래서 불임시술과 안락사가 내부적으로 먼저 시도되었고 살인 방법이 더욱 효과적으로 개선되면서 최종적으로 아우슈비츠의 학살 공장이 탄생한다.

 이러한 나치들이 깡패같이 거친 사내들이었다고 생각하기 쉽지만, 나치 고위직과 점령지 폴란드와 소련에서 유대인 학살에 주된 역할을 한 친위대에는 고학력자가 다수였다. '그들'과 '우리'를 뚜렷하게 구분하는 종족주의로 무장한 이들은 유대인 문제의 해결과 민족공동체의 생활공간Lebensruam 확대라는 이중의 목적을 달성하기 위해 전쟁을 시작한다. 민족공동체의 보존과 번영은 공간의 문제로 귀착되었다. 어디서 땅을 찾을 것인가? 제국에 붙은 인접 지역에서 구하는 것이 가장 편했다. 이 문제는 무력으로 해결할 수밖에 없었다. 체코슬로바키아와 오스트리아, 폴란드, 소련으로의 진출은, 히틀러가 영국과 프랑스의 반응을 떠보고 진행한 일이지만, 정해진 경로였을 것이다. 더불어 유대인을 처리해야 했는데, 한꺼번에 죽일 수 없었기에 일단 게토에 가두어놓고 가스 밴과 가스실을 이용해 죽였다.

제목이 말해주듯이 책은 나치 흥망의 역사를 살피면서 구체적인 인물들의 심리 상태가 어떠했는지를 이야기한다. 그들은 어떻게 집단적 사고에 빠졌는가? 박사학위까지 받은 자들이 어떻게 나치즘의 신봉자가 되어 친위대의 특수기동대에 들어가 냉혹한 살인을 즐기면서 자신의 힘에 자부심을 느꼈는가? 눈앞에서 사람을 죽이는 일에 익숙해지지 않아 술에 의지하기도 했고 이를 거부한 사람도 있었다. 논리적으로 설명해도 현실을 부정하는 인지부조화는 어떻게 가능한가? 심리학의 연구 결과로 나치의 일반적인 유형을 확인할 수는 없지만 그것이 인간의 행동을 이해하는 데 도움이 되는 것은 분명해 보인다.

저자는 2025년 5월 미국의 인터넷 웹사이트 액시오스Axios와의 인터뷰에서 작금의 현실을 염두에 두고 책을 쓰지는 않았다고 말했다. 현재 민주주의가 가장 위협받고 있는 곳은 어디인가? 미국은 세계정치에서 행사하는 막대한 영향력 때문에 더 중요하다고 하겠다. 미국 상황에서는 주로 나치 경례 비슷한 것을 보여준 일론 머스크나 불법 이주자들에 대해 "나라에 독을 뿌린다"고 말하며 행정명령을 남발하는 도널드 트럼프를 떠올릴 수 있겠지만, 저자는 서울에서(정확히 무슨 의미인지는 모르겠다) 일어나는 일을 거론하는 것은 자신으로서는 주제 넘는 일이라고도 말했다. 그렇지만 이 책을 읽으면 근자에 우리나라에서 일어난 사건과 사회적 현상을 떨치기 어렵다. 음모론, 일부 청년의 극우화, 말로는 민주주의를 외치지만 실제로는 민주주의를 파괴하고 독재를 찬미하는 자들, 책에서 설명한 확증편향 등 여러 가지가 떠오른다. 내 생각에는 한국 사회의 '엘리트층'이라고 할 만한 자들의 태도에 우려를 갖게 되는 것이 결코 무리가 아니다. 경고가 필요한 이유가 무엇인가. 많은 민주주의 국가가 현재 위협을 받고 있다. 따라서 독재자가 되려는 자들이 자유를 파괴하기 위해 쓸 수 있는 방법이 무엇인지 아는 것이 중요하다. 언제라도 일어날 수 있는 일이기 때문이다. 중요한 것은 민주주의를 지키는 것이다. 나치는 민주주의가, 여러 정당이 난립한 의회정치가 독일을 망쳤다고 주장했다. 정치적 혼란은 어쩌면 민주주의의 속성일지도 모른다. 따라서 민주주의를 지키려면, 조금씩 더 완전에 가까워지는 민주주의를 지키려면 깨어 있는 시민이 필수적이다. 우리는 과연 그러한 자격을 갖추었는가? 지난 불법 계엄과 친위 쿠데타를 막아냈다는 점에서는 희망이 있다. 그러나 선거 결과가 보여주듯이 그 세력에 표를 준 유권자는 전체의 절반에 가깝다. 이는 무엇을 말해주는가? 기본적으로 민주주의를 수호하는 것이 심히 어려운 일이라는 점을 이야기한다. 보통의 사람들에게 가장 중요한 것은 생존, 안락한 삶이다. 민주주의가 그것을 보장하지 못한다는 생각이 들면 사람들이 어떤 선택을 할지 모른다.

 이 책과 무관한 얘기일지도 모르겠다. 더 넓은 시각에서 이러한 일이 벌어진 원인은 무엇인가? 여러 가지로 말할 수 있겠지만 분명한 것은 실제로 '유대인 문제'가 있었다는 것이다. 1938년 프랑스 에비앙에서 열린 국제회의가 그 증거다. 그렇다면 나치가 주장한 대로 유대인이 저마다 자기가 속한 국가의 국민이라는 인식보다 유대인이라는 인식이, 나치의 표현을 빌리자면 세계적 유대인이라는 인식이 더 강했던가? 그래서 그들의 최우선 충성의 대상은 국가가 아니라 민족이었나? 유럽 전역에 퍼져 살았던 유대인들 사이에 그 정도로 강한 유대감이 있었나? 이 책에서 그 문제를 다루지는 않지만 두 가지 가능성이 다 있다고 보기가 쉬울 듯하다. 유대인 문제의 악화라는 시각에서 보면, 유대인 스스로 고수한 정체성이 있다면 그것도 하나의 원인일 테고, 유대인이 자국민의 일부로 완전히 통합되지 않았다고 여긴, 통합하지 않고 배제하려 한 각국의 행태도 하나의 원인일 것이다. 전쟁이 끝난 뒤 살던 곳으로 돌아간 유대인을 다른 사람들이 어떻게 대했는지 생각해볼 일이다. 에비앙 회의의 주된 목적은 유대인을 받아들이지 않으려는 것이었다. 독일이 다른 나라들의 이러한 행태에 위선이라고 말한 것이 전혀 불합리하지는 않다. 영국의 인도 지배와 미국의 아메리카 원주민 학살을 이야기하는 나치의 태도로 간단히 무시하기는 어렵다. 나의 단순하고 무지한 생각으로는 완전한 동화와 유대교의 소멸이 그 문제의 유일한 해법이었을 것이다. 그리고 유럽의 제국주의적 경쟁도 없어야 했다. 그랬다면 홀로코스트도 이스라엘 국가의 탄생도 작금의 가자 지구 사태도 없지 않았을까? 순진한 생각이기는 하다.

 나치의 큰 목표는 땅이었다. 인접한 나라의 땅을 차지해 그곳의 다른 민족, 그들이 인간 이하의 존재라고 생각한 유대인이나 슬라브인을 제거한 뒤 자국민과 다른 나라에 살던 독일인들을 정착시켜 대독일제국을 건설하는 것이었다. 생활공간의 확보는 민족정화와 동전의 양면이었다. 이스라엘 국가는 다를 것이 무엇인가? 나라를 확대하는 것은 아니고 없던 나라를 새로 만드는 일이기는 했지만, 그 자리에 오랫동안 살고 있던 사람들을 쫓아내고 죽이고 땅을 차지한다는 생각은 나치 독일의 발상과 무엇이 다른가? 나치에게 민족의 생존과 안전에 필요하면 살인은 아무런 잘못이 아니었다. 지금의 이스라엘인들은 어떻게 생각하고 있는가? 그들도 아무런 죄의식을 느끼지 않는다는 생각이 든다(하마스의 이스라엘인 납치, 살인은 당연히 비난받을 행동이고 팔레스타인의 오랜 문제를 해결하는 올바른 방법도 아니지만 결코 이 문제의 시발점이 아니다). 그래서 이런 말이 나오고 있지 않은가? 히틀러가 옳았나? 그렇다고 생각하고 싶지는 않다. 그렇지만 생각해볼 일이다. 작금의 이스라엘 국가는 어떤 점에서 '민족사회주의 국가'를 닮은 것은 아닌지. 에리히 프롬은 시민권으로 말하자면 이스라엘의 아랍인들이 유대인보다 훨씬 더 큰 정당성을 갖는다고 말했다. 유대인이 이스라엘 땅의 권리를 주장하는 것은 비현실적이라는 말이다. "만일 모든 민족이 조상들이 2천 년 전에 살고 있던 땅에 대해 이제 와서 갑자기 소유권을 주장한다면 세상은 지독한 혼란에 빠질 것이다. (…) 정치적으로 말하자면 이스라엘에는 단 한 가지 해법이 있다고 나는 믿는다. 아랍인들에 대한 국가의 의무를 일방적으로 인정하는 것이다. (…) 이스라엘 국가가 이전부터 팔레스타인에 살았던 주민들에 대해 완전한 도덕적 의무가 있음을 인정하는 것이다."

어쨌거나 저자의 말처럼 나치는 망했고, 우리는 민주주의를 지켜냈다. 일단은 이것으로 위안을 삼아야 하겠다.

조행복

주

독일 문서보관소 약어

BAM	Bistumsarchiv Münster 뮌스터 주교구문서보관소
BA-MA	Bundesarchiv-Militärarchiv Freiburg 프라이부르크 연방국방문서보관소
BArch	Bundesarchiv 연방문서보관소
BayHStA	Bayerisches Hauptstaatsarchiv 바이에른 주립문서보관소
BStU	Der Bundesbeauftragte für die Stasi-Unterlagen 연방 수탁 슈타지(동독국가보안부) 문서보관소 (지금은 연방문서보관소에 속함)
DRA	Deutsches Rundfunkarchiv 독일 방송아카이브
GStA PK	Geheimes Staatsarchiv Preußischer Kulturbesitz 프로이센 문화유산 국립문서보관소
HHStAW	Hessisches Hauptstaatsarchiv Wiesbaden 헤센 비스바덴 주립문서보관소
IfZ	Institut für Zeitgeschichte 현대사연구소
RGWA	Rossijski Gosudartstwenny Wojenny Archiw 러시아 국립국방문서보관소
StAL	Staatsarchiv Ludwigsburg 루트비히스부르크 주립문서보관소
StAN	Staatsarchiv Nürnberg 뉘른베르크 주립문서보관소
ZStL	Zentrale Stelle der Landesjustizverwaltungen zur Aufklärung nationalsozialistischer Verbrechen 민족사회주의 범죄 진상규명 중앙기구

제사題詞

1 Laurence Rees, *Auschwitz: The Nazis and the 'Final Solution'*, BBC Books, 2012, Kindle edition, p. 38.
2 Laurence Rees, *The Holocaust: A New History*, Viking, 2017, Kindle edition, p. 183.
3 Rees, *Auschwitz*, Kindle edition, p. 82.

4 나는 홀로코스트를 인류 역사상 유례없는 참혹한 범죄라고 생각한다. 그 이유에 대해서는 다음을 보라. Rees, *Holocaust*, Kindle edition, pp. 478-80.

들어가며

1 뉘른베르크 전범재판에서 '범죄 단체'로 선언된 조직이다.
2 이전 책에 썼듯이, 이러한 성격의 자료는 신중하고 섬세하게 다룰 필요가 있다. 구술사를 다룰 때에는 훈련을 통해 피해야 할 잠재적 함정이 많다. 다음을 보라. Laurence Rees, *Their Darkest Hour*, Ebury Press, 2007, Kindle edition, pp. 7-8.
3 우리에게 도움이 된 것은 이 역사의 증인들이 여전히 살아 있었다는 사실만은 아니었다. 다른 두 가지 행운도 있었다. 첫째, 우리가 만난 과거의 나치들은 자유롭게 말하기에 부담이 없을 정도로 나이가 들었지만(그래서 경력에 영향이 갈 수도 있다는 걱정을 하지 않아도 되었다) 아직 인생 막바지의 부침을 겪기 전이었다. 둘째, 베를린 장벽이 무너졌기에 이전에는 자신의 이야기를 할 수 없었던 많은 사람이 이제는 나뿐만 아니라 내가 운 좋게 이끈 제작 팀에게도 솔직하게 터놓을 수 있었다.
4 Karl Jaspers, *The Origin and Goal of History*, Routledge Classics, 2021, p. 167 (초판 출간은 1949).
5 Laurence Rees, *World War Two: Behind Closed Doors. Stalin, the Nazis and the West*, BBC Books, 2012, Kindle edition, pp. 220-25.
6 BBC TV 시리즈 *Timewatch*의 *Stolen Child*, Catrine Clay 연출, 로런스 리스 조연출; 첫 방송은 BBC2, 10 February 1993. 다음도 참조하라. Rees, *Their Darkest Hour*, Kindle edition, pp. 260-66.
7 Leda Cosmides and John Tooby, 'Evolutionary Psychology: A Primer', Center for Evolutionary Psychology, University of California, Santa Barbara, 1997, p. 11, https://www.cep.ucsb.ed/wp-content/uploads/2023/06/Evolutionary-Psychology-A-Primer-CosmidesTooby1993.pdf.
8 Walter Langer, *A Psychological Analysis of Adolf Hitler: His Life and Legend*, https://www.all-about-psychology.com, 2011, Kindle edition, p. 119.
9 Herbert Döhring, Karl Wilhelm Krause and Anna Plaim, *Living with Hitler: Accounts of Hitler's Household Staff*, Greenhill Books, 2018, Kindle edition, pp. 168-274. 다음의 켈슈타인하우스 공식 웹사이트도 참조하라. https://www.kehlsteinhaus.de.
10 James Waller, *Becoming Evil: How Ordinary People Commit Genocide and Mass Killing*, 2nd edn, Oxford University Press, 2007, pp. 64-9.
11 Robert Sapolsky, *Behave: The Biology of Humans at Our Best and Worse*, Vintage

Digital, 2017, pp. 19-20.

12 Robert Sapolsky, 'Introduction to Human Behavioral Biology', Stanford University lecture, 2010, https://www.youtube.com/watch?v=NNnIGh9g6fA (8분 5초부터 8분 14초까지).

13 물론 이전에도 나치의 심리를 꿰뚫어보려는 시도가 있었다. 그러나 대체로 한 인물의 분석이거나(트레블린카 절멸수용소 사령관 프란츠 슈탕을의 정신을 연구한 Gitta Sereny, *Into That Darkness: From Mercy Killing to Mass Murder*, Pimlico, 1995(초판 출간은 1974)), 가해자 집단의 이야기(Christopher Browning, *Ordinary Men: Reserve Police Battalion 101 and the Final Solution in Poland*, Harper Perennial, 2017(초판 출간은 1992)), 개념적 연구(Claudia Koonz, *The Nazi Conscience*, Harvard University Press, 2003), 전기 형태(Joachim Fest, *The Face of the ThirdReich*, Penguin, 1992(초판 출간은 1970))인 경우였다. 나는 50년 전에 페스트의 책을 읽고서 그들이 나치가 되고 싶었던 이유가 무엇이냐는 질문에 처음으로 관심을 갖게 되었다. 그러나 오늘날 책방에서 나치의 전체적인 역사 속에서 이 질문을 본격적으로 다루는 책을 찾아보기는 어렵다.

14 1933년 3월 25일 베를린 방송국(Haus des Rundfunks) 라디오 방송센터의 간부들과 제작감독들에게 한 괴벨스의 연설.

15 *Goebbels: Master of Propaganda*, 로런스 리스 각본, 연출; 첫 방송은 BBC2, 12 November 1992. 다음도 보라. Laurence Rees, *Selling Politics*, BBC Books, 1992, p. 18.

1. 음모론 퍼뜨리기

1 Anatol Lieven, *America Right or Wrong: An Anatomy of American Nationalism*, Oxford University Press, 2004, p. 23.

2 István Deák, *Weimar Germany's Left-Wing Intellectuals: A Political History of the Weltbühne and its Circle*, University of California Press, 1968, p. 66.

3 예를 들면 다음을 보라. Christopher Clark, *Kaiser Wilhelm II: Profiles in Power*, Routledge, 2013, p. 239.

4 Hew Strachan, *The First World War*, vol. 1: *To Arms*, Oxford University Press, 2001, p. 123.

5 처음으로 공개되는 증언(로런스 리스가 여러 다큐멘터리를 쓰고 제작하면서 수집한 미공개 증언을 가리킬 때 이 표현을 쓰겠다).

6 Ernst Jünger, *Storm of Steel*, Penguin Classics, Kindle edition, 2016, p. 5.

7 Adolf Hitler, *Mein Kampf*, Houghton Mifflin, 1971, p. 161. 《나의 투쟁》에 나오는 히

틀러의 말을 대할 때는 극도로 조심해야 한다. 이 책의 뒤에서 보겠지만 《나의 투쟁》의 몇몇 구절은 망상에 가까울 정도여서 믿기 어렵다. 이 대목은 거의 정확한 것에 속한다.

8 Margaret MacMillan, *The War That Ended Peace: How Europe Abandoned Peace for the First World War*, Profile Books, 2013, p. 575.

9 로버트 시티노(Robert Citino) 교수가 저자와의 대화에서 한 말. https://ww2history.com/experts/Robert_Citino/The_German_Army.

10 Ernst Röhm, *Die Geschichte eines Hochverräters*, Verlag Franz Eher Nachfolger, 1930(초판 출간은 1928), p. 27.

11 Ibid., p. 28.

12 Ibid., p. 31.

13 Ian Sumner, *The First Battle of the Marne 1914: The French 'Miracle' Halts the Germans*, Osprey Publishing, 2012, Kindle edition, location 108.

14 Hew Strachan, *The First World War*, Simon & Schuster, 2003, p. 58.

15 이 문제는 BBC TV 시리즈 *Timewatch*의 *1914: The War Revolution*에서 논했다. Paul Bradshow 제작, 로런스 리스 조연출; 첫 방송은 BBC2, 7 February 2003.

16 Eberhard Jäckel and Axel Kuhn (eds.), *Hitler. Sämtliche Aufzeichnungen 1905-1924*, Deutsche Verlags-Anstalt, 1980, pp. 64-9. 다음에서 재인용, Konrad Heiden, *The Fuehrer*, Robinson Publishing, 1999, pp. 70-72.

17 *Hitler's Table Talk 1941-1944*, Phoenix Press, 2000, night of 25-26 September 1941, p. 44.

18 Röhm, *Die Geschichte*, p. 34.

19 Lt Col. Dave Grossman, *On Killing: The Psychological Cost of Learning to Kill in War and Society*, Open Road Media, revised edition, 2014, Kindle edition, p. 38. 2차대전에서 미군 병사들의 발포 비율 조사에 대한 비평은 다음을 보라. Roger J. Spiller, 'S. L. A. Marshall and the Ratio of Fire', *RUSI Journal*, vol. 133 (1988), pp. 63-71. 그로스먼의 주장을 더 폭넓게 분석한 것으로는 다음을 보라. Robert Engen, 'Killing for Their Country: A New Look at "Killology"', *Canadian Military Journal*, 14 March 2023. 온라인으로도 볼 수 있다. https://www.canada.ca/en/army/services/line-sight/articles/2023/03/killing-for-their-country-a-new-look-at-killology.html. 이 책의 10장도 참조하라. 가까운 거리에서 민간인을 죽이기가 힘든 사람이 많았던 것은 분명해 보인다.

20 Grossman, *On Killing*, Kindle edition, pp. 66 and 198.

21 Randall L. Bytwerk, *Julius Streicher: Nazi Editor of the Notorious Anti-Semitic*

Newspaper Der Stürmer, Cooper Square Press, 2001, p. 5.

22 Erich Maria Remarque, *All Quiet on the Western Front*, Vintage, 1996, Kindle edition, p. 6.
23 Ibid., p. 47.
24 Ibid., p. 201.
25 Ibid.
26 Jünger, *Storm*, Kindle edition, p. 99.
27 Ibid., pp. 99-100.
28 Hilton Tims, *Erich Maria Remarque: The Last Romantic*, Carroll & Graf, 2003, p. 2.
29 Ibid., p. 11.
30 168-169쪽을 보라.
31 Jäckel and Kuhn (eds.), *Hitler. Sämtliche Aufzeichnungen*, pp. 70-72.
32 저자의 이언 커쇼 교수 인터뷰.
33 Jay Winter, *Remembering War: The Great War between Memory and History in the Twentieth Century*, Yale University Press, 2006, p. 84.
34 저자의 캐런 더글러스 교수 인터뷰(켄트대학). 다음도 보라. Karen M. Douglas, Robbie M. Sutton and Aleksandra Cichocka, 'The Psychology of Conspiracy Theories', *Current Directions in Psychological Science*, vol. 26, no. 6 (December 2017), pp. 538-42, and Karen M. Douglas and Robbie M. Sutton, 'What are Conspiracy Theories? A Definitional Approach to their Correlates, Consequences, and Communication', *Annual Review of Psychology*, vol. 74 (January 2023), pp. 271-98.
35 Robin Dunbar, *Grooming, Gossip and the Evolution of Language*, Faber & Faber, 2011, Kindle edition, p. 97.
36 Ibid., p. 8.
37 Rees, *Holocaust*, Kindle edition, pp. 27-8.
38 76-81쪽을 보라.
39 Rees, *Holocaust*, Kindle edition, p. 66. 오이게네 레비네는 1919년 뮌헨 혁명의 지도자 중 한 사람인 이름이 비슷한 혁명가(Eugene에서 마지막 e가 없는 오이겐)의 아들이었다.
40 예를 들면 1942년 8월 6일 헤르만 괴링 원수가 점령지의 국가판무관(라이히코미사르Reichskommissar)들 및 군사령관들과 식량 상황에 관해 가진 회의의 속기록. Léon Poliakov and Josef Wulf, *Das Dritte Reich und seine Diener*, Ullstein, 1983, pp. 471ff. Also in document 170-USSR, in IMT, *Der Prozess gegen die Hauptkriegsverbrecher vor*

dem Internationalen Militärgerichtshof, Nürnberg, 14. November 1945-1. Oktober 1946, vol. XXIX, Sekretariat des Gerichtshof 1949, pp. 385ff.

41 Borislav Chernev, *Twilight of Empire: The Brest-Litovsk Conference and the Remaking of East-Central Europe, 1917-1918*, University of Toronto Press, 2017, Kindle edition, p. 184.

42 Ibid., p. 22.

43 Robert Gerwarth, *November 1918: The German Revolution*, Oxford University Press, 2020, Kindle edition, pp. 50-52.

44 Vejas Gabriel Liulevicius, *War Land on the Eastern Front: Culture, National Identity and German Occupation in World War I*, Cambridge University Press, 2004, p. 249.

45 처음으로 공개되는 증언.

46 Gerwarth, *November 1918*, Kindle edition, pp. 58-9.

47 John Toland, *No Man's Land: 1918, The Last Year of the Great War*, University of Nebraska Press, 2002, pp. 259-60.

48 Ibid., p. 260.

49 David Murphy, 'The French Army in 1918', in Matthias Strohn (ed.), *1918: Winning the War, Losing the War*, Osprey Publishing, Kindle edition, 2018, p. 89.

50 처음으로 공개되는 증언.

51 Nick Lloyd, *Hundred Days: The End of the Great War*, Penguin, 2013, Kindle edition, pp. 59-60.

52 Edgar Feuchtwanger, *Imperial Germany 1850-1918*, Routledge, 2001, p. 193.

53 Alan Kramer, 'The Poisonous Myth: Democratic Germany's "Stab in the Back" Legend', *Irish Times*, 21 January 2019, https://www.irishtimes.com/culture/heritage/the-poisonous-myth-democratic-germany-s-stab-in-the-back-legend-1.3751185.

54 Laurence Rees, *The Nazis: A Warning from History*, BBC Books, 2012, Kindle edition, p. 15.

55 Stephan Malinowski, *Nazis and Nobles: The History of a Misalliance*, Oxford University Press, 2020, Kindle edition, p. 73.

56 Ibid., p. 77.

57 Klaus-Jürgen Müller, *General Ludwig Beck*, Harald Boldt Verlag, 1980, pp. 323-8, Beck's letter to his sister, Gertrude Beck, 28 November 1918, BArch, BA-MAN, 28/6.

58 Malinowski, *Nazis and Nobles*, Kindle edition, p. 80.
59 처음으로 공개되는 증언.
60 Jonathan Boff, *Winning and Losing on the Western Front : The British Third Army and the Defeat of Germany in 1918*, Cambridge University Press, 2012, p. 3.
61 *Stenographische Bericht über die öffentlichen Verhandlungen des 15. Untersuchungsausschusses der verfassunggebenden Nationalversammlung*, vol. 2, Norddeutschen Buchdruckerei, 1920, pp. 700-701, Hindenburg의 증언, 18 November 1919; 다음을 보라. Anton Kaes, Martin Jay and Edward Dimendberg (eds.), *The Weimar Republic Sourcebook*, University of California Press, 1994, pp. 15-16.
62 *Berliner Tageblatt*, 20 November 1919, 다음에서 재인용. Anna von der Goltz, *Hindenburg: Power, Myth, and the Rise of the Nazis*, Oxford University Press, 2011, p. 66.
63 캐런 더글러스와의 교수 인터뷰.
64 처음으로 공개되는 증언.
65 Ernst H. Posse, *Die politischen Kampfbünde Deutschlands*, Junker und Dünnhaupt, 1931, pp. 46-7, 다음에서 재인용. Robert G. L. Waite, *Vanguard of Nazism: The Free Corps Movement in Postwar Germany 1918-1923*, Harvard University Press, 1952, p. 266.
66 Waite의 책에는 인용되어 있지 않다. 원문은 다음을 보라. Posse, *Die politischen Kampfbünde Deutschlands*, p. 46.
67 Röhm, *Die Geschichte*, pp. 79-81.
68 *Hitler's Table Talk*, 30 November 1941, evening, p. 138.
69 Rudolf von Sebottendorff, *Bevor Hitler kam. Urkundliches aus der Frühzeit der nationalsozialistischen Bewegung von Rudolf von Sebottendorff*, Deukula-Verlag Graffinger, 1933, pp. 57-60.
70 Lida Gustava Heymann with Anita Augspurg, *Erlebtes-Erschautes. Deutsche Frauen kämpfen für Freiheit, Recht und Frieden 1850-1940*, ed. Margrit Twellmann, Verlag Anton Hain, 1972, pp. 162, 164-7. 다음에 약간 다른 번역으로 일부가 실려 있다. Gerwarth, *November 1918*, p. 9.
71 Michael Brenner, *In Hitler's Munich*, Princeton University Press, 2022, pp. 46-8.
72 Ibid., p. 48.
73 Thule Society admission documents, BArch, NS 26/865.
74 Allan Mitchell, *Revolution in Bavaria, 1918-1919: The Eisner Regime and the Soviet*

Republic, Princeton University Press, 1965, p. 311.
75 Holger H. Herwig, *The Demon of Geopolitics: How Karl Haushofer 'Educated' Hitler and Hess*, Rowman & Littlefield, 2016, p. 62.
76 처음으로 공개되는 증언.
77 처음으로 공개되는 증언.
78 Eleanor Hancock, *Ernst Röhm: Hitler's SA Chief of Staff*, Palgrave Macmillan, 2008, p. 33.
79 처음으로 공개되는 증언.
80 Kaes, Jay and Dimendberg (eds.), *Weimar Republic Sourcebook*, pp. 9-12, 처음 출간물은 다음과 같다. 'Ansprache des Reichsaußenministers Grafen Brockdorff-Rantzaubei Überreichung des Friedensvertrags-Entwurfs durch die Alliierten und Assoziierten Mächte', in Graf Brockdorff-Rantzau, *Dokumente*, Deutsche Verlagsgesellschaft für Politik und Geschichte, 1920, pp. 113ff.
81 Richard Hargreaves, *Blitzkrieg Unleashed: The German Invasion of Poland, 1939*, Stackpole Books, 2010, p. 18.
82 Ibid., p. 19.
83 Michael S. Neiberg, *The Treaty of Versailles*, Oxford University Press, 2019, Kindle edition, pp. 93-5.
84 Hitler, *Mein Kampf*, pp. 205-6.

2. '그들'과 '우리'를 구분하기

1 August Kubizek, *The Young Hitler I Knew*, Greenhill Books, 2006, pp. 157-9.
2 Hitler, *Mein Kampf*, pp. 56-62.
3 히틀러가 전쟁 이전 빈에서 개인적으로 알았던 유대인에 대해 어떤 태도를 보였는지는 특히 다음을 참조하라. Brigitte Hamann, *Hitlers Wien: Lehrjahre eines Diktators*, Piper, 1996.
4 Karl Mayr('전직 국방군(Reichswehr) 장교'라는 익명으로 썼다), 'I Was Hitler's Boss', *Current History*, vol. 1, no. 3 (November 1941), p. 193. 카를 마이어의 글을 전거로 이용할 때에는 매우 조심해야 한다. 그는 나중에 히틀러의 격한 반대자가 되었고 강제수용소에서 사망했다. 그러나 이 평가는 당시의 상황과 일치한다.
5 Thomas Weber, *Becoming Hitler: The Making of a Nazi*, Oxford University Press, 2017, Kindle edition, p. 81. 이 시기 히틀러의 행태에 관해서는 여러 가지 다양한 이론이 있다. 히틀러의 정치적 발달에서 베르사유 조약의 의미를 인식한 것은 분명히

가장 중요한 것에 속한다. 다음도 참조하라. Ian Kershaw, *Hitler: Hubris 1889-1936*, Penguin, 2001, Kindle edition, pp. 122-3.

6 한스 크노덴(Hans Knoden)의 말, 24 August 1919, in Ernst Deuerlein, 'Hitlers Eintritt in die Politik und die Reichswehr', *Vierteljahrshefte für Zeitgeschichte*, vol. 7, no. 2 (1959), p. 200. 원문은 다음을 보라. BayHStA, Abt. II, GrKdo 4, Bd 50/03.

7 로버트 새폴스키 교수와의 인터뷰.

8 Ian Kershaw, *Hitler*, Routledge, 1991, p. 51.

9 Richard J. Evans, *The Coming of the Third Reich*, Allen Lane, 2003, p. 170.

10 BayHStA, Abt. IV, p. 3071.

11 Hitler, *Mein Kampf*, p. 220.

12 Ibid., p. 222.

13 Ibid., pp. 222-3.

14 Kershaw, *Hubris*, Kindle edition, p. 108.

15 BayHStA, Abt. IV, R W GrKdo, Bd 50/08. In English in J. Noakes and G. Pridham (eds.), *Nazism 1919-1945*, vol. 1: *The Rise to Power 1919-1934*, University of Exeter Press, 1991, pp. 12-14.

16 D. A. Jeremy Telman, 'Adolf Stoecker: Anti-Semite with a Christian Mission', *Jewish History*, vol. 9, no. 2 (Fall 1995), p. 95.

17 Hamann, *Hitlers Wien*. 1차대전 중 히틀러의 믿음에 관한 연구는 다음도 참조하라. Thomas Weber, *Hitler's First War*, Oxford University Press, 2010, p. 177.

18 처음으로 공개되는 증언.

19 Rees, *Holocaust*, Kindle edition, p. 38.

20 처음으로 공개되는 증언. 다음도 참조하라. Laurence Rees, *The Dark Charisma of Adolf Hitler*, Ebury Press, 2012, Kindle edition, p. 114.

21 Himmler diary entry for 12 January 1922, in BArch, N 1126 141 K. 원본은 다음에 있다. Hoover Institution, Stanford University, Stanford, California.

22 Elke Fröhlich (ed.), *Die Tagebücher von Joseph Goebbels*, Teil I: *Aufzeichnungen 1923-1941*, vol. 1/1: *Oktober 1923-November 1925*, K. G. Saur, 2004, pp. 50-51, entry for 14 November 1923.

23 Ibid., pp. 116-17, entry for 31 March 1924.

24 Ibid., p. 312, entry for 8 June 1925.

25 크리스토퍼 브라우닝 교수가 저자와의 인터뷰에서 밝힌 것. Rees, *Dark Charisma*, Kindle edition, pp. 29-30.

26 Peter H. Merkl, *Political Violence under the Swastika*, Princeton University Press, 1975, p. 453.
27 Gordon Allport, *The Nature of Prejudice*, Perseus, 1954.
28 N. H. Baynes (ed.), *Speeches of Adolf Hitler: Representative Passages from the Early Speeches, 1922-1924, and Other Selections*, Howard Fertig, 2006, p. 15, 히틀러의 연설, 12 April 1922.
29 Ibid., pp. 15-16.
30 Rees, *Dark Charisma*, Kindle edition, p. 31.
31 처음으로 공개되는 증언.
32 Joachim C. Fest, *Hitler*, Harcourt Brace Jovanovich, 1974, p. 133.
33 Auf gut deutsch. *Wochenschrift für Ordnung u. Recht*, ed. Dietrich Eckart, vol. 2, no. 30/34, Hoheneichen-Verlag, 1920, p. 392.
34 한 조항의 내용이 무슨 뜻인지 분명하게 밝히기는 했다. 135쪽을 보라.
35 *Goebbels' Diary*, entry for 8 April 1941, 다음에서 재인용, Rees, *Dark Charisma*, Kindle edition, p. 138.
36 *Hitler's Table Talk*, 13 December 1941, p. 144.
37 W. Breucker (Ludendorff's adjutant), *Die Tragik Ludendorffs*, Rauschenbusch, 1953, p. 107; 또한 English in J. C. R. Wright, *'Above Parties': The Political Attitudes of the German Protestant Church Leadership 1918-1933*, Oxford University Press, 1974, p. 78.
38 다음에서 처음으로 공개된 발언이다. *Völkischer Beobachter*, 22 April 1922.
39 Kurt G. W. Ludecke, *I Knew Hitler: The Story of a Nazi Who Escaped the Blood Purge*, Jarrolds, 1938, pp. 22-3.
40 Ibid., pp. 17 and 23.
41 예를 들면 헤르베르트 리히터의 증언을 보라. Rees, *Dark Charisma*, Kindle edtion, p. 37.
42 Hans Frank, *Im Angesicht des Galgens*, F. A. Beck Verlag, 1953, pp. 39-42.
43 Heiden, *The Fuehrer*, pp. 90-91.
44 *The Trial of German Major War Criminals: Proceedings of the International Military Tribunal*… (British edn), HMSO, 1947, part 9, p. 64.
45 Kershaw, *Hubris*, Kindle edition, p. 163.
46 Baynes (ed.), *Early Speeches*, p. 14, 히틀러의 연설, 12 April 1922.
47 In English in Noakes and Pridham (eds.), *Nazism*, vol. 1, p. 16.

48 Baynes (ed.), *Early Speeches*, pp. 45-6, 히틀러의 연설, 13 April 1923.
49 *Trial of the Major War Criminals*, vol. 12, p. 308, 26 April 1946, https://avalon.law.yale.edu/imt/04-26-46.asp.
50 Dennis E. Showalter, *Little Man, What Now? Der Stürmer in the Weimar Republic*, Archon Books, 1982, p. 24.
51 StAN, Polizeipräsidium Nürnberg-Fürth 541, doc. 187, 1922년 9월 5일 슈바인푸르트 지방법원 일반인 판사 보좌 법정에서 판결된 슈트라이허의 패소 판결문 사본.
52 Ludecke, *I Knew Hitler*, pp. 17-18.
53 Thomas D. Grant, *Stormtroopers and Crisis in the Nazi Movement: Activism, Ideology and Dissolution*, Routledge, 2004, Kindle edition, p. 33.
54 *Hitler's Table Talk*, 28-29 December 1941, p. 154.
55 Noakes and Pridham (eds.), *Nazism*, vol. 1, p. 23, Hitler memorandum of 7 January 1922.
56 Baynes (ed.), *Early Speeches*, pp. 40-41, 히틀러의 연설, 28 July 1922.
57 151-152쪽을 보라.
58 Jeffrey S. Gaab, *Munich: Hofbräuhaus & History-Beer Culture, & Politics*, Peter Lang, 2006, p. 65.
59 처음으로 공개되는 증언.
60 처음으로 공개되는 증언.
61 Robert Gellately, *Hitler's True Believers: How Ordinary People Became Nazis*, Oxford University Press, 2020, Kindle edition, p. 44.
62 Christian Ingrao, *Believe and Destroy: Intellectuals in the SS War Machine*, Polity, 2015, Kindle edition, p. 15.
63 처음으로 공개되는 증언.
64 처음으로 공개되는 증언.
65 BArch, R 3001/12694, fols. 14-31. 평결문의 일부는 다음에서도 볼 수 있다. Lew Besymenski, *Die letzten Notizen von Martin Bormann. Ein Dokument und sein Verfasser*, Deutsche Verlags-Anstalt, 1974, pp. 296-306. And in Jochen von Lang with Claus Sibyll, *Der Sekretär. Martin Bormann: Der Mann, der Hitler beherrschte*, Deutsche Verlags-Anstalt, 1977, pp. 412-19.
66 *Vorwärts*, 26 June 1923, p. 1.
67 Rudolf Höss, *Commandant of Auschwitz*, Phoenix, 2001, pp. 43-5.
68 *Vossische Zeitung*, Morgenausgabe, 13 March 1924, p. 4.

69 Letter by Höss to H.H., 15 June 1924, 다음에서 재인용, Karin Orth, *Die Konzentrationslager-SS. Sozialstrukturelle Analysen und biographische Studien*, Wallstein Verlag, 2000, pp. 111-13.

70 Höss, *Commandant*, p. 45.

71 Martin Bormann, 'In den Kerkern der Republik: Der SA-Mann', *Völkischer Beobachter*, 10, 17 and 24 August 1929.

72 Höss, *Commandant*, p. 43.

3. 영웅으로서 인도하기

1 Jäckel and Kuhn (eds.), *Hitler. Sämtliche Aufzeichnungen*, pp. 802-5. 다음도 보라. Kershaw, *Hubris*, Kindle edn, p. 192.

2 Hancock, *Röhm*, p. 54.

3 처음으로 공개되는 에밀 클라인의 증언.

4 Hancock, *Röhm*, p. 59.

5 Heiden, *The Fuehrer*, p. 169.

6 Kershaw, *Hubris*, Kindle edition, p. 210.

7 Peter Longerich, *Heinrich Himmler*, Oxford University Press, 2012, Kindle edition, p. 69.

8 Ibid., pp. 68-9.

9 Hancock, *Röhm*, p. 68.

10 David King, *The Trial of Adolf Hitler: The Beer Hall Putsch and the Rise of Nazi Germany*, Macmillan, 2017, Kindle edition, location 1634. 루덴도르프에게 어떤 일이 있었는지 확실하게 말할 수 있는 사람은 없다. 일어서라는 경찰의 말을 듣기까지 땅바닥에 엎드려 있었을 수도 있지만, 스스로 일어나 적진을 향해 걸어갔을 가능성이 더 높다.

11 Bytwerk, *Julius Streicher*, p. 18. Also Julius Streicher, *Kampf dem Weltfeind*, Stürmerverlag, 1938, pp. 24-5.

12 Kershaw, *Hubris*, Kindle edition, p. 211.

13 Jürgen Matthäus and Frank Bajohr (eds.), *The Political Diary of Alfred Rosenberg and the Onset of the Holocaust*, Rowman & Littlefield, 2015, Kindle edition, p. 29, entry for 5 June 1934.

14 King, *Trial of Adolf Hitler*, Kindle edition, location 1938. 히틀러는 일이 잘못되면 종종 자살하겠다고 위협했다. 얼마나 진지하게 시도했는지는 확실하게 알 수 없다. 이언

커쇼 교수는 히틀러의 자살을 막아야 했다는 이야기들에 "확실한 근거가 없다"고 믿는다. 다음을 보라. Kershaw, *Hubris*, Kindle edition, p. 211.

15 King, *Trial of Adolf Hitler*, location 2068, 다음에서 재인용, Otto Gritschneder, *Bewährungsfrist für den Terroristen Adolf H. Der Hitler-Putsch und die bayerische Justiz*, C. H. Beck, 1990, 98세의 알로이스 마리아 오트의 평을 토대로 한 것이다.

16 Rees, *Nazis: A Warning from History*, Kindle edition, p. 28.

17 Albrecht Tyrell (ed.), *Führer befiehl… Selbstzeugnisse cus der 'Kampfzeit' der NSDAP. Dokumentation und Analyse*, Droste Verlag, 1969, pp. 281–3. 티렐은 다음에서 인용하고 있다. *Der Hitler-Prozess vor dem Volksgericht in München*, Zweiter Teil, Knorr & Hirth, 1924, pp. 85–91. 영어 번역문은 다음을 보라. Noakes and Pridham (eds.), *Nazism*, vol. 1, p. 35.

18 Ella Rhodes, 'The Psychologist Guide to… Leadership', *Psychologist*, 9 May 2016, 알렉스 해슬람 교수와의 인터뷰, https://www.bps.org.uk/psychologist/psychologist-guide-leadership. 해슬람 교수는 구체적으로 히틀러를 언급하지 않았다. 이렇게 연결한 것은 저자다. 다음도 참조하라. S. Alexander Haslam, Stephen D. Reicher and Michael J. Platow, *The New Psychology of Leadership: Identity, Influence and Power*, Psychology Press, 2011, 특히 ch. 3, pp. 41–76.

19 Tyrell (ed.), *Führer befiehl*, pp. 281–3; Noakes and Pridham (eds.), *Nazism*, vol. 1, p. 34.

20 Rees, *Dark Charisma*, Kindle edition, p. 56.

21 지도력의 심리학에 관한 알렉스 해슬람 교수의 견해, *Better Thinking*, Number 119, 2023, Nesh Nikolic와의 팟캐스트, https://www.youtube.com/watch?v=2bXrVppV3GY(19분 25초부터). 이번에도 역시 해슬람 교수는 히틀러를 특정하여 발언하지 않았다. 이 연결도 저자가 한 것이다.

22 Tyrell (ed.), *Führer befiehl*, pp. 281–3; Noakes and Pridham (eds.), *Nazism*, vol. 1, p. 34.

23 Ernest Becker, *The Denial of Death*, Souvenir Press, 2011, Kindle edition, pp. 33–4.

24 Ian Kershaw, *The 'Hitler Myth': Image and Reality in the Third Reich*, Oxford University Press, 1987, p. 16, quoting Heinrich Class, *Wenn ich der Kaiser wär'*, Dieterich, 1914, p. 227.

25 Rees, *Dark Charisma*, Kindle edition, pp. 42–3.

26 Kubizek, *The Young Hitler I Knew*, pp. 83 and 185. 쿠비체크의 회상은 조심스럽게 다루어야 한다. 그의 글에 관한 쟁점 및 의구심이 있음에도 그의 글이 왜 아직도 중요한

사료인지에 관해서는 다음을 보라. Kershaw, *Hubris*, Kindle edition, p. 20.

27 Allen Grabo and Mark van Vugt, 'Charismatic Leadership and the Evolution of Cooperation', *Evolution and Human Behavior*, vol. 37, issue 5 (September 2016), pp. 399-406, and Allen Grabo, Brian R. Spisak and Mark van Vugt, 'Charisma as Signal: An Evolutionary Perspective on Charismatic Leadership', *Leadership Quarterly*, vol. 28, issue 4 (August 2017), pp. 473-85.

28 Mark van Vugt and Allen E. Grabo, 'The Many Faces of Leadership: An Evolutionary-Psychology Approach', *Current Directions in Psychological Science*, vol. 24, no. 6 (December 2015), pp. 484-9. 다음도 보라. B. R. Spisak, P. H. Dekker, M. Krüger and M. van Vugt, 'Warriors and Peacekeepers: Testing a Biosocial Implicit Leadership Hypothesis of Intergroup Relations Using Masculine and Feminine Faces', *PLOS One*, vol. 7, issue 1 (January 2012), https://journals.plos.org/plosone/article?id=10.1371/journal.pone.0030399.

29 Max Weber, *Essays in Sociology*, Routledge, 1998, p. 262.

30 King, *Trial of Adolf Hitler*, Kindle edition, location 3448-62.

31 Alexander Clifford, *Hindenburg, Ludendorff and Hitler: Germany's Generals and the Rise of the Nazis*, Pen & Sword, 2021, Kindle edition, pp. 95-6.

32 *New York Times*, 2 April 1924.

33 *The Times* (London), 2 April 1924.

34 254-255쪽을 보라.

35 Fröhlich (ed.), *Die Tagebücher von Joseph Goebbels*, Teil I, vol. 1/1, pp. 39-41, 인용된 부분은 p. 40, entry for 27 October 1923.

36 Ibid., pp. 76-7, 인용된 부분은 p. 77, entry for 21 January 1924.

37 이러한 모순이 어떻게 가능했는지에 대한 분석은 다음을 보라. Rees, *Holocaust*, Kindle edition, pp. 60-61.

38 Fröhlich (ed.), *Die Tagebücher von Joseph Goebbels*, Teil I, vol. 1/1, pp. 160-61, 인용된 부분은 p. 161, entry for 4 July 1924.

39 Ibid., pp. 108-9, entry for 20 March 1924.

40 Longerich, *Himmler*, Kindle edition, p. 79.

41 처음으로 공개되는 증언.

42 Hancock, *Röhm*, pp. 71-3.

43 Ludecke, *I Knew Hitler*, pp. 217-18.

44 Ibid., p. 258.

45 Hancock, *Röhm*, pp. 80-81.
46 미국의 프랭클린 루스벨트 대통령은 답변하지 않는 것이 최고의 웅변임을 매우 잘 이해한 사람이었다. 다음을 보라. Rees, *Behind Closed Doors*, Kindle edition, p. 191.
47 히틀러의 글 in *Völkischer Beobachter*, 26 February 1925, p. 1. Clemens Vollnhals (ed.), *Hitler: Reden, Schriften, Anordnungen. Februar 1925 bis Januar 1933*, Band I: *Die Wiedergründung der NSDAP, Februar 1925-Juni 1926*, K. G. Saur, 1992, pp. 1-4, 인용된 부분은 p. 2.
48 Peter D. Stachura, *Gregor Strasser and the Rise of Nazism*, Routledge, 2014, pp. 6-8.
49 Tyrell (ed.), *Führer befiehl*, pp. 281-3.
50 Fröhlich (ed.), *Die Tagebücher von Joseph Goebbels*, Teil I, vol. 1/1, pp. 315-16, 인용된 부분은 p. 315, entry for 15 June 1925.
51 Ibid., pp. 326-7, entry for 14 July 1925.
52 *Völkischer Beobachter*, 14 November 1925.
53 BArch, NS 26/896. 필사본은 다음에도 있다. BArch, NS 26/960. 잘로몬은 이 글을 '프레데리크(Frederick)'라는 가명으로 썼으며 "나치당의 고위 인사들에게만" 보여줄 의도로 썼다. 다음도 참조하라. Gellately, *Hitler's True Believers*, Kindle edition, pp. 73-5.
54 Kershaw, *Hubris*, Kindle edition, p. 301.
55 Elke Fröhlich (ed.), *Die Tagebücher von Joseph Goebbels, Teil I: Aufzeichnungen 1923-1941*, vol. 1/2: *Dezember 1925-Mai 1928*, K. G. Saur, 2005, entries for 15 February and 26 February 1926.
56 Ibid., entry for 13 April 1926.
57 Kershaw, '*Hitler Myth*', p. 27. 독일어 원문은 Tyrell (ed.), *Führer befiehl*, p. 173.

4. 청년 타락시키기

1 처음으로 공개되는 증언.
2 처음으로 공개되는 증언.
3 처음으로 공개되는 증언.
4 Rees, *Their Darkest Hour*, Kindle edition, p. 35. 처음으로 공개되는 증언.
5 처음으로 공개되는 증언.
6 Russel Lemmons, *Goebbels and Der Angriff*, University Press of Kentucky, 1994, ch. 1.
7 Peter Longerich, *Goebbels*, Bodley Head, 2015, Kindle edition, p. 123.
8 형의 선고는 1928년 7월 연방의회가 승인한 사면으로 최종적으로 소멸했다.

9 'Was wollen wir im Reichstag?', *Der Angriff*, 30 April 1928, pp. 1f., 다음에서 재인용, Joseph Goebbels, *Der Angriff. Aufsätze aus der Kampfzeit*, Zentralverlag der NSDAP, 1935, pp. 71–3.

10 Elke Fröhlich (ed.), *Die Tagebücher von Joseph Goebbels*, Teil I: *Aufzeichnungen 1923–1941*, vol. 2/1: *Dezember 1929–Mai 1931*, K. G. Saur, 2005, pp. 316–17, 인용된 부분은 p. 316, entry for 3 January 1931.

11 'Propaganda und Politik. Das Referat des Berliner Gauleiters Dr. Goebbels am Freitag, 2. August 1929, nachmittags 5–6 Uhr', *Berliner Arbeiter-Zeitung*, 11 August 1929.

12 처음으로 공개되는 증언. 다음도 참조하라. Rees, *Nazis: A Warning from History*, Kindle edition, p. 36.

13 Larry Eugene Jones, *German Liberalism and the Dissolution of the Weimar Party System 1918–1933*, University of North Carolina Press, 1988, p. 350.

14 처음으로 공개되는 증언.

15 1935년 1월 1일에 찍힌 당원 사진을 보면 독일 전체 인구에서 30세 미만이 6퍼센트에 못 미쳤는데도 당원에서 그 연령대는 17퍼센트에 달했다. 다음을 보라. Noakes and Pridham (eds.), *Nazism*, vol. 1, pp. 84–5, 연령별 나치 당원을 보여주는 표.

16 Ingrao, *Believe and Destroy*, Kindle edition, p. 25.

17 처음으로 공개되는 증언.

18 1930년대 후반 독일소녀연맹의 리더였던 Jutta Rüdiger의 처음으로 공개되는 증언.

19 Torsten Kupfer, *Generation und Radikalisierung. Die Mitglieder der NSDAP im Kreis Bernburg 1921–1945*, Historical Social Research, Transition (Online Supplement), No. 18, 2006, pp. 1–312, 인용된 부분은 pp. 74–109.

20 처음으로 공개되는 증언.

21 *Volkswacht*, May 1932, 다음에서 재인용, Kupfer, *Generation und Radikalisierung*, pp. 74–109.

22 로버트 새폴스키 교수와의 인터뷰.

23 Baynes (ed.), *Early Speeches*, p. 40, 히틀러의 연설, 28 July 1922.

24 *Völkischer Beobachter*, Bayernausgabe, 7 August 1929.

25 Fritz Fink, *Die Judenfrage im Unterricht*, Stürmerverlag, 1937, 온라인에서 영어 번역문을 볼 수 있다. http://research.calvin.edu/german-propaganda-archive/fink.htm.

26 Jakob Graf, *Familienkunde und Rassenbiologie für Schüler*, J. F. Lehmanns, 1935, 다음에서 재인용, George L. Mosse (ed.), *Nazi Culture: Intellectual, Cultural and Social Life in*

the Third Reich, University of Wisconsin Press, 1966, pp. 80-81.

27 Nico Voigtländer and Hans-Joachim Voth, 'Nazi Indoctrination and Anti-Semitic Beliefs in Germany', Proceedings of the National Academy of Sciences, vol. 112, no. 26 (June 2015), pp. 7931-6, https://www.ncbi.nlm.nih.gov/pmc/articles/PMC4491745/.

28 처음으로 공개되는 증언. 다음도 참조하라. Rees, *Their Darkest Hour*, Kindle edition, p. 188.

29 Rees, *Their Darkest Hour*, Kindle edition, pp. 190-91.

30 처음으로 공개되는 증언.

31 Michael H. Kater, *Hitler Youth*, Harvard University Press, 2004, p. 106.

32 Ibid., p. 108.

33 Ibid., p. 81.

34 처음으로 공개되는 증언.

35 처음으로 공개되는 증언.

36 Kater, *Hitler Youth*, p. 15.

37 Eric A. Johnson and Karl-Heinz Reuband, *What We Knew: Terror, Mass Murder, and Everyday Life in Nazi Germany: An Oral History*, Basic Books, 2006, pp. 141-9, 후베르트 루츠의 증언.

38 독일 상황에 대한 보고서, No. 13, April 1935, in Bernd Stöver, *Berichte über die Lage in Deutschland. Die Meldungen der Gruppe Neu Beginnen aus dem Dritten Reich 1933-1936*, Verlag J. H. W. Dietz Nachfolger, 1996, pp. 427-72, 인용된 부분은 pp. 429-31.

39 J. Noakes and G. Pridham (eds.), *Nazism: 1919-1945, vol. 2: State, Economy and Society 1933-1939*, Exeter University Press, 2015, p. 227.

40 처음으로 공개되는 증언.

41 Arnold Talbot Wilson, *Walks and Talks Abroad: The Diary of a Member of Parliament in 1934-36*, Oxford University Press, 1939, p. 126, 다음에서 재인용. Julia Boyd, *Travellers in the Third Reich: The Rise of Fascism through the Eyes of Ordinary People*, Elliott & Thompson, 2017, Kindle edition, p. 171. 그렇지만 윌슨이 나치의 다하우 강제수용소를 방문했을 때 나치 정권에 대한 그의 감탄은 다소 흐릿해졌다. 그는 수감자들이 적절한 음식과 숙소를 제공받고 있다고 생각하면서도 이렇게 썼다. "수용소의 분위기에는 나의 영혼에 반(反)하는 것이 있었다." 다음을 보라. Boyd, *Travellers*, p. 172.

42 Mary Fulbrook, *Bystander Society: Conformity and Complicity in Nazi Germany and the Holocaust*, Oxford University Press, 2023, Kindle edition, p. 109.

5. 엘리트층과 공모하기

1 *Die Nationalsozialistische Deutsche Arbeiterpartei. Referentendenkschrift*, Mai 1930, GStA PK, I. HA Rep. 84a, Nr. 3157, pp. 23-49, 인용된 부분은 pp. 44-7.
2 Elke Fröhlich (ed.), *Die Tagebücher von Joseph Goebbels*, Teil I: *Aufzeichnungen 1923-1941*, vol. 1/3: *Juni 1928-November 1929*, K. G. Saur, 2004, p. 287, entry for 21 July 1929.
3 *Völkischer Beobachter*, 16/17 June 1929.
4 *Völkischer Beobachter*, 14 August 1929.
5 *Völkischer Beobachter*, 1 April 1930.
6 *Vossische Zeitung*, Morgenausgabe, 6 December 1930, p. 5.
7 *Völkischer Beobachter*, 7/8 December 1930. 다음에서도 재인용, Bärbel Schrader (ed.), *Der Fall Remarque. Im Westen nichts Neues. Eine Dokumentation*, Reclam-Verlag, 1992, pp. 134-5.
8 Fröhlich (ed.), *Die Tagebücher von Joseph Goebbels*, Teil I, vol. 2/1, p. 298, entry for 6 December 1930.
9 Ibid., p. 301, entry for 10 December 1930.
10 *Der Angriff*, 12 December 1930, pp. 1-2. 다음에서도 재인용, Schrader (ed.), *Der Fall Remarque*, pp. 161-6.
11 Fröhlich (ed.), *Die Tagebücher von Joseph Goebbels*, Teil I, vol. 2/1, pp. 304-5, 인용된 부분은 p. 305, entry for 7 December 1930.
12 *Der Angriff*, 12 December 1930, pp. 1-2.
13 Sapolsky, *Behave*, Kindle edition, p. 52.
14 Ibid.
15 *Der Angriff*, 6 May 1931.
16 *Sozialistische Bildung*, May 1931, pp. 139-40.
17 *Der Angriff*, 7 May 1931.
18 Benjamin Carter Hett, *Crossing Hitler: The Man Who Put the Nazis on the Witness Stand*, Oxford University Press, 2008, Kindle edition, pp. 72-3.
19 Hancock, *Röhm*, p. 103.
20 *Völkischer Beobachter*, 6 November 1930.

21 Goebbels diary, 27 February 1931, in Longerich, *Goebbels*, Kindle edition, p. 179.
22 다음에 인용되어 있다. Doc. 54 in Constantin Goschler (ed.), *Hitler. Reden, Schriften, Anordnungen. Februar 1925 bis Januar 1933*, Band IV *Von der Reichstagswahl bis zur Reichspräsidentenwahl, Oktober 1930-März 1932*, Teil 1: *Oktober 1930-Juni 1931*, K. G. Saur, 1994, p. 183. 고슐러의 출전은 다음이다. BArch, Slg. Schumacher 403.
23 Longerich, *Himmler*, Kindle edition, pp. 112-13.
24 처음으로 공개되는 증언.
25 Nancy Dougherty, *The Man with the Iron Heart*, Welbeck, 2022, Kindle edition, p. 121.
26 Robert Gerwarth, *Hitler's Hangman: The Life of Heydrich*, Yale University Press, 2011, Kindle edition, pp. 105-6.
27 Ibid., p. 107.
28 Ibid., p. 95.
29 BArch NS 33/89, p. 41, Reichsführer SS (SS-HA/ZK./Az. B 17a), Berlin, 11 April 1938. 친위대 지도자 후보 선정에 관한 우편 명부 V 다음도 참조하라. Tom Segev, *Soldiers of Evil: The Commandants of the Nazi Concentration Camps*, Diamond Books, 2000, p. 97. And Rees, Holocaust, Kindle edn, p. 26.
30 *Münchener Post*, 28/29 November 1931, p. 1.
31 Longerich, *Himmler*, Kindle edition, pp. 122-3.
32 *Vorwärts*, 26 November 1931, p. 1.
33 *Vossische Zeitung*, Morgenausgabe, 26 November 1931, p. 1.
34 Hermann Beck, *The Fateful Alliance: German Conservatives and Nazis in 1933: The Machtergreifung in a New Light*, Berghahn Books, 2003, pp. 78-80.
35 Professor Robert Sapolsky, 'Human Sexual Behaviour III and Aggression I', Stanford University lecture, May 2010, https://www.youtube.com/watch?v=JPYmarGO5jM (53분 44초부터 57분 18초까지).
36 처음으로 공개되는 증언.
37 처음으로 공개되는 증언. Rees, *Nazis: A Warning from History*, Kindle edition, location 484-92.
38 Dougherty, *Iron Heart*, Kindle edition, p. 138.
39 Martin Kitchen, *The Third Reich: Charisma and Community*, Pearson Educational, 2008, pp. 234-5.
40 Dougherty, *Iron Heart*, Kindle edition, p. 138.

41 Ibid., p. 135.
42 Ibid., p. 33.
43 David de Jong, *Nazi Billionaires: The Dark History of Germany's Wealthiest Dynasties*, William Collins, 2022, Kindle edition, p. 34.
44 Longerich, *Goebbels*, Kindle edition, pp. 189 and 375.
45 Ibid., p. 198.
46 de Jong, *Nazi Billionaires*, Kindle edition, p. 36.
47 Timothy W. Ryback, *Takeover: Hitler's Final Rise to Power*, Headline, 2024, Kindle edition, p. 107.
48 Goltz, *Hindenburg*, p. 15.
49 Hans Otto Meissner and Harry Wilde, *Die Machtergreifung. Ein Bericht über die Technik des nationalsozialistischen Staatsstreichs*, J. G. Cotta, 1958, pp. 48, 49 and 273, 다음에서 재인용, Eugene Davidson, *The Unmaking of Adolf Hitler*, University of Missouri Press, 1996, p. 458.
50 Dorothy Thompson, *I Saw Hitler!*, Farrar & Rinehart, 1932, pp. 13-34.
51 Goltz, *Hindenburg*, p. 141.
52 Ibid., pp. 140-41.
53 Longerich, *Goebbels*, Kindle edition, p. 211.
54 *Vorwärts*, 27 February 1932; Goltz, *Hindenburg*, p. 165.
55 Hancock, *Röhm*, p. 114.
56 Elke Fröhlich (ed.), *Die Tagebücher von Joseph Goebbels, Teil I: Aufzeichnungen 1923-1941*, vol. 2/2: *Juni 1931-September 1932*, K. G. Saur, 2004, pp. 235-6, 인용된 부분은 p. 235, entry for 7 March 1932.
57 Helmut Klotz (ed.), *Der Fall Röhm*, pp. 8-11, in BArch, N 1150/115, Nachlass Walter Luetgebrune, pp. 524-43, 인용된 부분은 pp. 533-6.
58 Ibid., pp. 16-17, in BArch, N 1150/115, Nachlass Walter Luetgebrune, pp. 541-2.
59 Ibid., p. 7, in BArch, N 1150/115, Nachlass Walter Luetgebrune, p. 532.
60 Fröhlich (ed.), *Die Tagebücher von Joseph Goebbels*, Teil I, vol. 2/2, p. 244, entry for 17 March 1932. 나치는 권력을 장악한 뒤 동성애 행위를 한 사람들을 박해하려 했다. 특히 힘러가 동성애자를 증오했다. 수천 명이 강제수용소로 끌려갔고, 그곳에서 많은 동성애자가 죽었다. 다음을 보라. Rees, *Holocaust*, Kindle edition, pp. 154-6.
61 Hancock, *Röhm*, p. 115.
62 189쪽을 보라.

63 Franz von Papen, *Memoirs*, André Deutsch, 1952, pp. 162-3. 독일어판은 Franz von Papen, *Der Wahrheit eine Gasse*, Paul List Verlag, 1952, p. 195.
64 120쪽을 보라.
65 Kershaw, *Hubris*, Kindle edition, p. 368.
66 다음을 보라. Daniel Kahneman and Amos Tversky, 'Prospect Theory: An Analysis of Decision Under Risk', *Econometrica*, vol. 47, no. 2 (March 1979), pp. 263-91, and Daniel Kahneman, *Thinking, Fast and Slow*, Farrar, Straus & Giroux, 2013. 다음도 보라. Kazuhisa Nagaya, 'Why and Under What Circumstances Does Loss Aversion Emerge?', *Japanese Psychological Research*, vol. 65, issue 4 (October 2023), pp. 379-98.
67 *Nazis: A Warning from History*, BBC TV, episode 1: 'Helped into Power', 로런스 리스 각본, 연출; 첫 방송은 BBC2, 10 September 1997.
68 Otto Meissner, 'Aufzeichnung über die Besprechung des Herrn Reichspräsidenten mit Adolf Hitler am 13. August 1932 nachmittags 4.15', 다음에서 재인용, Walther Hubatsch, *Hindenburg und der Staat. Aus den Papieren des Generalfeldmarschalls und Reichspräsidenten von 1878 bis 1934*, Musterschmidt, 1966, p. 338. 영역문은 Noakes and Pridham (eds.), *Nazism*, vol. 1, p. 104.
69 Roderick Stackelberg, *Hitler's Germany: Origins, Interpretations, Legacies*, Routledge, 2014, p. 99.
70 Kershaw, *Hubris*, Kindle edition, p. 395.
71 Hinrich Lohse, 'Der Fall Strasser', held in Forschungsstelle für die Geschichte des Nationalsozialismus in Hamburg; in English in Noakes and Pridham (eds.), *Nazism*, vol. 1, p. 111.
72 Ibid.; 영역문은 Noakes and Pridham (eds.), *Nazism*, vol. 1, p. 113.
73 Gerwarth, *Hitler's Hangman*, Kindle edition, p. 62.
74 Eberhard Jäckel, *Hitler in History*, Brandeis University Press, 1984, p. 15.
75 처음으로 공개되는 Karl Boehm-Tettelbach의 증언.
76 집단적 사고에 대한 심리학 문헌은 방대하다. Irving L. Janis, *Groupthink*, Houghton Mifflin (Academic), 1982는 이 주제를 탐구하는 데 좋은 출발점이 될 수 있다. 집단적 사고에 관한 수많은 과학 논문 가운데 이 주제를 다룬 것으로는 다음이 있다. David Ahlstrom and Linda C. Wang, 'Groupthink and France's Defeat in the 1940 Campaign', *Journal of Management History*, vol. 15, no. 2 (2009), pp. 159-77.
77 Kershaw, *Hubris*, Kindle edition, p. 421.
78 *Documents on British Foreign Policy*, 1919-1939, vol. 3, HMSO, 1960, pp. 197-201;

also in Kaes, Jay and Dimendberg (eds), *Weimar Republic Sourcebook*, pp. 80-84.

6. 인권 공격하기

1 처음으로 공개되는 증언.
2 처음으로 공개되는 증언.
3 Kershaw, *Hubris*, Kindle edition, p. 432.
4 처음으로 공개되는 증언. 다음도 참조하라. Papen, *Memoirs*, p. 264.
5 Andreas Wirsching, '"Man kann nur Boden germanisieren". Eine neue Quelle zu Hitlers Rede vor den Spitzen der Reichswehr am 3. Februar 1933', *Vierteljahrshefte für Zeitgeschichte*, vol. 49, no. 3 (2001), pp. 517-50, 인용된 부분은 pp. 522-4.
6 Ibid., pp. 545-8. 그 자리에 참석한 다른 고위 장교인 리프만(Liebmann) 중장은 히틀러가 앞날을 위한 선택지를 두 가지 제시했다고 생각했다. 하나는 더 많은 '수출 기회'를 확보하는 임무였고, 다른 하나는 "동쪽에서 새로운 생활공간을 점령해 가차 없이 독일화하는 것"이었다. 히틀러는 후자의 방안이 "필시 더 나을 것"이라고 말했다.
7 Rees, *Their Darkest Hour*, Kindle edition, pp. 199-204. 처음으로 공개되는 증언.
8 히틀러의 외신 기자 회견, 3 February 1933, https://www.theguardian.com/world/2017/feb/03/hitler-adolf-interview-archive-1933.
9 Max Domarus (ed.), *Hitler. Reden und Proklamationen 1932-1945. Kommentiert von einem deutschen Zeitgenossen*, Band 1: *Triumph, Erster Halbband 1932-1934*, R. Löwit, 1973, p. 192. 히틀러의 연설, 1 February 1933.
10 Papen, *Memoirs*, p. 264.
11 *Trials of War Criminals before the Nuernberg Military Tribunals*…, vol. VI: 'The Flick Case', United States Government Printing Office, 1952, p. 44.
12 'Georg von Schnitzler on Hitler's Appeal to Leading German Industrialists on 20 February 1933' (Affidavit, 10 November 1945), in United States Chief Counsel for the Prosecution of Axis Criminality, *Nazi Conspiracy and Aggression*, vol. VII, United States Government Printing Office, 1946, Document 439-EC, https://ghdi.ghi-dc.org/docpage.cfm?docpage_id=2259.
13 *Trials of War Criminals*, vol. VI, p. 44.
14 de Jong, *Nazi Billionaires*, Kindle edition, p. 4.
15 Elke Fröhlich (ed.), *Die Tagebücher von Joseph Goebbels*, Teil I: *Aufzeichnungen 1923-1941*, vol. 2/3: *Oktober 1932-März 1934*, K. G. Saur, 2006, p. 137, entry for 28 February 1933.

16 Rudolf Diels, *Lucifer ante portas. Zwischen Severing und Heydrich*, Interverlag, 1949, p. 143.
17 J. A. S. Grenville, *The Jews and Germans of Hamburg: The Destruction of a Civilization 1790-1945*, Routledge, 2012, pp. 60-62. 졸미츠의 일기에는 눈여겨볼 점이 있다. 그녀의 남편은 유대교에서 기독교로 개종한 사람이었다. 나치의 시각에서 그는 여전히 박해받기 쉬운 유대인이라는 뜻이었다.
18 Richard Hofstadter, 'The Paranoid Style in American Politics', *Harper's Magazine*, November 1964, https://harpers.org/archive/1964/11/the-paranoid-style-in-american-politics/.
19 그러한 주장을 처음으로 제기한 것은 화재 후 여섯 달이 지났을 때 파리에서 처음으로 출간된 다음의 책이다. *Brown Book of the Reichstag Fire and Hitler Terror*.
20 이 주제에 관한 문헌은 방대하다. 예를 들면 다음을 보라. Hans Mommsen, 'Der Reichstagsbrand und seine politischen Folgen', *Vierteljahrshefte für Zeitgeschichte*, vol. 12, no. 4 (1964), pp. 351-413, and Kershaw, *Hubris*, Kindle edition, pp. 456-61. 다음도 보라. Benjamin Carter Hett, *Burning the Reichstag: An Investigation into the Third Reich's Enduring Mystery*, Oxford University Press, 2014, and Uwe Soukup, *Die Brandstiftung. Mythos Reichstagsbrand–Was in der Nacht geschah, in der die Demokratie unterging*, Heyne, 2023.
21 Patrick Leman and Marco Cinnirella, 'A Major Event Has a Major Cause: Evidence for the Role of Heuristics in Reasoning about Conspiracy Theories', *Social Psychological Review*, vol. 9, no. 2 (October 2007), pp. 18-28.
22 Bernard V. Burke, *Ambassador Frederic Sackett and the Collapse of the Weimar Republic 1930-1933: The United States and Hitler's Rise to Power*, Cambridge University Press, 1994, p. 287.
23 처음으로 공개되는 증언.
24 Nikolaus Wachsmann, *KL: A History of the Nazi Concentration Camps*, Little, Brown, 2015, p. 30.
25 Rees, *Their Darkest Hour*, Kindle edition, pp. 36-8.
26 Wachsmann, *KL*, pp. 29-31.
27 Victor Klemperer, *I Shall Bear Witness: The Diaries of Victor Klemperer 1933-1945*, Phoenix, 2003, p. 8, entry for 17 March 1933.
28 Goltz, *Hindenburg*, pp. 171-3.
29 Carolyn Birdsall, *Nazi Soundscapes: Sound, Technology and Urban Space in Germany*

1933-1945, Amsterdam University Press, 2012, p. 53.

30 Erich Ebermayer, *Denn heute gehört uns Deutschland… Persönliches und politisches Tagebuch. Von der Machtergreifung bis zum 31. Dezember 1935*, Paul Zsolnay Verlag, 1959, p. 46, entry for 21 March 1933.

31 *Völkischer Beobachter*, 22 March 1933.

32 Domarus (ed.), *Hitler. Reden und Proklamationen*, vol. 1, pp. 232-3, 히틀러의 연설, 23 March 1933.

33 오토 벨스의 연설, 23 March 1933, in *Verhandlungen des Reichstags, VIII. Wahlperiode 1933*, Druck und Verlag der Reichsdruckerei, 1934, p. 33, 히틀러의 연설, 23 March 1933; 또한 Domarus (ed.), *Hitler. Reden und Proklamationen*, vol. 1, p. 240.

34 *Verhandlungen des Reichstags, VIII. Wahlperiode 1933*, pp. 35-6, 히틀러의 연설, 23 March 1933; also in Domarus (ed.), *Hitler. Reden und Proklamationen*, vol. 1, pp. 244-6.

35 *Münchner Neueste Nachrichten*, 13 March 1933, 다음에서 재인용, Longerich, *Himmler*, p. 149.

36 Robert Gellately, *The Gestapo and German Society*, Oxford University Press, 1991, pp. 55-6.

37 Jonathan Petropoulos, T*he Faustian Bargain: The Art World in Nazi Germany*, Oxford University Press, 2000, pp. 21-2.

38 Ebermayer, *Denn heute gehört uns Deutschland*, pp. 69-71, 인용된 부분은 p. 70, entry for 30 April 1933.

39 'Deutschland-Bericht der Sopade [Social Democratic Party of Germany]', 3rd year, no. 2 (February 1936), in *Deutschland-Berichte der Sozialdemokratischen Partei Deutschlands (Sopade) 1934-1940. Dritter Jahrgang, 1936*, Verlag Petra Nettelbeck/ Zweitausendeins, 1980, pp. 151-278, 인용된 부분은 p. 157.

40 R. F. Baumeister and M. R. Leary, 'The Need to Belong: Desire for Interpersonal Attachments as a Fundamental Human Motivation', *Psychological Bulletin*, vol. 117, no. 3 (1995), pp. 497-529. 이 기본적인 주제에 관한 문헌도 매우 많다. 예를 들어 다음을 보라. M. Carvallo and S. Gabriel, 'No Man Is an Island: The Need to Belong and Dismissing Avoidant Attachment Style', *Personality and Social Psychology Bulletin*, vol. 32, no. 5 (2006), pp. 697-709.

41 Rees, *Nazis: A Warning from History*, Kindle edition, p. 66.

42 *Völkischer Beobachter*, 29 March 1933.

43 Rees, *Holocaust*, Kindle edition, p. 83.
44 처음으로 공개되는 증언.
45 처음으로 공개되는 증언.
46 Sir Horace Rumbold to Sir John Simon, 26 April 1933, C 3990/319/18, pp. 4-9. 다음에서 볼 수 있다. https://www.patriciarobertsmiller.com/2020/12/07/horace-rumbolds-april-1933-memo-about-hitler/.
47 Moritz Föllmer, *Culture in the Third Reich*, Oxford University Press, 2020, p. 37.
48 Ibid., pp. 37-8. 유대인인 동시에 동성애자여서 이중으로 공격받기 쉬웠던 히르슈펠트는 가까스로 독일을 벗어나는 데 성공했고, 1935년 파리에서 망명생활을 하던 중에 사망했다.
49 Ebermayer, *Denn heute gehört uns Deutschland*, pp. 77-80, 인용된 부분은 pp. 78-9, entry for 10 May 1933; pp. 82-4, 인용된 부분은 pp. 83-4, entry for 14 May 1933.
50 de Jong, *Nazi Billionaires*, Kindle edition, pp. 62-3.
51 Hans-Adolf Jacobsen and Werner Jochmann (eds.), *Ausgewählte Dokumente zur Geschichte des Nationalsozialismus 1933-1945*, Verlag Neue Gesellschaft, 1961, vol. 2. 1933년 7월 6일 히틀러가 혁명의 결과에 관하여 주지사(Reichsstatthalter)들 앞에서 한 연설. 영역문은 Noakes and Pridham (eds.), *Nazism*, vol. 1, pp. 170-71.
52 Jacobsen and Jochmann (eds.), *Ausgewählte Dokumente zur Geschichte des Nationalsozialismus*, vol. 2; 처음 출간물은 NSDAP's *Nationalsozialistische Monatshefte*, 4 June 1933.
53 Hancock, *Röhm*, p. 132.
54 Ibid., p. 144. 블롬베르크가 이 내용에 관한 유일한 출처다. 따라서 그가 돌격대의 위협을 과장하려고 룀의 의견을 부풀렸을 가능성이 있다.
55 Klaus-Jürgen Müller (with Ernst Willi Hansen), *Armee und Drittes Reich 1933-1939. Darstellung und Dokumentation*, Ferdinand Schöningh, 1987, p. 195.
56 Jürgen Förster, 'Complicity or Entanglement? Wehrmacht, War and Holocaust', in Michael Berenbaum and Abraham J. Peck (eds.), *The Holocaust and History: The Known, the Unknown, the Disputed and the Reexamined*, Indiana University Press, 2002, p. 268.
57 Hancock, *Röhm*, p. 149.
58 Kurt Gossweiler, *Die Röhm-Affäre. Hintergründe-Zusammenhänge-Auswirkungen*, Pahl-Rugenstein, 1983, p. 68.
59 Jacobsen and Jochmann (eds.), *Dokumente zur Geschichte des Nationalsozialismus*, vol. 2.

In English in Noakes and Pridham, Nazism, vol. 1, pp. 174-6.
60　Adam Tooze, *The Wages of Destruction: The Making and Breaking of the Nazi Economy*, Penguin, 2007, p. 67.
61　Wachsmann, *KL*, p. 58.
62　Christopher Dillon, *Dachau and the SS: A Schooling in Violence*, Oxford University Press, 2015, p. 52.
63　Wachsmann, *KL*, p. 83. 아이케가 친위대 동료 미하엘 리페르트의 도움을 받아 룀을 사살했다.
64　Dillon, *Dachau*, p. 88.
65　Office of United States Chief of Counsel for Prosecution of Axis Criminality, Nazi Conspiracy and Aggression, United States Government Printing Office, 1946, vol. VII, Kate Eva Hoerlin(Dr Schmid의 아내)의 진술 녹취록, 7 July 1945, pp. 883-8.
66　Howard M. Sachar, *The Assassination of Europe 1918-1942: A Political History*, University of Toronto Press, 2015, pp. 175-6.
67　Hancock, *Röhm*, pp. 162-3.
68　*Völkischer Beobachter*, 3 July 1934.
69　*Völkischer Beobachter*, 1 July 1934. 히틀러가 돌격대의 새로운 참모장 빅토르 루체(Viktor Lutze)에게 내린 명령.
70　처음으로 공개되는 증언.
71　Domarus (ed.), *Hitler, Reden und Proklamationen*, vol. 1, p. 421, 히틀러의 연설, 13 July 1934. 72 Ibid., pp. 425-6.
73　Tracy B. Strong, 'Carl Schmitt: Political Theology and the Concept of the Political', in Catherine H. Zuckert (ed.), *Political Philosophy in the Twentieth Century: Authors and Arguments*, Cambridge University Press, 2011, p. 42.
74　Kershaw, '*Hitler Myth*', p. 87.
75　DRA, Nr. C 1117 (77분 50초), 괴벨스의 베를린 라디오 방송공사 연설, 25 March 1933.

7. 믿음 이용하기

1　Uriel Tal, '*Political Faith' of Nazism Prior to the Holocaust*, Tel Aviv University, Faculty of Humanities, 1978, p. 30.
2　Hitler, *Mein Kampf*, ch. 6, p. 180.
3　Rees, *Holocaust*, Kindle edition, p. 109.

4 Rees, *Dark Charisma*, Kindle edition, p. 128.
5 Ibid. 그러나 이후 맹세를 저버리고 히틀러에 반대할 준비가 된 장교들이 있었다. 480-488쪽을 보라.
6 454-455쪽을 보라.
7 Hitler, *Mein Kampf*, ch. 6, pp. 180-81.
8 Rees, *Selling Politics*, p. 81.
9 'Die zukünftige Arbeit und Gestaltung des deutschen Rundfunks. Ansprache Goebbels an die Intendanten und Direktoren der Rundfunkgesellschaften, Berlin, Haus des Rundfunks', 25 March 1933, in Helmut Heiber (ed.), *Goebbels Reden*, vol. 1: *1932-1939*, Droste Verlag, 1971, p. 94.
10 괴벨스는 처음에는 1933년 9월에 개봉한 초기 정치 영화 〈히틀러 유겐트 대원 크벡스(Hitlerjunge Quex)〉를 높이 평가했다. 공산주의자들에게 살해되는 히틀러 유겐트 단원에 관한 영화로, 그가 죽으면서 나치 깃발들이 "우리 앞에 휘날리는" 장면이 나온다. 다음을 보라. Eric Rentschler, *The Ministry of Illusion: Nazi Cinema and its Afterlife*, Harvard University Press, 2002, pp. 55-6. 그러나 그는 이후 그러한 작품이 지나치게 고압적임을 깨달았다.
11 빌프레트 폰 오벤과의 인터뷰, *Goebbels: Master of Propaganda*, 로런스 리스 각본, 연출; 첫 방송은 BBC2, 12 November 1992.
12 *Völkischer Beobachter*, 1 February 1934.
13 아르투어 마리아 라베날트와의 인터뷰, 〈괴벨스: 선전의 대가〉.
14 Ibid., 오락 영화의 목적을 설명하는 말.
15 Goebbels diary entry for 1 March 1942, 다음에서 재인용, David Welch, T*he Third Reich: Politics and Propaganda*, Routledge, 1993, Kindle edition, p. 56.
16 괴벨스의 기자회견, 'On the Establishment of a Reich Ministry for Popular Enlightenment and Propaganda', 15 March 1933, *German History in Documents and Images*, https://ghdi.ghi-dc.org/sub_document.cfm?document_id=1579.
17 Kenneth O'Reilly, *Asphalt: A History*, University of Nebraska Press, 2021, p. 109.
18 '내집단'과 '외집단'을 증오와 관련하여 분석한 것으로는 다음을 보라. Roy F. Baumeister and David A. Butz, 'Roots of Hate, Violence, and Evil', in Robert J. Sternberg (ed.), *The Psychology of Hate*, American Psychological Association, 2013, Kindle edition, pp. 120-21.
19 Rees, *Selling Politics*, pp. 20-21. 괴벨스와 긴밀히 협력한 나치 영화 제작자 프리츠 히플러는 이렇게 말했다. 괴벨스는 "인간의 제일 중요한 진짜 힘은 무의식이 조종한다"

고 믿었다. "영화는 그러한 주요한 원천을 매우 집중적으로 다룬다. 따라서 그는 이 매체를 각별히 효과적으로 이용하기를 원했다." 반유대주의 극영화에 관해서는 이러한 평가가 옳은 것으로 입증되었다. 1940년 〈유대인 쥐스〉가 독일에서 개봉되어 대단한 호평을 받았다. 이 영화는 18세기에 뷔르템베르크 공작을 섬긴 유대인에 관한 역사극이다. 핵심적인 줄거리는 지어낸 것이다. 쥐스가 '아리아인' 하녀를 강간하는 것 따위다. 그리고 영화는 괴벨스가 필요하다고 생각하는 대로 다른 사실도 왜곡했다. 이 역겨운 작품은 반유대주의 선전이 교육적인 다큐멘터리가 아니라 오락 영화로 제시될 때 훨씬 강력한 효과를 낸다는 점을 증명했다. 힘러는 그 영화를 너무도 귀하게 여겨 모든 친위대원에게 보라고 명령했다. 다음을 참조하라. David Welch, *Propaganda and the German Cinema 1933-1945*, Oxford University Press, 1983, pp. 284-92.

20 153-156쪽을 보라.
21 Rees, *Holocaust*, Kindle edition, p. 90.
22 G. M. Gilbert, *Nuremberg Diary*, Da Capo Press, 1995, p. 9.
23 그러나 수용소로 끌려간 이 반대파 정치인들 중에서 유대인은 대체로 가장 심하게 학대를 받았다. 예를 들어보자. 유대인이면서 사회민주당 정치인이어서 이중으로 증오의 대상이었던 막스 아브라함은 1933년 6월에 체포되었다. 돌격대원들은 여흥을 위해 그와 세 명의 다른 유대인에게 곤봉으로 서로를 때리게 했다. 그런 다음 그들을 페펜부르크 강제수용소에 가두었는데, 그곳에서 친위대 경비병들이 아브라함에게 분뇨 구덩이에서 유대인답게 '일'을 하라고 명령했다. 그가 이에 응하지 않자 그들은 심하게 구타했다. 그 덕분에 그는 운 좋게 살아남았다. 다음을 보라. Rees, *Holocaust*, Kindle edition, pp. 95-7.
24 Höss, *Commandant*, p. 71.
25 W. Langhoff, *Die Moorsoldaten*, Verlag Neuer Weg, 2014, Kindle edition, pp. 284-9.
26 Ibid., pp. 290-93.
27 Michel Reynaud and Sylvie Graffard, *The Jehovah's Witnesses and the Nazis: Persecution, Deportation, and Murder 1933-1945*, Cooper Square Press, 2001, pp. 89-90.
28 Höss, *Commandant*, pp. 88-9.
29 Ibid., p. 91.
30 Longerich, *Himmler*, Kindle edition, pp. 217-19.
31 예를 들어 다음을 보라. 'Psychologist on Why Funerals Are Fundamental to Processing Grief', National Public Radio, 14 December 2020, https://www.npr.org/sections/coronavirus-live-updates/2020/12/14/946402101/psychologist-on-

why-funerals-are-fundamental-to-processing-grief.
32 Der Reichsführer SS, *Vorschläge für die Abhaltung einer Totenfeier*, SS-Hauptamt, [1942]. 다음도 보라. Longerich, *Himmler*, pp. 292-3.
33 BArch, NS 19/4003, fols. 190-228, 다하우에서 열린 친위대 부대 지휘관(Gruppen-führer)들의 행사에서 라이히스퓌러가 한 연설, 8 November 1936. 인용된 부분은 fols. 197-200.
34 Der Reichsführer SS, *Vorschläge für die Abhaltung einer Totenfeier*.
35 BArch, R 9361 III/514455, SS-Führerpersonalakten, Joseph Altrogge. 다음에서 재인용, part in Segev, Soldiers of Evil, p. 98.
36 Segev, *Soldiers of Evil*, p. 99, 요하네스 하세브뢰크와의 인터뷰.
37 Hilary Earl, *The Nuremberg SS-Einsatzgruppen Trial 1945-1958: Atrocity, Law, and History*, Cambridge University Press, 2009, pp. 62-3. 라인하르트 횐은 자신이 보기에 보안국에 유용하다고 판단되는 학생들을 라인하르트 하이드리히와 만날 수 있도록 주선하는 역할을 여러 차례 수행했다. 다음을 참조하라. Michael Wildt, *An Uncompromising Generation: The Nazi Leadership of the Reich Security Main Office*, University of Wisconsin Press, 2009, p. 96.
38 Ingrao, *Believe and Destroy*, Kindle edition, pp. 66-7. 1948년 2월 13일 올렌도르프가 미국 법정에서 한 진술은 조심스럽게 해석해야 하지만, 이 발언은 믿을 만한 것으로 보인다.
39 Hitler, *Mein Kampf*, pp. 338-9.
40 Mosse (ed.), *Nazi Culture*, pp. 64-5.
41 Götz Aly and Susanne Heim, *Architects of Annihilation*, Weidenfeld & Nicolson, 2015, Kindle edition, p. 58.
42 Wildt, *An Uncompromising Generation*, p. 77.
43 Sir Nevile Henderson, *Failure of a Mission: Berlin 1937-1939*, Hodder & Stoughton, 1940, p. 80.
44 Hermann Burte, *Sieben Reden von Burte*, Hünenburg-Verlag, 1943, p. 20.
45 처음으로 공개되는 증언.
46 BArch Berlin NS 10/550, Wiedemann to Bormann, 5 June 1935.
47 처음으로 공개되는 증언.
48 Rees, *Nazis: A Warning from History*, Kindle edition, pp. 86-7.
49 James M. Diehl, 'Victors or Victims? Disabled Veterans in the Third Reich', *Journal of Modern History*, vol. 59, no. 4 (1987), pp. 720-21.

50 Karl Binding and Alfred Hoche, *Die Freigabe der Vernichtung lebensunwerten Lebens. Ihr Maß und ihre Form*, Felix Meiner Verlag, 1920, p. 43.
51 Ibid., pp. 49-54.
52 Michael Burleigh, *Death and Deliverance: 'Euthanasia' in Germany 1900-1945*, Pan Books, 2002, pp. 43-4.
53 Ibid., pp. 44-5.
54 Tom L. Beauchamp and LeRoy Walters (eds.), *Contemporary Issues in Bioethics*, Wadsworth Publishing, 1999, p. 538.
55 Omar S. Haque, Julian De Freitas, Ivana Viani, Bradley Niederschulte and Harold J. Bursztajn, 'Why Did So Many German Doctors Join the Nazi Party Early?', *International Journal of Law and Psychiatry*, vol. 35, nos. 5-6 (2012), pp. 473-9.
56 Robert Jay Lifton, *Witness to an Extreme Century*, Free Press, 2011, p. 278.
57 히틀러의 주치의 카를 브란트(Karl Brandt)는 1947년 뉘른베르크 의사 재판에서 이러한 취지로 증언했다. 다음을 보라. United States Military Tribunal Nuremberg, Case I (Medical Case), *Transcript of Proceedings*, p. 2482.
58 Rees, *Dark Charisma*, Kindle edition, p. 181.
59 Burleigh, *Death and Deliverance*, p. 47.
60 Welch, *Propaganda and the German Cinema*, pp. 122-3.
61 Max Domarus (ed.), *Hitler. Reden und Proklamationen 1932-1945. Kommentiert von einem deutschen Zeitgenossen*, Band I: *Triumph, Zweiter Halbband 1935-1938*, R. Löwit, 1973, p. 790. 히틀러의 연설, 14 March 1936.
62 Henderson, *Failure of a Mission*, p. 73.
63 RGWA Fond 1355, Opis 1, Delo 19, Blatt 171; Henrik Eberle (ed.), *Briefe an Hitler*, Lübbe, 2007, pp. 217-18.
64 RGWA Fond 1355, Opis 2, Delo 8, Blatt 405; Eberle (ed.), *Briefe*, pp. 99-100.
65 RGWA Fond 1355, Opis 1, Delo 13, Blatt 120; Eberle (ed.), *Briefe*, pp. 159-60.
66 RGWA Fond 1355, Opis 1, Delo 30, Blatt 44; Eberle (ed.), *Briefe*, pp. 246-7.
67 RGWA Fond 1355, Opis 1, Delo 14, Blatt 341-4; Eberle (ed.), *Briefe*, p. 143.
68 Reinhard Heydrich, *Wandlungen unseres Kampfes*, Eher [c. 1936].
69 Philipp Ruprecht, *Der Giftpilz*, Der Stürmer, 1938. 다음을 보라. https://perspectives.ushmm.org/item/pages-from-the-antisemitic-childrens-book-the-poisonous-mushroom.
70 J. T. Cacioppo and G. G. Berntson, 'The Affect System: Architecture and Operating

Characteristics', *Current Directions in Psychological Science*, vol. 8, no. 5 (October 1999), pp. 133-7; A. Vaish, T. Grossmann and A. Woodward, 'Not All Emotions Are Created Equal: The Negativity Bias in Social-Emotional Development', *Psychological Bulletin*, vol. 134, no. 3 (2008), pp. 383-403; G. J. Norman, C. J. Norris, J. Gollan, T. A. Ito, L. C. Hawkley, J. T. Larsen, J. T. Cacioppo and G. G. Berntson, 'Current Emotion Research in Psychophysiology: The Neurobiology of Evaluative Bivalence', *Emotion Review*, vol. 3, issue 3 (2011), pp. 349-59. 다음을 보라. https://positivepsychology.com/3-steps-negativity-bias/.

71 Dmitri Volkogonov, *Stalin: Triumph and Tragedy*, Weidenfeld & Nicolson, 1991, p. 279. 베리야의 말은 A. A. 예피셰프(Yepishev)가 볼코고노프(Volkogonov)에게 전했다.

72 Rees, *Nazis: A Warning from History*, Kindle edition, p. 59.

73 Detlef Schmiechen-Ackermann, 'Der "Blockwart". Die unteren Parteifunktionäre im nationalsozialistischen Terror-und Überwachungsapparat', *Vierteljahrshefte für Zeitgeschichte*, vol. 48, no. 4 (2000), pp. 575-602.

74 Gellately, *The Gestapo and German Society*.

75 Johnson and Reuband, *What We Knew*, p. 344.

76 Richard J. Evans, 'Coercion and Consent in Nazi Germany', Raleigh Lecture on History, *Proceedings of the British Academy*, vol. 151 (2007), https://www.thebritishacademy.ac.uk/documents/2036/pba151p053.pdf.

77 Johnson and Reuband, *What We Knew*, p. 145.

78 *Life magazine*, 6 August 1945, p. 8.

79 처음으로 공개되는 증언.

80 Report on the situation in Germany, No. 15, June 1935, in Stöver, *Berichte über die Lage in Deutschland*, pp. 518-56, 인용된 부분은 p. 529.

81 Goebbels diary entry, 7 September 1937, 다음에서 재인용, de Jong, *Nazi Billionaires*, Kindle edition, p. 102. 다음도 보라. de Jong, *Nazi Billionaires*, pp. 69-70.

82 '국민차'는 히틀러가 원한 폴크스게마인샤프트의 표상이 되지 못했지만, 그 자동차와 제작자의 이름은 지금까지 남아 있다. 폴크스바겐은 이후 세계적으로 유명한 자동차 회사가 되었고, 포르셰 박사는 지금까지도 사람들이 가장 갖고 싶어하는 차를 생산하는 고급 자동차 회사를 세웠다. 그러나 오늘날 포르셰가 나치당 당원이자 친위대 대원이었다는 사실을, 아돌프 히틀러가 1938년에 볼프스부르크의 폴크스바겐 공장의 주춧돌을 놓았다는 사실을 아는 사람이 얼마나 될까?

83 BArch, R 58/567, fols. 84-5, 88, Preußische Geheime Staatspolizei, Staatspolizeistelle

für den Landespolizeibezirk Berlin, Januar 1936.

84 BArch, R 58/3044a, fols. 104-8, Preußische Geheime Staatspolizei, Staatspolizeistelle für den Landespolizeibezirk Berlin, 6. März 1936, Übersicht über die Ereignisse im Monat Februar 1936.

85 이언 커쇼 교수는 이렇게 말한다. "경제적 곤경에 분노한 베를린 사람들 대다수는 [라인란트에 군대를 진주시킨] 히틀러의 일격을 지지했다. 아마도 열정적으로 지지했을 것이다." 다음을 보라. Ian Kershaw, 'Volksgemeinschaft : Potential and Limitations of the Concept', in Martina Steber and Bernhard Gotto (eds.), Visions of Community in Nazi Germany: Social Engineering and Private Lives, Oxford University Press, 2014, Kindle edition, p. 38.

86 Curt Elwenspoek, Der rechte Brief zur rechten Zeit. Eine Fibel des schriftlichen Verkehrs für jedermann, Hesse & Becker Verlag, 1936, pp. 53-4. 다음도 보라. Steber and Gotto (eds.), Visions of Community in Nazi Germany, p. v.

87 Sapolsky, Behave, Kindle edition, pp. 87-90.

88 Dr Tal Ben-Shahar, Happier: Learn the Secrets to Daily Joy and Lasting Fulfillment, McGraw-Hill, 2007, pp. 3-5. 다음도 보라. E. A. Locke and G. P. Latham, 'Building a Practically Useful Theory of Goal Setting and Task Motivation: A 35-Year Odyssey', American Psychologist, vol. 57, no. 9 (2002), pp. 705-17. '포스트 올림픽 블루스(Post-Olympic Blues)'로 알려진 관련 현상에 관한 논의는 다음을 보라. K. Howells and M. Lucassen, 'Post-Olympic Blues - The Diminution of Celebrity in Olympic Athletes', Psychology of Sport and Exercise, vol. 37 (2018), pp. 67-78.

8. 적 평가하기

1 Simon Heffer (ed.), Henry 'Chips' Channon: The Diaries, vol. 1: 1918-1938, Cornerstone Digital, 2021, Kindle edition, pp. 557-8, entry for 6 August 1936.

2 Ibid., p. 569, entry for 16 August 1936.

3 Arnd Krüger, 'United States of America: The Crucial Battle', in Arnd Krüger and William Murray (eds.), The Nazi Olympics: Sport, Politics, and Appeasement in the 1930s, University of Illinois Press, 2003, p. 52.

4 Maurice Roche, Mega-events and Modernity: Olympics and Expos in the Growth of Global Culture, Routledge, 2000, p. 118.

5 G. S. Messersmith, Vienna, to James Clement Dunn, US State Department, Washington, DC, 4 December 1935, George S. Messersmith Papers in the University

of Delaware Library, https://udspace.udel.edu/items/67007956-a463-4d57-a594-5be8d4b509e7.

6   G. S. Messersmith, Berlin, to William Phillips, Undersecretary of State, Washington, DC, 26 June 1933, George S. Messersmith Papers in the University of Delaware Library, http://udspace.udel.edu/handle/19716/6176.

7   G. S. Messersmith, Vienna, to James Clement Dunn, US State Department, 4 December 1935.

8   아이스하키 선수로 유대인 혈통의 독일인이었던 루디 발(Rudi Ball)은 동계 올림픽에 출전했다. 헬레나 마이어처럼 그도 올림픽 게임 전에 독일 밖에서 살고 있었다.

9   Susan D. Bachrach, *The Nazi Olympics: Berlin 1936*, United States Holocaust Memorial Council, 2000, pp. 101-3.

10 Allen Guttmann, *The Olympics: A History of the Modern Games*, University of Illinois Press, 2002, p. 68.

11 Bachrach, *Nazi Olympics*, pp. 92-6. 다음도 보라. Ian Kershaw, *Hitler: Nemesis 1936-1945*, Penguin, 2001, p. 7.

12 Bachrach, *Nazi Olympics*, p. 68.

13 James Q. Whitman, *Hitler's American Model: The United States and the Making of Nazi Race Law*, Princeton University Press, 2018, p. 3.

14 Ibid., p. 1.

15 Krüger, 'United States of America: The Crucial Battle', p. 50.

16 Guttmann, *The Olympics*, p. 66.

17 Klemperer, *I Shall Bear Witness*, Kindle edition, p. 307, entry for 13 August 1936.

18 Heffer (ed.), *Channon: The Diaries*, vol. 1, pp. 566-7, Kindle edition, entry for 13 August 1936.

19 Ibid., p. 567, entry for 13 August 1936.

20 Ibid., p. 560, entry for 8 August 1936.

21 Guttmann, *The Olympics*, p. 70.

22 Leni Riefenstahl, *Olympia-Festival of Nations*, 1936 (36분 37초).

23 'Aufzeichnung ohne Unterschrift' (August 1936), in *Akten zur deutschen auswärtigen Politik 1918-1945*, Serie C: 1933-1937, *Das Dritte Reich: Die ersten Jahre*, vol. V/2: *26. Mai bis 31. Oktober 1936*, Vandenhoeck & Ruprecht, 1977, Dokumentnummer 490, pp. 793-801.

24 George Orwell, Review of *Mein Kampf*, *New English Weekly*, 21 March 1940.

25 애덤 투즈 교수와의 대화. 다음을 보라. https://ww2history.com/experts/Adam_Tooze/Hitler_and_rearmament.

26 *Documents on German Foreign Policy 1918-1945*, United States Government Printing Office, 1949-83, Series C (1933-1937), vol. V, Document Number 490, pp. 853-62.

27 Tooze, *Wages of Destruction*, pp. 198-9.

28 International Military Tribunal (IMT), *Der Prozess gegen die Hauptkriegsverbrecher vor dem Internationalen Militärgerichtshofs, Nürnberg, 14. November 1945-1. Oktober 1946*, vol. XXXVI, Sekretariat der Gerichtshof, 1949, pp. 489ff.

29 Elke Fröhlich (ed.), *Die Tagebücher von Joseph Goebbels*, Teil I: *Aufzeichnungen 1923-1941*, vol. 3/2: *März 1936-Februar 1937*, K. G. Saur, 2001, pp. 388-90, 인용된 부분은 p. 389, entry for 23 February 1937.

30 Hermann Göring, *Aufbau einer Nation*, E. S. Mittler & Sohn, 1934, pp. 51-2.

31 Leon Goldensohn, *The Nuremberg Interviews: Conversations with the Defendants and Witnesses*, ed. Robert Gellately, Pimlico, 2007, Kindle edition, p. 110.

32 136쪽을 보라.

33 Elke Fröhlich (ed.), *Die Tagebücher von Joseph Goebbels*, Teil I: *Aufzeichnungen 1923-1941*, vol. 6: *August 1938-Juni 1939*, K. G. Saur, 1998, pp. 245-6, 인용된 부분은 p. 246, entry for 1 February 1939.

34 116쪽을 보라.

35 *Trial of the Major War Criminals before the International Military Tribunal, Nuremberg* vol. IX, The International Military Tribunal, 1947, pp. 418-19, Hermann Göring's testimony, 18 March 1946, https://avalon.law.yale.edu/imt/03-18-46.asp#Goering5.

36 Ian Kershaw, 'The "Hitler Myth": Image and Reality in the Third Reich', in David F. Crew (ed.), *Nazism and German Society 1933-1945*, Routledge, 1994, p. 202.

37 Elke Fröhlich (ed.), *Die Tagebücher von Joseph Goebbels*, Teil I: *Aufzeichnungen 1923-1941*, vol. 4: *März-November 1937*, K. G. Saur, 2000, p. 214, entry for 10 July 1937.

38 블롬베르크는 1935년 5월까지 국방부 장관(Reichswehrminister)이었고, 그때 직함이 전쟁부 장관(Reichskriegsminister)으로 바뀌었다.

39 Rees, *Nazis: A Warning from History*, Kindle edition, p. 52, 카를 뷤테텔바흐와의 인터뷰.

40 *Documents on German Foreign Policy*, Series D (1937-1945), vol. I, pp. 29-39, 1937년 11월 5일에 베를린의 총리실에서 열린 회의 의사록.

41 210-213쪽을 보라.
42 BA-MA N 28/4, 다음에서 재인용, Müller, *General Ludwig Beck*, pp. 498-501. Beck document of 12 November 1937. 베크가 이 글을 다른 사람에게 보여주려고 썼는지 자신을 위해 써둔 것인지는 분명하지 않다.
43 *Trial of the Major War Criminals*, vol. 12, 25 April 1946, Morning Session, 한스 베른트 기제비우스(Hans Bernd Gisevius)의 증언, p. 196, https://avalon.law.yale.edu/imt/04-25-46.asp.
44 뒤이어 프리치의 군사재판에서 게슈타포의 배신이 드러난다. 프리치가 결백했을 뿐만 아니라(사람을 오인한 경우였다) 게슈타포는 이미 진실을 알고 있었다. 그 사건으로 힘러와 하이드리히의 평판에 손상이 갔는데도, 진실이 밝혀졌을 때 프리치가 옛 직책으로 돌아가기에는 이미 너무 늦었다. 다음을 보라. Davidson, *The Unmaking of Adolf Hitler*, p. 186.
45 Gerwarth, *Hitler's Hangman*, Kindle edition, pp. 116-18.
46 BA-MAN 81/2 und OKW 898, 다음에서 재인용, Müller, *General Ludwig Beck*, pp. 477-85.
47 Edgar Röhricht, *Pflicht und Gewissen. Erinnerungen eines deutschen Generals 1932 bis 1944*, Kohlhammer, 1965, pp. 119ff.
48 Nicholas Reynolds, *Treason Was No Crime*, William Kimber, 1976, p. 138.
49 Essi Viding, *Psychopathy: A Very Short Introduction*, Oxford University Press, 2019, Kindle edition, p. 70.
50 Peter Hoffmann, *The History of the German Resistance 1933-1945*, McGill-Queen's University Press, 1996, p. 46.
51 Goldensohn, *The Nuremberg Interviews*, Kindle edition, pp. 165-6.
52 Ibid., p. 160.
53 Kurt von Schuschnigg, *Austrian Requiem*, Victor Gollancz, 1947, p. 23.
54 Kershaw, *Nemesis*, p. 66.
55 Norman A. Graebner and Edward M. Bennett, *The Versailles Treaty and its Legacy: The Failure of the Wilsonian Vision*, Cambridge University Press, 2011, p. 150; Robert Boyce, *The Great Interwar Crisis and the Collapse of Globalization*, Palgrave Macmillan, 2009, p. 436.
56 처음으로 공개되는 증언.
57 *Wiener Neueste Nachrichten*, 17 March 1938, p. 3.
58 Reinhard Heydrich to Gauleiter Josef Bürckel, 17 March 1938, in Dokumen-

tationsarchiv des österreichischen Widerstandes (ed.), *'Anschluß' 1938. Eine Dokumentation*, Österreichischer Bundesverlag, 1988, p. 440.

59 Rees, *Nazis: A Warning from History*, Kindle edition, p. 102.

60 Susan T. Fiske and Federica Durante, 'Stereotype Content across Cultures: Variations on a Few Themes', in Michael J. Gelfand, Chi-yue Chiu and Ying-yi Hong (eds.), *Handbook of Advances in Culture and Psychology*, vol. 6, Oxford University Press, 2016, pp. 209-47. 피스크 교수의 다음 인터뷰도 보라. https://www.youtube.com/watch?v=pAg8RNb8zS8.

61 로버트 새폴스키 교수와의 인터뷰.

62 Peter Longerich, *Holocaust: The Nazi Persecution and Murder of the Jews*, Oxford University Press, 2010, Kindle edition, p. 106.

63 *San Francisco Examiner*, 12 March 1938.

64 Sapolsky, *Behave*, Kindle edition, p. 754.

65 Papen, *Memoirs*, pp. 430-38.

66 Goldensohn, *The Nuremberg Interviews*, Kindle edition, p. 166.

67 Rafael Medoff, *America and the Holocaust: A Documentary History*, University of Nebraska Press, 2022, p. 71.

68 *Völkischer Beobachter*, Wiener Ausgabe, 27 March 1938.

69 Irving Abella and Harold Troper, '"The Line Must Be Drawn Somewhere": Canada and Jewish Refugees, 1933-9', in Michael R. Marrus (ed.), *The Nazi Holocaust*, Part 8: *Bystanders to the Holocaust, Volume 1*, Meckler, 1989, p. 239. National Archives, Washington, DC, State Department Records, Memorandum on Refugees, 1938, files 900-1/2:840-48.

70 *Documents on German Foreign Policy*, Series D, vol. V, Document Number 640, Circular of the State Secretary, 8 July 1938, pp. 894-5.

71 Debórah Dwork and Robert Jan van Pelt, *Flight from the Reich: Refugee Jews 1933-1946*, W. W. Norton, 2009, p. 99, Roger Makins, Memorandum 25 March 1938, PRO FO 371/2231.

72 Rees, *Holocaust*, Kindle edition, pp. 163-4.

73 Domarus (ed.), *Hitler. Reden und Proklamationen*, vol. 1, p. 899, 히틀러의 연설, 12 September 1938.

74 Jillian Jordan, Roseanna Sommers and David Rand, 'The Real Problem with Hypocrisy', *New York Times*, 13 January 2017. 다음도 보라. Jillian Jordan, Roseanna

Sommers, Paul Bloom and David Rand, 'Why Do We Hate Hypocrites? Evidence for a Theory of False Signaling', *Psychological Science*, vol. 28, no. 3 (March 2017), pp. 356-68.

75 'Juden, was nun?', *Das Schwarze Korps*, 24 November 1938, p. 1.

76 Domarus (ed.), *Hitler. Reden und Proklamationen*, vol. 1, p. 899, 히틀러의 연설, 12 September 1938.

77 BArch, RW 4/31, Amtliches Tagebuch vom Chef des Wehrmacht-Führungsstabes, Abt. Landesverteidigung Oberst Jodl für die Zeit vom 4.1.1937-24.8.1939, p. 48.

78 Leonidas E. Hill (ed.), *Die Weizsäcker-Papiere 1933-1950*, Propyläen Verlag, 1974, p. 145, entry for 9 October 1938.

79 BArch, RW 19/41, p. 56, Wehrwirtschaftsinspektion VII (Munich), Wirtschaftsbericht August 1938, 9.9.1938.

80 Hill (ed.), *Die Weizsäcker-Papiere*, p. 145, entry for 9 October 1938.

81 'Rede Hitlers vor der deutsche Presse (10. November 1938)', *Vierteljahrshefte für Zeitgeschichte*, vol. 6, no. 2 (1958), pp. 175-91.

82 Elke Fröhlich (ed.), *Die Tagebücher von Joseph Goebbels*, Teil I: *Aufzeichnungen 1923-1941*, vol. 9: *Dezember 1940-Juli 1941*, K. G. Saur, 1998, pp. 425-7, 인용된 부분은 p. 426, entry for 5 July 1941.

83 'Rede Hitlers vor der deutsche Presse (10. November 1938)', pp. 175-91.

84 Walter H. Pehle (ed.), *November 1938: From 'Reichskristallnacht' to Genocide*, Berg, 1991, p. 41; 다음을 보라. https://www.jewishvirtuallibrary.org/reactions-to-kristallnacht.

85 Ruth Levitt (ed.), *Pogrom - November 1938: Testimonies from 'Kristallnacht'*, Souvenir Press/The Wiener Library for the Study of the Holocaust and Genocide, 2015, report B.66, p. 87.

86 Rudi Bamber의 증언, in Rees, *Nazi: A Warning from History*, Kindle edition, p. 72.

87 Fröhlich (ed.), *Die Tagebücher von Joseph Goebbels*, Teil I, vol. 6, p. 180, entry for 10 November 1938.

88 Jürgen Matthäus and Mark Roseman (eds.), *Jewish Responses to Persecution 1933-1946*, vol. 1: *1933-1938*, AltaMira Press, 2010, document 12-2, pp. 345-7, Josef Broniatowski의 편지, 폴란드 쳉스토호바(Częstochowa), 작성일 미상(1938년 11월 초로 추정).

89 1939년 2월 10일 히틀러가 군 지휘관들에게 한 비밀 연설. 다음에서 볼 수 있다.

https://ghdi.ghi-dc.org/sub_document.cfm?document_id=1543.
90 *Documents on German Foreign Policy*, Series D, vol. VII, pp. 200-204, Hitler conference, 22 August 1939.
91 처음으로 공개되는 증언.

9. 저항 분쇄하기

1 Memorandum Brief of the Prosecution, Crimes against Peace: Counts one and four; Planning, Preparing, Initiating and Waging Wars of Aggression and Invasions, the Common Plan or Conspiracy, 26 August 1948, Records of the United States Nuremberg War Crimes Trials Interrogations, 1946-1949, 898, Roll 58, 30.
2 Elisabeth Wagner (ed.), *Der Generalquartiermeister. Briefe und Tagebuchaufzeichnungen des Generalquartiermeisters des Heeres General der Artillerie Eduard Wagner*, Günter Olzog Verlag, 1963, p. 103.
3 Jürgen Matthäus, Jochen Böhler and Klaus-Michael Mallmann (eds.), *War, Pacification, and Mass Murder, 1939: The Einsatzgruppen in Poland*, Rowman & Littlefield, 2014, Kindle edition, pp. 13-15.
4 'The Myth of "The Bloody Sunday of Bydgoszcz" Dispelled', Polish Institute of National Remembrance, https://1september39.com/39e/articles/2332.The-Myth-of-quotThe-Bloody-Sunday-of-Bydgoszcz-Dispelled.html.
5 *The Nuremberg Trials*, vol. 9, DigiCat, 2022, p. 954, 22 March 1946, Morning Session. 헤르만 괴링의 증언도 보라. p. 730.
6 Melita Maschmann, *Account Rendered: A Dossier on My Former Self*, Plunkett Lake Press, 2013, Kindle edition, p. 76.
7 Hargreaves, *Blitzkrieg Unleashed*, p. 236.
8 Peter Fritzsche, *Life and Death in the Third Reich*, Belknap Press of Harvard University Press, 2008, Kindle edition, location 1803-7.
9 Neil C. Renic, *Asymmetric Killing: Risk Avoidance, Just War, and the Warrior Ethos*, Oxford University Press, 2020, p. 125.
10 Gerhard Wolf, *Ideology and the Rationality of Domination: Nazi Germanization Policies in Poland*, Indiana University Press, 2020, p. 56.
11 Matthäus, Böhler and Mallmann (eds.), *War, Pacification, and Mass Murder*, Kindle edition, p. 54. 특수기동분견대 1/IV 지휘관 헬무트 비쇼프(Helmuth Bischoff)의 보고서, 8 September 1939.

12 Wildt, *An Uncompromising Generation*, p. 224.
13 Ibid., p. 225.
14 Ibid., p. 236.
15 Matthäus, Böhler and Mallmann (eds.), *War, Pacification, and Mass Murder*, Kindle edition, p. 59. 특수기동분견대 2/IV의 대원이었던 '브루노(Bruno) G'의 브롬베르크에서의 보복에 관한 심문, 1 December 1964.
16 Aly and Heim, *Architects of Annihilation*, Kindle edition, p. 64.
17 Ibid., p. 127.
18 수전 피스크 교수와 그녀의 동료들이 수행한 연구에 관한 논의를 보라(316쪽).
19 Jacob Sloan (ed.), *Notes from the Warsaw Ghetto, from the Journal of Emanuel Ringelblum*, iBooks, Kindle edition, 2006, p. 19, entry for 12 February 1940.
20 Ibid., p. 17, entry for 7 February 1940.
21 Gerwarth, *Hitler's Hangman*, Kindle edition, p. 135.
22 Matthäus, Böhler and Mallmann (eds.), *War, Pacification, and Mass Murder*, Kindle edition, pp. 140-41. 친위대와 경찰 조사관들의 특수기동분견대 3/I 대원 프리츠 리벨(Fritz Liebl) 심문, December 1939.
23 BArch, R 9361-III/529347, SSO-file Alfred Hasselberg.
24 Ibid.
25 386-395쪽을 보라.
26 Matthäus, Böhler and Mallmann (eds.), *War, Pacification, and Mass Murder*, Kindle edition, p. 141.
27 Lina Heydrich, *Leben mit einem Kriegsverbrecher*, Verlag W. Ludwig, 1976, p. 119.
28 388쪽을 보라.
29 Matthäus, Böhler and Mallmann (eds.), *War, Pacification, and Mass Murder*, Kindle edition, p. 70. 1939년 말 베이헤로보에서 독일인들이 저지른 잔학행위에 관한 요제프 렘케의 증언, 10 February 1971.
30 473-476쪽을 보라.
31 Alexander B. Rossino, *Hitler Strikes Poland: Blitzkrieg, Ideology, and Atrocity*, University Press of Kansas, 2003, pp. 68-9.
32 IMT, *Der Prozess gegen die Hauptkriegsverbrecher vor dem Internationalen Militärgerichtshof*, vol. XXXV, Sekretariat der Gerichtshof, 1949, pp. 87-91. 인용된 부분은 pp. 89-90, Document 419-D, Report of the Army District Command XXI (Poznań) to the Commander of the Reserve Army from 23 November 1939.

33 Hildegard von Kotze (ed.), *Heeresadjutant bei Hitler 1938-1943. Aufzeichnungen des Majors Engel*, Deutsche Verlags-Anstalt, 1974, pp. 67f.

34 Brief von Wilhelm Ritter von Leeb an Franz Halder vom 19.12.1939, Durchschlag des maschinenschriftlichen Entwurfs im Nachlass Ritter v. Leebs; Entwurf, im Original handschriftlicher Vermerk: 'ab durch Kurier am 20.12.39. Becker, Mjr'. 다음을 보라. Georg Meyer (ed.), *Generalfeldmarschall Wilhelm Ritter von Leeb. Tagebuchaufzeichnungen und Lagebeurteilungen aus zwei Weltkriegen*, Deutsche Verlags-Anstalt, 1976, pp. 473-4.

35 BArch, RH 53-23/23, fols. 11-28, The Commander-in-Chief East [Oberbefehlshaber Ost], 6 February 1940, notes for a meeting with the Commander-in-Chief of the Armed Forces on 15 February in Spala (Nuremberg document NO-3011).

36 Heinrich Nolte, 'Landesverrat oder Hochverrat? Als Adjutant bei Halder, Oktober 1939 bis Juni 1940', Kampftruppen, vol. 5 (1969), pp. 120-22, 인용된 부분은 p. 122.

37 Elke Fröhlich (ed.), *Die Tagebücher von Joseph Goebbels*, Teil I: *Aufzeichnungen 1923-1941*, vol. 7: *Juli 1939-März 1940*, K. G. Saur, 1998, pp. 177-9, 인용된 부분은 p. 177, entry for 2 November 1939.

38 에시 비딩 교수와의 인터뷰.

39 Richard Giziowski, *The Enigma of General Blaskowitz*, Leo Cooper, 1997, pp. 15-24.

40 Abschrift Aussage Huppenkothen der 20. Juli 1944, IfZ Munich, ZS 249 (Huppenkothen), p. 158, 발터 후펜코텐(Walter Huppenkothen)의 종전 후 증언. 다음도 참조하라. Hans-Adolf Jacobsen, *Fall Gelb. Der Kampf um den deutschen Operationsplan zur Westoffensive 1940*, Franz Steiner Verlag, 1957, p. 10.

41 *Kriegstagebuch des Oberkommandos der Wehrmacht (Wehrmachtführungsstab)*, vol. I: *1. August 1940-31. Dezember 1941*, Bernard & Graefe Verlag, 1965, p. 950. 전쟁 일지의 이 페이지는 발리몬트(Walter Warlimont) 장군의 명령에 따라 좀더 온건한 문장으로 대체되었다. 히틀러를 화나게 하지 않으려는 조치였다. 원문은 조심스럽게 보존되었다.

42 Ernest R. May, *Strange Victory: Hitler's Conquest of France*, Hill & Wang, 2015, p. 285, Report from 15 December 1939.

43 John Vincent (ed.), *The Crawford Papers: The Journals of David Lindsay, Twenty-seventh Earl of Crawford and Tenth Earl of Balcarres, 1871-1940, during the Years 1892 to 1940*, Manchester University Press, 1984, p. 602, entry for 25 August 1939.

44 Charles Burdick and Hans-Adolf Jacobsen (eds.), *The Halder War Diary 1939-1942*, Greenhill Books, 1988, p. 72, entry for 14 October 1939.
45 Kershaw, *Nemesis*, p. 268.
46 빌헬름 리터 폰 레프 장군은 서유럽 공격 제안을 '미친' 짓이라고 했다. 다음을 보라. Meyer (ed.), *Leeb. Tagebuchaufzeichnungen und Lagebeurteilungen*, pp. 187-8, entry for 9 October 1939.
47 1967년 10월 26일 기갑군단 장군이었던 발터 네링(Walther Nehring)이 자신의 기갑연대가 히틀러에 반기를 들었을지 여부에 관해 동료 장군인 가이어 폰 슈베펜부르크(Gayr von Schweppenburg)에게 써 보낸 편지. document in IfZ Munich, ED 91/16.
48 Monatsbericht der Gendarmerie-Station Waischenfeld, 26.11.1939, in Martin Broszat, Elke Fröhlich and Falk Wiesemann (eds.), *Bayern in der NS-Zeit*, vol. 1, Oldenbourg, 1977, p. 135.
49 Aus deutschen Urkunden 1935-1945, Imperial War Museum Department of Documents, pp. 174-5. 다음도 보라. Longerich, *Himmler*, Kindle edition, pp. 461-5.
50 BArch, NS 7/221, fol. 3.
51 Ibid.
52 처음으로 공개되는 증언.
53 Ernst Klee, Willi Dressen and Volker Riess (eds.), '*The Good Old Days*': *The Holocaust as Seen by its Perpetrators and Bystanders*, Konecky & Konecky, 1991, p. 70. 1942년 6월 5일 아우구스트 베커(August Becker) 박사가 1941년 12월에서 1942년 6월까지 가스 밴 석 대에서 살해된 사람의 수에 관해 친위대 오버슈투름반퓌러 라우프(Rauff)에게 전한 보고서.
54 Maria Otero Rossi, 'Euphémismes et crimes de masse: Psychanalyse et mise en sens avec l'Histoire', *Recherches en Psychanalyse*, vol. 19, no. 1 (2015), pp. 68-76, https://shs.cairn.info/revue-recherches-en-psychanalyse1-2015-1-page-68.?lang=fr.
55 Albert Bandura, *Moral Disengagement: How People Do Harm and Live with Themselves*, Worth Publishers, 2016, p. 53.
56 처음으로 공개되는 증언.
57 Heinrich Himmler, 'Rede vor Gauleitern und anderen Parteifunktionären am 29.2.1940', 다음에서 재인용, Bradley F. Smith and Agnes F. Peterson (eds.), *Heinrich Himmler. Geheimreden 1933 bis 1945 und andere Ansprachen*, Propyläen Verlag, 1974, pp. 115-44.
58 Alfred Konieczny and Herbert Szurgacz (eds.), *Praca przymusowa polaków pod*

panowaniem hitlerowskim 1939-1945 (= Documenta Occupationis, vol. X), Instytut Zachodni, 1976, pp. 118-21, doc. II-9, 제국 안에 고용된 폴란드 민간인 노동자들과 전쟁포로의 특별 취급에 관한 친위대 라이히스퓌러의 지침.

59 275쪽을 보라.
60 Burleigh, *Death and Deliverance*, p. 108. 벌리는 같은 페이지에서 휠첼이 임명을 피하는 데 성공하기는 했지만 이미 "여러 명의 간호사를 죽여야 할 사람의 숫자가 정해진 임무에 투입한" 뒤였다고 썼다.
61 393-394쪽을 보라.
62 C. F. Rüter et al. (eds.), *Justiz und NS-Verbrechen. Sammlung deutscher Strafurteile wegen nationalsozialistischer Tötungsverbrechen 1945-1966*, vol. XXVI, Amsterdam University Press/K. G. Saur, 2001, pp. 555-83, 인용된 부분은 pp. 558-9. 다음에서도 재인용, Ernst Klee, *Euthanasie im NS-Staat. Die 'Vernichtung lebensunwerten Lebens'*, S. Fischer Verlag, 1983, pp. 84-5.
63 31-32쪽을 보라. 다음도 보라. Grossman, *On Killing*, Kindle edition, pp. 150-51.
64 Ibid., p. 151.
65 Burleigh, *Death and Deliverance*, p. 140.
66 Karsten Linne (ed.), *Der Nürnberger Ärzteprozeß 1946/47. Wortprotokolle, Anklage- und Verteidigungsmaterial, Quellen zum Umfeld*, Mikrofiche-Edition/K. G. Saur, 1999, fols. 2687-8, Hans Heinrich Lammers의 증언 녹취록, Nuremberg Medical Case, 7 February 1947.
67 Walter Kohl, *'Ich fühle mich nicht schuldig'. Georg Renno, Euthanasiearzt*, Paul Zsolnay Verlag, 2000, p. 320.
68 BArch, B 162/3170, fol. 167, Werner Dubois의 증언, 18 September 1961.
69 BArch, B 162/4428 (AR-Z 251/59, vol. 4), fols. 703-4, Werner Dubois의 진술, 7 September 1961.
70 Michael Grabher, *Irmfried Eberl. 'Euthanasie'-Arzt und Kommandant von Treblinka*, Peter Lang, 2006, p. 17; 원문은 HHStAW 631a, No. 1633.
71 Frank Hirschinger, *'Zur Ausmerzung freigegeben'. Halle und die Landesheilanstalt Altscherbitz 1933-1945*, Böhlau Verlag, 2001, p. 110; 원문은 BStU, MfS ZUV 45 (Untersuchungsvorgang Otto Hebold), vol. 5, p. 18.
72 Christopher Browning, *The Origins of the Final Solution: The Evolution of Nazi Jewish Policy, September 1939-March 1942*, Cornerstone Digital, 2014, Kindle edition, pp. 186-9.

73 Patrick Montague, *Chelmno and the Holocaust: The History of Hitler's First Death Camp*, I. B. Tauris, 2012, pp. 21-8.
74 훗날 많은 사람이 그 계획에 기여했다고 주장했다. 또한 원래의 계획이 연합군의 수중에 들어갔을 가능성이 있음을 알게 된 것도 계획 변경의 한 요인이었다. 다음을 보라. Andrew Roberts, *The Storm of War, a New History of the Second World War*, Penguin, 2009, Kindle edition, pp. 48-9.
75 Rees, *Dark Charisma*, Kindle edition, p. 262; 애덤 투즈 교수와의 인터뷰.
76 Winston Churchill, *The Second World War, vol. II: Their Finest Hour*, Penguin, 2005, p. 38.
77 Halder, *War Diary*, p. 103, entry for 25 February 1940; p.106, entry for 17 March 1940.
78 충분히 예견된 일이지만, 기본적인 인권이 없는 나라에서 이러한 시위는 정권이 명령하고 통제한 것이다. 그렇다고 해서 시위에 참여한 많은 사람의 기쁨이 가짜라는 뜻은 아니다. 증언이 이를 확인해준다.

10. 종족주의 강화하기

1 Hitler, *Mein Kampf*, pp. 660-61.
2 Halder, *War Diary*, p. 346, entry for 30 March 1941.
3 Erhard Moritz (ed.), *Fall Barbarossa. Dokumente zur Vorbereitung der faschistischen Wehrmacht auf die Aggression gegen die Sowjetunion*, Deutscher Militärverlag, 1970, pp. 258-9.
4 Hans-Heinrich Wilhelm, *Rassenpolitik und Kriegführung. Sicherheitspolizei und Wehrmacht in Polen und in der Sowjetunion 1939-1942*, R. Rothe, 1991, pp. 133-40, 인용된 부분은 pp. 133-4, 138-9. 게오르크 폰 퀴흘러 중장, 1941년 4월 25일 예하 사단장들에게 한 연설. 원문은 다음을 보라. BArch, RH 20-18/71, AOK 18/Ia Nr. 406/41, g.Kdos.
5 Gerd R. Ueberschär and Wolfram Wette (eds.), *Der deutsche Überfall auf die Sowjetunion. 'Unternehmen Barbarossa' 1941*, Fischer Taschenbuch Verlag, 2011, pp. 262-3; 원문은 BA-MA, RW 39/20.
6 67-68쪽을 보라.
7 *Trial of the Major War Criminals*, vol. 4, p. 482 (Erich von dem Bach-Zelewski의 진술, 7 January 1946), https://avalon.law.yale.edu/imt/01-07-46.asp. 바흐첼렌스키는 그 회의가 1941년 초에 있었다고 틀리게 기억한다. 힘러의 탁상 수첩을 보면 회의는 침공

직전인 6월에 있었다. 다음을 보라. Peter Witte et al. (eds.), *Der Dienstkalender Heinrich Himmlers 1941/42*, Hans Christians Verlag, 1999, pp. 171-2. 다음도 보라. Longerich, *Holocaust*, Kindle edition p. 181.

8 Aly and Heim, *Architects of Annihilation*, Kindle edition, p. 239.
9 Heinz Höhne, *The Order of the Death's Head: The Story of Hitler's SS*, Penguin, 2000, p. 356. Helmut Langerbein, *Hitler's Death Squads: The Logic of Mass Murder*, Texas A&M University Press, 2004, p. 28.
10 Longerich, *Himmler*, Kindle edition, p. 521.
11 Wildt, *An Uncompromising Generation*, p. 273. 보안경찰의 이 청년 대원들은 학살의 현장에서 여러 달 동안 활동한 뒤 베를린의 본부로 돌아와 1941년 11월부터 새로운 근무에 들어갔다. 심리적 상처를 입지 않게 계획보다 더 일찍 돌아왔어야 한다는 생각도 있었던 것 같다. ibid., p. 287을 보라.
12 Langerbein, *Hitler's Death Squads*, p. 28.
13 Zygmunt Bauman, *Modernity and the Holocaust*, Polity Press, 2007, Kindle edition, p. 70.
14 Browning, *Origins of the Final Solution*, Kindle edition, pp. 309-10.
15 Ute Hoffmann and Dietmar Schulze, '…wird heute in eine andere Anstalt verlegt'. *Nationalsozialistische Zwangssterilisation und 'Euthanasie' in der Landes-Heil-und Pflegeanstalt Bernburg-eine Dokumentation*, Regierungspräsidium Dessau, 1997, p. 111.
16 440쪽을 보라.
17 Rees, *Nazis: A Warning from History*, Kindle edition, pp. 295-6.
18 Rees, *Holocaust*, Kindle edition, pp. 245-6.
19 Testimony of Otto Ohlendorf, *Trial of the Major War Criminals*, vol. 4, p. 320, 3 January 1946, Morning Session, https://avalon.law.yale.edu/imt/01-03-46.asp.
20 Waller, *Becoming Evil*, pp. 108-13.
21 예를 들어 다음을 보라. Langerbein, *Hitler's Death Squads*, pp. 8-9, 153 and 180. 다음도 보라. Browning, *Ordinary Men*, Kindle edition, pp. 171-4.
22 Waller, *Becoming Evil*, p. 113. 다음도 보라. Stanley Milgram, *Obedience to Authority: An Experimental View*, Harper Perennial, 2017.
23 로버트 새폴스키 교수와의 인터뷰.
24 2018년 영국심리학회(British Psychological Assocaition) 연례 회의에서 스티븐 라이커(Stephen Reicher) 교수가 밀그램에 관해 한 강연. https://www.youtube.com/

watch?v=RFOI6FJQBXY.

25 Ervin Staub, *The Roots of Evil: The Origin of Genocide and Other Group Violence*, Cambridge University Press, 1989, Kindle edition, p. 79.

26 Erich Fromm, *Escape from Freedom*, Open Road, 2013(초판 출간은 1941), Kindle edition. 이 책은 '나치의 심리학'에 관한 오래되기는 했지만 흥미로운 분석을 포함하고 있다. pp. 204-37.

27 BArch, NS 19/4010. Smith and Peterson (eds.), *Heinrich Himmler. Geheimreden*, pp. 162-83에 재수록됨, 이 책에 인용된 것은 pp. 169-70, 힘러의 연설, 6 October 1943. 그는 이틀 전에 포즈난에서도 연설을 했다.

28 Browning, *Origins of the Final Solution*, Kindle edition, pp. 281-2.

29 Robert D. Hare, Elizabeth León-Mayer, Joanna Rocuant Salinas, Jorge Folino and Craig S. Neumann, 'Psychopathy and Crimes against Humanity: A Conceptual and Empirical Examination of Human Rights Violators', *Journal of Criminal Justice*, vol. 81 (2022).

30 다음을 보라. 'Sexual Sadism Disorder', *Psychology Today*, https://www.psychologytoday.com/gb/conditions/sexual-sadism-disorder. 다음도 참조하라. George R. Brown, 'Sexual Sadism Disorder', in MSD Manual, Professional Version, July 2023, https://www.msdmanuals.com/professional/psychiatric-disorders/paraphilias-and-paraphilic-disorders/sexual-sadism-disorder. And J. Reich, 'Prevalence and Characteristics of Sadistic Personality Disorder in an Outpatient Veterans Population', *Psychiatry Research*, vol. 48, no. 3(1993), pp. 267-76, https://pubmed.ncbi.nlm.nih.gov/8272448/. 이에 따르면 정신과 외래환자 중에서 선별한 베테랑 환자 집단에서 가학적 성향과 증상을 보여주는 비율은 8.1퍼센트다.

31 Klee, Dressen and Riess (eds.), *'The Good Old Days'*, p. 179.

32 Ingrao, *Believe and Destroy*, Kindle edition, p. 159.

33 Langerbein, *Hitler's Death Squads*, pp. 67-70.

34 Longerich, *Himmler*, Kindle edition, p. 309, 힘러의 연설, 4 October 1943.

35 Klee, Dressen and Riess (eds.), *'The Good Old Days'*, p. 97.

36 Ben Shalit, *The Psychology of Conflict and Combat*, Praeger, 1988, p. 48, 마이런(Miron)과 골드스타인(Goldstein)의 1979년 연구를 인용하고 있다.

37 Christopher Browning, *Nazi Policy, Jewish Workers, German Killers*, Cambridge University Press, 2000, pp. 151-2.

38 Browning, *Ordinary Men*, Kindle edition, p. 83.

39 처음으로 공개되는 증언. Rees, *Their Darkest Hour*, Kindle edition, p. 22.
40 Klee, Dressen and Riess (eds.), '*The Good Old Days*', p. 76.
41 H. Tajfel, M. G. Billig, R. P. Bundy and C. Flament, 'Social categorization and intergroup behavior', *European Journal of Social Psychology*, vol. 1, issue 2, April/June 1971, pp. 149-178. 타지페의 연구에 대한 분석은 다음을 보라. Dominic Abrams, *Social Identifications: A Social Psychology of Intergroup Relations and Group Processes*, Routledge, 1998.
42 17쪽을 보라.
43 Laurence Rees, *Horror in the East: The Brutal Struggle in Asia and the Pacific in WWII*, BBC Books, 2011, Kindle edition, p. 29.
44 Ibid., p. 30.
45 Ibid., p. 44.
46 Ibid., p. 169.
47 Waller, *Becoming Evil*, pp. 38-9.
48 Browning, *Ordinary Men*, Kindle edition, p. 56. 브라우닝의 *Ordinary Men*과 대니얼 골드하겐(Daniel Jonah Goldhagen)의 *Hitler's Willing Executioners: Ordinary Germans and the Holocaust*, Knopf, 1996 두 책은 1990년대에 출간되어 큰 논쟁을 불러일으켰다. 골드하겐의 책은 많은 역사가로부터 여러 가지 이유로 심한 비판을 받았다. 예를 들면 독일의 저명한 역사가 에버하르트 예켈의 견해를 보라. Eberhard Jäckel: 'Einfach ein schlechtes Buch' ('Simply a bad book'), *Die Zeit*, 17 May 1996.
49 Browning, *Ordinary Men*, Kindle edition, pp. 61-2.
50 Earl, *The Nuremberg SS-Einsatzgruppen Trial*, p. 206.
51 Langerbein, *Hitler's Death Squads*, p. 146.
52 에시 비딩 교수와의 인터뷰.
53 Höss, *Commandant*, p. 148.
54 Klee, Dressen and Riess (eds.), '*The Good Old Days*', p. 62. 특수기동대C의 전신타자 수 키바흐(Kiebach)의 진술.
55 Ibid., p. 111. 특수기동분견대 4a의 친위대 오버슈투름퓌러(SS Obersturmführer) 아우구스트 헤프너(August Häfner)의 진술.
56 *Trials of War Criminals before the Nuernberg Military Tribunals*⋯, vol. IV: '*The Einsatzgruppen Case*'⋯, United States Government Printing Office, 1950, p. 491. In German in Kazimierz Leszczyński (ed.), *Fall 9. Das Urteil im SS-Einsatzgruppenprozeß, gefällt am 10. April 1948 in Nürnberg vom Militärgerichtshof II der*

Vereinigten Staaten von Amerika, Rütten & Loening, 1963, pp. 122-3.
57 처음으로 공개되는 증언.
58 Wildt, *An Uncompromising Generation*, pp. 286-7.
59 Ibid., p. 289.
60 Rees, *Their Darkest Hour*, Kindle edition, pp. 70-71.
61 *Trials of War Criminals before the Nuremberg Military Tribunals*, vol. IV, p. 491.
62 에시 비딩 교수와의 인터뷰.
63 처음으로 공개되는 증언. 다음도 보라. Rees, *Nazis: A Warning from History*, Kindle edition, pp. 215-16.
64 Ibid.
65 Longerich, *Himmler*, Kindle edition, pp. 345-6.
66 Christian Ingrao, *The SS Dirlewanger Brigade: The History of the Black Hunters*, Skyhorse Publishing, 2011, Kindle edition, p. 26. 쿠베의 참모가 그가 암살되고 한 달이 지났을 때인 1943년 10월 15일에 작성한 상황 보고서. 쿠베의 말을 일부 인용하고 있다.
67 Rees, *Behind Closed Doors*, Kindle edition, pp. 290-91.
68 처음으로 공개되는 증언.
69 Longerich, *Himmler*, Kindle edition, p. 346.
70 409-411쪽을 보라.
71 https://www.yadvashem.org/odot_pdf/Microsoft%20Word%20-%206236.pdf.
72 1942년이면 아우슈비츠와 트레블린카, 소비부르, 베우제츠, 마이다네크의 학살수용소가 전부 가스실에서 사람을 죽이고 있었지만, 사살하는 방법을 멈추지는 않았다. 가스실과 병행하여 지속되었다. 실제로 1943년 11월 3일과 4일 추수감사절 작전(Aktion Erntefest) 중에 4만 2천 명이라는 믿지 못할 숫자의 유대인이 사살되었다. 주로 마이다네크 수용소에서 벌어졌지만 다른 곳에서도 있었다. 다음을 보라. https://encyclopedia.ushmm.org/content/en/timeline-event/holocaust/1942-1945/operation-harvest-festival.
73 Witte et al. (eds.), *Der Dienstkalender Heinrich Himmlers 1941/42*, p. 195.
74 'Leben eines SS-Generals. Aus den Nürnberger Geständnissen des Generals der Waffen-SS Erich von dem Bach-Zelewski', *Aufbau*, vol. XII, no. 34 (23 August 1946), p. 2.
75 Browning, *Ordinary Men*, Kindle edition, p. 24.
76 'Leben eines SS-Generals', p. 2; 전직 친위대 오버그루펜퓌러(SS-Obergruppen

führer) 카를 볼프(Karl Wolff)의 회고, *The World at War*, Thames Television, 27 March 1974, 다음에서 재인용, Martin Gilbert, *The Holocaust: The Jewish Tragedy*, Collins, 1986, p. 19.

77 Rees, *Holocaust*, Kindle edition, p. 258.

11. 멀리서 죽이기

1 511쪽을 보라.
2 382-383쪽을 보라. 물론 앞서 보았듯이 밀그램 실험에서 실험 대상자들은 자신이 전기 충격을 가하고 있다고 생각했지만, 이는 착각이었다. 실험 중에 다친 사람은 없다.
3 Rees, *Holocaust*, Kindle edition, p. 247.
4 Wachsmann, *KL*, pp. 262-7.
5 Ibid., pp. 270-74.
6 알베르트 비트만(Dr Albert Widmann)의 증언, 1960, StAL, EL317III, Bü53.
7 빌헬름 야슈케의 증언(Wilhelm Jaschke), 필스비부르크(Vilsbiburg), 5 April 1960, BArch, 202, AR-Z 152/159; 일부는 다음에 인용되어 있다. Rees, *Holocaust*, Kindle edition, p. 260.
8 알베르트 비트만의 증언, 1960, StAL, EL317III, Bü53.
9 Ibid.
10 Ibid.
11 그러나 무엇이 '정당한' 것인가에 관한 비트만의 관념은 1944년 초 독탄(毒彈)을 만드는 데까지 이르렀다. 국제협약에 정면으로 위배되는 일이었다. 그해 말 기결수를 대상으로 한 실험은 비트만이 개발한 독탄이 지극히 고통스러운 죽음을 유발한다는 점이 입증되었다. 다행스럽게도 전투에 사용되지는 않았다. 다음을 보라. Wildt, *An Uncompromising Generation*, p. 187.
12 알베르트 비트만의 증언, 1960, StAL, EL317III, Bü53. 비트만은 징역 6년 6개월을 선고받았다.
13 Segev, *Soldiers of Evil*, pp. 175-9. 프리치와 그의 아내는 전쟁 중에 헤어졌고, 프리치는 베를린 전투에서 죽은 것이 거의 확실하다.
14 Rees, *Selling Politics*, p. 24.
15 171쪽을 보라.
16 Rees, *Auschwitz*, Kindle edition, p. 89.
17 Höss, *Commandant*, p. 147.
18 예를 들어 이 소름 끼치는 살인 방법에 관한 특수임무단 대원 다리오 가바이(Dario

Gabbai)와 모리스 베네치아(Morris Venezia)의 증언을 보라. Rees, *Auschwitz*, Kindle edition, pp. 289-90.

19 Peter Löffler (ed.), *Bischof Clemens August Graf von Galen. Akten, Briefe und Predigten 1933-1946*, vol. 2: *1939-1946*, Matthias-Grünewald-Verlag, 1988, pp. 876-8; 원문은 BAM, Fremde Provenienzen, A 8, Niederschrift der Predigt des Bischofs von Münster, Sonntag, den 3. August 1941, in der St. Lambertikirche in Münster.

20 Kershaw, '*Hitler Myth*', p. 178.

21 Ibid.

22 그러나 갈렌의 설교는 그렇게 결정을 내리게 된 수많은 요인 중 하나였을 가능성이 높다. 다음을 보라. David Cesarani, *Final Solution: The Fate of the Jews 1933-1949*, Macmillan, 2016, p. 284.

23 Beth A. Griech-Polelle, *Bishop von Galen: German Catholicism and National Socialism*, Yale University Press, 2002, Kindle edition, pp. 20, 30 and 132-4.

24 Elke Fröhlich (ed.), *Die Tagebücher von Joseph Goebbels*, Teil II: *Diktate 1941-1945*, vol. 1: *Juli-September 1941*, K. G. Saur, 1996, pp. 251-5, 인용된 부분은 p. 254, entry for 18 August 1941.

25 유대인의 강제이송에 항의한 독일인들의 시위로 잘 알려진 것이 하나 있다. 1943년 2월 27일에서 3월 6일까지 베를린의 로젠슈트라세에 있는 유대인 공동체 건물 밖에서 진행된 시위다. 그러나 이는 보통의 독일인들이 유대인 가족들의 추방에 원칙적으로 항의한 경우가 아니었다. 추방 전에 그 건물에 구금된 유대인 남자들의 비유대계 독일인 아내들의 항의였다. 다음을 보라. https://encyclopedia.ushmm.org/content/en/article/the-rosenstrasse-demonstration-1943.

26 히틀러의 말을 되풀이한 것이다. Griech-Polelle, Bishop von Galen, Kindle edition, p. 107.

27 Ibid., pp. 62-3.

28 348-350쪽을 보라.

29 Domarus (ed.), *Hitler. Reden und Proklamationen*, vol. 2, pp. 1762-3, 히틀러의 연설, 3 October 1941.

30 *Preussische Zeitung*, vol. 11, no. 281 (10 October 1941), p. 1.

31 Elke Fröhlich (ed.), *Die Tagebücher von Joseph Goebbels*, Teil II: *Diktate 1941-1945*, vol. 2: *Oktober-Dezember 1941*, K. G. Saur, 1996, pp. 84-90, 인용된 부분은 pp. 87, 89-90, entry for 10 October 1941.

32 Elke Fröhlich (ed.), *Die Tagebücher von Joseph Goebbels*, Teil II: *Diktate 1941-1945*,

vol. 3: *Januar-März 1942*, K. G. Saur, 1994, pp. 87-93, 인용된 부분은 p. 93, entry for 11 January 1942.
33 Ibid., pp. 208-13, 인용된 부분은 p. 213, entry for 29 January 1942.
34 Rees, *Selling Politics*, p. 83.
35 Laurence Rees, *Hitler and Stalin: The Tyrants and the Second World War*, Viking, 2020, Kindle edition, p. 159.
36 Baynes (ed.), *Early Speeches*, p. 29, 히틀러의 연설, 28 July 1922(처음 출간물은 *Völkischer Beobachter*, 16 August 1922).
37 Domarus (ed.), *Hitler. Reden und Proklamationen*, vol. 2, pp. 1794-8, 히틀러의 연설, 11 December 1941.
38 캐런 더글러스 교수와의 인터뷰.
39 Max Domarus (ed.), *Hitler: Speeches and Proclamations 1932-1945*, vol. 3: *1939-1940*, Bolchazy-Carducci, 1997, pp. 1447-9, 히틀러의 연설, 30 January 1939.
40 Fröhlich (ed.), *Die Tagebücher von Joseph Goebbels*, Teil II, vol. 2, pp. 498-9, entry for 13 December 1941.
41 J. L. Freedman and S. C. Fraser, 'Compliance without Pressure: The Foot-in-the-Door Technique', *Journal of Personality and Social Psychology*, vol. 4, no. 2 (1966), pp. 195-202.
42 Aly and Heim, *Architects of Annihilation*, Kindle edition, p. 192.
43 Ervin Staub, 'The Psychology of Bystanders, Perpetrators, and Heroic Helpers', in Leonard S. Newman and Ralph Erber (eds.), *Understanding Genocide: The Social Psychology of the Holocaust*, Oxford University Press, 2002, Kindle edition, p. 12.
44 Montague, *Chełmno and the Holocaust*, pp. 34 and 40.
45 Ibid., p. 32.
46 Rees, *Auschwitz*, Kindle edition, p. 114, 조피아 샤웨크(Zofia Szałek)의 증언.
47 쿠르트 뫼비우스의 증언, 1961년 11월 8일 심문, p. 6, 2 ZStL 203 AR-Z 69/59 Bd3.
48 Höss, *Commandant*, p. 206.
49 *KL Auschwitz Seen by the SS*, Auschwitz-Birkenau State Museum, 1998, p. 105, 페리 브로아트(Pery Broad)의 증언.
50 Höss, *Commandant*, pp. 230-31.
51 총독관구의 학살수용소에서 살해된 대다수가 유대인이었지만, 비유대계 폴란드인, 신티족, 로마니족도 그곳에서 살해당했다.
52 Sereny, *Into That Darkness*, p. 54.

53 BArch, R 9361-III/63391, personal SS file of Lorenz Hackenholt, fol. 2, handwritten CV.

54 BArch, B 162/4428 (AR-Z 251/59, vol. 4), fols. 703-4, 베르너 뒤부아(Werner Dubois)의 진술, 7 September 1961; BArch, B 162/3170, fol. 167, 베르너 뒤부아의 증언, 18 September 1961.

55 BArch, B 162/3170, fol. 167, 베르너 뒤부아의 증언, 18 September 1961.

56 BArch, R 9361-III/516134, SSO file Dr August Becker, Disziplinar-Sache Dr Becker, August / Hackenholt, Lorenz, wegen Tätlicher Beleidigung.

57 Yitzhak Arad, *Belzec, Sobibor, Treblinka: The Operation Reinhard Death Camps*, Indiana University Press, 1999, pp. 70-71.

58 BArch, B 162/3171, fol. 69, 77 (pp. 1511 and 1519 of AR-Z 252/59), 카를 알프레트 슐루흐(Karl Alfred Schluch)의 심문, 10 November 1961.

59 BArch, B 162/3171, fol. 85 (p. 1527 of AR-Z 252/59), 에른스트 빌리 그로스만 (Ernst Willy Grossmann)의 심문, 9 November 1961.

60 BArch, B 162/3171, fol. 27 (p. 1469 of AR-Z 252/59), 로베르트 위르스(Robert Jührs)의 심문, 11 October 1961.

61 Michael S. Bryant, *Eyewitness to Genocide: The Operation Reinhard Death Camp Trials, 1955-1966*, University of Tennessee Press, 2014, p. 47.

62 Rees, *Holocaust*, Kindle edition, p. 340.

63 보통 뭉뚱그려 '아우슈비츠'라고 부르는 세 개의 수용소가 있었다. 소와강 변에 세워진 최초의 주 수용소, 북서쪽으로 1.5킬로미터 넘게 떨어진 아우슈비츠-비르케나우의 새로 세워진 수용소, 비르케나우 동쪽으로 약 5킬로미터 떨어진 아우슈비츠-모노비츠(Auschwitz-Monowitz) 수용소.

64 Michael Jones, *After Hitler: The Last Days of the Second World War in Europe*, John Murray, 2015, p. 195; article by Boris Polevoy, Pravda, 2 February 1945.

65 *KL Auschwitz*, pp. 129-30.

66 소비부르 수용소와 여타 라인하르트 작전 수용소로 보내진 사람들은 대부분 도착 직후 살해되었다. 이따금 극소수가 선별되어 수용소의 노동에 투입되었는데, 수용소 청소나 살해된 자들의 소지품 분류 같은 일을 했다. 폴란드 유대인 토이비 블라트(Toivi Blatt)도 그런 일을 하라고 선택되었다.

67 Rees, *Auschwitz*, Kindle edition, location 3862-77.

68 확증편향에 관해서는 방대한 문헌이 있다. 예를 들어 다음을 보라. Rüdiger F. Pohl (ed.), *Cognitive Illusions: Intriguing Phenomena in Thinking, Judgment and Memory*,

Routledge, 2017.

69 Rees, *Nazis: A Warning from History*, Kindle edition, pp. 286-7. 토이비 블라트처럼 사무엘 빌렌베르크(Samuel Willenberg)도 라인하르트 작전 수용소에 도착했을 때 노동에 투입될 자로 선택된 소수의 유대인 중 한 명이었고, 그래서 곧바로 살해되지 않았다. 역시 토이비 블라트와 마찬가지로, 빌렌베르크는 수용소에서 탈주해 전쟁이 끝날 때까지 살아남았다. 빌렌베르크는 1943년 8월 트레블린카 수용소에서, 블라트는 1943년 10월 소비부르 수용소에서 탈출했다.

70 아우슈비츠 수용소에는 아주 짧은 기간 동안이지만 1943년 9월에서 1944년 7월까지 체코슬로바키아의 테레지엔슈타트(Theresienstadt, 테레진Terezín) 게토에서 이송된 약 1만 8천 명의 남자와 여자, 어린아이를 가둔 '가족 수용소'가 있었다. 나치는 이 유대인들을 선전 목적에 이용할 계획이었다. 아우슈비츠로 온 아이들과 노인들은 대부분 도착하자마자 가스실로 직행했다. 다음을 보라. Rees, *Auschwitz*, Kindle edition, p. 237.

71 Rees, *Holocaust*, Kindle edition, pp. 371-2.

72 Jadwiga Bezwińska and Danuta Czech (eds.), *Amidst a Nightmare of Crime: Manuscripts of Prisoners in Crematorium Squads Found at Auschwitz*, Howard Fertig, 1992, p. 56. 알터 파인질버(Alter Feinsilber, 스타니스와프 얀코프스키Stanisław Jankowski로도 알려져 있다)의 증언.

73 Arad, *Belzec, Sobibor, Treblinka*, p. 87.

74 BArch, B 162/21871, fols. 317-25, Franz Suchomel, 'Christian Wirth genannt "Christian der Grausame" oder "Stuka"', p. 6.

75 Earl W. Kintner (ed.), *Trial of Alfons Klein, Adolf Wahlmann, Heinrich Ruoff, Karl Willig, Adolf Merkle, Irmgard Huber, and Philipp Blum (The Hadamar Trial)*, William Hodge, 1949, p. 91.

76 BArch, B 162/21871, fols. 317-25, Suchomel, 'Christian Wirth genannt "Christian der Grausame" oder "Stuka"', pp. 1, 6.

77 아우슈비츠의 살인 수용력은 1944년 5월부터 7월까지 헝가리 유대인 수십만 명이 들어오면서 한계에 달했다. 그렇지만 그때에도 가스실은 요구에 대처할 수 있었다. 힘겨웠던 것은 소각로였다. 그래서 구덩이를 파야 했고 탁 트인 곳에서 시체를 불태워야 했다.

78 아우슈비츠 박물관의 통계를 보라. https://www.auschwitz.org/en/history/auschwitz-and-shoah/gas-chambers/. 아우슈비츠-비르케나우 수용소 학살 수용력의 한계는 시신을 처리할 나치의 능력에 있었다. 아우슈비츠 박물관은 이렇게 말한다.

"1943년 6월 28일 건물관리관(Zentralbauleitung)의 계산에 따르면, 소각로는 하루에 4416구의 시신을 태울 수 있었다. 제2소각로와 제3소각로가 각각 1440구, 제4소각로와 제5소각로가 각각 768구였다. 소각로가 연간 160만 구의 시신을 처리할 수 있었다는 뜻이다. 소각 업무에 투입된 수감자들은 비르케나우의 네 개 소각로의 하루 수용력이 약 8천 구로 더 크다고 말했다."

79 Rees, Their Darkest Hour, Kindle edition, p. 27, 오스카르 그뢰닝(Oskar Groening)의 증언.

80 Jill Stephenson, *Women in Nazi Germany*, Routledge, 2013, Kindle edition, p. 42.

81 United States Holocaust Memorial Museum, *12 Years That Shook the World*, Erin Harper and Dr Patricia Heberer Rice discuss Pauline Kneissler, https://www.ushmm.org/learn/podcasts-and-audio/12-years-that-shook-the-world/convinced. 크나이슬러는 안락사 가스실의 운영이 중단된 이후에 정신병원에서 이 치명적인 약물을 주사했다.

82 Wendy Lower, *Hitler's Furies: German Women in the Nazi Killing Fields*, Vintage Digital, 2013, Kindle edition, p. 154.

83 Ibid., pp. 132-3 (Erna Petri). 다음도 보라. pp. 137-8 (Gertrude Segel).

84 Elissa Mailänder, *Female SS Guards and Workaday Violence: The Majdanek Concentration Camp 1942-1944*, Michigan State University Press, 2015, pp. 68-9.

85 Margarete Buber-Neumann, *Under Two Dictators: Prisoner of Stalin and Hitler*, Vintage Digital, 2013, Kindle edition, pp. 231-2.

86 Craig Haney, Curtis Banks and Philip Zimbardo, 'A Study of Prisoners and Guards in a Simulated Prison', *Naval Research Reviews*, vol. 26 (September 1973), pp. 1-17.

87 예를 들어 다음을 보라. Richard A. Griggs, 'Coverage of the Stanford Prison Experiment in Introductory Psychology Textbooks', *Teaching of Psychology*, vol. 41, issue 3 (July 2014), pp. 195-203. 다음도 보라. Stephen Reicher and S. Alexander Haslam, 'Rethinking the Psychology of Tyranny: The BBC Prison Study', *British Journal of Social Psychology*, vol. 45, issue 1 (2006), pp. 1-40.

88 Mailänder, *Female SS Guards*, p. 92.

89 Ibid., p. 219.

90 Ibid., pp. 242 and 237.

91 Klee, Dressen and Riess (eds.), 'The Good Old Days', pp. 291-2.

92 Mailänder, *Female SS Guards*, p. 265.

93 Renate Wiggershaus, Frauen unterm Nationalsozialismus, Peter Hammer Verlag,

1984, p. 96, 다음에서 재인용, Stephenson, *Women in Nazi Germany*, Kindle edition, pp. 112-13.

94　Bauman, *Modernity and the Holocaust*, Kindle edition, p. 167.

12. 두려움 키우기

1　처음으로 공개되는 증언.

2　처음으로 공개되는 증언.

3　Robert Scott Kellner (ed.), *My Opposition: The Diary of Friedrich Kellner – A German against the Third Reich*, Cambridge University Press, 2018, p. 268, entry for 7 August 1943.

4　Domarus (ed.), *Hitler. Reden und Proklamationen*, vol. 2, pp. 1975-6, 제국항공부에서 괴링의 연설, 30 January 1943.

5　Leon Festinger, Henry W. Riecken and Stanley Schachter, *When Prophecy Fails: A Social and Psychological Study of a Modern Group that Predicted the Destruction of the World*, Wilder Publications, 2014, Kindle edition, p. 3.

6　Ibid.

7　Ibid., p. 4.

8　모든 고전적 연구에서 그렇듯이, 이 연구의 장점에 관해 논의한 문헌도 많다. 예를 들면 다음을 보라. Camille Morvan with Alexander J. O'Connor, *An Analysis of Leon Festinger's A Theory of Cognitive Dissonance*, Routledge, 2017, and Fernando Bermejo-Rubio, 'The Process of Jesus' Deification and Cognitive Dissonance Theory', Numen, vol. 64, no. 2/3 (2017), pp. 119-52.

9　Ulrich Herbert, 'Echoes of the Volksgemeinschaft', in Steber and Gotto (eds), *Visions of Community in Nazi Germany*, Kindle edition, p. 62, SD report from 3 September 1942.

10　'Nun, Volk, steh auf, und Sturm brich los! Rede im Berliner Sportpalast', 1943년 2월 18일 괴벨스 연설문, reprinted in Joseph Goebbels, *Der steile Aufstieg. Reden und Aufsätze aus den Jahren 1942/43*, Zentralverlag der NSDAP, Verlag Franz Eher Nachfolger, 1944, pp. 167-204. https://research.calvin.edu/german-propaganda-archive/goeb36.htm.

11　Domarus (ed.), *Hitler. Reden und Proklamationen*, vol. 2, p. 1985, from the Führer's Headquarters, 3 February 1943.

12　Anthony Eden, statement in House of Commons, 17 December 1942, https://

api.parliament.uk/historic-hansard/commons/1942/dec/17/united-nations-declaration#S5CV0385P0_19421217_HOC_280.

13 Minutes of Goebbels' propaganda conference, 12 December 1942, 다음에서 재인용, Peter Longerich, '*Davon haben wir nichts gewusst!*' *Die Deutschen und die Judenverfolgung 1933-1945*, Siedler Verlag, 2006, p. 257.
14 Ibid., p. 259.
15 Fröhlich (ed.), *Die Tagebücher von Joseph Goebbels*, Teil II, vol. 3, pp. 401-8, 인용된 부분은 p. 408, entry for 3 March 1942.
16 Elke Fröhlich (ed.), *Die Tagebücher von Joseph Goebbels*, Teil II: *Diktate 1941-1945*, vol. 4: *April-Juni 1942*, K. G. Saur, 1995, pp. 179-90, 인용된 부분은 p. 183, entry for 27 April 1942.
17 인터뷰, *Goebbels: Master of Propaganda*, 로런스 리스 각본, 연출; 첫 방송은 BBC2, 12 November 1992.
18 카틴은 점령지 폴란드에서 체포된 이 사람들의 여러 학살 장소 중 한 곳이었다. 칼리닌(Kalinin) 교도소와 하르키우(Kharkiv) 교도소 등 다른 곳들도 있었다.
19 Elke Fröhlich (ed.), *Die Tagebücher von Joseph Goebbels*, Teil II: *Diktate 1941-1945*, vol. 8: *April-Juni 1943*, K. G. Saur, 1993, p. 115, entry for 17 April 1943.
20 67-68쪽을 보라.
21 Rees, *Holocaust*, Kindle edition, p. 364.
22 Lars Svendsen, *A Philosophy of Evil*, Dalkey Archive Press, 2010, p. 160. 슈탕을의 말이 처음 인용된 것은 Sereny, *Into That Darkness*, pp. 232-3.
23 385쪽을 보라. 다음도 보라. Waller, *Becoming Evil*, pp. 216-17, 여기서도 슈탕을의 말을 인용한다.
24 *Touched by Auschwitz*, BBC TV, 로런스 리스 각본, 제작; 첫 방송은 BBC2, 27 January 2015.
25 Rees, *Auschwitz*, Kindle edition, pp. 360-61.
26 비록 친위대에 의해 진압되기는 했지만 1944년 10월 아우슈비츠에서도 특별노동부대의 봉기가 있었다. 수용소에서 탈출한 여러 명 중에 가장 잘 알려진 사람은 1944년 루돌프 브르바(Rudolf Vrba)와 알프레트 베츨러(Alfred Wetzler)다. 다음을 보라. Rees, *Auschwitz*, Kindle edition, pp. 305-6.
27 David Stahel, *Operation Barbarossa and Germany's Defeat in the East*, Cambridge University Press, 2009, p. 73.
28 'Vom Wesen der Krise', *Das Reich*, 30 May 1943, reprinted in Goebbels, *Der steile*

    Aufstieg, p. 283.
29 Domarus (ed.), *Hitler. Reden und Proklamationen*, vol. 2, p. 1970, 히틀러의 신년 성명서, 1 January 1943.
30 Ibid.
31 Ibid., p. 1989, 남부집단군(Heeresgruppe Süd) 병사들에게 보낸 히틀러의 성명서, 19 February 1943.
32 Hugh Gibson (ed.), *The Ciano Diaries*, Simon Publications, 2001, p. 569, entry for 11 January 1943. 독일은 실제로 두 가지 형태의 비행폭탄을 제조했다. 1944년 6월 처음으로 연합군에 발사한 V1과 1944년 9월 연합군에 발사한 V2다. 둘 다 새로운 유형의 무기였고 수천 명을 죽였지만, 어느 것도 전쟁의 향방을 바꿀 기적적인 발명품은 아니었다.
33 Weber, *Essays*, p. 248.
34 Gibson (ed.), *The Ciano Diaries*, p. 583, entry for 23 December 1943.
35 Longerich, *Goebbels*, Kindle edition, p. 711, diary 30 October 1943.
36 Uriel Tal, *Religion, Politics and Ideology in the Third Reich: Selected Essays*, Routledge, 2004, p. 28.
37 Mary Ann Frese Witt, *The Search for Modern Tragedy: Aesthetic Fascism in Italy and France*, Cornell University Press, 2001, p. 95. 무솔리니는 이 글을 1912년에 썼다.
38 Elke Fröhlich (ed.), *Die Tagebücher von Joseph Goebbels*, Teil II: *Diktate 1941–1945*, vol. 9: *Juli–September 1943*, K. G. Saur, 1993, p. 169, entry for 27 July 1943.
39 Ibid., p. 160, entry for 25 July 1943.
40 Longerich, *Himmler*, Kindle edition, pp. 486–7.
41 Elke Fröhlich (ed.), *Die Tagebücher von Joseph Goebbels*, Teil II: *Diktate 1941–1945*, vol. 10: *Oktober–Dezember 1943*, K. G. Saur, 1994, pp. 276–80, 인용된 부분은 p. 279, entry for 12 November 1943.
42 *Trial of the Major War Criminals before the International Military Tribunal*, vol. XXIX: *Documents and Other Material in Evidence*, The International Military Tribunal, 1948, Numbers 1850-PS to 2233-PS, Document 1919-PS, pp. 110–73, 인용된 부분은 pp. 145–6, 164, 170, 힘러의 포즈난 연설, 4 October 1943.
43 Ibid.
44 토이비 블라트의 증언, *Auschwitz: The Nazis and the 'Final Solution'*, BBC TV, episode 4: 'Corruption', 로런스 리스 각본, 제작; 첫 방송은 BBC2, 1 February 2005.
45 Rees, *Auschwitz*, Kindle edition, p. 225.

46 린다 브레더의 증언, *Auschwitz: The Nazis and the 'Final Solution'*, episode 4, 'Corruption'.

47 1962년 3월 8일 프랑크푸르트암마인에서, 그리고 프랑크푸르트의 아우슈비츠 재판에서 콘라트 모르겐이 한 증언을 보라. Hermann Langbein, *Der Auschwitz-Prozess. Eine Dokumentation*, Neue Kritik, 1995, pp. 143-5.

48 Rees, *Auschwitz*, Kindle edition, pp. 245-7.

49 힘러의 포즈난 연설, 4 October 1943.

50 힘러의 연설, 6 October 1943, in Smith and Peterson (eds.), *Heinrich Himmler. Geheimreden*, pp. 169-70.

51 Rees, *Auschwitz*, Kindle edition, p. 172.

52 Smith and Peterson (eds.), *Heinrich Himmler. Geheimreden*, p. 170.

53 Richard Holmes (ed.), *The World at War: The Landmark Oral History*, Ebury Press, 2007, p. 327.

54 Timothy P. Jackson, *Mordecai Would Not Bow Down: Anti-Semitism, the Holocaust, and Christian Supersessionism*, Oxford University Press, 2021, p. 62.

55 68쪽을 보라.

56 "우리의 자식들은 헛되이 죽지 않았다"는 주장에 관한 논의는 다음을 보라. Yuval Noah Harari, *Homo Deus: A Brief History of Tomorrow*, Vintage, 2016, Kindle edition, pp. 349-53.

57 Domarus (ed.), *Hitler. Reden und Proklamationen*, vol. 2, pp. 2051, 2054, 히틀러의 연설, 8 November 1943.

58 예를 들어 다음을 보라. Hal R. Arkes and Catherine Blumer, 'The Psychology of Sunk Cost', *Organizational Behavior and Human Decision Processes*, vol. 35, issue 1 (1985), pp. 124-40, https://www.sciencedirect.com/science/article/abs/pii/0749597885900494; and David Ronayne, Daniel Sgroi and Anthony Tuckwell, 'Evaluating the Sunk Cost Effect', IZA Institute of Labor Economics, 2021, IZA DP no. 14257, https://docs.iza.org/dp14257.pdf.

59 Kershaw, *'Hitler Myth'*, p. 212.

60 Fröhlich (ed.), *Die Tagebücher von Joseph Goebbels*, Teil II, vol. 10, pp. 257-64, 인용된 부분은 p. 263, entry for 9 November 1943.

61 Malinowski, *Nazis and Nobles*, Kindle edition, pp. 260-64.

62 Johannes Hürter, 'Auf dem Weg zur Militäropposition. Tresckow, Gersdorff, der Vernichtungskrieg und der Judenmord. Neue Dokumente über das Verhältnis

der Heeresgruppe Mitte zur Einsatzgruppe B im Jahr 1941', *Vierteljahrshefte für Zeitgeschichte*, vol. 52, no. 3 (2004), pp. 527-62. 인용된 부분은 pp. 552-8.
63 처음으로 공개되는 증언.
64 Rees, *Dark Charisma*, Kindle edition, pp. 382-3.
65 32쪽을 보라.
66 Fabian von Schlabrendorff, *The Secret War against Hitler*, Westview Press, 1994, pp. 268-9. 게오르크 폰 뵈젤라거(Georg von Boeselager)도 냉정하게 히틀러를 사살할 수 없다고 인정한 사람이다(ibid., p. 269를 보라). 또한 히틀러가 방탄조끼를 입고 있다는 소문도 있었다. 그러나 역시 소문이 돌았듯이 그가 방탄철모를 쓰고 있었다고 해도, 얼굴에 한 발 쏘면 그는 거의 분명히 죽었을 것이다(Kershaw, *Nemesis*, pp. 660-61을 보라).
67 Schlabrendorff, *The Secret War against Hitler*, p. 231.
68 종전 후, 게르스도르프는 모범적인 독일 영웅을 자처하며 자신은 동쪽의 '절멸전쟁'의 야만적인 성격을 즉각 알아채지 못했다고 말했다. 그러나 게르스도르프는 특수기동대가 무슨 짓을 하고 있는지 알고 있었다. 다음을 보라. Hürter, 'Auf dem Weg zur Militäropposition', pp. 527-62.
69 Norman J. W. Goda, 'Black Marks: Hitler's Bribery of His Senior Officers during World War II', in Emmanuel Kreike and William Chester Jordan (eds.), *Corrupt Histories*, University of Rochester Press, 2004, p. 124.
70 Rees, *Their Darkest Hour*, Kindle edition, pp. 229-30.
71 Holmes (ed.), *The World at War*, p. 419.
72 Becker, *The Denial of Death*, Kindle edition, p. 25. 또한 pp. 70-72.
73 Don Allen Gregory, *After Valkyrie: Military and Civilian Consequences of the Attempt to Assassinate Hitler*, McFarland, 2019, p. 178.
74 Kershaw, 'Hitler Myth', pp. 217-18.
75 Ibid., p. 217.
76 Elke Fröhlich (ed.), *Die Tagebücher von Joseph Goebbels*, Teil II: *Diktate 1941-1945*, vol. 13: *Juli-September 1944*, K. G. Saur, 1995, pp. 201-17. 인용된 부분은 p. 214, entry for 3 August 1944.
77 Helmut Heiber (ed.), *Goebbels-Reden*, vol. 2: *1939-1945*, Droste Verlag, 1972, pp. 356-7. 괴벨스의 연설, 26 July 1944 방송.
78 Longerich, *Goebbels*, Kindle edition, p. 733. Goebbels diary for 6 June 1944. 괴벨스가 그 전날인 6월 5일에 히틀러와 나눈 대화를 인용하고 있다.

79 Richard Overy, *The Bombing War: Europe 1939-1945*, Penguin, 2014, Kindle edition, p. 470.

80 Kershaw, '*Volksgemeinschaft* : Potential and Limitations of the Concept', p. 40.

81 Overy, *Bombing War*, Kindle edition, pp. 478-85.

82 처음으로 공개되는 증언.

83 Ian Kershaw, *The End: The Defiance and Destruction of Hitler's Germany 1944-1945*, Allen Lane, 2011, p. 113.

84 Ibid., pp. 114-18.

85 Kershaw, '*Volksgemeinschaft* : Potential and Limitations of the Concept', p. 40.

86 Ibid.; Richard Bessel, 'The End of the *Volksgemeinschaft*', in Steber and Gotto (eds.), *Visions of Community in Nazi Germany*, Kindle edition, p. 291.

87 Kershaw, *The End*, p. 319.

88 영어로 'werewolf'(늑대인간)이다.

89 Frederick Taylor, *Exorcising Hitler: The Occupation and Denazification of Germany*, Bloomsbury, 2011, Kindle edition, pp. 58-67.

90 Longerich, *Goebbels*, Kindle edition, p. 775, Goebbels diary for 6 February 1945.

91 Louis P. Lochner (ed.), *The Goebbels Diaries*, Hamish Hamilton, 1948, p. 200, entry for 2 March 1943.

92 Kristin Laurin, Aaron C. Kay and Gavan J. Fitzsimons, 'Reactance versus Rationalization: Divergent Responses to Policies that Constrain Freedom', *Psychological Science*, vol. 23, no. 2 (February 2012), pp. 205-9, https://www.researchgate.net/publication/221744497_Reactance_Versus_Rationalization_Divergent_Responses_to_Policies_That_Constrain_Freedom. 다음도 보라. Association for Psychological Science, 'People Rationalize Situations They're Stuck with, but Rebel when They Think There's an Out', 1 November 2011, https://www.psychologicalscience.org/news/releases/people-rationalize-situations-theyre-stuck-with-but-rebel-when-they-think-theres-an-out.html.

93 James Boswell, *The Life of Samuel Johnson, LL. D.*, J. Richardson, 1823, vol 3, p. 171.

94 Elke Fröhlich (ed.), *Die Tagebücher von Joseph Goebbels*, Teil II: *Diktate 1941-1945*, vol. 15: *Januar-April 1945*, K. G. Saur, 1995, pp. 475-88, 인용된 부분은 p. 486, entry for 12 March 1945.

95 181쪽을 보라.

96 검사들은 베르너 베스트의 나치당 이력을 알고 있었다. 그러나 그는 처음에 덴마크

당국으로부터 사형을 선고받았지만 1951년에 석방되었다. 1970년대 초에 다시 기소되었으나 의학적으로 재판을 받기 힘들 만큼 건강 상태가 나쁘다는 판정을 받았다. 그는 이후로도 오래 더 살다가 1989년에 사망했다. 다음을 보라. Ingrao, *Believe and Destroy*, Kindle edition, pp. 238-40.

97 책 표지에 나온 인물이 제프 디트리히다.

98 Felix Kersten, *Totenkopf und Treue. Heinrich Himmler ohne Uniform. Aus den Tagebuchblättern des finnischen Medizinalrats Felix Kersten*, Robert Mölich Verlag, 1952, pp. 358-9, 힘러의 편지, 21 March 1945.

99 Longerich, *Himmler*, Kindle edition, p. 728.

100 Fröhlich (ed.), *Die Tagebücher von Joseph Goebbels*, Teil II, vol. 15, pp. 559-74, 인용된 부분은 p. 568, entry for 22 March 1945.

101 '"…warum dann überhaupt noch leben!" Hitlers letzte Lagebesprechungen am 23., 25. und 27. April 1945', *Der Spiegel*, 10 January 1966, pp. 37-8.

102 히틀러의 자살 방법에 관한 증거의 상세한 검토는 다음을 보라. Kershaw, *Nemesis*, pp. 1037-8 note 156.

103 Domarus (ed.), *Hitler. Reden und Proklamationen*, vol. 2, pp. 2236-7, 2239, 히틀러의 공식 유언장, 29 April 1945.

104 '"…warum dann überhaupt noch leben!"', *Der Spiegel*.

105 처음으로 공개되는 증언.

맺으며

1 처음으로 공개되는 증언. Rees, *Their Darkest Hour*, Kindle edition, pp. 249-54.

2 그녀가 사망하고 책이 재출간된 뒤, 저자는 마르타 힐레르스(Marta Hillers)라는 독일 기자로 밝혀졌다. 그녀는 1945년 소련군이 베를린에 진주했을 때 33세였다.

3 저자 미상, *A Woman in Berlin*, Virago, 2011, Kindle edition, p. 76.

4 Norman M. Naimark, *The Russians in Germany: A History of the Soviet Zone of Occupation, 1945-1949*, Harvard University Press, 1995, p. 93.

5 저자 미상, *A Woman in Berlin*, Kindle edition, p. 61.

6 처음으로 공개되는 증언. 프리츠 아를트(Fritz Arlt) 박사 인터뷰.

7 Miriam Gebhardt, *Crimes Unspoken: The Rape of German Women at the End of the Second World War*, Polity, 2017, Kindle edition, pp. 2 and 19. 게브하르트가 제시한 수치 86만 명에는 강간당한 여자와 남자가 다 포함된다. 물론 여성이 대다수다.

8 저자 미상, *A Woman in Berlin*, Kindle edition, p. 140.

9   Naimark, *The Russians in Germany*, pp. 121-2.
10 Hsu-Ming Teo, 'The Continuum of Sexual Violence in Occupied Germany, 1945-49', *Women's History Review*, vol. 5, no. 2 (1996), pp. 191-218, 다음에서 재인용, Ute Frevert, *Women in German History: From Bourgeois Emancipation to Sexual Liberation*, Berg, 1989, p. 258.
11 Kaete O'Connell, 'The Taste of Defeat: Food, Peace and Power in US-Occupied Germany', in Heather Merle Benbow and Heather R. Perry (eds.), *Food, Culture and Identity in Germany's Century of War*, Palgrave Macmillan, 2019, p. 211.
12 Alice Weinreb, '"For the Hungry Have No Past nor Do They Belong to a Political Party": Debates over German Hunger after World War II', *Central European History*, vol. 45, no. 1 (2012), pp. 50-78.
13 Rolf-Dieter Müller, (ed.), *Der Zusammenbruch des Deutschen Reiches 1945. Die Folgen des Zweiten Weltkrieges*, Deutsche Verlags-Anstalt, 2008, p. 420.
14 Rees, *Behind Closed Doors*, Kindle edition, p. 385.
15 처음으로 공개되는 증언.
16 Höss, *Commandant*, p. 165.
17 Rees, *Auschwitz*, Kindle edition, pp. 365-6.
18 Mathilde Wolff-Mönckeberg, *On the Other Side: Letters to My Children from Germany 1940-46*, Persephone Books, 2016, p. 131, dated 1 May 1945. 볼프묀케베르크는 전쟁 중에, 그리고 전쟁 직후에 떨어져 살고 있던 자녀들에게 편지를 썼지만, 상황 때문에 보낼 수 없었다.
19 Ibid., p. 140, dated 17 May 1945.
20 Winston S. Churchill, *The Second World War*, vol. V: Closing the Ring, Penguin, 2005, pp. 329-30.
21 Waller, *Becoming Evil*, pp. 59-70 and 77.
22 Gilbert, *Nuremberg Diary*, pp. 43 (괴링) and 152 (리벤트로프).
23 Ibid., p. 265.
24 Ibid., 265. 괴링이 말했다는 "남부 독일인"과 "프로이센 사람이라면 결코 그런 짓을 할 수 없었을 것"이라는 인용문은 괴링을 직접 인용한 것이 아니라, 길버트가 괴링이 한 말을 회상한 것이다.
25 Goldensohn, *The Nuremberg Interviews*, Kindle edition, p. 188.
26 Gilbert, *Nuremberg Diary*, pp. 15-16.
27 Goldensohn, *The Nuremberg Interviews*, Kindle edition, pp. 30-32.

28 Gilbert, *Nuremberg Diary*, p. 388.
29 Thomas Talhelm, Xuemin Zhang and Shigehiro Oishi, 'Moving Chairs in Starbucks: Observational Studies Find Rice-Wheat Cultural Differences in Daily Life in China', *Science Advances*, vol. 4, issue 4 (2018), https://www.science.org/doi/10.1126/sciadv.aap8469. 다음도 보라. Sapolsky, *Behave*, pp. 560-62.
30 Ervin Staub, 'The Psychology of Bystanders, Perpetrators, and Heroic Helpers', in Leonard S. Newman and Ralph Erber (eds.), *Understanding Genocide: The Social Psychology of the Holocaust*, Oxford University Press, 2002, Kindle edition, p. 16. 특별한 '권위주의적 인성'이 있다는 관념은 종전 직후 테오도어 아도르노(Theodor Adorno)와 그의 동료 엘제 프렝켈브룬스비크(Else Frenkel-Brunswik), 대니얼 레빈슨(Daniel Levinson), 네빗 샌퍼드(Nevitt Sanford)의 책이 출간되어 널리 알려졌다. *The Authoritarian Personality* (Harper & Brothers, 1950). 그 책은 이후 방법론의 문제를 포함해 여러 가지 이유로 비판을 받았다. 예를 들어 다음을 보라. Waller, *Becoming Evil*, p. 85. 월러의 결론은 이렇다. "권위주의적 인성의 정신역학에 관한 독창적인 가설은 아직 그 타당성이 검증되지 않았다."
31 Rees, *Nazis: A Warning from History*, Kindle edition, p. 46.
32 처음으로 공개되는 증언. 다음도 참조하라. Kurt Lewin, *Resolving Social Conflicts and Field Theory in Social Science*, ed. Gertrud Weiss Lewin, American Psychological Association, 1997(초판 출간은 1948), Kindle edition. 민족의 성격에 관한 심리학 문헌은 대부분 이제는 시대에 뒤처진 듯하다. 선구적인 사회심리학자 쿠르트 레빈(Kurt Lewin, 1933년에 미국으로 이민한 독일인)은 심리학적 관점에서 미국인과 독일인 사이의 분명한 차이를 보았다고 생각했다. 그는 *Resolving Social Conflicts* (p. 21)에 이렇게 썼다. "미국에서는 두 과학자가 서로 격한 이론적 논쟁을 하고 두 정치인이 서로 격한 정치적 싸움을 해도 친하게 지낼 수 있다. 독일에서는 대다수 사람에게 정치적 이견은, 심지어 학문적 이견까지도 도덕적 비난과 분리할 수 없는 것처럼 보인다. 대통령 선거에서 격한 논쟁 끝에 패배한 후보가 당선자를 축하하는 일은 독일에서는 매우 이상하게 보일 것이다." 그러한 정서는 레빈이 그 책을 썼을 때는 맞을 수도 있었겠지만(매우 폭넓은 일반화처럼 보이기는 한다) 오늘날에는 분명히 맞지 않는다. 2020년 미국 "대통령 선거에서 패배한 후보"는 승자를 축하하지 않았을 뿐만 아니라 선거에서 졌다는 이유로 민주적 절차 전체를 파괴하려 했다. 그렇지만 오늘날 독일에서 그와 비슷한 일은 상상하기도 어렵다. 이는 '민족적 성격'이 보편적이라거나 고정적이라는 생각의 위험성을 다시 한번 되새기게 한다.
33 디윗 중장의 하원 해군위원회 증언, 13 April 1943. 다음도 참조하라. Gen. John

L. DeWitt Personal Papers, United States National Archives Identifier 7432140, https://text-message.blogs.archives.gov/2013/11/22/a-slaps-a-slap-general-john-l-dewitt-and-four-little-words/.

34 Erika Lee, *The Making of Asian America*, Simon & Schuster, 2015, p. 217.
35 George R. Mastroianni, *Of Mind and Murder: Toward a More Comprehensive Psychology of the Holocaust*, Oxford University Press, 2019, Kindle edition, p. 362.
36 이는 뉘른베르크 "국제군사법정의 주요 전범 재판"만 가리킨다.
37 Mastroianni, *Of Mind and Murder*, Kindle edition, p. 326.
38 David R. Henderson, 'German Economic Miracle', *Econlib*, https://www.econlib.org/library/Enc/GermanEconomicMiracle.html.
39 Taylor, *Exorcising Hitler*, Kindle edition, p. 364.
40 de Jong, *Nazi Billionaires*, Kindle edition, p. 224. 다음도 보라. Ofer Aderet, 'Details of Porsche's Nazi Ties Spoil Centennial Bash', *Haaretz*, 11 October 2009, https://www.haaretz.com/israel-news/culture/2009-10-11/ty-article/details-of-porsches-nazi-ties-spoil-centennial-bash/0000017f-e0c9-d75c-a7ff-fccd387c0000.
41 de Jong, *Nazi Billionaires*, Kindle edition, pp. 234 and 236.
42 Aly and Heim, *Architects of Annihilation*, Kindle edition, p. 28.
43 Aleksander Lasik, 'The Apprehension and Punishment of the Auschwitz Concentration Camp Staff', in *Auschwitz 1940-1945: Central Issues in the History of the Camp*, vol. V, Auschwitz-Birkenau State Museum, 2000, pp. 99-119.
44 처음으로 공개되는 증언.
45 처음으로 공개되는 증언.

12가지 경고

1 Rees, *Their Darkest Hour*, Kindle edition, p. 260.
2 Ibid., pp. 24-30, 인용된 부분은 p. 26.
3 이를 한나 아렌트의 유명한 표현인 '악의 평범성'의 실례라고 생각할 수 있을 것이다. 이 표현은 다음에 나온다. *Eichmann in Jerusalem: A Report on the Banality of Evil*, Penguin Classics, 2006(초판 출간은 1963). 그러나 나는 끔찍한 짓을 저지른 과거의 나치들과 만나면서 그녀와 똑같은 경험을 했고 그들이 상상 속의 전형적인 살인자와 일치하지 않는다고 느꼈지만, 이 맥락에서는 '평범'이라는 낱말을 쓰기가 어렵다. 내 생각에 악은 결코 평범하지 않다. 아이히만이나 그뢰닝 같은 가해자들이 종전 후 얼마

나 평범한 사람처럼 보였든지 간에 그들의 행위를 뒷받침한 나치의 신념 체계도 역시 평범하지 않았다.

4 1930년대 독일에서 공부한 그뢰닝은 학교를 떠난 뒤 은행에서 일했지만 독일 민족주의자 집안 출신이어서 전쟁 발발 직후에 친위대에 자원해 합류했다. 아우슈비츠로 배치된 뒤 그의 은행 경력은 유용하게 쓰였다. 그는 수용소의 경제 분과에서 일하며 학살당한 유대인들에게서 훔친 돈을 계산했다. 내가 그를 만나고 여러 해가 지난 뒤, 종전 후 거의 70년이 지났을 때, 독일 당국은 그를 기소하기로 결정했다. 그는 2015년에 최종적으로 대량학살의 종범으로 4년 징역형의 유죄 선고를 받았다. 그러나 그는 교도소에 들어가기 전인 2018년 3월에 96세의 나이로 사망했다.

5 Rees, *Their Darkest Hour*, Kindle edition, p. 167.

6 117-120쪽을 보라.

7 Ian Kershaw, *Personality and Power: Builders and Destroyers of Modern Europe*, Allen Lane, 2022, pp. 60-61.

8 385쪽을 보라.

9 Kershaw, *Personality and Power*, p. 245.

10 Paul Preston, *Franco*, Harper Perennial, 2012, Kindle edition, p. 271.

11 253쪽을 보라.

12 *Hitler's Table Talk*, 19 January 1942, p. 227. 여기서 그는 결투에 전체적으로 반대하지만 "성직자와 법률가 사이의" 결투는 "허용할 의향이 있다"고 설명했다.

13 286-288쪽을 보라.

14 Geoffrey P. Megargee, *Inside Hitler's High Command*, University Press of Kansas, 2000, p. 20.

15 280쪽을 보라.

16 348-350쪽을 보라.

17 209-211, 350-352, 417-418쪽을 보라.

18 처음으로 공개되는 증언.

19 나는 다른 곳에서 썼듯이 보통의 조건이라면 (많은 나치의 주장과 달리) 연합군의 폭격과 홀로코스트가 동등한 것이라고 믿지 않는다는 점을 강조하고자 한다. 다음을 보라. Rees, *Auschwitz*, Kindle edition, pp. 365-7. 그리고 이 책의 507-509쪽을 보라.

20 Rees, *Their Darkest Hour*, Kindle edition, pp. 13-18.

21 197쪽을 보라.

찾아보기

ㄱ

가스 밴 368-9, 402, 427, 429
가스실 366, 368-9, 402, 409, 415, 431-4, 436-41, 443, 447, 508, 535
가우라이터 82, 89, 133, 137, 144, 239, 361, 416, 426, 430, 475, 491-2
가톨릭교회 279, 529
갈렌, 클레멘스 폰Clemens von Galen 415-9
감독 445-8
게르스도르프, 루돌프크리스토프 폰Rudolf-Christoph von Gersdorff 484, 487
게슈타포 229, 241, 282, 317, 351-2, 417, 419, 491, 536
겔젠키르헨Gelsenkirchen 432
겜리히, 아돌프Adolf Gemlich 71-3, 75
고마이 토마스, 이시드로Isidro Gomá y Tomás 529
곤도 하지메近藤一 392-3
공산당 43, 55, 143, 191, 198, 200-1, 218, 222-3, 227, 315, 351, 376, 378
공산주의/공산주의자 33, 53, 55-7, 92, 104, 127, 141-2, 144-5, 147-8, 150-1, 157, 175, 181-4, 197-8, 208, 213, 215-23, 229, 256, 267, 283-4, 296, 381, 481, 519, 528, 531

공정한 세상 가설 17, 385, 444, 462
괴링, 헤르만Hermann Göring 20, 32, 84, 90, 111-2, 126, 199, 216-8, 222, 243, 267, 296, 302-4, 307-9, 337, 371, 454, 492, 499, 510-4
구데리안, 하인츠Heinz Guderian 61
국경 전투 28-31
귄터, 한스Hans Günther 265
그나데Gnade 390
그단스크(단치히) 312, 330
그라이저, 아르투어Arthur Greiser 426-8
그라페네크 안락사 시설Tötungsanstalt Grafeneck 367
그로스로젠Gross-Rosen 수용소 263, 408
그로스리히터펠데Gross-Lichterfelde 349
그로스만, 빌리Willy Grossmann 434
그로스먼, 데이브Dave Grossman 32
그로지에츠Grodziec 게토 427
그뢰너, 빌헬름Wilhelm Groener 47, 187
그뢰닝, 오스카르Oscar Groening 473, 476, 524-5
그뢰벤, 페터 폰 데어Peter von der Groeben 481-2, 490
그린슈판, 헤르셸Herschel Grynszpan 328-9
글레저, 에른스트Ernst Glaeser 25

글로보츠니크, 오딜로Odilo Globocnik 430-1, 441, 447
기독교 55, 71, 81-2, 111, 214, 227, 255, 260-2, 264, 276-7, 349-50, 367, 533
긴 칼의 밤 240, 242, 244
길버트, 구스타브Gustave Gilbert 255, 511

ㄴ

나이트하르트, 게오르크Georg Neithhardt 115, 121
나치당 25, 48, 53, 70, 74-6, 81-2, 84-92, 95, 104, 112-3, 123, 125-33, 137-8, 143, 149-50, 159, 175, 177-9, 181, 184, 193, 212, 215-6, 229, 236, 244, 253, 274-5, 279, 283, 315, 331, 340, 400, 403, 416, 420, 430, 444, 487, 519-20
나치즘 13, 15, 20, 68, 81, 90, 122, 124-6, 185, 274, 313, 336, 380, 455, 481, 496, 519-20, 523
내무인민위원부 282
네메르스도르프Nemmersdorf 490
네베, 아르투어Arthur Nebe 379, 409-12, 433
노블, 존John Noble 506-7
노스케, 구스타프Gustav Noske 51
노이라트, 콘스탄틴 폰Konstantin von Neurath 305
노이 베기넨 161, 284
놀렌도르프 광장Noolendorf 170
놀테, 하인리히Heinrich Nolte 348
뇌 17, 67, 81, 125, 141, 152, 171, 276, 281, 287, 318, 344, 375, 378, 398, 414, 444, 460, 525-7, 536
뉘른베르크 전범재판(뉘른베르크 국제군사법정) 255, 303, 307, 311, 318, 337, 382, 417, 509-14, 518-9
뉘른베르크 집회 105, 153, 158, 321

ㄷ

다레, 발터Walther Darré 301-3
다하우Dachau 수용소 7, 239-41, 256, 259, 314, 408, 412-3, 419, 507-8
달라르미, 막스 폰Max von Dall'Armi 239
대독일제국 470
더글러스, 캐런Karen Douglas 37, 50, 424, 511
던바, 로빈Robin Dunbar 36
데민Demmin 501-2
도스안 123
도파민 287-8
독수리 둥지 18
독일공산당 43
독일노동공동체 85, 89
독일노동자당 65, 68-71, 76-7, 131
독일노동전선 283
독일사회당 85
독일소녀연맹 155-8, 184, 337, 445, 453
독일투쟁연맹 105
독일학생연맹 235
동맹국(삼국동맹) 29, 39-42, 375
동물 실험 384
동유럽종합계획 470, 520
뒤링, 오이겐Eugen Dühring 71
뒤부아, 베르너Werner Dubois 367
뒤스터베르크, 테오도어Theodor Duesterberg

191
드레이크, 프랜시스Francis Drake 267
드렉슬러, 안톤Anton Drexler 68-9, 71, 85-7
디를레방어, 오스카르Oscar Dirlewanger 399-402
디윗, 존John DeWitt 517-8
디켈, 오토Otto Dickel 85-90, 105
디트리히, 오토Otto Dietrich 420-2
디트리히, 제프Sepp Dietrich 495
딜스, 루돌프Rudolf Diels 218

ㄹ

라베날트, 아르투어 마리아Arthur Maria Rabenalt 252
라벤스브뤼크Ravensbrück 수용소 445-8
라이, 로베르트Robert Ley 283-4
라이트Rheydt 125
라이헤나우, 발터 폰Walther von Reichenau 210, 212-3
라인하르트 작전 수용소 435-6, 439-40, 443
라트, 에른스트 폼Ernst vom Rath 328-9
라호르, 카를Carl Rachor 521
란다우, 펠릭스Felix Landau 389
란츠베르크Landsberg 122, 127, 138
람페르트하임Lampertheim 181
랑에, 헤르베르트Herbert Lange 368-9
랭어, 월터Walter Langer 18
럼볼드, 호러스Sir Horace Rumbold 208, 234
레노, 게오르크Georg Renno 367
레노, 폴Paul Reynaud 370

레닌, 블라디미르Vladimir Lenin 39-41, 56, 133
레마르크, 에리히 마리아Erich Maria Remarque 33-6, 168-72, 235
레머, 오토에른스트Otto-Ernst Remer 486
레비네, 오이게네Eugene Leviné 39, 207-8, 516, 534
레비네, 오이겐Eugen Leviné 56
레스키, 발트라우트Waltraud Reski 501-2
레이건, 로널드Ronald Reagan 518
레테공화국 55-6, 58, 66, 72
레프, 빌헬름 리터 폰Wilhelm Ritter von Leeb 346
레헤르트, 힐데가르드Hildergard Lächert 448
레히펠트Lechfeld 66, 68
로나우어, 루돌프Rudolf Lonauer 367
로르샤흐 검사 510-1
로멜, 에르빈Erwin Rommel 161
로소, 오토 폰Otto von Lossow 104, 106-8, 114, 120, 196
로스바흐, 게르하르트Gerhard Rossbach 95-6
로시, 마리아 오테로Maria Otero Rossi 359
로제, 귄터Günther Lohse 208-9, 233, 267-9, 516
로젠베르크, 알프레트Alfred Rosenberg 112-3, 123, 130, 133, 193
뢰벤브로이켈러Löwenbräukeller 91, 115, 477
루덴도르프, 에리히Erich Ludendorff 43-6, 50, 81, 105-7, 108, 110-1, 121, 355
루블린Lublin 430-1, 445

루스벨트, 프랭클린Franklin Roosevelt 319, 321-2, 376, 422-3, 510, 517
루이트폴트 김나지움Luidpold 57
루츠, 후베르트Hubert Lutz 160-1, 283
룩센부르거, 한스Hans Luxenburger 273
룩셈부르크, 로자Rosa Luxemburg 50-2, 184
뤼데케, 쿠르트Kurt Lüdecke 82-4, 88-9, 128, 185
뤼디거, 유타Jutta Rüdiger 156-8, 182-4, 453
뤼버, 마리뉴스 판데르Marinus van der Lubbe 217, 219
리가Riga 403
리벤트로프, 요아힘 폰Joachim von Ribbentrop 269-70, 296, 320, 358, 468, 511-2, 528
리블, 프리츠Fritz Liebl 342
리비우Lviv 381
리틀존, 로버트Robert Littlejohn 506
리페르트, 미하엘Michael Lippert 239
리펜슈탈, 레니Leni Riefenstahl 297
리프, 프란츠Franz Lipp 56
리프크네히트, 카를Karl Liebknecht 50-2
리히터, 헤르베르트Herbert Richter 45-6
린, 베른트Bernd Linn 93, 176, 314, 331, 395, 499, 521
린츠Linz 36, 314, 317
링겔블룸, 에마누엘Emmanuel Ringelblum 341

■
마길, 프란츠Franz Magill 386

마르크스, 카를Karl Marx 40
마리아 테레지아Maria Theresia 156
마셜 플랜 519
마슈만, 멜리타Melita Maschmann 337
마우트하우젠Mauthausen 수용소 314, 408
마이네케, 프리드리히Friedrich Meinecke 26
마이다네크Majdanek 수용소 445, 447-9, 462
마이스너, 오토Otto Meissner 188, 199
마이어, 카를Karl Mayr 66, 68
마이어, 콘라트Konrad Meyer 293
마이어, 헬레네Helene Mayer 520
마인홀트, 헬무트Helmut Meinhold 340
마일스톤, 루이스Lewis Milestone 169
마테이, 프리츠Fritz Matthaei 44
마트너, 발터Walter Mattner 387
만, 골로Golo Mann 42
만슈타인, 에리히 폰Erich von Manstein 369, 486
말리츠, 브루노Bruno Malitz 292
매몰비용의 오류 478-9
맥줏집 폭동 123, 131, 175, 328, 350, 453, 477, 507
메르클, 페터Peter Merkl 76
메서스미스, 조지George Messersmith 292-3
메츠너, 알프레트Alfred Metzner 387
메클렌부르크Mecklenburg 95-6
모겐소 계획 505
모니스, 안토니우 에가스António Egas Moniz 19
모랑주Morhange 28
모렐, 테오도어Theodor Morell 494

620

모르겐, 콘라트Konrad Morgen 473
몰, 오토Otto Moll 440
몽고메리, 폴Paul Montgomerry 535
뫼비우스, 쿠르트Kurt Moebius 429
무솔리니, 베니토Benito Mussolini 107, 109, 145, 468-9, 479-80, 526-7, 529
무어, 빌헬름Wilhelm Murr 223
뮐러, 하인리히Heinrich Müller 229
미국 올림픽위원회 291
미엘레츠Mielec 340
민스크Minsk 403-4, 409, 411
민족법정 295
민족사회주의 78, 147, 159, 161-2, 167, 173, 181, 183, 186, 227, 236, 239, 252, 257, 260, 270, 275, 282, 301, 487, 519
밀그램, 스탠리Stanley Milgram 382-5, 407, 447

ㅂ

바그너, 게르하르트Gerhard Wagner 273, 277
바그너, 리하르트Richard Wagner 118, 299
바그너, 아돌프Adolf Wagner 416
바그너, 에두아르트Eduard Wagner 366
바그라티온 작전 485
바라나시Varanasi 15
바르샤바 게토 341, 413, 435, 440, 460-1, 463
바르타Warta 정신병원 369
바르테가우-Warthegau 344, 368, 426, 428
바비야르Babi Yar 학살 402-3
바예라투르, 앙리 드Henri de Baillet-Latour 295

바우만, 지그문트Zygmunt Bauman 380, 449
바우어, 구스타프Gustav Bauer 61
바이마르 공화국 94, 105, 150, 174, 193, 197, 209, 218, 272, 274
바이마르 헌법 144, 186, 250
바이셴펠트Waischenfeld 356
바이스, 마르틴Martin Weiss 388
바이스, 베른하르트Bernhard Weiß 144
바이에른 18, 26-8, 42, 52-8, 65-6, 71, 81, 86, 89, 91-3, 103-11, 114-5, 121-3, 126-7, 131, 135, 137, 143, 155, 193, 228-9, 272, 276, 282, 295, 312, 327, 356, 364, 416, 445, 499, 512
바이에른 공화국 53
바이츠만, 하임Chaim Weizmann 319
바이츠제커, 에른스트 폰Ernst von Weizsäcker 324-5
바케, 헤르베르트Herbert Backe 378
바트비스제Bad Wiessee 238
바흐첼레프스키, 에리히 폰 뎀Erich von dem Bach-Zelewski 403-4
반더포겔 35, 150
반유대주의 32, 38-9, 56, 65-6, 71-6, 81-2, 88-9, 95, 112, 122, 125, 142-4, 153-5, 158, 178, 198, 215, 231, 254-5, 280, 295-6, 328, 381, 418, 423, 510, 523-4
반제Wansee 435
발트브뢸Waldbröl 283
밤버, 루디Rudi Bamber 231
밤베르크Bamberg 55, 135-7
밴두라, 앨버트Albert Bandura 360

베강, 막심Maxime Weygand 45
베나도트, 폴케Folke Bernadotte 496-7
베네치아, 모리스Morris Venezia 439
베르사유 조약 58-9, 61, 66, 75, 82, 84-5, 93-4, 122, 143, 148, 150, 158, 204, 212-3, 286, 301, 309, 312-3, 323, 330, 335, 357, 417, 485, 519
베르크호프Berghof 18
베르히테스가덴Berchtesgaden 312, 324
베른부르크Bernburg 151
베를린 올림픽 291, 295-8, 301
베리야, 라브렌티Lavrenti Beria 281-2
베버, 막스Max Weber 120, 467, 526
베벨스부르크 성Wewelsburg 378
베스타르프, 하일라 폰Haila von Westarp 57
베스트, 베르너Werner Best 93, 180-1, 336, 494-6
베싱, 아우구스트August Wessing 419
베우제츠Bełżec 수용소 429-30, 432-5, 443
베커, 어니스트Ernest Becker 117, 486-7, 526
베크, 루트비히Ludwig Beck 47-9, 305-6, 308-10, 325, 345
베크, 유제프Józef Beck 330
벨스, 오토Otto Wels 227
벵진Będzin 340
보나파르트, 나폴레옹Napoleon Bonaparte 526, 533
보안국 179, 202, 263-4, 279, 282, 317, 325, 336, 346, 348, 356, 379, 455, 479, 487, 491

보어만, 마르틴Martin Bormann 18, 82, 94-9, 269, 418
본Bonn 519
볼셰비키/볼셰비즘 11, 39-41, 47, 55-6, 66-7, 122, 133, 135, 180, 210, 212, 215, 266, 269, 298, 300, 358, 375, 400, 417, 419, 423, 453, 456, 460, 467, 477, 490, 498, 503
볼프, 테오도어Theodor Wolf 50
볼프묀케베르크, 마틸데Mathilde Wolff-Mönckeberg 509
뵈르거모어Börgermoor 수용소 257-8
뵘테텔바흐, 카를Karl Boehm-Tettelbach 250, 486
부르테, 헤르만Hermann Burte 267
부버노이만, 마르가레테Margarete Buber-Neumann 446
부정편향 17, 281
부헨발트Buchenwald 수용소 408, 442, 507
부흐너, 아돌프Adolf Buchner 398-9
북유럽 종족 265
불러, 필리프Philipp Bouhler 363
불임시술 272-3, 363
붐케, 오스발트Oswald Bumke 272
뷔르거브로이켈러Bürgerbräukeller 108-9, 111, 127, 350-2
뷔르켈, 요제프Josef Bürckel 239, 315
브라우네스 하우스 174
브라우닝, 크리스토퍼Christopher Browning 393
브라우히치, 발터 폰Walther von Brauchitsch 311, 346, 349, 354-8

브라운, 오토Otto Braun 197
브라운슈타이너, 헤르미네Hermine Braunsteiner 448
브란덴부르크 안락사 시설Tötungsanstalten Brandenburg 49, 367
브런디지, 에이버리Avery Brundage 291-2, 295-7
브레더, 린다Linda Breder 473
브레머, 발터Walter Braemer 344
브레스트-리토프스크 조약 41-2, 59, 212
브로아트, 페리Pery Broad 437
브로크도르프란차우, 울리히 폰Ulrich Graf von Brockdorff-Rantzau 60
브뤼닝, 하인리히Heinrich Brüning 186, 188, 195, 197
브뤼크너, 헤르미네Hermine Brückner 448
블라스코비츠, 요하네스Johannes Blaskowitz 335, 345-50, 352-3, 357, 419, 533
블라트, 토이비Toivi Blatt 437-8, 473
블로벨, 파울Paul Blobel 395, 397-8
블롬베르크, 베르너 폰Werner von Blomberg 203, 210, 212-3, 237-8, 240, 242, 304, 306-9, 311, 532
블루멘트리트, 귄터Günther Blumentritt 377
비데만, 프리츠Fritz Wiedemann 269
비드고슈치Bydgoszcz에서 336
비딩, 에시Essi Viding 310, 349, 352, 394, 397
비렌바움, 할리나Halina Birenbaum 462
비례성 편향 221
비르트, 크리스티안Christian Wirth 432-34, 441-2
비쇼프, 헬무트Helmuth Bischoff 339-40
비트만, 알베르트Albert Wiedmann 365, 409-12, 433
빈딩, 카를Karl Binding 271-2
빌렌베르크, 사무엘Samuel Willenberg 439
빌헬름슈트라세Wilhelmstrasse 209, 215
빌헬름스하펜Wilhemlmshaven 47
빌헬름 2세 26, 28

ㅅ

사르나트Sarnath 15
사춘기 118, 152, 159, 352, 527-8
사회민주당 51, 55, 148, 150, 181, 191, 194-5, 197, 207, 218, 222, 227, 230, 244, 283-4
사회심리학 17, 37, 221, 382, 527
새켓, 프레더릭Frederic Sackett 222
새폴스키, 로버트Robert Sapolsky 67, 152, 171, 287, 316, 384-5
샤이데만, 필리프Philipp Scheidemann 60-1
샤흐트, 할마르Hjalmar Schacht 216, 513
소녀 편도 67, 171, 525-6, 536
소련군 376, 378, 381, 408-9, 413-4, 420-2, 454, 456, 464-5, 485, 490-1, 497, 499, 501-4, 506, 533, 536
소비부르Sobibór 수용소 432, 435, 437-8, 441, 443, 463-4, 473
손실회피 197, 536
수데티(주데텐란트)Sudety 323-5, 327
수정의 밤 327-9
슈만, 호르스트Horst Schumann 367
슈문트, 루돌프Rudolf Schmundt 310

찾아보기 623

슈미트, 샤를로테Charlotte Schmidt 311
슈미트, 오토Otto Schmidt 307
슈미트, 카를Carl Schmitt 243
슈바인푸르트Schweinfurt 88
슈슈니크, 쿠르트Kurt Schuschnigg 312-3
슈타델하임 교도소Stadelheim 110, 240
슈타우펜베르크, 클라우스 폰Claus von Stauffenberg 485-8, 533
슈탈레커, 발터Walter Stahlecker 379
슈탕을, 프란츠Franz Stangl 432, 438, 441, 461
슈테네스, 발터Walter Stennes 175-6
슈테르네커브로이Sterneckerbräu 65, 68
슈튈프나겔, 오토 폰Otto von Stülpnagel 354
슈트라서, 그레고어Gregor Strasser 131-5, 137, 201-2, 240-2
슈트라이허, 율리우스Julius Streicher 20, 32, 88-90, 111, 113, 130, 255, 510, 514
슈트레제만, 구스타브Gustav Stresemann 106
슈트레켄바흐, 브루노Bruno Streckenbach 379, 396
슈파운, 프리돌린 폰Fridolin von Spaun 48, 50-1, 58-9
슈페어, 알베르트Albert Speer 476-7, 495-6, 510
슐라게터, 알베르트Albert Schlageter 97
슐라이허, 쿠르트 폰Kurt von Schleicher 187-8, 195, 199, 201, 210, 213, 240-2
슐라브렌도르프, 파비안 폰Fabian von Schlabrendorff 483-4

슐루흐, 카를Karl Schluch 433-4
슐츠, 에르빈Erwin Schulz 395-6
스당Sedan 370
스몰렌, 카지미에시Kazimierz Smole 408
스타우브, 어빈Ervin Staub 426, 515
스탈린, 이오시프Iosif Stalin 11, 13, 281-2, 304, 307, 313, 331, 352, 358, 376, 381, 423, 466, 488, 496, 507, 509-10, 520, 531-4
스탈린그라드 전투 453-7, 464
스파Spa 47
스헹크, 마티아스Mathias Schenk 400-1
시범재판(모스크바) 510
심리학 연구 17, 19, 37, 50, 67, 119, 151, 230, 341, 365, 389, 391, 393, 423, 483, 493, 515

ㅇ

아르덴Ardenne 숲 369-70
아르코 아우프 발라이, 안톤 그라프 폰Anton Graf von Arco auf Valley 54
아먼드, 게이브리얼Gabriel Almond 504
아우슈비츠-비르케나우Auschwitz-Birkenau 431, 435-6, 439, 443, 473
아우슈비츠Auschwitz 수용소 32, 95, 259, 395, 403, 407, 408, 412-5, 431, 435-7, 439-40, 443-4, 447, 462, 473, 476, 508, 512, 521, 524-5
아우크스푸르크, 아니타Anita Augspurg 54
아이젠하워, 드와이트Dwight Eisenhower 497
아이즈너, 쿠르트Kurt Eisner 52-5
아이케, 테오도어Theodor Eicke 239-40,

259, 400
아플러베크Aplerbeck 정신병원 275-6
안락사 363, 365-8, 380, 411, 415, 417-9, 431-3, 437, 440-2, 444-5
알트로게, 요제프Joseph Altrogge 262
암호명14f13 415
야게만, 프란츠Franz Jagemann 158-60, 359-61
야슈케, 빌헬름Wilhelm Jaschke 410
에글핑하르Eglfing-Haar 정신병원 364
에버마이어, 에리히Erich Ebermayer 226, 229-30, 235
에베르트, 프리드리히Friedrich Ebert 49-51, 60-1
에비앙 회의 320-2
에센Essen 150
에이블, 시어도어Theodore Abel 76
에카르트, 디트리히Dietrich Eckart 80, 86, 90
에프, 프란츠 폰Franz von Epp 57
엘레르트, 헤르타Herta Ehlert 447
엘저, 게오르크Georg Elser 350-2, 356
여호와의 증인 257-60
연방의회 52, 60, 127, 144-5, 195, 197-200, 217-8
영, 오언Owen Young 147
영국 12, 29, 31, 33, 43, 47, 49, 123, 162, 208, 234, 266-7, 278, 291-2, 296-7, 306, 309, 312-3, 317, 320-2, 324-5, 330-1, 351, 353-4, 370, 376, 422, 458-9, 462, 488-9, 496, 503, 522, 534
영안 147-8
오룔Oryol 420

오버린도버, 한스Hanns Oberlindober 270
오버바이에른Oberbayern 56, 284
오버잘츠베르크Obersalzberg 18
오버프랑켄Oberfranken 491
오벤, 빌프레트 폰Wilfred von Oven 251, 421
오스텐, 리나 폰Lina von Osten 177-8, 184-6
오스트리아 11, 27, 36, 41, 49, 59, 70, 72, 112, 203, 292-3, 306, 311-9, 323, 329, 341, 366-7, 409, 426, 430
오언스, 제시Jesse Owens 293-4
오웰, 조지George Orwell 299
오트, 알로이스 마리아Alois Maria Ott 114
오트, 오이겐Eugen Ott 201
올렌도르프, 오토Otto Ohlendorf 263-4, 266, 379, 382
올포트, 고든Gordon Allport 77
와슨, 피터Peter Wason 438
왓슨, 존슨Johnson Watson 18
요들, 알프레트Alfred Jodl 324, 464
우생학 273
우치Łódź 게토 341, 426-7
운터프랑켄Unterfranken 282, 479
위르스, 로베르트Robert Jührs 434
윈터턴 경Lord Winterton 321
윌슨, 아널드Sir Arnold Wilson 162
윌슨, 우드로Woodrow Wilson 58-60
윙어, 에른스트Ernst Jünger 27, 34-6, 48
유대인 문제 71, 88, 153, 265, 301, 322-3, 359, 418, 424-5, 429-30, 435, 458, 476, 492
유전병 자손 예방법 273

음모론 25, 30, 37-40, 44, 49-50, 53, 74-5, 88, 220-1, 231, 351, 423-4, 472, 524-5
의사당 화재 217-22, 225
의용대 51, 56-8, 91, 95, 97, 99, 104-5, 131, 133, 175, 336, 400
이게파르벤 217
이벨, 이엄프리트Irmfried Eberl 367-9, 380, 440-1
이스라엘 462-3
2차대전 17-8, 21, 40, 42, 60, 73, 95, 265, 329, 392, 472, 485, 498, 517, 534
이탈리아 107, 239, 263, 409, 467, 469, 479-80, 529
인권 207, 218, 220, 222, 224, 393, 529-30, 532
인성 유형(나치) 510-1, 514
인지부조화 454, 467, 473, 497
인지편향 17, 197, 444, 462, 478, 536
인플레이션 93-4, 107, 127, 138
일본 391-3, 422, 517-8, 535
1차대전 25-6, 30, 33, 35-6, 38-40, 42, 51, 65, 72, 88, 93, 95, 105-7, 111-2, 117-9, 123, 131, 133, 150, 161, 177, 187, 210, 213, 218, 263, 266, 270-1, 274, 283, 306, 313, 330, 338, 355, 365, 400, 417, 420, 423, 429, 472, 501, 506, 515, 524, 526
잉골슈타트Ingolstadt 42-3

ㅈ

자이베르트, 빌리Willi Seibert 394
자이서, 한스 폰Hans von Seißer 106-8, 114
작센하우젠Sachsenhausen 수용소 259, 408-9
잘로몬, 프란츠 페퍼 폰Franz Pfeffer von Salomon 133-4
장애인 42, 145, 270-2, 275, 363-6, 368-9, 380, 402, 409, 415, 417-8, 427, 442
전두피질 152, 527
정신질환/정신질환자 19, 273, 276-7, 367, 409-11, 432
제국식량협회 301
제국전기연맹 105, 110, 126
제보텐도르프, 루돌프 폰Rudolf von Sebottendorff 53-5
제3제국 11-2, 15, 20-1, 44, 51, 282-3, 296, 496, 521, 531
젤리온카, 페트라스Petras Zelionka 390
조넨슈타인 안락사 시설NS-Tötungsanstalt Sonnenstein 415, 417
존슨, 새뮤얼Samual Johnson 493
졸미츠, 루이제Luise Solmitz 219
종족주의/인종주의 55, 76, 141-2, 161, 264-6, 294-5, 312, 362-3, 376-7, 470, 515, 517-8, 523, 534
주호멜, 프란츠Franz Suchomel 441-2
줄츠바흐, 헤르베르트Herbert Sulzbach 44
중국 392, 515, 528
중앙당 186, 227
즈구프Rzgów 게토 427
즐거움을 통한 힘 283-5
지에칸카Dziekanka 정신병원 369
직스, 프란츠Franz Six 263-4, 266

직업공무원 복원법 228
진주만 422, 517-8, 535
진화심리학 17, 37, 391
짐바도, 필립Philip Zimbardo 446-7
집단 자살 502
집단주의적 문화 515

ㅊ

차노, 갈레아초Galeazzo Ciano 467-8
채넌, 헨리 '칩스'Sir Henry 'Chips' Channon 291, 296
처칠, 윈스턴Winston Churchill 12-3, 354, 370, 509, 521
체임벌린, 네빌Neville Chamberlain 312-3, 324
체코슬로바키아 306, 312, 323-5, 329-30
쳉스토호바Częstochowa 340
최벌라인, 한스Hnas Zöberlein 169
추크마이어, 카를Carl Zuckmayer 35
츠치야 요시오土屋芳雄 392
치클론B 413-5, 437, 448
치타우Zittau 503

ㅋ

카도, 발터Walther Kadow 95-7
카르미, 아하론Aharon Karmi 461
카를스루에Karlsruhe 388
카리스마적 권위 120, 467
카스트로, 피델Fidel Castro 526
카어, 구스타프 폰Gustav von Kahr 106-9, 114-5
카우나스Kaunas 381
카우프보이렌Kaufbeuren 정신병원 445
카이나, 에르빈Erwin Kaina 442
카이저→빌헬름 2세
카이텔, 빌헬름Wilhelm Keitel 311, 318
카틴Katyn 460
카프 폭동 105
케르스텐, 펠릭스Felix Kersten 496
켈너, 프리드리히Friedrich Kellner 453
켈리, 더글러스Douglas Kelly 511
켈슈타인Kehlstein 18
코발치크, 아우구스트August Kowalczyk 414
코블렌츠Koblenz 394
코스미디스, 리다Leda Cosmides 17
코흐, 에리히Erich Koch 82, 491-2
콘체, 베르너Werner Conze 265
쾨네캄프, 에두아르트Eduard Könekamp 341
쾨슬린Köslin(코샬린Koszalin) 349
쿠노, 빌헬름Wilhelm Cuno 93
쿠르스크Kursk 465-6
쿠베, 빌헬름Wilhelm Kube 400
쿠베르탱, 피에르 드Pierre de Coubertin 297
퀴흘러, 게오르크 폰Georg von Küchler 377
크나이슬러, 폴린Pauline Kneissler 445
크라쿠프 391
크란츠, 에르나Erna Krantz 155
크루프, 알프리트Alfried Krupp 520
크루프 제철 43, 253
크반트, 귄터Günther Quandt 185, 235
크반트, 마그다Magda Quandt 185-6
클라스, 하인리히Heinrich Claß 117

클라인, 에밀Emil Klein 27, 57, 73-4, 78, 92, 94, 117, 126, 150, 161-2, 314, 453, 507-8
클레이, 루셔스Lucius Clay 505
클렘퍼러, 빅토르Victor Klemperer 224, 296
클로츠, 헬무트Helmut Klotz 192
클루게, 귄터 폰Günther von Kluge 483
킬Kiel 47
킬만세크, 요한 아돌프 그라프 폰Johann Adolf Graf von Kielmansegg 242-3, 250

ㅌ

타넨베르크 작전 49-50, 187, 342
타보르, 모셰Moshe Tavor 462-3
타지펠, 헨리Henri Tajfel 391
테게른제Tegernsee 193
텔만, 에른스트Ernst Thälmann 191
토이베르트, 볼프강Wolfgang Teubert 141-2, 151, 222, 233, 284, 522
톰프슨, 도로시Dorothy Thompson 188-9, 195
투비, 존John Tooby 17
투즈, 애덤Adam Tooze 300
툴레 협회 53, 55, 112
트레블린카Treblinka 수용소 380, 402, 430-2, 435, 439-43, 445, 448, 461-3
트레스코, 헤닝 폰Henning von Tresckow 481-3
트로츠키, 레프Lev Trotsky 39-40
트리에스테Trieste 430
특별노동부대 439
특수기동대 263, 336, 337, 339-40, 342, 344, 375, 378-80, 385-8, 402, 408-10, 436, 443-4
특수기동대A 379-80
특수기동대B 403, 409
특수기동대C 395
특수기동대D 394
특수기동분견대 340, 342-3, 368, 388-9, 395
티에프발Thiepval 33

ㅍ

파펜, 프란츠 폰Franz von Papen 195-7, 199-204, 216, 233, 238, 242, 318
판뮐러, 헤르만Hermann Pfannmüller 364
팔러, 알로이스Alois Pfaller 42-3, 56, 142-3, 148-9, 223
팔켄호르스트, 니콜라우스 폰Nikolaus von Falkenhorst 377
페스팅거, 리언Leon Festinger 454-5, 464, 473, 479
페첼, 발터Walter Petzel 345
펠더, 요제프Josef Felder 207
펠트헤른할레Feldherrnhalle 전쟁기념관 109, 111
포르셰, 페르디난트Ferdinand Porsche 520
포슈, 페르디낭Ferdinand Foch 45
포즈난Poznań 158, 368, 386, 388, 471, 473-5, 477, 495
포코르니, 헤르난Hernann Pokorny 41
폴레보이, 보리스Boris Polevoy 436
폴크스게마인샤프트/민족공동체 76-9, 82, 123, 125, 131, 142, 156-7, 171, 182, 198, 214, 230, 236, 252, 254, 270,

284-8, 305, 481, 489, 491, 531
폴크스바겐 285, 300, 520
프라이슬러, 롤란트Roland Freisler 295
프란츠, 쿠르트Kurt Franz 448-9
프랑수아퐁세, 앙드레André François-Poncet 237
프랑스 28-9, 33, 35, 93, 97, 106, 127, 211, 237, 292, 298, 306, 309, 317, 320, 324-5, 330, 331, 353-5, 357, 369-71, 466, 468, 485, 503, 522
프랑크, 한스Hans Frank 83-4, 348, 429-30, 512-4
프렌츠, 발터Walter Frentz 404
프로이트, 지그문트Sigmund Freud 235, 316
프론트게마인샤프트 79-80
프롬, 에리히Erich Fromm 385, 527
프롬, 프리드리히Friedrich Fromm 485
프리드리히 대왕Friedrich der Große 28, 110, 156, 226, 453
프리치, 베르너 폰Werner von Fritsch 305-11, 318
프리치, 카를Karl Fritzsch 412-5
프리치, 테오도어Theodor Fritsch 88
프리퍄트 습지Pripyat Marshes 386, 430
플렌스부르크Flensburg 491, 499
플로센뷔르크Flossenbürg 수용소 408
피노체트, 아우구스토Augusto Pinochet 387
피스크, 수전Susan Fiske 316
필라우Pillau 491

ㅎ

하다마르Hadamar 442
하르트하임 안락사 시설NS-Tötungsanstalt Hartheim 366-7
하르틀, 알베르트Albert Hartl 279
하머슈타인에크보르트, 쿠르트 폰Kurt von Hammerstein-Equord 210, 212
하세브뢰크, 요하네스Johannes Hassebroek 263
하셀베르크, 알프레트Alfred Hasselberg 342-3
하이덴, 콘라트Konrad Heiden 84
하이드리히, 라인하르트Reinhard Heydrich 20, 177-80, 184-6, 202, 228-9, 239, 263-4, 279-81, 307, 314-5, 317-8, 336, 340, 342-4, 379, 385, 400, 435, 532
하이만, 리다 구스타바Lida Gustava Heymann 54
하임조트Heimsoth 192
하켄홀트, 로렌츠Lorenz Hackenholt 432-5
학살 부대 263, 375, 379, 381, 385-7, 390-1, 393-7, 404
학살수용소/절멸수용소 363, 380, 402, 412, 430, 432, 435-7, 440-2, 447, 461, 463, 473
한프슈텡을, 푸치Putzi Hanfstaengl 113
할더, 프란츠Franz Halder 345, 348, 354-7, 371
할레Halle 177
할베Halbe 499
해슬람, 알렉스Alex Haslam 116-7

핼리팩스 경Lord Halifax 312
행정명령 제9066호 517
헤넬, 브루노Bruno Hähnel 74, 79, 275-6
헤센Hessen 27, 181, 442
헤스, 루돌프Rudolf Hess 32, 136, 274, 444, 510
헤움노Chełmno 수용소 427-9
헨더슨, 네빌Sir Nevile Henderson 267, 278, 312-3, 320
헬트, 하인리히Heinrich Held 127, 228
호른, 볼프강Wolfgang Horn 396-8
호프만, 요하네스Johannes Hoffmann 55-6
호프브로이하우스Hofbräuhaus 77
호프스태터, 리처드Richard Hofstadter 220
호혜, 알프레트Alfred Hoche 271-2
홀로코스트 25, 72-3, 155, 177, 207, 256, 265, 270, 275, 335, 359-60, 363-4, 366, 368, 392, 407, 414, 419, 424-5, 428-30, 435-6, 444, 449, 455, 457-8, 477, 496, 498, 512, 516, 521-2, 524-5
확증편향 154, 438
회스, 루돌프Rudolf Höss 33, 94-9, 259, 395, 412, 415, 431, 473, 508, 512
회프너, 롤프하인츠Rolf-Heinz Höppner 425-7
횐, 라인하르트Reinhard Höhn 264
휠첼, 프리드리히Friedrich Hölzel 364
후겐베르크, 알프레트Alfred Hugenberg 44, 204
히르슈펠트, 마그누스Magnus Hirschfeld 235
히틀러 유겐트 150, 155, 158-62, 184, 194, 242, 310, 314, 340, 359, 445, 453
히플러, 프리츠Fritz Hippler 413
힐셔, 마르고트Margot Hielscher 20-1
힝스트, 아우구스트August Hingst 440

나치 마인드
역사가 주는 12가지 경고

1판 1쇄 2025년 9월 25일

지은이 | 로런스 리스
옮긴이 | 조행복

펴낸이 | 류종필
편집 | 권준, 이정우, 노민정, 이은진
경영지원 | 홍정민
교정 | 오효순
표지 디자인 | 석운디자인
본문 디자인 | 박애영

펴낸곳 | (주)도서출판 책과함께
　　　　주소 (04022) 서울시 마포구 동교로 70 소와소빌딩 2층
　　　　전화 (02) 335-1982
　　　　팩스 (02) 335-1316
　　　　전자우편 prpub@daum.net
　　　　블로그 blog.naver.com/prpub
　　　　등록 2003년 4월 3일 제2003-000392호

ISBN 979-11-94263-66-1　03920